Beiträge zur Medienpädagogik – Band 6

Wolfgang Schindler / Roland Bader / Bernhard Eckmann (Hrsg.)

Bildung in virtuellen Welten

Praxis und Theorie außerschulischer Bildung
mit Internet und Computer

D1933172

Evang. Fachschulen
Iburger Straße 183
49082 Osnabrück
Telefon (05 41) 95 10 10
Telefax (05 41) 9 51 01 22

Gemeinschaftswerk der Evangelischen Publizistik, Abt. Verlag
Frankfurt am Main

Redaktion: Johannes Gawert / Thomas Hammerschmidt / Anke Merzbach

Die Herausgabe dieses Buches wurde aus Mitteln
des Kinder- und Jugendplanes des Bundes gefördert.

Die Deutsche Bibliothek – CIP-Einheitsaufnahme

Bildung in virtuellen Welten : Praxis und Theorie außerschulischer Bildung mit Internet und Computer / Wolfgang Schindler ... (Hrsg.). – Frankfurt am Main : Gemeinschaftswerk der Evang. Publizistik, Abt. Verl., 2001
(Beiträge zur Medienpädagogik ; Bd. 6)
ISBN: 3-932194-38-1

© 2001 by Gemeinschaftswerk der Evangelischen Publizistik gGmbH, Abt. Verlag
Frankfurt am Main
ISBN: 3-932194-38-1
Satz: Redaktion medien praktisch, GEP
Layout, Umschlag und Abbildungen: Katharina Gandner
Titelfoto: Ars Electronica, Linz
Druck und Verarbeitung: Memminger Zeitung Verlagsdruckerei, Memmingen
Alle Rechte, insbesondere das Recht der Übersetzung, der Vervielfältigung (auch fotomechanisch), der elektronischen Speicherung auf einem Datenträger oder in einer Datenbank, der körperlichen oder unkörperlichen Wiedergabe (auch am Bildschirm, auch auf dem Weg der Datenfernübertragung) ausdrücklich vorbehalten.
Printed in Germany

Inhalt

2. TEIL. THEORIEELEMENTE

3. TEIL. KONZEPTIONELLE BAUSTEINE FÜR DIE AUSSERSCHULISCHE BILDUNGSARBEIT

4. TEIL. METHODISCHE BAUSTEINE FÜR DIE PRAXIS

Außerschulische Bildung in virtuellen Welten

Reflektierte Erfahrung, praktische Bausteine, theoretische und konzeptionelle Grundlagen

„Die Macht des PC besteht darin, dass er Privatpersonen ermöglicht hat, was vorher nur für Firmen erreichbar war. Der PC ist ein Werkzeug der Demokratie. (...) Man sollte wirklich keine Depressionen wegen dieser Technologien bekommen. (...) Im Allgemeinen entspringen diese Ängste [vor der Datenautobahn] nur der Angst vor Veränderung. (...) Der PC wird schlussendlich zum wichtigsten Lern- und Kommunikationsmittel unserer Gesellschaft werden." Also sprach Bill Gates[1] im Jahre 1994, unbeirrt und rhetorisch unbescheiden die Ansprüche bekräftigend, mit denen der Siegeszug des **P**ersönlichen **C**omputers in den Herzen und Wohnstuben eines damals eher jugendlichen Massenpublikums und die Vorherrschaft seines Konzerns vor mehr als einem Jahrzehnt begonnen hatten. Die Realität zu Beginn des Jahres 2001 bestätigt: er hat mit seiner Prognose Recht behalten. Der Mainstream in Gesellschaft und Wirtschaft ist seit damals ins Netz gegangen und sucht dort nach Gold bzw. Aktiengewinnen. Demokratie und Computer sind längst versöhnte Gegensätze geworden. Relevante Teil des gesellschaftlichen Lebens und der Konsumkultur sind - auch und tendenziell nur noch - online zugänglich.

Auf das Bildungssystem wächst daher der Druck, für entsprechende Qualifizierung Jugendlicher zu sorgen. Mehr „Medienkompetenz" forderte selbst das damalige Staatsoberhaupt der Bundesrepublik, Roman Herzog - ein Impuls, der medienpädagogischen Initiativen in der Alltagspraxis der Bildungsarbeit, inner- und außerhalb von Schule, spürbar Rückenwind verschaffte. Erst in solch einem Aufbruchsklima gedeihen Experimente und etablieren sich Erfahrungen, die den spezifischen Chancen und Grenzen der neuen Informations- und Kommunikationstechnologien gerecht werden, die deren Potenzial für Bildungsprozesse entdecken und verstehen, die es innovativ und bedürfnisorientiert nutzen. Darum geht es in diesem Buch.

Aus mittlerweile 17 Jahren experimenteller Praxis mit Computern und Datennetzen, im Gebrauch durch faszinierte Jugendliche und neugierige, professionelle PädagogInnen in der außerschulischen Jugendarbeit, unter deren Bedingungen und Strukturen, haben wir gelernt, dass weltweit vernetzte, multimediale Computer in der Jugend- und Bildungsarbeit eine Didaktik des selbstgesteuerten, intrinsisch motivierten Lernens ermöglichen - ohne dies zu erzwingen. Gemeinsames Gestalten computergestützter Lernumgebungen, in denen PädagogInnen nicht ungeliebtes Nadelöhr beim Wissenserwerb sind, sondern Begleiter in virtuellen und leibhaftigen Welten, ist in der außerschulischen Bildungsarbeit möglich geworden.

Doch nicht überall, wo „Multimedia" und „Internet" draufsteht, ist auch neues didaktisches Denken drin, sondern bisweilen auch „Schulung" im überholten Sinne des Wortes. Noch immer werden tradierte Lern- und Lehrformen schlicht um PC- und Internetnutzung modisch und zuschussträchtig ergänzt, fehlende Motivation der Zielgruppen soll mit „Neuen Medien" erzeugt, „Computerwissen" additiv dem Lehrplan zugefügt werden, ein PC in jedem Klassenzimmer stehen, um eine befürchtete neue Bildungskrise zu verhindern. Augenfällig ist eine Krise nicht weniger PädagogInnen, die mit neuen Anforderungen an technische Kompetenz, an mediendidaktisches Wissen, an neue Rollen und Aufgaben konfrontiert sind, die zwischen Neugier, Abwehr und Überforderungsempfinden schwanken und zunächst selbst anregende Bildungsräume bräuchten.

Weder neue, kindgerechte Programmiersprachen, wie das zu Anfang der 80er Jahre mit Vorschusslorbeeren bedachte „LOGO", noch „das Internet" können die Krise des Bildungssystems überwinden, sondern eine Didaktik, die die „Menschen am Computer" in den Mittelpunkt stellt und das Potenzial der neuen Querschnittstechnologie erforscht, versteht und nutzt: „Computermedienpädagogik" bezeichnen wir diesen mit Praktikern und Theoretikern in der außerschulischen Bildungsarbeit entwickelten didaktischen Ansatz,[2] der „Medienkompetenz" umfasst, als Weg von (Selbst-) Bildungsprozessen nutzt. Das wird durch Erfahrungsberichte und konzeptionelle Überlegungen im folgenden deutlich.

1.

Konsequenterweise stehen „reflektierte Erfahrungen" computermedienpädagogisch arbeitender PraktikerInnen am Anfang dieses Bandes über außerschulische Bildung in virtuellen Welten. In ihrer Summe verdeutlichen die Beiträge, dass „Medienkompetenz" selbstverständlich mitbedacht ist, aber nur ein Teilaspekt des Geschehens und der Resultate darstellt. Das Spektrum dieser fünf verschiedenen Handlungsansätze reicht von Projekten in der alltäglichen kirchlichen Jugendarbeit über die Entwicklung von virtuellen Gemeinschaften und Räumen der Jugendarbeit im Netz bis zur Wechselwirkung solcher Praxis mit der Organisationsentwicklung der anbietenden Institutionen und der Entwicklung professioneller computermedienpädagogischer Fachlichkeit.

Die Einleitung am Kapitelanfang entwickelt jeweils den inneren Zusammenhang der Beiträge eines Abschnittes:

- Identitätsentwicklung im gemeinsamen Produzieren. Im Rahmen eines aktiven, produktions- und handlungsorientierten Ansatzes werden Medienprodukte in gemeinsamer Arbeit in Gruppen hergestellt, entfalten TeilnehmerInnen Kreativität, müssen sich andererseits aber auch miteinander abstimmen, sich aufteilen und koordinieren. Ziel ist ein mediales Produkt, das für jemanden nützlich ist und tatsächlich später auch benutzt wird, ein schöpferischer Prozess mit gesellschaftlicher Relevanz.
- Virtuelle Räume erobern und gestalten. Statt Homepages zu gestalten, eMails zu schreiben, und im Web zu recherchieren, wie es die Avantgardisten unter den PädagogInnen anboten, oder gar politische Diskurse in den Newsgroups der linken Szene zu führen, nutzen Jugendliche das Web mit Chatten, was ihre Zeit hergibt – und das ist immer mehr, als Erwachsenen zur Verfügung steht. „Ein blindes Nutzen ohne Nutzen?" Dieser Abschnitt beschreibt virtuelle Gemeinschaften im Netz, den Entwicklungsprozess, Strukturen und Kommunikation; das Spektrum reicht von pädagogisch initiierten Projekten über Gemeinschaften in der Hand Jugendlicher bis hin zu einem kommerziellen Angebot.
- Startplätze für Reisen in virtuelle Räume. Praxisbedingungen, die Jugendarbeit mit Computer und Neuen Medien bestimmen, werden hier aufgedeckt: pädagogisch gestaltete Situationen, in denen Jugendliche Kontakt mit virtuellen Raumsystemen aufnehmen, etwa die Gestaltung eines Internetzugangs in einem Jugendzentrum, oder Aktionen, die Jugendlichen das aktive Handeln im Internet ermöglichen. In allen Beiträgen wird deutlich: die jeweilige Kultur, also die Konzepte, Werthaltungen und Ressourcen, die an den Startplätzen ins Internet – an den Treffpunkten, in den Verbänden und Organisationen – anzutreffen sind, prägen die Prozesse der Auseinandersetzung mit den Neuen Medien, stehen in Spannung mit jugendlichen Interessen.
- Computer als „trigger for change". Systemische Perspektiven in der Entwicklung von Institutionen und Organisationen werden in den Beiträgen dieses Teils deutlich. Es ist vor allem das Internet, dessen Einführung Irritationen in der Kommunikation, den Arbeitsabläufen und den Machtstrukturen von Organisationen bewirkt. Die Umbruchssituation bietet Chancen zur Veränderung, und die AutorInnen zeigen an Beispielen aus unterschiedlichen Bereichen, wie diese Chancen klug und mit Augenmaß zum Nutzen aller Beteiligten und vor allem der Institutionen ergriffen werden können. Kennzeichnend für alle Beiträge ist, dass der Blick über die pädagogische Arbeit im engeren Sinne hinaus erweitert und das gesamte Feld der institutionellen Strukturen, in denen medienpädagogische Praxis mit dem Internet stattfindet, mit meinbezogen wird.

- Schritte auf dem Weg zur Professionalisierung. Das Berufsbild ComputermedienpädagogIn ist noch unpräzis und nicht durchgängig akzeptiert – lediglich Studienschwerpunkte und Weiterbildungen dienen als Qualifikationsausweis. Auftraggeber vor Ort machen daher ihre eigenen Vorstellungen von Computermedienpädagogik zum Beurteilungsmaßstab professioneller Arbeit. Die Beiträge zeigen: kombiniert mit eigenen Ansprüchen und Zielgruppenerwartungen an technische und soziale Kompetenz entsteht so systematisch ein hochgradig anregendes, qualifizierendes, aber eben auch überforderndes Arbeitsfeld. Universitäre Ausbildung und berufsbegleitende Weiterbildung sind hier gefordert.

Ein wichtiger Erfahrungsbereich, der durchaus relevante Bildungsprozesse und regelmäßig heftige Kontroversen auslöst, fehlt in dieser Aufzählung: das Spielen in und mit virtuellen Welten – ein Bereich, dessen angemessene Darstellung Umfang und thematischen Rahmen gesprengt hätte und zu dem in etwa zeitgleich eine eigene Veröffentlichung[3] erscheinen wird.

Im Wesentlichen geht es also im ersten Teil des Bandes um Lern- und Bildungsprozesse der beteiligten jugendlichen und erwachsenen Menschen und, darüber hinaus, um Entwicklungsprozesse der involvierten Organisationen und Institutionen. Die hier gemachten Erfahrungen entstanden in einem Forschungs- und Suchprozess, der Struktur und Funktionsweisen der involvierten „neuen Informations- und Kommunikationstechnologien" zu verstehen versucht. Benötigt wird ein möglichst präzises Verständnis der Kommunikation in virtuellen Räumen, d.h. derjenigen Faktoren, die Bildungsprozesse in virtuellen Räumen beeinflussen, Hinweise, in welcher Richtung die eigene Aufmerksamkeit qualitativ Neues entdecken könnte und worin dies bestehe. Davon handelt der zweite Abschnitt dieses Buches, „Theorieelemente".

2.

In der psychologischen Lernforschung der letzten Jahre ist der Aspekt des selbstgesteuerten, intrinsisch motivierten Lernens ausformuliert worden, als Gegenkultur zum etablierten Bildungssystem, dem die Produktion trägen Wissens vorgeworfen wird. Computergestützte Lernumgebungen, „cognitive tools", die von der Lernforscherin Gabi Reinmann-Rothmeier entwickelt werden, spielen dabei eine wesentliche Rolle. Ihr Fazit: Bildung mit digitalen Medien benötigt eine neue Lernkultur; gleichzeitig führt Bildung mit digitalen Medien zu einer neuen Lernkultur. Wenn die Implementation digitaler Medien auch mit neuen Lehr-Lernformen und einer veränderten Lernkultur einhergehen solle, sei sie folglich mit einem systemischen Wandel verbunden – einem Wandel, der allerdings stets in den Köpfen aller Beteiligter beginnen müsse.

Aus der Perspektive der Sozialisationsinstanz Jugendarbeit ist das eine willkommene theoretische Fundierung der eigenen Bildungskonzeption und -praxis. Denn die vom Schulsystem nur unzureichend vermittelten und von „der Industrie“ geforderten Schlüsselkompetenzen kommen hier schon traditionell vor: Kreativität, Eigeninitiative und Verantwortungsbereitschaft, Teamfähigkeit, Kommunikationsfähigkeit, psychosoziale Kompetenz. Um eben diese geht es auch im Beitrag „Netfeelings“.

„Die emotionalen Erfahrungen im Netz verweisen auf neue Anforderungen an Erziehungs- und Bildungsprozesse. Subjektivität ist ein Grundthema von Erziehung und Bildung“, schreibt Christina Schachtner und verdeutlicht, dass Kommunikation in Netzen zwar anders, aber alles andere als unemotional funktioniert. Sie fordert von PädagogInnen Technikkompetenz, die zweierlei beinhaltet: den kompetenten Umgang mit Technik und die Fähigkeit und Bereitschaft, diesen Umgang zum Gegenstand kritischer Reflexion zu machen.

Zugänge zum Wesen der Kommnikation im Netz eröffnet auch Slavoj Zizek, der als Psychoanalytiker postuliert, „dass der Cyberspace tatsächlich oft auf genau diese hysterische Weise funktioniert, die exakt ... radikale Unsicherheit ist: Ich weiß nicht, wen meine eMail erreicht. Ich weiß nicht, was der andere von mir erwartet. Deswegen versucht man bereits vorher, diese Unsicherheit zu reflektieren. Der Cyberspace ist offen in dem Sinne, dass man aufgrund seiner technologischen Verfasstheit nicht entscheiden kann, ob er auf eine perverse oder eine hysterische Art und Weise funktioniert.“

Sibylle Krämer deutet Kommunikation im Internet „jenseits von Schriftlichkeit und Mündlichkeit“ als rhetorische: „Rhetorische Kommunikation wendet sich an Adressaten in ihrer Eigenschaft, einander zu ähneln; also ohne Bezug auf die Unterschiede jeweils singulärer Innenwelten, dafür aber mit Bezug auf gewisse Topoi, das sind Gemeinplätze, verstanden als kulturelle Kristallisationen des Gemeinsinns. Zeigt sich in der elektronischen Kommunikation – bei allen wohlzubedenkenden Unterschieden – eine Analogie zur rhetorischen Strategie, verstanden als eine Kommunikation jenseits und unabhängig der Bezugnahme auf die Einzigartigkeit subjektiver Innenwelten?“ Die Versuche, mit Internettechnologien individuelle Massenkommunikation zu realisieren, scheinen solch eine Vermutung zu stützen, verbunden mit neuen Fragen für die Bildungsarbeit.

„Virtuelle Wirklichkeit“ – ist das weniger wirklich als die „reale Wirklichkeit“? Aus einer konstruktivistischen Weltsicht macht solch eine Gegenüberstellung keinen Sinn. Im gleichnamigen Artikel von Wolfgang Schindler werden begriffliche Grundlagen geklärt, die von Platos Höhlengleichnis bis zum radikalen Konstruktivisten Maturana reichen. Als praktisches

Abfallprodukt dieser Überlegungen wird im vorliegenden Band versucht (und für künftige Debatten vorgeschlagen), das Adjektiv „leibhaftig" als Gegensatz zu „virtuell" zu benutzen: „Real" und wirksam sind schließlich beide Räume, der Wunsch nach einer objektiven Wirklichkeit ist längst als illusionär erkannt. Bildungsarbeit in virtuellen Welten braucht so auch erkenntnistheoretische Grundlagen und bietet Anlass, nach diesen zu fragen.

Womit der Argumentationsgang dieses Bandes sich dem dritten Abschnitt zuwendet: konzeptionellen Aussagen, Bausteine für Zielbestimmungen der Praxis außerschulischer Bildungs-[4] und Jugendarbeit.

3.

Mit diesem Focus auf „Bildung" knüpft computermedienpädagogische Praxis erneut an die Anfänge der Konzeptionsdebatte über Aufgaben außerschulischer Jugendarbeit an, die Ende der 60er-Jahre Jugendarbeit als Ort von Bildungsprozessen identifiziert wurde. Sie verstand sie als eigenständige, dritte Erziehungsinstitution, lebensgeschichtlich nötig neben der Familie, um das Leben in der Gesellschaft zu lernen, und neben der Schule, um deren Defizite als Bildungseinrichtung korrigierend zu begleiten.[5] So vollmundig formuliert das heute niemand mehr. Aber Jugendarbeit ist nach wie vor eine wenig reglementierte Struktur, in der Innovation und Experiment leichter möglich sind als dort, wo jede Bewegung Notenspuren hinterlassen kann. Das hat - auch - seinen Preis: Freiwilligkeit der Teilnahme wird bezahlt mit dem Zwang, bedürfnisorientiert zu arbeiten, statt den Bedarf Jugendlicher im Lehrplan zu definieren und ihn dann zu erfüllen. Jugendarbeit bietet Chancen zum Selbstmachen, zum Lernen durch Handeln, zur Partizipation.

Gerade die engagierte, sich emanzipatorisch begreifende Jugendarbeit teilte ja lange den antitechnischen Affekt des Bildungsbürgertums - dies mit dem glaubwürdigen Verweis auf Computertechnik als Instrument der Ausübung von staatlicher Herrschaft, aber auch als menschenfeindlicher Rationalisierungstechnologie des Kapitalismus. Undenkbar schien, dass diese Technologie etwas mit Bildung zu tun haben könne - wenn überhaupt, dann mit der minder geachteten Ausbildung. Evangelische Jugendarbeit sollte gar, so ein damaliger Vorschlag, zu einer computerfreien Zone werden. Widerstand gegen vermeintliche digitale Verblödung sei nötig, weil die Welt nicht nur aus Wahr und Falsch, Nullen und Einsen bestehe.

Die Erfahrungen der Weiterbildungspraxis im Studienzentrum für evangelische Jugendarbeit, ein Kontext, aus dem viele der hier dargestellten Projekte stammen, widerlegen solche Angstprojektionen. Sie wiesen schon 1995 auf die selbstinszenierten Sozialisationsprozesse hin, auf die Entwicklung persönlicher Identität in einer von Medien durchdrungenen

Welt: „Gerade dort, wo die Querschnittstechnologie ‚Computer' im Zentrum jugendlichen Interesses steht, und wo Erwachsene, Pädagogen oft weniger Sachkenntnis als Jugendliche haben, gewinnt die Zielsetzung einer gemeinsamen Lebensstilsuche hohe Aktualität. (...) Immer wieder überraschte, wie sehr in dieser Arbeit mehr und neue Kommunikation zwischen den Beteiligten entstanden war - ganz im Gegensatz zu dem geläufigen Vorurteil, dass PCs zur Vereinsamung der Menschen führen müssten. Deutlich geworden sei: zur ‚High-Tech' - Ausstattung müsse notwendig eine ‚High-Touch'-Kompetenz kommen, die Fähigkeit, hinter allem Fachsimpeln die Menschen am Computer und ihren Bedarf an zwischenmenschlichen Beziehungen zu erkennen und erfüllen zu helfen."[6]

Diese nach wie vor aktuelle Zielsetzung computermedienpädagogischer Praxis ist noch keineswegs selbstverständlich. Wäre der Begriff nicht so heillos verbraucht, würde ich von einem ganzheitlichen Ansatz sprechen, der neben dem Entwickeln handwerklicher und kreativer Kompetenz soziale Fähigkeiten unterstützt - Schlüsselkompetenzen mithin für das Arbeiten der globalisierten Gesellschaft. So stellen wir als gemeinsamen Nenner des Gebrauchs digitaler Medien in der Jugendarbeit im dritten Abschnitt dieses Buches Bildungsprozesse heraus: selbstgesteuerte Lernprozesse, von Einzelnen und Gruppen und Lernprozesse und Veränderungsprozesse der Institutionen:

Mechthild Bangert und Wolfgang Schindler sehen die neue Bildungsdebatte als Fortführung des protestantischen Erbes in der evangelischen Jugendarbeit und können die Ausbildung technologischer Kompetenz nur sinnvoll im Zusammenklang mit „ökologischer, historischer, mit Identitäts- und Gerechtigkeitskompetenz" begreifen. Die Kirche müsse sich hier als Bildungsträger bewähren, um nicht ihre Zukunft zu verspielen. Zum Bildungsbegriff, wie er in der Jugendarbeit diskutiert wird, gehöre nicht nur das Instrumentelle, sondern auch Metakommunikation und die Fragen nach dem Sinn des eigenen Tuns, nach der Beziehung zwischen eigenen Menschenbild und dem Menschenbild, das die Universalmaschine Computer nahe legt, sowie die Beschäftigung mit der eigenen Existenz als Schöpfer.

„Legitime Partizipation" benennt Roland Bader seine Konzeptualisierung eines „Handlungsmodells der Medienpädagogik mit Computern". Für das Feld der außerschulischen Bildungsarbeit gibt er zu bedenken, ob ein „Lernziel Medienkompetenz" nicht sogar kontraproduktiv wirke, weil dadurch die sozialisatorische Funktion der außerschulischen Pädagogik aus dem Blick geraten könne - Medienkompetenz sei nicht Inhalt, sondern Mittel der Entwicklung als Individuum und Gruppe. Computermedienpädagogik unterscheidet sich hier qualitativ von bisherigen Ansätzen und kann durch das Produktions- und Kommunikationsmittel „PC im Netz" den medienpädagogischen Spielraum überwinden.

Bernhard Eckmann weitet den bekannten und weithin akzeptierten sozialräumlichen Ansatz der Jugendarbeit in den Cyberspace aus: „So liefert die Metapher des sozialen Raumes ein sinnstiftendes Koordinatensystem, das die Kommunikation zwischen den im Feld der Jugendarbeit agierenden Menschen erleichtert. PädagogInnen gestalten Raumsysteme und nehmen Einfluss auf die Kommunikation in diesen Räumen und zwischen diesen Räumen.“ Zusätzliche professionelle Kompetenz wird allerdings nötig, wenn es um die pädagogische Praxis in solchen virtuellen Räumen geht: Partizipation im Cyberspace baut auf Medienkompetenz Jugendlicher und PädagogInnen auf, ohne sich darin zu erschöpfen.

4.

Ohne geeignetes methodischen Handwerkszeug blieben vorgenannte Reflexionen, Konzeptionen und Spekulationen jedoch - mit einem Bild aus Zeiten analoger Produktion formuliert - Blaupausen. Daher findet der inhaltliche Bogen diese Sammelbandes, der mit reflektierter Praxis beginnt, in methodischen Anregungen und Anleitungen im vierten und letzten Kapitel des Buches sein Gegenstück. Exemplarisch stellen verschiedene Autoren Werkzeuge und Verfahren zur Gestaltung virtueller Welten und Kooperation im Netz vor:

Der erste Abschnitt hilft, Projekte zu verwirklichen, beginnend mit überlegtem Projektmanagement, eine allzu oft - gerade von PädagogInnen - vernachlässigte Vorbedingung für Erfolg. Kooperation im Netz: Dazu kann ein geschützter Server im Internet, eine Projekt-Site, ein kooperatives Protokoll eines qua Mailingliste vernetzten Arbeitskreises hilfreich sein oder auch die Unterstützung von Gruppenarbeit über Internet: Alle Beiträge drehen sich um soziale und technische Praxis der Kommunikation von Arbeitsgruppen im Internet.

Dass Standardsoftware sich auch spielerisch, mit didaktischen Nutzen, einsetzen lässt, zeigt der zweite Abschnitt beispielhaft: Sei es ein Spiel auf der Basis eines Office- Programmes, sei es die Diskussion im virtuellen Gruppenraum mit Hilfe von Chat-Software. Ebenso wird praktisch erläutert, wie alle Rechner eines Internetcafés mit einer einzigen Telefonleitung auskommen können, und ebenso, dass man kein Linux-Spezialist sein muss, um die sozialen Regeln und Orte einer virtuellen Gemeinschaft in Software zu schreiben.

Obwohl in der Praxis der Weiterbildung oft die erste Frage dem juristisch Erlaubten gilt, stehen die beiden Beiträge des letzen Abschnittes zu den rechtlichen Rahmenbedingungen eines Juristenteams und eines langjährigen Praktikers in Offenen Jugendarbeit am Schluss: Denn seine Ketten spürt erst, wer sich bewegt und Breite und Höhe seines Rahmens auslotet.

In Bewegung bringen, in Bewegung kommen – darauf zielt, darin resultiert computermedienpädagogische Bildungsarbeit. Die mit diesem Band gebotene, zusammenhängende, wenngleich vielgestaltige Grundlage dazu wurde erst möglich durch die intensive und produktive, phasenweise anstrengende und immer wieder ermutigende und anspornende Zusammenarbeit des Herausgeberteams, mit seinen unterschiedlichen beruflichen Kompetenzen, Erfahrungen, Aufgaben und Verbindungen. Diese Zusammenarbeit realisierte sich über weite Strecken in einem virtuell gestützten Diskussionsprozess um Konzepte, Formulierungen und Positionen, mit einer rudimentären Projekt-Site und insgesamt rund 500 eMails, vor allem untereinander, aber auch mit AutorInnen. In diesem Prozess hat dieses Buch Gestalt gewonnen, haben wir uns selbst auf den Ernstfall virtuell gestützter Kommunikations- und Produktionsprozesse eingelassen, die punktuell auch auf Unterstützung und Beschleunigung durch leibhaftige Begegnung angewiesen war.

Gemeinsam mit meinen beiden Kollegen im Herausgeberkreis, Roland Bader und Bernhard Eckmann, bin ich den AutorInnen dieses Bandes dankbar, die einen weitgehend ungeschminkten Blick in ihre Praxis zuließen, unsere redaktionellen Wünsche zuverlässig umsetzten, insbesondere auch denjenigen AbsolventInnen des Josefstaler Weiterbildungsprogrammes[7] MaC*_plus, die ihre hier vorgestellten Projekte in einen längeren Bildungsprozess so bearbeitet haben, dass von ihren Erfahrungen auch andere PraktikerInnen profitieren können.

Josefstal, im November 2000
Wolfgang Schindler
für den Herausgeberkreis

Anmerkungen

1 Interview in „Neue Medien", Beilage Nr. 45 der Süddeutschen Zeitung vom 23.2.1994 in Zusammenarbeit mit World Media Network.

2 Vgl. dazu auch den Beitrag „Lernen wie im Märchen?" in diesem Band, S. 264ff. Als Fachbegriff wird Computermedienpädagogik erstmals diskutiert in: W. Schindler (1995): Computermedienpädagogik – Plädoyer für Selbstbehauptung gegen technologische Vereinnahmung. In: W. Schindler / R. Bader: Menschen am Computer. Zur Theorie und Praxis der Computermedienpädagogik in Jugendarbeit und Erwachsenebildung, Beiträge zur Medienpädagogik, Bd. 1. Frankfurt/Stuttgart: GEP/Steinkopf Verlag.

3 J. Fromme / N. Meder (Hrsg.) (2001): Bildung und Computerspiele. Zum kreativen Umgang mit elektronischen Bildschirmspielen. Virtuelle Welten, Bd. 3. Opladen: Leske + Budrich.

4 Wohl nicht ganz zufällig bleiben wir damit auf Platos Spuren, der das in der Medienpädagogik gern zitierte Höhlengleichnis wohl weniger als Einführung in den Konstruktivismus, sondern als Metapher für die Notwendigkeit von Bildungsprozessen benutzt hat.

[5] H. KENTLER (1986): Versuch 2. In: MÜLLER/KENTLER/MOLLENHAUER/GIESECKE: Was ist Jugendarbeit? Vier Versuche zu einer Theorie. München: Juventa, S. 43ff. (erstmals 1964).

[6] Bericht zur Fachtagung „Selbstfindung am Computer“, 30.11.1995, am Abschluss des dritten Josefstaler Weiterbildungsprogrammes MaC*_plus.

[7] http://www.josefstal.de/mac/plus/

1. Teil

ERFAHRUNGEN UNTER PRAXISBEDINGUNGEN

1. Kapitel

Identitätsentwicklung im gemeinsamen Produzieren

Einführung

Die Autoren und Autorinnen der Beiträge in diesem ersten Teil des Bandes arbeiten im Rahmen eines aktiven, produktions- und handlungsorientierten Ansatzes der Medienarbeit. Kennzeichnend für alle Projekte ist, dass Medienprodukte in gemeinsamer Arbeit in Gruppen hergestellt werden. Das schafft den Rahmen dafür, dass die Teilnehmer in den Projekten Kreativität entfalten können, andererseits aber auch durch zeitliche, technische und andere Begrenzungen des Projekts, vor allem durch das gemeinsame Ziel, gehalten sind, sich miteinander abzustimmen, sich aufzuteilen, sich zu koordinieren.

Zum Zuge kommen in den Projekten unterschiedliche, meist multimediale Technologien. Im Projekt „Mini-Web" von Gabi Uhlenbrock ist es der Datenträger CD-ROM, auf dem von jugendlichen Redaktionsgruppen Seiten aus dem Internet gesammelt, redaktionell aufbereitet werden und so zusammengestellt werden, dass andere Jugendgruppen, die nicht über einen Internetzugang verfügen, das „Miniweb" als einen ersten Einstieg in den Umgang mit dem großen Web nutzen können. Bemerkenswert ist die hohe Professionalität, mit der die Jugendlichen nicht nur surfen und downloaden, sondern auch Verantwortung für alle unterschiedlichen Projektbereiche wie Öffentlichkeitsarbeit, Technik, Redaktion übernehmen. In den Beiträgen von Udo Götz und Andreas Holzhäuser arbeiten die Gruppen mit multimedialen Autorensystemen, die die kreative Arbeit mit einer Vielzahl von Medien, auch mit Bildern, Musik und Videos ermöglichen. Auch hier hat der Aspekt der Informationsaufbereitung für andere eine wichtige Bedeutung: die CD-ROM „Scheiblaswais" versammelt Informationen über Jugendangebote im Dekanat und stellt sie anschaulich zusammen, der „virtuelle Rundgang" erläutert die Angebote und Räume in einer Wohn,- Freizeit- und Bildungsstätte für die neu ankommenden Benutzer.

In den Projekten geht es dennoch nicht um den kreativen Ausdruck allein, sondern um die Bewältigung eines gesamten Projekts durch die Jugendlichen. Ziel ist jeweils die Herstellung eines medialen Produktes, das für jemanden nützlich ist und tatsächlich später auch benutzt wird. Der

Blick in die Zukunft, auf das gemeinsame Ziel, die Herstellung eines Informationsmediums, hält die Gruppe von jugendlichen Medienproduzenten zusammen. Dafür übernehmen sie ein großes Maß an Verantwortung.

In allen drei Projektberichten wird der Sozialisationsprozess der Teilnehmer eindrücklich geschildert: indem sie Verantwortung für ein Produkt und in einer Gruppe übernommen haben, ändert sich ihr Auftreten. Sie haben erkannt, dass sie etwas können, dass ihre Kompetenzen einen gesellschaftlichen „Tauschwert" haben, und sie setzen diesen Wert um in die wohl wichtigste und notwendigste Erfahrung im Jugendalter: in die Erweiterung ihrer Möglichkeiten zum Experimentieren mit neuen sozialen Rollen (vgl. dazu auch den Beitrag von Roland Bader „Legitime Partizipation" in diesem Band, S. 356ff.).

Während die drei Beiträge betonen, wie das fertige Produkt von Anfang an auf seine Benutzung durch „Kunden" hin konzipiert und entwickelt wurde und nach dem Abschluss des Projekts von den „Anwendern" auch wie beabsichtigt genutzt wird, wird in den Beiträgen von Markus Waite und Wolfgang Schindler das gemeinsame Produzieren in seiner didaktischen Dimension beleuchtet.

Im Zeitalter, in dem die Gutenberg-Galaxis das Monopol über Information und Bildung verloren hat, wird es wichtig, neue Wege zur Botschaft der Bibel zu finden, die über den diskursiven Zugang hinausgehen. Markus Waite schafft die Zugänge im Religionsunterricht einer neunten Hauptschulklasse, indem er in einem umfangreichen Unterrichtsprojekt Software für die kreative Gestaltung von Multimedia und die Recherche in Bibeltexten einführt. Der „Reli-Lehrer" zeigt sich den Schülern auch von seiner anderen Seite - als PC-Experte. Am PC eröffnen sich für die Schüler neue Zugänge zu den Themen des Neuen Testaments, indem ihnen erlaubt wird, sie auf ihre eigene Art darzustellen. Wenn auch das hergestellte Produkt, der von den Schülern multimedial und interaktiv gestaltete Kreuzweg, nicht für die Verwendung durch andere konzipiert ist, so zeigt das Projekt doch ebenso wie die ersten drei Projekte die große Kraft, die in der Aneignung und der Identifikation, im Produzieren und Gestalten für die Schüler liegt.

„Erschaffen" ist Thema im Artikel von Wolfgang Schindler, in dem ein Intensivwochenende Roboterbau und -programmierung mit Erwachsenengruppen geschildert wird. Männliches Produzieren gerät schnell in den Verdacht wahnhafter Hybris gegenüber der Schöpfung, sind doch Männer offensichtlich bezüglich ihrer Schöpferkräfte von der Natur benachteiligt und müssen die Defizite technisch und kulturell kompensieren. Basteln und Programmieren öffnen daher Blicke in die anthropologischen Dimensionen der technischen „Roboter-Kinder", die man schon an einem Wochenende lieb gewinnen kann. Der Roboterbau selbst aber ist auch unter lerntheoretischen Gesichtspunkten interessant, denn schließlich war es LOGO, die Programmiersprache mit der Schildkröte, die eine neue Ära konstruktivistischer Schuldidaktik zumindest in den USA eingeläutet hat.

In allen Projektberichten wird deutlich, wie wichtig das Produzieren, das Herstellen eines eigenen Erzeugnisses ist. Das eigene Produkt muss nicht notwendigerweise eine „Hardware" zum Anfassen wie Roboter oder ein technisches Gerät sein, in der Mehrzahl der Fälle wird es ein Bild, ein Film, eine Animation, eine interaktive Präsentation sein. Sich in eigenen Produktionen zu „entäußern", sich wie in einem Spiegel darin wiederzuerkennen, sich nach einer Phase von seinem Produkt zu lösen und es mit größerer Distanz zu betrachten, womöglich voll Stolz, kann ohne Frage als menschliches Kernbedürfnis angesehen werden, das für Wachstum und eine gesunde Entwicklung vielleicht eine ähnlich hohe Bedeutung hat wie Dialog und Intersubjektivität, das existenzielle Bezogensein auf andere Menschen. Umso mehr erstaunt es, dass von den gängigen Lerntheorien gleich welcher Herkunft diese fundamentale Eigenschaft des menschlichen Gestaltens und Sich-Entäußerns so gut wie gar nicht thematisiert wird. Da erscheint Lernen in der Regel als Schlucken, Zerbeißen, Zerkauen oder Verdauen von Wissen, als ein In-Sich-Aufnehmen von Informationen, niemals jedoch als das Erschaffen, das Produzieren, das Sich- Entäußern.

In der Herstellung von Rahmenbedingungen zum Produzieren und Schaffen liegen sicher die Stärken der aktiven Medienarbeit. Medien produktiv zu verwenden, heißt immer auch zu reflektieren, denn egal, was thematisch bearbeitet wird, die eigene Produktion nimmt einen distanzierten Blick zu den Themen und Inhalten ein. Sie prüft, wählt aus, bewertet, verfremdet und stellt das Gegebene in einen neuen Zusammenhang. Wenn das Zusammen-Produzieren mit attraktiven neuen Medien dann noch im Hinblick auf ein sinnvolles Ziel erfolgt und in einen stimmigen sozialen Rahmen eingebunden wird, wer wollte sich darüber wundern, dass nicht nur die Freude der Teilnehmer, sondern auch die sichtbaren Lern- und Sozialisationserfolge einer solche Medienarbeit so augenscheinlich sind?

Gabi Uhlenbrock

Miniweb

Ein Internetprojekt von Jugendlichen für Jugendliche

Internet für alle?

Die Zielgruppe der Jugendarbeit im Nürnberger Westend sind Jugendliche ohne Geld und ohne Chancen. Sie sprechen schlechtes Deutsch, versagen in der Schule und beginnen den Weg in die Arbeitslosigkeit oft ohne Schulabschluss. Für Computer interessieren sie sich, haben aber meist keinen Zugang zu einem Rechner und erst recht keinen Internet-Zugang. Während andernorts über Fachkräfte-Mangel in IT-Berufen gejammert wird, zieht an diesen jungen Menschen eine bahnbrechende gesellschaftliche Entwicklung vorbei. In Firmen, aber auch im privaten Bereich wird eMail selbstverständlich. Informationen holt man sich aus dem Netz. Jeder Handwerker wirbt für sich mit einer Homepage. Und die sozial benachteiligten Jugendlichen bleiben außen vor.

Die in den Schulen angebotenen Textverarbeitungskurse genügen nicht mehr als Qualifikation für den Arbeitsmarkt. Im Zeitalter der weltweiten Kommunikation, wo Informationen bares Geld wert sind, wo schnelles Handeln über Internet das Börsenparkett bestimmt und politische Nachrichten nur noch übers Netz in manche Länder dringen – da tut sich eine neue Schere auf zwischen Arm und Reich, zwischen Bildungsbürgern der Industriestaaten und Menschen ohne Bildungszugang. Die weltweite Vernetzung ist erst ein paar Jahre alt, und doch schon bestimmend in Politik und Wirtschaft, bei Arbeitsmarkt und Bildung.

Zwei Milliarden Menschen haben Internet-Zugang (Internet World, PC-Zeitschrift, 10/99), und es werden immer mehr. Der Umgang mit Informationen hat sich geändert: Heute ist Schnelligkeit und Aktualität in einem so großen Umfang möglich und erwünscht, wie nie zuvor. Die Schlüsselqualifikation „Effektiver Umgang mit Informationen“ ist immer öfter ein wesentlicher Faktor für einen erfolgreichen Berufseinstieg.

Wie also kann man obengenannte Jugendliche dabei unterstützen,

1. ins Internet zu kommen,
2. sich dort zurechtzufinden und
3. Informationen für sich zu nutzen?

Ausgangslage

Im Keller der evangelischen Epiphanias-Gemeinde in Nürnberg haben Jugendliche der Evangelischen Jugend einen Jugendtreff eingerichtet, der an zwei Tagen pro Woche für die Jugendlichen des Stadtteils geöffnet ist. Betreut werden diese während den Öffnungszeiten von Ehrenamtlichen der EvangelischenJugend, vorwiegend Mädchen zwischen 15 und 18 Jahren. Der „Maxikeller" ist bei den türkischen und italienischen Jugendlichen aus sozial benachteiligten Verhältnissen als Treffpunkt sehr beliebt.

Im Rahmen einer Kooperationsvereinbarung wurde der Maxikeller acht Monate lang an zwei Wochentagen von uns, zwei Streetworkerinnen des Jugendamts betreut. Wenige Monate zuvor waren wir in den Stadtteil geschickt worden, um Jugendliche auf der Straße zu unterstützen und um Möglichkeiten für ein ständiges Angebot des Jugendamts auszuloten.

Der Diakon der Kirchengemeinde und die Evangelische Jugend stellten uns den Maxikeller als Treffpunkt zur Verfügung. Die sozial benachteiligten Jugendlichen von der Straße konnten an zwei Wochentagen in den Maxikeller kommen, reden, spielen, Musik hören oder sich bei Problemen mit Schule, Ausbildungsstelle oder Elternhaus beraten lassen. Kaum hatte sich das neue Angebot herumgesprochen, war der Keller auch schon voll - und das nicht nur an „unseren" Tagen, sondern auch an den von der Ev. Jugend betreuten Tagen.

Dies machte intensive Zusammenarbeit zwischen den Jugendlichen der Ev. Jugend und uns Fachkräften nötig. Die ehrenamtlichen Betreuerinnen wollten wissen, wie sie mit den BesucherInnen ihres Treffs umgehen sollten und welche Angebote diesen Spaß machen würden.

Der Diakon der Kirchengemeinde war auch zuständig für die Evangelische Jugend der Nachbargemeinde. Die Jungs der Ev. Jugend Leyh trafen sich häufig mit den Mädchen der Ev. Jugend Epiphanias - und so lag der Gedanke nahe, ein gemeinsam Projekt durchzuführen. Es macht einfach mehr Spaß, wenn Mädchen und Jungs beisammen sind.

Die meisten der Jungen hatten Computer zu Hause und einschlägige Kenntnisse: Sie beherrschten alle möglichen Spiele, konnten Passwörter knacken und mit Textverarbeitung umgehen. Die Mädchen machten zu der Zeit ihre ersten Erfahrungen mit Pac Man und Solitär.

Wir Streetworker und der Diakon der Kirchengemeinde waren die Schnittstelle zwischen diesen zwei Gruppen: Die gebildeten Mittelschichts-Mädels mit Hang zum Sozialen auf der einen Seite und die „wilden" Kids von der Straße, meist Ausländer der zweiten Generation, die in der Schule, zu Hause und in der Ausbildung viele Probleme hatten, auf der anderen.

In dieser Situation entstand bei uns die Idee für ein Projekt, welches beide Gruppen einbeziehen sollte. Unsere Projektidee bestand darin, mit den Jugendlichen der Evangelischen Jugend eine CD-ROM herzustellen, die von den jugendlichen BesucherInnen des Maxikellers genutzt werden konnte. Alle interessierten sich für das Internet. Warum also nicht, ähnlich einem Jugendmagazin oder einer Schülerzeitung, interessante Internetseiten auf CD brennen, ein wenig sortieren und dann den BesucherInnen im Maxikeller zum Surfen zur Verfügung stellen? Dann könnten sie sich langsam ans Internet herantasten, und das zum Nulltarif.

Partizipation heißt, sich in die Töpfe gucken lassen

Mit einer Projektgruppe aus sieben Jungen und sieben Mädchen zwischen 15 und 19 Jahren nahmen wir diesen Plan in Angriff. Außer unserer Überzeugung hatten wir kein Startkapital.

Nachdem feststand, dass Diakon Carsten Kurtz und ich von unseren Arbeitgebern je 25 Prozent unserer Arbeitszeit für das Projekt freigestellt würden, besuchten wir zusammen ein Projektmanagement-Seminar, wo wir das Projekt genauer planten. Als wir dort im Plenum unsere mühsam erarbeitete Mindmap im Großformat vorstellten, fragte uns der Seminarleiter verdutzt: „Und das wollt ihr alles alleine machen?“ Er gab uns den Tipp, die Projektgruppe nicht als „Erfüllungsgehilfen“ zu betrachten, sondern als MitarbeiterInnen, d.h. ihnen Verantwortung für das Projekt zu übertragen. Also warfen wir unseren bisherigen Plan um und dachten neu nach.

Zur pädagogischen Leitlinie des Projekts wurde die Beteiligung der Projektgruppe am gesamten Prozess. Die Projektleitung stellte die Idee und einen ersten Planungsentwurf vor. Die Jugendlichen hatten sofort weitere Ideen dazu und übernahmen selbst die Verantwortung für die Verteilung der Aufgaben. Diese Form der Beteiligung wurde von uns erstmalig und mit vielen Bedenken ausprobiert. Im Rückblick jedoch waren die Erfahrungen sehr positiv.

Es wurden fünf Gruppen gebildet, wobei einige Jugendliche in mehreren Gruppen mitarbeiteten. In der gemeinsamen Aufgabenplanung wurden viele weitere Ideen entwickelt. Die Redaktionsgruppe sollte interessante Internet-Seiten herunterladen, die Technikgruppe die komplette Technik startklar machen und in Schuss halten, die Öffentlichkeits-Gruppe plante den Entwurf eines Logos und sammelte Materialien für die Presse und für Spender, die Startseiten-Gruppe sollte eine Startseite und ein Inhaltsverzeichnis entwerfen. Die Suchmaschinen-Gruppe begab sich auf die Suche nach einer Suchmaschine.

Die Jugendlichen entwickelten sehr viel Eigeninitiative und waren hoch motiviert. Besonders im Bereich Öffentlichkeitsarbeit, die wir eigentlich als Leitungsaufgabe betrachteten, erreichten die Jugendlichen wesentlich mehr, als wir erwartet hatten. Sie erstellten eine Presseinformations-Mappe, organisierten eine Domain (www.miniweb4u.de), bastelten eine Ausstellungswand mit Fotos aus der Projektarbeit. Sie luden Kooperationspartner und Presse zur Veröffentlichung ein und fragten bei Firmen und Institutionen um Unterstützung an. Sie schrieben Artikel für kirchliche Zeitschriften und berichteten im Radio über das Projekt. Die Ideen zu diesen Aktivitäten kamen zum größten Teil von den Jugendlichen.

Ergebnis des Ganzen war eine erfreulich hohe Bilanz an Geld- und Sachspenden, mit der das gesamte Projekt finanziert und ausgestattet werden konnte. Dass Jugendliche für ihr eigenes Projekt die Trommel rührten, machte großen Eindruck auf Firmen und kirchliche Institutionen.

Zwei Mädchen der Gruppe Öffentlichkeit hatten sich sehr angestrengt, mit dem für sie neuen Programm StarOffice ein Konzept des Projekts zu schreiben. Sehr aufgeregt stellten sie das Projekt beim Vorstandstreffen des örtlichen Diakonievereins vor. Ich saß staunend daneben und sah zu, wie die Mädels Fragen beantworteten und den Vorstandsmitgliedern (die zum Teil 70 Jahre und älter waren) erklärten, wie Miniweb funktionieren soll. Dann zogen wir wieder ab und erhielten eine Stunde später den Anruf, dass uns der Verein mit 2.200 DM unterstützen will. Der Jubel war groß, und das hatten die Mädchen ihrem eigenen Engagement zu verdanken.

Surfen und Spielen

Zunächst organisierten wir fünf Rechner, dann einen Internet-Zugang. Die ersten sechs Wochen stand die Nutzbarmachung der Technik im Vordergrund. Da niemand viel Ahnung hatte, dauerte es seine Zeit, bis die Technikgruppe mit unserer Hilfe CD-ROM-Laufwerke und Soundkarten eingebaut hatte, die Rechner vernetzt waren (die Aussicht auf Netzwerk-Spiele war ein wesentlicher Faktor für die Motivation der Techniker) und der Internet-Zugang stand.

Mühevoll arbeitete sich die Projektgruppe in verschiedene Software ein (Download-Tools, WYSIWYG-Html-Editor). Die Hälfte der Projektgruppe hatte keine Vorerfahrungen am Computer. Die Rechner standen den Jugendlichen während des Projekts Tag und Nacht zur Verfügung. Sie spielten sich von Minesweeper und Solitär bis zu Starcraft und Age Of Empire durch und sie surften von den Simpsons und Akte X bis zum Bundestag.

Die fünf Rechner waren natürlich die Attraktion im Maxikeller. Da fanden Netzwerk-Spielsessions statt, zu denen wir auch eingeladen wurden. Die Erlaubnis, jederzeit zu spielen, führte jedoch keineswegs zu einer Vernachlässigung der Projektarbeit. Die Spielsessions waren für einige der

Jugendlichen sogar erst der Einstieg in die Arbeit mit dem PC. Da der örtliche Diakonieverein die Übernahme der Telefonkosten zugesagt hatte, waren die Jugendlichen Tag und Nacht im Internet unterwegs. Dies war ganz in unserem Sinne, denn so lernten sie das Internet kennen.

Nach und nach nahm Miniweb 1 Gestalt an: Der Download ganzer Websites gelang, und die Vielfalt an Themen wurde immer größer. Zwei Mädchen entwarfen eine Startseite mit einem kleinen Spiel (drei Türen, die man anklicken konnte, doch nur eine war die richtige), von der aus man zu den Themen Musik, Politik, Auto oder auch zur Wir-über-uns-Seite surfen konnte. Nach Redaktionsschluss erstellten wir einen Index des CD-Inhaltes und brannten das Ganze inklusive Suchmaschine auf CD-ROM.

Versehen mit Label und Logo wurde die CD im Juli 1999 stolz der Öffentlichkeit präsentiert. Zu diesem Zeitpunkt dauerte das Projekt bereits gut drei Monate. Die Präsentation mit Einladungen an alle wichtigen Menschen aus den Kirchengemeinden, dem Jugendamt der Stadt Nürnberg und aus dem Stadtteil verschaffte der Projektgruppe viel Anerkennung. Noch auf der Veranstaltung wurden die Jugendlichen gefragt, was sie noch für ihre weitere Computerarbeit bräuchten und wie man sie unterstützen könne.

Die Gemeinde war stolz auf ihre Jugend!

Außer Puste über den Sommer

Während der Sommerferien legten wir eine sechswöchige Pause ein. Im Herbst ging es weiter, allerdings in wesentlich kleinerer Besetzung. Durch den Wechsel von der Schule in die Ausbildung stiegen einige der ProjektteilnehmerInnen aus. Dies war ein schwieriger Prozess, da es persönliche Streitigkeiten gegeben hatte und die Übriggebliebenen sich verraten fühlten. Zu Anfang hatten wir von den Jugendlichen die Zusage gefordert, über die gesamte Zeitdauer dabeizubleiben, wohl wissend, dass dies nicht alle schaffen würden. ProjektteilnehmerInnen, die eine konkrete Aufgabe für sich gefunden hatten, die sie auch alleine schaffen konnten, blieben. Die, die eher mit Wortbeiträgen geglänzt hatten, verloren die Lust und stiegen aus.

Die Übrigen hielten nun noch enger zusammen. Die einzelnen Kleingruppen lösten sich völlig auf, es bildete sich ein Spezialistentum heraus. Die „Grundausbildung“ war geschafft: Jetzt konnte es losgehen mit der Arbeit am Miniweb 2. In der zweiten Projekthälfte war allen ihre Aufgabe klar und sie halfen sich gegenseitig. Die Arbeit gewann an Ernsthaftigkeit.

Die Ansprüche der Jugendlichen waren gestiegen und so wurde es nicht weniger anstrengend. Doch die Ergebnisse waren von wesentlich höherer Qualität. Für die Startseite wurde nun mit einem Grafikprogramm gearbeitet (Micrografx Picture Publisher), um die Bilder exakt auf einem blauen Hintergrund zu montieren. Auf Übersichtlichkeit wurde Wert gelegt.

Die Themenvielfalt sollte umfassender und die gesammelten Webseiten vollständig sein. Dies erforderte häufiges „Nachladen“ und viele Kontrollen des gesammelten Materials. Zeitweise wurde verbissen gearbeitet, notiert und nachgebessert. Mit wachsenden Computer-Kenntnissen wurden die Qualitätsansprüche der Jugendlichen immer größer. Das Lernen machte den Jugendlichen dennoch Spaß.

Anfangs vermittelten Carsten und ich der Gruppe die Kenntnisse in Soft- und Hardware, wobei wir schnell an unsere Grenzen kamen und selbst weiterlernen mussten. Alles Weitere erarbeiteten die Jugendlichen sich selbst und freiwillig. Durch die vielen kleinen Aufgaben, die zu lösen waren und alle zum Ganzen beitrugen, hatten die Jugendlichen häufig Erfolge im „Bezwingen der Maschine“. Wer mit Computern arbeitet, kennt das Gefühl: Stolz, wenn es geklappt hat; furchtbar genervt, wenn es nicht klappen will; und nie wirklich lange zufrieden, weil die Software heutzutage immer noch mehr Möglichkeiten bietet. Der Wunsch, es immer besser zu machen, trieb die Jugendlichen an. Sie blieben dabei, weil sie mithalten wollten und weil sie mithalten konnten.

Der Erwerb von Medienkompetenz: notwendig, aber nebenbei

Die Projektgruppe bekam von uns mangels Ressourcen weder funktionierende Hard- und Software vorgesetzt, noch war die Leitung auf ein bestimmtes Vorgehen festgelegt, was die Technik betraf. Gemeinsam mit den Jugendlichen wurden die gespendeten Rechner aufgerüstet und die Suche nach freier oder billiger Software begonnen. Dies brachte den Nachteil mit sich, dass viel Zeit für Grundausstattung aufgewendet wurde. Der Vorteil war, dass die Jugendlichen lernten, mittels Internet-Recherche Programme und Hardware-Informationen zu finden, damit die alten Rechner einsatzfähig gemacht werden konnten. Die Realität in Jugendzentren ist genau diese: Viele Firmen sind bereit, ältere Rechner zu spenden, die in der Regel weder CD-ROM Laufwerke noch ein Betriebssystem haben, von Handbüchern ganz zu schweigen. Und will man legal arbeiten, dann ist es nötig, nach guten Free- oder Shareware-Programmen zu suchen, da die Ausstattung eines Rechners mit den Mainstream-Programmen viel zu teuer kommt.

Die Jugendlichen lernten viele verschiedene Möglichkeiten kennen, den Computer zu nutzen:

- um Arbeiten schneller und besser zu erledigen
- um kreative Ideen umzusetzen
- um zu kommunizieren
- um Aufmerksamkeit zu erhalten.

Die Gruppe Öffentlichkeitsarbeit griff ganz selbstverständlich zum Rechner, um Briefe zu schreiben, Einladungen zu entwerfen und eine Presse-

Informations-Mappe zu erstellen. Dabei lernten sie den Umgang mit Star Office und Corel Draw, womit das Ergebnis professionell wirkte und das Miniweb-Logo trug. Lediglich die Foto-Stellwand wurde noch mit Schere und Klebstoff hergestellt.

Ein Jugendlicher mit Radio-Erfahrung erstellte gleich mehrere Jingles mit einem Kompositions-Programm. Die Arbeit an der Startseite machte den Mädchen soviel Spaß, weil sie Farben, Schriften und Grafiken in unbegrenzt vielen Variationen kombinieren konnten. Grafische Ideen in HTML umzusetzen und die Verlinkung zu einem kleinen Spiel zu machen, gab dem Ideenreichtum der Startseiten-Gruppe den richtigen Raum. Kommunikation per eMail lernten die Jugendlichen nebenher. Schnell legten sie sich eMail-Adressen zu und schrieben sich regelmäßig mit Chat-Bekanntschaften.

Die Außendarstellung des Projekts fand fast nur mit dem Hilfsmittel Computer statt. Außer den gedruckten Berichten gab es die Webseiten, die ständig von mir aktualisiert wurden, auf denen sogar an Termine erinnert wurde, ein Projekttagebuch auf einem Rechner, Multimediapräsentationen, die in verschiedene Software einführten oder zu einer Feier einluden und die Miniwebs selbst, auf denen sich die Projektgruppe der Öffentlichkeit vorstellte. Diese Konzentration auf das Medium Computer machte Spaß und vermittelte der Projektgruppe viel Wissen über Computer als Kommunikationsmedium, führte jedoch auch dazu, dass Kollegen und Vorgesetzte im Jugendamt wenig vom Miniweb erfuhren, da sie die erforderlichen technischen Mittel nicht besaßen.

Kleine Scheiben – große Folgen

Im Stadtteil wurde die Projektgruppe als innovativ und zukunftsorientiert wahrgenommen und dementsprechend unterstützt. Die Kirchengemeinden fingen an zu überlegen, ob sie ihre Außendarstellung in Zukunft mit ähnlichen Mitteln moderner gestalten und dazu die Jugendlichen der Projektgruppe um Mithilfe bitten sollten.

Zwei der Mädchen aus der Miniweb-Gruppe wurden inzwischen beauftragt, gegen Honorar eine Website für ein Projekt des Jugendamtes zu gestalten. Ein Jugendlicher wird eine Ausbildung zum Fachinformatiker beginnen.

Vier Jugendzentren wurden in direkter Folge des Projekts mit Computern ausgestattet: Die gespendeten Rechner wurden auf zwei Jugendtreffs der Evangelischen Jugend aufgeteilt. Zwei städtische Treffs wurden mit PCs ausgestattet, weil das Projekt MitarbeiterInnen Lust auf Computer gemacht hatte.

Resümee: Drei Bedingungen für den Erfolg eines Projekts

Drei Beine wackeln nicht. Nur die Einbettung in funktionierende und innovationsfreundliche Strukturen hat Miniweb möglich gemacht. Am Projekt Miniweb waren das Jugendamt der Stadt Nürnberg und zwei evangelische Kirchengemeinden beteiligt. Die Ausgangslage auf der Ressourcenseite war denkbar schlecht: Kein Geld, ein einziger Rechner, kein Internet-Zugang. Das Konzept entstand jenseits sämtlicher Antragsfristen für Projektgelder, und die Haushalte gaben nicht viel her. Die gemeinsame Trägerschaft von Kirche und Jugendamt eröffnete jedoch viele Handlungsmöglichkeiten. Wo ein anderes Projekt schnell an institutionelle Grenzen stößt, gab es für Miniweb immer einen Weg, die Dinge zum Laufen zu bringen. Die jeweiligen Stärken der Institutionen konnten optimal eingesetzt werden.

Traumjugendliche brauchen Träume. Das Ziel des Projekts „Miniweb“ war zwar klar definiert als „Produktion einer CD“, ließ jedoch in der Umsetzung viele weitere Möglichkeiten offen. Hier war nicht nur die Mitsprache der Jugendlichen angesagt; wir gestanden von Anfang an ein, dass Miniweb eine Vision war und wir dahin wollten, aber ohne die Jugendlichen nicht konnten. Die Vision wurde um viele weitere Details erweitert. Ein Teil davon wurde realisiert, ein Teil blieb auf der Strecke. Eine Vision findet leichter Anhänger als ein konkreter Plan, den sie bietet Raum für Träume und eigene Pläne.

Jedes Treffen begann mit einer Gesprächsrunde zu den Themen: Was haben wir erreicht? Was gibt es noch zu erledigen? Was denken wir uns noch aus? Letzteres machte am meisten Spaß.

Persönliche Beziehungen fördern die Arbeit. Die meisten Gruppenmitglieder trafen sich häufig spontan im Maxikeller, um zu reden, Computer zu spielen oder zum Fernsehgucken. Sie waren schon vor dem Projekt miteinander befreundet, hatten zusammen Kinderfreizeiten betreut und Feiern organisiert. Diese persönliche Beziehung trug die Gruppe über manchen Frust hinweg, machte gegenseitige Unterstützung möglich. Es gab keine Konkurrenzen, sondern ein starkes Interesse, die Aufgabe gemeinsam zu bewältigen und dabei alle auf dem Weg mitzunehmen.

Udo Götz

Scheiblaswais

Produktion einer interaktiven CD-ROM mit Jugendlichen auf dem Land

1. Die Rahmenbedingungen des Projekts

Das computermedienpädagogische Projekt „Scheiblaswais" wurde im Dekanat Gräfenberg durchgeführt, das mit seinen 12 Kirchengemeinden und ca. 13.000 evangelischen Gemeindemitgliedern am südöstlichen Rand der Fränkischen Schweiz liegt. Im Hinblick auf computermedienpädagogische Projekte waren bisher kaum Vorerfahrungen vorhanden.

Die Situation der Evangelischen Jugend im Dekanat zeigte, dass die einzelnen Gruppen vor Ort so gut wie nichts voneinander wussten. Deshalb wurde im Frühjahr 1999 eine Eigendarstellung der Evangelischen Dekanatsjugend initiiert.

Bei diesem Projekt sollten folgende Fragestellungen in den Blick genommen werden:

- Wie lässt sich ein derartiges Projekt auf dem Hintergrund der bisherigen Jugendarbeit in einem kleinen Dekanat durchführen?
- Wie wirkt es sich auf die Selbst- und Fremdwahrnehmung der Jugendarbeit im Dekanat aus?
- Verändert sich die Jugendarbeit im Hinblick auf Methoden oder Klientel?
- Wie wirkt sich eine derartige Projektarbeit auf eine bestehende Gruppe aus, die sich ursprünglich nicht zu diesem Zweck zusammengefunden hat?

2. Jugendarbeit im Dekanat Gräfenberg – Voraussetzungen für Computermedienarbeit

Die Anregung, eine Selbstvorstellung evangelischer Jugendarbeit zu erstellen, kam aus einer Jugendgruppe. Diese Gruppe bestand bereits seit mehreren Jahren und setzte sich aus ca. zehn Jungen im Alter von 16 bis 21 Jahren zusammen. Angeregt waren die Jugendlichen durch Äußerungen einiger Kirchenvorsteher, „dass in der Jugend nichts los sei." Dies stieß auf Widerspruch der Jugendlichen und sollte sich somit schnellstmöglich ändern.

Geplant und durchgeführt wurde das CD-ROM-Projekt von mir selbst als dem Dekanatsjugendpfarrer und Computermedienpädagogen und von Jochen Schleicher. Dieser leitet die durchführende Jugendgruppe seit mehreren Jahren und ist zugleich beruflich im Hard- und Softwarebereich tätig. Durch die bei ihm vorhandene technische Ausstattung konnten die

Kosten von vornherein sehr niedrig gehalten werden, was Grundbedingung für das Projekt war.

Bei den Vorarbeiten wurde zunächst daran gearbeitet, die teilweise noch großen Berührungsängste vor allem auf Seiten der Pfarrer zu beseitigen. Dies gelang zumindest soweit, dass ein Teil der Pfarrerschaft das Projekt mit der Übermittlung notwendiger Daten unterstützte. Bereits hier leisteten die Jugendlichen wichtige Arbeit, indem sie viele Daten in persönlichen Gesprächen erhoben.

Zudem war es wichtig, einen zentralen Ort für die Projektarbeit auszuwählen. Zwar existiert im Dekanat ein Jugendhaus, jedoch war es nicht möglich, in diesem Haus für längere Zeit Computer fest zu installieren. Deshalb wurde doppelgleisig verfahren: Konzeptionelle Planungen wurden während der Gruppenstunden im Jugendhaus ausgeführt, die Arbeit an den Computern selbst geschah im Büro von Jochen Schleicher. Dadurch war gewährleistet, dass die Jugendlichen auch über die Gruppenstunden hinaus Zugang zur Projektarbeit hatten und vor Ort direkte Hilfestellung bekamen.

Als Trägermedium für die Information wurde bewusst eine interaktive CD-ROM gewählt. Diese lässt sich mit relativ einfachen Mitteln herstellen und verbreiten. Erste Gedanken in Richtung Internet-Arbeit wurden zurückgestellt, da im Dekanat noch sehr wenige Jugendliche über einen Netzzugang verfügen. Auch wenn die Zahl in diesem Bereich stetig anwächst, erschien es uns zum damaligen Zeitpunkt sinnvoller, ein abgeschlossenes Medium wie eine CD zu produzieren, die zum einen auf möglichst vielen Rechnern lauffähig sein sollte und zum anderen durch die bisher eingeführten Wege der persönlichen Weitergabe ihr Publikum finden konnte.

3. Hard- und Softwarevoraussetzungen und ihre Wertigkeit

Computermedienpädagogische Projekte haben oft den Ruf, techniklastig zu sein. Das liegt sicherlich auch daran, dass gerade im multimedialen Bereich eine Fülle von Material integriert werden muss, angefangen von Texten, über Fotos und Musik, bis hin zu Videos. Doch gerade das macht für die Jugendlichen den Reiz derartiger Projekte aus. Aufgrund unserer Situation vor Ort und der Art und Weise der bisherigen Jugendarbeit im Dekanat war es für uns wichtig, diesen Aspekt realistisch zu sehen. Es konnte nicht darum gehen, die neuesten Programme oder Rechner anzuschaffen.

An Hardware standen uns zur Verfügung: Zwei PCs (Pentium II/450, 10GB und Celeron 300, 30GB) - beide mit CD-Brennern ausgestattet -, ein Notebook (Pentium II/266), ein Scanner und ein Farbdrucker (Epson GT 6500). Eine digitale Kamera (Olympus Camedia 1400) des Kreisjugendrings konnten wir einige Tage leihweise nutzen. Ergänzt wurde die Hardware durch die Ausrüstung der Jugendlichen zu Hause.

Im Softwarebereich entschlossen wir uns, basierend auf dem vorhandenen Equipment, für „Scala MM200“ – ein Programm zur Erstellung multimedialer und interaktiver Anwendungen. Dieses Programm war einigen Jugendlichen durch die bereits erfolgte Erstellung von digitalen Videos vergangener Jugendfreizeiten bekannt. Zudem hatte sich Jochen Schleicher als technischer Hauptverantwortlicher des Leitungsteams in dieses Programm eingearbeitet. Dies stellte sich im Laufe der Projektarbeit als überaus wichtig dar. Denn gerade in der mitunter sehr zeitraubenden Arbeit am Computer kommt es immer wieder zu Frustrationen. Diesen kann durch kompetenten Umgang mit Hard- und Software ein Stück weit begegnet werden. Von den Jugendliche wird dabei sehr genau wahrgenommen und honoriert, wie ihre „Experten“ mit derartigen Problemen umgehen. Weiterhin arbeiteten wir mit dem Programm Corel Draw 7 SE zur Bildbearbeitung und dem Office-Paket von Microsoft sowie einem Programm zur Soundbearbeitung. Für das Brennen der CDs wurde das Programm WinOnCD benutzt.[1]

4. Ziele des Projekts

Nach innen hatte das Projekt „Scheiblaswais“ zum Ziel, die Medienkompetenz der Jugendlichen zu verbessern und den Gruppenzusammenhalt zu stärken. Neben der Vermittlung technischer Kompetenz ist somit auch die soziale Kompetenz ein entscheidender Faktor. Trotz aller Individualisierung und Freizeitorientierung zeigt sich immer wieder, dass die sozialen Kontakte einen hohen Stellenwert genießen, gerade in dem Altersspektrum, das von unserer Projekt-Gruppe zu einem Großteil repräsentiert wurde.

Einen zusätzlichen Anreiz bildete bei dem Projekt die Aussicht, etwas für andere zu tun. Dieser festgestellte direkte „Nutzwert“ der eigenen Arbeit bestärkte die Jugendlichen in ihrer Selbstverpflichtung. Es war der Gruppe auch anzumerken, dass sie von einem gewissen Stolz erfüllt war, diese Aufgabe und damit auch die Verantwortung für eine entsprechende Präsentation der Evangelischen Jugend für das gesamte Dekanat wahrzunehmen.

Insgesamt wirkte die Motivation, etwas gemeinsam zu erarbeiten, es dann der Öffentlichkeit vorzustellen und entsprechend „entlohnt“ zu werden, stärker auf die Gruppe, als das Verlangen nach Erweiterung der rein technischen Kompetenz. Dies rührt sicherlich auch daher, dass sich die Gruppe nicht extra zusammengefunden hatte, um das Computermedienprojekt durchzuführen, sondern bereits vorher gemeinsame soziale Erfahrungen gemacht hatte. Diese Erfahrungen waren sowohl Ausgang- als auch Zielpunkt des sozialen Lernens innerhalb der Gruppe. Die Medienarbeit bot dazu den Rahmen.

Da mit dem multimedialen Projekt auch neue Wege in der Jugendarbeit beschritten wurden, ging es in der Orientierung nach außen hin in erster Linie darum, diese Art von Jugendarbeit zu etablieren. Um den Vorbehalten gegenüber Computermedienarbeit entgegenzutreten, ergab sich hier ein gute Möglichkeit, die gestalterischen Potenziale des Mediums aufzuzeigen und zu nutzen.

Ein zweites Ziel nach außen war, die Evangelische Jugend in ihrer Breite zu präsentieren. Bei Umfragen in jüngster Vergangenheit wurde wiederholt festgestellt, dass hierüber wenige oder veraltete Informationen bei Betroffenen vorlagen. Selbst Jugendliche wussten wenig über die Angebote der Evangelischen Jugend. Das eigene Selbstverständnis stimmte nicht mehr mit der Wahrnehmung durch die Öffentlichkeit oder kirchliche bzw. politische Entscheidungsträger überein. Auch darauf zielte diese Informationskampagne auf CD-ROM.

5. Der Prozess in der Gruppe

Die Eingangsvoraussetzungen innerhalb der Gruppe waren sehr unterschiedlich. Deshalb musste von Anfang darauf geachtet werden, niemanden zu überfordern. Die Arbeiten wurden in der Gruppe entsprechend verteilt, wobei jeder den Ideen der anderen mit viel Interesse begegnete. Immer wieder wurden Arbeitsgebiete gewechselt, so dass ein echtes Gemeinschaftsprojekt entstehen konnte.

Für die Erstellung der CD-ROM hatten wir uns von Anfang an einen zeitlichen Rahmen gesetzt. Zu Beginn des Kirchenjahres, also am ersten Advent 1999, sollte eine erste Version der CD-ROM fertiggestellt sein. Ausgehend vom Beginn der Vorarbeiten im Frühsommer 1999 sind somit acht Monate für das Projekt „Scheiblaswais“ veranschlagt gewesen. Dies mag als langer Zeitraum erscheinen, doch ist dabei zu bedenken, dass besonders am Anfang das Projekt bewusst mit langen Unterbrechungen anlief.

Mitte Juni wurde die Arbeit an der Darstellung der Jugendarbeit im Dekanat gestartet. Die Jugendlichen stellten in der Gruppe erste Überlegungen zu Art und Umfang der Informationen an. Anhand eines Fragebogens, der von ihnen erstellt worden war, wurden Informationen gesammelt. Mit Unterstützung des Leitungsteams bekamen die Jugendlichen Gelegenheit, ihre Vorschläge zur Umsetzung der Informationen auszuprobieren. In dieser Phase wurden den Jugendlichen bewusst kaum Grenzen gesetzt. Es stellte sich als wichtig heraus, dass sie diesen Freiraum für Experimente hatten - auch wenn das die Leitung mitunter auf eine harte Geduldsprobe stellte. Die Arbeit an dem Projekt fand im dreiwöchigen Rhythmus innerhalb der Gruppenstunden und bei diversen Spontantreffen im Computerstudio von Jochen Schleicher statt.

Abb. 1: Cover der CD-ROM

Ab September wurde der Rhythmus der Projektarbeit auf einen 14-tägigen verkürzt. Innerhalb der Gruppe galt es, nach der langen Ferienzeit die Motivation neu zu wecken. Das Projekt trug mit wachsender Konkretion dazu bei. Mit Zunahme des gelieferten Materials wurden die Vorstellungen von der zu erstellenden CD-ROM immer fassbarer. Erste Materialsammlungen (Bilder, Videos, Musik) wurden angelegt.

Im Oktober wurden die Informationen vervollständigt, das Screendesign und die Strukturierung der CD entworfen. Erste grundlegende Arbeiten wurden unter den Beteiligten aufgeteilt. Von da an war jedes Gruppentreffen für die Projektarbeit reserviert. Es wurde in drei Gruppenkonstellationen gearbeitet: Als Gesamtgruppe oder in Kleingruppen während der Gruppenstunden; als Einzelne zu Hause, zwischen den Gruppenstunden im Computerstudio von Jochen Schleicher oder bei mir im Pfarramt. Der teilweise recht unterschiedliche Arbeitseinsatz wirkte sich nicht negativ auf das Gesamtklima in der Gruppe aus.

Anfang Dezember wurde die erste offizielle CD-ROM des Projekts an den Landrat übergeben. Die Übergabe geschah im offiziellen Rahmen unter Beisein der Presse.

Von der Gruppe wurde die Projektarbeit äußerst positiv aufgenommen. Die gemeinsame Erfahrung der Produktion, auch das arbeitsteilige Entwickeln, hat sie in ihrem Selbstbewusstsein als Gruppe gestärkt.

6. Das Ergebnis und seine Wirkung

Beigetragen zu diesem positiven Resümee hat auch das Ergebnis mit seiner Wirkung nach außen. Aus den Kirchengemeinden kamen viele positive Rückmeldungen. Bei mehreren Gemeindeveranstaltungen wurde die CD der Öffentlichkeit vorgeführt und konnte von Interessierten ausgeliehen werden.

Die multimediale Jugendarbeit wurde auch bei den Entscheidungsträgern mit großem Interesse aufgenommen. Vertreter von Verbänden und Politik zeigten sich positiv beeindruckt. Auch Jugendliche wurden durch die CD angesprochen. Zum einen gefiel ihnen diese Art der Informationsübermittlung mit den interaktiven Möglichkeiten, zum anderen wurde bei einigen das Interesse an einer derartigen Entwicklungsarbeit geweckt. Eine Reihe von Anfragen Jugendlicher nach dieser Art der Betätigung innerhalb der Evangelischen Jugend im Dekanat Gräfenberg untermauern dies. All dies zeigt, dass im Hinblick auf Öffentlichkeit und Politik ein entscheidender Anstoß gegeben werden konnte, um computermedienpädagogische Arbeit zu etablieren. Hierauf lässt sich in Zukunft aufbauen.

Innerhalb der Jugendgruppe hatte sich durch die Arbeit an der CD-ROM ein Rollenwechsel vollzogen. Aus den Mediennutzern waren plötzlich Produzenten geworden. Dieser Wechsel musste von den Jugendlichen erst einmal verdaut werden und führte dazu, dass eine Pause an der CD-Arbeit eingelegt wurde. Einige der Jugendliche haben sich inzwischen aus der Gruppe zurückgezogen, während andere ihre neu erworbenen Kompetenzen nun sehr bewusst einsetzen. Nicht nur im Rahmen der Jugendarbeit sondern auch auf kommunaler Ebene. So wurde vor kurzem ein Internetauftritt für die Marktgemeinde Hiltpoltstein entworfen und dem Gemeinderat vorgestellt. Ein selbstbewusster Schritt, der sicherlich auch durch die Arbeit am CD-Projekt vorbereitet wurde. Diese Wandlung einiger Jugendlicher vom Konsumenten zum Produzenten ist m.E. das bemerkenswerteste Phänomen des computermedienpädagogischen Projekts „Scheiblaswais".

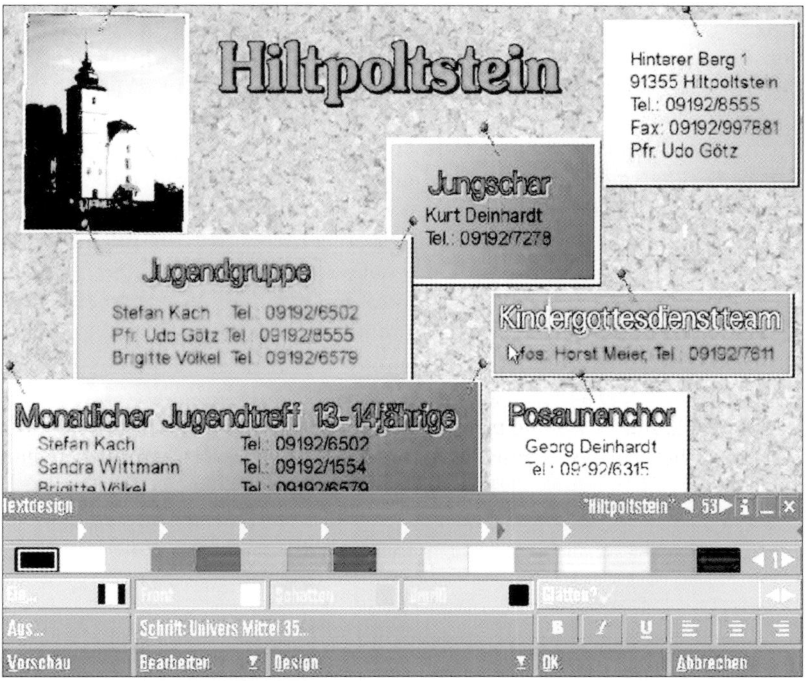

Abb. 2: Homepage von Hiltpoltstein

7. Multimedial in die Zukunft

Ermutigt durch den Verlauf des Projekts „Scheiblaswais“ und die positiven Reaktionen darauf, entstanden Pläne zu computerbasierter Medienarbeit aus den Reihen der Jugendlichen. So ging „Scheiblaswais“ in die zweite Phase. Nach der Fertigstellung der ersten CD wurde inzwischen eine überarbeitete Version veröffentlicht. Angeregt dadurch haben sich viele Interessenten gemeldet, die mit dem Medium Computer auch in der Jugendarbeit zu tun haben möchten. Mit diesen bereits jetzt interessierten Jugendlichen könnte ein Netzwerk von ComputernutzerInnen aufgebaut werden. Somit wäre ein Grundstein gelegt, der durch Schulung und Ausbau auch für die einzelnen Gemeinden von großer Bedeutung werden könnte. Mit Hilfe des Mediums Computer würde sich somit eine Gruppe etablieren, die einen neuen Zugang in den Raum der Kirche aufweisen kann - auch im sozialen Bereich.

Konkret begonnen wurde inzwischen die Vernetzung der einzelnen Pfarreien. Unter der Domain www.dekanat-graefenberg.de bietet die Evangelische Jugend den einzelnen Kirchengemeinden und Verbänden eine Präsentationsplattform. Für die Erstellung und Aktualisierung wird ein kleines Entgelt verlangt, das nach Abzug der Unterhaltskosten für Anschaffungen im Bereich Multimedia zur Verfügung steht. Seit dem Frühjahr ist bereits eine Digitalkamera im Dekanat vorhanden. Somit hat sich die computermedienpädagogische Arbeit auch als ein Modell zur Finanzierung neuer Projekte erwiesen.

Mit dem Projekt wurde ein Anstoß gegeben, der sich inzwischen deutlich bemerkbar gemacht hat. Für Jugendliche ist es wichtig, dass sie sich ausprobieren dürfen und auch ihren Stellenwert im sozialen Gefüge entdecken. Computermedienpädagogik ist sicherlich nicht die alleinige Lösung für die Fragen der Zukunft, vor denen wir heute stehen. Sie ist auch nicht die neue Heilsbringerin im Raum der Kirchen. Aber sie beinhaltet ein Potenzial, nicht nur im Hinblick auf junge Menschen, das nicht einfach zur Seite geschoben werden darf.

Anmerkung

1 Das Programm Corel Draw 7 SE ist für 100,- DM erhältlich, SCALA MM 200 wird für ca. 90,- DM vertrieben. Für einen Überblick über Hard- und Softwarevoraussetzungen siehe auch: Roland Bader (1997a), oder im Internet: www.jhw.regio.de/bader/scheibe.htm. Als Alternative zu vorhandenen Geräten wäre auch gut die Kooperation mit Schulungszentren von Kommunen, Organisationen oder Schulen denkbar.

Literatur

Bader, Roland (1997a): Alles auf eine Scheibe setzen. Gestaltung von Multimedia und CD-ROM. In: medien praktisch, 1997, Heft 1 (CD-ROM - Zur Didaktik der Interaktivität 1/97), S. 31-36

Bader, Roland (1997b): Lernen in einem multimedialen Produktionsprozeß. In: Hans-Jürgen Palme / Andreas Hedrich / Günther Anfang (Hrsg.): Hauptsache: Interaktiv. Ein Fall für die Medienpädagogik. München, S. 129-140

Hedrich, Andreas / Thomas Voss-Fertmann (1999): Medienkompetenz im Jugendalter: Gesellschaftliche Rahmenbedingungen, Stellenwert der Medien und medienpädagogische Handlungsfelder. In: Fred Schnell / Elke Stolzenburg / Helga Theunert (Hrsg.): Medienkompetenz: Grundlagen und pädagogisches Handeln. München, S. 188-200

Reinmann-Rothmeier, Gabi / Heinz Mandl (1997): Problemorientiertes Lernen mit Multimedia. In: Karlheinz A. Geissler / Georg von Landsberg / Manfred Reinartz (Hrsg.): Handbuch Personalentwicklung und Training. Ein Leitfaden für die Praxis. Köln, S. 1-20

Sander, Ekkehard (1999): Medienerfahrungen von Jugendlichen in Familie und Peergroup. In: Fred Schnell / Elke Stolzenburg / Helga Theunert (Hrsg.): Medienkompetenz: Grundlagen und pädagogisches Handeln. München, S. 220-236

Sonnenschein, Sabine (1999): Ganz nach ihrer Lust und Laune. Außerschulische Jugendarbeit mit Medien - Trends und Tendenzen. Eine Bestandsaufnahme auf der Grundlage bisheriger Erfahrungen in der medienpädagogischen Praxis. In: Dieter Baacke / Susanne Kornblum / Jürgen Laufer / Lothar Mikos / Günter A. Thiele (Hrsg.): Handbuch Medien: Medienkompetenz. Modelle und Projekte. Bonn, S. 15-22

Andreas Holzhäuser

Der Virtuelle Rundgang

Spielerisch lernen

Der „Virtuelle Rundgang" ist ein computermedienpädagogisches Projekt, in dem von einer Gruppe von Auszubildenden eine CD-ROM über das Wohnheim hergestellt wurde, in dem die Auszubildenden leben. Als Praxisprojekt des Weiterbildungsprogramms „Menschen am Computer" im Studienzentrum Josefstal wurde es von den Dozenten Roland Bader und Wolfgang Schindler während der Konzeptionsphase, der Durchführung und der Auswertung fachlich betreut und begleitet. Dieser Beitrag schildert den Prozess der Entstehung der CD-ROM.

Der „Virtuelle Rundgang" entstand im Kolpinghaus Mainz. Das Kolpinghaus Mainz ist eine Wohn-, Freizeit- und Bildungsstätte für junge Auszubildende. Die Einrichtung besteht aus zwei Bereichen, in denen die Jugendlichen für unterschiedlich lange Zeit leben. Bereich I beherbergt etwa 45 Dauerbewohner: Jugendliche in verschiedenen Ausbildungsberufen, Jugendliche, die von Jugendämtern vermittelt wurden und körperbehinderte Jugendliche. Im Bereich II wohnen 100 bis 120 Steinmetz-/Steinbildhauerauszubildende für die Zeit, in der sie entweder die Berufsschule oder die überbetriebliche Ausbildung besuchen. In diesem Bereich findet etwa alle zwei bis vier Wochen ein Bewohnerwechsel statt.

Projektziele

Herstellung eines Informationssystems. Die Idee für den „virtuellen Rundgang" war, zusammen mit den Dauerbewohnern ein Informationssystem über das Kolpinghaus zu entwickeln, das neuankommenden Hausbewohnern die Orientierung im Haus erleichtern sollte. Geplant war eine Art „Info-Box" an einem Multimedia-Computer, die im Foyer neu ankommenden Hausbewohnern erste Informationen über das Haus vermittelt. Als Plattform sollte ein Multimediaprogramm mit interaktiven Möglichkeiten dienen. Damit lässt sich der „Virtuelle Rundgang" als Infotainment charakterisieren – Software, die auf unterhaltsame Art und Weise Informationen vermittelt. Das ganze Projekt war produktorientiert: Am Ende sollte ein fertiges und ansehnliches Produkt stehen, eine Präsentation des Kolpinghauses Mainz. Neben diesem Ziel, ein Informationssystem herzustellen, wurden mit dem Projekt weitere pädagogische Ziele angestrebt.

Soziales Lernen an Computern. Der Prozess der Herstellung des Informationssystems sollte für die TeilnehmerInnen soziale Lernmöglichkeiten durch die gemeinsame Arbeit in der Gruppe eröffnen. Wert wurde gelegt auf Möglichkeiten, voneinander zu lernen, sich gegenseitig zu unterstützen und aufeinander Rücksicht zu nehmen. In Kleingruppen sollten in projektbezogener Kooperation Teile produziert werden, die später in den Gesamtzusammenhang eingebracht werden konnten. Dabei sollte auch die gegenseitige Abhängigkeit der Produktionsgruppen voneinander spürbar werden. Eigene Ideen der Teilnehmer sollten eingebracht und verwirklicht werden können, dabei sollte aber auch Rücksichtnahme und Respekt gegenüber den Anderen geübt werden. Das Lernen von Durchsetzungsfähigkeit, Flexibilität, der Fähigkeit, mit Misserfolgen umzugehen, und die Reflexion der eigenen Ansprüche sollte eine hohe Bedeutung in der Projektarbeit haben.

Wesentliches Moment bei der Umsetzung dieser hochgesteckten Ziele waren die Zwischenbesprechungen, in denen Ergebnisse präsentiert und inhaltliche Änderungen vorgenommen wurden. Dies war der Ort der Auseinandersetzung und der Diskussion. Als Projektleiter musste ich des öfteren an den Respekt und die Rücksicht appellieren.

Computer als Ausdrucksmedium. Für die Teilnahme am Projekt wurde keine besondere PC-Erfahrung vorausgesetzt. Der Erwerb von Medienkompetenz in Form von Bedienkompetenz sollte ermöglicht werden.[1] Im Umgang mit der Soft- und Hardware sollten Fertigkeiten erworben und Hemmschwellen abgebaut werden. Die TeilnehmerInnen lernten alle im Verlauf des Projektes den Umgang mit Textverarbeitung, Bildbearbeitung, Grafikprogramm, Scanner, Soundbearbeitung und einem Autorenprogramm.

Der Computer sollte als schon bekanntes und zugleich als neues Medium, insbesondere als Medium für kreativen Ausdruck, erfahren werden. Die Gestaltung des „Virtuellen Rundgangs" war zunächst keiner vorgegebenen Form unterworfen. Die TeilnehmerInnen sollten „ihr" Kolpinghaus darstellen können, ihre persönliche Sichtweise von der Einrichtung. Darüber hinaus sollte den TeilnehmerInnen die Möglichkeit gegeben werden, hinter die Kulissen von Multimediaproduktionen zu schauen.

Rahmenbedingungen für das Projekt

Das Praxisprojekt „Virtueller Rundgang" war für die Dauer von fünf Monaten ausgelegt (April – August 1999). An technischer Ausstattung waren drei Computer Pentium I mit 166 MHz und ein Computer mit MMX 233 MHz Prozessor vorhanden. Alle Computer waren multimedial, d.h. mit Soundkarte und einem CD-ROM-Laufwerk ausgestattet. Des Weiteren gab es einen Scanner, einen Farbdrucker und eine Spiegelreflexkamera. Zu bestimmten Terminen wurde ein Videobeamer ausgeliehen, der sich für die Einführung in neue Software als sehr hilfreich erwies. Mit diesem Gerät wurde auch der eine oder andere Spielabend gestaltet.

Beworben wurde das Projekt mit Plakaten und direkter Ansprache in den Wohngruppen des Hiesigenbereichs (Bereich I des Hauses). Als weitere Werbung lief an verschiedenen Stellen im Kolpinghaus eine Präsentation, die mit der Autorensoftware „Medi8or“ erstellt war und die darauf hinwies, dass Multimediadesigner, Fotografen und Texter für den „Virtuellen Rundgang“ gesucht wurden.

Der Prozess

Es fand sich schließlich eine Gruppe von fünf Jugendlichen, drei Jungs und zwei Mädchen, um dieses Projekt zu verwirklichen.

Der Umgang mit den Programmen wurde in spielerischen Arbeitseinheiten erlernt. Die TeilnehmerInnen bekamen einzelne Aufgaben, mit den neuen Programmen etwas herzustellen, das sie sich anschließend gegenseitig präsentierten. Dieser spielerische Einstieg vermittelte eine lockere Atmosphäre und bot den TeilnehmerInnen den nötigen kreativen Freiraum zum „Quatschmachen“ und Ausprobieren der Software. Die einzelnen Gruppen saßen vor ihren Rechnern und bastelten an den gestellten Aufgaben. Immer wieder kamen Fragen auf, und gleich rollte einer auf seinem Bürostuhl durch den Raum zum anderen Computer, um bei dem Problem zu helfen. Der Computerraum des Kolpinghauses stand während der Arbeitseinheiten immer offen, Interessierte konnten also den Stand der Dinge und den Fortschritt beobachten.

Nach Interessen entschieden sich die Teilnehmer für die einzelnen Programme bzw. die einzelnen Teilschritte, die erledigt werden mussten. Die Mädchen begannen damit, die nötigen Bilder zu knipsen und einzuscannen, während die Jungs sich in ersten Spielereien mit dem Autorenprogramm versuchten. Damit entzogen sich die Mädchen zwar zunächst der Technik, gaben aber andererseits durch Ihre Fotografien klare Vorgaben, wie der Rundgang auszusehen hatte. Später stiegen auch sie in die Softwareproduktion ein. Sie entwickelten beispielsweise eine Menüführung durch die Stockwerke in Form eines virtuellen Aufzugs, von dem ausgehend man per Mausklick in alle Etagen des Hauses gelangen kann.

In regelmäßigen Treffen organisierte die Projektgruppe den Ablauf der gesamten Produktion. Die meisten Vorgaben des Projektmanagements kamen von mir. Ich musste als Leiter am Anfang immer wieder auf den Zeitrahmen und die noch zu erledigenden Aufgaben hinweisen. Es wurden klare Vereinbarungen getroffen, wer bis wann was fertiggestellt haben musste. In Absprache mit allen wurde ein Zeitplan für die einzelnen Arbeitsschritte entworfen.

Interessenskollisionen. Es war nicht immer einfach und reibungslos, die Vorgaben einzuhalten. Oft gab es Enttäuschungen und Frustrationen. Die schlimmsten Enttäuschungen entstanden nach der Präsentation der Zwischenergebnisse gegenüber der Hausleitung. Diese forderte meistens bestimmte Änderungen ein, zum Beispiel allzu flapsige Formulierungen zu überarbeiten. Nur durch eine klare Struktur, die regelmäßige Reflexion des Erlebten, auf die ich als Leiter des öfteren bestehen musste, und einen entsprechenden Freiraum, das Erlebte zu verarbeiten, gelang die Präsentation zum festgesetzten Termin, am Sommerfest des Kolpinghauses.

Mehrere Interessen mussten in Einklang gebracht werden. Einmal sollte das Produkt der Öffentlichkeit zugänglich sein, d.h. es musste einer gewissen Form entsprechen und durfte nicht zu „ausgeflippt" sein. Aber von dem „Virtuellen Rundgang" sollten sich auch wiederum Jugendliche angesprochen fühlen. Diese Gratwanderung gelang der Projektgruppe, indem sie ihre Ergebnisse zusammentrug und diese Teilproduktionen sowohl mit dem Leiter des Hauses abstimmte, wie auch Reaktionen von Besuchern des Computerraumes, die Teile des Rundganges sahen, respektierte bzw. Vorschläge von diesen berücksichtigte. Keine leichte Aufgabe für eine Projektgruppe, die nicht professionell Software produziert und dabei gewohnt ist, auf die unterschiedlichsten Bedürfnisse der Auftraggeber einzugehen. Mehr als einmal war die Frustration groß. Wusste doch kaum jemand, wie viel Arbeit in so einer Animation steckte, die beispielsweise in einem solchen Treffen kritisiert oder sogar gestrichen wurde.

Freiraum wurde von mir in Krisensituationen eingeräumt, etwa durch Spiele über den Videoprojektor oder eine Netzwerksession. Das war von Zeit zu Zeit notwendig, um das Bedürfnis nach Spielerei am Rechner zu befriedigen und motivierte die angeschlagene Gruppe wieder.

Allerdings bildete das Ziel, der „große Auftritt" beim Sommerfest und die öffentliche Präsentation des Produkts, einen genügend großen Anreiz, um das Projekt auch zu Ende zu bringen.

Neue soziale Rollen. Die Jugendlichen wuchsen im Laufe des Projektes zu einer Produktionsgruppe zusammen. Die Produktion des „Virtuellen Rundgangs" bot die Möglichkeit zur Persönlichkeitsentwicklung. Die TeilnehmerInnen haben sich mit Produkt (Virtueller Rundgang) und Einrichtung (Kolpinghaus Mainz) identifiziert. Immer wieder wurde von unserem Projekt und unserem Haus gesprochen. Das ist an sich ungewöhnlich für die Dauerbewohner. Die meisten sind gebürtige Ostdeutsche und stehen dem Westen noch sehr skeptisch gegenüber. Viele sehen das Kolpinghaus nicht als ein pädagogisch betreutes Internat, sondern eher als eine Wohnmöglichkeit an. Das Projekt eröffnete nicht nur der Projektgruppe einen neuen Blickwinkel: „Hier kann man etwas lernen und sich sogar eine Art

Qualifikation erwerben!“ Man war in der Lage, eine solche Produktion zu bewerkstelligen, obwohl anfangs jegliche Voraussetzungen fehlten. Die Gruppe war in der Lage, das erlernte Wissen so umzusetzen, dass ein ansehnliches Produkt dabei heraus kam.

Sie hoben sich auch von den anderen jugendlichen Hausbewohnern ab, sie waren plötzlich die „Freaks“, die solche Sachen programmieren konnten. Der Computerraum stand während den meisten Projektphasen anderen Jugendlichen auch zur Verfügung, sie konnten sich entweder der Projektgruppe anschließen oder eigene Dinge am PC erledigen. Die Mitglieder der Projektgruppe waren immer gern bereit zu helfen oder zu erklären. In der Begegnung mit den Besuchern des Computerraumes stellten die TeilnehmerInnen fest, dass sie im Laufe des Projektes zu Spezialisten geworden waren. Da waren kleine Probleme der anderen Computerraumnutzer ein Klacks. Beispielsweise wollte ein Hausbewohner, absoluter Computeranfänger, einen Lebenslauf schreiben und scheiterte fast bei der Formatierung. Mit Hilfe eines Freundes aus der Projektgruppe gelang es ihm dann, den Lebenslauf fertigzustellen.

Kennzeichnend für die Gruppe war, dass sie sich durch bestimmte Fähigkeiten auszeichnete, die die Teilnehmer gemeinsam erworben hatten. In der Endphase, als auf den Vorführtermin hingearbeitet wurde, war oft keine Zeit mehr, sich um andere zu kümmern. In der Abgrenzung gegenüber Außenstehenden entstand eine gemeinsame Gruppenidentität der Produktionsgruppe. Auch in Bezug auf die anderen MitarbeiterInnen und die Leitung des Kolpinghauses haben sich die TeilnehmerInnen als Expertengruppe etabliert, indem die Projektgruppe etwas für die Institution und für neue Hausbewohner produziere. Für das Kolpinghaus war dies ein Aushängeschild, welches am Sommerfest sehr gut ankam und von allen Besuchern bewundert wurde. Für die neuen Hausbewohner gibt es jetzt ein Infosystem, das es ihnen ermöglicht, sich in diesem großen Haus zurechtzufinden und einen ersten Überblick zu bekommen.

Resümee

Die TeilnehmerInnen haben viel voneinander gelernt, sowohl im Umgang mit dem PC als auch im Umgang miteinander. Im Laufe der Zeit wurde es immer selbstverständlicher, sich gegenseitig zu helfen und sich zu unterstützen, denn es gab ja ein gemeinsames Ziel, den „Virtuellen Rundgang“. Es ist eine wichtige Erfahrung für Jugendliche, wenn sie die Einrichtung, in der sie leben, partiell mitgestalten können. In dem Projekt steckte ein sehr großes Entwicklungspotenzial für die TeilnehmerInnen. Absolute Anfänger haben sich zu recht selbstständigen Computernutzern entwickelt. Der PC wurde enttabuisiert. Es ist erlernbar, mit der „Kiste“, über die man sich anfangs nur geärgert hat, umzugehen. Hinzu kommt die Erfahrung, in einer Gruppe eine solche Aufgabe bewältigt zu haben. Unterstützung durch die anderen Teilnehmer und das Füreinander-Dasein wurden als positiv erlebt.

Im Foyer steht nun eine silberne Kiste, in der ein Bildschirm steckt. Auf diesem Bildschirm läuft der „Virtuelle Rundgang", hier kann man sich per Mausklick durch die abgebildeten Räumlichkeiten des Kolpinghauses bewegen. Weiterhin sind dem „Virtuellen Rundgang" etliche Informationen zu Terminen wie Frühstück, Abendessen, Sportveranstaltungen usw. zu entnehmen. In der Zwischenzeit wurden viele Anregungen und Vorschläge in das Produkt eingebaut und ergänzt. Die Projektgruppe pflegte und aktualisierte den „Virtuellen Rundgang" ständig.

Die ProjektteilnehmerInnen begeben sich bereits mit anderen an ein neues Projekt, eine Homepage für das Kolpinghaus Mainz zu gestalten. Eine Herausforderung ist dabei die Zusammenarbeit mit der Leitung des Hauses und die Kompatibilität einer solchen Homepage, die für andere Jugendliche interessant sein und zugleich andere Institutionen ansprechen soll.

Anmerkung

1 ROLAND BADER (1995): Jugendarbeit mit Multimedia. In: WOLFGANG SCHINDLER / ROLAND BADER (Hrsg.): Menschen am Computer. Zur Theorie und Praxis der Computermedienpädagogik in Jugendarbeit und Erwachsenenbildung. Beiträge zur Medienpädagogik, Bd. 1. Frankfurt a.M., S. 181.

Markus Waite

Wieviel Multimedia hält die Bibel aus?

Ein multimediales Experiment im Religionsunterricht
einer 9. Hauptschulklasse

Bibel? – „Wie langweilig!"; Bibel-Quiz? – „Kinderkram!"; Der vollständige Bibeltext als Datenbank mit Volltextsuche? – „Etwas für TheologInnen, allenfalls ReligionslehrerInnen mit einer Vorliebe für Bibelarbeit."

Also: wie „landen" in einer 9. Hauptschulklasse mit einem biblischen Thema, wie „Bilder und Namen der Person Jesu"? Denn das findet sich so oder ähnlich in jedem Lehrplan für den Religionsunterricht der Sekundarstufe. Gleichzeitig mit diesem Problem war ich – Religionslehrer an einer Hauptschule – vor die Aufgabe gestellt, die Weiterbildung zum Computermedienpädagogen mit einem Projekt aus meinem Arbeitsbereich Religionsunterricht abzuschließen. Deshalb wagte ich Anfang 1997 den Sprung ins für mich noch eher kalte Wasser der computermedienpädagogischen Praxis.

Religionsunterricht im Computerraum – computermedienpädagogische Ideen und Realität

Für die Planung des Projekts war wichtig, dass ich es mit HauptschülerInnen zu tun hatte, die teilweise Schwierigkeiten beim Umgang mit Sprache und Schrift hatten: Sie waren in der Regel wenig motiviert, lange Texte zu lesen oder gar zu produzieren, und sie zeigten Schwächen bei Formulierung und Rechtschreibung. Im Computerbereich brachten sie schulische Erfahrungen mit einem weit verbreiteten Betriebssystem und einem ähnlich weit verbreiteten Textverarbeitungsprogramm mit, in unterschiedlicher Intensität auch private Erfahrungen mit Grafikprogrammen und Computerspielen.

Es entstand ein Vorschlag an die SchülerInnen, das oben erwähnte theologische Thema auf der Grundlage der biblischen Berichte von Leiden, Tod und Auferstehung Jesu zu erarbeiten. Das sollte mit Hilfe von Computern geschehen. Ich wollte dazu den Bibeltext in digitaler Form und ein „Autorenprogramm" bereitstellen, mit dem Multimedia-Präsentationen („Edu-" oder „Infotainment", Spiele etc.) erstellt werden können. In die wesentlichen Funktionen des entsprechenden Bibelprogramms wurden die SchülerInnen zu Beginn des Projekts eingeführt. Das Autorenprogramm zeichnet sich dadurch aus, dass es leicht, da weitgehend intuitiv und ohne Programmiersprache zu bedienen ist.

Zunächst waren institutionelle und Hardware-Voraussetzungen zu klären. Danach bemühte ich mich um die nötige Software für die Schule. Die gestaltete sich mühsam wegen der (damals noch) relativ beschränkten Auswahl an geeigneter, netzwerkfähiger und preisgünstiger Bibelsoftware, führte aber schließlich zum gewünschten Erfolg. Die Arbeit mit den SchülerInnen fand ausschließlich in den regulären Unterrichtsstunden à 45 Minuten statt, von denen das Projekt insgesamt 21 beanspruchte.

Computer, Medien ... und die Pädagogik?

Als Ziele steckte ich mir:

- Die Medien Computer und Computerprogramme sollten die Unterrichtsinhalte attraktiver machen, aber nicht „erschlagen".
- Einerseits sollte die Arbeit mit dem Computer und ein damit erzeugtes Produkt zusätzliche Möglichkeiten für den Religionsunterricht eröffnen. Andererseits sollte der Einsatz des Computers die Arbeit nicht mehr als unbedingt notwendig erschweren.

Die SchülerInnen sollten

- die biblischen Erzählungen von Passion und Auferstehung Jesu kennen lernen bzw. sie sich in Erinnerung rufen;
- die wichtigsten Personen und ihr Handeln sowie die wesentlichen, auch christologischen Aspekte dieser Erzählungen herausfiltern, so dass sie die gewonnenen Erkenntnisse ordnen und in einer - unter Umständen multimedialen - Präsentation vorstellen können;
- Interesse am Inhalt ihrer Arbeit entwickeln und in die Lage versetzt werden, dieses Interesse für die Weitervermittlung an andere (BenutzerInnen des Produkts) nutzbar zu machen;
- zur Selbstständigkeit befähigt werden und möglichst weitgehend über ihre Arbeit und ihr Produkt entscheiden;
- angeregt werden (1) zum „Konsum" biblischer Texte, (2) zur Information über biblische Zusammenhänge und (3) zur Kommunikation mit dem Bibeltext (in Form einer Auseinandersetzung damit) und mit dem Religionslehrer (als Fachmann für einen „interessanteren" Bereich, als es „Reli" sonst zu sein scheint: den Bereich Computer);
- kreativ mit der Software und dem „Material" Bibel umgehen;
- möglichst unabhängig von ihrer Leistungsfähigkeit mitarbeiten können und schließlich
- zu einem kritischen Umgang mit computererzeugten Produkten angeregt werden.

Die Vorerfahrungen der SchülerInnen machten es relativ leicht, der Gruppe klarzumachen, welche Möglichkeiten für die Art des Produkts unseres Projekts bestanden, z.B. ein oder mehrere Texte, ein oder mehrere

Bilder, beides kombiniert, der Einsatz von Geräuschen, Sprache, Animationen und Videosequenzen oder auch ein Multimediaprogramm. Dazu trug auch bei, dass ich zwei vorhandene CD-ROMs mit biblischen Inhalten vorstellen konnte.

Es stellte sich in der Anfangsphase schnell heraus, dass für die meisten Gruppenmitglieder ein Multimediaprodukt die größte Attraktivität besaß. Demzufolge waren sie überwiegend gut für die Planung und Durchführung zu motivieren. Über den langen Zeitraum der Projektarbeit hinweg schwankte die Motivation naturgemäß, was zu einzelnen Unterrichtsstunden ohne merkbaren Fortschritt führte. Gut bei der Sache waren jedoch die meisten SchülerInnen, wenn bei der Sichtung von Ergebnissen, der Zwischenbilanz oder der Montage des Endprodukts der Blick auf das Ganze frei wurde. Gegen Ende stellte sich bei fast allen eine hohe Identifikation mit dem Produkt ein und eine positive Beurteilung der miteinander geleisteten Arbeit.

„Technische Probleme“ tauchten bei der Arbeit dadurch auf, dass die SchülerInnen unterschiedlich gut dazu in der Lage waren, ihre vorhandenen Kenntnisse anzuwenden, also durch mangelnde Sicherheit im Umgang mit dem Computer. Gerade beim Vertrautmachen mit für alle neuer Materie wirkte sich aus, dass mehrere SchülerInnen dazu neigten, Anweisungen oder Hilfestellungen des Lehrers nicht oder nicht genau (genug) aufzunehmen. Dabei erwies sich die schriftliche Form durchgehend als weniger wirksam als die mündliche. Eine grundsätzlich vorhandene Motivation für das Medium Computer und (meist) für das Projekt erlaubte es aber, die dadurch auftretenden Hürden zu nehmen. Dabei war es selbstverständlich, dass sich die SchülerInnen - soweit möglich - gegenseitig halfen, wenn auch Einzelne sehr schnell den Lehrer herbeiriefen.

Die anfängliche Befragung zeigte zwar schon, dass der einzige männliche Teilnehmer über die umfassendsten Vorkenntnisse und Erfahrungen in der Gruppe verfügte; und das zeigte sich auch in den Ideen, die er in der Planungsphase einbrachte. Während der Arbeit selbst hielt er sich aber auffallend zurück, arbeitete selten allein und war bei Gruppenarbeiten häufig beratend und helfend tätig. Ich hatte andererseits den Eindruck, dass er kaum experimentierfreudig war. Insgesamt prägte er die Arbeit und das Produkt wesentlich geringer, als es seinem Kenntnisstand entsprach. Dadurch blieb aber mehr Raum für die Teilnehmerinnen, die überwiegend ihre Schwächen nicht kaschierten und Stärken im kreativen Bereich entwickelten.

21 mal 45 Minuten – „Was habe ich mir da eingebrockt?“

Die ersten drei Unterrichtsstunden des Projekts dienten der Einübung in das Bibelprogramm. Es schlossen sich vier Stunden Planung des Projekts in der Gruppe an. Ich erläuterte zunächst das religionspädagogische Thema und stellte die zur Verfügung stehenden Mittel vor. Darauf aufbauend entwickelte die Gruppe Ideen für das Projekt und wählte eine aus. Anschließend stellten wir zusammen:

- Was wollen wir? – Inhalte, Formen, „Bausteine“
- Was haben wir? – Software, „Material“
- Was können wir? – Kenntnisse, Erfahrungen

Schließlich einigte sich die Gruppe auf einen Entwurf für das Projektprodukt. Er basierte auf der katholischen Tradition, die letzten Tage Jesu als „Kreuzweg“ darzustellen und sich in verschiedenen „Stationen“ an das Leiden, Sterben und Auferstehen Jesu zu erinnern. In der „Multimediaversion“ des Kreuzwegs sollten einige der Kreuzwegstationen durch selbst gestaltete Bilder auf verschiedenen „Seiten“ präsentiert werden, in diesem Punkt einem Buch ähnlich. Sie sollten jeweils bereichert werden durch weitere Bilder, Animationen, Videosequenzen und Sounds sowie begleitet durch eine Art Quiz, das es bei richtiger Beantwortung der gestellten Fragen erlaubt, zur jeweils nächsten Station zu gelangen. Zielpunkt sollte die Auferstehung Jesu sein. Entsprechend diesem Entwurf wurden Teilaufgaben für die Arbeit formuliert und auf einzelne Gruppen verteilt.

Die Kernarbeitszeit am Projekt waren die folgenden neun Unterrichtsstunden incl. einer Zwischenbilanz. Die SchülerInnen gestalteten die Kreuzwegbilder, wählten passende Sounds aus, gestalteten eine Comicfigur als verbindendes Element zwischen den einzelnen Stationen und entwarfen die Quizfragen. Danach führte ich sie in die wesentlichen Funktionen des Autorenprogramms ein, und gemeinsam gestaltete die Gruppe die Startseite der Präsentation. Die Arbeit in dieser Phase fand meistens in Teilgruppen verschiedener Größen statt. Die Entscheidungen bei der Auswahl fielen in der Regel in der Gesamtgruppe, vor allem während der Zwischenbilanz. Hier wurden auch die Teilaufgaben (neu) formuliert und die Zusammensetzung der Teilgruppen (neu) abgesprochen.

Die nächsten drei Stunden dienten der Endmontage mit dem Autorenprogramm. Bilder, Quizfragen und Comicfigur wurden in die „Seiten“ der Präsentation eingebunden. Schließlich wurde das fertig montierte Produkt im Detail ergänzt und verbessert.

Nach der Auswertung schlossen wir das Projekt in der letzten Stunde ab, indem wir auf der Abschlussseite die am Projekt Beteiligten aufführten, ihm einen Namen gaben und die Art der Veröffentlichung überlegten. Gruppe und Leiter entschieden sich dafür, dass der Lehrer jeweils eine Kopie des „Kreuzwegs mit Tommy“ in Form von Disketten im Rahmen der Abschlussfeier der 9. Klasse an die SchülerInnen übergeben solle. Dabei sollte er für die anwesenden MitschülerInnen, Eltern, Lehrkräfte und

FreundInnen der Schule kurz über das Projekt berichten. Anschließend stellten wir „Masterdisketten“ mit der von mir „abgerundeten“ Endfassung her. Außerdem veröffentlichte ich einen Bericht in der Schulzeitung, die über die Schule hinaus einem größeren LeserInnenkreis im kirchlichen Umfeld zugänglich ist.

„... und wie war's?“ – Eine Bilanz

Ein Ziel des Projekts war es gewesen, den SchülerInnen die Möglichkeit zu bieten, wenigstens meistens unabhängig von ihrer Leistungsfähigkeit mitzuarbeiten; ein weiteres, sie so weit wie möglich selbstständig über ihre Arbeit und ihr Produkt entscheiden zu lassen. Für beides waren die äußeren Bedingungen relativ gut: Zeit und Arbeitsmittel Computer waren in ausreichender Menge vorhanden, und die Software war auf die genannten Ziele abgestimmt. Dennoch benötigten die SchülerInnen häufig einen besonderen Anreiz zur Arbeit und Anregungen für die Entwicklung der eigenen Kreativität. Einen wesentlichen Grund dafür sehe ich im Kontext des Projekts, dem Unterricht in der Schule, verstärkt durch die zeitliche Einpassung in den regulären Stundenplan. Andererseits war die Motivation gegenüber dem sonstigen Unterricht (nicht nur im Fach Katholische Religion) insgesamt relativ hoch. Alle Gruppenmitglieder leisteten wesentliche Beiträge zum gemeinsamen Projekt, was mir keineswegs selbstverständlich erscheint. Ein größeres Maß an Eigenständigkeit der SchülerInnen in der Projektarbeit wäre m.E. mit leistungsfähigeren Computern und einer intensiveren Einarbeitung in das Autorenprogramm zu erreichen gewesen. Beides war jedoch im gegebenen Rahmen nicht möglich.

Ganz sicher bin ich mir über das Erreichen des computermedienpädagogischen Ziels, nicht nur Interesse am Konsum medialer Produkte, sondern auch an Information und Kommunikation anzuregen: Alle SchülerInnen werden durch dieses Projekt einen neuen, jedenfalls aber intensiveren und vermutlich unverkrampfteren Zugang zu den zu Grunde liegenden biblischen Erzählungen gefunden haben. Dafür dürfte die Entwicklung der Quizfragen ein deutliches Zeichen sein. Die Arbeit mit der Bibelsoftware wurde geradezu eine Selbstverständlichkeit. Und die Kommunikation mit mir als Lehrkraft scheint sich positiv auf meine Beziehung zu den SchülerInnen ausgewirkt zu haben.

Das Produkt des Projekts als ein multimediales stellte hohe Anforderungen an die ProduzentInnen. Die Vorerfahrungen der SchülerInnen mit Computerspielen und ihre Begeisterung – insbesondere für die Gestaltung der Bilder und Quizfragen – befähigten sie jedoch, die Idee des Projekts als Herausforderung zu sehen und das notwendige, relativ hohe Abstraktionsvermögen aufzubringen.

Wieviel „Multimedia“ hält die Bibel also aus?

Der Bibel oder ihrem Ansehen schaden m.E. weder das Projekt noch sein Produkt! Im Gegenteil: Die SchülerInnen haben zu den biblischen Erzählungen von der Passion und Auferstehung Jesu einen ganz neuen Zugang gefunden. Und - was noch wichtiger ist -: sie haben ihn sich selbst erschlossen. Die Mittel dabei waren zwar für den religiösen Kontext ungewohnt, aber der existenzielle Hintergrund von Passion und Auferstehung geriet den SchülerInnen nach meiner Einschätzung nie aus dem Blick.

Im Blick auf die Konsequenzen des Projekts wird die Zukunft erst noch zeigen müssen, ob die computerunterstützte und multimediale Arbeit im Religionsunterricht nur ein „methodischer Gag“ bleibt. Für mich selbst ist aber das Erleben der Projektarbeit und ihr Erfolg Anreiz genug, es nicht bei diesem einen Versuch zu lassen!

Wolfgang Schindler

„... und er schuf sie nach seinem Bilde“

Lego-Mindstorms-Workshop mit „Spielzeug zum Denken“

Ein Wochenende lang durften Erwachsene, professionelle MitarbeiterInnen in der Jugendarbeit und SeminarteilnehmerInnen in Josefstal, Schöpfer spielen[1]: mit neuen, programmierbaren Lego-Mindstorms-Bausteinen. Am Sonntagabend dann präsentierten sich drei Arbeitsgruppen als selbsternannte „Robo-Parents“ mit kleinen Androiden, zusammengesetzt aus bunten Bauklötzchen, mit quasi „intelligenten“ Fähigkeiten: selbstständig einer auf den Boden gemalten Linie entlangfahren, dunkles von hellem Bier unterscheiden und bedarfsweise auch gleich festhalten, mit anderen Robots Botschaften austauschen und darauf reagieren können.

Auch wenn „die Kleinen“ nicht alle in sie gesetzten Erwartungen erfüllten, wurde es noch eine heitere „Familienfeier“[2] – nachdem man zuvor sorgfältig den eigenen Lernprozess in der Projektgruppe, im Bauen der Modelle, beim Entwickeln der Programmierung am PC und nicht zuletzt auch in der Kooperation von Männern und Frauen reflektiert und ausgewertet hatte (Auswertungskategorien im Anhang zu diesem Beitrag).

Wozu aber das Ganze? Die Antwort umfasst lerntheoretische wie anthropologische Aspekte:

Konstruktiv lernen

Wenn Dreijährige Bauklötzchen stapeln, scheint jedermann klar, dass sie dabei mehr lernen als Bauklötzchen stapeln: motorische Fähigkeiten, planvolles Handeln, abstrakte Konzepte wie Stabilität und geometrische Form. Auch 13-Jährigen, die mit Konstruktionsbaukästen Robotermodelle zusammenstecken, wird dies (noch?) als spielerische Vorbereitung auf ein Berufsleben konzediert. Umstrittener schon ist, ob solches Programmieren mehr lehrt als Programmieren.

Davon nun ist Seymour Papert, Erfinder der Programmiersprache LOGO überzeugt: Kinder und Jugendliche bekommen damit „Lernumgebungen“, Wissenswerkzeuge, in und mit denen sie aktiv und selbstbestimmt forschen und sich neue Weltbilder konstruieren können. Bei der Seminarkonzeption gingen wir davon aus, dass dies auch für Erwachsene neue Erfahrungen bringen würde – ganz zu schweigen von der Selbsterfahrung, die erwachsenen PädagogInnen die intuitive Komponente zur Umsetzung in eigenen Bildungsangeboten vermittelt.

„Mindstorms“, Gedankenblitze,[3] nannte Papert dieses frühe konstruktivistische Lernkonzept[4]. Nach begeisterten Anfängen mit Schulversuchen in den 60er Jahren war es still geworden um LOGO. Statt selbstbestimmter und schwer in Lehrplänen planbarer kindlicher Forschung nahm das Schulsystem lieber Informatik als Unterrichtsfach dazu, um sich nicht strukturell ändern zu müssen. Dies konnte jedoch nicht verhindern, dass sich seit Jahren in der Bildungsdebatte ein Paradigmenwechsel[5] vollzieht, der den Kern dieses Lernkonzeptes in sich trägt.

Aus Paperts „Mindstorms“ ist 30 Jahre später, 1999, schließlich in Zusammenarbeit mit dem Spielzeugkonzern LEGO, ein High-Tech-Baukastensystem[6] entstanden: frei bewegliche Modelle, mit Motoren, Sensoren für Licht und Berührung, mit der Fähigkeit zur drahtlosen Kommunikation untereinander, werden damit möglich. Diese können, mit frei programmierbaren Fähigkeiten und Verhaltensweisen ausgestattet, sich unabhängig in der Welt (der Kinder) bewegen - quasi „intelligent“. Die Programme dazu werden am heimischen PC entwickelt und drahtlos in das „Gehirn“ der Bauklötzchenmodelle,[7] per Infrarot, übertragen.

Solcherart schöpferisches Tun erweist sich als komplexe Aufgabe, auch für Erwachsene: alle Beteiligten hatten anfangs unterschätzt, dass nicht nur das Programmieren herausfordert, sondern auch die Mechanik, das Zusammenstecken der Bauklötzchen und die Arbeit im Team: Ideen sammeln, bewerten, auswählen, Kooperation planen, unterschiedliche Kompetenzen erkennen und nutzen, Arbeiten aufteilen, entscheiden, in der vorgegebenen Zeit fertig werden - eine ideale Aufgabe, um Projektarbeit im Team zu lernen.

Schöpferisch handeln

ist eine wesentliche Motivation zum Programmieren - Regeln erschaffen, nach denen eine Welt am, hinter dem Bildschirm funktioniert. Zudem entstehen so Welten, vom simplen Hobbyprogramm bis zum ausgewachsenen Betriebssystem, die kontrollierbar, verstehbar sind, widerspruchsfrei, wenngleich oft widerspenstig. Denkbar auch, dass solches Tun für Frauen weniger attraktiv ist als für Männer, die auf diese Weise wenigstens auch zu eigenen „Babys“ kommen können.[8] Bemerkenswert zu beobachten war im Robo-Projekt jedenfalls, wie schnell alle Gruppen sich - trotz klarer Alternativen - für die Konstruktion von Androiden, menschenähnlichen Wesen, entschieden, die zudem für dienende Aufgaben konzipiert wurden, ganz ähnlich, wie ihre Kollegen in der Science-Fiction-Literatur oder auch in der alten jüdischen Geschichte vom Golem: „Bierwächter“, „Bierfinder“, „c11“ („Wäre C11 ein Hund, hätte er sicher bald die Zeitung gebracht ...“) oder auch Nachwuchs um ihrer selbst: „Girlie“.

Knapp 24 Stunden reichten, um den selbstprogrammierten und -gebauten Nachwuchs emotional zu besetzen: „Leider musste diese hochtechnisierte Robot-KI, uns inzwischen als ‚Nuggl' ans Herz gewachsen, wieder dem LEGO-Nirwana in allen seinen Bestandteilen zugeführt werden."[9] schrieb eine „Eltern"-Gruppe bedauernd. Der Gedanke an Kinder, die sich um ihr Tamagotschi sorgen, liegt nahe. Auch die spielerische Leichtigkeit, mit der sich die Beteiligten, freilich spielerisch, die Elternrolle zuschrieben, deutet darauf hin, dass wir Menschen durchaus bereit sind, uns auf Beziehungen zu Maschinen einzulassen, ja, diese als Wesen zu akzeptieren. Wichtig dafür scheint weniger die in diesem Fall lächerlich geringe rechnerische „Intelligenz" dieser Kreaturen zu sein, sondern ihre scheinbare Autonomie, ihre Fähigkeit sich zu verhalten, ohne sichtbar am Draht zu hängen, Marionette zu sein.

Genau zu dieser Hypothese gelangt auch der KI-Forscher Luc Steels in der Süddeutschen Zeitung[10]: Nicht Superhirne auf Rädern werden die ersten maschinellen Begleiter von Menschen, sondern „Engel mit Internetflügeln", Robots, die miteinander kommunizieren und dann beispielsweise entscheiden, welche Zeitung sie ihrem Herrchen bringen. „Als adäquateste Metapher für das, was die Roboter der Zukunft sein werden", schreibt Steels, „könnte sich die mythologische Vorstellung von Engeln erweisen. Solchen Wesen werden kognitive Kräfte zugeschrieben, die oftmals die menschlichen Fähigkeiten übersteigen. Sie sind in der realen Welt zum Wahrnehmen und Handeln begabt, weil sie angeblich frei sind, jede körperliche Gestalt anzunehmen. Der Engel projiziert die Idee von einem Wesen, das uns beschützt, stärkt, vor falschen Entscheidungen oder gefährlichen Unternehmungen bewahrt und bei einflussreichen Instanzen verteidigt. Natürlich - die Mythologien kennen nicht nur Engel, sondern auch Teufel. Es ist an uns, dafür Sorge zu tragen, dass unsere Welt mit guten Geistern bevölkert wird."

So gesehen, haben die Robo-Parents beim Josefstaler Workshop intuitiv das Richtige gebaut.

Nach dem Projekt-Wochenende waren die hier skizzierten Dimensionen zweckfreien Spielens mit High-Tech-Bauklötzchen für die Beteiligten als selbst erfahrenes und reflektiertes Wissen verfügbar, als Basis, um vergleichbare Lernchancen für die eigenen Zielgruppen bewusst eröffnen (oder auch nur zulassen) zu können. Es hatte aber, zumindest für einige TeilnehmerInnen, etliche Überwindung gekostet, wieder einmal (zunächst nur) zu spielen, statt altersgemäß, zweckrational zu arbeiten - eine Verhaltensnorm Erwachsener, die neuen, unerwarteten Erfahrungen im Weg steht, kreatives Lernen behindert. Freilich auch eine hilfreiche Norm: wie sonst wäre es möglich gewesen, rund 700 Bauteile je Gruppe wieder feinsäuberlich in die Kästen zurückzusortieren?!

Anmerkungen

1 www.josefstal.de/mac/texte/mindstorms

2 www.josefstal.de/mac/texte/mindstorms/robots/

3 Seymour Papert (1982): Gedankenblitze. Kinder, Computer und neues Lernen. Reinbek

4 http://www.research.ibm.com/journal/sj/mit/sectionc/martin.html

5 vgl. u.a. http://www.josefstal.de/mac/texte/bildung.htm

6 http://el.www.media.mit.edu/groups/el/elpapers.html

7 http://www.legomindstorms.com/

8 Eine Übersicht zur Motivationsforschung gibt: Wolfgang Schindler (1995): Wenn Maschinen Partner werden ... Psychologische Erklärungsversuche zum Umgang mit dem maschinellen gegenüber. In: Wolfgang Schindler / Roland Bader (Hrsg.): Menschen am Computer. Zur Theorie und Praxis der Computermedienpädagogik in Jugendarbeit und Erwachsenenbildung. Beiträge zur Medienpädagogik, Bd. 1. Frankfurt a.M., S. 106.

9 www.josefstal.de/mac/texte/mindstorms/robots/bierfinder.htm

10 Luc Steels (1999): „Engel mit Internetflügeln“. Serie der Süddeutschen Zeitung: Gegenwart der Zukunft, Nr. 39 vom 1.10.1999.

Anhang

Kategorien der Projektauswertung

1 Gruppendynamik
1.1 Leitung
1.2 Kooperation
1.2.1 in der AG
1.2.2 mit anderen AGs
1.3 Konfliktlösungsstrategien
1.4 Kohäsion
1.5 Motivation

2 Projektsteuerung/Projektmanagement
2.1 vorhanden?
2.2 ausreichend?
2.3 erfolgreich abgeschlossen?

3 Mein/unser Produkt (die Androiden)
3.1 Auftrag bietet uns zuviel/genug Spielraum?
3.2 geschlechtsneutral?
3.3 Themenfindung
3.4 mechanische Konstruktion
3.5 Programmierung

4 Lernumgebung
4.1 „Did you have fun?“

4.2	mechanisch ausreichend?
4.3	Programmiersprache
4.4	Dokumentation Programmierung
4.5	Erfahrungstransfer
4.6	beruflich brauchbar?
4.7	fachliche Beratung/Anleitung im Kurs
5	Epistemologisch (neue Kompetenzen)
5.1	ich weiß mehr über Maschinenbau
5.2	ich kann den RCX programmieren
5.3	ich kann programmieren
5.4	ich habe neue Problemlösungsstrategien
5.5	ich weiß mehr über meine Art, Probleme zu lösen
5.6	ich weiß mehr darüber, wie meine Partner Probleme lösen
5.7	mein Selbstbild
5.8	mein Weltbild

2. Kapitel

Virtuelle Räume erobern und gestalten

Einführung

In der Diskussion um die vermeintliche digitale Gefährdung Jugendlicher, Ende der 80er Jahre, identifizierte Georg Seeßlen Computerspielen als „die ständige Suche nach Feldern, die noch nicht besetzt sind, in der eine eigenverantwortliche Produktion von Sinn noch möglich ist. Mit dem Siegeszug des Heimcomputers gelang der Jugendkultur ein entscheidender Coup im gleichsam ewigen Wettkampf mit der Erwachsenen-Kultur. Sie verband sich mit einem Schlag direkt mit der technologisch und sozial weitest entwickelten Kraft der Gesellschaft, unter Umgehung der konservativen, pädagogischen Kultur, die weder den einen noch den anderen Teil dieser Computer-Connection verstehen konnte. Stattdessen wurden neue Mythen aufgebaut, die Computer-Kids wurden zu einem Kultur-Monster, in dem Faszination und Schrecken gleichermaßen aufgehoben waren. Ihr eigentliches Verbrechen war, dass sie sich mit Rechner und Bildschirm dem Zugriff der Erwachsenen entzogen.“[1]

Und sie haben es schon wieder getan: statt Homepages zu gestalten, eMails zu schreiben und im Web zu recherchieren, wie es die Avantgardisten unter den PädagogInnen anboten, oder gar politische Diskurse in den Newsgroups der linken Szene zu führen, nutzen sie das Web auf ihre Weise mit digitalem Geplauder: sie chatten, was ihre Zeit hergibt - und das ist immer mehr, als Erwachsenen zur Verfügung steht. „Ein blindes Nutzen ohne Nutzen?“ fragen Jana Heller und Thorsten Dresing in ihrer empirischen Untersuchung über „Chat - Kommunikationsmedium mit Entwicklungspotenzial?“ und charakterisieren dann Chats letztendlich als einen „intensiven Sozialisationsprozess und ein Einüben in die Übernahme von Verantwortung.“ Wohlgemerkt, hier wurden TeilnehmerInnen gebräuchlicher kommerzieller Chats untersucht, nicht die im Folgenden thematisierten, pädagogisch motivierten, virtuellen Welten.

Boshaft gedacht, könnte dieses Ergebnis als pädagogische Finesse gedeutet werden, um noch einen Platz auf einem abgefahrenen Zug zu bekommen. Angesichts zunehmenden Geraunes über eine angebliche Chat-Suchtgefährdung Jugendlicher ist die von den beiden AutorInnen eröffnete Wahrnehmung der Zielgruppenrealität aber unverzichtbar, um nicht eine neue

Runde der Stigmatisierung jugendkultureller Phänomene zu eröffnen. Anhaltspunkte für ein prinzipielles Verstehen webbasierter menschlicher Kommunikation bieten die Beiträge von Slavoj Zizek[2], Sybille Krämer[3] und Christina Schachtner[4] in diesem Band. In diesem Abschnitt geht es um pädagogische Zugänge zu gemeinsamen Lernprozessen in virtuellen Welten.

Es spricht für die Wahrnehmungsfähigkeit professioneller PädagogInnen, die, zumindest teilweise, selbst mit Homecomputer und Akkustikkoppler groß geworden sind, dass sie, trotz ihrer persönlichen Vorliebe für asynchrone Kommunikation in den Netzen, die synchronen kommunikativen Spiele im Online-Chat und mit dem Mobiltelefon als jugendspezifische Aneignungprozesse verstehen und unterstützen können.

Allerdings, „Das ist eine schwierige Sache. Das erfordert viel Feingefühl“, wenn PädagogInnen Jugendliche - tunlichst nicht-pädagogisierend - begleiten wollen in kommunikativen Prozessen in einem neuen, radikal unvertrautem Medium: Wolfgang Haberl, Stefan Hefele und Andrea Kelle, drei PädagogInnen aus der offenen Jugendarbeit in München, reflektieren im Interview ihre Erfahrungen mit jugendlicher Netzkultur, die zu ihren konzeptionellen Vorstellungen durchaus auch in Spannung stehen, ebenso auch zur eigenen kommunikativen Praxis als PädagogInnen in der selben virtuellen Gemeinschaft,[5] gerade mal durch ein Passwort voneinander getrennt.

Deutlich wird aber auch, wie tragfähig quasi althergebrachte Prinzipien offener Jugendarbeit und Jugendbildungsarbeit sein können, wenn sie die Gestaltung virtueller Räume, Anbauten an die Architektur leibhaftiger Jugendzentren, prägen: Bernhard Eckmann schildert den Aufbau der Netcommunity „up2net“ durch PädagogInnen für und mit Jugendlichen, denen Internet wenig, HipHop und Anbandeln aber viel bedeuten. Gemeinsame Stilsuche im Online-Chat, Selbstorganisation und Bedürfnisorientierung prägen eine pädagogische Praxis, in der auch Jugendliche vorkommen, die im schriftdominierten Internet spontan wenig Anknüpfungspunkte finden.[6]

Die Spannung zwischen gestaltungsorientierten medienpädagogischen Ansätzen und jugendlicher Vorliebe für Kommunikation im Chat wird auch in „Cyberland, einer Netcommunity von Jugendlichen für Jugendliche“, aufgelöst: Michael Lange beschreibt, wie der Cyberland Chatserver der Berliner Jugendbildungsstätte wannseeFORUM die Gestaltung von Begegnung, Konfliktlösung und Selbstorganisation in virtuellen Räumen bietet und anregt, wie aus unverbindlichem Chat verbindliche Beteiligungsstrukturen entstehen können.

Dass solche Arbeit als Eintagsfliege keine Chance hätte, dass Erfolg mit der Entwicklung einer ganzen Palette unterschiedlicher Arbeits- und (Selbst-)Bildungsangebote wächst, zeigen Harry Köhler und Uli Voigt an der Entwicklung des „Jugendnetz Frankfurt/Offenbach“, einer „regionalen Kommunikations- und Informationsplattform im Internet. Die dort engagierte „Kerngruppe“ betrachte das Jugendnetz als virtuellen Heimathafen „in der unendlichen Weite der Virtualität, die so erst erträglich wird.“

Einen anderen Ansatz verfolgen zwei andere Projekte „Das virtuelle Jugendhaus, ein pädagogischer Aneignungsraum virtueller Räume“, dessen Konstruktionsprinzipien und Modellphase Thomas Eimer offen legt, als Interpraxis eines etablierten Medienzentrums, das hier eine Integration bisheriger Arbeit - auch mit „älteren“ Medien - plant und sich durchaus mit kommerziellen Angeboten vergleicht.

Bedürfnisorientierung versus kommerzieller Erfolg - zu dieser Polarisierung tendieren nicht selten pädagogische Diskurse, wenn die kommerzielle Konkurrenz beklagt wird. Wie genau und aufmerksam demgegenüber der Entwicklungsprozess einer kommerziellen Website, einer virtuellen Gemeinschaft von kranken und behinderten Kindern, an deren Situation und Vorlieben orientiert sein muss, um zu einem gelingenden Produkt zu führen, schildert der gelegentlich als Design-Guru bezeichnete Web-Designer David Siegel in „Convomania“. Design-Fragen, die symbolische Umsetzung von Botschaften in Grafik, wird hier diskutiert, mit dem Ziel, ein Maximum von Interaktion aller Beteiligten zu ermöglichen, einen Ort zu schaffen, „an dem Kinder sich sehr direkt ausdrücken können.“ Dazu sind immer kompetente Architekten nötig oder zumindest die Kooperation mit ihnen; das Erobern und Gestalten virtueller Räume ist nicht zum Nulltarif zu bekommen.

Anmerkungen

1 Georg Seesslen (1990): Videospiele: Fluchtburg im Kinderzimmer. In: Wolfgang Schindler: Spieglein, Spieglein in der Hand ... Kritische Texte zur Aneignung persönlicher Computer. Stuttgart, S. 87.

2 „Hysterie und Cyberspace“ (S. 327ff.).

3 „Jenseits von Schriftlichkeit und Mündlichkeit“ (S. 334ff.).

4 „Netfeelings.“ (S. 301ff.).

5 Vgl. den Beitrag „‚Das ist eine schwierige Sache‘“ (S. 71ff.).

6 Die Verwandtheit dieses Ansatzes zu raum-orientierten Konzepten von Jugendarbeit erläutert Bernhard Eckmann weiter hinten in diesem Band: „Raumkonzepte“ (S. 377ff.).

Bernhard Eckmann

Just go up2net!

Eine Netcommunity in der Offenen Jugendarbeit aufbauen

Von Anfang Oktober 1999 bis Ende April 2000 lief in München die Kampagne: „Just go up2net". Sie hatte zum Ziel, Jugendliche aus Münchner Freizeitstätten über die Möglichkeiten einer Netcommunity zu informieren und BesucherInnen der Freizeitstätten zu Akteuren beim Aufbau und Betrieb dieser häuserübergreifenden Gemeinschaft zu machen. Sie sollten die Chance erhalten, ein internetgestütztes Jugend-Netzwerk zu gestalten, die Möglichkeiten der Neuen Medien zu erkunden, kritisch zu reflektieren und in eine sinnvolle Beziehung zu ihrer sozialen Realität zu setzen. Neue Formen sozialer Kooperation sollten experimentell entdeckt werden.

Wir mussten im Oktober nicht bei Null anfangen. Wir – das waren die PädagogInnen des „AK-up2net", einem trägerübergreifenden Netzwerk von 15 Jugendfreizeitstätten im Raum München, das sich seit einiger Zeit mit der Integration von Multimedia und Internet in die pädagogische Arbeit der Freizeitstätten befasst hatte. Mit Unterstützung des „Projekts Neue Medien" (PNM) des Kreisjugendrings München-Stadt war ein Internet-/Intranetserver aufgebaut worden, der die technische Basis des Projekts „up2net" darstellte. Der Server war mit einer Administrationssoftware bestückt, die es uns PädagogInnen ermöglichte, ein Kommunikations- und Informationssystem zu gestalten, das, gut passend zur vertrauten Jugendarbeit, beliebig gegliedert werden konnte in öffentliche Plattformen (offenes Internet), Räume beschränkter Öffentlichkeit nur für Mitglieder der Community bis hin zu Séparées für einzelne Gruppen. Um Mitglied der Community zu werden, musste man sich registrieren lassen. Nur so standen die Basisdienste (Mail, News etc.) zur Verfügung.

So waren gute Voraussetzungen geschaffen für alle Akteure, Jugendliche und PädagogInnen, schnell handlungsfähig zu werden, da das System „up2net" ähnlich zu handhaben war wie das vertraute System Jugendarbeit.

Eine kleine Gruppe von PädagogInnen hatte eine Rohfassung des Interfaces von „up2net" erstellt und sich dabei an den Wünschen und Vorstellungen der Jugendlichen orientiert, die in einer Vorbefragung deutlich geworden waren: www.up2net.de präsentierte sich als Navigationssystem durch einen stark stilisierten Weltraum, als „Space", in dem „Planeten" platziert waren, die für Einzelprojekte und inhaltliche Schwerpunkte standen. Über eine Schalterleiste waren die Basisdienste System-Info, Mail, News, Text-Chat und Dateiarchiv zugänglich. Zu Anfang der Kampagne war dieser Space weitestgehend leer, bestückt allerdings mit einem Kommunikationsangebot, dem wir eine hohe Attraktivität zumaßen: dem multimedialen Chatsystem „Palace".

Wir hatten ein Konzept für die Kampagne entwickelt, das eine Gliederung in drei Phasen vorsah: In der Orientierungsphase sollte das PNM mit einer kleinen Gruppe von StudentInnen durch die beteiligten Häuser touren, die Idee der Netcommunity vorstellen, über die neuen Möglichkeiten informieren und in einer Befragungsaktion die Einstellungen, Wünsche und Vorstellungen der Jugendlichen bezüglich „up2net" erkunden. Nach Auswertung der Befragungsergebnisse sollten in der Anschubphase mehrere Projekte gestartet werden, die es den Jugendlichen ermöglichen sollten, erste häuserübergreifende Kooperationsstrukturen zu entwickeln, Erfahrungen mit dem Medium Internet/Intranet zu machen und so Kompetenzen zu erlangen, die notwendig waren, um in der Gestaltungsphase mit gemeinsamen Kräften das Design neu zu schaffen und somit „up2net" „in Besitz zu nehmen".

Unter dem „Design" war mehr zu verstehen als die Gestalt eines Web-Auftritts:

Das Netzmedium stand in Wechselwirkung mit der realen Szene der Jugendzentren. Also würde ein Gesamtsystem entstehen, das sowohl real als auch virtuell ist. Wir verstanden unter Design deshalb die Gestaltung dieses Gesamtsystems. Das Design sollte mehrere Aspekte umfassen:

- die Optik, Funktionalität, Vernetzung und Gliederung des Webangebots,
- die Organisation des Servers und die Verteilung von Rechten,
- die Verteilung von Rollen und Aufgaben,
- die soziale Organisation in Form von Gremien und Regeln,
- sowie neue Formen der Integration des Vernetzungsangebots in den Einrichtungen.

Wir vertrauten hinsichtlich dieser Gestaltungsprozesse auf die Selbstorganisationsfähigkeit von Jugendlichen, auf die Ressourcen, die im Laufe der Kampagne erschlossen werden würden, und auf unsere Fähigkeiten, erworben in der Praxis offener Jugendarbeit, adäquat auf die Anforderungen offener Prozesse reagieren zu können.

Solchermaßen gerüstet setzen wir uns ein Zeitlimit. Bis zum Frühsommer 2000 sollte die Kampagne abgeschlossen, das Produktionsziel erreicht sein, um dann „up2net" für die Szene der offenen Jugendarbeit zu öffnen. Bis dahin mussten wir exklusiv bleiben, um den Prozess nicht zu stören und um uns nicht zu überfordern: im Laufe der Kampagne konnten keine neuen Einrichtungen zum Projekt hinzukommen.

Knappe Zeit – heikle Balanceakte

Das Ziel war, möglichst vielen, insbesondere aber bezüglich der Neuen Medien benachteiligten Jugendlichen die Chance zu geben, zu Akteuren und ProduzentInnen der Netcommunity zu werden. Gleichzeitig sollte innerhalb des gesetzten Zeitraums ein Entwicklungsstand erreicht sein, der geeignet war, nun der Szene der Freizeitstätten ein attraktives Infrastrukturangebot zu machen. Diese beiden Anliegen – Prozessorientierung und Partizipation versus Produktorientierung und Ergebnis – stehen in der Praxis in einem Spannungsverhältnis, sind pädagogischen PraktikerInnen wohlvertraut und müssen in der konkreten Situation gut ausbalanciert werden.

In der Orientierungsphase kamen diese Widersprüche noch nicht zum Tragen. Wir hatten eine für alle Beteiligten relativ harmonische Zeit der Kontaktaufnahme und gegenseitigen Information. Die Jugendlichen reagierten sehr interessiert auf unsere Idee, äußerten eigene Vorstellungen und Wünsche. Fast alle sagten zu, „up2net" zu nutzen und mehr als die Hälfte versprach, aktiv mitzuarbeiten beim Aufbau. Wir erreichten mit unserer Information und mit unserer Befragungsaktion unsere Hauptzielgruppe: die bezüglich den Neuen Medien eher benachteiligten Jugendlichen.

Die Befragungsergebnisse waren eindeutig. Sie waren nur so zu verstehen, dass wir gerade von diesen Jugendlichen den Auftrag hatten, so etwas wie „up2net" voranzutreiben. Die Jugendlichen nutzten bereits in dieser Phase mit großem Spaß das attraktivste Angebot, den multimedialen Palace-Chat, zur Kontaktaufnahme und zum Kommunizieren. Die besuchten Einrichtungen profitierten, indem der Bereich der Computermedienpädagogik in den Mittelpunkt der Aufmerksamkeit gerückt wurde und Motivation entstand.

So starteten wir die Anschubphase mit drei Projekten:

Das **Dating-Projekt** setzte sich zum Ziel, in einer großen häuserübergreifenden Aktion eine reale „Anbandel"- und Kennenlernparty für die „up2net"-Szene zu organisieren, die der Gemeinde ein Gemeinschaftserlebnis geben und „up2net" noch besser in der Szene verankern sollte. Bei der Organisation, Durchführung und Dokumentation sollten bereits die Möglichkeiten des Servers genutzt werden.

Das **Baskethop-Projekt** ging ähnlich vor. Die Vorbereitung und Durchführung eines großen gemeinsamen Events mit Streetball- und HipHop-Contest sollte die „up2net"-Szene stärken und feiern.

Das **Palace-Projekt** konzentrierte sich auf die Ausgestaltung und Belebung der multimedialen Chatplattform. Hier sollte modellhaft die gerade entstehende reale und virtuelle Palace-Gemeinde bezüglich optischer und funktionaler Raumgestaltung und notwendiger Regeln und Rollenübernahmen entwickelt werden.

Für die Anschubphase waren zwei Monate geplant und bereits sehr bald zeigte sich, dass diese Zeit nicht reichen würde, um die drei parallel laufenden Projekte rechtzeitig zum Abschluss zu bringen. Die Besonderheiten des Arbeitsfeldes „Offene Jugendarbeit" kamen zum Tragen: Die beteiligten Einrichtungen sind in ihrem Umfeld unterschiedlichen Anforderungen ausgesetzt und sie befinden sich hinsichtlich der Besucherentwicklung in jeweils unterschiedlichen Entwicklungszuständen. Hausinterne Abstimmungsprozesse binden in unterschiedlichem Maße Kräfte und benötigen unterschiedlich viel Zeit. Diese Unterschiede lassen sich nicht in kurzer Zeit synchronisieren, sondern sind nur in angemessen langen Zeiträumen zu integrieren. Hinzu kommen die Eigenzeiten der Jugendlichen, die sich ab einer gewissen Komplexität des Gesamtsystems kaum mehr einplanen lassen, aber natürlich in pädagogischen Prozessen berücksichtigt werden müssen. Kurz gesagt: Das vorgegebene Tempo war für das Arbeitsfeld zu groß bzw. die Projekte zu umfangreich angelegt.

Da nun alle drei Projekte bereits am Laufen waren, blieb nur die Möglichkeit, die Anschubphase und die Gestaltungsphase zu entkoppeln, d.h. ohne Rücksicht auf den Entwicklungsstand der Anschubprojekte Anfang März die Gestaltungsphase mit ihrer Abfolge von Planungstreffen und Gestaltungsterminen, die bereits mit einer Webdesignerin vereinbart waren, zu starten und so in Kauf zu nehmen, nur mit den Jugendlichen zu arbeiten, die zu diesem Zeitpunkt gerade erreichbar und motivierbar waren. Dies schien ein akzeptabler Kompromiss zu sein, der die beiden zu diesem Zeitpunkt im Konflikt stehenden Ziele „Beteiligung möglichst vieler Besuchergruppen am Gestaltungsprozess" und „rechtzeitige Erstellung des Produkts" versöhnen sollte:

Die in den Anschubprojekten engagierten Jugendlichen und PädagogInnen können ihre Prozesse ungestört weiterführen und dann zu einem späteren Zeitpunkt, nun kompetenter, auf das Gesamtsystem gestaltenden Einfluss nehmen. Die leichter motivierbaren Jugendlichen nehmen die Gestaltung in die Hand und führen sie mit Unterstützung der Profis fristgerecht zu einem vorläufigen Ergebnis, das sich präsentieren lässt.

Zum geplanten Ende der Kampagne „Just go up2net" hatten sich die beiden Events „Dating" und „Baskethop" als gut besuchte „Spektakel" erwiesen, die den Jugendlichen sichtlich Freude machten. Up2net als Begriff und Zeichen für eine Netcommunity wurde gut vermittelt und mit jugendnaher Action assoziiert. Die Integration Neuer Medien im Prozess der Vorbereitung, Durchführung und Dokumentation wurde nur ansatzweise geschafft. Hierzu fehlten einfach die Ressourcen, die ganz reale „Action" band die Kräfte weitgehend. Das Palace-Projekt hatte sich zu einem kontinuierlichen Projekt entwickelt, das den weiteren Aufbau der multimedialen Chat-Plattform über die Kampagne hinaus begleiten wird.

Alle drei Projekte erreichten und erreichen die Hauptzielgruppe der benachteiligten Jugendlichen und stärken die Gemeinschaft. Das Palace-Projekt ist als Hauptattraktion dazu geeignet, Jugendlichen einen Erfahrungsraum zu bieten, in dem aktiver und selbstbestimmter Umgang mit Online-Kommunikation gelernt werden kann. Im Palace-Chat konstituiert und entwickelt sich derzeit die Netcommunity.

Die Gesamtgestaltung des Systems „up2net“ wurde von 15 Jugendlichen aus fünf beteiligten Häusern übernommen. Dabei zeigte sich, dass vor allem zwei Gruppen gut für diese Aufgabenstellung motivierbar waren: Jungen im Alter von 13 bis 15 Jahren (Hauptschüler) und Mädchen im Alter von 14 bis 18 Jahren (Realschule, Gymnasium und Fachoberschule). Fast alle sind begeisterte Palace-Chatter und insofern sind sie keine isolierte „Elite“, sondern im Zentrum der Gemeinde verwurzelt.

Die GestalterInnen nahmen arbeitsteilig drei „Planeten“ in Angriff: Ein Schlemmerplanet, ein Breakplanet und ein Kunstplanet, die alle jeweils Informationen und Kommunikation zu den Themen Essen, Breakdance und „Was ist Kunst in Freizeitstätten“ aufgreift. Bezüglich des Gesamtsystems nahmen sie die Rolle von KritikerInnen, IdeenlieferantInnen und AuftraggeberInnen ein. Auftragnehmer waren zwei Pädagogen und eine Webdesignerin, die das Interface nun „spaciger“ umgestalteten.

Der wichtigste Entwicklungsschritt in der Schlussphase aber war die Übernahme der Verantwortung für dieses Interface durch die Gruppe der GestalterInnen, die sich „das Imperium“ nannte. In Zukunft wird also diese Gruppe darüber entscheiden, welche Planeten und damit Themen wo platziert werden. Sie wird sich aber auch um ihre Legitimation für diese zentrale Funktion kümmern und für demokratische Einbindung in die Community sorgen müssen. Das Imperium ist die erste Gruppe von Jugendlichen, die zur internen und externen Kommunikation alle Möglichkeiten der neuen Technologien nutzt.

Mit dieser Machtabgabe an Jugendliche in einem wichtigen Bereich verbunden mit einer von Jugendlichen so gewollten Neugestaltung des Interfaces und der kontinuierlich wachsenden Beliebtheit des zentralen Angebots „Palace-Chat“ konnte die Kampagne dann schließlich doch erfolgreich abgeschlossen werden.

Ergebnisse

Beschreibt man die Kampagne als dynamischen Prozess, so wird noch nicht sichtbar, welche spezifische Rolle Neue Medien gespielt haben und welche diesbezüglichen Einsichten gewonnen wurden. Aus dieser Perspektive betrachtet stellt sich das Ganze als durchaus konventionelles Kooperationsprojekt dar, das mit anderer Thematik ähnlich hätte verlaufen können.

Die Kampagne hat jedoch eine Reihe von Ergebnissen geliefert, die, aus der Distanz bewertet, wertvoll sind für unsere weitere medienpädagogische Arbeit. Alle Beteiligten konnten über die Befragung, über ihr Handeln oder über direkte bewertende Äußerungen ihre Sichtweisen zum Ausdruck bringen. Es ergibt sich folgendes Bild:

Jugendliche nutzen Neue Medien

Das Medium Computer und Internet interessiert die mit der Kampagne erreichten Jugendlichen nur insofern, als sie damit für wichtig gehaltene Zwecke verfolgen können. An erster Stelle steht die Kommunikation, das dem Kennenlernen, der Kontaktaufnahme und der Selbstdarstellung dient. Weder als privates Hobby noch im Jugendzentrum spielt der Computer und das Internet an und für sich eine nennenswerte Rolle für sie. Die Jugendlichen sehen von sich aus keinen Zusammenhang zwischen der Beschäftigung mit „up2net“ und einer möglichen Zukunfts- und Berufsqualifikation.

Sie sehen die Möglichkeit, sich spielerisch und lustvoll in Beziehung mit anderen zu setzen. Der Nutzwert steht im Vordergrund und entsprechend souverän wird das Medium gewechselt. Man geht vom Chat weg ans Telefon, um wichtige Details zu klären, die im Chat nicht adäquat zu behandeln sind. Man schickt sich SMS-Botschaften übers Handy und nützt nur zögerlich die eMail. Man kommt in Kontakt über den multimedialen Chat und trifft sich real.

Suchtartiges Verhalten - ein Verlust der Kontrolle über diese Mittel-Zweck-Balance bezüglich Computer und Internetnutzung also - konnte im betrachteten Umfeld der offenen Jugendarbeit nicht beobachtet werden.

Wer ist benachteiligt?

Nimmt man an, dass der aktive kompetente Umgang mit Neuen Medien eine wichtige Schlüsselkompetenz darstellt, so sind diejenigen benachteiligt hinsichtlich ihrer spezifischen Lernchancen, die in einer vorgegebenen Umgebung keine für sie sinnvollen Zwecke finden, die sie mit Hilfe der Neuen Medien verfolgen können.

Vergleicht man die relevantesten Freizeitpräferenzen der befragten Besuchergruppen mit den Möglichkeiten, die der Server einer Netcommunity bietet, zeigt sich:

Alle Jugendlichen setzten im Bereich Geselligkeit, Kennenlernen und Kommunikation hohe Präferenzen, ein deutlicher Unterschied bezüglich der Geschlechter ist aber dennoch festzustellen: Mädchen aller Altersgruppen setzten hier weitaus deutlicher den Schwerpunkt als die Jungen. Es gab keine wesentlichen Unterschiede bezüglich der Bereiche Jugendkultur und Musik, die alle wichtig finden.

Große Unterschiede zwischen den Geschlechtern gab es im Bereich Sport: für Jungen aller Altersgruppen äußerst wichtig, bei den befragten Mädchen eher von marginaler Bedeutung. Nun eignet sich ein Internet/Intranet-Server hervorragend für kommunikative Zwecke. Auch Ergebnisse jugendkultureller Produktionen lassen sich multimedial erzielen und darstellen. Für den Sportbereich ist ein Multimediasystem allenfalls für Organisation und Information geeignet, nicht aber für das Ausagieren. So betrachtet, müssten Mädchen mehr Chancen haben, für sich sinnvolle Zwecke innerhalb von „up2net" zu finden als Jungen.

Ein weiterer Aspekt kommt hinzu: Tatsächlich ist es nach übereinstimmender Beobachtung aller PädagogInnen so, dass die älteren Jungen mit schlechtem Bildungshintergrund am schwersten für ein Engagement in „up2net" zu gewinnen waren, wohl, weil diese in der Nachpubertät befindlichen jungen Männer generell nur schwer motivierbar sind und sich gerne von pädagogischen Einflüssen abgrenzen. Dieser Effekt überdeckte alle anderen. Auch sie chatten gerne, interessieren sich in der Regel aber nicht weitergehend für das Projekt.

Die Gruppe der jüngeren Jugendlichen ist generell leichter zu motivieren und in einigen Häusern wird versucht, mit dieser Gruppe den Schwerpunkt Computermedienpädagogik aufzubauen.

So legt die Zusammenschau unterschiedlicher Aspekte die Annahme nahe, dass es die Gruppe der älteren Jungen am schwersten hat, sinnvolle Zwecke für die aktive Auseinandersetzung mit den Möglichkeiten von „up2net" zu finden, sie scheint im Kontext von „up2net" bezüglich ihrer Partizipationschancen am stärksten im Nachteil zu sein. Es ist nicht verwunderlich und vermutlich auch kein Zufall, dass das „Imperium" von Mädchen und jüngeren Jungen gegründet wurde.

Unterschiedliches Tempo ermöglichen

Es ist notwendig, die unterschiedliche Motivierbarkeit der Besuchergruppen zu berücksichtigen und den unterschiedlichen Geschwindigkeiten der Gruppenprozesse Raum zu geben.

Die leichter motivierbaren Jugendlichen, die möglicherweise zusätzlich einen günstigeren Bildungshintergrund haben, können Gestaltungsaufgaben und Verantwortung übernehmen und so das System reichhaltiger und attraktiver machen. Sie müssen sich in ihrem Tempo nicht den Langsameren anpassen. Schwerer motivierbare Jugendliche erleben den Aufbau und die Entwicklung des Systems mit und können selbst bestimmen, wann und ob sie aktiver einsteigen.

Leichter Motivierbare ergreifen eher die Chance des Selbstmachens, während für die anderen Jugendlichen Angebote konzipiert werden müssen, die sie quasi aufsuchend dort ansprechen, wo sie sich befinden: das

Dating- und das Baskethop-Projekt sind von dieser Art. „up2net“ unterstützt ihre Feste und ist dort präsent, wobei in diesem Umfeld nur das Schaffen eines positiven Images und einer positiven Beziehung zu „up2net“ möglich erscheint und die Motivation zum aktiven Mitmachen bei „up2net“ hier wohl noch nicht gelingen wird. Es erscheint sinnvoll, mit dem Sportbereich zu experimentieren. So könnte z.B. die Organisation und Dokumentation einer Freizeitstätten-Fußballliga über „up2net“ eine plausible Nutzung neuer Informations- und Kommunikationstechnologien sein.

Diese unterschiedlichen Geschwindigkeiten könnten eine Dynamik erzeugen, die ihrerseits wieder motivierend wirkt. Ist diese Dynamik in eine demokratische Entscheidungsstruktur eingebunden und transparent gemacht, so könnte sie ein wesentlicher Motor des Ganzen werden.

Wie motivieren?

Betrachtet man des Gelingen und Scheitern von Teilprojekten im Verlauf der Kampagne, so haben sich folgende Faktoren als relevant für das Motivieren von Jugendlichen erwiesen:

- Es ist günstig, wenn einzelne begeisterte Jugendliche da sind. Um sie herum lässt sich ein produktiver Gruppenprozess aufbauen.
- Kontinuität sowohl der Besucherstruktur, als auch der Personalsituation ist günstig. Brüche führen meist zum Scheitern von Vorhaben.
- Es kommt sehr auf die Art und Weise an, wie der Internetrechner in den Betrieb eines Jugendzentrums eingebunden ist, um Zielgruppen zu erreichen. Dieses Setting kann entscheidend sein.
- Ebenso hängt es von der Art der Integration ab, welche Aktivitäten am Internetrechner möglich sind. So ist ein Rechner mitten in der Turbulenz des Offenen Betriebs nicht geeignet, um private Mails zu lesen und zu schreiben.
- Sehr wichtig ist die Motivationslage der PädagogInnen. Sie sollten selbst überzeugt und begeistert sein vom Projekt und über die notwendigen medientechnischen und medienpädagogischen Kompetenzen verfügen.
- Es ist günstig, wenn Computermedienpädagogik in der Konzeption der Einrichtung explizit als Schwerpunkt verankert ist.
- Die Teams der Häuser sollten so in den fachlichen Diskurs eingebunden sein, dass sie ausreichend Ressourcen (Zeit, Ausstattung) zur Verfügung stellen.
- Technik muss funktionieren und auftretender Schaden ist schnellstens zu beheben, notfalls mit Hilfe von bezahlten Dienstleistern.
- Mit eMail-Kommunikation einer Mailingliste lassen sich pädagogische Interventionen gut koordinieren.

- Im Prozess tritt spezieller Wissens- und Lernbedarf für alle Beteiligten auf. Es ist günstig, wenn zeitnah maßgeschneiderte Kurse organisiert werden können.
- Hinzuziehen externer Fachleute zum richtigen Zeitpunkt ist wichtig und erhöht die Attraktivität.
- Der Gesamtrahmen der Kampagne darf bei den Einzelaktivitäten nicht aus den Augen verloren werden. Sonst driften die Aktivitäten auseinander und die Kampagne verliert an Kraft.

Medienkompetenz?

Gewachsene Medienkompetenz müsste sich im Verhalten der Beteiligen zeigen:

Eine kontinuierlich wachsende Zahl von BesucherInnen der Freizeitstätten nutzt die Möglichkeiten der Netcommunity, Auseinandersetzungen rund um „up2net“ in manchen Häusern spielen eine wichtige Rolle, und einige Jugendliche gestalten „up2net“ aktiv mit. PädagogInnen berichten, in ihren Einrichtungen sei der Umgang mit dem Computer und Internet auf Grund der Kampagne selbstverständlicher, selbstbewusster und vertrauter geworden. So scheint „up2net“ eine günstige Umgebung für die Entwicklung von Medienkompetenz in der Offenen Jugendarbeit geworden zu sein.

Wolfgang Haberl / Stefan Hefele / Andrea Kelle
und Bernhard Eckmann (Interviewer)

„Das ist eine schwierige Sache“

Pädagogisches Handeln in einer Netcommunity – Interview mit PraktikerInnen[1]

BERNHARD: *Was passiert im multimedialen Palace-Chat? Was ist da eigentlich los unter den Jugendlichen?*

WOLFGANG: Ich finde, da muss man unterscheiden. Es gibt die Chatter, die reingehen, um des Chattens willen. Das ist eher eine kleinere Gruppe, der das Chatten einfach Spaß macht, die gerne mit Avataren spielen und diese ganzen Sachen. Oder weil die Vorstellung für sie aufregend ist, „Wizard“, also so eine Art Moderator, werden zu können. Und dann gibt's diejenigen, die die Möglichkeit sehen, über den Chat mit dem anderen Geschlecht Kontakt aufzunehmen. Also das typische: „Wie alt bist Du? Bist Du männlich/weiblich? Bist Du hübsch?“ Und wenn die richtigen Antworten kommen, kommt als nächstes: „Gib mir Deine Telefonnummer!“ Also ohne „Bitte“ oder so etwas, sondern auf das Wesentliche reduziert. Da fehlt nur noch, dass sie Kürzel für diese Fragen verwenden.

ANDREA: Wobei das auch altersabhängig ist. Die 12- bis 16-Jährigen nützen primär den „up2net“-Chat, um jemanden kennen zu lernen. Und machen die Erfahrungen, die viele Chatter weltweit auch machen: Man trifft sich dann offline, wenn's geht, und kehrt dementsprechend schockiert zurück. Aber es ist eine nützliche Erfahrung, die sie da machen. Sie unterhalten sich mit den Leuten, sie checken sie nicht nur ab, wie sie aussehen, wie alt sie sind, männlich, weiblich, sie schummeln natürlich alle, machen sich alle älter als sie sind, machen sich alle größer, schöner, intelligenter als sie sind, und wenn sie die Handynummer kassiert haben, treffen sie sich. Und sind meistens sehr frustriert, weil sie dann feststellen, aha, mein Gegenüber hat auch gelogen. Sie ziehen dann ihre Konsequenzen daraus und fangen dann in den nächsten Chats schon wahrheitsgetreuer an, um nicht noch mal eine Enttäuschung zu erleben.

STEFAN: Bei uns ist das auch so, ich sehe aber eine weitere Gruppe von Chattern. Das sind nicht sehr viele, aber sie nutzen den Chat um vor den anderen im eigenen Haus zu imponieren. Und schreiben dann irgendwelchen Blödsinn rein. Im Chat provozieren sie die Partner durch rüde Beiträge und eskalieren dann, wenn die anderen mitmachen. Das führt dann zu Reaktionen im eigenen Haus. Den einen imponiert das und andere beginnen eine Auseinandersetzung darüber, ob dieses Verhalten noch in Ordnung ist. So wird über dieses Medium mit den Menschen der eigenen Freizeitstätte kommuniziert. Es wird als Machtmittel und Mittel der Selbstdarstellung benutzt im eigenen Umfeld.

BERNHARD: *Wenn Jugendliche auf diese Weise Erfahrung mit dem Medium machen, wie schaut es aus mit der Entwicklung von Medienkompetenz?*

STEFAN: Ich sehe es so: Die technischen Fertigkeiten im Umgang mit dem Medium steigen. Z.B. die Fähigkeiten, mit der Tastatur umzugehen und schneller zu tippen. Das Chatten ist ein Grund für sehr viele, sich überhaupt erst einmal an einen Computer heranzuwagen. Die Schwelle liegt hier sehr niedrig. Die mangelnden Rechtschreibkenntnisse stören hier niemanden. Im Chat wird hierfür niemand gemaßregelt. Und so trauen sich die Leute ans Medium heran.

ANDREA: Sie gehen wesentlich selbstsicherer mit dem Medium PC um, seitdem sie regelmäßig chatten. In der Anfangszeit habe ich sie noch anleiten müssen, habe ihnen auch gesagt, es gibt auch andere Werkzeuge als die Maus, z.B. über die Tastatur, wenn man bestimmte Kombinationen drückt, dann kann man das Log-Window aufrufen oder die Room-List usw. Sie beherrschen diesen doch relativ komplexen multimedialen Chatraum aber weitestgehend und gehen auch jetzt alleine in den Chat rein. Wenn sie etwas nicht verstehen, stellen sie kompetente Fragen. Aber es ist nicht nur der technische Umgang mit dem PC, der besser geworden ist, sondern, was mich immer wieder verblüfft, ist, dass sie die Netiquette einhalten, die wir aufgestellt haben für den Chatraum, also die wichtigsten Umgangsregeln und dass ich sofort gerufen werde um einzugreifen, wenn hier größere Regelverstöße vorkommen. Sie achten im Chat verbindlicher auf die Netiquette, als sie es im Haus tun.

BERNHARD: *Es geht also auch um die soziale und kommunikative Kompetenz.*

WOLFGANG: Was mir noch aufgefallen ist bei uns im Haus ist Folgendes: Die technische Kompetenz bei uns ist schon relativ hoch, wegen eines Computerprojekts, das schon lange läuft. Das Wesentliche, was ich sehe, ist, dass es hier die Möglichkeit gibt, Wizard, also Moderator zu werden. Die Jugendlichen sehen: „Da kann ich selbst etwas beitragen." Sie merken, das ist etwas anderes als in kommerziellen Chats wie Chat-City oder ähnliches, hier im „up2net"-Chat können sie Verantwortung übernehmen. Sie können das Medium gestalten und darin liegt der Kompetenzzuwachs. Das ist der große Unterschied, alle anderen Sachen kann ich auch in den anderen Chatsystemen erleben. Die Möglichkeit Kommunikation zu gestalten wie in „up2net", ist für die Jugendlichen ganz neu. Denn wenn ich Wizard werden will, muss ich mich ja an bestimmte Vorgaben halten, muss ich bestimmtes Engagement zeigen. Wenn ich etwas werden will, muss ich mich weiterentwickeln. Das ist eine Chance.

BERNHARD: *Ist dieser multimediale Chatraum das Zentrum, in dem eine Gemeinschaft, ein gemeinsames Bezugssystem entsteht? Eine Art Kristallisationskern?*

WOLFGANG: Ja, aus zwei Gründen: Chatten ist eine synchrone Art der Kommunikation, eine Art der Kommunikation also, die sie auch so kennen, zumindest ähnelt das bekannten Formen des Gesprächs sehr stark. Was in ein, zwei Jahren ist, wenn dann das asynchrone Kommunizieren per SMS mit dem Handy sich in der Jugendszene eingebürgert hat, das weiß ich nicht. Ich nehme an, dass sie dann auch im Netz asynchrone Kommunikation, also das Diskutieren über Newsgroups, schneller nachvollziehen können. Aber jetzt ist es so, dass der Chat das ist, was ihnen an Kommunikation am nächsten steht, und deswegen ist es für sie darüber auch am leichtesten, Kontakt zu anderen herzustellen, während wir Pädagogen, die das Medium auch für sich nutzen und damit experimentieren, die Newsgroups, also die asynchrone Kommunikation, die zeitunabhängig macht, sehr schätzen und deshalb viel interessanter finden. Bei Jugendlichen entsteht die Gemeinschaft eher um den Chat herum, bei den Pädagogen eher um die Newsgroups.

ANDREA: Das funktioniert bei uns Pädgoginnen aber auch deshalb besser, weil wir uns regelmäßig auch als Gruppe offline sehen und deshalb die Kommunikation sehr viel verbindlicher ist. Jugendliche haben das noch nicht so gemacht. Genau das ist, denke ich, das Geheimnis.

BERNHARD: *Es ist jetzt, zum Ende der Kampagne „Just go up2net“, ein Gremium von Jugendlichen entstanden, – das „Imperium“ –, das über das Interface die Webpräsenz von „up2net“ entscheidet. Wie seht Ihr diese Entwicklung?*

ANDREA: Es ist immer ein bißchen schwierig, alle Kids, also alle Teenies und Jugendlichen des Imperiums an einen Tisch zu kriegen und ich sehe Unterschiede bezüglich der Motivation und der Fähigkeiten der Imperiumsleute aus den einzelnen Häuser. Die Imperiumsleute aus meiner Einrichtung z.B., die haben einfach noch ganz andere Sachen im Kopf, als unbedingt etwas mitzuentscheiden. Diese Art der Partizipation ist in ihrer Lebenswelt noch nicht vorhanden. Ich sehe, dass sie einfach Schwierigkeiten haben, online Dinge zu entscheiden und umzusetzen. Ich bin deshalb auch der festen Überzeugung, dass die Kids sich an einem Runden Tisch offline treffen sollten, und zwar regelmäßig, damit sich die Leute erst mal kennen lernen. Das dauert vielleicht, aber es ist ein wichtiger Prozess. Erst dann können sie verstehen, was sie nun entscheiden sollen. Und wie sie richtig reagieren können.

STEFAN: Die Sache ist ja auch noch im Entstehen, es wurde bisher vor allem intern unter den Jugendlichen in den Häusern diskutiert, diese großen Treffen, bei denen man die Jugendlichen aus den verschiedenen

Häusern kennenlernen konnte, waren noch nicht oft. Und für mich ist die Frage, ob dann, wenn sie sich treffen, zuerst mal nur das Kennenlernen im Vordergrund steht oder das gemeinsame Ziel. Es gibt einige, vor allem Mädchen, die in diesen Imperiumstreffen und in der Imperiums-Newsgroup sehr zielorientiert sind, die sagen vielleicht: „Dieser Vorschlag für die neue Space-Lösung ist toll, aber ich möchte diesen bestimmten Planeten doch noch da haben und zwar aus diesem und jenem Grund". Aber es gibt andere, die erst einmal überhaupt keine Ahnung haben oder die das Ansinnen, hier selbst verantwortlich zu entscheiden, erst mal von sich weisen. Für die ist die Sache noch zu diffus, sie wissen noch nicht so recht, was da auf sie zukommt. Aber fast alle möchten gerne mitmachen, möchten beteiligt sein, gefragt werden, Einfluss haben. Jetzt schon selbst zu bestimmen, das ist für sie noch in weiter Ferne. Es ist die Frage, inwieweit das dann in einer gemeinsamen häuserübergreifenden Gruppe möglich ist, gemeinsame Ziele herauszufinden und zu verfolgen.

BERNHARD: *Das Ganze klingt sehr nach vertrauter Sozialpädagogik. Was mich interessieren würde: Gibt's Eurer Meinung nach ganz neue Effekte, die durch das Hinzukommen des neuen Mediums hinzugekommen und entstanden sind?*

STEFAN: Ja, einen neuen Effekt, der beim Chatten auftritt: das Spiel mit der Identität. Unsere „Stammchatterin" kennt die meisten Leute im Chat. Es ist aber für sie immer ein Thrill, wenn da ganz neue Leute auftauchen. Sie muss dann äußerst aufmerksam sein. Sie merkt dann gelegentlich, dass sich die Identität dieser Leute gewandelt hat, denn die schreiben nun plötzlich unter dem gleichen Namen ganz andere Sachen. Wer steckt dahinter? Und es ist aufregend und spannend für sie, hier die Lage zu durchschauen und zu kontrollieren. Dieser Umgang mit dem Unbekannten, dieses Sich-Nicht-Kennen und die Versuche herauszufinden, wer das Gegenüber ist, das ist neu. Und die Jugendlichen sind hier sehr kreativ. Sie lassen sich die Handynummer geben und nehmen dann Kontakt über das Handy auf. Da bekommen sie zumindest schon eine Information über die Stimme und damit über das Geschlecht des Gegenübers.

WOLFGANG: Ich greif nochmal das Stichwort „Sozialpädagogik" auf und weise auf einen gravierenden Unterschied zur Szene der Computerpioniere und zu anderen und früheren Netcommunities hin. Ich selbst bin mit Computer und Mailbox quasi aufgewachsen und kenne die Internetszene ganz gut. Damals haben Jugendliche ohne pädagogische Betreuung schon Netcommunities gegründet und betrieben. Diese sind aus einem gemeinsamen Interesse entstanden, meistens Computer oder ein anderes wichtiges Thema, das in ihrer Lebenswelt vorhanden war. Da gab's dann z.B. Leute, die sich über das Thema „Sciene-Fiction-Literatur“ und Ähnliches kennen gelernt haben. Da waren immer konkrete Anliegen da, es gab ein Interesse aneinander und an Themen. Das alles war jenseits der Gestaltung einer Oberfläche, jenseits der Gestaltung von Chat-Räumen. Das hat damals nicht so interessiert. Für die Imperiumsgruppe ist das schwieriger, weil die Imperiumsgruppe zwar schon das Interesse hat, gemeinsam zu gestalten, aber sich eben nicht zusammengefunden hat aus einem gemeinsamen Interesse aus ihrer Lebenswelt. Es entstand nicht aus ihrer Initiative heraus. Für sie ist es wie ein pädagogisches Angebot, das es sonst auch im Haus gibt, und das macht die Langzeitverbindlichkeit gegenüber dem Imperium schwierig. Das ist jetzt meine Hypothese. Etwas anderes ist z.B. so etwas wie der Breakerplanet. Das ist ein überschaubares Projekt, bei dem etwas dargestellt werden kann und das Medium sinnvoll genutzt werden kann. Es ist tatsächlich ihr eigenes Ding. Beim Imperium ist das noch anders, und da sehe ich ein Problem. Da gibt es eine momentane Überforderung.

STEFAN: Das sind ja nicht Jugendliche, die gekommen sind, um einen Webserver aufzubauen, sondern das sind Jugendliche, denen auch dieses Optische des Spaces gefällt, aber nicht alles, was dahinter ist, interessiert sie wirklich. Nicht zu vergleichen mit einer politischen Newsgroup-Szene o.ä. Die Jugendlichen in „up2net“ kommen mit ganz anderen Interessen. Sie bringen andere Voraussetzungen mit. Aus gutem Grund bieten wir den multimedialen Palace-Chat an und keinen rein textbasierten Chat. Wir müssen dafür sorgen, Kompetenzen wachsen zu lassen. Ich denke, wir haben ein Problem zu lösen. Wir müssen erst mal klar machen, um was es eigentlich wirklich geht. Hierbei müssen wir Vorgaben machen und dürfen nicht enttäuscht sein, wenn es nicht so schnell klappt. Es muss uns gelingen, die Sache gut zu vermitteln.

ANDREA: Eine Schwierigkeit liegt ja auch darin, dass sie in unser Haus kommen zum Offenen Betrieb um zu relaxen, Freunde zu treffen, den stressigen Schultag hinter sich zu lassen etc. Nun noch Verbindlichkeit von ihnen zu verlangen, kombiniert mit einer Verantwortung, die sie zu tragen haben, das überfordert sie manchmal wirklich. Die „Breaker“, also die noch recht kleinen Jungs, die den Breakplaneten gemacht haben, von denen zu fordern, dass sie auch noch die Verantwortung für die Newsgroup „Break“ übernehmen, das ist manchmal zu viel verlangt. Hier die angemessene Art der Herausforderung zu finden und sie tagtäglich aufs Neue zu motivieren, das ist eine schwierige Sache, das erfordert viel pädagogisches Feingefühl.

BERNHARD: *Hat sich etwas verändert bei der pädagogischen Auftragslage mit der Tatsache, dass Jugendliche nun Entscheidungsrechte in einem auch für die Profis wichtigen Bereich übernommen haben?*

ANDREA: Mir geht es darum, Verbindlichkeit herzustellen und sie zu motivieren, an etwas weiterzuarbeiten, was sie begonnen haben. Also ihren Planeten weiterentwickeln, sich mit dem Imperium zu befassen und zu prüfen, ob sie ein Interesse daran haben usw. Sie müssen herausfinden, ob es ihre Art der Demokratie ist, denn eigentlich machen alle die ersten Erfahrungen mit demokratischen Abstimmungsprozessen, außerhalb des Café-Rats, den wir schon integriert haben in unser Haus. Nun geht es um Entscheidungsprozesse mit Jugendlichen aus anderen Häusern. Das ist neu für die Jugendlichen.

STEFAN: Ja, es gibt eine neue Aufgabe. Bislang haben wir Vorgaben zur Verfügung gestellt. Wir haben unser Angebot daraufhin überprüft, ob es jugend- und mediengerecht ist. Jetzt müssen wir herausfinden, ob die Jugendlichen das Angebot annehmen, auch das Angebot der Partizipation an Entscheidungen. Wollen sie „up2net" nur als Serviceangebot oder wollen sie selbst etwas verändern und bestimmen. Und wenn sich herausstellt, sie wollen ein Serviceangebot, dann müssen wir überlegen, wie wir es schaffen können, einige Jugendliche zu befähigen, die Sache zumindest teilweise selbst zu übernehmen. Hierin liegt unsere Aufgabe.

WOLFGANG: Es wird immer eine Mischung sein von Dienstleistung, pädagogischer Vorgabe unsererseits und Übernahme von Verantwortung durch Jugendliche.

STEFAN: Die Jugendlichen sollen die Möglichkeit erkennen und wahrnehmen, das, was wir ihnen anbieten, weiterzuführen und in ihrem Sinne zu verändern. Und die Jugendlichen haben damit schon begonnen: Sie haben unsere Vorgabe kritisiert und verändert und in diese Rolle der Gestalter können sie hineinwachsen. Es ist wichtig, dass ein ständiger Entwicklungs- und Veränderungsprozess stattfindet. Auch Leute, die neu hinzukommen, sollen die Chance haben, „up2net" zu gestalten. Wir müssen immer wieder neue Felder finden, die Jugendliche in diesem „up2net"-Weltraum übernehmen können.

Anmerkung

1 Vgl. dazu auch den Beitrag „„Just go up2net!" in diesem Band, S. 62ff.

Michael Lange

Cyberland

Eine Netcommunity von Jugendlichen für Jugendliche

Der Cyberland-Jugendchat ist ein Internetprojekt für Jugendliche im Alter von 12 bis 20 Jahren. Der Chatserver, basierend auf der Software „The-Palace", bietet die Möglichkeit, Räume und Figuren zu gestalten, prinzipiell für Jugendliche weltweit. Darüber hinaus kann er von medienpädagogischen Einrichtungen für ihre eigene Computerarbeit genutzt werden. Entstanden ist das Projekt im Frühjahr 1997 am wannseeFORUM, einer Jugendbildungsstätte in Berlin. Das wannseeFORUM bot von 1997 im Rahmen von Seminaren Jugendlichen wie MultiplikatorInnen die Möglichkeit, sich mit der Technik vertraut zu machen, die grafische Oberfläche des Chatservers und der Homepage zu gestalten, Verhaltensregeln und Organisationsstrukturen aufzustellen und eigene Konzepte für die Nutzung des Jugendchatservers zu entwickeln.

Das Projekt wurde in der Regel in fünf- bis sechstägigen Seminaren, die in den Schulferien stattfanden, umgesetzt. Die TeilnehmerInnen wohnten während des Seminars im wannseeFORUM. Die Seminare waren offen für alle Jugendlichen im entsprechenden Alter, es wurde lediglich darauf geachtet, dass etwa gleich viele Jungen und Mädchen teilnehmen. Voraussetzungen zur Teilnahme bestanden nicht. Die technischen Grundkenntnisse wurden während des Seminars vermittelt. Auch eine kontinuierliche Teilnahme am Projekt wurde nicht erwartet.

Die teilnehmenden Jugendlichen erhielten die Möglichkeit, eine eigene virtuelle Gemeinschaft im Internet aufzubauen, die sie selbst gestalten und selbst verwalten. Als Ziel des Cyberlands wurde von den Jugendlichen selbst formuliert, dass die virtuelle Gemeinschaft auch ein Modell und Vorbild für die reale Welt sein kann. An erster Stelle steht dabei die Erweiterung von Partizipationsmöglichkeiten, indem die Jugendlichen selbst Regeln und Mitbestimmungsstrukturen entwickeln, die eine jugendgerechte Kommunikation im Internet ermöglichen. Die Mitbestimmungsfrage wurde in den Seminaren ausgiebig diskutiert, und es wurde von den Jugendlichen eine „Verfassung" für den Chatserver entwickelt, die beinhaltet, dass die Administratoren des Chatservers alle sechs Monate von den angemeldeten Mitgliedern der virtuellen Gemeinschaft gewählt werden.

Mit dem Abschluss der Seminarreihe am wannseeFORUM hat eine Gruppe von Jugendlichen, die sich bereits während des Projekts auch in ihrer Freizeit sehr stark für das Projekt engagierten, es übernommen, den

Cyberland-Jugendchatserver weiterzuentwickeln, weitere aktive Jugendliche einzubinden und es Jugendeinrichtungen zu ermöglichen, den Chatserver in der medienpädagogischen Arbeit einzusetzen.

Seminare

In den Seminaren am wannseeFORUM[1] ging es um Fragen nach Identität und sozialer Rolle in virtuellen Welten. Im Vordergrund stand die Veränderung der Kommunikation durch die Möglichkeiten der Neuen Medien. Die TeilnehmerInnen konnten auf gestalterischem Wege eine eigene virtuelle Welt im Internet, das Cyberland, entwickeln und darin mit anderen Jugendlichen kommunizieren. In der Begegnung und Kommunikation mit anderen wurden vorhandene Vorurteile und bestimmte Rollenverhalten reflektiert. Untersucht wurde auch das Verhältnis zwischen „objektiver" Realität und virtuellen Welten.

In den Seminaren wurde darüber gesprochen, welche Regeln und Gesetze in virtuellen Räumen noch gelten und wie Begegnungen zwischen Menschen dort ablaufen. Diese Welten können auch Modelle für das Leben in der Realität sein und damit ein Experimentierfeld für die unterschiedlichsten Lebensentwürfe und Gesellschaftsformen. Der Chatserver sollte dabei im Verlaufe des Projekts von den SeminarteilnehmerInnen weiterentwickelt und zu einem attraktiven Treffpunkt einer virtuellen Gemeinschaft von Jugendlichen werden.

Den TeilnehmerInnen wurde nicht nur Gelegenheit gegeben, sich und ihre kreativen Fähigkeiten auszuprobieren und virtuelle Welten nach ihren Vorstellungen zu gestalten, sondern es sollten gleichfalls Auseinandersetzungen darüber stattfinden, welche Bedürfnisse und Ansprüche Jugendliche an Kommunikation haben und wie diese mit und in den Neuen Medien verwirklicht werden können. Im Vordergrund steht der Zuwachs von politischer und sozialer Kompetenz, Sensibilität und Kooperationsbereitschaft und die Vermittlung von Werten wie Respekt und Verantwortungsbewusstsein. Die aktive Erarbeitung von technischem Wissen war dabei ein zusätzlicher Effekt, der aber hinter dem Erwerb sozialer und kommunikativer Kompetenzen zurückstehen sollte.

Ziel war es, zu einer aktiven Gestaltung des Lebensumfeldes und der eigenen Biografie anzuregen, eine Reflexion des eigenen Rollenverhaltens und bestehender Vorurteile vorzunehmen, neue Kommunikationsformen kennen zu lernen und Regeln und Gesetze im Zusammenleben mit anderen zu überprüfen.

Personelle, technische und inhaltliche Rahmenbedingungen

Die Seminare mit bis zu 15 TeilnehmerInnen wurden von mir als hauptamtlichen Dozenten gemeinsam mit einem Gastdozenten durchgeführt.

Die Betreuung der Internetseiten und des Chatservers wurde im Verlauf immer stärker von den jugendlichen TeilnehmerInnen selbst geleistet. Für die Seminararbeit stand ein Computerstudio mit sieben bis acht Rechnern zur Verfügung und verschiedene andere Seminarräume, u.a. auch ein Tonstudio und eine analoge Videoschnittanlage. Alle Computer verfügten über einen Internetzugang. Gearbeitet wurde hauptsächlich mit verschiedenen Grafikprogrammen und einem einfachen Homepageeditor. Das Bildmaterial wurde über eine digitale Kamera in den Rechner überspielt.

Erfahrungen aus den Seminaren

Das Cyberland-Projekt hat sich sehr erfolgreich entwickelt. Von Beginn an stellte dabei der Charakter eines „real“ im Internet existierenden Projekts, an dem die Jugendlichen eigenverantwortlich mitarbeiten, eine große Motivation dar. Chatten ist derzeit bei Jugendlichen eine der beliebtesten Internetaktivitäten. Die Möglichkeit, darüber schnell und unkompliziert andere Jugendliche kennen zu lernen, steht dabei im Vordergrund.

Die Seminare am wannseeFORUM hatten drei verschiedene Komponenten: eine informative, eine diskursive und eine gestalterische. Der Vormittag war eher einer inhaltlichen Arbeit vorbehalten: Filme und Internetseiten zu „Virtuellen Welten“ wurden ausgewertet, man sprach über Chancen und Gefahren der Internetkommunikation und plante gemeinsam das Cyberland-Projekt. Der Nachmittag stand der gestalterischen Arbeit zur Verfügung: die Internethomepage wurde aufgebaut, Räume und Figuren des Cyberlands gestaltet und Plakate, eine Informationsbroschüre oder ein kurzer Videofilm übers Chatten hergestellt.

In den Diskussionen über Chancen und Gefahren von „Virtueller Realität“ in den Seminaren wurden häufig zunächst nur mögliche Gefahren, wie Isolation, Sucht oder Realitätsverlust genannt. Am Ende jedoch wurden die Chancen höher bewertet: Die Möglichkeit zu Hause zu arbeiten (Teleworking), das eigene Verhalten ausprobieren zu können, Lernen für die wirkliche Welt, Erlebniserweiterung, neue Erfahrungen, Anregungen für den eigenen Geist und weltweiter Meinungs- und Gedankenaustausch sind einige der Stichworte.

Wichtig für die Jugendlichen war die gemeinsame Arbeit am Projekt. Dazu gehörte vor allem, dass die Struktur und Inhalte des Chatservers und der Homepage mit der gesamten Gruppe ausführlich diskutiert wurden. Je nach Interesse und Fähigkeiten hatten die TeilnehmerInnen an verschiedenen Stellen Gelegenheit sich einzubringen, ohne das Gefühl zu verlieren, mit der ganzen Gruppe etwas gemeinsam zu erarbeiten. In jedem Seminar gab es eine hohe Verantwortlichkeit, sich untereinander zu helfen und über die erforderlichen technischen Kenntnisse auszutauschen.

Beobachtungen zum Chatten

Das Chatten in virtuellen Räumen, das den meisten Jugendlichen vorher unbekannt war, kommt bei den Jugendlichen sehr gut an. Über die Sprache hinaus bestehen hier verschiedene weitere Möglichkeiten sich als Individuum darzustellen. Neben der eigenen Figur, als eine Art ideales Selbst, ist es möglich, sich mit einem gewissen Abstand zum Chatpartner mitzuteilen und in der Beziehung mit Nähe und Distanz zu spielen.

Interessanterweise chatteten die Teilnehmer auch sehr ausgiebig im Netzwerk miteinander; selbst wenn der Chatpartner in diesem Fall nur einen Rechner entfernt saß. Auf diese Weise kamen TeilnehmerInnen miteinander ins Gespräch, die sich im Seminar nie miteinander unterhalten hatten. Allgemein war zu beobachten, dass die Möglichkeit, sich eine fremde Identität zu geben und diese Rolle im Internet zu spielen, wenig genutzt wurde. Im Chat mit anderen InternetnutzerInnen zeigten sich die TeilnehmerInnen sehr ehrlich. Ziel war es immer, zu versuchen, eine reale Freundschaft aufzubauen, was nach Einschätzung der Jugendlichen nur möglich ist, wenn man von Beginn an ehrlich über seine Interessen spricht. Ebenso groß war dann allerdings die Erwartung, dass der Chatpartner auch die Wahrheit über sich erzählt. In den Chats wurde häufig sehr schnell versucht, eine möglichst intime Ebene zu erreichen. Dies gelang auch oft und führte dazu, dass sich schnell Pärchen bildeten, die ihre Unterhaltung manchmal über Stunden fortführten.

Vorurteile über das Chatten im Internet konnten somit nicht bestätigt werden: Nicht der unverbindliche Smalltalk und die Möglichkeit, sich zu verstellen, reizte die Jugendlichen, sondern die Möglichkeit, auf diese Weise neue Freunde finden zu können und sich dabei auf einer halb anonymen Ebene offen aussprechen zu können. Für viele eine Chance, sich anderen gegenüber zu öffnen und sich mitzuteilen, ohne dem anderen dabei etwas vormachen zu müssen. Im Vordergrund steht nicht das Bedürfnis, sich in neuen Rollen ausprobieren zu können, sondern sich „endlich" so darstellen zu können, wie man sich selbst empfindet.

Kooperationen erwünscht, auch weltweit

Ein wichtiger Teil des Projekts ist die Einladung an andere Einrichtungen, den Chatserver in ihrer Arbeit einzusetzen und selbst mit Jugendlichen Räume zu gestalten. Dementsprechend fanden auch immer wieder verabredete Chattreffen im Cyberland statt. Nicht nur die Jugendlichen kamen so in Kontakt, sondern auch die MitarbeiterInnen der Einrichtungen.

Wenn in der medienpädagogischen Arbeit Kommunikationsprozesse erfahren und reflektiert werden sollen, drängt es sich förmlich auf, mit weit entfernten Gruppen (auch international) zusammenzuarbeiten und konkrete eMail- und Chatprojekte durchzuführen, bei denen sich Jugendliche zu unterschiedlichen Themen austauschen. Der Cyberland-Chatserver bietet über die grafischen Möglichkeiten die Chance, nicht nur Kommunikationsbasis zu sein, sondern ein Element, an dem Gruppen gemeinsam auch über weite Entfernungen arbeiten können.

Eine selbstgestaltete und selbstverwaltete Welt

Die Besonderheit des Cyberlands liegt darin, dass die TeilnehmerInnen nicht nur die Internetkommunikation konkret kennen lernen können, sondern gleichzeitig auch die Kommunikationsumgebung selbst gestalten können. Mit der Weiterentwicklung der Software und den zunehmenden Kapazitäten der Datenleitungen ist dies ein Schritt in die zukünftigen Anwendungsfelder von Netzkommunikation. Die Erfahrungen aus dem Cyberland-Projekt zeigen, welche Bedeutung für die Kommunikation die Datennetze in Zukunft einnehmen werden und wie die veränderten Kommunikationsformen neue Möglichkeiten eröffnen, Bedürfnisse nach sozialen und authentischen Kontakten zu befriedigen.

Als wichtigstes Ergebnis des Projekts ist deshalb das Engagement einiger Jugendlicher zu nennen, die es übernommen haben, das Cyberland kontinuierlich über die Seminare hinaus zu betreuen und weiterzuentwickeln. Sie veranstalten regelmäßige Chatpartys und aktualisieren die Homepage. Zudem haben sie es übernommen, Jugendliche und Jugendeinrichtungen auch in technischen Fragen zu unterstützen und das Cyberland auf öffentlichen Veranstaltungen vorzustellen. Die Jugendlichen treffen sich regelmäßig einmal in der Woche im Internetcafé „Käpt'n Browser“ des TJFBV e.V. und organisieren von dort den weiteren Ausbau der virtuellen Welt. Dazu gehört insbesondere auch, den weiteren Kontakt zu Kooperationspartnern zu pflegen, Sponsoren zu finden und Öffentlichkeitsarbeit zu organisieren.

Das Cyberland ist ein konkretes Projekt im Internet, dass auch ohne den Hintergrund einer Bildungseinrichtung existieren könnte und nun auch nach Abschluss der Seminarreihe weiter bestehen wird. Es ist dadurch nicht nur ein symbolisches Projekt, das zeigt, wie etwas gemacht werden könnte, sondern die Jugendlichen müssen sich real im Internet mit ihrem Projekt behaupten und sich mit anderen Internet-NutzerInnen auseinandersetzen. Die dafür nötigen Kompetenzen wurden in den Seminaren vermittelt, noch schwerer wiegt aber der Erfahrungsgewinn, den die Jugendlichen teilweise schon in den Seminaren, nun aber verstärkt im Umgang mit Presse, Sponsoren und Jugendeinrichtungen und nicht zuletzt in der Diskussion mit den Mitgliedern ihrer virtuellen Gemeinschaft über die zukünftige Gestaltung des Chatservers machen. Sie wollen versuchen, über das Internet weitere Jugendliche zur Mitarbeit zu gewinnen und den Chatserver auszubauen, um in einer selbstgestalteten und selbstverwalteten Welt mit anderen Jugendlichen kommunizieren zu können.

Anmerkung

1 Das wannseeFORUM ist eine Berliner Bildungsstätte für Jugendliche und Erwachsene, ein FORUM der Begegnung für Menschen, die außerhalb des Alltags miteinander reden und arbeiten wollen. Die Angebote sind je nach Thema und Gruppeninteresse eher politisch oder künstlerisch ausgerichtet. Unser Profil zeigt sich in der Verbindung von kultureller und politischer Bildung. Wir verstehen uns als einen Schnittpunkt in einem europäischen Netz von PartnerInnen politischer, medialer und künstlerischer Diskussion und Reflexion. – Im wannseeFORUM Wannseeheim für Jugendarbeit e.V. finden vielfältige Veranstaltungen in den unterschiedlichen Bereichen statt. Das Programm umfasst Kurse und Projekte für Jugendliche und Fortbildungen für MitarbeiterInnen in der Jugendarbeit in den Bereichen: politische Bildung, Theater, bildende Kunst, Musik und Neue Medien, Mädchen- und Frauenbildung, politisch-ökologische Bildung und internationaler Austausch.

Jana Heller / Thorsten Dresing

Chat

Kommunikationsmedium mit Entwicklungspotenzial?

LOG BUCH – Einleitung.

Der „Focus“ titelt im August 2000, der „Chat“ biete attraktiven zwischenmenschlichen Austausch über das Internet. Trotzdem hört man immer wieder von möglichen Gefahren, die eine intensive Chat- und Internetnutzung mit sich bringen. Haben wir es nun mit „sozialer Isolation und suchtähnlicher Flucht in eine Schein-Realität“ oder mit einer neuen, positiv nutzbaren Interaktionsform unter veränderten Kommunikationsbedingungen zu tun? In unserer Untersuchung[1] haben wir die Nutzer zweier verschiedener Chats dazu befragt. Uns interessierte, wie intensiv und von wem ein Chat genutzt wird und was diese Menschen dabei empfinden. Nach einer Einführung in das „Chatten“ (LOG IN) schildern wir unsere wichtigsten Ergebnisse (LOGGED IN) und versuchen, im Anschluss Stellung zur

Abb. 1: Screenshot vom Pro7 Chatraum am 11.09.2000, 16.29 Uhr

Suchtproblematik zu nehmen (LOCKED IN). Das Fazit (LOG OUT) bildet unseren Abschluss und beinhaltet unsere Empfehlung.

LOG IN – Was ist ein Chat und wie kann man hier „überleben"?

Obwohl an dieser Stelle vor allem ein Praxistest zu empfehlen ist, halten wir es für sinnvoll, auch einen systematischen Einblick in einen Chat zu geben. Der Chat ist ein textbasierter, computervermittelter Dialog, der zwischen zwei oder mehreren Teilnehmern stattfindet. Im Unterschied zur Kommunikation via eMail läuft die Kommunikation im Chat zeitlich synchron ab, so dass man direkt miteinander kommunizieren und aufeinander reagieren kann. Es gibt verschiedene Chat-Kommunikationsmöglichkeiten, wie z.B. das IRC (Internet Relay Chat), ICQ (I seek you), den mittlerweile veralteten „Talk-Dienst" und den Web-Chat mittels der jeweils erforderlichen Software (z.B. Web-Browser). Als Voraussetzung für die Teilnahme in den meisten Chats sind neben dem PC mit Internetzugang einige grundlegende Hilfestellungen notwendig.

Jeder Teilnehmer muss sich einen „Nickname" (Spitzname, Pseudonym) auswählen, bevor er teilnehmen kann. Dieser kann dem eigenen Namen ähneln (Sandra22), ein reiner Phantasiename sein (Batman) oder eine bedeutungsleere Zahlen- und Buchstabenkombination darstellen (sgf12). Man hat so schon von vornherein die Möglichkeit, Interessen, Geschlecht und Bekanntheit mitanzugeben oder sich zu anonymisieren, denn in den allermeisten Chats besteht keine Möglichkeit sich zu sehen oder zu hören (Ausnahme z.B. Videokonferenz mit Netmeeting). Die Interaktion der User erfolgt also nahezu ausschließlich mittels der Tastatur. Ein reger Gedankenaustausch erfordert neben einer einwandfreien Datenübertragung vor allem eine schnelle Aktion und Reaktion der User. Gute Lese- und Tippfähigkeiten sind ein sinnvolles Handwerkszeug, wenn man in einem Chatraum, in dem sich oft mehr als 20 Teilnehmer an Gesprächen beteiligen, aktiv mitwirken will.

Um Zeit zu sparen und mangelnde Tippfähigkeiten zu kompensieren, sind die Textbeiträge sehr kurz gehalten (ein bis maximal zwei Zeilen), außerdem werden Akronyme (rotfl= rolling on the floor laughing; lol= laughing out loud) verwendet. Um die mangelnde Gestik und Mimik eines „Face-to-Face"-Gesprächs zu ersetzen, verwenden die Chatter zusätzlich Aktions- und Soundwörter (*g*= grinsen; *froi*= sich freuen; *hmm*= nachdenken; *brr*= frieren). Sie sind fester Bestandteil der Chatkommunikation und dienen des Weiteren der Zeitersparnis. Man kann damit auch seine Stimmung oder die Bedeutung des Geschriebenen näher erläutern, z.B. durch Smilies ;-). Ebenso können Ausdrücke durch Großschreiben verstärkt werden, z.B. HALLO. Gerade das Fehlen der visuellen und auditiven Kanäle und die mögliche Anonymität bieten eine Vielzahl interessanter

Handlungsoptionen. Der (nichtexistierende) 13-jährige Peter kann als VIVA-Moderator auftreten, die 20-jährige Julia als 65-jähriger Rentner und sogar ein Computer könnte (und hat schon!) sich als Person in einem Chat simulieren.

Einem dabei möglicherweise aufkommenden Fehlverhalten eines Chatters wird meist schnell ein Riegel vorgeschoben, denn es gibt in den meistens Chats sogenannte „Superuser"(so z.B. im ProSieben Chat), „Bots" o.ä.. Sie haben ein aufmerksames Auge auf die anderen Teilnehmer und ihr Verhalten. Das beinhaltet die Möglichkeit, ungebetene Gäste, sprich Personen, die die ungeschriebenen Gesetze der Netzkommunikation (Netiquette) verletzen, sei es durch sexistische, gewaltverherrlichende oder rechtsradikale Äußerungen, aus dem Chatbereich auszuschließen. Natürlich kann ein „Superuser" nicht alles sehen und ständig vor Ort sein, darum gibt es meist mehrere Berechtigte, die gleichzeitig anwesend sind. Zudem können die Rechte eines Superuser auch an vertrauenswürdige Personen weitergegeben werden. Diese Entscheidung obliegt allein der innehabenden Person.

LOGGED IN – Die Vorgehensweisen, Methoden und Ergebnisse der Erhebung

Nachdem wir eine Weile selbst gechattet hatten, uns unter verschiedenen Namen angemeldet, gelacht haben und auch mal herausgeworfen wurden, stellte sich für uns die Frage, wie die anderen Mitchatter sich in ihrem Medium sehen und wie sie damit umgehen. Wir fanden es zu Beginn sehr schwierig längere bzw. mehrere Gespräche gleichzeitig zu führen und sich an die allgemeinen Regeln, Schreibweisen und die Geschwindigkeit zu gewöhnen. So inspiriert starteten wir Anfang 2000 eine Erhebung. Wir haben uns dabei für einen Onlinefragebogen entschieden, da er eine zeit- und kostengünstige, netzimmanente und standardisierte Befragung ermöglichte. Die Teilnehmer konnten so bequem auf einer Homepage die entsprechenden Fragen per Mausklick oder Tastatur beantworten. Unsere 140 „Opfer" fanden wir in den Chats der Community „art of com" (http://www.artofcom.de damals Schmooz-Community) und des Fernsehsenders Pro 7 (http://www.prosieben.de/chat). Dafür wurde jede Person einzeln im Chat angesprochen, informiert und zur Teilnahme gebeten. Das war zunächst gar nicht so leicht. Die Chatter fingen zwar bereitwillig sofort ein Gespräch mit uns an, aber wenn es um die Beantwortung eines Fragebogens ging und die Personen uns nicht kannten, war doch eine Menge an Überzeugungsarbeit zu leisten. Hatten die Chatter das Gefühl, dass es um sie persönlich ging und dass ihre Antwort zählt, waren die meisten zur Mithilfe bereit.

Die Chat-User, die zu zwei Dritteln (62,6 %) aus Männer bestehen und im Schnitt 25 Jahre alt sind (Altersspanne der Befragten: 13 bis 58 Jahre), fühlen sich in der Regel verstanden und in die Gemeinschaft der anderen

Chatter integriert. Sie investieren viel Zeit (Mittelwert = 15,8 Stunden wöchentlich) in die Aufrechterhaltung und Erweiterung der sozialen Beziehungen im Netz. Sehr viel mehr als in der größten deutschen Internetstudie @facts von forsa und der Multimediagruppe München mit 32.529 Befragten Personen. Hier lag die Nutzungsdauer des Internets im Schnitt zwischen 3,5 und 6 Stunden pro Woche. Dabei sind in unserer Erhebung Frauen im Schnitt sogar noch etwas länger online (Mittelwert = 16,5 Stunden). Auffällig ist auch, dass in der höchsten Altersgruppe zwischen 36 und 58 Jahren die Onlinezeit im Schnitt extrem hoch liegt (Mittelwert Männer = 20,2, Frauen = 19,3 Stunden pro Woche). Insgesamt bemerkenswert erscheint die Tatsache, dass Onlinezeiten von 26 oder mehr Stunden pro Woche keine absolute Ausnahme bilden (Anteil über 20 %).

Unsere Umfrage ergab, dass die Mehrzahl der Befragten ehrlich im Chat auftritt und niemanden durch das Vorspielen falscher Tatsachen zu täuschen versucht. Die Mehrzahl der User nehmen weder andere Verhaltensweisen („Beim Chatten gehe ich ehrlicher und offener auf andere Menschen zu, als im sonstigen Leben.“; knapp 61 % sagen dazu „manchmal“ bzw. „oft“), noch nehmen sie eine komplett andere Identität an („Beim Chatten experimentiere ich mit unterschiedlichen Rollen [z.B. Geschlechtertausch]“; knapp 85 % sagen „selten“, „nie“ ist als Antwortmöglichkeit nicht vorhanden gewesen), es sei denn, sie fühlen sich von den anderen missverstanden (also anders als man hätte vermuten können!). Ein Grund dafür, dass einige Frauen im Chat ihre Geschlechtsidentität wechseln, könnte der Versuch sein, sich vor allzu aufdringlichen Chatpartnern zu schützen. Denn wenn der Nickname eindeutig als weiblich zuzuordnen ist, wird man wesentlich häufiger angesprochen, manchmal häufiger als einem lieb ist (Probieren Sie es selbst aus!). Darauf lässt auch die hochsignifikante positive Korrelation von 0,391 ($p = 0{,}004$, zweiseitig) bei dem Antwortverhalten der Fragen nach dem Rollentausch und dem Gefühl des Missverstandenwerdens schließen. Wobei man sich generell aber nur selten missverstanden fühlt („Wenn ich chatte, habe ich das Gefühl, die anderen können mich nicht so gut einschätzen oder missverstehen mich eher als im sonstigen Leben“; knapp 87,5 % antworten „selten“ oder „manchmal“).

Unsere Untersuchung ergab außerdem, dass sich die Chatter untereinander unterstützen und leichter persönliche Probleme miteinander besprechen können. Hierbei erfahren sie häufig mehr über ihre Mitchatter, als dies sonst im realen Leben bei neuen Kontakten der Fall wäre („Beim Chatten erlebe ich seltener eine Hemmschwelle bei der Kontaktaufnahme zu anderen Menschen, als im realen Leben“; 46 % der Männer und 48 % der Frauen sagen „oft“); („Beim Chatten erfährt man einiges von anderen Menschen, an das man im sonstigen Leben schwer herankommt“; knapp 35 % der Männer und 52 % der Frauen sagen „oft“).

Die „realen" Beziehungen der Chatter leiden dennoch überwiegend nicht unter der Internetnutzung. Die Befragten gaben an, von den im Schnitt 20 Bekannten im Chat schon gut 18 im realen Leben getroffen zu haben. Die meisten User gaben an, dass sie ihre Erfahrungen, die sie im Chat sammeln, nicht in ihr reales Leben integrieren können (56% der Männer und 58% der Frauen sagen „selten"). Aber ein Großteil der Chatter denkt, nach eigenen Angaben, auch nicht über das Verhalten im Chat und die Unterschiede zum realen Leben nach (46% der Männer und 52% der Frauen sagen „selten"). Dennoch sind sich die meisten über die Verringerung der Hemmschwelle bei der Kontaktaufnahme, die bei mehr als zwei Dritteln der User zu verzeichnen ist, die erhöhte eigene Offenheit und die empfundene, erhöhte Offenheit der anderen im Klaren.

LOCKED IN – Kommunikationsmedium mit Suchtpotenzial?

Das Phänomen der Sucht kann dennoch häufig hinein interpretiert werden. Im Kontext des Chats ist eindeutig zu beobachten, dass die Nutzungsintensität im Gegensatz zur durchschnittlichen Onlinenutzung (vgl. die schon zitierte Studie @facts) sehr hoch ist. Werte von 30 Stunden pro Woche bildeten in unserer Befragung absolut keine Ausnahme. Obwohl wir aus eigener Erfahrung wissen, dass leicht ein Gefühl des Sogs zur Chatnutzung hin entstehen kann, scheint es uns dennoch in der großen Mehrzahl der Fälle nicht angebracht, von einem Suchtverhalten zu sprechen. Wichtig bei der Beurteilung von Chatusern ist die Betrachtung des kontextuellen Zusammenhangs. Computervermittelte Kommunikation im Internet kann dazu beitragen, bestehende zwischenmenschliche Beziehungen zu verändern und auch neue soziale Beziehungen herzustellen. Die Chatter unserer Befragung gaben an, im Schnitt 20 Bekannte im Chat zu haben, von denen sie 18 schon im „realen" Leben getroffen haben (hierzu werden auch „Chattertreffen" gezählt). Diese Treffen und die damit verbundenen Bekanntschaften können dabei zu einer Veränderung des Freundeskreises führen. Die Wahl des Gesprächspartners unterliegt im Chat nämlich keinen soziodemografische Angaben (z.B. Alter, Herkunft, Bildung), die im „realen" Leben bestimmend sind. Vielmehr steht das Gespräch im Mittelpunkt.

Dadurch unterhalten sich auch Menschen miteinander, die sich im „realen" Leben meiden würden (z.B. auf Grund von Vorurteilen) bzw. sich auf diese Weise nicht miteinander unterhalten könnten (z.B. wenn sich zwei einander fremde Menschen über ein intimes Problem unterhalten). Der pauschale Vorwurf des Beziehungsverlustes (soziale Isolation am Computer) und des Flüchtens in Schein-Beziehungen (Eskapismus) ist hier also zurückzuweisen. Die Mehrzahl der Chatter selbst verneint die Frage, ob der Chat ein Flüchten vor den in der Realität anstehenden Problemen darstellt (auf die Frage „Ich chatte, um meiner Arbeit oder meinen Problemen im sonstigen Leben zu entfliehen“ antworten 81% der Männer und 72% der Frauen mit „selten“).

Dennoch glauben wir, dass eine generell persönlichkeitsstabilisierende und beziehungsintensivierende Wirkung der Internet-Kommunikation ebenso unrealistisch ist. Netzaktive haben zwar bei entsprechender Netznutzungskompetenz und Motivation die Chance, ihre privaten und beruflichen Kommunikations- und Beziehungsnetzwerke zu erweitern. Intensive private Netzbeziehungen sind vor allem dann zu erwarten, wenn eine Person sich mit der Netzkultur identifiziert (und das tun ja die meisten Chatter), über die verschiedenen Angebote mit anderen Menschen in Kontakt tritt und diese Kontakte durch private eMails und Chats ausbaut. Allerdings können sich Netzkontakte in Abhängigkeit von Persönlichkeitsmerkmalen wie Selbstwertgefühl, sozialer Kompetenz und aktueller Bedürfnislage als eskapistisch (Flucht, Netzbeziehungen werden als isoliert vom sonstigen Leben wahrgenommen), supplementär (reine Netzbeziehungen ergänzen das bisherige Beziehungsspektrum) oder komplementär (anderweitig nicht behebbare Kontaktdefizite werden partiell im Netz ausgeglichen) erweisen. Eine andere Untersuchungen kommt zu dem Schluss, dass für die meisten Menschen mit Netzzugang computervermittelte soziale Kontakte und Beziehungen supplementäre Funktion haben (Döring, 1999). Bei einer eskapistisch motivierten Onlinenutzung bestehe aber die Möglichkeit einer suchtähnlichen Nutzung, und die Intensität könnte durchaus problematisch sein, da sie nicht die Ursache des auslösenden Wunsches zu Chatten stille. Nach wie vor sei die Einbindung in einen breiten und festen sozialen Rahmen ein wichtiger Faktor für die Prävention einer möglichen Chatsucht.

LOG OUT – Fazit

Dass die Menschen im Chat eher über persönliche, intime Probleme miteinander sprechen, liegt mit Sicherheit daran, dass man das virtuelle „Gegenüber“ dabei nicht sieht und es einem weniger unangenehm sein muss – zumal man sich jederzeit aus dem Chat ausloggen kann. Hier spielt es keine Rolle, wie man aussieht, welche Markenkleidung man trägt und selbst nicht, ob man hört oder spricht. Wichtig ist nur, dass man lesen und schreiben kann. Hier könnte sich eine neue Möglichkeit bieten, gewohnte Rangordnungen umzuwerfen, viel freier mit der eigenen Identität zu spielen, wobei hiermit nicht unbedingt nur die Geschlechtsidentität gemeint ist, sondern der ungezwungenere Umgang mit sich selbst, der Selbstdefinition und den damit verbundenen Ängsten und Wünschen. Keiner sieht, wenn man rot wird, keiner bemerkt es, wenn man sich das erste Mal im sorgsamen Zurechtweisen bei der gemeinsamen Interessensvertretung übt. Dies ist ein Indiz dafür, dass in der computervermittelten Interaktion die Möglichkeit zu einer anderen, offeneren Art des Umgangs miteinander besteht und so z.B. mangelndes Selbstwertgefühl abgebaut werden könnte.

Gerade in dieser Hinsicht muss man die Selbstbeschreibung der Chatter noch einmal kritisch betrachten. Was bedeutet die intensive Nutzung des Chat? Die Chatter glauben zum einen nicht, dass sie die Erfahrungen des Chat in den Alltag übertragen bzw. übernehmen können. Außerdem denken sie nach eigenen Angaben nicht über ihr Verhalten im Chat nach. Also ein blindes Nutzen ohne Nutzen? Vermutlich fällt es den Chattern durch einen Mangel an Reflexion über den Chat schwerer, einen Erfahrungsgewinn zu erkennen, der sich auf das eigene Leben auswirkt.. Die Frage ist allerdings, ob das denn überhaupt notwendig ist. Allein die Tatsache, dass die Chatter mehr über andere erfahren als bei der direkten Interaktion setzt Zuhören und Einfühlungsvermögen voraus. Es lässt sich vermuten, dass das Chatten bei der intensiven Nutzung von mehr als 15 Stunden pro Woche zumindest unbewusst einen positiven Effekt für die betreffenden Personen hat. Die Chatter unterhalten sich ständig miteinander oder schauen einfach einige Zeit den verschiedenen Gesprächsfäden zu. Es werden Kontakte geknüpft und gepflegt, Neuankömmlinge begrüßt und „Netiquettverletzer“ (z.B. sexistische Annäherungen) aus dem Chat herausgeworfen. Die Chatter identifizieren sich mit ihrer Umgebung und mit den dazugehörigen Menschen. Die intensive Nutzung deutet also auch darauf hin, dass es ihnen Spaß macht, sich dort aufzuhalten, sich mitzuteilen und mit den anderen Chattern die Zeit zu verbringen. Soziale Verhaltensweisen unter veränderten Kommunikationsbedingungen werden immer wieder gelernt und dabei aktiv gestaltet, verändert und auch durchbrochen.

Dennoch findet sich immer ein gemeinsamer Konsens in Bezug auf das Verhalten im Netz. Kommunikation im Netz kann, wie auch in der realen Umgebung, auf Dauer nur dadurch funktionieren, dass sich ein meist ungeschriebenes, aber konsistentes, sich auch veränderndes, aber für alle Seiten befriedigendes Kommunikationsritual etabliert. Daran arbeiten alle Chatter mehr oder weniger mit, allein dadurch, dass sie intensiv an Gesprächen teilnehmen, eventuell sogar eine Überwachungsfunktion übernehmen und Sorge und Verantwortung für ein ungestörtes Miteinander tragen. Das ist ein intensiver Sozialisationsprozess und ein Einüben in die Übernahme von Verantwortung. Chatten kann damit nicht nur den Rahmen der sozialen Kontakte erweitern und neue Perspektiven ermöglichen, sondern auch eine unterstützende, eventuell korrigierende Funktion in der Sozialisation des Menschen haben. Wenn man darüber hinaus ein gutes Fußballspiel, einen Kneipenabend, eine Spielrunde oder den Ausflug ins Schwimmbad nicht total vergisst, also einen körperlichen, sinnlichen und „realen“ Ausgleich schafft, befürworten wir die Nutzung von Chats und Internet, gerade auch im pädagogischen Zusammenhang.

Anmerkung

[1] Text und Originalerhebung auch als Download unter: www.i-learn.de.

Literatur

@facts-Studie: Internetstudie der Multimediagruppe München 2000, http://www.mgmuc.de/cgi-bin/w3-msql/html/content/index_viewcode_htm.htm?Suchwert=514600, 19.06.2000

BORTZ, J. (1999): Statistik für Sozialwissenschaftler. 5. Aufl., Berlin: Springer-Verlag

DÖRING, N. (1999): Sozialpsychologie des Internet. Die Bedeutung des Internet für Kommunikationsprozesse, Identitäten, soziale Beziehungen und Gruppen. Göttingen/Bern: Hogrefe, Verlag für Psychologie

GIN: Gesundheitsinformationsnetz des Institutes für Biostatistik und Dokumentation an der Universität Innsbruck, Internetsucht - Eine neumodische Krankheit?, Autoren: H. D. ZIMMERL, Österreich, B. PANOSCH, Österreich. Quelle: http://gin.uibk.ac.at/gin/ginmenu/ginframes.cfm

HÖFLICH, J. R. (1996): Technisch vermittelte interpersonale Kommunikation. Grundlagen, Organisatorische Medienverwendung, Konstitution „Elektronischer Gemeinschaften". Opladen: Westdeutscher Verlag

RHEINGOLD, H. (1996): Lernen, damit umzugehen. In: S. BOLLMAN / C. HEIBACH (Hrsg.): Kursbuch des Internet. Anschlüsse an Wirtschaft und Politik, Wissenschaft und Kultur. Mannheim: Bollmann- Verlag

Thomas Eimer

Das virtuelle Jugendhaus

Ein pädagogischer Aneignungsraum virtueller Räume

Im Jahr 2005 werden die Computer von über einer Milliarde Menschen, so der Intel-Vizepräsident Sean Malony, einen „virtuellen siebten Kontinent" bilden. Die Datenleitungen werden die Computer verbinden und so die Grundlage für neue Formen der Kommunikation und Interaktion sein. Damit ist, nicht überraschend, nichts anderes gemeint als das Internet, das als weltweites Netzwerk technische Einrichtungen, aber vor allem über die einzelnen Rechner auch Menschen verbindet.

Der Inhalt, der die virtuelle Welt zum Leben erweckt, kommt vorwiegend von kommerzieller Seite. Ganz oben bei den Angeboten, die Jugendliche anlocken, stehen Seiten von Fernsehsendern oder Spieleherstellern.

Was fehlt, sind ihre eigenen Treffpunkte. Etwas, das wir in „unserer" dinglichen Welt als selbstverständlich erachten: Erfahrungs- und Entfaltungsräume für Kinder und Jugendliche. Eigene Räume, in denen sie sich durch aktives Handeln die Möglichkeiten, Regeln und Grenzen der neuen Welt aneignen. Das Wissen um die Strukturen des Netzes und die Fähigkeit, es für sich zu nutzen und mitzugestalten, sind Voraussetzung für einen gewinnbringenden Umgang. Medienkompetenz heißt das Stichwort, das diese Anforderungen erfasst.

„Das virtuelle Jugendhaus"[1] ist ein Konzept des Medienzentrums Parabol, das versucht, das in seiner Gestalt noch formbare Internet für die Jugendarbeit nutzbar zu machen und Plattform für den Erwerb von Medienkompetenz zu sein. Neben seiner Funktion als technisch vernetzter Raum, all den kommerziellen Nutzungsmöglichkeiten und seiner Funktion als Wissensdatenbank bietet das Internet vor allem auch die Möglichkeit, aktiv und kreativ zu kommunizieren. Die Stichworte Vernetzung, Integration und Interaktion kennzeichnen das neue Medium.[2] Darauf baut das virtuelle Jugendhaus auf.

Projektbeschreibung

Es ist ein in der ersten Stufe auf den regionalen Raum abgestimmtes Konzept. Das globale Netzwerk knüpft so an der unmittelbaren Lebenswelt der Jugendlichen an. Zur Öffnung der erwähnten Erfahrungs- und Entfaltungsräume in einem vorerst lokalen Kontext setzen wir auf zwei Säulen:

Zum einen auf den virtuellen Teil, eine begehbare Oberfläche im World Wide Web. Ein eigener Anlaufpunkt für Jugendliche im Internet, ihr Treffpunkt und Kommunikationsort. Gegenseitige und professionelle Jugendinformation runden das Angebot ab. Zum anderen auf die realen medienpädagogischen Projekte in den Jugendhäusern. Diese Projekte entstehen sozusagen um die virtuelle Plattform herum. Damit besteht die Chance, die Jugendmedienarbeit im regionalen Raum technisch und sozial zu vernetzen. Die realen Jugendhäuser als vertraute Orte sind Bindeglied zwischen den Jugendlichen und der virtuellen Welt. Die Ergebnisse dieser Projekte und Workshops finden als multimediale Produkte ihren Platz innerhalb der virtuellen Oberfläche.

Die Internet-Plattform versinnbildlicht den Mittelpunkt des Projekts. Hier bündeln sich die Aktivitäten, hier kommunizieren die Jugendlichen, hier bilden die Produkte der „realen" Projekte neue Räume und Bereiche. Die Plattform und ihre Möglichkeiten initiieren pädagogische Ideen, die im realen Projektraum mit Jugendlichen verwirklicht werden und als Produkt schließlich die virtuellen Räume der Plattform wieder verändern.

Auf diese Weise wird die virtuelle Seite des Projekts, also der unter einer bestimmten Adresse im World Wide Web erreichbare Ort, zur Schnittstelle zwischen realer und virtueller Welt. Diese Schnittstelle dient auch dazu, die Verflechtung dieser beiden Seiten darzustellen und unterstützt so die Förderung einer „Übergangskompetenz" zwischen diesen Welten. Dabei geht es vor allem um lebensweltliche Rückwirkungen von Handlungen im Internet auf reale Personen, aber auch darum, durch das Wissen um die Strukturen des Internet zu durchschauen, in welcher Weise Gestalt und Ausprägung der virtuellen Welt von Regeln und Personen der realen Welt abhängen (Moser 1996).

Das „virtuelle Jugendhaus" als Aneignungsraum

Das virtuelle Jugendhaus ist konstruiert als ein pädagogischer Aneignungsraum in Bezug auf die neuen virtuellen Räume und die damit verbundenen Möglichkeiten, Fähigkeiten und Fertigkeiten. Das bezieht sich auf die neuen Formen der Kommunikation, auf die soziale Dimension des Netzes als auch auf das nötige technische Anwendungswissen. Die von Deinet formulierte Übertragung des Aneignungskonzepts auf die sozialräumlich orientierte Kinder- und Jugendarbeit dient dabei als Grundlage (vgl. Deinet 1996, S. 12f).

In der vertrauten Jugendarbeit haben die Jugendlichen die Möglichkeit, durch Erkunden und Erforschen ihre gegenständlich-kulturelle Welt zu erlernen, sie sich „anzueignen" und sie damit von der „bloß gegebenen Umwelt" zur „vertrauten und bedeutungsvollen Welt" werden zu lassen (vgl. Kuckhermann 1998). Im Besonderen geht es bei der Aneignung der Umwelt um die Erweiterung des Handlungsraums und der Handlungsmöglichkeiten des Einzelnen. Jugendliche erschließen sich durch Aneignung die neuen Räume.

Mit der Schnittstelle des virtuellen Jugendhauses wollen wir durch das pädagogische Setting und die Gestaltung der „virtuellen" Räume Aneignungsmöglichkeiten schaffen. Die folgenden Punkte beschreiben in diesem Zusammenhang die näheren Zielsetzungen und wie sie umgesetzt werden.

Interaktivität und Multimedia fassbar machen. Die von Baacke formulierten Stichworte Vernetzung, Integration und Interaktion werden für die Jugendlichen erfahrbar. „Integration" bezeichnet dabei die Verschmelzung bisher getrennt verwendeter Medien in den Projekten. Daraus ergeben sich neue Möglichkeiten, mediale Produkte zu gestalten, die aber auch neue Anforderungen an die kulturellen Kompetenzen des Medienpädagogen stellen. Darüber hinaus bietet das Internet die Möglichkeit der aktiven Gestaltung interaktiver Vernetzung. Diese „Interaktivität" können sich Jugendliche in angebotenen Kommunikationsräumen und in Projekten erschließen.

Das virtuelle Jugendhaus als Erfahrungs- und Kommunikationsraum. Die virtuelle Schnittstelle dient als Ausgangs- und Orientierungspunkt in der „unübersichtlichen" Welt des Internet, die sich theoretisch jede Minute um Räume und Angebote erweitern und ihre Gestalt verändern kann. Sie hat deshalb vor allem Treffpunktcharakter, fungiert als Kommunikationsort und ist idealerweise die erste Adresse im Netz, die die Jugendlichen ansteuern. Ein solcher Anlaufpunkt ist notwendig und sinnvoll, hier holen sich die Jugendlichen ihre Surftipps zu einem großen Teil von Freunden und Bekannten. Hier können sie sich gegenseitig Tipps und Hilfen auf dem Weg durchs Internet geben.

Dieser Ausgangspunkt ist Einstieg in die virtuelle Welt und gleichzeitig Aufenthaltsraum mit der Möglichkeit des Begegnens, des Rückzugs, der Unterhaltung und des Erkundens.

Das Kommunizieren mittels des Mediums Internet und die damit verbundenen möglichen Erfahrungen hinsichtlich neuer Kommunikationsformen bieten eine Möglichkeit, die Grenzen zwischen Virtualität und Realität durch eigenes Erleben auszuloten. Das Arrangement des Raums muss deshalb Kommunikationssituationen unterstützen. Das „virtuelle" Zusammentreffen mit „realen" anderen Jugendlichen als wichtige Erfahrung im Umgang mit virtuellen Welten wird so möglich.

Veränderbarkeit: Mitmach- Gestaltungs- und Präsentationsmöglichkeiten. Das virtuelle Jugendhaus wird Aufforderungscharakter besitzen und Möglichkeiten bieten, gestaltend mitzuwirken. Das umfasst zum einen den Einbau von „Mitmachelementen", die online Aktivität und gegenseitige Mitteilung fördern. Daneben entstehen, vor allem gebunden an Projektarbeit, multimediale Produkte. Mit Hilfe von grafischen Editoren können Jugendliche relativ unkompliziert semiprofesionelle Multimediaprodukte erstellen. Das Internet ist eine ideale Plattform, um die Arbeit mit konventionellen Medien (Radio, Foto, Video) aufzugreifen und in einem veränderten Kontext neu inszeniert einzubinden. Die Produkte bilden im virtuellen Jugendhaus neue oder veränderte Räume. Die eigene Mitarbeit, die eigene „Handschrift" beim Auf- und Weiterbau des virtuellen Jugendhauses schafft Identifikation und Gemeinsamkeit.

Zentrumscharakter und neue Öffentlichkeit. Eine wichtige Eigenschaft des virtuellen Jugendhauses ist die Funktion als Zentrum und Treffpunkt im Einzugsgebiet. Ein gemeinsamer zentraler Ort, aus dem heraus Orientierung und Sicherheit erfolgt, kann Gemeinschaft stiften. Von hier aus können Streifzüge stattfinden, die eine Rückbindung an die gemeinsame Plattform erlauben. Der zentrale Charakter im weitverzweigten Internet bietet die Möglichkeit, für andere sichtbare Spuren zu hinterlassen und sich zu inszenieren.

Projekte der handlungsorientierten Medienpädagogik sind auch produktorientiert. Erst die Möglichkeit der Veröffentlichung rundet den Prozess ab und gibt Einblick in Zwänge und Notwendigkeiten medialer Herstellungsprozesse. Gleichzeitig motiviert die Möglichkeit der Selbstdarstellung in Form eigener Produkte.

Die Öffentlichkeit für medienpädagogische Produkte im Internet hängt nicht mehr wie in den konventionellen Medien von zugestandenen Nischen ab, sondern einzig und allein von der Akzeptanz der Besucher. Das Konkurrenzverhältnis zu „professionellen" Produkten ist entspannter.

Die Zentrumsfunktion ist also ein wichtiges Ziel. Öffentlichkeit entsteht für die Produkte der Jugendlichen durch die Bekanntheit über die gemeinsame Plattform. Ihre Ergebnisse „verstauben" nicht in unbekannten Internetadressen, sondern finden in der Besucherszene Beachtung.

Schaffen von Schnittstellen zwischen „real" und „virtuell". Die realen Anlaufstellen der Jugendzentren sind Schnittstellen zwischen realer und virtueller Welt für die Jugendlichen. Es geht darum, Situationen zu ermöglichen, in denen Jugendliche aus der Interaktion im virtuellen Raum heraus hinterlassene Spuren in ihrer lebensweltlichen Realität wahrnehmen. Das Chatten bzw. Rollenspiele im Netz spielen dabei eine wichtige Rolle. Hier können die Jugendlichen mit wechselnden Identitäten auftreten und losgelöst von den Normen der realen Welt neue Verhaltensweisen ausprobieren. Durch den realen Projektraum, im Regelfall die Jugendhäuser, findet eine Rückbindung an die Realität statt. Die reale Anlaufstelle verdeutlicht, dass sich hinter der virtuellen Oberfläche, die man mittels eines Browsers besuchen kann, reale Ansprechpartner befinden und dass diese Ansprechpartner auch real bei Projekten, Anrufen, Treffen usw. in Erscheinung treten.

Schnittstellendesign und ästhetisches Lernen. Die virtuelle Plattform ist die zentrale Schnittstelle des Projekts. Zum einen, wie gesagt, zwischen realer und virtueller Welt, zum anderen als Tür in das Projekt überhaupt. Die Plattform soll Veröffentlichungsforum für die in medienpädagogischen Prozessen entstandenen Produkte sein. Deshalb darf sich die Zielgruppe nicht nur auf den Teilnehmerkreis der Projekte in den Jugendhäusern beschränken, sondern soll ein breites Spektrum an Jugendlichen aus der Region umfassen. Um dieses Publikum zu gewinnen, müssen die Räume im Internet interessant und attraktiv sein. Es muss „Bewegung“ herrschen, also regelmäßig neue, interaktive Inhalte, die ein leichtes und sofortiges Mitmachen ermöglichen und eine Oberfläche, die anspricht.

Das Grundgerüst der Webseite ist aus diesem Grund von einem Team aus PädagogInnen und professionellen GestalterInnen und ProgrammierInnen erstellt worden. Die Oberfläche ist ein professionell gemachtes Eintrittstor ins virtuelle Jugendhaus und animiert und interessiert auch Jugendliche, die sich nicht unbedingt mit den selbstgemachten Produkten der Projekte identifizieren können. Die wichtigen Elemente „Treffpunktcharakter“ und „Kommunikationsort“ müssen vielfältig ausgeprägt sein und nach Möglichkeit auch unmittelbare Teilnahme und Rückkopplung zulassen. Verschiedene Chat-Räume, in denen sich zeitgleich verschieden interessierte und motivierte Jugendliche unterhalten können, Diskussionsforen, in denen sie sich zeitversetzt austauschen können, Gästebücher, in denen sie ihre Kommentare, ihre „Spuren“ hinterlassen können. Auf der Basis dieses Kommunikationsorts soll der virtuelle Raum als Streifraum dienen, der den Jugendlichen als Eingang in die Welt des Internet dient. Hier können sie sich gegenseitig über für sie interessante Plätze im Netz informieren, sich Tipps geben, und auf ihre eigenen Webseiten hinweisen.

Hat man eine attraktive Oberfläche, gefüllt mit interaktiven und kommunikativen Inhalt als Gerüst, finden die Produkte der Projekte mit Jugendlichen als „Ausbauten“, also neue „Räume“ und „Flügel“, im virtuellen Haus ihren Platz. Erreicht man die Zielgruppe einer breiten jugendlichen Öffentlichkeit, werden die Produkte auch im Kontext des Grundgerüsts Beachtung finden. Damit wird die Grundanforderung an Produkte aktiver Medienarbeit - die Veröffentlichung - erfüllt.

Bei der Gestaltung der Oberfläche selbst soll das Prinzip der Bildkommunikation im Vordergrund stehen. Dazu dient als erstes die Raummetapher, mit der die Handlungsfähigkeit der Jugendlichen in den neuen virtuellen Räumen unterstützt wird, da sie auf bekannte Strukturen aus der dinglichen Welt treffen (Räume mit „Türen"). Verwirklicht wird dies durch bildsprachliche Elemente, die in durchaus abstrakter Form vom Raumgedanken abgeleitet sind und in erster Linie durch ihre eigene Ästhetik und unterstützt durch Effekte die Besucher durch das Jugendhaus begleiten. Sie ermöglichen das Gestalten als begehbare Erlebniswelt, in der durch das Entdecken neuer Räume Neugierde geweckt werden soll und gleichzeitig verschiedene Bereiche (wie öffentliche Bereiche bzw. Nischen) sich entwickeln können. Ausgehend von der Raummetapher wird dann eine Oberfläche angestrebt, die nicht den klassischen, klar strukturierten Räumen gängiger Internetangebote entspricht. Vielmehr soll das virtuelle Jugendhaus ein Entdeckungsraum sein, ein Gebilde, das neugierig macht auf das Öffnen der nächsten Tür, um zu erkunden, was sich dahinter verbirgt. Animative Elemente können die Oberfläche beleben und die Lust am „Suchen und Entdecken" steigern.

Bei der bisherigen praktischen Umsetzung wurde nahezu ausschließlich das Prinzip der Bildnavigation benutzt. Das Jugendhaus ist in seiner jetzigen Form (als Demonstrationsversion) ohne jegliche textgesteuerte Navigation aufgebaut. Die Jugendlichen treffen auf Räume, können durch verschiedene Türen weitergehen und auf diese Weise das Haus erkunden. Die Türen werden dabei durch Veränderungen angezeigt. Bewegt man sich mit der Maus über den Bildschirm, also durch den Raum, verändert sich an der Position der Durchgänge das Bild. Dieser Effekt dient nicht nur der Navigation, sondern als animierendes Element. Die aus Bildern bestehende Oberfläche soll durch ihre Ästhetik attraktiv wirken und durch die sich verändernden, bewegten Elemente zum Weitermachen einladen und so den Gedanken des „Stöberns" unterstützen.

Die Gestaltung, bevorzugt mit Bildern, bietet des Weiteren den Vorteil, dass Jugendliche sehr schnell und mit eingeschränktem technischen Aufwand selbst in der Lage sind, neue Räume zu bauen. Dieser Gedanke steht in engem Zusammenhang mit der Methodenwahl. Aktive Medienarbeit steht als die grundlegende Methode für die praktischen Workshops. Jedoch wollen wir es eng anbinden an das ästhetische Lernen. Gemeint ist damit vor allem das bewusste Arbeiten mit Bildern, Sprache und Tönen.

Arbeiten mit Bildern, Sprache und Tönen

Zum einen folgert Röll (1998) aus der Zunahme der Bildkommunikation in der jugendlichen Lebenswelt die Notwendigkeit einer „intensiveren Auseinandersetzung mit der visuellen Wahrnehmung, der eine Schlüsselfunktion bei der Erkenntnisfähigkeit des Menschen zukommt" (S.9f). Ästhetisches Lernen bedeutet für ihn die Auseinandersetzung mit Bild-Welten. Die Bildkommunikation beinhaltet Aspekte, die durch sprachlichen Ausdruck „nur eingeschränkt ‚bearbeitet' werden können". Die symbolorientierte Medienarbeit soll ästhetische Kompetenzen fördern, weil Bilder „emotionale und affektive“ sowie „symbolische Botschaften“ enthalten, „die beim Betrachter tiefere Schichten der Wahrnehmung aktivieren können“ (ebd., S.20f).

Zum anderen ermöglicht das Arbeiten mit Bildern, und im Übrigen auch Tönen und Sprache, im Bereich der Medienpädagogik mit Computern neue kreative Ausdrucksformen. Dabei geht es auch um die Überwindung von Schwierigkeiten mit dem schriftlichen Ausdruck. Die mündliche Sprache und die Darstellung thematischer Zusammenhänge mit Bildern fallen vielen Jugendlichen leichter. Mit Hilfe digitaler Kameras werden verzögerungsfrei geeignete Bilder aufgenommen und sofort weiterverarbeitet. Benötigte Motive können im Internet recherchiert und weiterverwendet werden. Auf spielerische Art erkennen die Jugendlichen Manipulationsmöglichkeiten und erweitern so ihren eigenen Handlungsspielraum in Bezug auf Artikulation nach außen um ein Instrument.

Bisherige Ergebnisse

Das virtuelle Jugendhaus hat die Modellphase inzwischen hinter sich. Eine letztendliche Umsetzung des Vorhabens scheitert noch an den fehlenden Finanzierungsmöglichkeiten. Bis Ende des Jahres 2000 allerdings stehen mögliche Perspektiven an, unter anderem auch eine Lösung, die eine interkulturelle Ausrichtung der Plattform zusammen mit einem tschechischen Partner vorsieht.

Bisher wurden eine Demonstrationsversion der Oberfläche entwickelt und mit verschiedenen Einrichtungen der Jugendarbeit insgesamt acht Modellworkshops durchgeführt. Die Plattform wurde dabei vor allem von Jugendlichen getestet, die an den realen Projekten teilnahmen. Die Oberfläche wurde dabei unterschiedlich bewertet. Die Entdeckungslust stand im Vordergrund, jedoch kamen manche Jugendliche, die schon Internet-Erfahrungen hatten, mit der Navigation ohne textliche Navigation erst nach und nach zurecht. Insgesamt blieb immer das Manko, dass es eine noch unvollständige Plattform ist, die bisher nur wenige Möglichkeiten bietet, selbst online aktiv zu werden.

Die Förderung der eigenen Kreativität in Projekten wiederum baute oft auf einem vorherigen Besuch der jetzigen Oberfläche auf. Erschien den Jugendlichen die Aufgabenstellung, selbst am Bau mit Räumen und Themen mitzuwirken, vorher noch sehr abstrakt, konnte das virtuelle Jugendhaus alles plastischer vor Augen führen. Daneben motivierte die Aufklärung über die Struktur des Internet und die eigenen Veröffentlichungsmöglichkeit neben den Produkten anderer Jugendlicher.

In einem einwöchigen Projekt ist so eine „virtuelle Familie“ entstanden, eine Mädchentanzgruppe stellt sich im „Jugendhaus“ vor, das Ergebnis eines dritten Workshops war ein interaktives Rätsel, das jetzt im Netz gelöst werden kann. Ein reines „Online-Projekt" war der Kontakt mit einer tschechischen Jugendgruppe im Jugendhaus-Chat an mehreren Nachmittagen.

Bei all diesen Projekten haben wir versucht, nicht eine rein inhaltliche Arbeit mit dem Internet, beispielsweise als Recherchemedium, in den Vordergrund zu stellen, sondern die kreativen Möglichkeiten der multimedialen Gestaltung und der aktiven eigenen Beteiligung an den Inhalten des Internet betont. Auf diese Wiese kann spielerisch Wissen um die Struktur und den Aufbau des Internet gesammelt werden.

Nicht die Kursform oder die Vermittlung technischen Anwendungswissens sind Methode und Ziel. Vielmehr steht neben dem Gruppenprozess das Produkt als fassbares Ergebnis und Möglichkeit der Selbstinszenierung der Jugendlichen oben an. Die Anwendungskompetenzen eignen sich die Jugendlichen dabei nahezu „von selbst" an. Für viele ist der kreative Umgang aber der erste Impuls, um selbst im Weiteren zu „tüfteln" und zu basteln und sich so auch über die Workshops hinaus an „ihrem" virtuellen Haus zu beteiligen.

Damit bietet sich auch zukünftig eine ideale Möglichkeit, einen pädagogischen Rahmen zu schaffen, fast wortwörtlich „Räume" zur Verfügung zu stellen, die die Jugendlichen gestalten und nutzen können. Die weiteren Möglichkeiten des Mediums in diesem Zusammenhang lassen noch viel Raum für weitere pädagogische Innovationen.

Anmerkungen

1 Die Demoversion der Oberfläche und die Produkte der Workshops sind im Internet zu finden: http://www.parabol.de/jugendhaus; weitere Projektergebnisse unter http://www.parabol.de Stichwort: Projekte.

2 Baacke 1997, S.26.

Literatur

Baacke, Dieter (1997): Jugend und Internet. Ersetzen des Erziehungsparadigmas durch das Dialog-Paradigma. In: Dieter Baacke / Dorothee Schnatmeyer (Hrsg.), Neue Medien – Neue Gesellschaft? GMK Schriften zur Medienpädagogik 25, Bielefeld, S. 26–36

Deinet, Ulrich (1996): Sozialräumliche Konzeptentwicklung. In: Ulrich Deinet / Benedikt Sturzenhecker (Hrsg.): Konzepte entwickeln. Weinheim, S. 9–17

Kuckhermann, Ralf (1998): Skript zur Ringvorlesung „Didaktik der Erwachsenenbildung" im Schwerpunkt der Erwachsenenbildung im Studienjahr 1997/98, FB Sozialwesen Georg-Simon-Ohm-Fachhochschule, Nürnberg

Moser, Heinz (1996): Neue mediale, „virtuelle" Realitäten – ein pädagogisches Manifest. In: medien praktisch, 1997, Heft 3, S. 10–15; zitiert nach der Online-Version (Stand: 26.05. 1999) http://www.schulnetz.ch/unterrichten/fachbereiche/medienseminar/manifest.htm

Röll, Franz Josef (1998): Mythen und Symbole in populären Medien. Der wahrnehmungsorientierte Ansatz in der Medienpädagogik. Beiträge zur Medienpädagogik, Bd. 4. Frankfurt a.M.

David Siegel

Convomania

Entwicklungsprozess einer kommerziellen Website für eine virtuelle Gemeinschaft von kranken und behinderten Kindern

Du liegst im Krankenhaus, hast heute Geburtstag und morgen wirst du operiert und dein Bauch tut dir noch von der letzten Operation weh.

Dir ist langweilig und du fühlst dich einsam, aber die Besuchszeiten sind zu Ende und außerdem meiden dich deine Freunde, da du schon wieder krank bist und sie nicht wissen, wie sie damit umgehen sollen.[1] Du möchtest dich mit Leuten unterhalten, die sehr wohl damit umzugehen wissen. Ohne Mitleid oder Verbitterung. Oder, noch schlimmer, ohne einen langwierigen Download.

Wenn du ein Kind bist und eine bösartige Geschwulst in der Niere hast oder an Kinderlähmung leidest, dann siehst du dich Herausforderungen gegenüber, die für die meisten Menschen deiner Umgebung vollkommen fremd sind. Wenn eine Firma eine Website für solche Kinder baut, dann müssen die Designer sich in diese Welt einfühlen. Sie müssen sich in die Köpfe dieser Kinder hineindenken und genau verstehen, was diese Kinder wollen. Sie müssen bereit sein, alles neu zu erstellen, wenn die Kinder sagen, dass es so nicht funktioniert, selbst wenn sie als Designer anderer Meinung sind.

Die Mitglieder der Worldwide Disability Solutions Group (WDSG) von Apple wussten genau, dass sie eine große Anzahl Feedback brauchten, wenn die geplante Site für ihre Kunden wirklich nützlich werden sollte. Vor der Veröffentlichung stellten sie daher ihre Convomania-Site einer kleinen Gruppe von Kindern vor und fragten sie, was sie davon hielten.

Diese 45 Kinder wurden als Outposters bezeichnet und waren aus Organisationen wie dem Ronald McDonald's-Haus und Kinderkrankenhäusern ausgewählt worden. Sie bildeten ein regelrechtes Beratungskomitee. Jedes der Kinder war von Apple mit Macintosh-Rechnern und Internet-Anbindungen versorgt worden und jedes Kind griff täglich von zu Hause aus auf die Site zu, prüfte sie vollständig und machte dann eine Reihe von Vorschlägen. Die Kinder sagten, dass die vielen Grafiken die Site unübersichtlich werden ließen und außerdem viel zu viel Zeit brauchten, um heruntergeladen zu werden. Die Activity-Bereiche, in denen die Kinder malen, zusammen spielen oder schreiben konnten, erinnerten zu sehr an Übungshefte aus der Schule. Auch hatten die Kinder keine Lust, ein weiteres Programm aufzurufen, damit zu arbeiten und dann wieder zu dem Browser zurückzukehren. Die Aktionen mussten alle an einem Ort stattfinden. Ausführliche Erklärungen zu den Funktionen der Site wurden als zu langweilig empfunden. Die Kinder wollten nicht Bedienungsanleitungen durchlesen, sondern sie wollten chatten.

Durch dieses Feedback wurde Alan Brightman und Peter Green von der WDSG klar, dass man die Test-Site noch gründlich überarbeiten musste, bevor sie zur Macworld im Januar der Öffentlichkeit vorgestellt werden konnte. Bis dahin waren es noch drei Monate. Also sendeten sie Clear Ink in Walnut Creek in Kalifornien, eine der von Apple bevorzugten Web-Designfirmen, eine Ausschreibung. Sie fragten an, ob Interesse daran bestünde, eine Site zu überarbeiten, mit der kranke und behinderte Kinder ein Kommunikationsforum erhalten sollten.

Wie sie den Auftrag erhielten

Als David Burk, der Präsident von Clear Ink, die Ausschreibung erhielt, schien ihm die Antwort klar: Nein, denn sie hatten zurzeit einfach zu viel zu tun. Aber Dan Livingston, der Designer und Zeichner der Firma, fand von Anfang an Gefallen an dieser Idee. Und so griff er sich einen Block mit Zeichenpapier und zeichnete ein paar Dutzend Dinge, die ihm dazu einfielen. Da Dan so begeistert war, beschloss das Management von Clear Ink, den Versuch zu wagen und erstellte ein paar Probeseiten für eine Präsentation, mit der die Ausschreibung beantwortet werden sollte.

Auf Grund der Reaktionen der Kinder auf den Testlauf ging Apple davon aus, dass die Kinder keine allzu fröhliche und aufmunternde Site wollten. Der Prototyp von Dan war schwarz - sowohl die Farben als auch der Humor. Die fluoreszierenden Grafiken, die ungewiss und geheimnisvoll auf dem schwarzen Hintergrund leuchteten, vermittelten das Ambiente einer radioaktiven Welt nach einem Atomkrieg. Eine grüne Spritze steckte in einer Tasse Kaffee. Cumulo, der Gastgeber des Café Sicko - ein dunkelroter spitzbärtiger Kerl -, zeichnete sich drohend daneben ab. Im Café Sicko sollte regelmäßig die Open Mike Night veranstaltet werden, wo die Kinder ihre Gedichte, Zeichnungen und Gedanken veröffentlichen konnten. In weißer Schrift wurde dem Gast mitgeteilt: „Du kennst die Regeln. Verstoße gegen sie!“

Alan und Peter gefiel das Potenzial, das in Clear Ink zutage trat. Sie suchten nach einem Web-Designer, der nicht viel künstlerischer Anleitung bedurfte, und in Clear Ink schienen sie den richtigen Partner gefunden zu haben. Peter sagt dazu: „Wir suchten nach einem Team, das nicht mit leeren Händen kam. Es ist schwierig, Leute zu finden, die einem sagen: ‚Nee, da liegt ihr falsch!‘“ Allerdings war der visuelle Eindruck des Prototyps keineswegs so, wie sie wollten. „Wir brauchten ein maximal reduziertes, minimalistisches Design, damit die Kinder sich auf den eigentlichen Zweck von Convomania konzentrieren können – die Nachrichtenbretter und die Chat-Funktion."

Steve ging zurück in sein Büro und experimentierte mit verschiedenen Ideen. Wenn es um ein reduziertes Design ging, dann konnte man die Site vielleicht fast ganz in Schwarzweiß gestalten und die Kinder Farbe ins Spiel bringen lassen. Die Chats, die Aussagen und die Zeichnungen der Kinder würden dann in Farbe angezeigt werden und so in den Mittelpunkt der Site rücken. Die Zeichnungen der Site könnten immer noch von Dans Humor und Stil bestimmt sein, würden aber auf einem weißen Hintergrund erscheinen. In die nächste Besprechung brachte Steve drei Entwürfe für Sites mit verschiedenen Layouts und Ideen mit, die aber alle dieselbe Struktur hatten und das Kind in den Vordergrund stellten. Als Steve diese Serie an neuen Ideen vorstellte, wussten Alan und Peter, dass sie sich jetzt auf dem richtigen Weg befanden. Die Kinder würden bereits auf der Homepage dazu aufgefordert werden, mitzuteilen, wie sie sich fühlten und sie würden ihre Kommentare in Farbe auf der Homepage zu sehen bekommen. Damit wären sie sofort an den Aktionen beteiligt und würden auch sofort wissen, welche anderen Kinder die Site besuchen und so am Gemeinschaftsgefühl von Convomania teilhaben würden. Die freundlicheren Zeichnungen von Dan stießen ebenfalls auf Wohlwollen. Auch das Gesamtdesign schien genau richtig zu sein – jedenfalls war das der momentane Eindruck. Die Stunde der Wahrheit würde erst schlagen, wenn man die Convomaniacs probeweise auf die neue Site loslassen würde.

Das kommt gut! – Designanforderungen

Die Leute von Clear Ink hatten bei einem der ersten Meetings Gelegenheit, die besondere Ausdrucksweise von Alan kennenzulernen, mit der er seine Vision der Site kommunizierte. Er beschrieb nicht etwa ein konkretes Aussehen der Site, sondern vielmehr die Gefühle, die er beim Betrachten der Site haben wollte. David Burk weist darauf hin, dass Alan die treibende Kraft in dem Behindertenprojekt von Apple war: „Diese Beschreibungen seiner Gefühle waren wahrscheinlich wesentlich detaillierter, als eine Skizze der Site oder eine genaue Beschreibung der Plazierung der verschiedenen Pixel hätte sein können." Das Team von Clear Ink spricht mit großer Zuneigung und Respekt über Alan, gibt aber auch zu, dass er nicht der ideale Kunde war, was die Spezifikation von Designanforderungen anging. Er drückte sich in allgemeinen Begriffen aus, wie „Das Ziel der Site besteht darin, dass die Kinder sich dort artikulieren." Aber wenn eine bestimmte Zeichnung oder Animation besprochen werden sollte, dann sagte er, er würde in dem Moment wissen, ob es gut wäre, wo er sie zu sehen bekäme. Dan sagt dazu: „Es ist schwierig, mit jemandem zusammenzuarbeiten, der einfach nur sagt ‚Ich habe nicht das Gefühl, dass das so richtig ist. Das haut noch nicht ganz hin.“ Scherzhaft fügt er hinzu: „Also, wenn man meine Arbeiten nicht gleich beim ersten Mal mag, dann ...“

Alan und Peter wollten ein Team, das bereit war, viele verschiedene Richtungen auszuprobieren. Die Gefahr bei einer Anweisung à la „ich weiß, ob es gut ist, wenn ich es sehe“, besteht jedoch darin, dass der Web-Entwickler eine Version nach der andern in der Hoffnung erstellen muss, dass er irgendwann ins Schwarze trifft und so den Terminplan nicht einhalten kann. Um diesen Gefahren aus dem Weg zu gehen, tat Clear Ink etwas, was jedes gute kreative Team tut – sie beauftragten einen Projektmanager, der die Zusammenarbeit mit dem Kunden koordinieren sollte.

Account-Management

Ramona d'Viola stieß mitten in dem Convomonia-Projekt zu Clear Ink hinzu. Nach ihren Worten kam sie „und fing sofort an, den Leuten auf die Finger zu klopfen.“ Es war ihre Aufgabe, dafür zu sorgen, dass niemand das Ziel aus den Augen verlor. Die Site sollte auf der Macworld vorgestellt werden, und die finanzielle Unterstützung von Apple hing davon ab, dass diese Vorstellung auch stattfand. Dieser Kunde wollte in die täglichen Prozesse der Site-Entwicklung integriert werden, und Ramona sorgte dafür, dass alle stets über die aktuellen Termine und die erforderlichen Entscheidungen Bescheid wussten. Jede Woche verhandelte Ramona mit Dan und entschied, was erledigt werden musste, wie z.B. die Zeichnungen für die Say-It-Seite oder den Chat-Bereich. Dan konzentrierte sich dann auf die Zeichnungen und erstellte eine Webseite, die drei alternative Ansichten anbot. Sobald er damit fertig war, sandte Ramona eine eMail an Peter, in der sie ihm mitteilte, dass es für die rechtzeitige Fertigstellung der Site essenziell war, dass er sich die Seite ansah und bis zu einem bestimmten Datum ein vorläufiges Feedback und bis zu einem weiteren Datum eine endgültige Entscheidung abgab.

„Ich habe Tausende von eMails an Peter Green geschickt“, erinnert sich Ramona. „Und er hat mir auch sehr detailliert geantwortet. Bei Bedarf klärten wir einzelne Punkte dann noch über das Telefon. Wir unterhielten uns eine halbe Stunde lang, und ich notierte alle Ideen, die Peter so einfielen.“ Jedes Mal, wenn sich Ramona mit Peter unterhielt, fasste sie die Ideen zusammen, die den Tag über entstanden waren, und schickte diese Notizen als eMail an ihn, Auf diese Weise waren sie immer auf demselben Stand, wenn sie irgend etwas an Dan weitergab. Peter korrigierte, veränderte oder bestätigte jeweils die Planung und sandte sie zurück.

Da es zwischen Clear Ink und der WDSG so viele eMails und Telefongespräche gab, kam es fast nie zu persönlichen Begegnungen. Daher achtete das Team von Clear Ink besonders darauf, die Leute bei der WDSG auf dem Laufenden zu halten. David erklärt, dass es eine der Philosophien von Clear Ink ist, den Kunden wissen zu lassen, wie hart man an ihrem Projekt arbeitet, und in wöchentlichen Meetings mit Statusreport den Fortschritt zu prüfen. „Ich glaube, dass viele Kunden mit Verkäufern die Erfahrungen gemacht haben, dass sie nach dem Verkauf im Stich gelassen wurden. Die persönlichen Besprechungen sind eine gute Prüfung: Das sind wir, das ist die Arbeit, die bis jetzt geleistet wurde, was möchten Sie bis nächste Woche fertig haben? Und dies ist die Richtung, in die wir uns bewegen."

Ramona sorgte dafür, dass Termine eingehalten wurden, indem sie neue Versionen und Veränderungen nur bis zu einem bestimmten Datum akzeptierte. Sie warnte rechtzeitig davor, dass man nach diesem Datum mit dem leben müsse, was dann vorhanden war. Bei den technischen Fragen waren ausführliche Diskussionen darüber notwendig geworden, was auf einem Mac-Server umgesetzt werden konnte, wofür man einen Unix-Server brauchte und wieviel Programmierarbeit von Clear Ink geleistet werden sollte. Hier fehlte eine typische Quelle für Spannungen und Irritationen zwischen Produzent und Kunde: Ressourcen waren kein Thema. Dadurch konnten sich die Teams auf die kreativen und technischen Lösungen konzentrieren. Ramona erinnert sich: „In Sachen Ressourcen waren sie wirklich sehr, sehr gut."

Da die Finanzierung von dem öffentlichen Start auf der Macworld abhing, wollte niemand bei der WDSG der Entwicklung im Wege stehen. „Wenn ich Peter um etwas bat, hatte ich es am nächsten Tag."

Teamwork

Da Ramona den Überblick darüber behielt, was bereits freigegeben war und was noch nicht das Ziel erreicht hatte, arbeitete sie mit Dan sowohl in der Terminplanung als auch bei den kreativen Problemlösungen eng zusammen. (Dan formuliert das so: „Sie hatte die Design-Erfahrung und ich kannte mich mit Meereszoologie aus.") Für den Say-It-Bereich (der Chat-Bereich von Convomania) zeichnete Dan zwei riesige, sich bewegende Lippen. Peter sagte zu Ramona, dass er das zu klischeehaft fand und zu wörtlich und dass Dan eine Zeichnung machen sollte, die zwar nicht so offensichtlich war, wie ein Mund, „aber trotzdem noch offensichtlich etwas, das spricht". Aber Dan fiel dazu nichts mehr ein. Ramona hatte jedoch ebenfalls über das Problem nachgedacht und schlug vor: „Wie wäre es mit einem rotierenden Mund?" Dan nahm den Vorschlag auf und animierte ein Gesicht mit vier Mündern, die sich um den Kopf drehten. Ramona erinnert sich: „Das war eines dieser Dinge, wo Dan ein paar Versuche brauchte, um das Richtige zu treffen, aber als wir Peter das Resultat zeigten, sagte er nur ‚Ganz genau. Einfach perfekt.'" Ungefähr einen Monat nach Beginn der Designarbeiten sagte Peter, dass ihm das Logo wirklich sehr gut gefiel und dass es nicht nur auf der Homepage, sondern auf der ganzen Site eingesetzt werden sollte. Das Problem bestand dabei darin, dass das Logo sehr groß ist und mit seiner Sperrigkeit nicht in das klare und reduzierte Design von Convomania passt. Ramona und Dan setzten sich so lange mit dieser Herausforderung auseinander, bis sie eine Lösung gefunden hatten: Die Hand musste von dem Logo losgelöst werden. So konnte in jedem Abschnitt eine andere Hand verwendet werden. Dan zeichnete eine Faust, die in einem Boxhandschuh mit einem stacheligen Anarchiesymbol steckte und die bei Alan sofort auf Begeisterung stieß. Ramona dazu: „In Alan steckt ein starker Hang zur Anarchie."

Die Teams von Clear Ink und Apple verließen sich auf ihr Gefühl, wenn sie entscheiden mussten, was sinnvoll war und was nicht. Sie mussten aber auch dafür sorgen, dass dieses Gefühl dem entsprach, was die Kinder wollten. Die Kinder prüften die Designs und gaben ihre Meinung dazu an Peter weiter, der sie seinerseits zusammenfasste und an Clear Ink weitergab. Obwohl die Prototyp-Site wieder geschlossen worden war, fanden weiterhin regelmäßige Chat-Sessions statt, an denen die Outposter und andere Convomaniacs teilnahmen. Steve, Dan und Ramona lasen bei diesen Chats mit, um ein Gefühl dafür zu bekommen, was für diese Kinder wichtig war.

Die Vorbereitungen für die Macworld

An dem Wochenende vor dem offiziellen Start der Site wollte Dan ein wenig Stress abbauen und ging Snowboarden ...

Der Unfall war nicht schwerwiegend. Außer einem Finger hatte er sich nichts gebrochen. Aber für jemanden, der den ganzen Tag tippen, zeichnen und eine Maus bewegen muss, kann so etwas den Alltag zu einer Herausforderung machen. Von den Schmerzen gar nicht zu reden.

Aber die Veröffentlichung bedeutete auch, dass die Site auf ihre potenziell schärfsten Kritiker stoßen würde: die Kinder. Und tatsächlich waren sie auch dieses Mal noch nicht rundum zufrieden. Sie waren der Meinung, die Wand mit dem Graffiti sei zu langsam und sei nicht so zu bedienen, wie man es erwarten würde. Sie mochten es nicht, dass sie zusätzliche Software brauchten, um die Chat-Funktion nutzen zu können. Sie fanden es zu kompliziert, zuerst eine Software herunterladen zu müssen und sich dann in einen anderen Bereich zu begeben. Sie wollten eine stärker integrierte Site. Das konnte alles behoben werden. Entscheidend war, dass ihnen das Aussehen und der Ton der Site gefielen. All diese Änderungen und das Fuchteln der Arme von Alan und die Brainstormings von Ramona und Dan über rotierende Münder und Ähnliches hatten letztendlich das richtige „Gefühl" getroffen.

Ramona erinnert sich: „Dan und ich waren zu der Convomania-Party auf der MacWorld eingeladen. Dort trafen wir Brisy und Beau, einige der Kids der ursprünglichen Gruppe. Wir bekamen auch einige Videos von den Kindern zu sehen und haben festgestellt, dass das sehr mutige Menschen sind. Du fühlst dich da wie ein Team, als Teil einer Familie."

Convomaintenance

Es gehörte zu der Vision der Convomania-Site, dass sie voller Leben sein musste. Die Kinder würden dort kein Gemeinschaftsgefühl entwickeln können, wenn sich die Seiten nie änderten. Direkt nach dem offiziellen Start der Site legte Clear Ink einen Vorschlag für die kontinuierliche Weiterentwicklung der Site vor, mit einer Liste der Wartungsarbeiten, der unmittelbar notwendigen Änderungen, Ergänzungen der Site sowie einem Überblick des wöchentlichen Zeitaufwandes für die Pflege der Site.

Nachdem die Site für alle Convomaniacs zugänglich war, gab es viel neues Feedback. Die Convomaniacs waren mit der Graffiti-Mauer unzufrieden. Die Graffiti-Mauer hatte von Anfang an für Kopfschmerzen gesorgt. Die Idee war zwar Klasse, aber sie war noch nicht richtig umgesetzt. Unter der Überschrift „Spray it." konnten die Kinder ihre Bemerkungen eingeben, absenden und dann zusehen, wie sie in farbiger Schrift auf der Mauer erschienen. Leider ließ der Mac-Server nur entweder vertikale oder horizontale Ausrichtungen der Schrift zu. Andere Winkel waren ohne sehr hohen Programmieraufwand nicht möglich. Also musste dieser Teil der Site auf einer Unix-Plattform laufen, obwohl Apple wollte, dass die gesamte Site auf einem Mac-Server gehostet wurde. Die Kinder hatten sich auch darüber beschwert, dass die verschiedenen Abschnitte nicht immer so zu bedienen waren, wie sie es erwartet hätten. Das Ganze war noch nicht so, wie es sein sollte.

Die Convomaniacs waren auch mit der Homepage unzufrieden. Ursprünglich hatte der Originaltext gelautet: „Bist du hier, weil du krank bist?" und sich in einer Animation in „Bist du krank, weil du hier bist?" verwandelt. Der Text sorgte für Kontroversen - einige Kinder hassten ihn und wieder andere verteidigten ihn. Anfangs war Peter ganz zufrieden damit, dass der Text für Unruhe sorgte. „Er ist nicht platt, nicht langweilig. Du wirst nicht gleich mit sanfter Trauermusik empfangen, wenn du in Convomania auftauchst." Auch hatte er den Eindruck, dass hauptsächlich die jüngeren Kinder mit dem frechen Charakter des Textes unzufrieden waren. Aber mit der Zeit beschwerten sich immer mehr Kinder darüber, und man entschied sich, den Text zu ändern. Jetzt finden sich auf der Homepage wechselnde Kommentare von Convomaniacs.

Der Vorschlag von Clear Ink zur Pflege der Site sah vor, dass Clear Ink für die regelmäßigen Aufgaben, wie die kurz- und langfristige Entwicklung der Site, verantwortlich war sowie für den Entwurf von Zeitplänen und die

Untersuchung und Empfehlung neuer Technologien. Wöchentliches Brainstorming sollte dafür sorgen, dass die Site stets frisch blieb. Außerdem sollte es ein Forum für „anwenderorientierte Themen" geben, in dem die Convomaniacs ständig ihr Feedback abliefern konnten.

Der Vorschlag ging auch konkret auf Möglichkeiten der Erweiterung der Site um neue Aktivitätsbereiche ein, wie z.B. „Stick It", einem Bereich für Gedichte, der auf JavaScript-Basis eine Metalltafel imitierte. Ein 16 Jahre alter Web-Master namens Jacob sollte ein Training für die Wartung der Show-lt-Seiten der Site erhalten. Jacob gehört der Schauspielgruppe Ta-Da an, die mit Convomania zusammenarbeitet, um behinderten Kindern Theatervorstellungen und Performances bieten zu können. In der Convomania-Gemeinde werden inzwischen einige Webseiten der Site selbst gewartet. Eine weitere Änderung bestand darin, die Kommentare der Kinder in die Mitte zu rücken und die Navigationsschaltflächen an den rechten Rand zu verdrängen. Mitschnitte früherer Chats können jetzt abgerufen werden, wenn man nachlesen will, was andere Kinder über ihre Ärzte oder ihre Zukunft erzählt haben.

Erfolg

Wenn man Erfolg daran messen kann, wie die Beziehung zwischen einem Kunden und einem Produzenten weitergeht, dann ist Convomania ein Hit. Über die gewöhnliche Convomaintenance hinaus sorgen wöchentliche Brainstormings für neue Ideen zur Verbesserung der Site. Das Team funktioniert bestens. Der Erfolg wird am Grad der Beteiligung durch die Anwender gemessen. Das Hauptanliegen dieser Site ist Interaktion von hoher Qualität. Die Site ist erfolgreich, weil sie ihre Mission erfüllt hat: Sie ist zu einem Ort geworden, an dem sich Kinder artikulieren. In dieser Online-Gemeinde wird darüber diskutiert, was man tun kann, wenn die eigenen Freunde nicht damit umgehen können, dass man krank ist, und es werden Ratschläge weitergegeben, wie man mit bösartigen Krankenschwestern zurechtkommt. Peter sagt dazu: „Der Maßstab war für uns, wie sehr es zu aktiver Teilnahme an den Nachrichtenbrettern und Chats kommen würde. Der Grad der Aktivität war für uns generell ein Indikator, ob wir uns auf dem richtigen Weg befanden, oder nicht."

Peter war überrascht, als er herausfand, dass das Publikum von Convomania hauptsächlich aus älteren Kindern zu bestehen schien. Es schien schwer zu sein, eine Site zu erstellen, wo besonders jüngere Kinder ihren Gedanken und Gefühlen Ausdruck geben würden, denn das musste in erster Linie über Wörter geschehen, und „jüngere Kinder sind einfach nicht so gut im Tippen". Peter hat aber auch den Eindruck, dass jüngere Kinder im Alter von neun bis elf Jahren mehr am technischen Aspekt des Web interessiert sind, als an einem Chat oder am Schreiben. Vielleicht entstehen aus Convomania ja irgendwann zwei Sites oder vielleicht sogar drei oder vier, denn die Eltern der Convomaniacs wollen bereits eine Online Support Group bilden. Möglicherweise werden ja auch einmal Ärzte und andere Berufstätige zu den Convomaniacs hinzustoßen.

Zurzeit funktioniert die Site jedoch, wie sie ist, und es sind die Kinder, die sie benutzen. Wie schon das Logo sagt: „Dies ist ein Ort, wo es in Ordnung ist, wenn man nicht ganz in Ordnung ist." Es ist ein Ort, an dem die Kinder sich sehr direkt ausdrücken können. Krank sein ist nämlich zum Kotzen, weißt du? So. Jetzt gehen wir chatten.

Anmerkung

1 Der vorliegende Text wurde zuerst veröffentlicht in: David Siegel (1998): Das Geheimnis erfolgreicher Web Sites, München: Verlag Markt+Technik, ein Imprint der Pearson Education Deutschland GmbH, ISBN 3-8272-5330-6. Nachdruck mit freundlicher Genehmigung des Verlages.

Harry Köhler / Uli Voigt

Jugendnetz Frankfurt/Offenbach

Regionale Kommunikations- und Informationsplattform im Internet

Seit Januar 1998 betreiben ca. 20 Jugendliche des Jugendclubs Praunheim/Frankfurt und der Medien-Etage des Jugendamtes Offenbach, betreut von den beiden Autoren, einen eigenen Internetserver. Hierbei handelt es sich fast ausnahmslos um GymnasiastInnen im Alter von 15 bis 18 Jahren; zwei Mädchen sind dabei. Auf diesem Server ist die Internetadresse www.junetz.de zu Hause. Hinter dieser Adresse liegen das Jugendnetz Frankfurt www.ffm.junetz.de, das Jugendnetz Offenbach www.of.ju netz.de und das erste hessische Jugendnetz www.hessen.junetz.de. Auf dem Server können sich Jugendliche und Jugendgruppen aus Frankfurt und Offenbach eigene Homepages und eMail-Adressen einrichten und werden so Teil der Jugendnetze.

Die Jugendnetze Frankfurt und Offenbach verstehen sich als regionale Informations- und Kommunikationsplattform für Jugendliche und Jugendgruppen im Internet. Das Motto ist „Von Jugendlichen für Jugendliche“. Das Jugendnetz Hessen dagegen vernetzt Jugendgruppen, Jugendverbände und hessische Jugendprojekte zu einer landesweiten Internetdrehscheibe. Darüber hinaus ist das Jugendnetz Hessen die Internetheimat der Landesarbeitsgemeinschaft für Kinder und Jugendbeteiligung in Hessen.

Ziele des Jugendnetzes Frankfurt/Offenbach

Primäres Ziel ist es, Jugendeinrichtungen, Jugendlichen und Jugendgruppen die Möglichkeit zur Einrichtung eigener Homepages unter einem gemeinsamen Dach zu ermöglichen. Zur Kommunikation untereinander erhalten sie zudem eMail-Adressen im Format Name_der_Einrichtung@ju netz.de bzw. Persönlicher_Name@junetz.de. Die von den Jugendgruppen gestalteten Homepages werden vom redaktionellen Webteam der Jugendnetze (für Frankfurt der Jugendclub Praunheim, für Ofenbach die Medien-Etage Offenbach) zu einer Informationsplattform zusammengefasst. Diese Informationsplattform wird um andere Informationsquellen mit hohem Gebrauchswert für Jugendliche ergänzt. (Internethilfen, aktuelle News, Veranstaltungshinweise, Stadtführer, interaktive Zonen wie Chat und Pinboards, Praktikumsbörse, Beratungsangebote). Ein weiteres Ziel ist es, kreative und kommunikative Projekte im Internet anzuregen sowie Jugendliche für die Nutzung des Internets zu qualifizieren.

Nutzung des Jugendnetzes Frankfurt/Offenbach

Rein statistisch wird die Chance, eine eigene Homepage im Jugendnetz zu gestalten, von 32 Jugendeinrichtungen und von 163 Jugendlichen, die ihre privaten Homepages dem Jugendnetz angeschlossen haben, genutzt. Mehrheitlich sind die Nutzer SchülerInnen von Gymnasien im Alter zwischen 16 und 21 Jahren. Daneben nutzen auch ca. 100 Jugendliche, angeregt durch Internetgrundkurse aus Jugendeinrichtungen, unser Angebot.

Die Zugriffszahlen auf die Seiten der Jugendnetze sind 120.000 (HTML-Seiten) pro Monat, die von 19.000 Surfern angesehen werden. Monatlich werden etwa 4.000 eMails über den Jugendnetzserver verschickt und empfangen.

Kritische Bilanz

Wir haben in den letzten zweieinhalb Jahren Jugendnetz immer wieder unsere Grundkonzeption und die Projekte den Erfahrungen angepasst. Das besondere an diesem Projekt ist, dass die Teamer wenig in die Konzeption eingreifen mussten, da die meisten Impulse und Ideen von den Jugendlichen selbst kamen. Die Jugendnetze sind in großem Stil selbstverwaltet. Wir vermuten, dass die Motivation für das große Engagement der Kerngruppe, die das System „Jugendnetze" aufgebaut und entwickelt haben, daher kommt, dass sie das Jugendnetz als eine Art virtuellen Heimathafen betrachten. Hier verknüpfen sie ihre Erfahrungen, die sie in den neu entdeckten virtuellen Erlebnisfeldern gemacht haben, mit ihren realen Lebensmittelpunkten. Sie entwickeln als Teil einer Community eine Identität in der Welt der Netze. So werden sie zu Subjekten, die etwas Eigenes und Substanzielles anzubieten haben in der unendlichen Weite der Virtualität, die so erst erträglich wird.

Wesentliche Erfahrungen und Problemlagen waren,

- dass viele Jugendeinrichtungen gar nicht, nicht ausreichend oder nur mit veralteten PCs ausgestattet sind, die es nicht erlauben, am Internet teilzunehmen;
- dass es in den Einrichtungen und Schulen zu wenig qualifizierte PädagogInnen gibt, die gemeinsam mit Jugendlichen eine Einrichtungshomepage entwickeln und pflegen können;
- dass die Wartung und Pflege der PCs und des Netzwerks in Jugendeinrichtungen eine nicht zu unterschätzende Herausforderung darstellt, besonders, wenn man aus pädagogischen Gründen keine geschlossenen Systeme (wie in einem Internetcafé) herstellen möchte;
- dass Jugendliche, die sich autodidaktisch und über informelle Kontakte fit gemacht haben (gerade auch durch Projekterfahrungen im Jugendnetz), mit ihrem erworbenen Wissen schnell so gefragt sind, dass sie berechtigterweise schon an einer beruflichen Karriere basteln, bedingt da-

durch aber eher sporadisch oder nur fördernd an einem arbeitsintensiven Jugendnetzalltag beteiligt sind;

- dass an den Jugendlichen, die das Jugendnetz zu ihrer Sache gemacht haben oder Interesse haben, die technischen Möglichkeiten eines eigenen Servers auszuprobieren, eine hohe, zum Teil extreme Arbeitsbelastung hängen bleibt. Zugleich wird das Jugendnetz abhängig von ihrem Engagement;
- dass wir uns in dem Spannungsbereich zwischen dem Internet als weltweitem, grenzenlosen Medium einerseits und dem Anspruch eines regionalen Angebotes andererseits bewegen. Es ist im Internet wesentlich einfacher, weltweit Leute zu einem ganz speziellen Thema anzusprechen als regional zu einem breiteren Themenspektrum;
- dass die Entwicklung des Internets in einer Geschwindigkeit vorwärts schreitet, die nur sehr schwer mit einer Jugendarbeit zu verbinden ist, bei der trotz aller sinnvollen Produktorientiertheit der Jugendliche im Vordergrund steht. Kommerzielle Anbieter können den Neuerungen und der Mode schneller folgen und so, umrahmt von Werbebotschaften, eine attraktive „Konkurrenz“ erzeugen;
- dass für „normale“ jugendliche Nutzer des Internets der Reiz eher in der privaten, konsumorientierten Nutzung (surfen) liegt, als in der Herstellung von Öffentlichkeit über das Internet und dem Erlernen von relativ komplexen Internetanwendungen. Von einer kreativen (!) Breitennutzung des Internet sind wir noch weit entfernt.

Aus diesen Problemlagen heraus haben wir mehrere Konsequenzen gezogen :

Qualifizierungsprojekte: Um Mitarbeiter in den Jugendeinrichtungen für das Internet zu qualifizieren, hat der Landesfilmdienst Hessen gemeinsam mit uns Fortbildungsangebote für Jugendeinrichtungen in Offenbach und Frankfurt angeboten.

CD-ROM für Interneteinsteiger: Um eine Basis für Internetkurse zu haben und das Jugendnetz bekannter zu machen, haben wir die Internet-Einführungs-CD „Internet ganz easy“ produziert. Diese CD haben wir im ganzen Bundesgebiet weit über 2000 mal verkauft. Für die Webcrews aus Offenbach und Frankfurt war diese Produktion das größte Multimediaprojekt. Eine Onlineversion ist im Internet unter www.of.junetz.de/ige zu finden.

Multimediaprojekt des Junetzes: Unter dem Namen night@junetz.de haben wir eine dreistündige TV-Livesendung zum Internet im Offenen Kanal Offenbach und Frankfurt produziert. Innerhalb der mit kulturellen Beiträgen angereicherten Sendung gab es Informationen und Workshops zu Themen wie Grafikbearbeitung, Linuxserver, Netzwerke, Surftips und Internetberufe. Dank unseres Serverteams konnte diese Sendung erstmals in der Geschichte der hessischen Offenen Kanäle auch ins Internet übertragen werden.

Verbesserung der Ausstattung in den Jugendeinrichtungen: Wir bemühen uns, neben den Qualifizierungsangeboten auch die technische Ausstattung für Jugendzentren zu verbessern. Neben der Erprobung von einfach zu installierenden Netzwerksystemen zum Surfen mit mehreren PCs über eine Telefonleitung (als Internetcafés) wollen wir zukünftig nach Sponsoren für Internet-PCs suchen, um diese an Jugendeinrichtungen weiterzugeben.

Vereinfachte Serververwaltung: Wir haben damit begonnen, die Serververwaltung und die Erstellung der redaktionellen Teile durch Managementsysteme soweit zu vereinfachen, dass auch weniger internetbeschlagene Jugendliche sich an unserem Projekt beteiligen können und wir von Experten unabhängiger werden. Konkret sieht dies so aus: Die Jugendlichen haben Zugriff auf eine Supportdatenbank. Die Erfassung der Userdaten ist automatisiert, ebenso die Einrichtung der Accounts. Ebenso wird das Veröffentlichen bestimmter Artikel innerhalb eines vorgegebenen Webdesigns automatisiert.

Virtuelle City / Vereinfachung von Homepageerstellung: Für Jugendliche, die nicht gleich HTML-Programmierung erlernen wollen, sich aber gerne mit einer kleinen Homepage am Jugendnetz beteiligen möchten, werden wir demnächst einen Homepagebaukasten (Build your own city) im Internet anbieten, mit dem sich jeder per Mausklick eine eigene Homepage zusammenstellen kann. Diese Light-Homepages werden dann zu einer virtuellen Internetcity zusammengefasst, in der – angeregt durch eine Vielzahl von Anreizen – reger Kommunikationsaustausch stattfinden soll.

Verstärkung des redaktionellen Konzeptes: Um das Jugendnetz für jugendliche Surfer attraktiver zu machen und sie in den kreativen Gestaltungsprozess einzubinden, soll das Informationsangebot, z.B. Musik, Events, Parties, ausgebaut werden. Dabei liegt der Schwerpunkt auf regionalen Informationen, die von Jugendlichen gesammelt werden. Auch ohne technische Kenntnisse soll jeder Jugendliche in die Lage versetzt werden, seinen Artikel einzustellen.

Mit dem Projekt Jugendnetz Frankfurt/Offenbach haben wir für die Rhein-Main-Region Strukturen für die Nutzung des Internets geschaffen, multimediale Projekte durchgeführt und werden zukünftig unser Hauptgewicht auf breite und vereinfachte Nutzung der Kommunikations- und Informationsmöglichkeiten, die ein Jugendnetz bietet, legen.

3. Kapitel

Startplätze für Reisen in virtuelle Räume

Einführung

Die erlebte Wirklichkeit ist nicht aufgespalten in real und virtuell. Sie ist eine Einheit. Insofern ist es eher unwahrscheinlich, dass man über die Interaktion mit der Schnittstelle „Internet-Computerbildschirm“ in eine gänzlich neue Welt eintauchen kann. Das, was vor dem Bildschirm ist – konkrete Menschen mit ihren Erwartungen und Wünschen eingebunden in eine konkrete soziale und materielle Umgebung – entscheidet darüber, was nun in der Interaktion mit dem Medium passieren kann, mindestens genauso wie das mediale Angebot, das sich über den Bildschirm mitteilt und Einfluss auf die Situation vor dem Interface nehmen will. Die Situation vor dem Bildschirm erhält zusätzliches Gewicht, weil Computer und Internet das Potenzial haben, den User auch zum Produzenten werden zu lassen. Somit wird das, was auf dem Bildschirm entsteht, zumindest gelegentlich zum selbstgemachten „Programm“ und das Interface zum Spiegel der Realität vor dem Bildschirm.

Wie im vorhergehenden Abschnitt gezeigt, produzieren Menschen mittels digitaler Vernetzung virtuelle Gemeinschaften, sie erobern und beleben immaterielle Raumsysteme. Medienpädagogik wendet sich diesen Systemen zu, fördert deren aktive Gestaltung durch die teilnehmenden Jugendlichen und schafft so Lern- und Entwicklungsräume. So kann in gemeinsamen lustvollen Lernprozessen Medienkompetenz entstehen. Wenden wir uns nun pädagogisch gestalteten Situationen zu, in denen Jugendliche Kontakt mit virtuellen Raumsystemen aufnehmen. Ob es sich um die Gestaltung eines Internetzugangs in einem Jugendzentrum handelt oder um die Konzeption und Durchführung von Aktionen, die Jugendlichen das aktive Handeln im Internet ermöglichen – stets verfolgen diese Aktivitäten zwei Hauptziele:

Es geht einerseits darum, Jugendliche dazu zu motivieren, das neue Medium kennen zu lernen, für sich zu entdecken und zu erkunden. Um dieses Ziel zu erreichen, müssen Formen der Integration gefunden werden, die gut zur jeweiligen Kultur und den Ressourcen der Jugendlichen an den Treffpunkten oder im jeweiligen Jugendverband passen, die den Nutzwert des neuen Mediums unmittelbar plausibel machen und Hemmschwellen möglichst niedrig halten. Die Jugendlichen mit ihren Bedürfnissen und Möglichkeiten stehen im Mittelpunkt der Überlegungen.

Andererseits soll durch die Gestaltung des Zugangs und der Aktion den Netzaktivitäten der Jugendlichen eine gewisse Richtung im Sinne pädagogischer Zielsetzungen gegeben werden bzw. pädagogisch begründete Grenzen gesetzt werden. Hierbei spielen die Konzeptionen und Herangehensweisen der Einrichtungen und Organisationen die wesentliche Rolle. Es geht um Fragen von jugendlicher Selbstorganisation, Kontrolle, jugendschützerischen Überlegungen, Einbindung in die Kultur der Organisation, Entwicklung der Organisation, emanzipatorischer Aneignung, Partizipation, ethischer Grundwerte.

Die Art der Gestaltung der Zugänge und der Aktionen prägt die Prozesse und diese haben wiederum gestaltenden Einfluss auf die Rahmenbedingungen. Neue Ideen entstehen, Grenzen des Möglichen werden deutlich, der Blick auf die erforderlichen Ressourcen wird klarer, neue Akteure kommen ins Spiel.

Die beschriebenen Prozesse und Projekte sind Suchbewegungen und Experimente. Im jeweiligen Kontext wird Neuland betreten. Modelle, an denen man sich orientieren könnte, existieren kaum. Zumindest haben sie wenig Relevanz, denn die Auseinandersetzung mit den originären praktischen Problemen des jeweiligen Projekts dominiert. Hier werden keine glänzenden Erfolgsstorys erzählt, sondern es werden in anschaulicher Weise Entwicklungsschritte hin zu verbesserten Angeboten geschildert, bzw. aufgezeigt, wie bestimmte (beschränkte) Rahmenbedingungen die Prozesse beeinflussen. In der Reflexion werden Perspektiven für die nächsten Schritte sichtbar.

Dieser Abschnitt des Buchs beleuchtet also die sehr handfesten Praxisbedingungen, die Jugendarbeit mit Computer und Neuen Medien bestimmen. In allen Beiträgen wird deutlich: die jeweilige Kultur, also die Konzepte, Werthaltungen und Ressourcen, die an den Startplätzen ins Internet – an den Treffpunkten, in den Verbänden und Organisationen – anzutreffen sind, prägen die Prozesse der Auseinandersetzung mit den Neuen Medien.

Christine Rudolf-Ilg beschreibt in „eM@il für Dich! – Kids fragen, PolitikerInnen antworten per eMail" ein Projekt eines Münchner Jugendverbandes, das zum Ziel hat, die Partizipationschancen der Kinder und Jugendlichen zu verbessern durch die Herstellung eines medial vermittelten direkten Kontakts zu PolitikerInnen. In einer Auftaktveranstaltung werden Prozesse initiiert. In einer ausführlichen Bewertung werden die verbindlichen Werte, Zielsetzungen und Strukturen in Beziehung gesetzt zu der Herausforderung, die Jugendarbeit mit Neuen Medien bedeutet.

Tine Eschertzhuber und Bernhard Eckmann konzentrieren sich in „Soziale Aushandlungsprozesse rund um den Internetzugang" auf die Beteiligungsprozesse von Jugendlichen in einem Münchner Jugendzentrum mit dem Schwerpunkt Mitbestimmung. Über die Jahre werden Regeln und

Kompromisse ausgehandelt, die die Art und Weise, wie der Computerbereich und der Internetzugang in die Einrichtung integriert ist, bestimmen. Es geht hierbei um Aspekte der Zugänglichkeit, des Wechsels der Besuchergruppen, der Ressourcenverteilung, des Jugendschutzes, der technischen Aufrüstung und um den Bedeutungswandel, den der Internetzugang im Lauf der Zeit für die Jugendlichen erhält: Vom ersten Kennenlernen bis zur pragmatischen Nutzung.

Dirk Bruelheide befasst sich in seinem Beitrag „GoWeb - sag der Welt, was dich bewegt!“ ein einwöchiges Projekt im Rahmen evangelischer Jugendarbeit im ländlichen Raum. Verschiedenen Gruppen von Jugendlichen soll in einem gemeinsamen Such- und Lernprozess erstmals der Kontakt zum Internet ermöglicht werden, erste Medienprodukte sollen erstellt werden. Im Laufe einer Woche entwickeln die Gruppen ein Eigenleben und erzielen überraschende Ergebnisse. Im Mittelpunkt der Beschreibung und Reflexion steht das Spannungsverhältnis zwischen eigenen pädagogischen Zielsetzungen und der oft gegenläufigen Dynamik der Gruppen.

Stefan Hefele beschreibt in seinem Artikel: „Von der Werkstatt ins Café - zehn Jahre Computerarbeit in einem Münchner Jugendtreff“ die Anpassung der Computerausstattung und des Konzepts der Computermedienarbeit in einem Münchner Jugendtreff an die Bedürfnisse der BesucherInnen und die Entwicklung der Medientechnik. Im Mittelpunkt stehen die Jugendlichen mit ihren Nutzungsgewohnheiten und Überlegungen zur Wechselwirkung zwischen der Entwicklung der Zielgruppen, technischer Ausstattung und Gestaltung des Ambientes. Die Computermedienarbeit entwickelt sich aus der Pionierzeit heraus zu einem Schwerpunktbereich in der Einrichtung, die damit auch ihr Image ändert.

Joachim Schwarz untersucht in „Cyberc@fés in der offenen Jugendarbeit - ein noch unausgeschöpftes Potenzial pädagogischer Arbeit“ die Bedingungen und Möglichkeiten der pädagogischen Arbeit mit dem Internet im Jugendzentrum. Er betrachtet die Praxis in vier Jugendzentren aus einer Außenperspektive und versucht, Übereinstimmungen und Unterschiede in der pädagogischen Herangehensweise, der technischen Ausstattung, der Art der Einbindung, der vorhandenen Kompetenzen und der angewandten Methoden herauszufinden.

Christine Rudolf-Jilg

eM@il für Dich!

Kids fragen, PolitikerInnen antworten – per eMail
Ein Projekt der Partizipation von Kindern und Jugendlichen an politischen Entscheidungsprozessen mit dem Medium Computer

Partizipation von Kindern und Jugendlichen hat in Jugendverbänden, insbesondere aber auch im Jugendwerk der Arbeiterwohlfahrt, einen hohen Stellenwert. Neue Formen zu erproben, bietet angesichts der sich rasant entwickelnden Möglichkeiten neuer Technologien einen eigenen Reiz. Partizipation nicht nur im eigenen Verband zu realisieren, sondern Kinder und Jugendliche zu motivieren, darüber hinaus auch an gesellschaftlichen und politischen Entwicklungen teilzuhaben, ist eines der Ziele, für die das Jugendwerk u.a. mit dem Projekt „eM@il für Dich!" eintritt.

Nach dem Projekt „Immer nur blabla – wir haben auch was zu sagen!" bei dem Kinder an der Landeskonferenz des Jugendverbands 1998 beteiligt wurden,[1] war es eine logische Konsequenz, diesen Weg der Partizipation von Kindern (aber auch Jugendlichen) weiterzugehen. Die Erkenntnisse des ersten Partizipationsprojekts flossen zu einem großen Teil in das neue Projekt ein.

Ziel des Projektes war es, einen von uns gestalteten Rahmen anzubieten, in dem Kinder und Jugendliche ihre Fragen, Interessen und Wünsche direkt an PolitikerInnen richten konnten. Dieser Rahmen war unsere Homepage, die wir speziell für das Projekt eingerichtet hatten. Unter http://www.Projekt-eMail-fuer-Dich.de konnten sowohl die Kids als auch interessierte Erwachsene einsteigen, für die es dann unter „Hier geht's los!" weiterging. Unter den folgenden Seiten fand sich dann auch eine, auf der alle PolitikerInnen, die sich an unserem Projekt beteiligten, mit ihrer eMail-Adresse verlinkt (verknüpft) waren. Die Kids konnten von dort aus sofort das Mailprogramm ihres PCs starten und dem/der jeweiligen PolitikerIn schreiben. Diese hatten zugesagt, innerhalb von drei bis vier Tagen kurz und altersgerecht auf die Mail zu antworten.

Warum gab's dieses Projekt?

In der Zeit des Kosovo-Kriegs war eine starke Betroffenheit nicht nur bei den (jungen) Erwachsenen in unserem Jugendverband feststellbar. Auch Kinder und Jugendliche interessierten sich plötzlich für dieses „politische Geschehen", fragten nach dem „warum" und forderten Antworten. So entstand der Grundgedanke, Kindern und Jugendlichen unseres Verbandes ein Forum für ihre diesbezüglichen Ängste und Sorgen, aber auch Wünsche und Kritik, zu bieten.

Der Landesvorstand entschied sich für diese Projektidee (nach Beendigung des Kosovo-Kriegs), da sie zum einen auf unser Kinderbeteiligungsprojekt vom letzten Jahr aufbaute (s.o.), zum anderen die Chance bot, zu überprüfen, inwieweit es gelingen kann, über das Medium Internet und eMail die sog. „Politikmüdigkeit" der jungen Generation zu überwinden.[2]

Außerdem ist es zentrales Anliegen des Landesvorstands, den Kontakt zur „Basis" zu verbessern und eine möglichst direkte Interessensvertretung der bei uns organisierten Kinder und Jugendlichen zu erreichen. Hier stellen sich uns die gleichen Schwierigkeiten, die viele andere Kinder- und Jugendverbände auch haben.

Als Landesvorstand politische Schwerpunkte zu setzen und stellvertretend für die Interessen von Kindern und Jugendlichen einzutreten, verlangt im Sinne echter Demokratie, zu wissen, was die wichtigen Themen für die (bei uns organisierten) Kids sind. Dies herauszufinden wird zunehmend schwieriger, da die Schwerpunkte vor Ort gesetzt werden und vernetztes, überregionales (Verbands-)Denken eher abnimmt.

Wie reagiert die Politik?

Bei der Projektvorbereitung mailten wir sowohl Landes- als auch BundespolitikerInnen direkt an und baten sie, sich an unserem Projekt zu beteiligen. Aber auch die Bundes- und Landtagsfraktionen erhielten unsere Anfrage mit der Bitte, uns PolitikerInnen zu vermitteln.

Gerade LandespolitikerInnen zeigten eine relativ große Aufgeschlossenheit gegenüber dieser Form des Kontakts zu Kindern und Jugendlichen. Insbesondere SPD und Bündnis90/Die Grünen beteiligten sich überproportional. Einige Kommunalpolitiker hatten ebenfalls ihre Beteiligung zugesagt. Bei den Mitgliedern des Bundestags hatten sich nur Uwe Hiksch (jetzt PDS, damals noch SPD) und vier CSU-Bundestagsabgeordnete zu einer Beteiligung bereit erklärt.

Unsere „prominenteste" Politikerin war Frau Monika Hohlmeier (CSU), Ministerin für Kultus und Wissenschaft in Bayern (zuständig für Schulen und u.a. die Bildungsoffensive in Bayern). Leider war hier ein direkter Mailkontakt nicht möglich – sie hatte aber zugesagt, alle Anfragen schnell, alters- und computergerecht zu beantworten.

Grundsätzlich haben wir festgestellt, ist es Anliegen von PolitikerInnen (ebenso wie es das unsere ist), den Kontakt zur Basis (insbesondere zu Kindern und Jugendlichen) zu verbessern, und die Bereitschaft, sich auf ein Experiment wie das unsere einzulassen, ist durchaus gegeben.

Auf der Suche nach Mr. X

Die Auftaktveranstaltung für den Projektstart fand in München beim KJR-Festival der Jugendverbände in Form einer Mail- und Internetrecherche nach Mr. X statt.

Die anwesenden Kinder und Jugendlichen erhielten ab 11.00 Uhr an unserem Stand (der mit einem Online-PC ausgerüstet war) drei eMails mit jeweils fünf Tipps für eine bestimmte zu erratende Person. Diese Person musste bis 14.00 Uhr erraten werden. Dank eines Sponsors betrug unser Wetteinsatz 20 Videos des Films „Verrückt nach Mary“. Die Kids machten begeistert mit und lasen die eMails, recherchierten im Internet (auch mithilfe von Suchmaschinen) und identifizierten zu guter Letzt Christian Ude (Münchens Oberbürgermeister) als die gesuchte Person. Dieser erschien gegen 14.00 Uhr und verteilte unseren Wetteinsatz an die Kids.

Während der gesamten Veranstaltung machten wir mit von uns gestalteten Werbeträgern (kleine Smarties-Schachteln mit dem Aufdruck „Wird dir das Gerede der PolitikerInnen auch manchmal zu bunt? http://www.Projekt-eMail-fuer-Dich.de) auf die Projekt-Webseite aufmerksam.

Am Ende der Veranstaltung wiesen wir darauf hin, dass Herr Ude neben anderen PolitikerInnen über unsere Web-Seiten ab sofort für eMails der Kinder zur Verfügung stehe. Parallel dazu wurden alle Jugendwerke in Bayern über das Projekt informiert und erhielten neben Infos für die Erwachsenen, Flyer sowie die oben schon erwähnten Packungen Schokolinsen mit der www-Adresse des Projekts für die Kinder und Jugendlichen.

Und dann ???

Der Zugriff auf unsere Seiten war erfreulich hoch (wir konnten – unserem Provider sei Dank! – regelmäßige Statistiken abrufen). Einige Organisationen haben uns auf unsere Bitte hin mit ihren Seiten verlinkt und wir haben zwei Webpreise (von Multikids und vom Youngnet) für unsere Seiten erhalten. Wir haben nur wenige eMails in Kopie erhalten – warum die Kids zwar die Seiten ausgesprochen oft ansurften[3] und auch nach Projektende immer noch (mit steigender Tendenz) besuchen, jedoch keine eMail schreiben, wissen wir nicht sicher.

Kann die Distanz zwischen Landesebene und Ortsebene, bzw. die zwischen Politik und Kindern und Jugendlichen mithilfe neuer Technologien NICHT aufgehoben bzw. verringert werden? – Wir glauben immer noch, dass dies gelingen kann.

Voraussetzung ist allerdings (nach Auswertung eines Fragebogens, den wir an alle Jugendwerke in Bayern zum Projektende versandt haben), dass ehrenamtliche GruppenleiterInnen und BetreuerInnen im Jugendwerk vor Ort

- die Vernetzung innerhalb des Jugendverbands fördern wollen und fördern können,
- selbst an einer Beteiligung in Politik und Gesellschaft interessiert sind und an deren Sinnhaftigkeit glauben,
- Kinder und Jugendliche zu einer Beteiligung am gesellschaftlichen Leben (und damit an der Politik) motivieren können und wollen
- und über das nötige technische und pädagogische „Know-how" verfügen bzw. es von der Landesgeschäftsstelle bei Bedarf einfordern.

Denn sie sind, da sind wir uns ganz sicher, das Rückgrat „unserer Basis". Sie sind es, die die Brücke schlagen können zwischen

1. der Landesebene, die (so gestärkt) Interessen vertreten und durchsetzen kann und
2. den Kindern und Jugendlichen vor Ort (die mit ihrer Hilfe lernen können, ihre Wünsche, Fragen und Anforderungen an Politik und Gesellschaft zu formulieren).

Partizipation – ja, aber wie?

Beteiligung am politischen Geschehen setzt bei Kindern und Jugendlichen voraus, dass sie Unterstützung erhalten. In diesem Fall war die Unterstützung weniger in technischer Hinsicht nötig – viele Kinder und Jugendlichen (wenn auch sicherlich nicht alle!) waren und sind sehr wohl in der Lage, sich Zugänge zu Rechnern zu verschaffen und eine Internetadresse anzusurfen, wie die hohe Frequenz unserer Seiten gezeigt hat. Dies alleine bedeutet jedoch nicht, dass sie die so viel zitierte „Medienkompetenz" besitzen.

Ein zentraler Knackpunkt im Projekt war wohl, dass sie dann Unterstützung benötigten (und nicht erhielten), als es um die Formulierung von Wünschen, Kritikpunkten, Forderungen sowie um die genaue Adressierung derselben ging.

Genau hier greift aber der Auftrag, den GruppenleiterInnen immer noch (und zunehmend verstärkt) in der Jugendverbandsarbeit haben. Es geht nicht darum, technisch kompetenter zu sein als die Kids. Es geht vielmehr darum, sich gemeinsam mit ihnen auf einen Lernprozess einzulassen und die eigenen Kompetenzen da einzubringen, wo es nötig ist. Technische Fertigkeiten alleine lassen Partizipation mit Hilfe neuer Medien nämlich noch nicht entstehen. Da ist weit mehr nötig: das Wissen darum, wie aus individuellem Unbehagen Forderungen, Fragen oder Kritik zu verbalisieren sind, an wen diese Äußerungen gerichtet werden müssen, wie aus einer Meinung die Meinung vieler wird, wie aus der Forderung Einzelner eine nicht so leicht abzuweisende Forderung von Gruppen wird (und da ist erst mal gar kein „Technikwissen" nötig).

Genau darum haben sich Jugendverbände u.a. organisiert und zu Landes- und Bundesverbänden zusammengeschlossen. Genau darum gibt es

Jugendringe.[4] „Gemeinsam sind wir stark!" – Dieses Motto des Jugendwerks der AWO spiegelt ein politisches Grundverständnis wieder, das mit Hilfe neuer Technologien, aber auch politisch interessierter und motivierter GruppenleiterInnen, die politische Beteiligung in und von Jugendverbänden neu beleben könnte.

Und: auch wir (als ProjektplanerInnen) haben natürlich einen gravierenden Denkfehler bei der Konzeption dieses Projektes gemacht! Partizipation setzt immer voraus, dass der/die Partizipierende durch seine Beteiligung etwas verändern kann. Die im „privaten" bleibende Möglichkeit, eMails an PolitikerInnen zu schreiben, eröffnete nur sehr geringe Beteiligungs- und Veränderungsmöglichkeiten. Besser wäre es wohl, den Rahmen, den das Internet bietet, in der Form zu nutzen, dass Anliegen und Wünsche der Kids öffentlich gemacht und damit von anderen auch unterstützt werden können (z.B. durch das Angebot von Foren). Getreu dem oben schon erwähnten Motto „Gemeinsam sind wir stark", wäre es dann möglich, dass eine Gruppe aus Oberbayern über die Projektseiten z.B. konkrete Mitbestimmungsrechte für die SMV fordert und diese Forderung von Gruppen aus der Oberpfalz und Unterfranken unterstützt wird. Schließen sich dann noch Kinder und Jugendliche aus anderen Jugendverbänden bzw. nichtorganisierte SurferInnen an, kann dies eventuell zu einer Forderung werden, die ernsthaft im Landtag diskutiert werden muss und dann vielleicht sogar in Bayern Veränderungen zur Folge hat.[5]

Gelernt wird dabei nicht nur das Surfen im Internet oder andere „nette" technische Kompetenzen. Gelernt werden kann in so einem Projekt dann auch, in der Gruppe eine Meinung zu diskutieren, diese kurz und knapp zu formulieren, an der richtigen Stelle zu artikulieren sowie sich MitstreiterInnen zu suchen – ganz alltägliche Dinge eigentlich (?), nur eben mit Hilfe neuer Technologien.

Gelernt würde neben der Recherche im Internet, dem Schreiben von eMails, dem Umgang mit thematischen Foren, der Bewertung von Informationen aus dem Internet, eben auch der Umgang mit veränderten Rollen in der Gruppe (vielleicht ist ein Gruppenmitglied mit dem Rechner ja fitter als der/die GruppenleiterIn), die Auseinandersetzung mit politisch Andersdenkenden und vielleicht eine veränderte Meinung gegenüber der Gestaltbarkeit von Politik.

Wen interessiert schon Politik?

Dass Politik gerade in der heutigen Zeit von Skandalen gerüttelt wird, macht es für uns Jugendverbände nicht einfacher, Kindern und Jugendlichen die Elemente gelebter Demokratie näher zu bringen. Gerade viele GruppenleiterInnen, aber auch Vorsitzende vor Ort, reagieren zum Teil mit Recht mit immer mehr Skepsis auf real existierende Schwachstellen in der Politik. Nun sind aber gerade sie es, die Kindern und Jugendlichen durch ihre Einstellungen und ihr Verhalten gelebte Demokratie und damit Partizipation näher bringen könnten.

Vor diesem Hintergrund wird es auch für uns Jugendverbände immer schwerer, den Glauben an die Notwendigkeit von mündiger Mitbestimmung weiterzugeben. Gelebte Demokratie und Interesse für Politik kann sowohl im Elternhaus, in der Schule als auch in der Kinder- und Jugendarbeit vermittelt werden. Doch wo geschieht dies wirklich noch?

MancheR PolitikerIn mag sich erinnern, dass die eigenen Wurzeln für die Bereitschaft, sich politisch zu engagieren und das politische System unseres Landes zu verstehen, in einem - wie auch immer orientierten - Jugendverband lagen.[6]

Diese auch weiterhin zu unterstützen und die Bedeutung von Jugendverbandsarbeit für gesellschaftliches Engagement auch in der sich entwickelnden Multimedia- oder Informationsgesellschaft (wieder-) zu erkennen, mag wertekonservativ sein - wir halten dies für einen zentral wichtigen Pfeiler unserer Gesellschaft. Lasst uns daher gemeinsam mit glaubwürdigen, ehrlichen, nicht am Amt bzw. an persönlichen Vorteilen klebenden PolitikerInnen für eine (erneute) Beteiligung an Politik auch und gerade mit dem Medium Computer werben, die sich dem neuen Jahrtausend und den neuen Anforderungen, denen diese Gesellschaft gegenübersteht, gewachsen zeigt.

Dass gerade die außerschulische Jugendarbeit durch ihre Postulate von Freiwilligkeit und Selbstorganisation sowohl für das Ziel der „politischen Partizipation" als auch für die Entwicklung von „Medienkompetenz" ungeheuere Potenziale mitbringt, ist wohl unumstritten.[7]

Das Projekt lief bayern- aber auch bundesweit vom 1. Oktober bis 20. Dezember 12.1999. Wir waren bzw. sind erreichbar unter http://www.Projekt-eMail-fuer-Dich.de oder Christine.Rudolf-Jilg@t-online.de oder LJW-Bayern@t-online.de. Das Bundesjugendwerk plant eine Weiterentwicklung des Projekts auf der Basis des von uns erstellten Ergebnisberichts. Eine ausführliche Projektdokumentation kann bei uns angefordert werden.

Anmerkungen

1 Eine Dokumentation dieses Projektes ist beim Landesjugendwerk der bayerischen AWO erhältlich.

2 Die vielzitierte „Politikmüdigkeit" der jungen Generation bedeutete für uns nicht, dass Kinder und Jugendliche desinteressiert und unengagiert in Bezug auf unsere Gesellschaft sind (vgl. auch Marcus M. Keupp (2000): Ratgeber Zivildienst, rororo Sachbuch, oder Shell-Studie 2000, Opladen 2000). Wir glaubten, dass es neuer Formen und Angebote bedarf, Interesse an der Mitgestaltung von Politik zu wecken (vgl. Megafon 1/2000, „Bildung", des Landesjugendwerks der bayerischen AWO).

3 Wir erhielten fünf eMails, hatten demgegenüber aber über 2.200 Seitenaufrufe in ca. zehn Wochen. Nach Ende des Projektes waren es im Januar sogar 1.000 Seitenaufrufe in vier Wochen.

[4] „Diese besondere Aufgabenstellung der Jugendverbände erkennt auch das Kinder- und Jugendhilfegesetz als die rechtliche Grundlage für die Kinder- und Jugendpolitik im §12 an. ... „Durch Jugendverbände und ihre Zusammenschlüsse werden Anliegen und Interessen junger Menschen zum Ausdruck gebracht und vertreten.“ Damit wird den Jugendverbänden und den Jugendringen als ihren Zusammenschlüssen ein allgemeines politisches Mandat bestätigt“ („jung und (un)beteiligt“, Trends, Positionen, Forderungen, DBJR Schriftenreihe 1995, S. 17).

[5] „Beteiligungsangebote, die darauf ausgerichtet sind, staatliches Handeln zu legitimieren, ohne dass die Mitwirkung Konsequenzen und nachvollziehbare Auswirkungen hat, wirken hemmend auf das Beteiligungsinteresse. Mitwirkungsangebote mit der Zielsetzung, Kindern und Jugendlichen das Gefühl zu nehmen, nur betreut und verwaltet zu werden, greifen zu kurz. Nach kurzer Zeit verliert sich das Interesse an diesen wirkungslosen Beteiligungsangeboten. Sie wirken sich sogar hinderlich auf weitere Versuche aus, ein politisches Desinteresse bei jungen Menschen zu überwinden“ (ebd., S. 15).

[6] Vgl. hierzu die Ergebnisse der Shell-Studie 2000, v.a. S. 274f. und 279ff. „Es handelt sich dabei um Jugendliche, die durchaus auch als Führungskräfte in politischen Ämtern infrage kommen.“

[7] Hierfür computermedienpädagogische Konzepte zu entwickeln, aber auch Fördermittel zur Verfügung zu stellen, ist logische Konsequenz, soll dieses Potenzial nicht verkümmern. Aber gerade die außerschulische Jugendarbeit ist hier auf einem guten Weg. Als ein Beispiel ist z.B. das „Medienpädagogische Gesamtkonzept für die Jugendarbeit in Niederbayern“ zu nennen, das der BezJR Niederbayern am 13.11.1999 vorgelegt hat.

Tine Eschertzhuber / Bernhard Eckmann

Soziale Aushandlungsprozesse rund um den Internetzugang

Standardlösungen für die richtige Gestaltung eines Internetzugangs im Jugendzentrum gibt es nicht: Örtliche Rahmenbedingungen werden durch die räumlichen, technischen, finanziellen, personellen und konzeptionellen Ressourcen, durch das vorhandene medienpädagogische Fachwissen und durch die Bedürfnisse, Interessen und Fähigkeiten der Jugendlichen bestimmt – und diese Faktoren ändern und entwickeln sich. So ändern sich Art und Weise, wie der Internetzugang in den Alltag eines Jugendzentrums integriert ist; dieser Wandel wird im besten Fall von allen Beteiligten gesteuert: PädagogInnen und Jugendlichen. In einem sozialen Aushandlungsprozess wird die Frage bearbeitet: Wie wird der Internetzugang gestaltet?

Im Selbstverwalteten Stadtteilzentrum Neuperlach (SSZ) blicken wir auf einen fünfjährigen Entwicklungsprozess (1995 bis 2000) zurück. Unsere Ausgangslage und die Stationen dieses Prozesses zeigen, wie das Konzept der Selbstverwaltung die praktische Integration von Internet-Technologie im Haus gestaltet:

Im SSZ haben die BesucherInnen weitgehend das Sagen. In einer wöchentlichen Versammlung wird praktisch über alle Belange des Hauses diskutiert und beschlossen. Das Team der PädagogInnen ist an die Beschlüsse des Selbstverwaltungsrats (SVR) gebunden. Es hat sich mit der Zeit ein sehr komplexes System der Verteilung der Verantwortlichkeiten ergeben. Grundlegend für die Konzeption sind die Prinzipien Selbstorganisation und Selbstmachen. Junge Erwachsene können das Haus in Eigenverantwortung selbst aufmachen, was zur Folge hat, dass das Haus meist sieben Tage pro Woche geöffnet ist. Die Besucherstruktur ist, bei leichten Schwankungen, typisch für die Offene Jugendarbeit: ab 14 Jahre, sehr hoher Ausländeranteil, etwa ein Viertel Mädchen, wenige GymnasiastInnen, viele HauptschülerInnen, Lehrlinge, ArbeiterInnen, Arbeitslose.

Wir PädagogInnen haben uns den Herausforderungen, die sich aus der digitalen Revolution ergeben, gestellt und eine Herangehensweise entwickelt, die zum SSZ passt: Wir verstehen uns als Lernende und Gestaltende, schaffen Zugänge zu den digitalen Netzwelten, stellen so den Jugendlichen neue Erfahrungsräume zur Verfügung und verhandeln und lernen mit den Jugendlichen, wie der Netzrechner am besten ins Jugendzentrum integriert wird. Um unsere Fachlichkeit zu entwickeln, beteiligen wir uns in fachlichen Netzwerken[1].

Von der Mailbox zum Chat – das Medium wird attraktiv

Im Sommer 1995 wurde im SVR auf Antrag der Computergruppe (sechs 15- bis 17-jährige Jungen unterschiedlicher Nationalität) beschlossen, ein Modem zu kaufen. Über den Rechner der Computergruppe wurden erste Ausflüge in die Mailboxwelt unternommen. Das Modem selbst wurde mit einer Absperrmöglichkeit versehen, um einerseits ausufernde Netzreisen und damit eine hohe Telefonrechnung zu vermeiden und andererseits unbeaufsichtigtes Arbeiten der Computergruppe am Offline-Rechner zu ermöglichen. Während eMail und die Beteiligung an elektronischen Diskussionsforen nur auf Anregung der PädagogInnen hin genutzt wurden, entwickelte sich der Online-Chat, der mit anderen Jugendzentren im Mailboxprojekt, aber auch innerhalb von Chat-Foren der Internetcafé-Szene lief, zum Renner für die allermeisten BesucherInnen. Die große Attraktivität des Chats führte zu einer Aufwertung der Computergruppe, es gelang ihr, im SVR eine größere Investition für die Hardware durchzusetzen – allerdings verbunden mit der Auflage, den vernetzten Rechner besser für die Allgemeinheit zugänglich zu machen. Computergruppe und Team entwickelten ein technisches Konzept für den Offenen-Betrieb-Rechner, das die optimale Zugänglichkeit gewährleisten sollte. Der Rechner wurde in einen stabilen Kasten eingebaut, mit einer dicken Plexiglasplatte so abgedeckt, dass nur noch Tastatur und Maus zugänglich waren. Um wichtige Dateien und Programme besser vor unbefugten Zugriffen zu schützen und die Funktionsfähigkeit auf Dauer zu gewährleisten, wurde der Rechner in ein lokales Netzwerk eingebunden. Das ganze Gebilde sollte in einer etwas ruhigeren Zone des offenen Bereichs installiert werden.

Internet und Jugendschutzprobleme

Noch bevor diese erheblichen Vorbereitungsarbeiten abgeschlossen waren, wurde über den Rechner im Computergruppenraum ein Online-Internetzugang eingerichtet. Nun war das Internetsurfen möglich und die Online-Aktivitäten traten in eine neue Phase. Der zuständige Pädagoge organisierte eine Reihe von Internet-Crashkursen und bereits in diesem pädagogisch strukturierten Rahmen trat ein, was schon erwartet worden war: besonders kundige Jungen nützten unbeaufsichtigte Momente, um Internetadressen einzutippen, die sie als Empfehlungen von Freunden auf dem Schulhof erhalten hatten. Folge: ein Pornobild im pädagogisch betreuten Rahmen. Die gelassene Reaktion des Pädagogen, die Weiterreise zu unverfänglicheren Orten im Cyberspace und der globale Hinweis auf den besonderen Charakter des Ortes „Jugendzentrum“, an dem man sich befand, genügten, um momentan die Situation zur allseitigen Zufriedenheit zu meistern. Sanktionen schienen in diesen Fällen nicht angemessen, allerdings wurde ein Regelungsbedarf deutlich. Wie sollte gewährleistet werden, dass einerseits Medienkompetenz erworben werden kann und andererseits die Einrichtung nicht durch fragwürdigen Gebrauch des Mediums gefährdet wird? Im SVR konnte offen über dieses Problem diskutiert werden, die Jugendlichen konnten sehr gut akzeptieren, dass eine Kontrolle des Surfens notwendig sei. Die Situation war vertraut und neu zugleich. Es war klar, dass es interessante und beunruhigende Inhalte gibt, über die man zwar im Jugendzentrum diskutieren kann (Pornografie, gewaltverherrlichende und diskriminierende Medieninhalte), entsprechende Medienprodukte aber im Jugendzentrum verboten sind. Neu war, dass mit dem Internetrechner nun ein globaler Medienkiosk im Haus stand, an dem alles zu haben war, auch die Dinge „unter dem Ladentisch".

Soziale Kontrolle

So wurde beschlossen, dass das absichtliche Aufrufen von verbotenen WWW-Seiten in Zukunft bestraft werden sollte. Es wurde eingeräumt, dass es gar nicht so einfach sei, jemandem nachzuweisen, dass er oder sie bewusst den Internetzugang im Jugendzentrum missbrauche. Klar war, dass in diesem Medium „Zufallstreffer" nicht auszuschließen sind. Außerdem: nicht immer ist es so klar und unumstritten wie bei Pornografie, dass ein bestimmter Inhalt im Jugendzentrum verboten ist. Um die Versuchung zum Missbrauch herabzusetzen, wurde vereinbart, im „Séparée" des Computerraums den Internetzugang nur noch innerhalb der pädagogisch intensiv betreuten Zeit zu ermöglichen und ansonsten den Offenen-Betrieb-Rechner auf Wunsch mit dem Internet zu verbinden. Es wurde angenommen, dass im Offenen Betrieb stets eine gewisse Kontrolle durch die Öffentlichkeit und pädagogische Betreuung bestehe. Zusätzlich sollte geeignete Jugendschutzfiltersoftware installiert werden. Natürlich sollte die von Anfang an bestehende Regel, dass das Modem nur angeschlossen werden kann, wenn PädagogInnen im Haus sind, weiter gelten.

Diese einmütig getroffenen Regelungen wurden ergänzt durch die Vereinbarung von Online-Zeiten, die das Jugendzentrum bezahlt (jeweils eine Stunde pro Tag) und die Festlegung des Tarifs, wenn man außerhalb dieser Zeiten im Netz aktiv sein will. In der Folge stellte sich jedoch heraus, dass mit diesen Regelungen doch auch mehreren Leuten die Lust am Internetsurfen etwas verdorben war. Gerade engagierte Mitglieder der Computergruppe beklagten den Verlust an Autonomie und beschwerten sich über das „Jugendschutzgetue" des Teams. Umgekehrt fühlten sich auch die PädagogInnen gelegentlich unwohl dabei, surfenden Jugendlichen immer wieder prüfend über die Schulter schauen zu müssen.

Internet wird normal – Chatten, Surfen, Homepages

Der Internetcomputer wurde 1997 zum normalen Bestandteil des Offenen Betriebs, und es spielte sich bestimmte Art der Nutzung ein: Irgendwer sitzt immer davor. Während der langen Offline-Zeiten wird gespielt und es werden Standard-Computerprogramme benützt. Der Offene-Betrieb-Rechner ist oft ein Rückzugsort für Jugendliche, die sich gerade im turbulenteren Teil des Hauses nicht so wohl fühlen. Meist sitzen mehrere Jugendliche gleichzeitig am Rechner. Oft machen hier Jugendliche ihre ersten Erfahrungen mit dem Computer, und man zeigt sich gegenseitig, wie es geht. Die Online-Zeiten werden oft, aber nicht regelmäßig genützt. Hier überwiegt nach wie vor der Online-Chat. „The Palace", ein multimedialer Chat im Internet wird entdeckt und begeistert praktiziert. Wenn Jugendliche surfen – was sie gerne tun – suchen sie erwartungsgemäß meist nach Themen wie z.B. Musik, Bands, Jugendkulturen, Sport, Liebe, Sexualität, Hobbys, Türkei, Bilder, Spiele.

Das Team versucht, Jugendliche bei im Jugendzentrum auftretenden Wissensfragen zur gezielten Suche im Internet zu animieren. Hier geht es dann, ebenso erwartungsgemäß, um Themen wie z.B.: Kultur, Technik, Politik, Natur, Umwelt, Menschenrechte, Länder, andere Jugendzentren. Die Computergruppe bastelt noch an einer Homepage für das SSZ, das Team hat seinen sehr textlastigen Teil zu dieser Homepage schon fertig. Die Arbeit mit Newsgroups und mit eMail wird für die Jugendlichen nur gelegentlich interessant. Meist werden sie dazu von PädagogInnen ermuntert und sehr selten geschieht es, dass Jugendliche diesen Teil des Internet als sehr nützlich für sich entdecken und in einen schriftlichen Dialog mit Netzpartnern treten.

Homepage-Projekt

In der Folge eines Personalwechsels löste sich die bisherige Computergruppe weitgehend auf. Im so entstandenen Vakuum begannen nun jüngere, neu ins SSZ kommende BesucherInnen sich für den Computer zu interessieren. Mit tatkräftiger Hilfe eines Praktikanten, der technisches Know-how beisteuerte, wurde das Projekt „SSZ-Homepage" neu gestartet.

Dabei fiel folgendes auf: Auch wenn viele Jugendliche bereits Kontakt zum Internet (Chatten, Surfen) gehabt hatten, konnten doch relativ wenige etwas mit dem Begriff „Homepage" und der Möglichkeit, diese selbst zu gestalten, anfangen. Einige waren kurzzeitig an dieser Form der Darstellung des SSZ interessiert, letztlich aber nur ein Jugendlicher kontinuierlich bei der Erstellung der Page engagiert. Uns fiel weiter auf, dass viele Jugendliche eher passiv das Internet (Surfen, Chatten, Recherche) nutzen, aber nur wenige an der aktiven Gestaltung des Mediums interessiert sind. Gerade dieses Beispiel zeigt, dass der Umgang mit neuen Medien in einem

Jugendzentrum - wie wahrscheinlich auch sonst in der Gesellschaft - zwar Veränderungen der Kommunikation nach sich zieht, in weiten Teilen jedoch auch an bisherige soziale Strukturen gebunden bleibt.

Auch in anderen Bereichen im Jugendzentrum lässt sich nämlich feststellen, dass die Jugendlichen sich leicht spontan begeistern lassen, aber sich eher schwer tun, kontinuierlich bei einer Sache zu bleiben, dass „Konsum“ von Freizeitangeboten beliebter ist als aktive Gestaltung.

Pragmatische Nutzung des Internet

Die schnelle Entwicklung im Bereich der Neuen Medien hat nun auch das Nutzungsverhalten der Jugendlichen verändert: Immer mehr Jugendliche bringen bereits Vorerfahrungen mit dem Internet mit, haben schon in der Schule oder bei Freunden gesurft, einige haben selbst einen Computer mit Internetanschluss zu Hause. Das verändert den Stellenwert der Online-Aktivitäten im SSZ: für die meisten fällt das Entdecken des „Neuen“ weg, dafür kommt es zu einem recht selbstbewussten, oft ganz pragmatisch an Alltagserfordernissen ausgerichteten Umgang mit dem Medium. So werden Inhalte zur Erstellung von Referaten oder Hausaufgaben für die Schule recherchiert, Stellenangebote gesucht oder Reisemöglichkeiten ausgekundschaftet - all dies von Jugendlichen, die von sich sagen, kein Interesse am Computer zu haben. (Ähnlich wie wenn jemand, der in einem nichtvirtuellen Fahrplan nachsieht, auch nicht von sich behaupten würde, sich als Hobby mit Fahrplänen zu beschäftigen.) Daneben gibt es aber auch weiterhin einige Jugendliche, die einfach Spaß am Surfen oder am Chatten (siehe unten) haben - gerade die Möglichkeit der kostenlosen Nutzung zu bestimmten Onlinezeiten ist für sie attraktiv.

Da leider der Offene-Betrieb-Rechner immer wieder Funktionsstörungen aufwies (z.B. Modem defekt, Browser veraltert), wurde zunehmend von Jugendlichen, die nicht Mitglieder der Computergruppe waren, auch der PC im Computerraum genutzt. Dabei kam es dann auch immer wieder zu Aushandlungsprozessen, wer jetzt eigentlich Mitglied der Computergruppe ist, wer den Schlüssel für das Modem ausleihen darf und wer wann was an diesem Computer macht. Neue Regeln für den Computerraum wurden erarbeitet, die ein Mindestmaß an Verbindlichkeit festlegen sollten. Wie in anderen Bereichen der Jugendarbeit auch, erwies sich das oft als mühsam und wurde von den Jugendlichen als Einschränkung in ihrer Spontanität empfunden. Technische Probleme können sich also äußerst störend auf soziale Prozesse auswirken: Durch den häufigen Ausfall des Online-Zugangs wurden immer wieder Ausnahmen für die Nutzung des Computerraumrechners gemacht, was wiederum die Computergruppe störte und die Regelungen unklar machte. Fazit: Das Internet ist vielfach und für verschiedene BesucherInnengruppen attraktiv.

Auch wenn viele bereits Vorwissen mitbringen und im Umgang mit diesem Medium sehr selbstbewusst erscheinen, darf nicht vernachlässigt werden, dass der Wissenstand doch sehr unterschiedlich ist. Nach wie vor sind weniger Mädchen als Jungen für die Nutzung von Computer und Internet zu begeistern. Allerdings, die Mädchen, die am Computer aktiv werden, tun dies mindestens genauso selbstbewusst und kompetent wie die Jungen.

up2net

Auch für die Computerpädagogik im SSZ gehen seit 1999 neue Impulse vom Kooperationsprojekt „up2net" aus. Die Idee eines Jugendservers, der es Jugendlichen ermöglicht, sich aktiv an der Gestaltung einer Net-Community zu beteiligen, wird von einigen Jugendlichen im SSZ recht interessant gefunden. Allerdings wird diese Möglichkeit bisher nur partiell genutzt: Am beliebtesten ist nach wie vor der multimediale „Palace-Chat". Die Möglichkeit mit Jugendlichen aus anderen Münchener Freizeitstätten - also mit Leuten, denen man eventuell auch real begegnen kann - zu chatten, macht diesen Chat im Vergleich zu anderen Chatmöglichkeiten im Internet deutlich attraktiver. Viele Jugendliche kommunizieren zunächst im Chat miteinander, um sich dann anschließend zu einem realen Treffen zu verabreden. Dadurch kam es schon öfters zu Begegnungen von Jugendlichen aus verschiedenen, oft weit voneinander entfernten Freizeitstätten. Deutlich wird dabei, wie Jugendliche das neue Medium „Chat" für ihr Interesse, andere Jugendliche kennenzulernen, nutzen. Häufig werden die Telefonnummern der jeweiligen Handies untereinander ausgetauscht, um auf eine andere Kommunikationsebene zu wechseln.

Durch up2net konnten mehr Jugendliche für die Idee einer eigenen eMail-Adresse gewonnen werden. Offensichtlich attraktiv ist ein kostenloser eMail-Zugang in einem relativ überschaubarem Rahmen, wie ihn up2net bietet, mit Leuten, die man schon aus dem Chat oder anderen up2net-Aktivitäten kennt. Allerdings, die Kommunikation übers Handy und insbesondere das Verschicken von SMS sind - trotz der Kosten - deutlich beliebter.

Ausblick

Insgesamt: die Jugendlichen entwickeln einen zunehmend selbstbewussteren Umgang mit neuen Technologien. In einigen Bereichen - Handies und SMS - sind sie dabei, zumindest einige der PädagogInnen deutlich zu überholen, was aktuelles Wissen anbelangt. Das sollte im pädagogischen Denken und Handeln berücksichtigt werden, denn voneinander zu lernen kann eine sehr befriedigende Form sozialer Beziehungen sein. Das Tempo technischer Innovation zwingt, sich stets als Lernende zu betrachten, aber auch, die technische Ausstattung weiterzuentwickeln: Im SSZ werden daher zwei neue Internet-Computer eingerichtet und ein ISDN- System, um mit mehreren Rechnern gleichzeitig online gehen zu können.

Anmerkung

1 Im Münchener „Mailboxprojekt", später „up2net" - vgl. dazu auch den Beitrag „Just go up2net!" in diesem Band, S. 62ff.

DIRK BRUELHEIDE

„Go Web – sag der Welt, was Dich bewegt!"

Ein Netzprojekt zwischen Anspruch und Wirklichkeit

„Go Web – Sag der Welt, was Dich bewegt!" zielte auf Jugendliche ab 14 Jahren, die einen ersten Kontakt zum Internet bekommen wollten; ich wollte sowohl Mädchen als auch Jungen mit diesem Projekt erreichen. Schon der Titel sollte darauf hinweisen, dass es mir neben dem Kennenlernen und Handhaben von Diensten des Internet, wie eMail, Chat und WWW, auch um die aktive Gestaltung des Internet ging. Darüber hinaus beabsichtigte ich, Gesprächsrunden über die eigene PC-Nutzung, das Miteinander in der Gruppe und zu religiösen Themen anzubieten.

Eine Woche stand dafür das evangelische Gemeindehaus in Malsfeld, einer ländlichen Kirchengemeinde im Norden Deutschlands, für unser Projekt zur Verfügung, eine Telefonleitung, drei Rechner (einer davon als LINUX-Server) und ein 56k-Modem. Weitere PCs wurden durch die Teilnehmer mitgebracht. Der Finanzrahmen für die Lebensmittel, Technikbeschaffung, Domäne-Gebühren und Telefonkosten betrug fast 400 DM.

Das Projekt, im Rahmen einer Weiterbildung zum Computermedienpädagogen[1] durchgeführt, war Teil meiner regulären Kinder- und Jugendarbeit, für die ich in zwei Kirchengemeinden mit zusammen ca. 1800 Gemeindegliedern verantwortlich bin. Vorrangig werden für Kinder und Jugendliche Gruppen angeboten. Daneben gab es aber bereits in der Vergangenheit mehrere Projekte, meist im Bereich der Musik: TENSING, eine projektorientierte musikalische Arbeit, die vom CVJM in Deutschland und seit 1991 in unseren Gemeinden angeboten wird. Hauptsächlich Jugendliche aus dieser Gruppe wollte ich für mein computermedienpädagogisches Projekt ansprechen. Um darüber hinaus andere Jugendliche zu erreichen, führte ich eine „Netzwerk-Session", also Spiele im lokalen Computernetz, durch. Als Nebeneffekt konnten die Teilnehmer und ich dabei den Aufbau eines Netzwerkes erlernen. Obwohl an der Netzwerk-Session bis zu 16 Jungen teilnahmen, konnte ich für „Go Web – sag der Welt, was Dich bewegt" nur zwei Jugendliche gewinnen. Mädchen ließen sich damit nicht ansprechen.

Idee und Realisierung

Es beginnt mit einer kleinen Gruppe von fünf technikbegeisterten Jungen. Ein ernüchternder Anfang angesichts der erhofften gemischten Gruppe, der aber auch zum Gelingen der Einrichtung eines LINUX-Servers beitrug. Sie konnten sich schnell auf eine Vorgehensweise bezüglich der HTML-Gestaltung einigen, da zwei Teilnehmer hierbei schon Erfahrung hatten. So konnten wir vom ersten Tag an zielgerichtet auf die Internet-Präsenz der evangelischen Jugend hinarbeiten.

Bereits am ersten Abend, nachdem alles am Vorabend zur Zufriedenheit funktioniert hatte, zeigte sich, dass die Technik ihre eigenen Regeln hat. Alle Versuche, ab 21 Uhr online zu gehen, scheiterten. Erst lang nach 23 Uhr, mit einem Rechner, gelang es dann doch, wir surften bis ein Uhr. Jetzt war nicht mehr an den geplanten geistlichen Tagesabschluss zu denken. Und so geschah es noch manchen Abend, dass wir kein Ende fanden oder sich die Gruppe unerwartet schnell zerstreute. Im weiteren Verlauf hielten wir auch nicht alle Mahlzeiten ein. Es gab zwar noch ein gemeinsames Frühstück, bei dem ein kurzer biblischer Impuls vorgetragen wurde. Aber das Mittag- und Abendessen wurde nicht an jedem Tag gemeinsam eingenommen; somit entfielen auch hier die geistlichen Inhalte.

Die Mädchen kommen: An den Abenden war die Telefonleitung frei zum Surfen, Chatten, eMailen. Dieses Angebot wurde ab dem zweiten Abend auch von Mädchen wahrgenommen, wobei hier die Vermittlung eines Mädchens half. An drei Abenden trafen sich jeweils 12 Personen, davon sieben Mädchen zum Chatten; an einem Abend wurde der Chat als Medium zum Kennenlernen innerhalb der großen Gruppe genutzt.

Die Kür, ein Perl-Script für ein Gästebuch: Gegen Ende entstand der Wunsch, ein Chatforum der Internet-Präsenz einzurichten. Außerdem sollte ein eigenes „Gästebuch“-CGI-Script (ab-) geschrieben werden. Leider konnte dieses nicht zum Laufen bewogen werden – aber für die beteiligten „Programmierer!“ gab es hier dennoch einige Lernerfolge.

In meinen Vorüberlegungen stand immer im Mittelpunkt, neben der Einführung ins Internet und in die dazu nötige Software auch die Gestaltung des Mediums selbst, in Form von Homepages, anzustreben: Die TeilnehmerInnen sollten eigene Seiten mit selbstgewählten Themen erstellen; als Plattform sollte von der gesamten Gruppe die Internetpräsenz der Evangelischen Jugend Malsfeld und Beiseförth erstellt werden. An diesem Ziel hatten jedoch nur vier Teilnehmer Interesse, die dafür ganztägig an dem Projekt teilnahmen. Vor allem die Mädchen befassten sich zuerst nicht mit dieser Themenstellung; erst am letzten Projekttag gestaltete ein Mädchen eine „Gruß- und Kussseite“. Interessanter war für sie, wie auch für manche teilnehmenden Jungen, der Chatroom und die Möglichkeit, eMails zu versenden. Die Mädchen und einige Jungen nahmen deshalb nur abends, wenn wir online waren, teil. Ausnahme war der zweite Abend, an dem wir nicht „online“ gehen wollten, sich aber spontan die Idee zu chatten ergab. Per Netmeeting wurde eine Verbindung untereinander aufgebaut, mit wechselnden Gesprächspartnern und einer ganzen Menge Humor miteinander geplaudert – im Ergebnis eine Form des gegenseitigen Kennenlernens in der neuen Konstellation.

Gespräch über das Medium und eine Auseinandersetzung im Hinblick auf den Glauben waren weitere Ziele, die ich mir gestellt hatte: Im Tagesablauf wollte ich geistliche Punkte setzen, einen Abendabschluss, Tischgebete zu den gemeinsamen Mahlzeiten, aber auch Reflexionsgespräche zum erlebten Umgang mit dem PC und in der Gruppe führen. Da für die Reflexionsgespräche nicht grundsätzlich Zeiten vereinbart worden waren, kamen diese nur im persönlichen Gespräch zu Stande, nicht jedoch in der Gesamtgruppe. Diese Woche vor dem Computer hat darüber hinaus jedoch manche Anfrage gebracht, wie Pausenzeiten, alternative Aktivitäten oder der Wechsel zwischen Bildschirmarbeit und anderen Beschäftigungen gelingen können.

Ingesamt, so schien es, waren von meinen ursprünglichen Absichten nur Teile, Ansätze verwirklicht: Mit vier Teilnehmern konnte ganztägig im Projekt an einer gemeinsamen Plattform gearbeitet werden. Die Gruppe erstellte ein Logo, das grundlegende Layout der Seiten, einigte sich auf die verwendeten Schriftarten und strukturierte die Präsenz mit über- und untergeordneten Bereichen. Fünf Teilnehmer haben eine eigene Homepage mit einem eigenen Thema erstellt. Der Aufwand für die Gestaltung betrug von einem Nachmittag bis zu vier Tagen. Alle Webseiten wurden, zeitgleich mit der Präsenz der evangelischen Jugend, am letzten Tag des Projektes ins Netz gestellt.

Bis zu 14 Teilnehmer jedoch kamen zusammen, wenn abends die Telefonleitung freigegeben war und kostenlos gesurft, gechattet, gemailt und nach MP3-Files gesucht werden konnte. Die Jugendlichen gesellten sich zu den ganztägigen Teilnehmern, wurden von diesen an den Rechnern eingewiesen und unterstützt. Außerdem wurden gezielt Chaträume miteinander besucht. Die Teilnehmer bildeten also nicht zwei Gruppen, sondern fanden sich zu einer Gruppe zusammen – besonders der interne Chat ist dafür ein Indiz. Auch meine Rückfrage[2] bei den ganztägigen Teilnehmern ergab keine Vorbehalte gegenüber den abendlichen Teilnehmern. Die Gruppe bildete also ganz unterschiedliche Konstellationen. Das hieß für mich, sich immer wieder auf Begrüßung, Einweisung und Erklärungen einzulassen, sowie für die ganztägigen Teilnehmer, sich auf neue einzulassen.

Jedoch: mit Ergebnis und Arbeitsweise der Gruppe bin ich sehr zufrieden. Es gelang, Mädchen und Jungen am Projekt zu beteiligen, wenn auch die Mädchen eine besondere Vermittlerin brauchten und die meisten sich nur einen Teil des Projektes zu eigen machten. Sehr schön war für mich, dass am Ende des Projektes ein Mädchen noch den Mut hatte, eine Seite zu gestalten. Die Gruppe hat sich trotz der unterschiedlichen Konstellationen gut verstanden, sich in manchem ergänzt und ist aufeinander eingegangen. So kam nach den Chat-Abenden der Gedanke auf, dass „unser“ Angebot auch einen Chatraum beinhalten müsse. Die ganztägigen Teilnehmer teilten ihr erworbenes Mehrwissen bereitwillig mit den neueren Teilnehmern; die Rechner wurden solidarisch „geteilt“, was nicht selbstverständlich ist, da es sich teilweise um Privat-PCs handelte.

Handeln: zwischen eigenen Zielen und jugendlichem Interesse

Ein Projekt birgt immer eine Ungewissheit. Der Projektleiter ist angewiesen auf die Mitarbeit der Teilnehmer, auf ihre konstruktive Mitwirkung. Der Rahmen kann vorgegeben werden, ist aber auch immer wieder auf die Bedürfnisse der Gruppe und des einzelnen Teilnehmers anzupassen. Manchmal kommt der Projektleiter hier mit seinen Vorstellungen zu kurz. Ist es dann richtig, völlig auf die Bedürfnisse von Teilnehmenden einzugehen, oder soll man seine eigenen Ziele weiterverfolgen?

Als Projektleiter ist es erst einmal wichtig, Ziele zu benennen; dies schärft den Blick für machbare und interessante Angebote. Ein Projekt, das nicht klar abgegrenzt ist, wird kaum TeilnehmerInnen ansprechen. Ein Projekt lebt davon, dass es zeitlich und logisch abgrenzbar ist und damit einmalig in seiner Art. Selbst ein weiteres Projekt der gleichen Art wird immer wieder ein „neues“ Projekt sein. Die TeilnehmerInnen müssen vorher abschätzen können, was auf sie zukommt, was sie erwarten dürfen und was von ihnen erwartet wird. Im Verlauf des Projektes gilt es, diese Ziele immer wieder mit den TeilnehmerInnen abzustimmen.

In meinem Projekt habe ich festgestellt, dass ein für mich vorher als reizvoll eingeschätztes Ziel, Internetseiten selbst zu gestalten, viel zu weit weg von der Lebenswirklichkeit der TeilnehmerInnen war. Der direkte Kontakt mit Nutzern des Internet stand viel höher im Kurs als die unbestimmte „Kommunikation“ mit potenziellen Besuchern der Internetseiten. Es war daher folgerichtig, dass ich das Ziel „Homepagegestaltung“ nicht von allen verlangte, sondern beschränkt blieb auf die Interessierten. Ebenso musste ich mein Ziel der Reflexionsgespräche und geistlichen Impulse neu definieren, indem ich statt Gruppengesprächen Einzelgespräche führte. Eine weitere Strukturänderung betraf den Tagesablauf. Geplant, aber nicht realisiert wurden feste Anfangs- und Endzeiten. Es wurde oft später als geplant, was nicht immer nur an den TeilnehmerInnen, sondern zum Teil am Versagen der Technik und am Miteinander in der Gruppe und fehlender Vorbereitung lag.

Es beschäftigte mich zwar im Nachhinein immer wieder die Frage, ob ich nicht zu früh zurückgesteckt habe, aber im Vollzug war es mir nicht anders möglich. Leitende Frage bei der Abwägung von Zielveränderungen muss für den Projektleiter sein, ob er diese noch bejahen kann, sich mit den Änderungen noch wohlfühlt. Ich selbst bin den Teilnehmern eher entgegengekommen. Die Vorbereitung hätte sicherlich genauer und sorgfältiger erfolgen müssen. So hätten die Reflexionsgespräche und Impulse vorbereitet sein müssen, nicht, um sie auf jeden Fall durchzuführen, sondern um sie nicht aus Mangel an der Verfügbarkeit ausfallen lassen zu müssen. Es zählt jedoch zu meinen grundlegenden Erfahrungen, dass ein Projekt nie ganz durchgeplant werden kann, da gerade zum Charakter eines Projektes gehört, dass es flexibler ist als andere Formen der Jugendarbeit.

Dennoch möchte ich folgende Punkte zukünftig mehr beachten:

Vereinbarungen verbindlich treffen: Eigenverantwortliche Mitarbeit der TeilnehmerInnen im Projekt macht es nötig, dass die notwendigen Regeln, Ressourcen und Handlungen gemeinsam abgesprochen und festgelegt werden. Nur so ist auf der Teilnehmerseite Frustration zu vermeiden, weil die Erwartungen nicht erfüllt werden und die Projektleitung als restriktiv beurteilt wird. Je höher die Eigenverantwortung der TeilnehmerInnen, desto stärker ist die Motivation.

Von Seiten der Projektleitung sind Absprachen wichtig, um Veränderungen in der Vereinbarung für alle deutlich zu machen und Konsequenzen aus den Veränderungen aufzeigen zu können. So kann vermieden werden, dass gruppen- oder prozessschädigendes Verhalten sanktioniert werden muss. Vorher getroffene Absprachen kann die Projektleitung wieder in Erinnerung rufen oder „einklagen".

Abwechslung: Zum Teil haben die Jugendlichen selbst die Arbeit am Bildschirm unterbrochen. Allerdings stellte ich doch eine erhebliche Übermüdung im Laufe des Projektes fest. Neben dem PC geeignete Angebote zu machen, die ebenso attraktiv sind und eine Begegnung der Teilnehmer auf einer anderen Weise ermöglichen, erscheint mir daher sinnvoll. Dazu könnten auch geistliche Elemente dienen. Hierzu sind mit den TeilnehmerInnen entsprechende Vereinbarungen zu Pausen und Ähnlichem zu treffen.

Reflexionsgespräche terminlich vereinbaren und Methoden klären: In den Reflexionsgesprächen sollen die Teilnehmer ihren Umgang mit dem PC, ihr Verhalten[3] vor dem PC reflektieren. Frustrationsgrenzen bei PC-Problemen werden zwar von den Jugendlichen wahrgenommen, nicht aber reflektiert. Solche Gespräche ergeben sich zum Teil im persönlichen Gespräch. Die terminliche Vereinbarung zu einem gemeinsamen Gespräch in der Gruppe stelle ich mir rückblickend sinnvoll vor. Als Methode für ein Gruppengespräch würde ich in Zukunft das Rollenspiel wählen: In der Gruppe werden Rollen so vergeben, dass nicht der Projektleiter auf der einen Seite und die Teilnehmer auf der anderen Seite argumentieren, sondern hier innerhalb der Gruppe diskutiert wird. Für die TeilnehmerInnen muss der Diskussionsgegenstand attraktiv sein.

Insgesamt bin ich mit dem Ergebnis und dem Ablauf des Projektes sehr zufrieden. Von verschiedenen Teilnehmern und Gruppen wird immer wieder eine Fortsetzung des Projektes angefragt. „Go Web – sag der Welt, was Dich bewegt“ – diesen Titel haben die Jugendlichen wörtlicher und persönlicher gefüllt, als ich dies geplant hatte. Aber gerade damit haben sie zum Erfolg des Projektes beigetragen. Mein Anteil daran war wohl, von vordefinierten Ansprüchen Abstand nehmen und mich auf die offenbar werdenden Bedürfnisse und Fähigkeiten der Jugendlichen einlassen zu können. Kollegiale Beratung in diesem Prozess war dabei hilfreich.

Anmerkungen

1 „MaC*_plus – Menschen am Computer“, ein Angebot des Studienzentrums Josefstal.

2 Mittels eines Fragebogens.

3 Z.B. Eingreifen, wenn ein anderer vor dem PC nicht so schnell ist; die Vorlieben bei Spielen, besonders Strategie- und Ego-Shooter-Spielen.

Stefan Hefele

Von der Werkstatt ins Café

Zehn Jahre Computerarbeit in einem Jugendtreff

Ein Jugendtreff und Computer. Sozialpädagogik und High Tech. Da muss man gemeinhin nicht besonders boshaft sein, um, durch die Klischeebrille betrachtet, aufgeregtes Personal hilflos zuckend durch den Büroraum wanken zu sehen, das mit dem infizierten Betriebssystem, dem kreischenden Drucker und den verknoteten Kabeln kämpft, die teuflische Technik verflucht und schreiend über Diskettenstapel stürzt, um dann den einen Guru im Team anzubeten – natürlich immer einen Mann –, der dieses Monster zumindest ein- und ausschalten kann und damit eine halbe Stelle legitimierend sich fortan ins Büro einsperrt. Die größten Feinde sind in diesem Fall „die Jugendlichen“, die mit diesem Satanszeug ja aufgewachsen sind und deshalb den Maschinencode schon mit der Muttermilch eingeflößt bekommen haben. Gerade sie darf man deshalb keinesfalls an jene Apparaturen lassen, da sie sofort die entscheidende Datei in der „autoexec.bat“ umbenennen, die Festplatte damit in Rauch aufgehen lassen und die Jahresberichte des letzten Millenniums unwiederbringlich ins Datennirvana befördern.

Nun, mag dieses Bild vielleicht auch etwas überzeichnet sein, in unserem Haus, dem KJT Cosimapark des Kreisjugendrings München-Stadt, einem kleinem Kinder- und Jugendtreff im Nordosten Münchens, und, wie ich weiß, auch in vielen anderen Jugendeinrichtungen hat sich der Umgang mit diesem Lebens- und Arbeitsbereich glücklicherweise etwas entspannter entwickelt.

Pioniertaten

Seit nunmehr zehn Jahren arbeiten wir im „Cosi“ nun schon mit und an Computern und erschliessen uns den Zugang zu den Cyberspace-Welten. Einen erklecklichen Anteil daran, dass dies relativ leicht ging, hatte unsere, inzwischen in Vorruhestand getretene, in Ehren ergraute Atari-Armada.

Diese Geräte waren immerhin so leistungsstark, robust, vielfältig und dabei trotz allem so einfach zu bedienen, dass wir uns sehr bald trauten, auch die Jugendlichen an die Tastatur zu lassen. Es wurde nämlich kein übertriebener Expertenstatus vorausgesetzt, die Programme waren bereits damals über Symbole anzuklicken, man musste kein undurchsichtiges Betriebssystem konfigurieren, die Teile liefen einfach und brachten gute Ergebnisse, und vor allem bei den Farbspielen, die mit der damals immensen

Auflösung von 320x200 Pixeln und in 16, ja manchmal sogar 32 satten Farben auf den Bildschirm kamen, klebten alle bass erstaunt vor dem angeschlossenen Fernsehapparat und schwenkten verbissen die Joysticks. Ganz zu schweigen von so genialen Geschicklichkeits- und Denkspielen wie etwa „Bolo" oder „Oxyd", bei denen oft fünf, sechs Leute um den Computer herumstanden, um gemeinsam dem Geheimnis der Kugel auf die Spur zu kommen.

So führte sich „der Computer" bei uns nicht als Mysterium ein, das es erst mal zu beherrschen galt, um es dann vor dem Publikum in Schutz zu nehmen, sondern als Medium zwischen den PädagogInnen und den Jugendlichen, das dazu einlud, gemeinsam Erfahrungen zu machen und voneinander zu lernen. Übrigens haben viele Einrichtungen, die auch heute noch zur Computeravantgarde gehören, mit solchen typischen Jugendzentrumsrechnern, zu denen ja auch die seligen Amigas und Commodores gehörten, ihre positiven Anfänge begründet. Denn siehe da, es stellte sich heraus, dass diese grauen Kästen auch vom jugendlichen Publikum nicht nur zum Spielen missbraucht wurden, nein, auch so seriöse und pädagogisch wertvolle Anwendungen wie Textverarbeitungen, Mal- und Layout-Programme kamen immer mehr zum Einsatz.

So wurden die Rechner in unserem Haus mit der Zeit etwas stärker, unser „Atari" und damit all die liebgewonnenen Programme wurde beispielsweise per Emulator auf einen Macintosh umgetopft, Scanner und andere Peripheriegeräte kamen hinzu, die Monitore glänzten mit Farbe, und die Festplatten füllten sich mit Bewerbungen, Kriegsdienstverweigerungen, Hausaufgaben, Plakaten, Einladungen, Flyern und vielen, vielen Bildern. Gegen Ende des Jahres 1995 wagten wir uns dann auch noch auf den damals von uns so genannten „Datenfahrradweg", zusammen mit dem Mailboxprojekt München, das in seinen Anfängen aus drei Einrichtungen bestand, und versuchten, recht mühsam und gewagt, aber mit Pioniermut beseelt, ein virtuelles Netz von Einrichtungen aufzubauen. Chatten mit anderen Einrichtungen und ein Diskussionsforum in der Mailbox wurden also ein neues Anwendungsgebiet in unserem Cosi.

Ein Ambiente für die Computer

Trotz dieser relativ großen Bedeutung, die der Umgang mit Computern in unserem Haus hatte, waren die Zugangsmöglichkeiten dazu jedoch relativ beschränkt. Die Computer hatten ganz einfach noch nicht ihren würdigen Platz im Haus gefunden. Mal fristeten die Geräte ihr Dasein in der Werkstatt, mal standen sie in einem halboffenen Teil des Büros, was natürlich auch nicht der Weisheit letzter Schluss war. So entstand der Plan, beim nächsten Technologiesprung, nicht nur ganz einfach neue Computer einzukaufen und irgendwo aufzustellen, sondern auch gleich einen Raum mit entspannter und anregender Atmosphäre für ein interessiertes und vielschichtiges Publikum zu schaffen, das nicht unbedingt dem Klischee des – natürlich männlichen – Computerfreaks entspricht. Da wir zudem auch einige Schulen in der Umgegend haben, lag darüber hinaus die Idee nahe, das ganze als „Schülerinnen- und Schülercafé" zu etablieren. Da es sich um eine Erweiterung bezüglich der Zielgruppen handelte, bedurfte es auch noch vieler konzeptioneller Absprachen und Klärungen von Zuständigkeiten im Team.

Besonders wichtig war dabei, sowohl bei den Planungen als auch im laufenden Betrieb, die Balance zwischen den Ansprüchen an ein schickes Jugendcafé und an ein umfangreiches medienpädagogisches Projekt zu halten. Es sollte möglichst viele Bereiche der aktuellen Computertechnologie beinhalten und zudem dieses neue Angebot so in den bereits bestehenden offenen Betrieb integrieren, dass einerseits die althergebrachten Jugendtreffstrukturen nicht die Caféatmosphäre dominieren und andererseits dieser neugeschaffene Bereich auch eine Bereicherung für das gesamte Haus wird. Denn es gibt eine Wechselwirkung zwischen Jugendtreffstruktur und den hinzukommenden neuen Medien. Jugendzentren sind geeignete Orte für Experimente und Lernerfahrungen mit neuen Medien – Bernhard Eckmann (hier in diesem Band, S. 378) bezeichnet sie als „Laboratorien des Alltags".

Ein derartiges Projekt kann im Idealfall auch umgekehrt eine traditionelle Freizeitstätte positiv verändern. Es wird ein Anreiz für neue BesucherInnengruppen geschaffen und viele Jugendliche, deren Interessenshorizont nicht beim Kickern, Billard und coolen Herumsitzen endet, womit ich einmal etwas boshaft den herkömmlichen offenen Betrieb umschreiben möchte, finden hier einen Ort mit für sie interessanten Inhalten und der gesuchten angenehmen Atmosphäre. Ein Angebot also auch, das der oftmaligen Ghettoisierung und Segregation von Freizeitstätten entgegenwirkt und dem, wie es so schön heißt, „traditionellen Freizeitstättenpublikum" nicht nur das gewollte und dringend nötige mediale Empowerment bieten kann, sondern darüber hinaus auch ein Zusammenführen unterschiedlicher Jugendmilieus und -gruppierungen ermöglicht.

In der zweiten Hälfte des Jahres 1997 ging das Projekt „Schüler- und Schülerinnencafé" also in die heiße Phase. Ein bis dato eher trüber Gruppenraum wurde mit dieser herausragenden neuen Funktion geadelt und auch gleich mit einer Außentür versehen, um für das Café einen eigenen Eingangsbereich zu schaffen. Außerdem wurden ein paar Wandelemente zum angrenzenden Büro herausgenommen und dort eine schicke Theke plaziert. Eleganz und Stil vermitteln nun auch unsere mondänen, dunkelblauen Bistrotische und die dezente Bestuhlung, die, ohne zu übertreiben, zu den Klassikern der Moderne zu zählen ist. Bücher und Zeitschriften sind auf dem sanft geschwungenen „Bookworm“, einem topmodernen Designerregal, ausgelegt, und wunderschöne Hängelampen werfen milde kontrastierend ein opakes Licht auf die tiefblau strahlenden Wände, die wohltuend mit den rötlich gebeizten Hölzern harmonieren, die wir zu maßgeschneiderten Computermöbeln zusammenbauten.

Etwas übertrieben? Nein, der Raum war uns wirklich gut gelungen. Besonders die Mädchen fanden es schick, sich bei uns einen Cappuccino zu bestellen und es machte ihnen Spaß, die Caféatmosphäre zu genießen, außerdem entstand der Eindruck, dass sich die Jungs in dieser Umgebung auch etwas in ihrer dominanten Körpersprache zurücknehmen, was ja schon mal ein Erfolg ist. Das gutsituierte Angebot, wie etwa Espresso, Milchkaffee, heiße Schokolade, Apfelkuchen und Kekse trug ein Übriges zu dieser Stimmung bei. Wir nannten dieses gut abgestimmte Ambiente „Café Cositiv“.

Das „Café Cositiv“

Ausgestattet war es in diesen Anfängen mit drei Rechnern, einem alten Apple, der für die Mailboxchats und die ersten Internetversuche benutzt wurde, und einem auch heute noch immer im Dienst befindlichen PowerMac. Hier können Vorlagen mittels eines angeschlossenen Flachbettscanners eingescannt und mit Bildbearbeitungssoftware wie etwa Photoshop und Kai's PowerGoo weiterbearbeitet werden. Außerdem steht noch eine gute Layout-Software, wie etwa Calamus, zur Verfügung, mit der sehr leicht und professionell Plakate, Einladungen, Flyer und andere Drucksachen erstellt werden können. Als Ausgabegerät haben wir dort einen DIN-A3-Farbtintenstrahldrucker angeschlossen, der in seiner höchsten Qualitätsstufe fotoähnliche Ausdrucke zaubert. Außerdem können dort auch spezielle Folien bedruckt werden, die sich zum Aufbügeln auf Stoff eignen. Wegen der unvermeidlichen Kompatibilität und des immensen Spieleangebotes konnten wir natürlich nicht umhin, uns noch eine „DOSe“ anzuschaffen, wie wir die Rechner aus der Windows-Welt nennen. Mit spitzen Fingern packten wir das Teil aus und ließen erst mal das Grafik-Adventure „Windows 95“ laufen, bevor wir auf „Start“ gingen, um es wieder auszuschalten. Na ja, das Teil tat seinen schweren Dienst nach einiger Eingewöhnung zugegebenermaßen dann doch recht ordentlich und machte seinem Ruf als Spielekonsole alle Ehre.

Stichwort Spiele: dieser Bereich war und ist bei uns natürlich der größte Renner. Wir haben mit der Zeit sogar ein eigenes System für den Spieleverleih entwickelt und auch Regeln aufgestellt, welche Spiele gespielt werden dürfen und welche keinesfalls. Zu unserer Freude und Überraschung konnten wir aber feststellen, dass nicht unbedingt die Spiele, die die größten Hardwareanforderungen stellen und mit dem brutalsten oder schockierendstem Outfit prahlen, die beliebtesten sind, sondern oft ganz einfache, aber witzige Spiele mit gelungener Grafik von den Kindern und Jugendlichen den Vorzug bekommen.

Selbstverständlich beließen wir es aber nicht nur bei einem reinen Cafébetrieb mit Super-Mario-Charakter, sondern bemühten uns auch, unsere Angebotspalette mit interessanten Kursen inhaltlich zu füllen und unseren BesucherInnen die gesamte Bandbreite von Möglichkeiten, die unser Gerätepark bietet, aufzuzeigen.

Speziell für die Mädchen, die unserer Erfahrung nach in diesem Metier einfach produkt- und sachorientierter sind, führten wir ein paar Einführungstage im Bereich eMail, Internet und Bildbearbeitung durch. Zum Beispiel unser Projekt „Ich?!“ für 13- bis 14-jährige Mädchen, das sich mit so verschiedenen Zugangsformen wie Fotografie, Maskenbildnerei und digitaler Bildbearbeitung dem Themenkreis – Identität, Selbstbild, Fremdbild – näherte, ein Bereich, der also gerade für Mädchen dieser Altersgruppe besonders interessant ist. Die Technik stand hierbei nicht im Vordergrund, die Computer wurden vor allem zum Schreiben von „Steckbriefen“, zur Bearbeitung der aufgenommenen Bilder, zur Recherche im Internet und zur Erstellung einer eigenen Homepage verwendet. Auch bei „Brenn Dein Lied – Mädchen stellen sich ihre Lieblings-CD zusammen, brennen sie, machen die Gestaltung des Covers“ kam dieser Mix aus Technik, Gestaltung und Inhalt gut an.

Fürs andere Geschlecht, Schüler aus dem benachbarten Gymnasium, hatten wir auch einiges im Angebot. Beispielsweise unser Kurs „KoCo Kochen und Computer“, der bereits zweimal recht erfolgreich über die Bühne ging. Nach Schulschluss um 13 Uhr kommen die Schüler zu uns, hungrig, wie 11- bis 12-jährige Jungs halt sind, dann kocht unser Kollege was mit ihnen, und nach dem Abspülen werden die Festplatten demontiert, es wird layoutet oder es werden die neuesten Spiele getestet.

Generell muss hierbei aber leider gesagt werden, dass die angestrebte Zielgruppe – SchülerInnen aus den umliegenden Schulen – unser Angebot bisher nicht in dem naiverweise erhofften Rahmen angenommen hat. Nun gut, wir wissen, dass wir, wie so viele Freizeitstätten, ein leichtes Imageproblem haben und etwa bei manch schnöseligen Gymnasiasten als „Türkenhaus“ gelten. Aber dennoch, durch unermüdliches Verteilen von Cappucino-Gutscheinen und durch unsere doch recht interessanten Angebote haben wir mittlerweile ein paar StammkundInnen aus der Schülerschaft, die auch für unser sonstiges Publikum eine wertvolle Bereicherung sind.

Jugendliche lieben den Chat, neue Medien statt Tischtennis

Zwei neue Aspekte, die unseren Computerbereich noch weiter expandieren ließen, kamen nun in jüngster Zeit noch hinzu. Einerseits verwandelte sich nämlich das „Münchner Mailboxprojekt“, das sich bis dato auf den bereits angesprochenen „Datenfahrradweg" beschränkte, zum Projekt „up2net" und begab sich nun auch in die virtuellen Weiten des Internet, andererseits vergrößerten wir unseren Cafébereich um einen weiteren Raum, da wir bereits sehr bald erkannten, dass knapp 20 qm für ein Café schon recht klein sind. Deshalb musste notgedrungen der angrenzende Tischtennisraum den Neuen Medien weichen, wir bauten einfach einen Teil der Zwischenwand heraus und erhielten so eine für unsere Zwecke angemessene Räumlichkeit, die wir auch im Stil dem alten Bereich anpassten und mit, soweit es der Etat zuließ, bequemen Möbeln ausstatteten. Als glückliche Fügung kann man es zudem bezeichnen, dass wir just zu diesem Zeitpunkt von einer Großbank drei ausrangierte Rechner gespendet bekamen, die mit ihren 200 Mhz aber für uns vollkommen ausreichten. Um dem ganzen aber noch die Krone aufzusetzen, stellten wir als Blickfang einen neuen iMac auf, der unsere alte Apple-Freundschaft wieder hochleben ließ und vor allem bei unserem weiblichen Publikum spitze Schreie des Entzückens entfachte.

So gerüstet konnten wir uns nun auch den geringfügig höheren Anforderungen, die die Internetanbindung und die Teilnahme an up2net erforderte, zur Fülle und Gänze stellen. Denn bereits zu den Zeiten, als noch die textbasierten Mailboxchats mit den anderen Jugendeinrichtungen liefen, konnten wir feststellen, dass dieses Angebot bei den Jugendlichen sehr gut ankam und von ihnen immer wieder gerne genutzt wurde. Nun, beim weitaus anspruchsvolleren multimedialen up2net-Chat, bei dem nicht nur Text eingegeben wird, sondern die Chatter auch als „Avatare" in Erscheinung treten und sich in selbstgestalteten „Räumen" treffen können, war bald klar, dass Chatten der Blockbuster werden würde, was den von uns angebotenen Kommunikationsbereich anbelangt. Dieses Medium spricht vieles an, was Jugendlichen wichtig ist: sich kennen lernen, kommunizieren, angeben, vor allem aber das Spielen mit der Identität, das Ausprobieren verschiedener „Persönlichkeiten", dann auch die Freude am Täuschen und auch der Thrill, vielleicht von den anderen getäuscht geworden zu sein. Aber trotz all der Möglichkeiten, sich mit anderem Namen einzuloggen und vielleicht sogar ein anderes Geschlecht anzunehmen, bleibt ganz klar der Wunsch im Vordergrund, jemand anderes kennen zu lernen, real, nicht virtuell in Erscheinung zu treten und die neue Bekanntschaft dann auch „in Wirklichkeit" zu machen.

Hier erweist sich eine der Grundannahmen von up2net als vollkommen richtig: das Klientel der Freizeittreffs besteht im Allgemeinen nicht aus Computer- oder gar Internetfreaks und kommt schon gar nicht mit dem elitären Anspruch in die Häuser, net-communities aufbauen zu wollen, sondern es sind Kinder und Jugendliche, die nicht in den sozialen und kulturellen Milieus aufwachsen, die Zugangsmöglichkeiten zu den Neuen Medien anbieten und auch im geringeren Ausmaß als andere von den Ressourcen der Bildungsinstitutionen profitieren. Gerade eben für diese Jugendlichen ist es von Bedeutung, die Möglichkeiten, die ihnen die schöne neue Internetwelt bietet, innerhalb eines überschaubaren Systems, das wiederum eng mit ihrer Lebenswelt verbunden ist, kennen zu lernen. Es ist für sie wichtig, dass die anderen Jugendlichen, die sie über den Chat kennen lernen, zumindest in einem vertrauten örtlichen Rahmen, in der selben Stadt, real existieren.

Einige Jugendliche loggen sich bei uns bespielsweise ab und zu in den Berliner Cyberland-Chat ein, weil der schon länger existiert und deshalb weiter ausgebaut ist, um sich Anregungen für ihre Räume zu holen, andere gehen in Chat-Räume einer speziellen Musik-Szene, aber nur um sich die ausgefeilten Avatare zu kopieren, mit denen sie dann im Münchner Chat imponieren können. Ein paar Jugendliche haben sich inzwischen sogar spezielle Rechner zum Chatten reserviert, weil sie auf denen „ihre Sachen" gespeichert haben. Avatare oder „Props" (Kleidungsstücke), die sie „anziehen", wenn sie in den up2net-Chat gehen. Sie haben dann Tastatur, Maus und Handy zur Hand, da während des Chats auch Anrufe oder SMS-Nachrichten von ihren Chatpartnern kommen, mit denen sie sich verabreden oder näher austauschen. Ein Satz, den ein Mädchen von sich gab, als ich ihr den Berliner Cyberland-Chat zeigen wollte, verdeutlicht diesen starken Bezug zum „real-life" vielleicht am besten, sie meinte: „Berlin, ist ja schön und gut, aber da kenn ich ja niemanden und kann auch niemand treffen!"

Diese Chat-Begeisterung hat bei uns exponential zugenommen, seitdem wir im Cafébereich alle sechs Rechner über einen Router an unsere ISDN-Anlage angeschlossen haben. Seitdem wird auch außerhalb der offiziellen Chatzeiten „untereinander" mit den Leuten am Nebenrechner gechattet und selbst da wird dann noch probiert, die anderen mit seiner Identität zu täuschen. In letzter Zeit leihen sich zudem bei uns vor allem die jüngeren Besucher schon mal fürs Wochenende Netzwerkkarten und Kabel aus, um sich daheim innerhalb des Wohnhauses zu vernetzen. Der Gedanke einer Net-Community wird von uns also bereits in die Computer der Eltern weiterbefördert.

Ein weiter Weg also, vom Atari in der Werkstatt zu sechs vernetzten Computern im Café Cositiv. Manchmal kommen inzwischen interessierte PädagogInnen aus anderen Freizeitstätten oder gar Gemeinderäte aus kleineren Gemeinden des Großraums München, um sich unser Computercafé anzusehen, weil sie mit dem Gedanken spielen, auch so einen Bereich in ihrem Haus oder ihrer Gemeinde einzurichten. Wir können diese Vorhaben dann immer nur befürworten, da wir es für wichtig halten, diesen bedeutungsvollen Zukunftsbereich Kindern und Jugendlichen in einer möglichst auf ihre Lebenswelt zugeschnittenen, angenehmen Atmosphäre, aber auch mit der nötigen Kompetenz und dem erforderlichen Sachverstand zugänglich zu machen.

Joachim Schwarz

Cyberc@fés in der offenen Jugendarbeit

Ein noch unausgeschöpftes Potenzial pädagogischer Arbeit

MitarbeiterInnen und Verantwortliche der Jugendarbeit tragen sich mit dem Gedanken, „das Internet" in ihre pädagogische Arbeit einzubeziehen. Die Unterschiedlichkeit der Bedingungen verschiedener Einrichtungen hinsichtlich ihrer Besucherstruktur, ihrer institutionellen Verankerung und der personellen Ausstattung führt jedoch dazu, dass es kaum Patentrezepte dafür gibt, wie Internetarbeit mit Jugendlichen praktisch umgesetzt werden kann. Ein Entwicklungspotenzial, was pädagogische Methoden und Konzepte betrifft, wird deutlich, ebenso die Notwendigkeit, vorhandene Ressourcen individuell und kreativ zu nutzen.

Als Beitrag zur Planung und Konzeptentwicklung[1] habe ich vier Einrichtungen der Jugendarbeit/Jugendhilfe[2] durch eine Befragung mittels offener Interviews wissenschaftlich untersucht. Im Mittelpunkt der Fragen standen die Rahmenbedingungen (angestrebte Ziele, Ausstattung, Kompetenz der Pädagogen, etc.) sowie das methodische Vorgehen bei der Realisierung der Projekte. In diesem Beitrag möchte ich einige Ergebnisse meiner Untersuchung beschreiben, um die von mir gewonnenen Informationen Praktikern und Entscheidungsträgern der Jugendarbeit zur Verfügung zu stellen.

Pädagogische Ziele

Hinsichtlich der pädagogischen Zielorientierungen besteht in den von mir befragten Einrichtungen weitgehend Einigkeit: Als Ziele werden die Schaffung von Partizipationsmöglichkeiten, die Vermittlung von Medienkompetenz und Schlüsselqualifikationen sowie die Nutzung des Internet zum kreativen Ausdruck genannt.

Durch einen kostengünstigen Zugang zum Netz sollen Partizipationsmöglichkeiten für Jugendliche geschaffen werden. Auch Jugendliche, die zu Hause nicht über Netzzugänge verfügen, sollen das Internet als Informations- und Kommunikationsmedium nutzen können. Bei der Vermittlung von Medienkompetenz wird insbesondere Wert auf den Abbau von Ängsten, die Vermittlung technischer, kommunikativer und sozialer Kompetenzen, die Förderung von Orientierungsfähigkeit im Netz gelegt. Die kreative Nutzung des Mediums zur Gestaltung/Veröffentlichung von Produkten ist ebenfalls ein angestrebtes Ziel in allen untersuchten Einrichtungen. Zudem gilt es, im Bereich der beruflichen Bildung Schlüsselqualifikationen zu vermitteln.

Diese medienpädagogischen Zielvorstellungen werden von den befragten Jugendeinrichtungen allerdings unterschiedlich gewichtet. Noch deutlicher unterscheiden sich die Rahmenbedingungen der Angebote voneinander.

Geräteausstattung

Eine erste Frage zur Realisierung eines Internetangebotes betrifft die benötigte technische Ausstattung. Was ist an technischem Aufwand nötig, um den Datenfluss für die jugendlichen Internetuser zu gewährleisten?

Die Untersuchung zeigt, dass Internetangebote mit höchst unterschiedlichen technischen Ausstattungen realisierbar sind – allerdings auch mit unterschiedlichem Ergebnis. Eine gute technische Ausstattung ist mitentscheidend für den Zulauf, den das Angebot erfährt. Eine mangelhafte Ausstattung wird von Jugendlichen negativ bewertet und weniger genutzt.

Bei der Wahl der Ausstattung fallen besonders folgende Aspekte ins Gewicht: die Anzahl und Art der benötigten Rechner, die Zusatzausstattung sowie die Art des Internetzuganges. Die Anzahl an vorhandenen Rechnern wirkt sich darauf aus, wie viele Jugendliche sich einen PC teilen müssen. Wenn zu viele Jugendliche an einem Gerät sitzen, können sowohl der persönliche Handlungsspielraum als auch die Möglichkeit der Teamarbeit darunter leiden. Das führt zu Frustrationserlebnissen und Unlust an der Arbeit. Besonders deutlich wird dies in einer kleinen Einrichtung, die lediglich über einen Rechner mit Netzzugang verfügt. Die spärliche Ausrüstung im offenen Bereich führt dazu, dass oft drei oder mehr Jugendliche an einem Bildschirm sitzen müssen. Die Jugendlichen beklagen hier, dass die Möglichkeit einer Arbeitsteilung bei Gruppenarbeiten nicht gegeben sei. In einer anderen Jugendeinrichtung bestand die technische Ausstattung aus mehreren 386er- und 486er-Rechnern. Mit dieser Ausstattung war zwar das Surfen für mehrere Jugendliche gleichzeitig möglich, und auch für Gruppenarbeit waren ausreichende Computer-Arbeitsplätze vorhanden. Die Nutzung der heute im Internet verfügbaren multimedialen Möglichkeiten ist allerdings mit dieser veralteten Rechner-Generation nicht möglich.

Gute technische Geräte erhöhen die Attraktivität des Angebotes, erleichtern die Arbeit und besitzen für Jugendliche außerdem einen hohen Statuswert. Zusätzliche Geräte, wie etwa ein Farbscanner oder eine Digital-/Videokamera sollten auf Dauer nicht fehlen, denn sie ermöglichen es, selbsterarbeiteten Produkten eine persönliche Note zu geben, indem etwa Fotos, Bilder oder Videosequenzen in die Arbeit integriert werden. So wird die Arbeit etwa an eigenen Webseiten interessanter und vielseitiger. Der

Aspekt der Mediengestaltung kommt in den befragten Einrichtungen allerdings erst in einer späteren Phase der Internetarbeit zum Tragen, so dass diese Kosten nicht notwendigerweise schon zu Beginn des Projektes entstehen.

Ein Internetserver oder eine spezielle Software ermöglichen den gleichzeitigen Betrieb mehrerer miteinander vernetzter Rechner im Internet über eine Telefonleitung. Für den Netzzugang reicht bei kleineren Installationen oft schon eine einfache ISDN-Leitung aus. Eine Flatrate erlaubt den permanenten Internetzugang und ist bei häufiger Nutzung des WWW zu empfehlen (zu Vernetzungsmöglichkeiten siehe auch den Beitrag über „KEN!“ in diesem Band: „Server-Software im Jugend-Internetcafé“ [S. 454ff.]).

Räumlichkeiten und Öffnungszeiten

Wenn die Einrichtung nur über begrenzte räumliche Kapazitäten verfügt, kann die Frage, in welchen Räumlichkeiten das geplante Internetcafé untergebracht werden soll, Probleme aufwerfen. Bei der Auswahl des Raumes ist zunächst einmal abzuklären, wie viele Internetarbeitsplätze eingerichtet werden sollen, denn ungehindertes Arbeiten sollte möglich sein. Oft besteht hier nicht viel Entscheidungsspielraum, so dass Improvisation gefragt ist.

Wenngleich ein eigener Internet-Raum den Vorteil der ungestörten Arbeit in Gruppen ermöglicht, bietet dieser nicht nur Vorteile. Damit das Angebot von möglichst vielen Jugendlichen genutzt wird, sollte man auch darauf achten, dass der Zugang zum Angebot niedrigschwellig erfolgen kann. Niedrigschwelligkeit wird vor allem da erreicht, wo das Angebot im offenen Bereich für jeden frei zugänglich ist und der Umgang mit dem Internet autonom und selbstbestimmt gehandhabt werden kann. In offenen Internet-Räumen wird die soziale Interaktion und die Möglichkeit der Face-to-Face-Kommunikation gefördert. Sowohl Internetnutzung als auch Treffpunktfunktion und Spielmöglichkeiten sind hier gegeben. Drei der von mir interviewten Einrichtungen verfügen über einen separaten Internet-Raum. In einer Einrichtung ist die Internetarbeit in einem Durchgangsraum untergebracht.

Zu welchen Zeiten das Internet den Besuchern zur Verfügung gestellt werden soll, hängt vor allem von zwei Faktoren ab: der Zielgruppe sowie der Frage der Betreuung des Angebotes. Während Schüler das Angebot bereits am Nachmittag nutzen können, kommt für berufstätige Jugendliche nur der Abend in Betracht. Es zeigt sich zudem als förderlich für die Erhöhung von Partizipationschancen und Medienkompetenz, bestimmte Öffnungszeiten und Maßnahmen ausschließlich für bestimmte Gruppen von Jugendlichen, etwa Mädchen, vorzusehen.

Kompetenzen der Pädagogen

Seitens der Pädagogen/Jugendarbeiter herrscht Unsicherheit, welche Kompetenzen für die pädagogische Arbeit mit dem Internet erforderlich sind. Die soziale und pädagogische Grundausbildung ist eine wichtige Grundlage für die Internetarbeit, weil wichtige Lernprozesse zumeist in Teams/Gruppen durchlaufen werden. Hier sind pädagogische Kenntnisse und Fähigkeiten, etwa im Bereich der Gruppenarbeit notwendig, denn nur durch die gemeinsame Arbeit und aktive Auseinandersetzung mit anderen kann Medienkompetenz gefördert werden. Die Arbeit in einem Internetcafé in der Offenen Jugendarbeit erfordert darüber hinaus aber auch instrumentell-technische Qualifikationen. Diese sollten in dem Maße vorhanden sein, dass es möglich ist, Anfänger in Grundkenntnisse der Computer- und Internetnutzung einzuweisen und den Jugendlichen bei der gezielten Internetrecherche und bei der Gestaltung von multimedialen Produkten behilflich sein zu können.

Die interviewten Experten haben alle eine pädagogische Grundausbildung und ihre technischen Kompetenzen nebenbei erworben.

„Ich habe eine Erzieherausbildung, hab schon früh mit Videoarbeit begonnen, habe eine Zeitlang als freier Mitarbeiter bei einem Lokalsender gearbeitet und dadurch Radiokenntnisse erworben und habe mir bereits vor vier Jahren ein Modem besorgt und so relativ früh angefangen, mich mit diesem Medium auseinanderzusetzen."

Auch für die Installation und Wartung der Geräte sind technische Fähigkeiten notwendig. In einem Interview wurde deutlich, dass die Installation des Netzwerkes sich wesentlich zeit- und arbeitsintensiver als angenommen erwies und der Pädagoge seine eigene technische Kompetenz im Vorfeld zu optimistisch eingeschätzt hatte.

„Die ganze Installation, das Netzwerk so hinzukriegen, dass es funktioniert – dies hat sehr viel mehr Arbeit und Zeit beansprucht, als ich das vermutet habe. Ich war anfangs der Meinung, dass ich das mit meinem Computerwissen schon auf die Reihe kriege, da hab ich aber sehr viel lernen müssen".

Das persönliche, private Interesse am Medium Internet ist ein häufig anzutreffender Faktor, der die Entstehung von medienpädagogischen Kompetenzen beim Pädagogen begünstigt. Die Qualifikation der Pädagogen erfolgte in allen Einrichtungen weitgehend autodidaktisch (vgl. auch die Ergebnisse der Praktikerumfrage in dem Beitrag „Innovation lernen?" in diesem Band, S. 226ff.).

Zur Vertiefung bereits erworbener Kenntnisse und Fertigkeiten werden Zeitschriften und Fachliteratur genutzt, deren Studium meist in der Freizeit und zu Hause erfolgt. Darüber hinaus werden Fortbildungen, Arbeitskreise und kollegiale Beratung zur Weiterbildung genutzt. Fortbildungen kommen auch durch die Mitgliedschaft in und die Vernetzung mit Arbeitsgemeinschaften, Interessensgruppen oder Verbänden zu Stande. Gespräche mit Kollegen und Experten aus dem Bereich der Medienpädagogik erweisen sich in der Praxis ebenfalls als sehr nützlich. Nicht zuletzt führt der Austausch und die Zusammenarbeit mit technisch kompetenten Jugendlichen dazu, dass insbesondere technische Kenntnisse erweitert werden können.

„Mein eigenes Wissen habe ich zum größten Teil von Jugendlichen erworben, teils aber auch mir selbst angeeignet."

In einigen der befragten Einrichtungen werden auch pädagogische Fachkräfte durch Seminare in das Medium Internet eingeführt und geschult. Dies trägt zur Förderung der für die Internetarbeit nötigen Kompetenzen bei Multiplikatoren bei und kann eine Basis für einen regen fachspezifischen Austausch schaffen. Das Internet selbst ist eine wichtige Quelle der Weiterbildung. Eine der interviewten Praktikerinnen findet es wichtig, dass sich die in der Jugendarbeit Tätigen damit befassen, was im Netz für Jugendliche angeboten wird. Pädagogen sollten sich über wichtige nichtkommerzielle Seiten und Chats für Jugendliche informieren - diese können als Inputs an die Jugendlichen weitergegeben werden. Das Verfolgen der wissenschaftlichen und öffentlichen Diskussion zur Mediennutzung/Medienwirkung sorgt weiterhin dafür, dass eigene Einstellungen/ Erfahrungen überdacht, weiterentwickelt und weitere pädagogische Aspekte in die eigene Betrachtung integriert werden können.

Hinsichtlich der personellen Ausstattung der Internetarbeit in den untersuchten Jugendeinrichtungen zeigte sich, dass die Internetarbeit einen Schwerpunkt unter vielen bildet - neue Stellen dafür wurden nirgends geschaffen. Besonders in den Einrichtungen, in denen das Internetcafé dauernd pädagogisch betreut werden soll, sind daher Umstrukturierungen innerhalb der Einrichtung notwendig. Zeitlichen Engpässen versucht man dadurch zu begegnen, dass Personal an anderer Stelle eingespart wird oder andere Tätigkeiten und Angebote zurückgefahren werden. Zeitliche Beschränkung stellt in Jugendhäusern mit geringem Personaleinsatz ein erhebliches Problem dar, was zur Folge hat, dass jugendliche Nutzer sich beim Surfen im Netz hier weitgehend selbst überlassen bleiben.

Das Problem des Jugendschutzes

In der öffentlichen Diskussion werden oftmals die Aspekte der jugendgefährdenden Inhalte des Internet thematisiert. Eine meiner Fragen an die Praktiker bezog sich darauf, wie mit der Problematik des Jugendschutzes bei der Internetarbeit umgegangen wird.

Filtersoftware wird in keiner der Einrichtungen eingesetzt - dies wird als Kontrollmaßnahme angesehen, die ein geringes Vertrauen in die Verantwortungsbereitschaft der Jugendlichen unterstellt und das Entstehen einer Vertrauensbasis zwischen Pädagoge und Usern erschwert. Darüber hinaus wäre der Nutzen auch deshalb begrenzt, weil es einen Reiz für technisch fitte Jugendliche darstellt, die Passwörter zu knacken. In allen Einrichtungen werden Fragen des Jugendschutzes so gelöst, dass eine erhöhte soziale Kontrolle beim Surfen wirksam wird und dass auftauchende Probleme als Anlass für Gespräche genutzt werden.

Schon durch die Aufstellung der Geräte versuchen die Jugendeinrichtungen zur Herstellung jugendgerechter Nutzungsbedingungen des Internetangebotes beizutragen: Je einsehbarer die Monitore im Internetcafé aufgestellt sind, desto unwahrscheinlicher wird der Besuch von jugendgefährdenden Inhalten. Das Ansehen sexueller Inhalte wird dadurch peinlich für die Betroffenen, „gerade weil alle Monitore nebeneinander stehen und einsehbar sind, für andere Jugendliche und für uns." Eine weitere Grundlage für die Einhaltung des Jugendschutzes bilden Absprachen im Vorfeld der WWW-Nutzung hinsichtlich der Nutzungsbedingungen und des Umgangs mit unerwünschten Netzinhalten. Dadurch, dass nicht einfach Verbote ausgesprochen und deren Einhaltung strikt verlangt wird, kann sich der Pädagoge den Zugang zu den Jugendlichen besser erhalten.

„Ich erkläre, warum das verboten ist, und dass wir mit einem Aufruf einer solchen (jugendgefährdenden) Seite den Bestand des ganzen Angebotes gefährden. Das ist für Jugendliche nachvollziehbar und dann halten sie sich auch dran."

Wenn verbotene Inhalte angesurft werden, ergibt sich daraus die Möglichkeit für eine Gespräch. Dabei ist Fingerspitzengefühl nötig, um die Jugendlichen im Gespräch zu einer Reflexion ihrer Motive heranzuführen.

„Wenn sich jemand Porno-Seiten angesehen hat, hab ich das schon zum Anlass genommen, darüber zu diskutieren. Was ist für euch daran so spannend, warum schaut ihr euch das an, welche Bedingungen sind es, die diese Frauen dazu bringen, sowas zu machen?"

Die dauernde Anwesenheit des Sozialarbeiters in dieser untersuchten Einrichtung ist sicherlich eine gute Voraussetzung für die Einhaltung jugendschutzrechtlicher Bestimmungen und bietet durch die Möglichkeit der Auseinandersetzung und Thematisierung problematischer Netzinhalte die Chance, (soziale) Kompetenzen optimal zu fördern.

Jedoch stehen sich bei der ständigen Betreuung die jugendliche Erwartung an eine autonome und selbstbestimmte Nutzung des Internets und der pädagogische Anspruch der Betreuungspersonen als gegensätzliche Bestrebungen gegenüber. Gegen eine zu deutliche Anleitung durch Pädagogen wehren sich die Jugendlichen aus Angst vor Pädagogisierung und Einschränkungen der Autonomie. Die ablehnende Haltung mancher Jugendlicher gegenüber der pädagogischen Hilfestellung beim Surfen wurde in einer der befragten Einrichtungen besonders problematisiert. Frustrationserlebnisse von Jugendlichen, die etwa der Informationsflut nicht gewachsen waren oder Probleme durch lange Wartezeiten hatten, konnten trotz dauernder Betreuung im Internetcafé nicht immer aufgefangen werden.

Methoden zur Förderung von Medienkompetenz

Chancen, um Jugendliche mit dem Internet vertraut zu machen, liegen darin, vorhandene Ängste abzubauen und Hemmschwellen gegenüber technischen Anforderungen zu überwinden. Dabei kommt dem an der Lebenswelt der Jugendlichen orientierten Zugang eine hohe Bedeutung zu, bei dem Spaß und Vergnügen im Umgang mit Medien und miteinander im Vordergrund stehen. Der Einstieg über das Spielen und Surfen ist naheliegend, ebenso stellt der Download aktueller Musiktitel und von Computerspielen eine jugendtypische Zugangsweise zum WWW dar.

In den von mir befragten Einrichtungen lassen sich zwei Wege zur Förderung von Medienkompetenz unterscheiden: der praxisorientierte Einstieg im offenen Internetcafé sowie das Angebot von Internetkursen und -projekten.

Offene Angebote – situationsorientiertes Lernen

Im offenen Internetcafé entstehen Lernerfahrungen immer dann, wenn es die Situation erfordert. Indem ausprobiert wird und erfahrenere Jugendliche oder anwesende Betreuer um Rat gefragt werden, können bestehende Grenzen erweitert werden. Einfache Probleme, die etwa bei der Benutzung von Browsern und Suchmaschinen, beim Chatten, beim Versenden von eMails und Dateien entstehen, können so gelöst werden.

„Wir haben denen nicht am Anfang gesagt, es gibt FTP, Mail und Newsgroups – das müsst ihr heute abend alles erst mal kennen lernen und ihr braucht einen Internet-Führerschein, bevor ihr dürft –, sondern wir sind handlungsorientiert drangegangen, haben immer dann, wenn es nötig war, Schritte erklärt.“

Hilfe wird angeboten, wo das Interesse der Jugendlichen an Vertiefung der verschiedenen Interessensgebiete sichtbar wird. Das Ganze findet in einer vertrauten Atmosphäre statt, in der Kommunikation und soziale Interaktionen entstehen und in der Jugendliche über die Grenzen ihrer Schulbildung und ihres Geschlechts hinweg Kontakte aufnehmen und sich gegenseitig helfen können.

Der konkrete Anlass bietet die Gelegenheit zum Besprechen von Netzinhalten. Der pädagogische Weg, um Anregungen zu geben und auf eine kritische Auseinandersetzung hinzuarbeiten, führt über die direkte Auseinandersetzung und den persönlichen Dialog.

„Wenn ich sehe, dass sich die Jugendlichen irgend eine Seite ansehen, dann setzt man sich mal einen Moment daneben, unterhält sich mit denen, animiert zum Lesen der Texte und setzt sich so in einer direkteren Form über die Inhalte auseinander."

Mit etwas Geschick können solche Situationen auch zu Anlässen für Gruppengespräche werden. Inputs des Betreuers ermöglichen es den jugendlichen Usern, Inhalte aus dem Netz auf ihre persönliche Bedeutung hin zu interpretieren und hinsichtlich des gesellschaftlichen Kontextes zu bewerten. Wenn diese sich im offenen Internetcafé bietenden Gelegenheiten spontan und kreativ genutzt werden, ergibt sich oft auch die Chance, sich mit den Jugendlichen über wichtige Themenbereiche, wie etwa dem Jugendschutz, auseinanderzusetzen.

Kurse und Projekte

Eine systematische Vermittlung tieferer Einsichten in die Funktionsweise von PC, Internet und Multimedia lässt sich im offenen Internetcafé kaum durchführen, denn der weitgehend unstrukturierte Rahmen sowie die stark praxisorientierte Vorgehensweise bieten wenig Raum für tiefergehende Auseinandersetzungen. Deshalb wird versucht, Qualifikationen und die Auseinandersetzung der Jugendlichen mit dem Internet in Form von Kursangeboten zu vermitteln. Im Rahmen von Kursen ist es einfacher als im offenen Internettreff, gemeinsame Themen um das Internet und seine Inhalte aufzugreifen.

Ein Internetkurs, in dem die wichtigsten Kenntnisse und Vorgehensweisen zur Handhabung des neuen Mediums systematisch vermittelt werden können, bildet oft den Anfang der Internetarbeit. Nachdem die Jugendlichen zunächst grundlegende allgemeine Computerkenntnisse sowie internetspezifische Basisqualifikationen anhand strukturierter Methoden erlernen, bietet sich weitergehend auch die Möglichkeit, verschiedene Themenbereiche ums Internet gezielt aufzugreifen. Eine weitere Chance von Kursen liegt in der Vermittlung von Medienkritik bei der gemeinsamen Untersuchung der Authentizität/Glaubwürdigkeit von Netzinhalten.

Gruppenprojekte, die im weiteren Verlaufe des Internetangebotes angeboten werden können, bieten die Möglichkeit, gemeinsame Interessen zu vertiefen oder geplante Ziele umzusetzen und dabei auch soziale und kommunikative Kompetenzen – als Grundlage für die Entstehung von Medienkompetenz – zu fördern. Einen Einstieg in die Gruppenarbeit kann das gemeinsame Surfen bieten, indem Jugendliche verschiedene Seiten ihres Interessensbereichs aus dem Netz ausdrucken und die einzelnen Beiträge z.B. in einer Collage zusammenstellen. Durch kreative Ideen und beständige Inputs in die Gruppe wird die Phantasie angeregt, um allmählich die Wahrnehmung der eigenen Bedürfnisse bei Jugendlichen zu wecken und sie zur Zusammenarbeit zu bewegen. Eine wesentliche Aufgabe des Pädagogen für die erfolgreiche Realisierung eines Gruppenprojektes liegt in der Erfassung und Bündelung jugendlicher Interessen. Als hilfreich dafür zeigt es sich, sich auf bestimmte Teilgruppen mit ähnlichen Interessen zu konzentrieren, um sie zu einer gemeinsamen Festlegung auf konkrete Projekte/Arbeitsthemen zu führen.

Projekte bieten darüber hinaus die Chance zur kreativen Nutzung mit dem Medium, um Mediengestaltungskompetenz zu fördern sowie technische Kompetenzen zu vertiefen. Gerade die Mediengestaltung erfordert jedoch sehr viel Motivationsarbeit und wurde in der Praxis der von mir befragten Einrichtungen deshalb kaum realisiert. Neben einem Mangel an Motivation der Jugendlichen und der schwierigen Aufgabe, sie zu motivieren, wird auch der Mangel an Zeit bei den Pädagogen als Hinderungsgrund für Mediengestaltung genannt: „Wir hatten immer vor, eine eigene Homepage ins Internet zu stellen, aber so weit sind wir nicht gekommen."

Hinsichtlich der Erarbeitung gemeinsamer Produkte gibt es bei den befragten Pädagogen unterschiedliche Erfahrungen. Nach Ansicht eines Interviewpartners sollte die Bedürfnislage der Jugendlichen als Maßstab angelegt werden, ob Projektvorschläge entsprechend ihrer Vorstellungen abgewandelt oder fallengelassen werden. Geringe Vorerfahrung der Jugendlichen führte in einer Einrichtung dazu, das pädagogische Ziel der kreativen Gestaltung aufzugeben.

„Ich hab einfach gesehen, dass wir mit unserem Angebot noch in allererster Linie Jugendliche erreichen, die sehr wenig bis gar keine Erfahrung im Umgang mit Computern haben, geschweige denn mit Internet."

Heute werden mit dem Angebot vornehmlich Jugendliche erreicht, für die Surfen und Chatten im Internet der Anlass ist, sich zunächst einmal mit Hard- und Software auseinanderzusetzen, weitergehende Ziele wurden auf später verschoben. Das Nicht-Zustandekommen von Projekten kann allerdings auch an der Projektleitung liegen, denn die Anforderungen, die an das Engagement und Durchhaltevermögen gestellt werden, sind hoch. Man müsse einfach unheimlich dranbleiben, auch wenn die Jugendlichen zuerst „keinen Bock" hätten, berichtet eine Expertin. Wenn sie dann doch dranblieben, mache es ihnen auch Spaß.

Partizipation

In der Offenen Jugendarbeit bilden oft sozial benachteiligte Jugendliche, Haupt- und Förderschüler, arbeitslose und -suchende sowie ausländische Jugendliche einen Großteil des Klientels. Für ein Internetangebot hat der pädagogische Anspruch auf Schaffung von Partizipationsmöglichkeit für diese jugendlichen Besucher verschiedene Konsequenzen.

Die Bereitstellung von Zugangsmöglichkeiten zum Internet bildet die Grundlage für Partizipationsmöglichkeiten, denn durch ein Internetangebot wird vielen Jugendlichen der Zugriff auf das Internet überhaupt erst ermöglicht. Um Nutzungsbarieren von Jugendlichen mit geringen finanziellen Mitteln innerhalb der Einrichtung zu verhindern, sollte die Internetnutzung dabei so günstig wie möglich sein. Für die Partizipation aller Jugendlicher ist die kompensatorische Arbeit an sozialen und kommunikativen Defizite der jugendlichen Besucher wichtig, denn damit Partizipation in einem sozialpolitischen Sinn entstehen kann, ist es zunächst notwendig, die Jugendlichen zu befähigen, ihre Interessen und Bedürfnisse zu formulieren. Grundlagen für eine gesellschaftliche Beteiligung von Jugendlichen können in Gruppenprojekten geschaffen werden, in denen die soziale Interaktion zwischen den Teilnehmern angeregt wird. In diesem Sinn kennzeichnet auch ein Interviewpartner die pädagogischen Aspekte der Internetarbeit als wichtiger als das fertige Produkt.

Durch die Arbeit in der Gruppe kommen Kontakt, Austausch untereinander und gemeinsame Lösungen der gestellten Aufgaben zustande. Indem verschiedene Jugendliche Teilaufgaben übernehmen, um ein gemeinsames Ziel zu erreichen, ist es möglich, dass die Solidarität unter den Gruppenmitgliedern gestärkt wird und Teamarbeit und Verständnis im Umgang miteinander gefördert werden - eine wichtige Grundlage für die gesellschaftliche Partizipation.

Die gemeinsame Projektarbeit kann besser gelingen, wenn die Angebote für Zielgruppen in gemeinsamen Lebenslagen und mit ähnlichen Interessen gemacht werden, weil die Bedürfnisse hier nicht zu weit gestreut sind und es einfacher ist, zu einer Festlegung auf konkrete Arbeitsthemen zu kommen. Die pädagogische Gruppenleitung übernimmt dabei die Aufgabe, „die eigenständige Zusammenarbeit und gegenseitige Unterstützung der Teilnehmer in der Gruppe zu fördern."

Die Anregung zur kritischen Auseinandersetzung und Übernahme von Verantwortung ist eine wichtige pädagogische Intervention, um Jugendliche zur Mitgestaltung gesellschaftlicher und politischer Entscheidungen aufzufordern. Ein konkreter Ansatzpunkt zur Beteiligung Jugendlicher wäre etwa die Anregung zu Projekten, wenn Ereignisse im öffentlichen Leben anstehen. Auch zur Artikulation von Meinungen und Interessen bietet das Internet ein weites Spektrum an Möglichkeiten - von der Teilnahme an Newsgroups und Diskussionsveranstaltungen im Netz bis zur Veröffentlichung eigener Produkte.

Dennoch werden viele der interessanten pädagogischen Möglichkeiten, die das Internet auch für die Offene Jugendarbeit bietet, noch nicht ausgeschöpft, und viele Pädagogen sind sich über die nötigen Vorgehensweisen zu seinem Einsatz noch unklar. Mut zur individuellen Handhabung der neuen Technologie sowie zum kreativen Umgang mit den vorhandenen Ressourcen werden in besonderem Maße erforderlich.

Anmerkungen

1 Joachim Schwarz (1999): Cyberc@fé – Theoretische und praktische Aspekte des Einsatzes des Mediums Internet in der Offenen Jugendarbeit. Diplomarbeit an der Evangelischen Fachhochschule für Soziale Arbeit, Diakonie und Religionspädagogik Freiburg. Herbst 1999.

2 Aus folgenden Einrichtungen wurden MitarbeiterInnen befragt: Jugendcafé „Kornhaus" in Waldshut-Tiengen, „Kraftstation" in Remscheid, Medienzentrum des WI-JHW Freiburg i.Br., Café „Auweia" in Rheinfelden. Aus Platzgründen entfällt hier eine detaillierte Darstellung der interviewten Einrichtungen.

4. Kapitel

Perspektiven in der Entwicklung von Institutionen und Organisationen

Einführung. Computer als „trigger for change“

Gavriel Salomon, seit mehr als 20 Jahren einer der engagiertesten Medienforscher, hat schon Mitte der 80er Jahre gezeigt, dass eine Forschung, die eindimensional einzig auf *Medienwirkung* setzt, angesichts der komplexen Interaktionen zwischen Menschen und Medien in einem sozialen Feld zu kurz greift. Notwendig ist vielmehr ein systemischer Blick, der neben Medienwirkungen auch Erwartungen, Ziele sowie die Dynamik des gesamten sozialen Feldes in den Blick nimmt, in dem der Einsatz von Medien stattfindet. In einem Artikel über den Einsatz von Computern in der Schule kennzeichnet Salomon die Technologien als „trigger for change“[1]. Ein Trigger ist ein Nachrichtenimpuls, der große Veränderungen in einem System bewirken kann, etwa im Output, allerdings ohne dass die Veränderungsenergie aus dem Impuls kommt. Die Energie ist im System vorhanden, der trigger löst sie nur aus.

Dass die Einführung von Computern in sozialen Organisationen Trigger-Wirkung hat und große Auswirkungen in einer Organisation bewirken kann, wird in den Beiträgen dieses Teils deutlich. Es ist vor allem das Internet, dessen Einführung Irritationen in der Kommunikation, den Arbeitsabläufen und den Machtstrukturen von Organisationen bewirkt. Dies umso mehr, je festgefügter die organistorischen Abläufe in der Institution sind. Dennoch führt kein Weg daran vorbei, dass die Organisationen im sozialen und pädagogischen Bereich Veränderungen in Gang bringen, um angesichts veränderter gesellschaftlicher Rahmenbedingungen ihre Aufgaben angemessen erfüllen zu können. Die Umbruchsituation bietet Chancen zur Veränderung, und die Autoren zeigen an Beispielen aus unterschiedlichen Bereichen, wie diese Chancen klug und mit Augenmaß zum Nutzen aller Beteiligten und vor allem der Institutionen ergriffen werden können.

Kennzeichnend für alle Beiträge ist, dass der Blick über die pädagogische Arbeit im engeren Sinne hinaus erweitert und das gesamte Feld der institutionellen Strukturen, in denen medienpädagogische Praxis mit dem Internet stattfindet, einbezogen wird. Viele Erfahrungen zeigen, dass die entscheidenden Probleme bei der Einführung von Computermedienpädagogik nicht auf der Ebene der im engeren Sinn pädagogischen Praxis liegen, sondern in den Wechselwirkungen, die die Implementation bei der Einrichtung bewirkt (vgl. auch den Beitrag über „Implementation als unterschätzte Aufgabe“ in diesem Band, S. 402ff.)

Im ersten Beitrag wirft Wolfgang Schindler die Frage auf, ob pädagogische Projekte mit dem Internet mehr sind als multimediale Feuerwerke mit dem Ziel, die Augen der Sponsoren zu blenden. Wenn ernsthafte pädagogische Arbeit mit dem Internet neue Räume für Jugendliche und Institutionen erschließen soll, dann sind diese Räume mehr als nur virtuelle. Sie erfordern neue Kommunikations- und Organisationsstrukturen im realen Raum, und das bedeutet zuerst eine solide Organisations- und Personalentwicklung. Hier sind Kompetenzen der Mitarbeiter notwendig, und die Ressourcen sind dabei sinnvoller investiert als in den multimedialen Feuerwerken, denn ernsthafte Planung gründet in der vorhandenen Kultur und führt zu dauerhaften und nachhaltigen Effekten – für die Jugendlichen, die Institution und die Pädagogen.

Volker Silter beschreibt, wie die Schaffung von Voraussetzungen für medienpädagogische Arbeit, insbesondere die Anschaffung von Geräten, die institutionelle Verankerung der computermedienpädagogischen Arbeit und das Mangement sozialer Prozesse zu dem „eigentlichen“ Projekt wurden. Anstelle der im sozialen Bereich üblichen „U-Boot-Taktik“, bei der ein Mitarbeiter alle Risiken des Projekts selbst trägt und kaum Anerkennung in der eigenen Einrichtung erntet, wählte Silter eine systematische Projektplanung, die neben der eigentlichen Zielgruppe pädagogischer Angebote auch die institutionellen Macht- und Kommunikationsstrukturen in den Blick fasst und dabei verkrustete Strukturen in Bewegung bringt. Als hilfreiche Perspektive zum Erkennen von Erfordernissen und zur innovativen Gestaltung sozialer Prozesse erweist sich die systemische Sichtweise des Projektmanagements. Am glücklichen Ende profitieren alle von dem Impuls, vor allem der Projektträger Kirche, denn die größerere Transparenz in den Kommunikationstrukturen hat zu einer größeren Bekanntheit des Angebots und zu höherer Identifikation engagierter Mitarbeiter geführt.

Im Beitrag von Bernhard Eckmann steht die Frage im Zentrum, was geschieht, wenn das Internet für MitarbeiterInnen von Freizeitstätten zu einem alltäglichen Arbeits- und Kommunikationsinstrument wird. Am Beispiel der Moderation eines Arbeitskreises schildert er, welche Veränderungen sich ergeben, wenn ein großer Arbeitskreis seine Arbeit in den Phasen zwischen den Face-to-Face-Treffen um inhaltliche Diskussionen und koordinierende Tätigkeiten über eine Mailingliste anreichert. Deutlich wird, wie hoch die Anforderungen sind, die an eine „real-virtuelle“ Moderation gestellt werden, aber auch, wie lohnend der zusätzliche Aufwand für die Gruppe ist.

Lambert Zumbrägel schildert eine Weiterbildung zum Umgang mit dem Internet für die MitarbeiterInnen in einem Bischöflichen Jugendamt. Der Kerngedanke der Weiterbildung ist systemischer Natur: es geht nicht darum, die MitarbeiterInnen für neue Anforderungen „von oben“ fit zu machen, sondern sie in den Prozess einer Veränderung der Kommunikation in der Institution als verantwortliche, aktive und kompetente Partner einzubeziehen. Gute persönliche Kontakte, gegenseitige Hilfe und der gemeinsame Spaß beim offen gestalteten Lernprozess in kleinen Gruppen zeigen sich als diejenigen Faktoren, die als Ressourcen in das Lernen einbezogen und in der Weiterbildung gefördert werden. In der Bilanz profitiert auch hier die Einrichtung von den dazugewonnenen Kompetenzen und Gestaltungsräumen der MitarbeiterInnen, vor allem, indem die Verantwortung und das Engagement der MitarbeiterInnen für ihre Arbeit steigt. Probleme, die bezüglich des Datenschutzes und der Trennung von Freizeit- und beruflicher Internetnutzung auftauchen, werden von den MitarbeiterInnen in einer verantwortlichen Weise selbst gelöst.

Im Beitrag von Andreas Kurz wird ein Prozess geschildert, in dem neue Kommunikationsstrukturen im Intranet in einer Institution eingeführt werden, um seelisch behinderten Menschen, die zeitversetzt an Teilzeitarbeitsplätzen arbeiten, Werkzeuge zur besseren Koordination ihre Zusammenarbeit zur Verfügung zu stellen. Ergänzend zu den vorhandenen formalen und informellen Kommunikationswegen in der Einrichtung werden neue elektronische Kommunikationsstrukturen eingerichtet. Ähnlich wie im Beitrag von Silter zeigt sich auch hier, dass eine „Insellösung“ zum Scheitern verurteilt ist, da eine Veränderung der Kommunikation in einem Teil der Einrichtung gravierende und ungeplante Aus- und Nebenwirkungen auf die gesamte Organisation hat. Auch hier ist aus Sicht des Autors die systemische Perspektive des Projektmanagements angemessen, um die Wechselwirkungen zu verstehen und die richtigen Maßnahmen ergreifen zu können.

Christian Utpatel geht bei der Einführung von Online-Kommunikation in einer räumlich weit verstreuten kleinen Kirche davon aus, dass die Geräte zwar vorhanden sind, aber eine Vielzahl möglicher Synergieeffekte überhaupt nicht genutzt werden. Um die Kommunikation anzuregen, werden Möglichkeiten des Internet in einem „selbstbestimmt-jugendlichen“ und in einem „sachlich-gesteuerten“ Feld zur Verfügung gestellt. Beispiele aus den Kommunikationsverläufen zeigen, dass sowohl die institutionelle Zusammenarbeit als auch die Förderung von Kontakt und Spaß unter Jugendlichen mit dem Internet möglich ist. Am interessantesten wird es da, wo unterschiedliche Erwartungen aufeinanderstoßen und den Raum für neue Formen von Kommunikation und Partizipation öffnen, etwa in den öffentlichen Auseinandersetzungen zwischen Jugendlichen und Pfarrern.

Dass PC und Internet in einer Fachschule für Sozialpädagogik zu einem von den Studierenden selbstverständlich genutzten Arbeits- und Kommunikationsmittel gehören, ist immer noch nicht Alltag. Im Gegenteil löst die Einführung von PC selbst dort, wo alle Beteiligten diese Innovation begrüßen, eine Fülle ungeplanter Veränderungsprozese aus und macht Regelungen notwendig., Reinhard Heinz betrachtet im Rückblick auf drei Jahre medienpädagogische Arbeit mit Computern im CVJM-Kolleg Kassel, wie der Computerraum die Institution und die sozialen Beziehungen verändert hat. Im Beitrag werden die Veränderungen in der Organisation ebenso detailliert geschildert wie die veränderten Beziehungen zwischen den Studierenden und den Lehrenden und Studierenden und die Probleme und Maßnahmen, die in dem Prozess gemeinsam in Gang gesetzt wurden.

All diesen Projekten ist eine Perspektive gemeinsam, die Pädagogik von einer offensiven Seite her inszeniert, als Praxis, die auf Veränderung angelegt ist. Chancen auf Erfolg hat diese Praxis, wenn sie auf den vorhandenen Ressourcen aufbaut, nachhaltige Wirkungen anstrebt und auch vor konflikthaften Auseinandersetzungen nicht haltmacht. Eine solche Vorgehensweise erfordert neben dem Mut zu Neuem aber auch eine ganzheitliche und systematische Sicht auf soziale Prozesse mit der Bereitschaft, auf Menschen zuzugehen, für Innovationen zu werben. Veränderung in den Institutionen finden in viel kommunikativer Kleinarbeit statt.

Anmerkung

[1] G. Salomon (1996): Studying novel learning environments als Patterns of change. In: S. Vosniadou / E. De Corte / R. Glaser / H. Mandl (Hrsg.): International perspectives on the psychological foundations of technology-based learning environments. Lawrence Erlbaum Associates, Inc, Mahwah/NJ, S. 363–377.

Wolfgang Schindler

Auf dem Weg in virtuelle Räume

Organisations- und Personalentwicklung

Multimediale Events sind das Echo auf den Ruf nach Medienkompetenz. Denn der Druck einer sich besorgt zeigenden Erwachsenengesellschaft auf ihre bezahlten StellvertreterInnen in der Jugendarbeit nach anschaulichen, schnellen Resultaten beim Erzeugen von Medienkompetenz beim eigenen Nachwuchs ist stark. Die logische Konsequenz der Fachszene in der außerschulischen Bildungsarbeit ist deshalb das Abbrennen von High-Tech-Multimedia-Internet-Feuerwerken mit strahlenden Kinderaugen. Veranstaltungen dieser Art verdeutlichen, dass die Informationsgesellschaft Realität wird, dass Jugendliche daran Interesse haben und dass PädagogInnen das wahrgenommen haben. Die eigentlichen Adressaten solcher Aktionen sind also diejenigen, die über Ressourcen für Jugend- und Bildungsarbeit entscheiden: Politiker und Funktionäre.

Projekte sind demgegenüber verbindlicher, Aktivitäten einer Organisation, für die in der „Linie“[1] keine Ressourcen zur Verfügung stehen. Organisationen testen damit, zeitlich begrenzt, ob neue Aktivitäten auf Dauer übernommen werden können und müssen. Am Ende von Projekten virtueller Jugendarbeit kann eine veränderte Organisation stehen, die zusätzlich zu anfassbaren eben auch virtuelle Räume für Jugendliche offen hält, dort zur Gestaltung einlädt.

Strukturen virtueller Räume

Virtuelle Räume wirken unbegrenzt frei gestaltbar, wenn es um vorgesehene Gestaltung geht, etwa um die farbige Oberfläche der virtuellen Stühle und die Eigenschaften der dort lebenden Avatare – virtuelle Räume scheinen nicht mehr als Software und ein paar Daten auf einer Festplatte in einem PC mit Telefonanschluss zu sein, scheinen somit einen günstigen Quadratmeterpreis aufzuweisen.

Ein „virtueller Raum“ umfasst jedoch viel mehr. Da er zunächst nur aus Soft- und Hardware besteht, muss er Abbild der Prozesse und Strukturen seiner Erbauer sein – so, wie EDV immer ein Spiegel der sie tragenden Strukturen ist. Das Virtuelle spiegelt stets nur das sog. Reale, oft wie im Brennspiegel vergrößert, weil sich die weichen Kanten sozialer Strukturen durch die Umsetzung in Programmcodes[2] schärfer abbilden. EDV aber ist wie Beton, formulierte Wilhelm Steinmüller, der Erfinder des Grundrechts auf informationelle Selbstbestimmung: anfangs eine Zeitlang frei gestaltbar, dann aber, nach dem Aushärten, nur noch mit äußerster Kraft zu verändern. Denn EDV-Strukturen bestehen eben nur zum Teil aus Hard- und Software, und selbst diesen Teil ändert man, auch aus Kostengründen, nur höchst ungern. Zum andern, weit wichtigeren Teil, basieren virtuelle Räume auf Strukturen sozialer Organisation, die wie sonst auch gestaltet werden müssen.

Beispielhaft kann dies an dem in diesem Band unter verschiedenen Blickwinkeln untersuchten Projekt „up2net“[3] verdeutlicht werden, das im ersten Jahr seines Bestehens (1999) eine differenzierte Organisationsstruktur entwickelt hat, die sich auch in der eMail-Kommunikation der MitarbeiterInnengruppe spiegelt, aus der die folgenden Zitate stammen. So gibt es:

Leitziele bzw. Visionen für die Organisationsentwicklung: z.B. „Ich hab dann eine Vision entworfen, wie die Sache ganz konkret in ein paar Monaten [im Jugendzentrum][4] ausschauen könnte. Das [Jugendzentrum] hätte dann u.a. seine Grenzen erweitert, es wäre ein kontinuierlicher Kontakt mit anderen Häusern und Jugendlichen da.“ Oder: „Der AK-up2net versteht sich als häuser- und trägerübergreifendes Team, das verbindlich kooperiert.“ Und: „Konzeptionelle Grundlagen von up2net sind dokumentiert in der Rubrik ‚Texte und Konzepte‘ im Infoteil von up2net. Verbindlich mit up2net abgestimmt sind ...“

Strukturen und Subsysteme, formell und informell: eine Gestaltungsgruppe, eine Kampagnen-Gruppe, mehrere Projektgruppen (Palace-Projekt, Kennenlern-Projekt, Baskethiphop), teilweise mit eigenen Kommunikationsstrukturen. Bestimmte Gruppen haben bzw. nehmen mehr Einfluss, andere sind eher wohlwollend passiv. Wer wozu gehört, ist in diesem Zeitraum nur informell bekannt, ein Organigramm oder ein MitarbeiterInnenverzeichnis existieren noch nicht.

Funktionsträger: Leiter/Wizards/Teamberater/BetreuerInnen/Administration/Netzmeister ... Noch sind viele Funktionszuschreibungen nur mündliche Tradition, formell und informell festgeschrieben. Etwa: „Die Admins überprüfen diese Datei, und beurteilen dann anhand des Inhalts und der Herkunftsangaben, ob die Datei in Ordnung ist. Ist alles o.k., wird die Datei für alle BewohnerInnen von up2net freigeschaltet.“

Regeln, innerbetriebliche Vereinbarungen und Vereinbarungen zu Arbeitsabläufen, z.B.: „Wir gehen davon aus, dass jedes Mitglied pro Arbeitstag einmal die Nachrichten der Mailingliste abruft. Wer in Urlaub geht oder aus anderen Gründen länger nicht an der eMail-Kommunikation teilnehmen kann, meldet sich in der Mailingliste oder bei [xyz] ab.“ – z.B. „Wenn die eMail-Kommunikation aus technischen Gründen gerade nicht geht, so wird dies [xyz] gemeldet.“ – z.B. Übernahme von Gruppen im Netz: „1. Jeder registrierte User braucht Mitgliedsregeln. 2. Jeder User, der die Verantwortung für eine bestimmte Gruppe übernimmt, muss vorher das Blatt zur Übernahme von Gruppen zur Kenntnis nehmen. Vordrucke für beide Punkte sind ... verteilt worden. Bitte durchlesen, unterschreiben (auch von den Jugendlichen) und eine Rückmeldung ... geben."

Kontrollinstanzen im virtuellen Raum: „Das Programm macht das so, dass es Dich auffordert, Benutzernamen und Kennwort einzugeben ... Nun kannst Du in die Bereiche vordringen, zu denen Du Zugang hast. Das Programm weiß von selbst, wo Du hin darfst und wo nicht."

Hauspost: die Mailingliste, die für Organisationsfragen genutzt wird, zunehmend aber auch zur konzeptionenellen Diskusssion und zum Erfahrungsaustausch.

Plenumsraum: Virtuelle Mitarbeiterdiskussionen im Plenum: asynchron qua Projekt-Mailingliste, synchron qua chat

Besprechungsräume: Newsgroups: basket-hiphop / Entwicklung / kennen lernen / palace.bekanntmachung / palace.entwicklung / palace.treffpunkt / Treffpunkt / umbau

Aktenablage und Archiv: virtuelles MitarbeiterInnen-Büro

Stellenbeschreibungen und -ausschreibungen: z.B.: „Es sollten am Anfang noch mehr Pädagogen mit Wizard-Rechten ausgestattet werden, da ich nicht immer da bin"

Bewerbungssituationen: z.B.: „hier ist meine offizielle Bewerbung um eine der wenigen begehrten Wizardstellen. Ich wäre auch gern an der Sicherheit und Sauberkeit in unserem Chatraum beteiligt und hoffe um baldige Benachrichtigung."

Ergänzend zu diesen vor allem virtuell realisierten Strukturen existieren Fortbildungsprogramme für MitarbeiterInnen, Offline-Treffen: Klausurtagungen, mehrere AK-Treffen in leibhaftig betretbaren Einrichtungen, das erste Firmenjubiläum

Die weitere Entwicklung zeigt, dass dies erst der Anfang einer zunehmend differenzierteren Struktur war, dass die Mitarbeit im up2net-Projekt zunehmend mehr auf Bewerbungen und Auswahl von kompetenten BewerberInnen beruhen wird, weil Engagement und Verbindlichkeit für die Erreichung der Firmenziele notwendig sind. Zu klären wird künftig u.a. sein, worin eigentlich die Bezahlung für diese Mitarbeit besteht: neben Geld sind Macht, Selbstverwirklichungsmöglichkeiten, Qualifizierungschancen und Anerkennung sowie sozialer Status gängige Zahlungsmittel.

Institutionelle Ressourcen

Das Einrichten virtueller Räume ist also, neben anderem, auch und gerade Organisationsentwicklung, das Schaffen von Infrastruktur. Denn auch virtuelle Räume wurzeln im Realen und seinen Bedingungen. Das Internet, also der virtuelle Raum schlechthin, war solange und nur solange der Ort, an dem Träume von freier Kommunikation, umfassender Demokratie und Freiheit blühten, bis die ersten Goldfunde bekannt wurden, genauer gesagt, die Gerüchte, man finde dort Gold. In Telepolis, der virtuellen Stadt, werden die Claims abgesteckt, seit es dort nach Gold riecht – so wie einst im Wilden Westen oder unlängst bei der Übernahme der ehemaligen DDR. Aber auch in Handlungsfeldern sozialer Arbeit sind Ressourcen umkämpft.

Zum Pflöckestecken allerdings braucht man kein Fachwissen, sondern Bizeps und Ellbogen. So werden Fakten geschaffen („Beton" in der Sprache Steinmüllers) – wenn der Claim abgesteckt ist, gehört einem alles Gold darin, und man hat danach noch immer genug Zeit zu überlegen, was man auf seinem neuen Claim eigentlich sucht oder wo man was finden will.

Gold, im Falle Jugendarbeit Medienkompetenz der Zielgruppen, aber findet man nur mit fachlichem Gespür, das aus Erfahrung und Reflexion erwächst – Fachwissen braucht beides. Das Einrichten virtueller Räume braucht – nach dem Pflöckestecken – also auch Personal und Personalentwicklung. Sinnvoll scheint, bereits vorhandenen Jugendlichen und PädagogInnen im Jugendzentrum vor Ort gemeinsam Gestaltungschancen zu bieten – so verändert sich Jugendarbeit insgesamt, statt sich punktuell mit modischen Accessoires zu schmücken. Was folgt daraus für die Situation am Arbeitsplatz hauptberuflicher MitarbeiterInnen?

Tragfähige technische Netze hängen an sozial(pädagogisch)er Kompetenz

Nötig ist die Kompetenz, Netze aufzubauen – technisch und sozial. Die zu erstellende technische soll die gewünschte soziale Infrastruktur abbilden und ermöglichen. Hier reicht es nicht mehr, einen Techniker, eine Behörde zu bestellen, die vorgefertigte Produkte installieren: konzeptionelles Design EDV-gestützter Kommunikationsstrukturen ist erforderlich. Und dazu gehört auch: selbst „stöpseln" und installieren können, sachkundig maßgeschneiderte technische Lösungen für die soziale Arbeit, für die Bildungsarbeit konzipieren, bestellen und unterhalten können – das ist ein wichtiger Teil der Fachkompetenz von ComputermedienpädagogInnen. Wenn Kinder und Jugendliche Begleiter auf dem Weg zu Medienkompetenz brauchen, dann brauchen sie in diesen virtuellen Räumen bewegliche Begleiter, die dabei auch an Grenzen stoßen, diese wahrnehmen und zu verändern versuchen. Solche Jugendarbeit ist dann notwendig wieder auch sehr politisch und politisch bildend.

Fehlende Ressourcen der eher widerstrebenden Organisationen der Jugendarbeit drängen vielerorts gar, Technik auf dem Niveau der Zeit privat zu beschaffen, um konkurrenz- und handlungsfähig zu bleiben. Denn erst, wenn die Technik „steht", sehen sie den richtigen Raum für ihre Pädagogik[5] – eher früher wie später fordern das auch die Zielgruppen. Oft resultiert daraus, ungeplant, aber systematisch, eine Abhängigkeit von billigem, aber motiverten und kompetenten Servicepersonal, vom Zivi etwa. Denn für regulären und vor allem den Anforderungen genügenden Service fehlen die Mittel.

„Ich kann doch nicht ständig jeder neuen Entwicklung nachlernen" – sagen bisweilen MitarbeiterInnen, die mit großem Engagement die Entwicklung von Telepolis schon vor dem Goldrausch vorangetrieben haben: das dritte Betriebsystem, das dritte Terminalprogramm, noch ein eMail-Client ... Die Hoffnung, dass die EDV etwas von der Zeit zurückbringt, die in das Lernen ihres Gebrauchs gesteckt werden musste, wird enttäuscht. Bei Telearbeitenden gar kommt die Arbeit nach Hause – nein, sie wurde zur Fortbildung sogar dorthin geholt; die Grenze zwischen Arbeit und Freizeit verschwimmt[6] ... Erlerntes wird in diesem Feld fortlaufend entwertet. Man könnte atemlos, eventuell punktuell sogar zum „Bremser" werden und wäre dadurch von Imageschäden bedroht. Potenziellen Nachfolgern, die etliche Software-Versionen später eingestiegen sind, droht, bei der übernächsten Generation, Nämliches. Ständiges Lernen kann auch als Druck, nicht nur als Chance erlebt werden.

Organisationsentwicklung und Personalentwicklung sind also die wesentlichen architektonischen Komponenten beim Bau und beim Unterhalt virtueller Räume. Beides sind Leitungsaufgaben, und beides ist dann doch kostspieliger als ein eindrucksvolles multimediales Feuerwerk, bei dem die Kinder- und Politikeraugen glänzen. Die PädagogInnen kommen nicht darum herum, nach wie vor teilnehmer- und bedürfnisorientiert zu arbeiten, weil gerade in der Offenen Jugendarbeit die „Kunden" erst gewonnen werden müssen, Medienkompetenz nicht schon mitbringen oder gar selbst anbieten.

Personalentwicklung

Wie aber springt dann der Funke über? Nur, wenn die MitarbeiterInnen selbst begeistert, fasziniert sind, und daher faszinieren können. Faszination braucht Pflege, um zu bestehen, zu wachsen. Deswegen steht, neben dem Dienst am jugendlichen Kunden, Personalentwicklung auf der Tagesordnung solcher Projekte. In Projekten sind Konflikte mit der Linie, dem bisherigen Normalbetrieb, vorprogrammiert. Denn jeder Projektleiter zieht aus der Linie Ressourcen ab: gerade die MitarbeiterInnen, die beweglich genug sind, Neues zu riskieren, an die eigenen Grenzen zu gehen. Dagegen wehrt sich die Linie, verständlicherweise – das Projekt ist aus dieser Perspektive ein Ressourcenräuber. MitarbeiterInnen versuchen dann oft, individuell auszugleichen und geraten damit in zusätzliche Spannung, zwischen lokalem Team vor Ort und Verpflichtungen aus der Mitgliedschaft im Projekt.

Zusätzlich sind Vorbehalte gegen den Umgang mit einer für manche noch immer bedrohlichen Technologie vorhanden, die durch den Neid verstärkt werden dürften, den die notwendige Ausstattung mit dieser tendenziell kostspieligen Technologie verstärkt, besonders dort, wo die Ausstattung aus dem Regeletat finanziert werden muss. Das dürfte mancherorts hindern, mit voller Kraft (im vereinbarten dienstlichen Rahmen) im Projekt zu arbeiten und dafür Zeit und Geld in Anspruch zu nehmen. Die Lösung, dies durch Engagement mit privater Ausstattung und in der Freizeit auszugleichen, führt tendenziell zur Abgrenzung von denjenigen KollegInnen, die - aus verschiedener Motivation - dies ablehnen, etwa mit einem „Antrag auf ein eMail-freies Wochenende".

Ausreichende Ressourcen aber sind nötig für ein auch nur zeitweises Leben in virtuellen Räumen, für den Gebrauch des Internets im eigenen, nicht nur pädagogischen Interesse. Kompetent und begeisternd sind nur diejenigen, die dieses Engagement glaubwürdig mit ihrem eigenen Lebensstil verknüpfen können, die - in gewisser Weise - hier mit Jugendlichen gemeinsame Lebensstilsuche und -gestaltung praktizieren. Als Querschnittstechnologie bietet das Medium dazu reale Chancen, weil es - an gleichen und unterschiedlichen Orten - Jugendliche und PädagogInnen betrifft, verändert, frustriert und animiert.

Wer im Internet nichts sucht, hat auch dort nichts verloren: Wie sollten PädagogInnen, die selbst keinerlei Bedarf nach virtuellen Räumen haben, solche mit Jugendlichen gestalten können, außer in pädagogisierender Weise? Das mag notgedrungen in der Schule funktionieren, nicht aber in der außerschulischen Arbeit. Wie könnten PädagogInnen im Netz begleiten, wenn ihnen selbst intensive Kommunikationserfahrung mit Online-Medien fehlt? Kompetenz zur Gruppenleitung im Netz setzt Selbsterfahrung im Netz voraus, am besten professionell reflektierte.

Wer selbst nicht neu-gierig ist, kann auch nicht neugierig machen. Neugier am PC aber kostet Zeit, am vernetzten PC noch mehr - ungerechnet der Zeiten, in denen wir uns Neues aneignen (müssen). Schulisches Lernen ist in Minuten kalkulierbar, aber oft ineffektiv; autonome Selbstaneignungsprozesse brauchen oft Stunden, die bleibendes Wissen erzeugen.

Virtuelle Jugendzentren brauchen - zumindest in der Pionierphase - neu-gierige MitarbeiterInnen. Neugierige MitarbeiterInnen brauchen Zeit, flotte PCs und unverstellten Netzzugang, Internet pur, obwohl, nein, gerade weil sie in der Offenen Jugendarbeit sind.

Anmerkungen

1 „Linie" bezeichnet die traditionelle, reguläre Arbeit einer Organisation. Der Begriff wird ausführlich erklärt im Beitrag „Implementation als unterschätzte Aufgabe" in diesem Band, S. 402ff.

[2] Vgl dazu im letzten Kapitel in diesem Band den Beitrag „Software zum Gestalten virtueller Gemeinschaften“, S. 448ff.

[3] Vgl. dazu einführend den Beitrag „Just go up2net!“ in diesem Band, S. 62ff.

[4] Begriffe in eckigen Klammern wurden redaktionell anonymisiert.

[5] Vgl dazu: Berufspolitische Aspekte der Arbeit als Computermedienpädagog. In: http://www.josefstal.de/mac/tagungen/macdidak.htm

[6] Vgl. dazu den Beitrag „Innovation lernen?“ in diesem Band, S. 226ff.

Volker Silter

PC-Labor

Computermedienpädagogische Arbeit im kirchlich-ländlichen Umfeld

Vorwort

Der Einstieg in die computermedienpädagogische Arbeit ist auch in strukturschwachen Regionen und scheinbar verhärteten Institutionen möglich und sinnvoll. Der Einsatz von PCs ist geeignet, strukturelle Veränderungen in Institutionen in Gang zu bringen, denn strukturelle Probleme sind meist Produkte von Kommunikations- und Machtproblemen.

Vor etwa einem Jahr habe ich – als Angestellter des Kirchenkreises für die Jugendarbeit – begonnen, in einer ländlichen Region computermedienpädagogische Arbeit (MP) zu installieren. Eine Besonderheit meiner Arbeit ist die Auseinandersetzung mit dem hohen Grad der Säkularisierung in dieser Region. Die Kirche wird von außen meist misstrauisch und distanziert betrachtet. Ich hatte die Idee, für Jugendliche einen „Experimentierraum" für die Arbeit mit Computern zu schaffen. So entstand das „PC-Labor". Es blieb nicht beim Lernraum für die Jugendlichen, sondern wurde auch zu einem Lernraum für den gesamten Kirchenkreis.

Der Einstieg in die Computerarbeit gestaltet sich aus zwei Gründen schwierig: Zum einen ist die Finanzierung dieser Arbeit schwer, da in aller Regel eine Förderung dieser Arbeit nicht vorgesehen ist. Zum andern fehlen Vorstellungen, was pädagogische Arbeit mit Computern sein kann. Oft wird darunter so etwas wie ein Informatikunterricht nach der Schule verstanden. Computermedienpädagogische Arbeit vermag jedoch deutlich mehr zu leisten. Neben der ausgesprochen intensiven pädagogischen Arbeit habe ich die Erfahrung gemacht, dass auch mit Institutionen, also vor allem dem eigenen Träger, gearbeitet werden kann und dieser sich dadurch verändert. Um damit Erfolg zu haben, bedarf es einiger Voraussetzungen.

Neu und entscheidend anders als bei herkömmlicher Medienarbeit ist die Bedeutung des PCs als Kristallisationspunkt. Die unterschiedlichen Zielgruppen haben sehr verschiedene Interessen, die sich durch den PC als „kleinsten gemeinsamen Nenner" gestaltend weiterentwickeln lassen.

Die computermedienpädagogische Arbeit gestaltete sich in meinem Umfeld auf zwei Ebenen, der institutionellen und der pädagogischen Ebene. In der folgenden Darstellung werde ich ein größeres Gewicht auf die institutionelle Ebene legen.

Das „PC-Labor"

Die Einführung der CMP-Arbeit im Kirchenkreis orientierte sich an einem konkreten Angebot für Jugendliche, dem „PC-Labor". Das PC-Labor ist ein offenes Angebot für Jugendliche im Alter von 13 bis 18 Jahren. Entsprechend unserer sonstigen Arbeit (außerschulische Bildung) sind ca. 90 Prozent der Teilnehmer Gymnasiasten. Die Gruppe von etwa 10 bis 15 Personen trifft sich regelmäßig einmal in der Woche und ansonsten nach Vereinbarung. Zwei Drittel der Gruppenmitglieder sind Mädchen. Der Altersdurchschnitt liegt zwischen 13 und 16 Jahren. Es handelt sich um Jugendliche, die auch in anderen Bezügen der kirchlichen Jugendarbeit anzutreffen sind.

Der Kontakt kam durch eine Einführungsfahrt mit Computern zu Stande. Die Anfangsmotivation einiger Teilnehmer ging wohl in Richtung „Nachhilfe in Sachen PC". Ich habe den Eindruck, dass den Jungs zum einen die Unlust, sich in eine Gruppe zu begeben, und der eigene Anspruch: „Ich muss schon alles können ..." im Weg stehen.

Die Teilnehmerinnen kamen mit sehr begrenzten Voraussetzungen, einige konnten lediglich einen PC einschalten. Alle hatten Spaß am Spielen und stellten sich das große Ziel, selbst einmal ein Spiel für andere zu machen. Das motivierte die Gruppe immer wieder, sich mit der benötigten Software zu beschäftigen. Die aus dem Informatikunterricht mitgebrachten Kenntnisse erwiesen sich als nicht sehr hilfreich. Auffallend war der äußerst hohe Grad an Identifikation mit der Gruppe. Ein gewisser Gruppenstolz war nicht zu übersehen.

Im Rückblick stelle ich fest, dass es gelungen ist, gute Voraussetzungen für eine computermedienpädagogische Arbeit zu schaffen, obwohl die Startbedingungen denkbar schlecht waren. Dazu war es nötig, die Potenziale der Computerarbeit auszuloten und die Interessen aller Beteiligten mit dem Instrument des Projektmanagements zu berücksichtigen und zu gestalten.

Vom „U-Boot-Projekt" zum legitimen Projekt – Wieso ist Projektmanagement so wichtig?

Die nur teilweise geklärten Kompetenzen und Organisationsstrukturen in meinem Arbeitsumfeld erzeugen eine Grauzone, die für die Beteiligten Vorteile bietet. Diese sind letztlich auch der Grund dafür, dass dieser Zustand weiter besteht.

Es gibt eine Vielzahl innovativer Ideen und Projekte, die im kirchlichen Rahmen durchgeführt werden – meist ohne große Öffentlichkeit. Sie werden schnell und unbürokratisch in die Tat umgesetzt und führen ein „Eigenleben". Diese Projekte genießen trotz fehlender Öffentlichkeitsarbeit oft große Popularität. Erfolge dieser Projekte fallen aber nur begrenzt auf die Kirche zurück, weil die Öffentlichkeit das Erscheinungsbild von „der

Kirche“ und „den Projekten“ nicht zusammenbringen kann. Lediglich die durchführende Person, „der kirchliche Mitarbeiter“, schlägt die Brücke. Die Projekte selbst verändern nicht das Erscheinungsbild der Institution, das gehört auch nicht zu ihren Zielen.

Derartige Projekte werden dadurch möglich, dass eine Personalunion besteht. Idee, Beauftragung und Durchführung des Projektes liegen in den Händen einer Person. Solange für den Träger keine zusätzlichen Kosten verursacht werden, werden diese Projekte begrüßt oder toleriert. Der Zwang zur Selbstfinanzierung hat jedoch zur Folge, dass die Vorhaben oft überdimensioniert ausfallen, weil meist nur so ausreichende Fördermittel zu bekommen sind. Der Erfolgsdruck für den Mitarbeiter ist sehr groß, denn er trägt die alleinige Verantwortung für das Gelingen des Projektes.

Aus Sicht des Projektmanagements stellt dieser Zustand eine „Schieflage“ dar.[1]

Dass derartige Projekte dennoch durchgeführt werden – und nicht selten sehr abenteuerlich –, liegt nicht an der Unprofessionalität oder Unwissenheit der Projektleiter, sondern an der Erfahrung: „Wenn ich das jetzt nicht durchziehe, macht das niemand.“ Das ist eine weit verbreitete Motivation im sozialen Bereich. Dahinter stehen Erfahrungen mit der Institution. Große inhaltliche und konzeptionelle Diskussionen gehen meist nach hinten los oder versanden. Da ist es gut möglich, dass inzwischen der Projektanlass gar nicht mehr existiert. Schnelles Handeln scheint über den „normalen Weg“ unmöglich.

Projekte im Sozialen Bereich sind darum meist sogenannte „U-Boot-Projekte“. Sie werden verdeckt geplant, schaffen Tatsachen, tauchen auf und werden, wenn alles gut geht, nachträglich legitimiert. Dieses Vorgehen ist möglich, keineswegs risikofrei, und der Projektleiter sollte wissen, was er macht! Aus Sicht des Projektmanagement ist jedoch zu fordern, dass Projekte nicht mehr nur als die unkonventionelle Beseitigung von Notständen mit „Feuerwehr-Charakter“ verstanden werden, sondern auch in Beziehung zur Linie[2] gebracht werden. Projektmanagement ist in der Lage, auch die Strukturen der eigenen Einrichtung zu verbessern, weil sie die Kommunikation innerhalb der Einrichtung fördert.

Schaffung wichtiger Voraussetzungen für das PC-Labor

Ziel des Projektmanagements ist es, möglichst effektiv die vorhandenen Ressourcen zu nutzen. Das kann aber nur erfolgreich geschehen, wenn möglichst viele Personen beteiligt werden und vor allem „an einem Strang ziehen“. Dabei darf man jedoch nicht übersehen, dass alle Beteiligten eigene Ziele haben, die sie verfolgen. Mit den Methoden des Projektmanagement können wir das nötige Vorgehen im Projekt strukturieren. Die Strukturierung soll eine entlastende Wirkung haben. Je klarer die Strukturen sind, desto freier ist man, die Kommunikation zwischen den Verantwortungsbereichen zu gestalten.

Bei der Durchführung eines Projektes haben wir es genau genommen mit „Gruppendynamik" zu tun. Jedoch müssen wir uns erst darüber klar werden, wer alles in unserer Gruppe ist. Die Strukturierung hilft, den „Gruppenmitgliedern" ein „Gesicht" zu geben. Erst dadurch, dass klar ist, wer welche Rolle spielt, ist eine angemessene Kommunikation möglich.

Projektorganisation

Beauftragung. Schon in der ersten Phase meines Projektes fand das geplante Vorhaben das Interesse des Superintendenten des Kirchenkreises (der Chef aller Kirchlichen Mitarbeiter im Kirchenkreis). Durch die Idee des Superintendenten, eine Homepage für den Kirchenkreis einzurichten, kam es zu einer Beauftragung durch den Vorgesetzten (wenn auch nachträglich ...). Die Einrichtung des PC-Labors sollte die Grundlage zur Umsetzung dieser Idee schaffen.

Die Einbeziehung des Superintendenten schaffte die Möglichkeit für Zwischenberichte und die aktive Anteilnahme an dem Projekt. Die Annahme der Rolle des Beauftragenden konnte durch gute Zuarbeiten erleichtert werden. Im Gegenzug erwies er sich als Fürsprecher in wichtigen Gremien. Es war nun deutlich: Es geht um ein Projekt des Kirchenkreises und nicht um einen Alleingang eines Mitarbeiters. Die Beauftragung war ein entscheidender Schritt, der zum Gelingen des Projektes beigetragen hat.

Entscheider (Synode und Mitarbeiter der Region). Die Rolle des Entscheiders im Projekt hatte die Synode des Kirchenkreises. Das ist das oberste Gremium des Kirchenkreises, bestehend aus Laien und kirchlichen Mitarbeitern. Sie entscheiden, von welchen Schwerpunkten die kirchliche Arbeit im Kirchenkreis geprägt sein soll.

Mit dem Entgegennehmen des Jugendarbeitsberichtes, in dem die Computerarbeit als fester Bestandteil der kreiskirchlichen Jugendarbeit präsentiert wurde, ist der neue Arbeitsbereich offiziell ins Bewusstsein der Synodalen gerückt und begrüßt worden. Zuvor wurden die Mitarbeiter aus der Region, in der ich nicht nur als Gruppenleiter des PC-Labors tätig bin, nach ihren Wünschen für Schwerpunkte der Kreisjugendarbeit befragt. Ergebnis: Auch die bereits angelaufene Computerarbeit sollte weitergeführt werden.

Projektmanager (Gruppenleiter des PC-Labors). Die strukturelle Vorarbeit hat sich für mich gelohnt, denn nun konnte ich mich auf die Umsetzung des Projektes konzentrieren und musste nicht selbst für die Sinnhaftigkeit des Projektes werben.

Bestehende inhaltliche Konflikte unter den Mitarbeitern der kreiskirchlichen Jugendarbeit wurden entschärft. Der Dauerkonflikt in der Arbeitsstelle zwischen dem Theologen („Ich muss doch nicht meine Arbeit nach den Jugendlichen richten ... ich weiß doch, dass sie gut ist ...“) und Pädagogen („Ich möchte auf die Jugendlichen zugehen und pädagogischen Kriterien den Vorrang geben.“) konnten außen vor bleiben, weil die Entscheidungen über das Projekt auf einer anderen Ebene gefällt wurden.

Ende des Projektes (Etablierung des neuen Arbeitsbereiches Computermedienpädagogik). Mit dem Synodenbericht und deren Entgegennahme ist die Installation und Etablierung des neuen Arbeitsbereiches abgeschlossen. Das „PC-Labor“ gehört nun zur „Linienarbeit“ und kann bei Bedarf neue Projekte in Angriff nehmen.

Rahmenbedingungen

Finanzen. Wie üblich gestaltete sich die Verteilung der finanziellen Mittel schwierig. Nachdem die erhofften Fördermöglichkeiten nicht genehmigt wurden, kam es zu heftigen Auseinandersetzungen innerhalb der Mitarbeiterschaft der Kreisjugendarbeit. Da jedoch im Vorfeld schon geklärt war, wie der Kirchenkreis zu dem Projekt steht, kam es schließlich doch zu einer Einigung, die die Weiterführung des Projektes erlaubte. Die Tatsache, dass der Kirchenkreis ein eigenes Interesse an dem Projekt hatte, erleichterte die Argumentation.

Hardware. Der schwächste und kritischste Punkt während des ganzen Projektes war die Beschaffung der Hardware. Der vorhandene Zeitdruck veranlasste mich, schon vor der endgültigen Klärung, die Hardware anzuschaffen. Mit dieser Entscheidung habe ich einen recht hohen „Pokereinsatz“ in Kauf genommen. Im Normalfall möchte ich von diesem Vorgehen dringend abraten. Ich habe dennoch das damit verbundene Risiko und den Ärger in Kauf genommen, weil ich über lange Berufserfahrung in dem Kirchenkreis verfüge und das Risiko für mich halbwegs kalkulierbar war.

Angeschafft wurden schließlich sechs gebrauchte Rechner (P 200), im LAN. Da eine Gruppengröße von 10 bis 12 Teilnehmern angestrebt wurde, schien mir das Verhältnis 1:2 auszureichen, was durch die Praxis bestätigt wurde.

Akzeptanz in der eigenen Institution. Durch die höchstmögliche Anbindung des Projektes war es möglich, das Einklagen von Zuarbeiten (Informationen und Materialien für die Kirchenkreishomepage) und die Werbung für das Projekt zu delegieren.

Selbstverständlich habe ich es als meine Aufgabe angesehen, den Auftraggeber möglichst stark durch entsprechende Zuarbeit zu entlasten. So konnte ich sicherstellen, dass auch meine Ziele Berücksichtigung fanden.

Eine so hohe Akzeptanz schon in den Anfängen eines Projektes ist in der Vergangenheit selten gewesen. Bei anderen Projekten stellte sich die Akzeptanz erst ein, nachdem das Interesse der Öffentlichkeit und Medien groß war bzw. nachdem das Projekt ausgezeichnet wurde.

Räume. Mit der Frage der Räumlichkeiten hatte die Kreisjugendarbeit im Kirchenkreis immer schwer zu kämpfen, weil sie über keine eigenen Räume verfügt. So war es völlig überraschend, dass dieses Problem so schnell und unkompliziert gelöst werden konnte. Ganz sicher nicht völlig unbeteiligt an diesem Vorgang war die Vorstellung und Hoffnung, dass eines Tages die Möglichkeit bestehen würde, Hilfe und Entlastung bei der Gestaltung des Gemeindebriefes durch das „PC-Labor" zu bekommen.

Uns wurde vorübergehend eine leerstehende Wohnung gegen die Erstattung der Betriebskosten mietfrei zur Verfügung gestellt.

Konkrete Ziele, die der Institution unmittelbar nutzen. Mit der Umsetzung der Homepage wurde die Computerarbeit verhandelbar. Allerdings sind damit sämtliche zeitlichen Zielvorgaben für die Umsetzung der ursprünglichen Idee ins Unberechenbare gerutscht. Das hatte jedoch auch eine entlastende Wirkung, zumal die Finanzierung durch die Fördermittel, woraus der Zeitdruck unter anderem entstanden war, nicht zu Stande gekommen ist!

Unterm Strich stellte sich durch die Kompromissbereitschaft, auch ursprüngliche Planungen fallen zu lassen, ein höherer Grad an Freiheit für die CMP Arbeit ein!

Das PC-Labor ist nicht mehr nur interne Jugendangelegenheit, sondern im Interesse des gesamten Kirchenkreises. Folglich ist auch der gesamte Kirchenkreis weiter daran interessiert, bei den Zielen und Vorhaben mitzureden!

Die pädagogische Praxis im „PC-Labor": Potenziale der Computerarbeit

Für den Pädagogen sind vor allem die Möglichkeiten interessant, die sich aus der Nutzung des PCs ergeben.

Aufzeigen und Nutzen der Potenziale des Mediums. Das Medium PC erklärt sich nur scheinbar von selbst. Die Nutzungsmöglichkeiten für Konsumenten werden den Menschen durch Werbung näher gebracht, doch gerade im kreativen Bereich des Selbstproduzierens gibt es noch immer große Wissenslücken. Eine wichtige Aufgabe von Computerarbeit ist darum die

Schaffung eines Bewusstseins, welche Möglichkeiten in der kreativen Nutzung des PCs stecken:

- Der PC bietet eine wichtige Plattform in der Informations- und Wissensgesellschaft. Man kann über den PC Informationen bekommen. Die Möglichkeiten, die einem dabei zur Verfügung stehen sind sehr vielfältig – sowohl online als auch offline. Aber auch die Möglichkeit, selbst zu informieren, bietet der PC. Bei entsprechenden Fertigkeiten im Umgang mit der Software gelingt das auch ansprechend, wodurch die Chancen, dass Informationen auch ankommen, steigen.
- Der PC ist darüber hinaus ein Kompensationsmedium. Man kann am PC abschalten und sich auf verschiedene Weise abreagieren, z.B. über die Möglichkeit zu spielen, zu chatten, zu surfen. Jeder kann sich das holen, was er gerade benötigt. Sogar aufgestaute Aggressionen, die sich leicht gegen andere Menschen richten könnten, können durch das Medium kanalisiert werden (ähnlich wie beim Sport).
- Ein PC kann ebenfalls ein kreatives Ausdrucksmittel sein. Die große Vielfalt multimedialer Komponenten bieten eine so breite Palette, sich individuell mitzuteilen, z.B. mit Hilfe diverser Autorensoftware, dass wohl jeder seine Ausdrucksform für sich entdecken kann.

Die Reflexion von Beziehungen. Der PC ist ein ausgesprochen emotionsauslösendes Instrument. Er provoziert beim Nutzer sowohl positive als auch negative Gefühle. Diese Tatsache gab in der Vergangenheit oft Anlass zu Diskussionen, welche Folgen die Nutzung des PCs für die menschlichen Beziehungen nach sich ziehen. So ist es nur folgerichtig, dass sich die Pädagogik auch mit den vielfältigen Beziehungen rund um das Medium PC auseinandersetzen muss.

- Die Arbeit mit dem PC hat einen unmittelbaren Einfluss auf den Einzelnen. Für die einzelne Person ist darum die Reflexion der eigenen Entwicklung (Lernerfolge, Persönlichkeitsveränderungen, Veränderungen von Sichtweisen und dergleichen) bedeutsam.
- Eine besondere Chance der Computerarbeit liegt in der Tatsache, dass sie in Gruppen durchgeführt wird. So sind Wechselbeziehungen zu anderen Gruppenmitgliedern, unterschiedliche Herangehensweisen an Probleme und unterschiedliche Lernstile zu beobachten. So wie jeder Einzelne sich verändert, verändert sich auch die Gruppe. Die Reflektion des Gruppenprozesses ist darum ebenfalls Bestandteil von Computerarbeit.
- Kaum ein PC-Besitzer bekommt nicht irgendwann einmal einen Wutausbruch, weil die Maschine nicht so reagiert oder funktioniert, wie erwartet. Auf der anderen Seite werden der Maschine geradezu liebevolle Gefühle entgegengebracht. Es gibt Beziehungen zwischen dem Menschen und der Maschine. Welchen Stellenwert diese Beziehungen einnehmen, ob

sie Ersatzbeziehungen sind oder nicht und wie die Beziehungen gewertet werden können, muss in diesem Zusammenhang ebenfalls reflektiert werden.

• Der Umgang mit dem PC prägt unser Weltbild. Es fällt mir in meiner Umgebung und auch an mir selbst auf, dass durch die Verwendung von Computer-Vokabular komplizierte Zusammenhänge oft leichter zu beschreiben sind. Der PC ist bereits fester Bestandteil unserer Wirklichkeit und prägt uns auch in unserer Sicht von der Welt. Eine Aufgabe von Computerarbeit ist die Reflexion von Veränderungen in den Weltbildern. Der PC stellt sogar Möglichkeiten bereit, durch die Schaffung virtuellen Lebens „Schöpfer zu spielen". Über Spiele können neue Verhaltensweisen simuliert werden, die virtuell Möglichkeiten bieten, auf andere Einfluss zu nehmen. Diese Tatsache bewegt uns so sehr, dass wir uns in den nächsten Wochen ein ganzes Wochenende Zeit nehmen werden, um zu überlegen, welche Konsequenzen sich daraus für uns ergeben.

Die Vermittlung von Kompetenzen. Niemand wird der Behauptung, dass Medienkompetenzen heute zu den Schlüsselkompetenzen in unserer Gesellschaft gehören, widersprechen. So ist die Vermittlung von Medienkompetenz auch ein Ziel von Computermedienpädagogen.

• Das verlangt grundlegende Kenntnisse und Fähigkeiten des Gruppenleiters (grundlegendes Wissen im Bereich der Hard- und Software). Der Unterschied zum üblichen Informatikunterricht an den Schulen begründet sich in der Art und Weise des Lernens am PC, die in den besonderen Möglichkeiten des Mediums liegt. Lernen mit und am Computer ist keine Einbahnstraße (der Lehrer ist der Wissende und die Schüler sollen lernen), wie sie oft noch an Schulen praktiziert wird. Wichtiger als ausgefeilte Fähigkeiten und spezielles Computerfachwissen des Gruppenleiters ist dessen Fähigkeit, die vorhandenen Kompetenzen der Jugendlichen zu nutzen und ins Spiel zu bringen.

• Das setzt einen partnerschaftlichen Umgang mit den anderen Gruppenmitgliedern (soziale Kompetenzen) voraus, wodurch die Nutzung der unterschiedlichen Kompetenzen der Einzelnen für die Gesamtgruppe möglich wird. Diese soziale Kompetenz muss in der Gruppe wachsen und reifen.

• Die dritte wichtige Kompetenz, die Ziel einer Computerarbeit sein sollte, ist die Stärkung der Entscheidungsfähigkeit. Die fast unüberschaubaren Möglichkeiten beim Umgang mit dem PC verlangen stärker als in anderen Bereichen die Fähigkeiten, zu selektieren und sich zu beschränken. Das ist besonders im Web wichtig, um sich im Infodschungel zurechtzufinden und wirklich von den gebotenen Informationen zu profitieren.

Für diese Aufgaben und Ziele der Computerarbeit sollte mit dem „PC-Labor" der benötigte Raum geschaffen werden.

Bilanz

Durch den Einstieg in die Computerarbeit wurde nicht nur die Jugendarbeit in unserem Kirchenkreis um ein neues und attraktives Angebot bereichert, sondern das Projekt „PC-Labor" hatte Wirkungen auf die Institution – Wirkungen nach innen und nach außen. Das primäre Ziel der Institution, mit dem neuen Arbeitsbereich etwas für ihre Imageentwicklung zu tun, ist erreicht worden.

Wirkungen nach außen – Veränderungen für die Öffentlichkeit. Der Kirchenkreis hat eine Möglichkeit dazu gewonnen, die Vielfältigkeit der eigenen Arbeit zu präsentieren, auch wenn noch nicht alle Kirchengemeinden diese Chance für sich in Anspruch nehmen. Viele Außenstehende bemerken plötzlich die Kirche in ihrer Umgebung und sind erstaunt und erfreut über das „moderne Gewand". Die vorhandenen Berührungsängste gegenüber der Kirche sind durch die Informationen über die Strukturen und Angebote deutlich herabgesenkt. Ängste vor einer möglichen ideologischen Beeinflussung sind geringer, denn das Internet erlaubt es, mit nur einem Klick wieder zu gehen. Aber auch die Möglichkeit, sich anonym über Aktivitäten der Kirche zu informieren, sind vielen ein Bedürfnis. Das belegen auch die relativ hohen Zugriffszahlen auf die Kirchenkreis-Homepage.

Die Computerarbeit und besonders die Kirchenkreis-Homepage haben Signalwirkung. Die Kirche präsentiert sich über ein Medium, das als zeitgemäß empfunden wird. Die Chance, dass das öffentliche Bild von Kirche neu definiert wird, ist damit gestiegen. Durch die Verknüpfung zu regionalen Homepages wird die Kirche nicht nur für die eigenen Mitglieder durchschaubarer, sondern auch für viele Ämter und öffentliche Einrichtungen. Gerade in diesem Bereich tun sich viele mit den kirchlichen Strukturen schwer. Den richtigen Ansprechpartner zu finden, fällt nun leichter.

Wirkungen nach innen – Stärkung der Gemeinschaft. Die verbesserte Außendarstellung stärkt auch das Selbstbewusstsein der Institution, die durch den starken Personalabbau in ein Stimmungstief geraten war. Durch das gemeinsame Erscheinungsbild wird das Gefühl der Zusammengehörigkeit gestärkt. Kirche wird von den Mitarbeitern eher als gemeindeübergreifende Größe empfunden. „Ich kann durch das Wahrnehmen der Informationen teilhaben an Aktivitäten, Angeboten etc." Viele Pfarrer interessieren sich deutlich mehr für den neuen Arbeitsbereich Computermedienpädagogik als für andere Projekte der Jugendarbeit. Das Projekt „PC-Labor" ist zugleich Aushängeschild und Anlaufstelle bei eigenen technischen Fragen und Schwierigkeiten.

Auch ehrenamtliche Gemeindemitglieder begreifen das „PC-Labor" als Ressource, auf die sie bei Bedarf zugreifen, etwa als „Feuerwehr" bei Problemen im Umgang mit dem PC für Gemeindeglieder, die ihren PC für ihre ehrenamtliche Arbeit einsetzen möchten.

Mitarbeiter, die aus eigenem Antrieb eine Homepage für die Gemeinde gebastelt haben, fühlen sich durch das PC-Labor bestärkt. Sie sind aus ihrem „Exotendasein" herausgekommen. Das führte zu einer Stärkung der aktiven Arbeit an und mit ihren Seiten und eine selbstbewusstere Präsentation nach außen. Das PC-Labor und die Arbeit an der Homepage hat die Signalwirkung: „Die Öffnung von Kirche über das Internet ist erwünscht!"

Auch der Kreisjugendarbeit ist die Arbeit am Projekt bekommen. Zum einen profitiert sie maßgeblich durch die Erweiterung der Öffentlichkeit und damit der verstärkten Wahrnehmung von Inhalten und Aktionen der Jugendarbeit. Zum andern hat die Kreisjugendarbeit durch ihre Kompetenz einen Stellenwert im Kirchenkreis erlangt, bei dem deutlich wird, dass ihre Arbeit Bestandteil der Arbeit des Kirchenkreises ist und die Jugendarbeit nicht nur Geld kostet, sondern auch für den Kirchenkreis etwas zurückfließt.

Veränderungen für die pädagogische Zielgruppe – Teilnehmer/Jugendliche im PC-Labor. Überraschend ist der schnelle und deutliche Zuwachs an Medienkompetenz bei fast allen Teilnehmern. Bedenkt man die geringen Anfangsqualifikationen der Teilnehmer, so ist der Zuwachs an Fertigkeiten erstaunlich. Hausaufgaben, Plakate und Einladungen werden in den erlernten Programmen erstellt. Neuerdings probieren sich auch einige Teilnehmer am Programmieren kleinerer Spiele. Alle verwerten ihre Kenntnisse für die Schule.

Natürlich haben sich die Fähigkeiten recht unterschiedlich entwickelt. Einzelne Teilnehmer haben noch immer Schwierigkeiten, ihre Dateien so abzuspeichern, dass sie sie wiederfinden. Bemerkenswert ist jedoch, dass auch für diese Teilnehmer das „PC-Labor" ein wichtiger Treffpunkt zum gemeinsamen Austausch geworden ist. Wenn das Interesse am PC begrenzt sein mag, ist gerade bei diesen Teilnehmern eine besonders starke Identifikation und Inanspruchnahme des Angebotes zu spüren. Im PC-Labor trifft sich ihre Gruppe!

Pädagogisches Arbeiten und vor allem soziales Lernen sind in der Computergruppe sehr gut möglich. Die Voraussetzungen dazu sind gegenüber der „normalen" Gruppenarbeit sogar besser.

Die Teilnehmer sind heute zunehmend bereit, Verantwortung für die Gestaltung der Gruppe und die Umsetzung der Ziele zu übernehmen. So gibt es Jugendliche, die sich begeistert selbstständig Zugänge zu neuer

Software erarbeiten und diese den anderen Teilnehmern vorstellen. Nach Aussagen der Teilnehmer fällt es ihnen heute viel leichter, sowohl die Hilfe der anderen in Anspruch zu nehmen als auch das eigene Wissen zur Verfügung zu stellen. Ich selbst konnte inzwischen in der Gruppe die Rolle eines Moderators einnehmen, der die Eigeninitiativen der Teilnehmer fördert, reflektiert, Anregungen gibt und bei Bedarf steuernd eingreifen kann.

Die Jugendlichen merken sehr wohl, dass sie mit dem „PC-Labor“ eine andere Art des Lernens als in der Schule erleben. Andere Lerngruppen werden heute wesentlich kritischer betrachtet (z.B. Schule). Darüber hinaus versuchen sie, Anstöße aus dem „PC-Labor“ zu übertragen, was nicht immer die Begeisterung der Lehrer findet.

Dass die Geschlossenheit in der Gruppe wächst, ist nicht nur als Erfolg zu sehen, sondern darin liegt auch eine Gefahr. Die Gruppe versteht sich inzwischen fast zu gut. Nur mit Widerstreben können sich einige Mitglieder vorstellen, neue Jugendliche in die Gruppe aufzunehmen. Die Abgrenzung nach außen führt dazu, dass für Außenstehende der Eindruck entsteht, das „PC-Labor“ sei eine Art Nachhilfeunterricht (und damit unterm Niveau) oder eine Elitegruppe („da wird zu viel vorausgesetzt“). Die erneute Öffnung der Gruppe ist eins der nächsten Ziele. Das wird uns spätestens durch die jährlich stattfindende Fahrt für alle Interessierten gelingen.

Resümee

Nach einem Jahr „PC-Labor“ kann ich feststellen, dass sich sowohl die Jugendlichen wie auch unser Kirchenkreis auf einen neuen Weg des gemeinsamen Lernens begeben haben. Das Medium PC hat es vermocht, ganz unterschiedliche Interessen verschiedener Gruppen miteinander zu vereinbaren.

Während die Institution nach einem Imagezugewinn und einem moderneren Erscheinungsbild strebte, die Jugendlichen für sich ein attraktives Angebot suchten, und ich als Pädagoge in dem Computer ein Instrument gesehen habe, mit dem sich soziale und pädagogische Prozesse steuern lassen, kann ich heute sagen, dass alle Beteiligten auf ihre Kosten gekommen sind.

Die Homepage des Kirchenkreises als Ergebnis des Etablierungsprozesses der Computerarbeit in unserer Region spiegelt den gelaufenen Prozess vielleicht am greifbarsten wider. Dieses Projekt hat die verkrusteten Kommunikationsformen der Institution etwas aufgebrochen und eine informelle Plattform für viele geschaffen. Das Angebot wurde erstaunlich gut aufgenommen. Für die Teilnehmer war die Arbeit an der Homepage weit mehr als nur eine Übungsmöglichkeit für bisher angeeignete Fähigkeiten. Die Identifikation mit dem Kirchenkreis hat deutlich zugenommen.

Die pädagogische Arbeit mit dem Computer vermochte es, soziale Rollen zu verändern, Hierarchien abzubauen, neue Kompetenzen zu entwickeln und neue Identitäten zu finden. Von diesem Veränderungsprozess waren nicht nur die Jugendlichen als eigentliche Zielgruppe betroffen. Auch ich als Gruppenleiter habe mich in diesem Projekt verändert. Ich habe Verbündete gefunden und konnte eine andere Position innerhalb meiner Institution einnehmen.

Anmerkungen

1 Wichtige Instanzen im Projektmanagement sind die Auftragsebene mit dem „Auftraggeber" und „Entscheider" und die Auftragnehmerebene mit dem „Projektleiter", den „Projektteammitgliedern" und den „Projektmitarbeitern" (siehe: G. Kraus / R. Westermann-Gabler [1998]: Projektmanagement mit System. Organisation, Methoden, Steuerung. 3., erw. Aufl., Wiesbaden: Gabler, S. 28ff „Aufbauorganisation"; vgl. auch den Beitrag zu „Implementation" in diesem Band, S. 402ff.).

2 Unter der Linie versteht man die Routinearbeiten, also die laufende normale Arbeit. Dem gegenüber steht das Projekt mit seiner Einmaligkeit und Zielorientierung und zeitlichen Begrenzung. Auch mein CMP-Projekt wurde anfangs von mir als „U-Boot-Projekt" geplant und eingeführt. Scheinbar aus dem Nichts tauchte es auf. Während dieser Phase wurde mir jedoch immer deutlicher, welche Chancen in der Nutzung von Computerarbeit gerade auch für die Institution bestehen. Da die Nutzung von Projektmanagement diese Chancen verstärkt, habe ich mich bemüht, aus dem „U-Boot-Projekt" möglichst schnell ein „normales Projekt" zu machen. Das gab dem Projekt mehr Öffentlichkeit und Sicherheit, änderte aber auch einige Zielrichtungen und Intensionen des Projektes.

Bernhard Eckmann

Teamentwicklung zwischen Online und Offline

Erfahrungen bei der Moderation eines Teambildungsprozesses

Gruppen, die zwischen ihren Präsenztreffen eine kontinuierliche Online-Kommunikation per Mailingliste pflegen, haben eine andere Dynamik als Gruppen, die sich ausschließlich Face-to-face begegnen. Denn der Einsatz von eMail-basierten Diskussionsforen in der Gruppenkommunikation verändert und ergänzt die kommunikative Ausstattung einer Gruppe in entscheidender Weise:

Einerseits wird der Kommunikationsprozess kontinuierlicher. Die Gruppe tagt sozusagen in Permanenz, da nun der Offline-Gruppenprozess, zumindest was die Transparenz und die Möglichkeit der Teilnahme betrifft, online fortgesetzt werden kann. Andererseits wird die Kommunikation in den relativ langen Onlinephasen auf das Schriftmedium reduziert.

So stehen die Mitglieder in ständigem Kontakt, müssen jedoch einen Wechsel des Mediums bewältigen und in angemessener Weise in den Gruppenprozess integrieren.

Was bewirkt nun diese Veränderung? Wie verändern sich soziale Aushandlungsprozesse? Erhöht sich die Produktivität der Gruppe? Wächst der Zusammenhalt? Wie geht die Gruppe mit dem Wechsel des Kommunikationsmediums um? Wie lässt sich der Kommunikationsprozess beeinflussen und steuern?

In der Moderation des Teambildungsprozesses des AK-up2net, in der neben monatlichen Präsenztreffen die Online-Kommunikation das zentrale Medium der Teamentwicklung ist, kann ich Erfahrungen mit dieser eigenartigen Mischform der Gruppenkommunikation machen, die im Arbeitsleben sicherlich an Bedeutung gewinnen wird. Im Folgenden werde ich eine etwa viermonatige exemplarische Phase dieses Prozesses beschreiben. Es ist spannend und mitunter für mich als Leiter und Moderator auch bedrängend zu erleben, wie die vom Wechsel der Kommunikationsart angeregten, unterschiedlichen Wirklichkeitskonstruktionen der TeilnehmerInnen – im Besonderen auch meiner eigenen – eine Dynamik entfalten. Phasenweise kann ich über den Entwicklungsstand der Gruppe und der Diskussion nur spekulieren, abgelaufene Kommunikationsprozesse lassen sich kaum mehr rekonstruieren und es wird manchmal recht unübersichtlich.

Soviel will ich schon verraten:

Die Wechselwirkung zwischen Online- und Offlinekommunikation stellt zusätzliche Energien für den Gruppenprozess und die gemeinsame Arbeit zur Verfügung, birgt aber auch die Gefahr, chaotisch zu werden und Ziele zu gefährden. Es lohnt sich, als Moderator dem Wechselspiel der Kommunikationsformen höchste Aufmerksamkeit zu schenken.

Vom Netzwerk zum Team: AK-up2net

Als Angestellter des Kreisjugendrings München-Stadt, der die technische, administrative und fachliche Infrastruktur für das Projekt „up2net“ (siehe auch S. 62ff. in diesem Band) zur Verfügung stellt, habe ich die Aufgabe, die Entwicklung, den Aufbau und den Betrieb der Netcommunity und des Jugendservers „up2net“ zu leiten. Dies geschieht in Kooperation mit dem Netzwerk „Ak-up2net“ und BesucherInnen der Freizeitstätten. Innerhalb dieses Netzwerks bin ich als Initiator anerkannt und genieße Anerkennung als Fachmann, Moderator und Unterstützer.

Gestützt wird diese Position außerdem durch die Ressourcen, über die das Projekt Neue Medien verfügt, und die den KollegInnen zur Verfügung stehen. (Finanzierung des Servers und des technischen Supports, meine Arbeit als Dienstleistung, Mittel für Kurse etc.)

Die Ressourcen der beteiligten Einrichtungen, ohne die das Projekt nicht gelingen kann, müssen durch Motivations- und Überzeugungsarbeit für das Projekt erschlossen werden, denn über den Ressourceneinsatz entscheiden die Teams der beteiligten Einrichtungen.

In den AK-up2net delegieren 14 Freizeitstätten jeweils eine/n KollegIn, es sind sieben männliche und sieben weibliche KollegInnen. Außerdem nehmen etwa drei bis fünf Personen aus dem fachlichen Umfeld als BeraterInnen und UnterstützerInnen sowie drei StudentInnen der Kampagnengruppe teil.

Die lange und intensive Arbeitsphase, die dem AK-up2net beim Aufbau von up2net bevorstand, würde nach allgemeiner Einschätzung eine hohe Verbindlichkeit in der Zusammenarbeit erforderlich machen. Der trägerübergreifende AK-up2net hatte sich deshalb selbst als „Team“ definiert, wohl wissend, dass damit ein Anspruch formuliert war, der noch nicht verwirklicht war.

In der Zusammenarbeit im Team „AK-up2net“ hat sich parallel und korrespondierend zur Entwicklung der Kultur und Konzeption des pädagogischen Projekts „up2net“ eine Kultur entwickelt, die folgenden Grundsätzen entspricht: Rekursivität (hohe Übereinstimmung der eigenen Arbeitsweisen mit den Grundsätzen des pädagogischen Projekts), kooperatives Leitungsverständnis, Selbstorganisation, Ressourcenorientierung, gemeinsamer Lernprozess, Partizipation.

Der AK-up2net trifft sich in etwa monatlichem Abstand. Zwischen diesen Treffen kommuniziert der AK in einer Mailingliste. Das tägliche Mailaufkommen liegt im Schnitt bei etwa fünf Mails.

Eine Befürchtung – fällt das Team auseinander?

Im Sommer 1999 hatte die „Kampagnengruppe“ – einige computererfahrene Kollegen, („Cracks“) zusammen mit den StudentInnen und mir – in einer intensiven Arbeitsphase Vorarbeiten für den Start der Kampagne „Just go up2net“ geleistet, während der größte Teil der KollegInnen aus den Freizeiteinrichtungen in Urlaub war. Ich ging in Urlaub, als die meisten Arbeiten erledigt waren. Im Oktober sollte die Kampagne starten. Kurz vor dem Präsenztreffen des „AK-up2net“, der zugleich der Start der Kampagne sein sollte, befielen mich aber ernste Zweifel und Befürchtungen:

Würden die KollegInnen wirklich in den Startlöchern für die Kampagne sein, die ja nur erfolgreich werden würde, wenn viele intensiv mitarbeiteten? Würden die KollegInnen, wenn sie aus dem Urlaub zurückkommen, Anschluss an die intensive Offline- und Online-Kommunikation finden, die zwischen den Cracks, mir und den StudentInnen stattgefunden hatte? Sie könnten zwar einen Wust von elektronischen Diskussionsbeiträgen aus dem Netz herunterladen, aber würde dabei nicht der Eindruck entstehen, dass alles Wesentliche nun ohne sie gelaufen ist? Würden sie die Textstellen finden, in denen ausdrücklich darauf hingewiesen wird, dass sie gebraucht werden, um nun in den verbleibenden Wochen vor dem nächsten AK die August-Arbeitsergebnisse einer kritischen Prüfung zu unterziehen? Oder würden sie sich angesichts der Fülle an Materialien eher innerlich vom Projekt distanzieren?

Das weitgehende Ausbleiben von Reaktionen auf die Arbeitsergebnisse in der Mailingliste wies eher auf eine entstandene Kluft im Team hin. Hatte ich mich zu sehr auf das Kommunikationsmittel „Mailingliste“ verlassen?

In einer Mailingliste ist es zwar möglich, die Gruppenkommunikation zwischen den Treffen kontinuierlich fortzuführen und seine Zeitplanung auf die Erfordernisse abzustimmen. Aber insbesondere das Ausbleiben von Reaktionen ist in der reduzierten kommunikativen Situation nicht so ohne weiteres aufzuklären, was Phantasien – Wirklichkeitskonstruktionen blühen lässt. Man kann mittels Mailingliste innerhalb einer Gruppenstruktur für alle transparent diskutieren, das Gelingen der Kommunikation hängt jedoch davon ab, ob alle Beteiligten ein ähnliches Verständnis der kommunikativen Situation haben.

Mich beschlichen Zweifel an der Tauglichkeit der eMail-Kommunikation für die Gewährleistung eines Zusammenhalts im Team in einer Phase starker Arbeitsteilung. Dieser war aber dringend notwendig, da auf der Basis der „Augustergebnisse“ die Kampagne starten sollte und keine weitere Zeit mehr war, diese Ergebnisse neu zu diskutieren und zu modifizieren. Es standen den KollegInnen somit kaum mehr eine Mitwirkungsmöglichkeiten offen bezüglich dieser Ergebnisse, die ja Vorgaben für Ihre weitere Arbeit darstellten. Partizipation ist aber innerhalb der Kultur von up2net ein hoher Wert, und ich befürchtete für das nächste AK-Treffen konfliktreiche Auseinandersetzungen zu diesem Punkt. Würden die KollegInnen diese Zumutung schlucken?

Hinzu kam eine weitere Zumutung: Da die Fülle von Ergebnissen im Treffen zuverlässig vermittelt werden musste und ich auf Grund terminlicher Zufälle der einzige der ProduzentInnen der Augustphase war, der beim AK anwesend sein konnte, blieb kaum eine andere Möglichkeit, als die KollegInnen mit einer sehr langen einseitigen Instruktion meinerseits zu konfrontieren. Auch dies durchaus unüblich in diesem diskutierfreudigen Team.

Das Medium „Mailingliste“, ein vortreffliches Arbeitsinstrument, verursachte in dieser Situation bei mir als Moderator und vermutlich auch bei einigen KollegInnen Verunsicherung.

Ich zog die Konsequenz, sehr sorgfältig die Anfangssituation des nächsten Treffens zu planen. Mir schien es am sinnvollsten, in einer längeren einleitenden Rede (auch ein Novum) die diversen Zumutungen und Kulturbrüche anzukündigen, um Vertrauensvorschuss zu bitten und auf die Wichtigkeit des Wertes „Partizipation“ für das Gelingen des Gesamtprojekts zu verweisen und die Situation insgesamt als Ausnahmesituation zu kennzeichnen. Insbesondere wollte ich auch auf die schillernde Eigenart der eMail-Kommunikation hinweisen.

Das AK-Treffen Anfang Oktober lief weitgehend konfliktfrei. Meine einführende Rede wurde wohlwollend aufgenommen, die KollegInnen zeigten Verständnis für die besondere Situation. Meine fast zweistündige Instruktion führte nicht zu Protestäußerungen, wenngleich den KollegInnen eine gewisse Anspannung und Erschöpfung anzumerken war. Nach dem Treffen bat ich einzelne KollegInnen um Feedback zu meinem Auftreten und bekam nur positive Bestätigung für mein Vorgehen. Unklar blieb mir jedoch, ob dieses Gelingen auf meine Art der Intervention zurückzuführen war oder ob meine Befürchtungen übertrieben waren.

Stress – entsteht ein Zielkonflikt?

Im Oktober lief die Kampagne „Just go up2net“ auf vollen Touren und band meine Kräfte weitestgehend. Diese Auslastung meiner Arbeitskapazität führte dazu, dass mich Anfang November ein sehr konstruktiver Vorschlag einer Studentin in Bedrängnis brachte. Sie stellte in der Mailingliste die Frage, wieso eigentlich nur Männer in der Gruppe der Administratoren des

Servers seien und dass es doch sicher ein Leichtes sei, hier auch Frauen dieses Tätigkeitsfeld zu erschließen. Einige KollegInnen äußerten sich hierzu zustimmend.

Wir waren zu diesem Zeitpunkt drei Männer mit hohen Rechten innerhalb des technischen Systems. Aber nur ich war Administrator im eigentlichen Sinne und ich hatte diesen Bereich organisatorisch ganz auf mich zugeschnitten. Außer mir hätte niemand eine Kollegin oder einen Kollegen anlernen können. Es war jedoch in der jetzigen Lage völlig ausgeschlossen, ein solches Angebot zu machen. Mitten in einer intensiven Arbeitsphase umzuorganisieren, kam nicht in Frage und hätte meiner Meinung nach das Projektziel gefährdet. Mir schien es ratsam, die Behandlung dieser Frage mit Bedacht und großer Umsicht anzugehen. Die Sache war „heiß". Es waren mehrere Aspekte zu beachten:

- Die Anfrage der Studentin ist sehr konstruktiv und zielt auf das Eröffnen neuer Entwicklungsmöglichkeiten. Sie muss wertschätzend behandelt werden.
- Die Anfrage kann aus praktischen Gründen derzeit nicht berücksichtigt werden.
- Die Geschlechterdiskussion kann eine große Dynamik entfalten und kann in diesem Fall zu Solidarisierungseffekten und zu kontroversen Debatten führen und Kräfte vom Projektziel abziehen.
- Die KollegInnen sind über die spezielle Situation der Administration nicht ausreichend informiert, da nun erstmals der Fokus hierauf gelenkt wird.
- Die Diskussion muss in der Mailingliste geführt werden, da das nächste Treffen noch nicht bald genug ist.
- Die Mailingliste ist nicht unbedingt ein gutes Mittel, emotionale Diskussionen zu führen.

Mir war klar, ich musste so intervenieren, dass weder Motivation und Zeit durch eine ausufernde Geschlechterdebatte verloren ging , noch durfte im Falle einer solchen Dynamik zu ungeschickt gebremst werden, um nicht auf diese Weise durch Frust Motivationsverlust zu erzeugen.

Mein erster Beitrag in der Mailingliste schilderte ausführlich die praktische Problemlage Ich versuchte, die Aufmerksamkeit auf andere wichtige und interessante Tätigkeitsbereiche zu lenken, und beschrieb die Administrationstätigkeit wahrheitsgemäß als hochformalisierte Abläufe ohne Gestaltungsspielraum. Dies wurde in der Mailingliste von einigen Teilnehmern als Abwiegeln verstanden und als Trick, um typisch technokratisch und typisch männlich eine technische Domäne gegenüber Frauen abzuschotten. Die Diskussion bewegte sich also in Richtung kontroverser Geschlechterdebatte, bei der sich interessanterweise vor allem Männer für die Frauen äußerten.

Aussagen zur Geschlechterfrage stoßen meist auf stark verfestigte Konstruktionen bei den ZuhörerInnen. Dies hat mit dem gesellschaftlichen Diskurs zu diesem Thema zu tun. So muss vermutet werden, dass nicht entspannt und offen zugehört/gelesen wird, sondern Missverständnisse entstehen.

Nun gibt es durchaus positive Anknüpfungspunkte zur Thematik im Projektzusammenhang: Auch im Projekt up2net gab und gibt es die Geschlechterdebatte, die stets zu konstruktiven Lösungen geführt hat. Also könnte das Erinnern und Anschließen an diese Kultur, in Verbindung mit einer nochmaligen ausführlichen Information über die Ressourcenlage, den Dialog vor einem Abheben von den realen Gegebenheiten bewahren und in den richtigen Kontext stellen.

Ein womöglich stark emotionalisiertes Thema läuft innerhalb der reduzierten Kommunikationsform einer Mailingliste schnell Gefahr abzuheben und den Kontext zu verlassen. Deshalb schien es angemessen, für dieses Thema Raum im nächsten AK einzuplanen um vollständiger kommunizieren zu können. Es erschien mir auch sinnvoll, die KollegInnen an ihre Verantwortung für die jetzige Situation zu erinnern - sie hatten sich in der Vergangenheit nicht für die Administration interessiert.

In diesem Sinne schrieb ich nun einen sehr langen Beitrag, signalisierte durch sorgfältige Formulierungen und ausführliche Argumentation, dass ich die Sache sehr ernst nahm. Jede Ironie, die zu einer Eskalation führen könnte, vermied ich strikt.

Da die Diskussion bislang nur von wenigen, von diesen aber um so engagierter vorangetrieben worden war, ich die Haltung des großen Rests aber nicht wahrnehmen konnte, dachte ich bei den Formulierungen sehr bewusst an dieses schweigende Publikum. Ich war vollständig auf meine Vermutungen angewiesen und agierte entsprechend sorgsam, um das Ziel, die Beruhigung der Diskussion und die Zurückführung in den konkreten Kontext, nicht zu gefährden.

Dieser Beitrag schien wirksam zu sein. Die Diskussion beruhigte sich. Mit zeitlichem Abstand schrieb eine Kollegin, sie habe volles Vertrauen in die Administration durch die Männer und sei froh, dass sie so den Rücken frei habe, um engagiert geschlechtsspezifisch in der pädagogischen Praxis arbeiten zu können.

Beim nächsten AK-Treffen zeigte sich, dass das Geschlechterthema das Team momentan nicht mehr weiter beschäftigte. Dies könnte an meiner Intervention in der Mailingliste gelegen haben, oder aber an meiner Art, dieses Treffen zu moderieren.

Ich ging nämlich mit einem im Vergleich zum vorhergehenden Treffen deutlich veränderten Konzept in die Versammlung. Meine These war, dass es notwendig geworden war, das Team in seiner Verantwortung für das

Gesamtprojekt anzusprechen. Sowohl die einseitige Instruktion im letzten AK als auch die beruhigte Diskussion zur Geschlechterfrage könnte ja bei einer Reihe von KollegInnen zu einer inneren Distanzierung vom Projekt geführt haben, ohne dass dies explizit geäußert worden wäre. Ich hatte in den vergangenen Wochen nur sporadisch direkten Kontakt mit den einzelnen KollegInnen, und mit der Gesamtgruppe kommunizierte ich nur über die Mailingliste und war bei der Einschätzung der Lage vorwiegend auf meine Vermutungen angewiesen, die auf die reduzierten Informationen aus der Mailingliste gründeten. Das Misstrauen mir gegenüber, das in der Geschlechterdebatte anklang, könnte ein Hinweis darauf gewesen sein, dass ich mein rigides Vorantreiben und das alleinige Fokussieren auf den Leistungsaspekt nicht überziehen durfte.

Ich moderierte das nächste Treffen nicht mehr in der üblichen Form des Abarbeitens von Tagesordnungspunkten. Die gemeinsame Analyse des gegenwärtigen Entwicklungsstands der Kampagne und die gemeinsame Entwicklung von nächsten Interventionen standen im Mittelpunkt. Ich nahm in Kauf, dass nicht alle anstehenden Themen behandelt werden konnten und vertröstete mich selbst auf die Möglichkeit der Nachbehandlung in der Mailingliste.

Zur Rolle von eMail-Kommunikation im Gesamtprozess

Die beschriebenen Phasen sind typisch und exemplarisch für die Rolle der eMail-Kommunikation in den Zeiten zwischen den Präsenztreffen. Zwischen den Offline-Treffen entfaltet die Online-Kommunikation neben ihrem Hauptzweck, eine Plattform zum Austausch von für den Arbeitsprozess notwendigen Informationen zu sein, stets auch ein „Eigenleben". Ich habe es bislang kaum erlebt, dass in diesen Zwischenphasen der Gruppenzusammenhalt gestärkt werden würde. Eher ist es so, dass die Kommunikation „Nebenthemen" in den Mittelpunkt rückt, verdeckte Konflikte ans Tageslicht bringt, bislang Unbeachtetes zum Ausdruck bringt und Verunsicherung erzeugt. Dies ist einerseits nützlich, da im Alltagsgeschäft immer auch Wichtiges übersehen wird (Bsp. Geschlechterfrage) und die Mailingliste hier wie ein Seismograf auf Untergründiges hinweist bzw. wie ein Ventil „Nebenthemen" eine Artikulationsmöglichkeit verschafft und so den Gruppenprozess entlastet. Andererseits tendieren die Diskussionen dazu, vom Projektziel abweichend Kräfte zu binden und so bisweilen kontraproduktiv im Sinne des Projektziels zu wirken. Für den Moderator und Projektleiter eine aufregende Sache. Warum ist das aber so?

eMail ermöglicht das schriftliche Kommunizieren. In der Form der Mailingliste oder der Newsgroup erlaubt sie eine asynchrone schriftliche Gruppenkommunikation – man muss sich nicht zeitlich verabreden, um kommunizieren zu können.

Eine Mailingliste kann zwischen den realen Treffen einer Arbeitsgruppe als überbrückendes Kommunikationsmedium eingesetzt werden. Sie ist aber nicht nur eine Fortsetzung der Gruppenkommunikation mit anderen Mitteln hin zu mehr Kontinuität im Gruppenprozess, sondern sie entfaltet im Wechselspiel mit den realen Treffen eine eigentümliche Dynamik und stellt Ressourcen für den Gruppenprozess zur Verfügung.

eMail ist zwar schriftlich, wird aber, da sie leicht von der Hand geht und schnell und flüchtig verwendet werden kann, beim Sender und Rezipienten zwischen mündlicher und schriftlicher Kommunikation eingeordnet. Entsteht in der eMail-Kommunikation ein Konflikt mit den damit verbundenen Emotionen, so gerät diese Zuordnung oft durcheinander. Was einer eher „mündlich" meint und locker hinschreibt, liest ein anderer eher „schriftlich" und legt jedes Wort auf die Goldwaage. Außer der Schrift stehen keine Kommunikationsmöglichkeiten zur Verfügung. Verbale und nonverbale Signale kommen nicht ins Spiel und können keine Hinweise liefern, wie etwas gemeint ist. So kommt es leicht zu Missverständnissen. Der situative Kontext, in dem geschrieben wurde, ist für den Leser in keiner Weise erschließbar. Da die Kommunikation asynchron ist, steht viel Zeit zur Verfügung, um einen Beitrag zu lesen (auch mehrmals), den Beitrag zu verstehen und die Antwort zu verfassen.

In dieser Zeit entstehen eigene Wirklichkeitskonstruktionen und werden ausgebaut. Wenn diese überhand nehmen und für den Prozess hinderlich zu werden drohen, greift der erfahrene eMailer zum Telefon und versucht, gemeinsam mit dem Partner den kommunikativen Knoten wieder aufzudröseln.

Findet die Kommunikation in einer Mailingliste statt, so steht dieser schnelle Griff zum Telefon aber nicht zur Verfügung. Er würde die Gruppenkommunikation nicht ersetzen. Man ist gezwungen, auch komplizierte kommunikative Situationen mit eMail zu bewältigen. Gelingt dies nicht, so bleibt nur die Möglichkeit, das, was online nicht gelingt, in einem Offline-Gruppentreffen zu versuchen.

Solange versucht wird, online Probleme zu lösen, hat die Kommunikation immer auch einen rhetorischen Charakter, da sie zwar zwischen konkreten Menschen stattfindet, aber immer vor einem Publikum, das sich z.T. nicht äußert. Auch für den Fall, dass der Schreibende die passiven LeserInnen persönlich kennt, sind Spekulationen über deren Sichtweise Tür und Tor geöffnet, solange sie sich nicht persönlich äußern. Man schreibt rhetorisch, einer angenommenen Leserschaft zugewandt, und ist also in starkem Maße auf eigene Wirklichkeitskonstruktionen angewiesen.

Vermutlich gedeihen bei allen Beteiligten wuchernde Wirklichkeitskonstruktionen, wenn – bei den reduzierten Kommunikationsmöglichkeiten – heftige Emotionen auftreten.

eMail liefert Anregung und Nahrung für diese Prozesse, aber zuwenig zusätzliche Kontextinformationen, um sich ausreichend zu verständigen. So erscheint es sinnvoll, bei auftretenden starken Emotionen, das entsprechende Thema, wenn irgend möglich, auf das nächste Offline-Treffen zu verlegen. Aber auch hier gelingt eine Klärung der Situation nicht immer.

Die bereits in der eMail-Phase notwendigen Interventionen treiben den Prozess oft schon zu sehr weiter, um noch reflektierend gemeinsam mit der Gruppe zurückblicken zu können. Und im Offline-Treffen ist es wegen des in der Praxis üblichen Zeit- und Leistungsdrucks oft nicht möglich, Konflikte, die in der eMail-Phase aufgetreten sind, im Nachhinein noch ausreichend aufzuarbeiten.

In dem von mir beschriebenen Prozessabschnitt spielt dieses Wuchern von Wirklichkeitskonstruktionen, die nicht wirklich „aufgeklärt“ wurden, zweimal eine besonders wichtige Rolle: Vor dem Oktober-AK, als ich mir Sorgen um die Motivationslage des Teams machte und vor dem November-AK, als ich Befürchtungen bezüglich der Geschlechterdebatte entwickelte.

In beiden Sequenzen löste die eMail-Kommunikation bei mir negative Emotionen (= Gefühlskonstruktionen) aus, beide Male war ich mir im Nachhinein nicht mehr sicher, ob diese Befürchtungen zugetroffen haben. Diese Unsicherheit kam daher, dass nach Ablauf der realen Treffen nicht mehr feststellbar war, was gewesen wäre, wenn ich nicht durch entsprechende Gestaltung der eMail-Kommunikation und der Moderation mögliche negative Entwicklungen vorab abgefangen hätte.

Entscheidend jedoch ist für mich, dass die Irritationen, die auf eMail-Ebene entstanden sind, mich dazu motiviert haben, sehr bewusst zu intervenieren. Das Team ist stets präsent. Die Kontinuität der Kommunikation zwischen den realen Treffen hat bei mir zur Konstruktion von inneren Landkarten geführt, die zwar nur zum Teil mit dem Zustand des Teams als Gesamtsystem von vielen unterschiedlichen individuellen Wirklichkeitskonstruktionen übereinstimmen mochten, jedoch meine Aufmerksamkeit auf vermutlich relevante Aspekte des Gruppenprozesses lenkten.

Ich nehme an, dass auch die anderen Teammitglieder, sofern sie (aktiv oder passiv) an der eMail-Kommunikation teilgenommen haben, ähnliche Prozesse der Wirklichkeitskonstruktion durchlaufen haben, wenn auch vielleicht nicht so intensiv wie ich als Projektverantwortlicher.

Wir treffen also in den Präsenzsitzungen vermutlich in gespannter Erwartung zusammen, jeder damit beschäftigt, das eigene Bild vom Zustand des Teams und der einzelnen Personen mit dem Bild abzugleichen, das innerhalb einer Situation, in der auf vielen Kanälen kommuniziert werden kann, entstehen kann.

Rückblickend fällt mir auf, dass die Teammitglieder zu Beginn der Treffen in der Regel sehr präsent, aufmerksam und erwartungsvoll wirkten – im Unterschied zu vielen anderen Gruppen ohne eMail-Vernetzung.

Vielleicht waren sie deshalb so bei der Sache, weil auch sie mit Spannung auf die Weiterführung der Kommunikation unter reichhaltigeren und günstigeren Bedingungen warteten.

Eine Mailingliste als Arbeitsmittel einer Gruppe ist so zwar ein Medium, das Irritationen auslösen kann, es stellt jedoch gerade auch auf Grund dieses Potenzials, Energien und Ressourcen für Gruppenprozesse und für deren Moderation zur Verfügung und wirkt so, im Ganzen betrachtet, letztlich doch stärkend auf den Gruppenzusammenhalt. Für die Moderation bedeutet dies Arbeit. Es empfiehlt sich, für die Online-Phasen ausreichend Zeit einzuplanen, denn der Gruppenprozess läuft kontinuierlich weiter und braucht eine kontinuierliche Begleitung.

Lambert Zumbrägel

BJA Connection – das Jugendamt geht online

Ein Organisationsentwicklungsprojekt zum Thema Internet

Weiterentwicklung ist mehr als Ausbildung

In BJA-Connection sollten die Diözesanstellen des „Bischöflichen Jugendamtes Würzburg“ (BJA) sich das Medium Internet aneignen. Ziel war es, nicht nur die MitarbeiterInnen in der Nutzung dieses Kommunikationsmediums auszubilden, sondern das BJA als gesamte Organisation im Bereich Online-Medien weiterzuentwickeln. „Weiterentwicklung“ bedeutet in meinen Augen nicht, den MitarbeiterInnen Kompetenzen in einem bestimmten Anwendungsgebiet zu vermitteln, sondern die Fähigkeit zur eigenständigen Aneignung und Weiterentwicklung des Mediums für die eigene Arbeit. Somit entwickelt der/die MitarbeiterIn den eigenen Arbeitsplatz weiter. Passiert dies bei vielen oder allen MitarbeiterInnen, entwickelt sich zwangsläufig die Organisation. Voraussetzung dafür ist es, dem Computermedium ein stabiles „Netzwerk von Menschen“ als Lern- und Steuerungsgruppe gegenüberzustellen, damit aus individuellen Lernerfolgen ein gemeinsamer Organisationsprozess wird. Das Arbeiten und Lernen in virtuellen Welten hat also viel mit den realen Beziehungen und Arbeitsräumen zu tun. Die Weiterentwicklung der Organisation in diesem Sinne beschränkt sich somit nicht auf den Erwerb von Fachkompetenzen, sondern vermittelt den MitarbeiterInnen auch Sozial- und Lernkompetenzen. Gleichzeitig lassen sich diese sozialen Kompetenzen in Form von Kontakten zum Lernen nutzen.

Auf diesen Aspekt des Projektes BJA-Connection möchte ich mich nachfolgend konzentrieren und ihn mit Beispielen veranschaulichen.

Rahmenbedingungen des Projekts

Bei dem Projekt BJA-Connection nahmen 30 von 33 hauptberuflichen MitarbeiterInnen der Diözesanstellen des BJA teil, die räumlich alle im selben Gebäude tätig waren. Die Teilnahme am Projekt war freiwillig, fand aber in der Arbeitszeit statt. An der Beteiligung sah man den hohen Bedarf der KollegInnen sich mit dem Medium auseinander zu setzen. Vorerfahrungen oder Internetkenntnisse gab es kaum.

Im Wesentlichen handelte es sich um drei Berufsgruppen: SekretärInnen/Verwaltungspersonal, PädagogInnen und TheologInnen. Diese drei in sich altershomogenen Berufsgruppen hatten sehr unterschiedliche Arbeitsfelder - von der Buchhaltung über Bildungsarbeit mit Ehrenamtlichen bis zur Jugendamtsleitung - und somit auch ein sehr unterschiedliches Interesse am Medium Internet. Das Projekt knüpfte an diese Unterschiedlichkeiten und vorhandenen Arbeitsstrukturen wie Teams, Arbeitsverteilungen und Computerkenntnisse an.

Der Projektzeitraum erstreckte sich über drei Monate von Juni bis September 1999, also über die Ferienzeit, eine ruhige Lernphase. In dieser Zeit sollten die TeilnehmerInnen eine Einzel- und eine Teamaufgabe erfüllen und dazu ihre „Lernzeit" selbst in ihre sonstige Arbeitszeit integrieren. Die Arbeit am Computer gestaltete sich somit völlig selbstständig. Die TeilnehmerInnen bestimmten selbst, was und wie sie lernen wollten. Dies geschah sehr unterschiedlich intensiv, von nahezu 0 Stunden bis weit über 40 Stunden.

Am Ende des Projektes stand eine BJA-Internetfachtagung zur Auswertung der Erfahrungen, zu gemeinsamen Absprachen und zur Weiterführung des Projektes mit den Außen- und Regionalstellen des BJA.

Die Aufgaben sollten ein Ziel und Orientierung für die Auseinandersetzung mit dem Internet geben:

- Erstellt eine Homepage über die Arbeit Eures Teams.
- Suche im Internet fünf Links, die Dir für Deine Arbeit sinnvoll erscheinen und integriere sie in Eure Teamhomepage.

Für die Erfüllung dieser Aufgaben hatte ich fünf Stunden für die Linksuche und 15 Stunden für die HTML-Gestaltung innerhalb der drei Monate geschätzt, was sich als Zeitbedarf auch bestätigte.

An Hardware stand nur ein direkter Internetzugang zur Verfügung (Pentium 90 MHz, 8 MB RAM, 800 MB HD), da das vorhandene LAN aus technischen Gründen nicht ans Netz zu bringen war. Die Software war ausschließlich Freeware (Netscape Communicator 4.5, MS Internet-Explorer 5.0, Outlook Express, Phase V HTML Editor). Ein nichtöffentlicher Webspace wurde auf dem Bistumsserver (www.bistum-wuerzburg.de) eingerichtet.

Eine Motivation der BJA-Leitung, das Projekt durchzuführen, war der bevorstehende Umzug des Jugendamtes in ein neues Gebäude im Juni 2000, für das eine Internetnutzung durch die MitarbeiterInnen geplant war. In welcher Form diese stattfinden sollte, war aber völlig unklar, da keine Erfahrungswerte vorlagen.

Für die Internetnutzung im Projekt gab es keinerlei Beschränkungen finanzieller, zeitlicher oder inhaltlicher Art von Seiten der Jugendamtsleitung. Damit wurde das eigentliche Prinzip kirchlicher Jugendarbeit (Bedürfnisorientierung und personales Angebot) auf die eigene Institution angewendet, was in einer Weiterbildungssituation für MitarbeiterInnen neu war. Dieser Punkt sollte sich im Nachhinein als äußerst förderlich erweisen.

Die sozialen Bezüge als wichtigste Projektressource

Als Pädagoge stellte sich mir die Frage, wie in dem Dreieck „Organisation", „MitarbeiterInnen" und vorhandene „Hard- und Software-Kenntnisse" am besten und nachhaltig gelernt werden konnte. Unter „Projektressourcen" versteht man im Wesentlichen Finanzen, Personal und Hardware, die für die Durchführung des Projektes notwendig sind.

Von Anfang an stand für mich zusätzlich das Betriebsklima, also der Umgang der KollegInnen miteinander, als wichtige Projektressource fest. Der Austausch von Wissen, der Umgang mit Fehlern, das Teilen der sehr beschränkten Ressource „Internetzugang", das Ziel, nicht nur im eigenen Interesse, sondern auch im Interesse der Organisation, zu lernen, verlangt den Kontakt, die Kommunikation mit und Beziehungen zu anderen. Das Betriebsklima im BJA ist relativ gut. Daher konnte ich auf diese wichtige Ressource zurückgreifen. Am Ende zeigte sich, dass es die Wichtigste war, da so die Multiplikation von Wissensträgern sehr schnell vonstatten ging.

Für mich als Projektleitung war die Tatsache, Kollege der TeilnehmerInnen zu sein und somit einen guten Einblick in Organisation, Technik und Betriebsklima zu haben, von großem Vorteil. Der „Wandel" vom Kollegen zum Projektleiter (dagegen wurden die Mitglieder der BJA-Leitung TeilnehmerInnen) vollzog sich problemlos.

Der Mensch ist die beste Hilfe

Lernerfahrungen mit Computern sind häufig von Frustrationserlebnissen geprägt. Um so wichtiger ist es, den Umgang mit Technikfrust zu erlernen. Dazu standen im Projekt Hilfen unterschiedlicher Form für die TeilnehmerInnen bereit. Neben der Person der Projektleitung und weiteren internen und externen InternetnutzerInnen als AnsprechpartnerInnen gab es Screencamfilme, die die Anwendung demonstrierten, FAQs (Antworten auf wiederkehrende Fragen), die laufend ergänzt wurden, und Schriftdokumente zur Erläuterung der Nutzung, die am Computerarbeitsplatz sichtbar aufgehängt waren.

Die persönliche Hilfestellung durch andere TeilnehmerInnen oder die Projektleitung wurde jedoch jeder anderen Hilfestellung vorgezogen. Der Vorteil von Menschen gegenüber den anderen Hilfsformen liegt deutlich in ihrer Diagnosefähigkeit. Tritt ein Problem auf, kann der Mensch eine Fehlerdiagnose stellen. Eine FAQ-Liste, Printmedien oder Filme können dies nicht, sondern benötigen vorab eine möglichst exakte Diagnose (z.B. die richtige Frage), um dann bei der Beseitigung des Problems zu helfen. Diese Diagnosefähigkeit ist in meinen Augen eine grundlegende Fähigkeit bei der selbstständigen Aneignung von Computerkenntnissen.

Fachgruppe statt Fachmann/-frau

Die TeilnehmerInnen reagierten auf Frusterfahrungen oder Berührungsängste damit, sich in kleinen Gruppen an den Rechner zu setzen und ihr gemeinsames Wissen, ihre Diagnosen bei Problemen und auch die Erfolge zu teilen. Das gemeinsame Wissen wurde so dem Einzelnen nutzbar gemacht, gemeinsam wurde neues Wissen erschlossen. Dies erfordert jedoch soziale Kompetenz. Das Interesse am anderen und die Beziehung zu ihm fördern oder stören die Wissensweitergabe.

In BJA-Connection hat sich gezeigt, dass gute Beziehungen untereinander den Wissenserwerb positiv fördern. AussenseiterInnen in den Berufsgruppen fielen eher aus der Lerngruppe als andere. Die Einbindung aller im Projekt in die vorhandenen Teams verhinderte aber ein völliges Herausfallen Einzelner aus dem Projekt.

Die TeilnehmerInnen wurden nicht nur zu WissensträgerInnen, sondern haben das Wissen auch anderen weitergegeben. So gab es keine einzelnen Fachleute, sondern eine oder mehrere „Fachgruppen". Erworbenes Wissen wurde selbstverständlich weitergegeben und mit anderen angewendet. Die Erfahrung, gemeinsam weiter zu kommen als alleine, motivierte die TeilnehmerInnen grundsätzlich. Ich selbst wurde oft als Lernender und nicht „Lehrender" erlebt, was meine Rolle, die Prozesse zu steuern, stärkte, da ich nicht ausschließlich als „Technik-Fachmann" erlebt wurde.

Die SekretärInnen erwiesen sich als Motor des Projektes, da sie sich allein schon zeitlich am intensivsten mit dem Internet auseinandersetzten. Sie erstellten sogar über die eigentliche Aufgabenstellung hinaus eine zusätzliche Internetseite, an der sie den Umgang mit dem HTML-Editor gemeinsam ausprobierten. Erst danach setzten sie sich einzeln an die Erstellung der Teamseiten. Das gemeinsam gewonnene Wissen wurde so in die Teams getragen, die Gruppe der Sekretärinnen war von da an der fachliche und emotionale Rückhalt bei Technik-Problemen.

Daneben entdeckten und erarbeiteten sie sich den Chat, in dem sich manche Sekretärin regelrecht verlor, sprich stundenlang „plauderte". Die anderen Sekretärinnen wurden begeistert in die Sprache und Funktionen des Chats eingearbeitet. Geschah dies anfangs in der Arbeitszeit, verlagerte sich der Chat bald in die Mittagspausen und den Feierabend. Die TeilnehmerInnen vollzogen damit von sich aus eine Trennung zwischen privater und dienstlicher Nutzung. Die PädagogInnen und TheologInnen unterstützten sich bei gezielten Recherchen im Internet, hinterfragten Informationen und schauten, wie „die anderen es machen".

Gelernt wurde bedürfnisorientiert und informell

Mit zunehmender Dynamik des Projektes verlor der Aspekt der Arbeit an Bedeutung. Persönliche Bedürfnisse waren die stärkere Motivation im Internet zu surfen als die Aufgabenstellung. www.aldi.de oder www.bonjovi.de waren wesentlich häufiger aufgerufene Seiten als Links zur Jugendarbeit.

Ebenso ergaben sich Fragen nach Gefahren oder Risiken des Internets, die in informellen Gesprächen zwischen einzelnen TeilnehmerInnen oder mit der Projektleitung diskutiert wurden, z.B. die Nachfragen, was denn Cookies seien und ob man sie zulassen dürfe oder warum man plötzlich ungebeten Werbe-Mails erhalte. Die räumliche Nähe ermöglichte direkte informelle Gespräche auf dem Gang oder in den Büros. Diese informellen Gespräche nutzte ich als Projektleitung. Sie waren direkt und situationsbezogen, da sie oft unmittelbar an die „Interneterfahrung“ anknüpften. Hier war auch für mich die Sommerzeit eine günstige Zeit für solch spontane Gespräche.

Zusätzlich habe ich auch bewusst schriftliche oder mündliche Gesprächsimpulse gesetzt. Ein Beispiel dafür war das Auftauchen mehrerer Links auf Pornoseiten. Diesen Tatbestand, den ich im Cache des Browsers sehr detailliert mit Uhrzeit und Datum nachvollziehen konnte, schrieb ich auf einen Zettel und hängte ihn an den Computer. Die TeilnehmerInnen erkundigten sich danach, erschrocken über die Möglichkeit, dieses nachvollziehen zu können. Daraufhin entwickelte sich eine lange, intensive Diskussion und praktisches Nachforschen über die Spuren, die man im Internet und im Computer (vor allem auch in LAN-Logfiles) hinterlässt und wie man sie evtl. wieder löscht. Dieses Wissen wurde von den TeilnehmerInnen in anderen Zusammenhängen erneut eingebracht und so weitergegeben. Die Suche nach dem/der „ÜbeltäterIn“ wurde nebensächlich. Die Sensibilisierung für die „Randerscheinungen“ des Internets standen im Mittelpunkt solcher Gespräche.

Ähnlich ging es, als eMails mit Viruswarnungen auftauchten. Sie wurden zuerst bedenkenlos mit der Veröffentlichung des gesamten Adressbuches weitergeschickt. Auf den Hinweis der Projektleitung, dass dies dem Veröffentlichen eines Postverteilers gleichkomme und eigentlich dem Datenschutz unterliege, wurden technische Möglichkeiten wie die BCC-Adressfelder diskutiert und als Standard bei Massenmails eingesetzt. Diese „Vereinbarung“ kam nicht von der Jugendamtsleitung, sondern von den MitarbeiterInnen selbst.

MitarbeiterInnen entwickeln ihre Organisation

In einer Vielzahl solcher Beispiele ließen sich die Lernerfahrungen nachweisen, die nicht nur in der Nutzung der Software, sondern in der Kultur des Mediums und der Nutzung in der eigenen Kultur „Jugendarbeit“ liegen. Die uneingeschränkte Nutzung des Internets ermöglichte es überhaupt erst, an solchen Beispielen zu lernen und die MitarbeiterInnen für das Medium zu sensibilisieren. Gemeinsame Vereinbarungen zur Nutzung des Internets entwickelten sich aus den Erfahrungen der TeilnehmerInnen heraus und nicht aus Ängsten oder Vorstellungen einzelner Leitungs- oder EDV-Verantwortlicher. Der Vorteil ist eindeutig: Vereinbarungen über die private und dienstliche Nutzung des Internets, Umgang mit Mailadressen, Veröffentlichungen im Internet usw. werden von den MitarbeiterInnen mitgetragen, sogar selbst überwacht, der kritische Umgang mit dem Medium wird verstärkt.

Daneben haben die unterschiedlichen Berufsgruppen das Internet überwiegend aus ihrem jeweils eigenen Blickwinkel angeschaut und die Nutzung für sich definiert. Daraus resultierte eine breite Sicht und Erfahrung der Internetnutzung. So gab es schon im Projekt neue Formen der Öffentlichkeitsarbeit, neue Zugänge zu Informationsquellen und erste Ansätze von pädagogischer Arbeit. eMail wurde für alle in kürzester Zeit zum Standard-Kommunikationsmittel. Gleichzeitig gab es aber auch bei Einzelnen die Erkenntnis, dass das Internet für sie kein persönliches Kommunikations- oder Informationsmedium sein wird. Die Frage, ob das BJA im Internet präsent sein und mit dem Medium zukünftig arbeiten soll, beantworteten aber alle TeilnehmerInnen mit „Ja!“

Bei der Weiterentwicklung des BJA bezüglich einer Internetnutzung konnten jetzt nicht nur einige „Fachleute“ mitreden, sondern fast alle MitarbeiterInnen aus ihren Erfahrungen.

Zu den zukünftigen Veränderungen zählen auch Personalstellen. So wird es im neuen Jugendamt neben einer selbstverständlichen Internetnutzung per Standleitung und via LAN auch ein betreutes Internetcafé im offenen Bereich, eine Projektstelle zur Internetpräsenz des Jugendamtes und professionelle Software zur HTML-Gestaltung geben.

Fazit

Die wichtigste Projekt-Erfahrung, die sich weiter nutzen lässt, ist die, dass die MitarbeiterInnen sich das Medium gemeinsam als Gruppe in einem offenen Lernprozess angeeignet haben und zu erstaunlichen tragfähigen Ergebnissen gekommen sind. Sie haben nicht nur die technische Anwendungskompetenz erlernt, sondern sind auch für das Medium sensibel geworden und setzen es sehr unterschiedlich ein. Diese Erfahrung lässt sie heute selbstbewusster an technische Neuerungen herantreten. Daneben besitzt jetzt fast jedes Team eine eigene Internetseite im Netz.

Die Vielschichtigkeit der Nutzung – nicht alle haben das Gleiche gelernt – bedingt, dass innerhalb des BJA in Würzburg Kompetenzen in der eMail-Nutzung, der HTML-Programmierung, der Recherche im Internet, der Anwendung von ftp und des Chattens nicht nur aus technischer Sicht, sondern auch in der sensiblen, kritischen Anwendung vorhanden sind. Bei Bedarf können die anderen schnell auf diese Kompetenzen zugreifen. Zudem üben KollegInnen eine gewisse Selbstkontrolle aus.

Für das Jugendamt war das Projekt mit 1.875 DM Gesamtkosten vergleichsweise billig. Das Zulassen der uneingeschränkten Internetnutzung, die Projektteilnahme während der Arbeitszeit und die informellen Lernsituationen waren dagegen ein mutiger Schritt, den klassischen Weg der Schulung zu verlassen und auf die Kompetenzen der eigenen MitarbeiterInnen in einem offenen Prozess zu vertrauen. Dabei wurden eigentlich nur die Prinzipien der kirchlichen Jugendarbeit auf die eigenen MitarbeiterInnen bzw. das Erlernen des Mediums konsequent angewendet. Eine erstaunliche Erkenntnis, die sich in der geplanten Internetpräsenz auswirken wird. Dort soll im Gegensatz zur ursprünglichen Planung die unzensierte Beteiligung und Kommunikation von Jugendlichen vor der Präsentation der Organisation selbst stehen. Ein weiterer Schritt die eigenen Ziele und Prinzipien der Organisation nicht nur im Internet zu dokumentieren, sondern auch erfahrbar zu machen.

Die Organisationsentwicklung in BJA-Connection war der Blickwinkelwechsel vom Medium zum Menschen. Den Menschen und die Gruppe als kreatives und kritisches Potenzial dem Werkzeug Internet gegenüberzustellen, wird sich hoffentlich auch zukünftig in der Arbeit des Jugendamtes als roter Faden durch den Umgang mit neuen Medien ziehen.

Andreas Kurz

Der Aufbau virtueller Arbeitswelten

Anforderungen an das Projektmanagement

Der Rahmen und das Problem

Ziel des auf drei Jahre Laufzeit beschränkten Modellprojektes „Telezentrum Herzogsägmühle – Wiedereingliederung in das Arbeitsleben für Menschen mit seelischen Erkrankungen“ war es, insbesondere Teilnehmer der Zielgruppe für die Arbeit an Telearbeitsplätzen zu qualifizieren und dauerhafte Arbeitsplätze in diesem Bereich zu schaffen. Dazu wurden Qualifizierungsmodule im Bereich von Büroanwendungen, der Bürokommunikation und der Webseitenerstellung entwickelt, der Mitarbeiterstamm qualifiziert, Aufträge akquiriert und realisiert sowie Teilprojekte unter Nutzung der modernen Kommunikationsmedien entwickelt und umgesetzt. Dazu zählen zum Beispiel Webangebote wie „Künstler im Netz“ und der „Sozialatlas“.

Die Arbeit im Telezentrum war geprägt durch die Verteilung der zeitlichen Ressourcen auf viele Mitarbeiter mit sehr unterschiedlichen Stundenbudgets und Präsenzzeiten. Dies war bedingt vor allem durch den inhaltlichen Anspruch zu versuchen, zeitlich und örtlich möglichst große Gestaltungsspielräume für Telearbeitsplätze anzubieten. Damit konnte auf die besonderen Bedürfnisse der Zielgruppe nach dem Krankheitsverlauf durch angepasste Arbeitszeiten, Arbeitsorte und Arbeitsanforderungen bestmöglich reagiert werden. Ich beschreibe diesen Kontext als zeitheterogene Arbeitsumgebung.

In diesem Setting ergab sich folgende Problemlage: Das Telezentrum war zwar hard- und softwaretechnisch sehr gut ausgestattet, jedoch wurden die vorhandenen technischen Ressourcen nur zu einem geringen Teil genutzt und konnten ihr Potenzial für die Lösung von strukturellen Problemen nicht entfalten. So waren nicht alle Mitarbeiter an das interne Mailsystem angeschlossen, Rechner waren nur bedingt aufgabenunabhängig einsetzbar und elektronische Ablagesysteme nur bedingt arbeitsplatzunabhängig zu nutzen. Arbeitsabläufe wurden nicht detailliert beschrieben und elektronisch abgebildet und waren damit an Personen und deren Systemzugang gebunden.

Als Lösungsansatz wurde die Schaffung einer gut strukturierte Informations- und Kommunikationskultur innerhalb des Gesamtteams favorisiert, auf Basis der vorhanden I&K-technologischen Infrastruktur.

Projekt-Layout und Umsetzung

In einem Rahmenkonzept für die Kommunikationsstruktur im Telezentrum wurden für die Bereiche Auftrags-, Termin- und Mailverwaltung sowie Team- und Protokollstruktur grundlegende Umsetzungsstrategien und Verfahrensabläufe entwickelt. EDV-technisch umgesetzt wurde dies anschließend mittels eines „Personal Information Manager", in unserem Fall die Software MS Outlook 98. Es handelt sich dabei um einen Verbund verschiedener Hilfsmittel, wie Kalender- und Alarmfunktionen, Adressenverwaltung und Aufgabensteuerung, mit denen sich systematisch alle Informationen und Tätigkeiten verwalten lassen, die an einem Arbeitsplatz anfallen. Die Einbindung von MS Outlook in einen Microsoft Exchange Server hebt durch die Einsatzmöglichkeit offener und teiloffener Anwendungen das Ganze noch eine Stufe höher zu einem „Workgroup-Information-Management-System".

Für die Umsetzung des Rahmenkonzeptes wurden folgende Ziele formuliert:

- Implementierung der Anwendersoftware MS Outlook, um vernetzte Arbeitsplätze mit vorhandener Software für Belange der I&K optimal zu nützen,
- Anpassen der Software für die besonderen Bedürfnisse des Telezentrums und seiner Mitarbeiter,
- Entwicklung von Qualifizierungsmaßnahmen für unterschiedliche Zielgruppen,
- Reflexion des Implementierungsprozesses und seiner Auswirkungen auf das Team.

Die technischen Rahmenbedingungen sahen wie folgt aus: Vorhanden waren sieben Arbeitsplätze, ausgestattet mit Rechnern der Größenordnung Pentium I bis Pentium III, dazu zwei Notebooks an Dockingstations. Darüberhinaus konnten weitere Arbeitsplätze in der Peripherie mit ähnlicher Ausstattung genützt werden.

Alle Rechner waren vernetzt mit einem Haus-LAN (Local Area Network = Hausnetz) mit ca. 60 Rechnern, mit Haus-Mailsystem, Internetzugang an jedem freigeschalteten Arbeitsplatz, eigenem File-Server, etc.

Ergebnisse. Wirkzusammenhänge auf der Ebene der Organisation

Der Einsatz von modernen I&K-Konzepten und das Experimentieren mit Telearbeitsplätzen hat direkte Auswirkungen auf die gesamte Organisation. In seinem Buch „Veränderung von Managementfunktionen bei Telearbeit" schreibt Wolfgang Burr dazu, „dass Telearbeit eine stärkere Output- und Ergebnisorientierung der Anreiz-, Steuerungs- und Kontrollsysteme im Unternehmen begünstigt und Anstöße zu innovativen Verbesserungen der innerbetrieblichen Strukturen geben kann".[1] Gerade der zweite Teil in

Burrs Ausführung trifft übertragen genau auf das Projekt zu. Dies allerdings erst im zweiten Schritt. Am Anfang wurde noch versucht, alle notwendigen technischen Innovationen im Telezentrum als Insellösung nur im Rahmen des Projektes umzusetzen. Ziel war es, so schneller auf die Anforderungen von Telearbeitsplätzen innerhalb des Projektes reagieren zu können. Dies funktionierte zu Anfang auch, weil Entscheidungswege kurz und Hierachien flach waren.

Jedoch zeigten sich im Laufe der Zeit auch gravierende Mängel. So war die Laufsicherheit der technischen Anlagen nur mit einem hohen projektinternen Personalaufwand zu erreichen, was in einem kleinen Projekt zu nicht unerheblichen Personal- und damit in der Folge zu inhaltlichen Engpässen führt. Darüber hinaus ließ sich diese Vorgehensweise nur durch ein ständiges „Vorbeimogeln" an bestehenden technischen Zuständigkeiten der „Mutter-Organisation" aufrecht erhalten. Am gravierendsten aber ist die Tatsache zu sehen, dass damit der Know-How Transfer zwischen Projekt und Regelbetrieb der „Mutter-Organisation" unterbunden wurde, nach dem Motto: „die haben's eh nicht drauf". Weder konnte so das Projekt von den vorhandenen Dienstleistungen und der Routine eines EDV-Referates profitieren, noch die Firma von den innovativen Konzepten und technischen Lösungen des Telezentrums.

Entscheidend war, diese Situation zu reflektieren und im Sinn von Wolfgang Burr zu verändern. Denn, je mehr sich das Projekt in die Einrichtung hinein öffnete und sich von einer Insellösung verabschiedete, desto klarer wurde auch der Mehrwert dieses Projektes für die Einrichtung und damit dessen Stellenwert.

Ergebnisse. Wirkzusammenhänge innerhalb der Projektgruppe

Schriftlichkeit der Kommunikationabläufe verändert. Die Auswirkungen auf das Team durch die Schriftlichkeit von Kommunikationabläufen darf nicht unterschätzt werden. Die Verlagerung großer Teile der internen Kommunikation auf eMail und per eMail versandter Protokolle und die damit verbundene schriftliche Fixierung von Inhalten, führte zu einer neuen Transparenz von Abläufen und Themen, außerdem konnte der Informationsfluss deutlich beschleunigt werden. Gerade Transparenz und strukturierter Informationsfluss sind in einem zeitheterogenen Arbeitskontext wie bei Telearbeitsplätzen von großer Bedeutung. Da außerdem Schriftlichkeit gegenüber dem gesprochenen Wort mehr Klarheit und Reduktion auf das Wesentliche erfordert, trug die verstärkte Kommunikation per eMail zu mehr Verantwortlichkeit (geschrieben, verteilt, nachlesbar) und Eindeutigkeit (ich meine das und nichts anderes) bei. Nicola Döring beschreibt in ihrer „Sozialpsychologie im Internet" ähnliche Prozesse, wenn Sie eMail als eine Form der computervermittelten Kommunikation (CvK) definiert.[2] Sie stellt außerdem fest, dass durch die bewusste Auswahl eines Adressaten einer eMail eine wesentlich differenziertere Entscheidung im Kommunikationsfluss erfolgt, als bei typischen „Tür-zu-Tür-Gesprächen".

Interessanterweise wurde durch die verstärkte virtuelle Kommunikation und durch die transparenter werdenden Kommunikationsabläufe deutlich, dass es im Team aller Mitarbeitenden einen Mangel an breiter, direkter Kommunikation gab. Es wurde daraufhin ein zentraler, nicht-virtueller wöchentlicher Treffpunkt für alle Mitarbeitenden und Telearbeiter eingerichtet, der sog. „Brezentreff". Inhalt dieses Treffs ist der Austausch innerhalb der Mitarbeiterschaft und die regelmäßigen Informationen über Vorgänge innerhalb und außerhalb des Telezentrums.

Veränderung regt Widerstand an. Der durch technische Notwendigkeiten bedingte Eingriff in die persönliche Arbeitsorganisation einzelner Mitarbeiter rief Widerstände hervor. Wir fanden es im Nachhinein als entscheidend, solch sensible Bereiche nur sehr gut inhaltlich vorbereitet und stark dialogorientiert anzugehen.

Beispiel war die Thematik individueller und damit notwendigerweise passwortgeschützter Netzzugänge. Während die einen stolz darauf waren, eigene, individuelle Zugänge zu haben, rief diese Situation auf der anderen Seite Fragen nach Vertrauen und Misstrauen sowie Kontrolle und Transparenz hervor. Der Verdacht nach Einführung von neuen Hierachien durch die Hintertür über Admin-Zugänge schien im Raum zu stehen. Der Widerstand gegen Passwörter legte sich erst, als deutlich wurde, dass damit für jeden ein problemloses Arbeiten mit der persönlich gestalteten und vertrauten Bildschirmoberfläche und mit allen persönlichen Daten an jedem Rechner im Telezentrum möglich wurde. Da die Einführung der Passwörter und der Gewinn an Flexibilität aus organisatorischen Gründen nicht zeitgleich zu erreichen waren, war hier einiges an Überzeugungsarbeit erforderlich. Ein besseres Timing dieser Maßnahmen in der Projektplanung hätte viel Aufwand ersparen können.

Software verändert und polarisiert. Tumuscheit prägt in seinem Buch „Überleben im Projekt" den Satz, dass auch „teure Tools nur diejenigen Probleme lösen, die man lösen will". Er nennt das „die Werkzeugfalle"[3]. Daran kann sehr leicht die Einführung einer neuen Software scheitern. Z.B führt für einen Mitarbeiter durch die Einführung einer neuen Software der Wirkzusammenhang „Schriftlichkeit = Verbindlichkeit = mehr Transparenz = klare Verantwortung" zur Zerstörung liebgewonnener Nischen. Die hier entstehenden Widerstände werden dann schnell gegen die eingesetzte „unpraktische" Software gerichtet, bzw. gegen die unzuverlässige Technik, sprich Hardware. Oder, als eine weitere Spielart dieses

Konfliktes gegen Personen, die für diese Technik zuständig sind, z.B. EDV-Referenten oder Projekt-Verantwortliche. Und weil oft in diesen Vorwürfen sogar ein kleines Quentchen Wahrheit steckt, z.B. die Dysfunktionalität von Randfunktionen, ist die Auflösung dieser Konflikte besonders diffizil. Entscheidend ist hier, die falsche Ebene, auf der sich diese Konflikte nicht lösen lassen, zu verlassen und die Problemlagen zu trennen.

Auf den Punkt gebracht

Zum einen liegen die Herausforderungen für Projektverantwortliche in Projekten, die stark von I&K geprägt sind, im Spannungsfeld von Kooperationsbereitschaft, Durchsetzungsvermögen und Verhandlungsgeschick. Gerade die im sozialen Bereich typischen flachen Hierachien erfordern viel Gefühl im Umgang mit Leitungskonflikten. Und die sind vorprogrammiert, da die Steuerung von Kommunikationsabläufen eigentlich ein klassisches Thema einer Leitungsposition ist.

Zum andern hat aber auch der spezifische Einsatz einer komplexen Technik ganz gravierende Konsequenzen. Bader schreibt in seinem Aufsatz „Technisches Wissen - soziale Kompetenz" zu medienpädagogischer Arbeit mit Computern u.a.: „Es geht um ein Beziehungsfeld, das in der komplexen Interaktion zwischen Menschen an Rechnern und zwischen Menschen und Maschinen ständig neu geschaffen wird."[4] Vor diesem Hintergrund würde ich die Anforderungen an das Projektmanagement von Projekten, die das Arbeiten in virtuellen Räumen zum Inhalt haben, in folgende vier Punkte zusammenfassen:

- Grundlage ist ein profundes Wissen über die neu zu implementierende Software. Nur gutes Anwendungswissen, gepaart mit einem vertieften Verständnis über die softwaretechnischen Zusammenhänge, ermöglicht eine situationsangepasste Integration der Anwendung in die spezifische Arbeitsumgebung.
- Hinzu kommt Wissen um die softwaretechnisch abzubildenden Arbeits- und Kommunikationsabläufe innerhalb der betroffenen Arbeitsumgebung. Sehr hilfreich ist dabei theoretisches Hintergrundwissen über spezifische Formen der Arbeitsorganisation und der Kommunikation innerhalb von Verwaltungsstrukturen im Allgemeinen.
- Als dritter Schwerpunkt, gerade eines computermedienpädagogischen Projektes, kommt der Aspekt der Beziehung Mensch - Computer und Menschen an Computern untereinander dazu. Gerade die Wechselwirkungen von Software und Arbeits- und Kommunikationsmustern im Speziellen und ihre Auswirkungen auf die Organisation sind insbesondere bei der hier vorliegenden Zielgruppe von Menschen mit seelischen Erkrankungen von nicht zu unterschätzender Bedeutung.

- Als Konsequenz ziehe ich die Erkenntnis, bei zukünftigen Projekten wesentlich mehr in Projektplanung und Projektmanagement zu investieren, und dies, falls nötig, zu Lasten der Inhalte. Denn zusätzliche Zeitressourcen in Form von Freistellungen sind gerade im sozialen Bereich meist nicht möglich, daher bleibt nur eine verantwortungsbewusste Ressourcenplanung. Projekte dieser Art bedüfen eines möglichst straffen und durchdachten Projektmanagements, um im Spannungsfeld von Computern, Menschen am Computer und tradierter Büroorganisation erfolgreich umgesetzt werden zu können.

Anmerkungen

1 Siehe WOLFGANG BURR (1997): Veränderung von Managementfunktionen bei Telearbeit. In: KRÄMER/RICHTER/WENDEL/ZINSSMEISTER 1997, S. 148-152, hier: S. 151.

2 Siehe NICOLA DÖRING (1999): Sozialpsychologie im Internet. Göttingen: Hogrefe-Verlag, S. 36ff.

3 Siehe KLAUS D. TUMUSCHEIT (1999): Überleben im Projekt. 2. Aufl., Zürich: Orell Füssli Verlag, S. 142ff

4 Siehe ROLAND BADER (1995): Technisches Wissen - soziale Kompetenz. Das Handlungsfeld der Computermedienpädagogik. In: WOLFGANG SCHINDLER / ROLAND BADER (Hrsg.): Menschen am Computer. Zur Theorie und Praxis der Computermedienpädagogik in Jugendarbeit und Erwachsenenbildung. Beiträge zur Medienpädagogik, Bd. 1. Frankfurt a.M./Stuttgart, S. 126-131.

Literatur

BADER, ROLAND (1999): Förderung von Handlungskompetenz in der pädagogischen Arbeit mit PC und Internet. In: DIETER BAACKE U.A. (Hrsg.): Handbuch Medien: Medienkompetenz. Modell und Projekte. Bonn: Bundeszentrale für politische Bildung, S. 41-47. http://www.jhw.regio.de/bader/Handkomp.htm

BERNHARD, UTE / INGO RUHMANN (1997): Arbeit - Märkte - Prognose. In: JOCHEN KRÄMER / JÜRGEN RICHTER / JÜRGEN WENDEL / GABI ZINSSMEISTER (Hrsg.): Schöne Neue Arbeit. Mössingen: Talheimer Verlag, S. 13-32

KOMMER, ISOLDE / HELMUT REINKE (1999): Mind Mapping am PC. München: Hanser-Verlag

LOUIS, DIRK / OLIVER POTT (1999): Outlook 2000 Kompendium. Haar: Markt & Technik

MEHRMANN, ELISABTH / THOMAS WIRTZ (1999): Effizientes Projektmanagement. 3. Aufl., Düsseldorf: Econ & List TB Verlag

TURKLE, SHERRY (1999): Leben im Netz. Reinbek: Rowohlt Verlag

ZIMMERMANN, IRENE / L. YORK (1998): Outlook 98 - Grundlagen. Nackenheim: Herdt-Verlag

Christian Utpatel

Online-Kommunikation in der Kirche

Ein Projekt zur Etablierung des Internets in der Selbständigen Evangelisch-Lutherischen Kirche

„Auch im Bereich der Kirchen besitzen viele Menschen einen Computer. Aber die meisten benutzen ihn nur für sich alleine“. Diese Beobachtung war Ausgangspunkt für ein Projekt, in dem die Möglichkeiten der computervermittelten Kommunikation für eine kirchliche Struktur ausprobiert, entwickelt und, sofern sinnvoll, schließlich etabliert werden sollten. Warum, so war die Frage, sollten nicht auch in einer Kirche Online-Konferenzen und räumlich getrennte Projektarbeit, ausgeflippte Chats und ernsthafte Diskussionsforen für die Kommunikation förderlich sein?

Computer@Kirche: Horizontal eingeführt

In den vergangenen Jahren haben Computer auch in den Pfarrämtern und den Büros kirchlicher Werke mehr und mehr Einzug gehalten. In den seltensten Fällen steckt dahinter aber ein System. Zumeist ist es der privaten Initiative von PfarrerInnen oder von MitarbeiterInnen überlassen, ob ein Pfarramt oder eine andere kirchliche Einrichtung mit Computern ausgestattet wird. Hier trifft zu, was Bolay & Kuhn zur Einführung von Computern in soziale Organisationen beobachtet haben: Normalerweise könne man davon ausgehen, dass neue Technologien von den Leitungen, Vorgesetzten, dem Management eines Betriebes oder der Verwaltung von Organisationen eingeführt werden. Die Autoren nennen dies „vertikal eingeführte Neuerungsprozesse“, da sie „an der hierarchischen Struktur entlang von oben nach unten“ durchgeführt werden.

In sozialen Organisationen dagegen finde eine „horizontale Einführung“ statt: MitarbeiterInnen selbst tragen Computer in ihre Arbeit hinein und sorgen so für ein „Einsickern von unten“. Besonders in den Anfangsjahren der breiten Computernutzung war es selbst in öffentlichen Verwaltungen üblich, dass privat angeschaffte Computer in die Büros mitgebracht und dort eingesetzt wurden.[1] Und abgesehen vielleicht von wenigen verwaltungsähnlich strukturierten Werken und einzelnen Einrichtungen gibt es wohl keine Kirche in Deutschland, die in der Breite ihrer Organisationsstruktur „vertikal“ in allen Pfarrämtern in Stadt und Land Computer eingeführt hätte. So trifft also das Resümee von Bolay & Kuhn zu: „Die Einführung von PC/EDV geschieht ungeplant, scheinbar ohne Konzept und inselartig“.

Diese Vorgehensweise hat verschiedene Nachteile für die so handelnden Organisationen zur Folge. Zum einen führt sie zu einer regelrechten Verschwendung finanzieller und personeller Ressourcen. Vermutlich käme kein industrielles Filialunternehmen auf den Gedanken, die Beschaffung und Installation sowie die Mitarbeiterausbildung bei der Einführung neuer Technik völlig autark den einzelnen Filialen zu überlassen. Viel zu gravierend sind die Kosten durch nicht ausgenutzte Großabnehmer-Konditionen, viel zu langwierig die Entscheidungsprozesse, viel zu personalintensiv die individuellen Beratungs- und Trainingszeiten. Viel einschneidender aber insbesondere für die Kirche ist, dass es durch die „inselartige" Installation der neuen Technik auch keine übergreifende Konzeption für die Nutzung der an vielen kleinen Orten vorhandenen technischen Möglichkeiten gibt. Die Einzelnen als „Innovatoren" (Bolay & Kuhn) tätigen MitarbeiterInnen nutzen die Errungenschaften nur isoliert. Sie schreiben Texte am PC, suchen zwischendurch im World Wide Web die nächste benötigte Bahnverbindung und beginnen (nicht erst nach Feierabend) zu chatten, zu spielen und zu surfen. Aber selbst wenn sie mit dem einen oder anderen Kollegen eMails austauschen: in der Gesamtorganisation bleiben doch alle Arbeitsplätze Inseln. Videokonferenzen, zentrale Datenbanken, „virtuelle" Gremienarbeit und andere Formen, die anderswo längst zum selbstverständlichen Instrumentarium der betrieblichen Kommunikation gehören, haben sich bei sozialen und kirchlichen Organisationen noch nicht etabliert. Das sollte durch dieses Projekt anders werden.

Praxisfeld war die Selbstständige Evangelisch-Lutherische Kirche (SELK). Die Unterstützung der Kommunikation durch den Einsatz der „neuen" Medien erschien sinnvoll,

- da diese Kirche in der Mitgliederzahl (ca. 40.000 Menschen in ca. 190 Gemeinden mit 139 Pfarrern) relativ klein, aber dennoch über ganz Deutschland verbreitet ist;
- da es auf Grund der Kleinheit einen hohen Anteil persönlicher Bekanntschaften und Freundschaften zwischen einzelnen Mitgliedern der SELK gibt;
- da die Diskrepanz zwischen relativ kleinem, aber untereinander oft gut bekanntem Personenkreis einerseits und großem Verbreitungsgebiet andererseits zu einer weiten räumlichen Trennung zwischen den einzelnen Mitgliedern bei gleichzeitig starker Kommunikation untereinander führt. Dies wirkt sich in einer großen Zahl von Reisen aus. Jugendliche fahren für eine Fete bei Freunden durch die halbe Republik, Gremiensitzungen erfordern kostenintensive Anfahrten.

Hinzu kommt, dass schon zum Projektbeginn horizontal entstandene Internetzugänge in der SELK relativ gut verbreitet waren. Seit Juli 1997 gibt es eine Präsentation der SELK im WWW. Im Frühjahr 1999 besaßen

61 Gemeinden/Pfarrer eine eMail-Adresse unter der Domain selk.de. 26 Gemeinden hatten zusätzlich eine eigene Präsentation[2] - Zahlen, die in Relation zur Gesamtzahl der Gemeinden zu sehen sind.

Vornehmliche Aufgabe des Projektes war es also nicht, die Technik erst zu erfinden oder weiterzuentwickeln. Vielmehr sollte gezeigt werden, welche Möglichkeiten sich aus der vorhandenen Technik entwickeln lassen. Dabei musste der Zugang zur Nutzung der ganzen Bandbreite der Möglichkeiten soweit vereinfacht werden, dass sie einfach und auch für Laien handhabbar sind. Die intensive computervermittelte Kommunikation sollte soweit popularisiert werden, dass sie den Nimbus „das ist doch nur was für Computerprofis" verliert. Auf diese Weise sollte gezeigt werden, dass Kommunikation mit Computern sowohl Kontakte untereinander verstärken kann als auch Arbeitsprozesse erleichtert.

Zwei Felder, ein Projekt

Das Projekt gliederte sich in zwei Projektfelder: in ein „sachlich-gesteuertes" und ein „jugendlich-selbstbestimmtes" Feld. Im „sachlich-gesteuerten" Feld ging es um die Kommunikation in einer von der Kirchenleitung eingesetzten Projektgruppe. Das „jugendlich-selbstbestimmte" Feld war ein Angebot des Jugendwerkes, in dem Jugendlichen verschiedene Kommunikationsmöglichkeiten zur Verfügung gestellt wurden. Wesentlicher Unterschied beider Felder war, dass die Projektleitung auf die Inhalte im „jugendlich-selbstbestimmten" Feld keinen Einfluss nahm, während sie im „sachlich-gesteuerten" Feld eine zentrale lenkende Rolle inne hatte.

Jugendlich und selbstbestimmt: das jugendNETwerk

Nach verschiedenen Vorarbeiten ging am 18. März 1999, dem Tag der CeBIT-Eröffnung, das jugendNETwerk online. Ausgehend von der Präsentation des Jugendwerkes der SELK unter www.selk.de/jugend wurden hier vier verschiedene Angebote gemacht:

1. Ein „Nachtcafé" genannter **Chatroom**, verbunden mit einer „Get-the-date!"-Pinnwand für Verabredungen im Nachtcafé. Der Begriff „Nachtcafé" war dabei der Tradition von Jugendtreffen der SELK entlehnt, bei denen Nachtcafés zum Tagesausklang einladen.
2. Ein Link zu einer **Mailingliste**, die bereits existierte, aber bisher nur zur regionalen Kommunikation in einem einzelnen Kirchenbezirk genutzt wurde.
3. Ein Link zum **Gästebuch** auf den offiziellen Seiten der SELK.
4. Ein **Diskussionsforum** mit vorgegebenen und etwa vierzehntägig wechselnden Themen.

Sehr schnell zeigte sich, dass für den Start des **Nachtcafés** eine gezielte Aktion notwendig war. Diejenigen, die das neue Angebot ausprobieren wollten, sollten auch tatsächlich GesprächspartnerInnen haben. Also wurde zu einer offiziellen Eröffnungsparty eingeladen, am 21. März 1999 um 22 Uhr. Die Resonanz war überwältigend. Glückwünsche gingen ein, Jugendliche hinterließen Nachrichten im Gästebuch, einige entschuldigten sich ausdrücklich, dass sie die Einladung leider nicht annehmen könnten. 16 Leute haben sich schließlich zwei Stunden lang einen völlig abgedrehten und verrückten Chat geliefert.[3] An seinem Ende wurde vereinbart, künftig jeden Sonntag um 22 Uhr zu chatten. Die Nachricht von der erfolgreichen Eröffnung verbreitete sich in den folgenden Tagen so rasant, dass die Zahl der BesucherInnen immer weiter gestiegen ist.

Zu den auffälligsten Beobachtungen gehört, dass von Anfang an Nicknames verwendet wurden, verbunden mit dem Versuch, die hinter den Nicknames verborgenen Personen zu outen. Angesichts des Settings im Bereich des Jugendwerkes war es naheliegend anzunehmen, dass sich hier ohnehin nur treffen würde, wer in irgendeiner Weise etwas mit dem Jugendwerk zu tun hat - und damit den übrigen Mit-Chattenden potenziell bekannt sein könnte. In der Folge kam es auch bei Jugendtreffen immer mehr in Mode, andere Leute mit ihren Nicknames zu bezeichnen. Die Fähigkeit, möglichst viele Nicknames ihren TrägerInnen zuordnen zu können, wurde zu einem (weiteren) identitätsstiftenden Insiderkriterium unter den Jugendlichen der SELK. Auch wer ansonsten durchaus zu den Insidern gehörte, musste sich seinen Insiderstatus erst wieder neu erarbeiten. So waren die Nicknames also weit mehr als nur der „willkommene Gesprächseinstieg", den Nicola Döring beschreibt.[4]

Das Nachtcafé ist zu einem regelmäßigen Treffpunkt innerhalb des Jugendwerkes geworden. Nach wie vor sind hier (mindestens) an jedem Sonntag etwa zwei bis zehn Personen zu treffen. Insgesamt umfasst der Pool derjenigen, die bei Gelegenheit den Chat besuchen, etwa 50 Personen. Er steht damit deutlich auf einer Ebene mit den gemeindlichen Jugendgruppen der SELK, die durchschnittlich zehn TeilnehmerInnen haben. Und wie bei einer sich leib-haft treffenden Jugendgruppe ist mittlerweile auch im Chat der erste Generationswechsel zu beobachten: mehrere Chatter der ersten Zeit sind inzwischen nicht mehr dabei, andere sind nachgekommen. Das Nachtcafé hat für die Jugendlichen in der SELK eine wichtige Bedeutung bekommen. Bedingt durch die Teilnahme an Jugendtreffen und Ferienfreizeiten kennen sich viele, die weit voneinander entfernt wohnen. Das Nachtcafé wird als eine Möglichkeit, miteinander im Kontakt zu bleiben, genutzt. Vermutlich liegt hier auch der Grund, warum sich der zunächst rein zufällig entstandene Termin „Sonntag 22 Uhr" so fest etabliert hat: es ist, nach den schönen Erlebnissen des Wochenendes, ein letztes Winkewinke, bevor am nächsten Morgen wieder der Ernst der Woche beginnt.

Vor ihrer Einbindung in das jugendNETwerk hatte die **Mailingliste** nur wenige Abonnenten in einem engen regionalen Bereich. Mit Bewusstsein wurde keine neue Mailingliste gebildet. Es schien sinnvoller, die vorhandenen Möglichkeiten miteinander zu vernetzen und zu nutzen, anstatt sich in einer Kirche gegenseitig Konkurrenz zu machen. Binnen weniger Tage verdreifachte sich die Zahl der Abonnenten. Der Traffic nahm so stark zu, dass bereits zwei Wochen später eine zweite Liste eingerichtet wurde. Es gab nun eine „Diskussionsliste“ für ernsthafte Gespräche und eine „Smalltalk-Liste“ zum Rumalbern, Labern und für Tratsch und Klatsch.

130 Mails wurden im April und Mai 1999 alleine über die Diskussionsliste versandt. Das Spektrum der Themen kreiste im Wesentlichen um Fragen aus Kirche und Theologie. Manches, wofür sich andernorts offenbar kein Gesprächspartner fand, wurde hier erörtert. Vom „Kosovokrieg“ über das Verhältnis zwischen dem Weihnachtsmann und dem Teufel bis zu Fragen von „Konfirmation“ und „Frauen in der Kirche“ reichte das Spektrum. Auffällig war die Rolle der Pfarrer. Obwohl sie eigentlich auch nur normale Leser und nicht Moderatoren waren, unterschieden sich ihre Beiträge deutlich durch ihre Länge und das ihnen mit Zitaten und Querverweisen beigegebene Gewicht. Gewollt oder ungewollt kam es (wie so oft auch bei persönlichen Begegnungen) zu einer Trennung zwischen Jugendlichen und Pfarrern. Die Bewertungsmöglichkeiten sind zahlreich. Die Jugendlichen jedenfalls passten sich den Gegebenheiten an und stellten ihre Fragen. Wer solche Übertragung von Verhaltensmustern ins Internet vermeiden will, wird wohl trennen müssen: zwischen einer Liste, in der Pfarrer nur mitlesen, und einer anderen, in der ihnen direkte Fragen gestellt werden können.

Zentraler Platz für Informationen und Kommentare wurde das **Gästebuch** auf den offiziellen Seiten der SELK. Ursprünglich als seriöses Angebot zum Hinterlassen freundlicher Komplimente an den webmaster gedacht, war es bereits Ende des Jahres 1998 von Jugendlichen okkupiert und zum Austausch von Blödeleien benutzt worden. Auch hier wurde nichts Neues erfunden, sondern das Vorhandene vernetzt. Hätte es ein eigenes „Jugend-Gästebuch“ gegeben, wäre dem einen Gästebuch der weit überwiegende Teil der Eintragungen verloren gegangen und hätten sich die Jugendlichen in einem von anderen nicht weiter wahrgenommenen Separee wiedergefunden.

Die mitunter flapsigen und frechen Eintragungen führten im Laufe der Zeit zu immer mehr Kritik in der Kirche. Was, so wurde gefragt, würden angesichts solcher Einträge „Fremde“ über die SELK denken? Die aufflammende Entrüstung führte zugleich zu einer weiteren Popularität des Gästebuches, gaben doch nun auch diejenigen ihre Meinung kund, die nie zuvor einen Blick ins Internet geworfen hatten. Im Januar 2000 entschied sich der Internetbeauftragte der SELK schließlich für die Teilung. Seither gibt es neben dem Gästebuch auch noch eine „Gesprächsecke". Die Eintragungen sind geblieben, auch die Kritik daran wird immer mal wieder laut. Mehrheitlich aber besteht Einigkeit darin, dass Gästebuch und Gesprächsecke wichtige Kommunikationsforen für die Kirche sind. Es ist ein Beleg für die unverkrampfte Offenheit der Kirche, wenn sie es ertragen kann, auf ihrer offiziellen Website auch flapsige, freche, unsinnige und mitunter hart kirchenkritische Töne unzensiert stehen zu lassen.

Wenig Resonanz gab es auf das **Diskussionsforum**. Dreimal wurde der Versuch gemacht, eine themenbezogene Diskussion anzuregen. Grundlage waren jeweils Links auf Texte, über die dann geschrieben werden sollte. Die Reaktionen waren sehr dürftig, gab es doch in den Mailinglisten die Möglichkeit, aktuelle Themen selbst zu bestimmen. Vorgaben durch die Projektleitung waren da nicht nötig.

Zu den besonders bemerkenswerten Ergebnissen des jugendNETwerks gehörte es, dass es an verschiedenen Stellen völlig neue Möglichkeiten zur Kommunikation eröffnete. Jugendliche, die sich zurzeit im Rahmen eines Schüler- oder Studentenaustauschs oder als au pair im Ausland aufhalten, nutzen das Nachtcafé, um aus verschiedenen Ländern mit ihren FreundInnen zu Hause Kontakt zu halten. Auch ein internationaler Chat ist dokumentiert, bei dem sich nach einem Brasilienaufenthalt die deutsche Gruppe mit ihren brasilianischen Gastgebern getroffen hat. Als grenzenüberwindend hat sich das jugendNETwerk auch für Gehandicapte erwiesen. Bekannt ist, dass eine der Vielnutzerinnen taub ist, was bei Jugendtreffen und Freizeiten immer zu Einschränkungen der Kommunikation führt. Durch den schriftlichen Austausch im jugendNETwerk ist ihr nun eine ungehemmte und gleichberechtigte Teilnahme an der Kommunikation ermöglicht.

In (mindestens) vier Fällen ist es nach dem Erstkontakt im jugendNETwerk zu direkter Seelsorge zwischen Jugendlichen und Pfarrern gekommen. Besonders interessant ist, dass zwei dieser Kontakte eine Verbindung zu Jugendlichen herstellten die von sich sagten, nichts (mehr) mit Kirche und Glaube zu tun haben zu wollen. Hier bot die halb-anonyme Kommunikationsform offensichtlich die Voraussetzung dafür, dass doch noch Gespräche möglich wurden. In ähnlicher Weise wurde auch der das Projekt leitende Hauptjugendpfarrer in die Kommunikation eingeladen. Sonst eher in der Rolle des Verwaltungsbeamten oder Ehrengastes verhalf das jugendNETwerk dazu, den „garstigen Graben" des Amtes zu überwinden und einen direkten Kontakt zu Jugendlichen „an der Basis" aufzubauen.

Sachlich und gesteuert: Der Hauptausschuss des 6. Lutherischen Kirchentages

Als von der Kirchenleitung der SELK eingesetzte Arbeitsgruppe hatte der „Hauptausschuss" den 6. Lutherischen Kirchentag vorzubereiten, der vom 1. bis 4. Juni 2000 in Bochum stattfand. Fünf Personen wurden in diesen Ausschuss berufen, die im Februar 1998 ihre Arbeit aufnahmen. Sie taten diese Aufgabe neben ihren sonstigen Aufgaben. Ihre Wohnorte waren Duisburg, Bochum, Rabber bei Osnabrück, Hannover und Homberg/Efze. Die „auf höchster Ebene" angesiedelte Arbeitsgruppe musste ein hochrangiges Ergebnis zu Stande bringen. Aus der nebenamtlichen Tätigkeit der Ausschussmitglieder folgte, dass der Einsatz stringenter und effizienter Kommunikationsmethoden unerlässlich war, dass aber zugleich weder Zeit noch Ressourcen für Experimente zur Verfügung standen. Der überwiegende Teil der Mitglieder hatte zwar schon Erfahrungen im Versenden von eMails, für die Arbeit in einem Gremium aber hatte noch niemand die neuen Techniken genutzt.

Im Laufe der Ausschussarbeit wurde das Versenden von **eMails** zur Standardkommunikation. Es zeigte sich, dass diese Form gegenüber Telefonaten oder Briefen große Vorteile hatte. Es wurden nicht nur erhebliche Finanzmittel eingespart. Viel entscheidender war der Umstand, dass der Grad der Informiertheit zwischen den Ausschussmitgliedern bedeutend zunahm. Dies führte unter anderem dazu, dass die durchgeführten Sitzungen zielorientierter, fundierter und effektiver verliefen, als dies nach der Erfahrung aus anderen Gremien zu erwarten war. Alle waren ständig auf dem Stand der Dinge, in den Sitzungen konnte direkt an die aktuellen Ereignisse angeknüpft werden, ohne dass zunächst die Entwicklungen seit der letzten Sitzung rekapituliert werden mussten. Zwischen den Sitzungen war man gegenüber Anfragen von außen weitaus reaktionsschneller, da per eMail schnell ein Meinungsbild der Ausschussmitglieder eingeholt werden konnte. Nicht zu unterschätzen sind außerdem die Auswirkungen auf den Gruppenprozess innerhalb des Ausschusses. Trotz der weiten räumlichen Trennung führte die ständige Kommunikation zu einem starken Wir-Gefühl und einer engen Verbundenheit, was für den Arbeitsprozess natürlich außerordentlich hilfreich war.

Nicht übersehen werden darf aber, dass die Nutzung der neuen Medien auch eine Reihe von Herausforderungen mit sich bringt. So wurde durch das Mehr an Informationen auch so manche Nachricht weitergegeben, die für viel Aufregung sorgte, sich dann aber als völlig unwichtig erwies. Hieran zeigt sich, dass die schnellere Kommunikation auch die Fähigkeit zu schnellerer Unterscheidung zwischen wichtigen und unwichtigen Informationen erfordert. Ähnliches gilt für den Austausch von Emotionen. Eine gewisse persönliche Kenntnis hat sich als unerlässlich erwiesen, um die mitunter kurzen und knappen Mail-Happen richtig zu bewerten und Kommentare angemessen zu deuten. Hieran zeigt sich außerdem eine weitere Gefahr: der weitestgehend unbefangene Umgang mit computervermittelter Kommunikation innerhalb des Ausschusses führte dazu, diese Arbeitsweise auch auf andere Menschen auszudehnen, die mit solcher Kommunikation keine Erfahrung hatten. Dies führte zu nicht unerheblichen Schwierigkeiten im Umgang mit anderen Ausschüssen. Weitestgehend ungeklärt blieb die Frage der Archivierung. Bei der Menge der verschickten eMails wäre es ein unrealistisches und dem Medium wohl kaum angemessenes Vorhaben, sie alle ausdrucken und abheften zu wollen. Fehlende Briefwechsel führen allerdings auch dazu, dass verschiedene Entscheidungsgänge im Nachhinein nicht mehr dokumentierbar sind.

Zu den besonderen Ergebnissen des Einsatzes computervermittelter Kommunikation gehört der Umstand, dass das Motto des Kirchentages ausschließlich „online" entwickelt wurde. Dazu diente ein nur dem Hauptausschuss zugängliches Diskussionsforum, auf dem verschiedene Vorschläge ausgebreitet und kommentiert werden konnten. In einem eigens eingerichteten Chatroom wurde außerdem eine Online-Konferenz durchgeführt. Diese Vorgehensweise ersetzte mindestens zwei Sitzungen, deren ersparte Personal- und Reisekosten im Grunde schon das gesamte Projekt refinanziert haben. Dabei wurde die Methode längst nicht nur als Notlösung erlebt, da die sich über Tage hinziehenden Überlegungen im Diskussionsforum die Möglichkeit boten, manchen Vorschlag genauer zu durchdenken und dann reflektierter zu kommentieren, als dies in der spontanen Situation eines Gruppentreffens der Fall gewesen wäre. Die breite positive Resonanz, auf die das so erarbeitete Motto „ZeitZeichen: Gott. Auf dem Weg in ein neues Jahrtausend" schließlich gestoßen ist, bestätigt die Einschätzung, dass es sich hier um eine adäquate zielorientierte Methode handelt.

Die Arbeit des Hauptausschusses beim 6. Lutherischen Kirchentag wäre ohne den Einsatz computervermittelter Kommunikation nicht vorstellbar. Inzwischen haben auch andere Gremien im Bereich der SELK aus den Erfahrungen profitiert und ihre Arbeit darauf eingestellt. Aus den gemachten Erfahrungen ergeben sich einige Konsequenzen für die Kommunikation in einem Gremium:

- Alle Beteiligten müssen nicht nur über eine vergleichbare Technik, sondern auch über vergleichbare persönliche Fähigkeiten im Umgang mit dieser Technik verfügen.
- Alle Beteiligten müssen sich willentlich auf den Einsatz dieser Kommunikationsverfahren verständigen und bereit sein, aus den gemachten Erfahrungen zu lernen.
- Alle Beteiligten müssen eine besondere Sensibilität dafür aufbringen, die emotionale Ebene der Informationen verstehen zu lernen.[5]

- Es müssen gemeinsame Vereinbarungen darüber getroffen werden, wie die entstehenden Informationen u.U. zu archivieren sind.

Folgerung 1: „Virtuelles Leben" ist auch reales Leben

Bei der Beschreibung dessen, was im und mit dem Internet geschieht, wird oftmals der Begriff „virtuell" benutzt (virtual life, VL). Dem wird das „reale Leben" (real life, RL) gegenübergestellt. Der Begriff „virtuell" (von lat. virtualiter - Möglichkeit) hat dabei den klanglichen Beigeschmack des „zwar möglichen", aber eben „eigentlich nicht richtigen" (weil „nicht realen") Lebens.[6] Diese Unterscheidung darf nun aber nicht so missverstanden werden, als würde das, was sich über „virtuelle" Plattformen ereignet, nun gewissermaßen „qua Methode" als „doch eigentlich nicht so ganz richtig" zu bezeichnen sein. Der Umstand, dass aus der „virtuellen" Kommunikation des Hauptausschusses ein „realer" Kirchentag entstanden ist, zeigt, dass diese Form der Kommunikation alles andere als Spielerei oder „eigentlich nicht richtige" Kommunikation ist. Und dass selbst die ungezwungene Kommunikation im jugendNETwerk zutiefst reale Auswirkungen haben kann, zeigt mit letzter Beweiskraft der Umstand, dass es aus diesem Arbeitsbereich bereits das erste Pärchen zu vermelden gibt: sie stammt aus Stuttgart, er aus Hannover, beide sind sich im Nachtcafé des jugendNETwerk das erste Mal begegnet und haben sich dann verabredet ... „Virtuelles Leben" ist also auch sehr reales Leben gewesen.

Folgerung 2: Computer dienen ernsthafter und nicht-ernsthafter Kommunikation

Das Projekt hat gezeigt, dass die für den gezielten Einsatz in der Kirche noch „neuen" Medien in der ganzen Bandbreite dessen eingesetzt werden können, was auch aus den herkömmlichen Kommunikationsmethoden bekannt ist - und noch viele weitere Möglichkeiten bieten. Man kann darin rumalbern und spielen, aber auch konsequent an vorgegebenen Aufgaben arbeiten und sogar in tiefe seelsorgliche Beziehungen eintreten. Dabei hat es sich erwiesen, dass die neuen Medien nicht nur methodischer Ersatz für eine sonst mit anderen Methoden geführte Kommunikation sind, sondern vielfach zu einer Vermehrung und Ermöglichung der Kommunikation führen - mit allen beobachteten Vor- und Nachteilen, die es auch bei der Einführung anderer Kommunikationsmittel gegeben hat.

Folgerung 3: Etablierung bringt neue Herausforderungen

Auch wenn manches ganz anders lief als gedacht: das, was entstanden ist, ist zu einem selbstverständlichen Bestandteil der Arbeit der SELK geworden. Das Vorhandensein des Nachtcafé etwa wurde so selbstverständlich, dass es kaum mehr als aufregend empfunden wird. Eine Abschaffung des jugendNETwerks würde bei den Usern mit Sicherheit Proteste auslösen. Und die Planungsgruppe für einen nächsten Kirchentag wird vermutlich Computer für ihre Kommunikation ohne jede Skepsis selbstverständlich einsetzen. Die Etablierung wird unter anderem auch dadurch belegt, dass es mittlerweile noch weitere Gremien gibt, die über die neuen Medien miteinander kommunizieren.

Eine völlig neue Herausforderung hat sich im Sommer 2000 entwickelt. Nach einer ersten Tagung in Deutschland haben sich zwölf lutherische Jugendwerke aus aller Welt zur International Lutheran Youth Conference (ILYC) zusammengefunden und wollen ihre Zusammenarbeit mit 23 anderen Partnern entwickeln. Ein Vorstand wurde gebildet, dessen beide Vorsitzende in Deutschland und Ghana leben, und zu dem weitere Mitglieder aus Jamaika, Mexiko und USA gehören. Die Erfahrungen aus der Arbeit des Kirchentages werden für diesen internationalen Vorstand die Basis sein, und die Idee des deutschen jugendNETwerks soll zu einer internationalen Jugendplattform der lutherischen Kirchen ausgebaut werden. Erst die computervermittelte Kommunikation hat nun die Voraussetzungen dafür geschaffen, dass solche globale Zusammenarbeit möglich ist und sich Kontakte zwischen Jugendlichen aller Kontinente ergeben. Die interkulturelle Zusammenarbeit und die Verständigung zwischen den Nationen bekommen über alle bisherigen Grenzen hinweg eine neue Chance.

Der ausführliche Projektbericht ist erschienen als Band 2 der „Reihe jugendTexte" und erhältlich über das Jugendwerk der SELK, Bergstraße 17, 34576 Homberg, jugendwerk@selk.de

Anmerkungen

1 Bereits 1988 hat der Bundesrechnungshof bemängelt, dass mehr und mehr Beamte private Computer am Arbeitsplatz einsetzen, was nicht nur als „nicht gerechtfertigt", sondern unter Verweis auf datenschutzrechtliche Bedenken auch als „riskant" eingeschätzt wurde (vgl. JUNG 1995).

2 Im Sommer 2000 waren bereits mehr als 100 Pfarrämter über eMail zu erreichen, rund 40 Gemeinden und Kirchenbezirke hatten eine Präsentation im Web.

3 „Wer sich über provozierende, alberne, sinnlose oder dumme Netzbotschaften wundert oder sie gar zum Anlass für pauschale Netzkritik nimmt, legt sehr rigide Normvorstellungen über menschliches Kommunikationsverhalten zu Grunde: Denn warum sollten ausgerechnet im Netz (interpretiert als soziales Kontaktforum und nicht als „Zeitung") alle Menschen sich fortlaufend sinnvoll und gehaltvoll äußern – in anderen Kommunikationssituationen tun wir das schließlich auch nicht" (DÖRING 1999, S. 270).

4 Ebd., S. 97.

5 Eine ähnliche Anforderung brachte bspw. auch die Einführung des Telefons mit sich. Nachdem es nicht mehr möglich war, dem/der GesprächspartnerIn direkt ins Auge zu blicken, mussten die Telefonierenden Ersatzmethoden entwickeln. Es ist weniger als 10 Jahre her, dass ein großer Teil der deutschen Bevölkerung diese Fähigkeit erlernen musste. Da es im Falle des Telefons mittlerweile gut gelungen ist, dürfte dies auch bei der Kommunikation via eMail in Kürze der Fall sein.

[6] „virtuell: der Möglichkeit nach vorhanden"; Der kleine Duden. Fremdwörterbuch. Mannheim/Wien/Zürich 1983. Vgl. auch den beitrag „Virtuelle Wirklichkeit" in diesem Band, S. 318f.

Literatur

BADER, ROLAND (1998): KokonTool. Lernumgebung für kollaborative Konstruktion im Weiterbildungsprogramm „Menschen am Computer", CD-ROM. Freiburg

BOLAY, EBERHARD / ANNEMARIE KUHN (1993): Wilde PC am Arbeitsplatz. Studien zur Sozialwissenschaft. Opladen

DÖRING, NICOLA (1999): Sozialpsychologie des Internet. Die Bedeutung des Internet für Kommunikationsprozesse, Identitäten, soziale Beziehungen und Gruppen. Göttingen/Bern/Toronto/Seattle

JUNG, GERD (1995): Einführung von Computern in soziale Organisationen oder wie kommt der PC auf den Schreibtisch? Vortrag 1995. In: BADER 1998 (CD-ROM)

Anhang

Auszug aus dem Gästebuch der Website von SELK

Ratlosigkeit

(Geschrieben von Andreas Schwarz am 20. Mai 1999, 13:35:38)

Es war fast nicht anders zu erwarten. Da schreibt eine Schriftstellerin zum Thema Krieg im Kosovo; und dass sie ihr eigenes Handwerk versteht, kann niemand bestreiten. Zudem bin ich überwältigt von der Fülle an Informationen und Wissen, die sich angeeignet hat.

Ich lese und bin ratloser als zuvor. Wenn ich auch nur den Versuch unternehme, ihr an irgendeiner Stelle zu entgegnen, oute ich mich als einer, der entweder unwissend ist, oder eine feste Position ohne echte Sachargumente hat oder aber irrtümlicherwiese einseitig den Informationen der NATO aufgesessen ist. Und die hat ja sehr eindeutige Interessen an diesem Krieg, um Gerechtigkeit und Humanität geht es ihr nicht.

Ich habe sachlich dem Text nichts zu entgegnen und es ist objektiv auch immer richtig, gegen Krieg zu sein, egal wer gegen wen warum kämpft.

Aber ich werde auch den Verdacht nicht los, dass sich ein solcher Text am Schreibtisch, wohlformuliert und bis ins letzte edel in der Gesinnung, auch gut anfassen lässt.

Politik scheint mir mehr zu sein, als eine richtige Gesinnung zu haben.

Der Text rückt sehr nah an das, was die linke Fraktion der Grünen auf dem Sonderparteitag geäußert hat. Und wer wollte das wirklich verurteilen.

Nur: eine saubere Analyse und eine gerechtfertigte Kritik an den Enscheidungen beinhaltet eben noch keine Alternative.

Die ist sowohl die Schriftstellerin als auch der linke Grünenflügel schuldig geblieben.

Wie gesagt: ich verteile keine Urteile, wer richtig handelt oder denkt.

Am Ende scheint es mir eine Frage des Vertrauens zu sein; denn sowie ich Position beziehe, muss ich mir den Vorworf gefallen lassen, unzureichend oder einseitig informiert zu sein.

Mein Vertrauen - und da bin ich offen und ehrlich - gilt unserem Außenminister Joschka Fischer.

Und immerhin: im Gegensatz zu vielen seiner Kritiker hat er selbst mit Milosovic geredet.

Reinhard Heinz

Computer in der Fachschule

Erfahrungen bei der Einführung von PC und Medienpädagogik in einer Fachschule für Sozialpädagogik

Überall *kann* man Erfahrungen machen, bei der persönlichen Arbeit mit dem PC *wird* man sie machen, und bei Integrationsversuchen der neuen Medien im institutionellen Raum wird man sie machen *müssen*. Wir haben uns an unserer Schule seit 1997 auf diesen Weg eingelassen und inzwischen reichlich Erfahrungen gemacht. Außer Frage steht für uns: Für eine Schule, die für eine moderne Jugendarbeit professionalisiert, ist eine Beschäftigung mit einem Medium, das zunehmend stärker in die Lebenswelt der Jugendlichen eindringt, unumgänglich.

Einstiegsentscheidung

Einstiegsentscheidungen ernähren sich gegenwärtig vielfach ausschließlich von Hoffnungen und Möglichkeitsdarstellungen. Diese Möglichkeitseuphorie wird zurzeit von politischer und wirtschaftlicher Seite nachhaltig gefördert. In den Niederungen des Schulalltags erfahren derartige Begeisterungen einen gehörigen Schuss realistischer Ernüchterung.

Anders als an vielen anderen Schulen wurde die Entscheidung über den Einstieg in die Computermedienarbeit nicht durch politische „Verschreibungen" diktiert, wie sie heute für das staatliche Schulwesen von der Grundschule bis zu den Universitäten verordnet werden. Sie wurde auch nicht durch einsam kämpfende KollegInnen gegen den mehr oder weniger starken Widerstand anderer (häufig der Leitung) durchgesetzt. Bei uns wurde sie vom Vorstand auf Grund der Einsicht in die medientechnischen Entwicklungen und die berufspolitischen Prognosen im Bereich der professionellen Jugendarbeit getroffen. Darüber hinaus spielte eine Imagefrage in die Entscheidung hinein. Der Computer ist inzwischen zu einem Symbol geworden. Es steht für Jugendlichkeit, Modernität, Zukunftsorientierung. Ein Jugendverband – wie der unsere – tut gut daran, an solchen jugendorientierten Symbolen nicht achtlos vorüberzugehen. Vorgesehen war ein Einsatz der Computer im Aus- und Fortbildungsbereich des CVJM-KOLLEGs.

Von den meisten betroffenen Personen (DozentInnen, Studierenden) wurde die Entscheidung des Vorstandes lebhaft begrüßt. Einige Skeptiker gab es natürlich auch, sie befanden sich aber in einer Minderheit.

Entschieden wurde, einen Computerraum einzurichten und in das Schulcurriculum das Fach (Computer-)Medienpädagogik aufzunehmen, in dem das vermittelt werden soll, was heute unter dem Titel „Medienkompetenz“ reichlich diskutiert wird. Entschieden wurde schließlich die fachliche Qualifizierung des zuständigen Kollegen.

Veränderung der Lernumgebung

Eine für die weitere Entwicklung ganz wichtige Verfahrensregel wurde nach der Einrichtung des Computerraums und Installation der Hard- und Software festgelegt. Irgendwo las ich und aus eigener Erfahrung weiß ich inzwischen: Medienkompetenz lässt sich nicht isoliert im Rahmen einer Unterrichtsstunde vermitteln, auch wenn sie bei uns 90 Minuten umfasst. Zum Erwerb von Medienkompetenz gehört vor allem Übung, Übung, Übung! Aus diesem und anderen Gründen haben wir uns - sehr folgenreich! - darauf verständigt: Der Computerraum soll rund um die Uhr für alle Studierenden und Dozenten offen stehen. Anmerkung: Unsere Studierenden sind im Schnitt 24 bis 25 Jahre alt.

Damit war der bisherigen schulischen Lernumgebung nicht nur ein neues architektonisches Element - ein Computerraum - implantiert, sondern potenziell war damit auch ein neuartiger „Datenraum“ eingefügt, um dessen Eroberung und Gestaltung es bei allen weiteren Entwicklungen gehen wird. Die Frage war und ist: Welche Veränderungen vollziehen sich im organisatorischen System der Schule, um das „Implantat“ zu integrieren? Gibt es „Unverträglichkeits-“ und „Abstoßungsreaktionen“? Wie verläuft eine positive Integration? Dabei kann davon ausgegangen werden, dass das „Implantat“ einerseits inzidentelle Wirkungen auslöst, andererseits durch mehr oder weniger bewusste Entscheidungen gestaltet werden kann.

Den weiteren Überlegungen möchte ich einige Thesen voranstellen, auf die ich anschließend erläuternd eingehe. Dabei handelt es sich um Thesen, die sich weniger an den optimistischen Möglichkeiten, sondern an den bislang gemachten Erfahrungen orientieren.

Meine Thesen basieren auf zweijähriger Unterrichtsarbeit in der Ausbildung von ErzieherInnen sowie mehreren dreiwöchigen Fortbildungskursen zu Fragen der Computermedienarbeit. Dabei handelt es sich im Blick auf die Teilnehmer um hauptamtliche Mitarbeiter aus dem Bereich der außerschulischen Jugendarbeit.

1. Der Einstieg in die Computermedienarbeit ist für eine Schulinstitution ein starker Eingriff in die Organisationsentwicklung.
2. „Medienkompetenz“ umfasst auch: Weitestgehende Beteiligung (Reflexion und praktische Gestaltung) aller Betroffenen an den durch die Medien ausgelösten Prozessen der Organisationsentwicklung.

3. Die Integration der neuen Medien führt zu einer Interessendifferenzierung.
4. Notwendig werden neue Kommunikationsstrukturen
5. Arbeit mit Medien erzeugt einen vergleichsweise hohen Regelungsbedarf.
6. Gegenwärtig erfordert die Medienarbeit ein hohes Maß an methodisch-didaktischer Konzeptionsarbeit

Zu 1: Eingriff in die Organisationsentwicklung

Traditionell ist der pädagogische Denkrahmen in der geisteswissenschaftlichen Tradition (NOHL) von den drei Elementen des „Didaktischen Dreiecks" bestimmt (siehe Abb. 1).

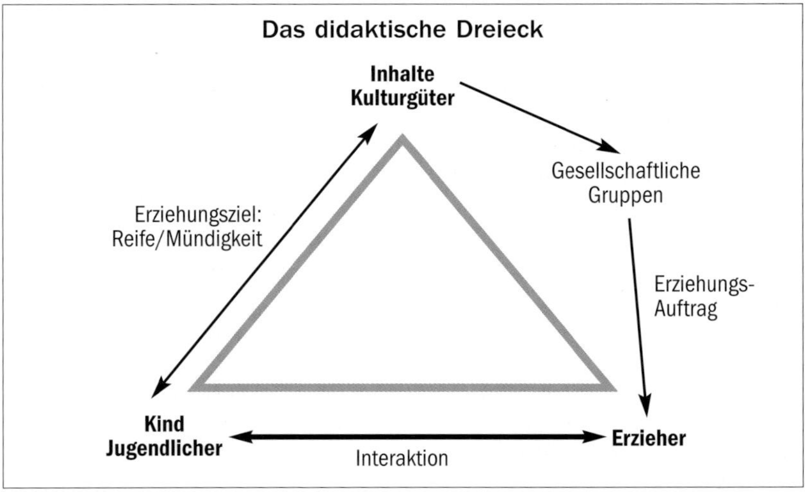

Abb. 1: Didaktisches Dreieck

Was als beachtlicher und heute immer stärker erkennbarer theoretischer Mangel betrachtet werden muss, ist die weitgehende Ausblendung oder Unterbelichtung der Lernumgebung. Nach der pädagogischen Tradition ist das Erziehungsgeschäft im Denkrahmen der Elemente „Inhalt" - „Kind/Jugendlicher" - „Erzieher" verstehbar.

Dem Erzieher kommt in dieser Theorie die Rolle eines „Funktionärs" der gesellschaftlichen Gruppen zu. Er hat gleichsam die „priesterliche Rolle", die Kinder und Jugendlichen in die Inhalte (Kulturgüter) einzuführen. Das bedeutet aber auch: Der Erzieher wird als „reifer Mensch" verstanden, dessen Aufgabe darin besteht, die Diskrepanz zwischen sich und seinen Anvertrauten nach und nach zu verringern. Sehr unterschätzt wird in dieser

Theorie ein Aspekt, der heute in der gesamten Pädagogik große Beachtung findet: die große Bedeutung, die eine gestaltete Lernumgebung für die Sozialisation junger Menschen hat.

Bereits die elementarsten Erfahrungen im Bereich der Medienentwicklung insgesamt, wie ihrer Integration in eine Schulorganisation im Speziellen: Von derartigen Veränderungen werden alle Beteiligten einer Institution und nicht nur die Studierenden - wenn auch auf unterschiedliche Weise - betroffen.

Einige interessante Veränderungen, die wir bislang beobachten konnten, seien genannt:

- Auffällig ist die Veränderung in den Gesprächsthemen in der Schulgemeinschaft. Vor der Etablierung der Computer waren PC- oder Internetthemen allenfalls Privatthema zwischen besonders Interessierten. Jetzt sind sie Alltagsthemen.
- Das bedeutet auch - angeregt durch das riesige Internetangebot - eine erhebliche Ausweitung des bisher schulüblichen Themenspektrums. Überhaupt rückten die Entwicklungen im Medienbereich und dem Internet in das Blickfeld von Aus- und Fortbildung.
- Computerräume haben, wie auch die früheren „Lernlabors" im Sprachunterricht, ihre lernpraktischen Grenzen. Z.B. ist es den „Anfängern" keineswegs recht, alle ersten unsicheren „Gehversuche" der gesamten Öffentlichkeit zu präsentieren. Die Folge: Durch das stärkere Gewicht der

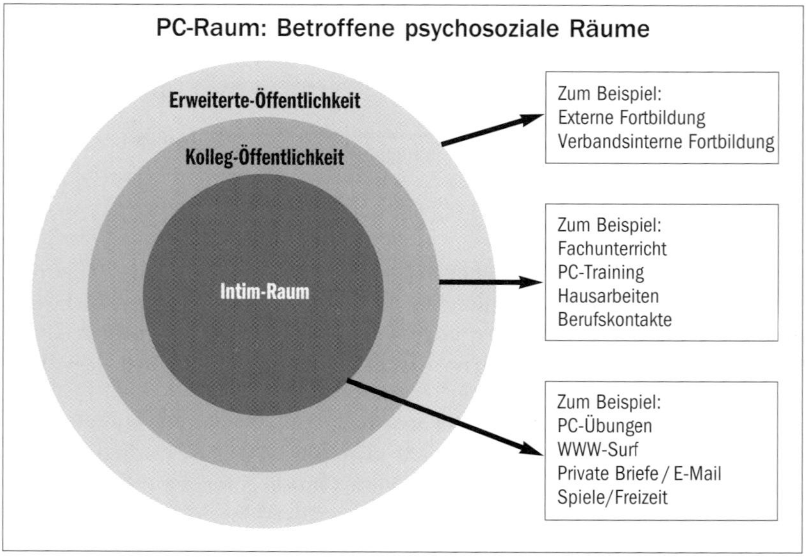

Abb. 2: PC-Raum: Betroffene Psychosoziale Räume

Medienarbeit im Schulkontext erhöht sich der Druck, einen privaten Computer anzuschaffen.

- Generell ergeben sich aus der Überschneidung verschiedener psychosozialer Räume in unserem Haus zahlreiche Konfliktzonen (siehe Abbildung auf der vorhergehenden Seite).
- Auf Grund der sehr unterschiedlichen Vorkenntnisse bilden sich neuartige Prestigehierarchien und Interessengruppen unter den Studierenden. Studierende mit höheren Computerkompetenzen verzeichnen erhöhte Nachfrage. Hierin liegt eine Ambivalenz: Der Aufwertung auf Grund der positiv erlebten Nachfrage steht die Gefahr einer Überlastung gegenüber (Vernachlässigung des Studiums). Bei ca. 50 Studierenden an der Schule mit PC erfordert die Systembetreuung nach Industriestandard einen vollzeitlichen Systembetreuer! Hier ist also ein zu unterstützender Selbstschutz der Studierenden mit Systemkenntnissen dringend erforderlich.
- Die Art des Umgangs mit derartigen Erwartungen und Begrenzungen stellt ein neuartiges Praxisfeld des sozialen Lernens dar. Es wurde gleichsam ein schulinternes „Praxisfeld“ wechselseitiger Anregungs- und Hilfsmöglichkeiten und Frustrationsmöglichkeiten geschaffen.
- Beobachtbar sind in diesem Zusammenhang aber auch deutliche Veränderungen in der Kooperationsbereitschaft. Momentane Systemstörungen auf den Anlagen eines/r Studierenden werden durch die Zurverfügungstellung anderer Anlagen entschärft. Unterschiedliche Hard- und Softwareausstattungen führen ebenfalls zu einem erhöhten Kooperationsbedarf und einem entsprechenden Verhalten.
- Mit dem jederzeit zugänglichen Computerraum ist ein neuartiger Kommunikationsraum geschaffen, der den bisher üblichen Kommunikationsräumen an der Schule (z.B. Foyer, Semesterräume) erhebliche Konkurrenz macht.
- Die vorhandene Bibliothek bekommt in ihrem bisherigen Monopol als Daten und Informationsquelle durch das Internet eine mächtige Konkurrenz. Unschlagbar ist das Internet, wenn es um aktuelle Themen geht.
- Damit wiederum eng verbunden ist für die KollegInnen der Kontrollverlust über die bislang von ihnen moderierten Datenbestände der Bibliothek.
- Bekanntlich liefert das Internet mindestens ebensoviel Unsinniges wie Brauchbares. Ein gutes Stück der Selektionsarbeit ist nun von den Studierenden zu erbringen. Das ist in Fachbereichen, in denen man als Studierender noch über wenige Kenntnisse verfügt, besonders schwierig.
- Aus den lautstarken Hilferufen bei Störungen des privaten eMail-Verkehrs schließe ich, dass es entweder zu einer Verlagerung oder einer Ausweitung des auf Grund des schulischen Internatsbetriebes eingeschränkteren Kommunikationsrahmes nach außen gekommen ist.

- Je kompetenter sich die Studierenden im neuen Medium bewegen, desto stärker wird der Druck auf die KollegInnen, sich von den Entwicklungen nicht überrollen zu lassen. Es kommt - je nach Situation - zu neuartigen Abhängigkeiten der DozentInnen von Studierenden mit bestimmten Medienkompetenzen.

Dies sind keinesfalls alle bislang beobachteten Veränderungseffekte. Sie reichen aber aus, um darzustellen, wie weitreichend das „Implantat" Wirkungen auf die Organisationsentwicklung zeigt.

Zu 3: Interessendifferenzierung

Was die hohe Übereinstimmung der Einstiegsentscheidung zunächst verdeckte, wurde bald zu einer lebendigen Erfahrung. Es zeigten sich beachtliche Interessenunterschiede innerhalb der Gesamtorganisation und der verschiedenen von der Innovation betroffenen Gruppen. Dabei ist das medienpädagogische Interesse im engeren Sinn eine Interessenrichtung unter vielen anderen. Nur einige wichtige Interessenlagen möchte ich anführen:

- Von der Verbandsleitung aus betrachtet, dürften die wichtigsten Interessen in der Erhöhung der Verbands-, Aus- und Fortbildungsattraktivität sowie der Verbesserung der verbandsinternen wie -externen Kommunikation und öffentlichen Präsentation bestehen. Ferner richten sich die Interessen auf eine effektivere Realisierung der Verbandsziele, die natürlicherweise nicht immer mit den Zielen von Aus- und Fortbildung deckungsgleich sind.
- Von der Aus- und Fortbildungsleitung her gibt es ein Doppelinteresse, das einerseits im möglichen Werbeeffekt im Konkurrenzkampf vergleichbarer Ausbildungen und andererseits in der Verbesserung interner Qualifizierungsangebote besteht. An der an dieser Stelle getroffenen Option entscheidet sich eine prinzipielle Zuordnung der neuen Medien. Die Betrachtung der neuen Medien als eine zusätzliche Werbemöglichkeit legt die Anbindung an die Verwaltung nahe. Priorisiert man dagegen den medienpädagogischen Aspekt, legt sich eine Anbindung an den medienpädagogisch zuständigen Fachkollegen bzw. die Kollegenschaft nahe.
- Auf der Seite der Studierenden gibt es mindestens vier Interessenlagen:
  1. Nutzung der Computer incl. Internet zu eigenen Studienzwecken
  2. Unterrichtliche oder private Übungen (Projekte; Programmtraining)
  3. Nutzung zu privaten Kontakten (spez. eMail)
  4. Nutzung der Computer in der Freizeit
- Eine wiederum spezifische Interessenlage bringen die Teilnehmer der Fortbildungskurse ein. Sie beziehen sich auf die durchgehende Computernutzung während der Kurswoche (Konflikte mit den „Revieransprüchen" der Studierenden!) und, neben einer qualifizierten Kursleitung, auf aktuelle Hard- und Software.

• Im Blick auf die Interessendifferenzierung der Studierenden in den Ausbildungsgängen ist eine Beobachtung sehr wichtig. Es zeigen sich deutliche Unterschiede zwischen „intrinsisch" und „extrinsisch" für die Computerarbeit motivierten Studierenden. Dies ist an sich nicht verwunderlich, denn derartige Unterschiede wird man in jedem anderen Fach- und Sachgebiet auch finden. Bedeutsam wird diese Differenzierung hier, weil beide Gruppen unterschiedliche Erwartungen an die Kursleitung stellen. Während sich die erste Gruppe mit einigen einführenden Hinweisen zu einem Programm zufrieden gibt und dann mit eigenen Ideen und Übungen loslegt, ist die zweite Gruppe sehr viel stärker auf die Führung durch den Leiter angewiesen. Solche Anleitung wirkt auf die erste Gruppe eher hinderlich. Ich vermute, dass sich derartige Unterschiede in den thematisch ausgeschriebenen Fortbildungskursen nicht oder weniger zeigen, weil die freiwillige Belegung die Interessen homogenisiert.

Zu 4: Neue Kommunikationsstrukturen

Überblickt man die hier zusammentreffenden Interessenunterschiede, so wird ein Anschlussproblem unmittelbar einsichtig: Ein Interessenausgleich, der einen „störungsarmen" und befriedigenden Betrieb ermöglicht, erfordert einen erhöhten Kommunikations- und Abstimmungsaufwand. Der Aufbau derartiger Kommunikationsstrukturen (neuartige Gruppen mit bisher nicht gewohnten Zusammensetzungen; Festlegung von Tagungsfrequenzen, interne Weiterqualifikation etc.) erfordert Zeit und einen erhöhten Willen zur Zusammenarbeit aller Beteiligten. Dabei wirken sich gelegentlich die bisher etablierten Kommunikationsstrukturen kontraproduktiv aus.

Das einfache Addieren einer zusätzlichen Kommunikationsstruktur zu der unverändert beibehaltenen traditionellen führt an vielen Stellen zu Überforderungen der Beteiligten.

Zu 5: Regelungsbedarf

Die ersten Regelungen betrafen die Festlegung von Verhaltensregeln im Computerraum; das Verhalten (Kompetenzen) im Umgang mit den Systemdateien von „Windows".

Sehr rasch nach der ersten Inbetriebnahme des Computerraums zeigten sich erste Schwierigkeiten, die zunehmend einen Regelungsbedarf anzeigten. Derartige Probleme bestanden u.a. in den üblichen Systemschwierigkeiten des Betriebssystems „Windows". Sie wurden ergänzt durch Netzprobleme im Windows-Intranet. Solche Schwierigkeiten führten sehr bald zu neuen Überlegungen hinsichtlich eines Umbaus der Netzverwaltung. Insgesamt wurde rasch klar, dass ein störungsarmer Betrieb externe Systemspezialisten erforderlich macht. Auf der Seite der Studierenden mussten

Ansprechpartner mit weiterreichenden Kompetenzen im Systemzugriff gefunden werden.

Einen guten Überblick über die „üblichen“ Probleme der Computerintegration an Schulen fanden wir in einer Untersuchung der häufigen Schwierigkeiten an Schweizer Schulen, die von der „ETH – Zürich“ ins Internet gestellt wurde. Wir waren erstaunt und entlastet, als wir feststellten, dass wir mit unseren Schwierigkeiten nicht allein stehen, sondern dass viele andere Schulen mit gleichen oder ähnlichen Problemen zu kämpfen haben. Siehe dazu die Abbildung auf der folgenden Seite.

Zu 6: Methodisch-didaktische Konzeptionsarbeit

An dieser Stelle muss gegenwärtig in der medienpädagogischen Diskussion ein beachtliches Defizit beklagt werden. Der politische Druck zur Einführung der Medien an den Schulen korrespondiert nicht mit der Entwicklung praktikabler und realistischer methodisch-didaktischer Konzeptionen. Als einen einzigartigen Gipfel pädagogischer Hilflosigkeit betrachte ich die finanzpolitisch diktierte Idee: „teach your teacher“. Deutlicher kann die gegenwärtige didaktisch-methodische Hilf- und Ideenlosigkeit kaum sichtbar gemacht werden. Sie kommt einer pädagogischen Kapitulation gleich.

Andererseits wird an dieser Stelle der Realismus deutlich, der in der gegenwärtigen schulpolitischen Grundsatzdiskussion auf die Notwendigkeiten eigenständig entwickelter Schulprofile hinweist. Mit didaktischen Konzepten, wie sie heute für allgemeinbildende Schulen entwickelt werden, werden wir bei uns nur mit ansehnlichen Modifikationen arbeiten können. So sind z.B. für unser KOLLEG die Vorarbeiten wesentlich, die in den allgemeinbildenden Schulen in der „Informationstechnischen Grundbildung“ geleistet werden. Als Spezifikum kommt bei uns als „Fachschule für Sozialpädagogik“ ein großer Themenkomplex hinzu. Wie können wir die Computerarbeit in und für die Jugendarbeit nutzbar machen? Aus dem anderen Spezifikum unserer Schule, neben der sozialpädagogischen Qualifikation auch eine theologische zu vermitteln, ergeben sich weitere Akzentsetzungen, die in anderen Ausbildungsgängen ein sehr viel geringeres Gewicht haben dürften.

Der vergleichsweise sehr viel übersichtlichere Sozialraum unserer (kleinen) Schule, der Internatsbetrieb, das Alter und die Vorerfahrungen unserer Studierenden, die spezielle Interessenlage und die verschiedenen Qualifikationsbereiche unseres KOLLEGs (Aus- und Fortbildung), das relativ überschaubare zukünftige Berufsfeld unserer Absolventen etc., mit denen wir konfrontiert sind, erzwingen die Entwicklung einer „medialen Lernweltkonzeption“, die für uns „passen“ muss. Ich hätte große Zweifel, ob die Konzeptionsarbeit von irgendeiner anderen Stelle als der eigenen Schule übernommen werden kann.

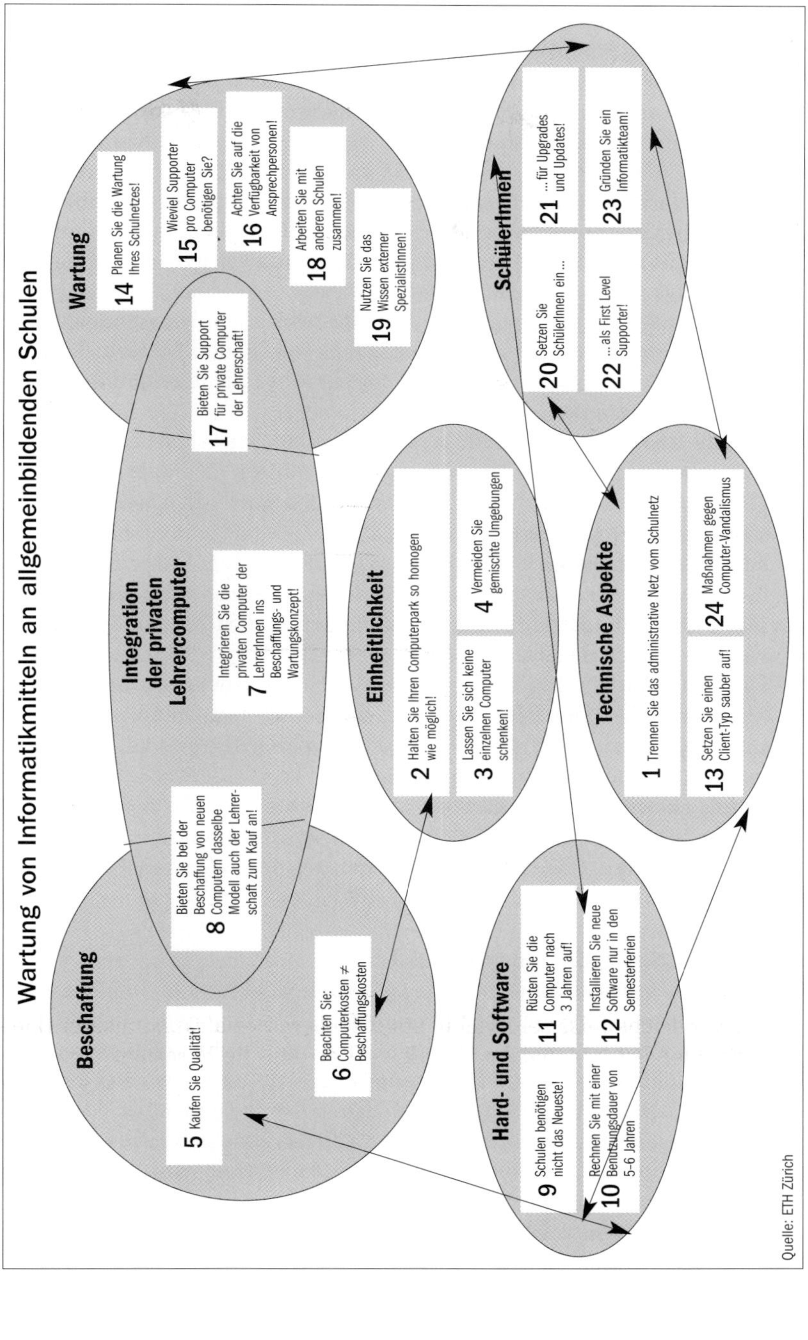
Wartung von Informatikmitteln an allgemeinbildenden Schulen
Beschaffung
5 Kaufen Sie Qualität!
6 Beachten Sie: Computerkosten ≠ Beschaffungskosten
8 Bieten Sie bei der Beschaffung von neuen Computern dasselbe Modell auch der Lehrerschaft zum Kauf an!
Integration der privaten Lehrercomputer
7 Integrieren Sie die privaten Computer der LehrerInnen ins Beschaffungs- und Wartungskonzept!
17 Bieten Sie Support für private Computer der Lehrerschaft!
Wartung
14 Planen Sie die Wartung Ihres Schulnetzes!
15 Wieviel Supporter pro Computer benötigen Sie?
16 Achten Sie auf die Verfügbarkeit von Ansprechpersonen!
18 Arbeiten Sie mit anderen Schulen zusammen!
19 Nutzen Sie das Wissen externer SpezialistInnen!
Einheitlichkeit
2 Halten Sie Ihren Computerpark so homogen wie möglich!
3 Lassen Sie sich keine einzelnen Computer schenken!
4 Vermeiden Sie gemischte Umgebungen
SchülerInnen
20 Setzen Sie SchülerInnen ein ...
21 ...für Upgrades und Updates!
22 ...als First Level Supporter!
23 Gründen Sie ein Informatikteam!
Hard- und Software
9 Schulen benötigen nicht das Neueste!
10 Rechnen Sie mit einer Benutzungsdauer von 5-6 Jahren
11 Rüsten Sie die Computer nach 3 Jahren auf!
12 Installieren Sie neue Software nur in den Semesterferien
Technische Aspekte
1 Trennen Sie das administrative Netz vom Schulnetz
13 Setzen Sie einen Client-Typ sauber auf!
24 Maßnahmen gegen Computer-Vandalismus
Quelle: ETH Zürich

Evaluation der bisherigen Entwicklung

Eben in diesem Sommer hat das erste Semester die dreijährige theoretische Ausbildung an unserer Schule verlassen, das die Schule nur mit einem Computerraum kennen gelernt hat. So unterschiedlich die Lernerfolge im Bereich der Computerarbeit bei einzelnen Studierenden auch sein mögen:

- Es gibt unter den Absolventen niemanden mehr, der der Computerwelt gänzlich abstinent und fremd gegenübersteht. Das dürfte sich positiv auf die Autorität und die Gesprächsmöglichkeiten zwischen den Erziehern und den Jugendlichen in der Praxis auswirken.
- Die Erfahrungen an der Schule bewirken vor allem bei Einsteigern einen Abbau emotionaler Sperren gegenüber den neuen Medien. Vielfach wurden ganz neue Interessen geweckt und vorher nicht gekannte persönliche Kompetenzressourcen erschlossen.
- Es gibt niemanden, der sein Wissen nur über den Kopf und das Lesen medienkritischer Literatur erworben hat. Es wurden medienpraktische Arbeiten gemacht, die ganzheitliche Erfahrungen geschaffen haben, auf denen weitergearbeitet werden kann.
- Alle Studierenden verließen die Schule auch mit dem Wissen um die hohe Komplexität, die mit jeder vernetzten Medienarbeit verbunden ist. Dazu gehört auch die Erfahrung der Anfälligkeit und Störbarkeit derartiger Systeme wie auch die sozialen Wirkungen.
- Die Medienarbeit hat sicher nicht alle Studierenden zu begeisterten „Computerfreaks" gemacht. Auch wer die Schule mit Distanz gegenüber den Medien verlässt, wird diese Distanz differenzierter und damit vielleicht realitätsgerechter begründen können.
- Auf der Ebene der Organisation ist das Bewusstsein für Mögliches, Unmögliches und Erforderliches gewachsen. Damit wurden wichtige Voraussetzungen für die Planung und Realisierung der nächsten Schritte geschaffen.

Entwicklungsaufgaben aus heutiger Sicht

Die weitere Entwicklung der Computermedienpädagogik an unserer Schule wird sehr wesentlich davon betroffen sein, wie die entsprechenden Entwicklungen des Fachbereichs an den allgemeinbildenden Schulen verläuft. Auch wenn längerfristig mit Änderungen zu rechnen ist, wird es noch geraume Zeit dauern, bis sich durchschlagende Erfolge einstellen. Solche Erfolge könnten darin bestehen, dass die „Informationstechnische Grundbildung" von den allgemeinbildenden Schulen vermittelt wird. Das wird die Homogenität der Fähigkeiten und Wissensbestände unter unseren Studierenden vergrößern und zu einer stärkeren Konzentration auf medienpädagogische Fragen ermöglichen.

5. Kapitel

Schritte auf dem Weg zur Professionalisierung

Einführung

Professionalisierung ist der Prozess einer Berufsgruppe zu interner Übereinstimmung darin, worin das berufliche Tun bestehe, was es qualifiziere und unterscheidbar mache. Wenn diese Definitionen zudem externe, gesellschaftliche Aktzeptanz gefunden haben, kann man von geglückter, etablierter Professionalität sprechen, die Rollensicherheit und meist auch Einkommen durch Ausgrenzung der Konkurrenz sichert: Jeder weiß beispielsweise heutzutage, was ein Arzt ist. Spätestens beim Versuch, eine Arztrechnung von der Krankenkasse erstattet zu bekommen, wird klar, wie genau hier differenziert wird.

Von solcher Klarheit in der professionellen Rolle wird in der außerschulischen Bildungsarbeit, als Teil sozialer Arbeit, wohl nicht einmal geträumt, geschweige denn, dass die Kunden für erfolgreiche Bildungsprozesse gar diesbezügliche Rechnungen bezahlen könnten. Vielmehr werden hier die Kunden Zielgruppen genannt und die BAT-Gehälter von SozialpädagogInnen, BildungsreferentInnen und anders Ausgebildeten aus Steuermitteln über Bildungs-, Arbeits- und Sozialministerien oder Kirchenkassen finanziert.

Was am eigenen Handeln nun beruflich bezahlt, was ehrenamtliche oder unbezahlte Mehrarbeit sei, gehört ebenso zu den weiterhin ungelösten Praxisproblemen dieses Berufstandes wie das Dilemma, methodisch und wissenschaftlich fundiert zu handeln, Beziehungsarbeit zu leisten, ohne lieblos und professionell distanziert zu wirken und damit letztendlich erfolglos zu bleiben.

Ist schon das Berufsbild derer, die außerschulische Sozial- und Bildungsarbeit leisten, eher diffus, wenig präzis und nicht durchgängig akzeptiert,[1] so trifft das noch vermehrt für MedienpädagogInnen, oder gar ComputermedienpädagogInnen zu. Im Regelfall kann für solches Tun nicht auf einen gleichnamigen universitären Abschluss als Legitimation verwiesen werden – lediglich Studienschwerpunkte und berufliche Fort- und Weiterbildungen dienen als Qualifikationsausweis. Dies hindert freilich die Auftraggeber vor Ort, etwa ein kirchliches Gremium, nicht, ihre eigenen Vorstellungen, wozu Medienpägagogik oder Computerpädagogik dienen sollten, zum Beurteilungsmaßstab professioneller Arbeit zu machen: So haben medienpädagogisch Arbeitende im Normalfall zwei Hauptzielgruppen, die sie jeweils von der Sinnhaftigkeit des eigenen Tuns überzeugen müssen: erwachsene Auftraggeber und Jugendliche. Ihre Rolle dazwischen ist strukturell die eines Puffers und Ersatzes.

So ist es nur logisch, wenn Carola Flad in ihrem Beitrag „Homo medienpädagogicus - Die Summe der Einzelnen könnte viel sein“ feststellt, dass die Profis in diesem Arbeitsfeld in der Regel „ihre Arbeit selbst erfinden“, die eigene Berufsrolle selbst definieren müssen und dabei gleichzeitig das Verständnis von praktischer Medienpädagogik weiterentwickeln. Jedoch, so Flad, bleiben sie weithin Einzelkämpfer, deren Leistungen außerhalb einschlägiger Nischen wenig Anerkennung finden. Bildlich formulierten TeilnehmerInnen einer Expertentagung[2] ihre Identität und Zukunftsperspektiven so: „Das Trüffelschwein ist findig, bleibt dennoch eines und landet letztlich im Kochtopf des Bauern - es sei denn, es organisiert sich vorher.“ Flad fordert hier, den bislang defizitären Dialog zwischen (universitärer) Theorie und alltäglicher Praxis zu verbessern, um „zu einem festeren Standbein im Beruf zu verhelfen“. Denn noch gäben „medienpädagogische Theorien keine Antwort darauf, wer auf welcher Grundlage, welcher Qualifizierung medienpädagogisch arbeiten soll.“

Diese Frage beantworten die von Roland Bader befragten computermedienpädagogischen Experten in der Praxis vor Ort sehr eindeutig: Diejenigen, die sich einem ständigen Weiterbildungsprozess in einer Vielzahl miteinander verzahnter Bereiche unterziehen, von der Medientechnik über die Medienkritik bis zu jugendkulturellen Studien. Wobei mit zunehmender Erfahrung und Praxis im Arbeitsfeld die aufgewendete Zeit zunimmt, statt zu sinken, über acht Stunden pro Woche. Im Beitrag „Innovation lernen - Ergebnisse einer Expertenumfrage ...“ kommt er zum Schluss: „Professionelle Tätigkeit ist in einem hohen Maße durch diese selbstgesteuerte Weiterbildung gekennzeichnet“ - ein anderer Ausdruck des von Carola Flad konstatierten Mangels an professionellen Standards.

Bader kann dem auch eine uneingeschränkt positive Seite abgewinnen: In einem gemeinsamen Lern- und Aneignungsprozess ist medienpädagogische Kompetenz von PädagogInnen und Zielgruppen weniger das Erreichen eines Ziels, als denn ein Mittel, „um Selbstständigkeit zu erlangen und zu fördern und das Lernen zu lernen.“ Letztlich stellt er damit die medienpädagogische Diskussion vom Kopf auf die Füße und stützt, was Gabi Reinmann-Rothmeier hier im Band in „Bildung mit digitalen Medien“ ebenso fordert: In computermedienpädagogischer Praxis gehe es „vor allem um die Schaffung einer Lernkultur, die den Faktoren Eigenverantwortung und Kooperation sowie Kritik und Bewertungsvermögen einen größeren Stellenwert beimisst.“

„Kognitves Lernen und Persönlichkeitsentwicklung im Rahmen sozialwissenschaftlicher Ausbildung“ ist insofern ein nachgerade zwingender Schritt, den Christina Schachtner und Heike Seiler als „Lernziel Medienkompetenz“ beschreiben - deutlich wird, dass dieses Ziel (in der Ausbildung von Sozialwissenschaftlern) erst erreicht wird, wenn der soziale Kontext des Lernens in der Gruppe und die Relevanz des „Stoffes“ für eigene Orientierungen und Vehaltensweisen der Studierenden erkannt wird, Lernen als „doppelsinniger Prozess“ passiert, ein Prozess freilich auch, der eine Veränderung der Rolle der universitären LehrerInnen erfordert.

Um Entwicklungsprozesse in der persönlichen Identität, um persönliche wie berufliche Bildung geht es auch im letzten Beitrag dieses Abschnittes über Professionalisierung, „Lernen wie im Märchen“: Wolfgang Schindler schildert Meilensteine auf dem Weg „vom Textverarbeiter zur ComputermedienpädagogIn“ und bedient sich dabei der bildlichen Symbolik des Märchens vom Gestiefelten Kater, um den Paradigmenwechsel zu veranschaulichen, den Teilnehmende eines berufsbegleitenden Weiterbildungsprogrammes vollziehen. Computermedienpädagogik wird hier als Bildungsprozess verstanden, als „pädagogische Rückeroberung der neuentstandenen Computerkulturen, die sich entweder in den Händen der Veranstalter von Schulungen oder im Visier der Bewahrer befanden“ - ein Begriff, der sich als griffiges Etikett für professionelle Kompetenz in diesem Handlungsfeld zunehmend durchgesetzt hat.

Anmerkungen

1 Zahllose Sozialarbeiter-Witze illustrieren dies.

2 „Zur Didaktik der Computermedienpädagogik“, Fachtagung für ExpertInnen, Josefstal 1998 (http://www.josefstal.de/mac/tagungen/).

Roland Bader

Innovation lernen?

Ergebnisse einer Expertenumfrage zu Handlungsbedingungen und Kompetenzen für die medienpädagogische Arbeit mit PC

Medienpädagogische Arbeit besteht aus einer Vielzahl praktischer Handlungsanforderungen. Aktuelle Leitvorstellungen und Zielsetzungen für medienpädagogische Arbeit, wie etwa „Medienkompetenz", geben nur in sehr geringem Maß ein Bild von den tatsächlichen Anforderungen an PädagogInnen. Die Berücksichtigung konkreter Rahmenbedingungen bei der Theoriebildung wird zwar in in der pädagogischen Literatur oft postuliert, selten jedoch theoriebildend eingelöst (Sobiech 1997, S. 49). An konstitutiven Bedingungen sind es Voraussetzungen der Zielgruppe, institutionelle und organisatorische Faktoren und sozial-regionale Merkmale, die das konkrete Handeln in der Situation und die Realisierung pädagogischer Zielsetzungen maßgeblich beeinflussen (Sobiech 1997, S. 130ff.). Als Faktor von herausragender Wichtigkeit hat die Kompetenz des Pädagogen einen wesentlichen Einfluss auf den Erfolg pädagogischer Arbeit.

Um Weiterbildung bedarfsgerecht für die Praxis zu gestalten, wurde eine Umfrage unter Praktikern durchgeführt mit dem Ziel, Aufschluss zu erhalten

- über die Arbeitsbedingungen von PädagogInnen, die im außerschulischen Bereich medienpädagogisch mit Computern arbeiten;
- über Prozesse des Kompetenzerwerbs und die Erwartungen, die Praktiker der Computermedienpädagogik an institutionelle Weiterbildung haben und
- über Kompetenzen, die von Praktikern für ihre Arbeit als notwendig erachtet werden.

Methode und Stichprobe

Die Befragung „Praxis der Medienpädagogik mit Computern" wurde im Sommer 1998 als Fragebogenuntersuchung durchgeführt. Der Fragebogen war als Online-Fragebogen gestaltet und am Bildschirm zu bearbeiten. Er wurde auf Disketten per Post verschickt und stand im WWW zum Download zur Verfügung. Die Antwortdaten konnten per eMail oder auf Diskette an den Verfasser zurückgeschickt werden.

Mit der Rekrutierung der Befragten war angestrebt, möglichst viele Projekte und Personen zu erreichen und für die Befragung zu gewinnen, die folgende Kriterien erfüllen:

1. aktive und praktische medienpädagogische Tätigkeit mit Kindern oder Jugendlichen,
2. pädagogische Arbeit mit dem Schwerpunktmedium Computer,
3. Tätigkeit vorwiegend im außerschulischen Bereich.

Auf der Grundlage von Literatur- und CD-ROM-Recherchen der aktuellen Fachliteratur sowie einer Recherche im WWW im Sommer 1998 wurden Personen, pädagogische Projekte, Jugendhäuser und soziale Einrichtungen kontaktiert, von denen vermutet oder bekannt war, dass sie medienpädagogische Angebote mit Computern durchführen. In Mailinglisten aus dem Bereich der Jugendarbeit (DE/-Newsgroups und CL-Netz) wurde auf die Umfrage hingewiesen. Die Umfrage wurde in den beiden Fachzeitschriften „medien praktisch" und „medien + erziehung" angekündigt. Etwa 150 PädagogInnen wurden angeschrieben, die dem Verfasser persönlich bekannt sind. Die Landesgruppen- und Fachgruppensprecher der Gesellschaft für Medienpädagogik und Kommunikationskultur wurden schriftlich informiert und gebeten, die Information an Kollegen weiterzugeben.

Etwa 200 Exemplare des Fragebogens wurden zwischen Mai und Juli 1998 auf vier bundesweiten medienpädagogischen Fachtagungen verteilt. Insgesamt wurden per Post etwa 350 Personen und Institutionen angeschrieben, von denen ein Teil Multiplikatoren waren. Es wurden etwa 200 eMails mit dem Hinweis auf die Umfrage und der Bitte um Weiterleitung verschickt. Der Fragebogen wurde insgesamt etwa 250 Mal verteilt.

Die Anfragen nach Zusendung des Fragebogens zeigen, dass über das Internet eine breite Streuung und Weiterleitung der elektronisch verschickten Nachricht stattgefunden hat. Insgesamt wurden 52 Fragebogendatensätze zurückgeschickt, der größte Teil davon per eMail. 48 der zurückgeschickten Datensätze entsprachen den oben formulierten Kriterien. Von den befragten ExpertInnen waren 35 männlich und elf weiblich (von zwei Befragten fehlen die Angaben über das Geschlecht).

Die Befragten geben in fast allen Fällen als gelernten Beruf einen pädagogischen an. Jeweils etwa ein Viertel der Befragten haben eine Ausbildung als Diplompädagoge oder als Sozialarbeiter/Sozialpädagogen. Die restlichen Nennungen beinhalten Lehrer, Student und eine Palette anderer pädagogischer Berufe (z.B. Religionspädagoge, Jugendreferent etc.) Keiner der Befragen gab als Studienabschluss „Medienpädagogin oder Medienpädagoge" an. Das Durchschnittsalter der Befragten liegt bei 36,5 Jahre. Sie arbeiten im Durchschnitt seit 5,9 Jahren pädagogisch mit Computern.

Die Teilnehmer an der Umfrage werden im Folgenden als „Computermedienpädagogen" bezeichnet. Diese Bezeichnung, die seit 1991 für den Abschluss des Weiterbildungsprogramms[1] „Menschen am Computer" im

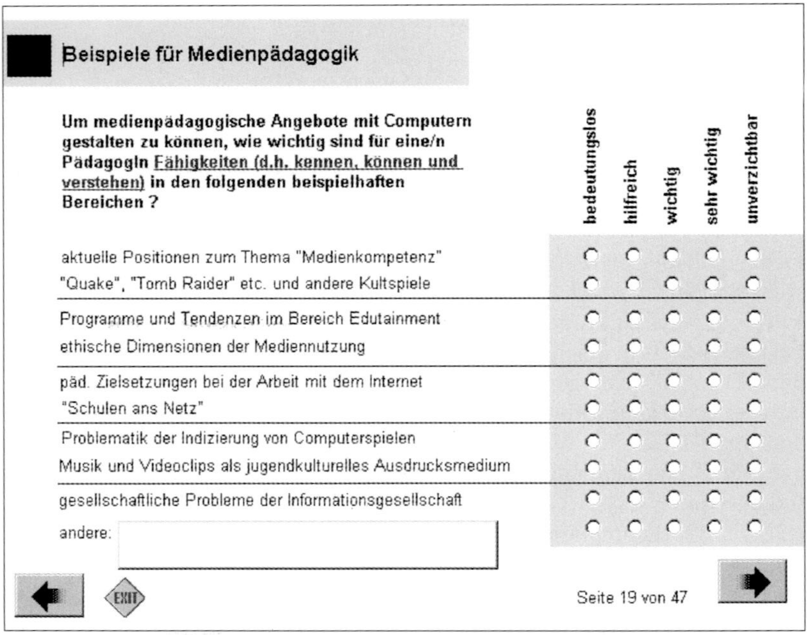

Abb.1: Screenshot des Onlinefragebogens „Praxis der Medienpädagogik mit Computern“

Studienzentrum für evangelische Jugendarbeit Josefstal eingeführt ist, kennzeichnet eine Ausrichtung, die sich an der medienpädagogischen Theoriebildung orientiert und im Schwerpunkt auf das Medium Computer konzentriert ist. Auf Grund der inhaltlich-konzeptionellen Orientierung und des Tätigkeitsprofils wird diese Bezeichnung auf die in der Untersuchung befragten Pädagogen angewendet.

Arbeitsbedingungen der medienpädagogischen Praktiker

Die Hälfte der Befragten arbeitet mit vollem Deputat angestellt, knapp ein Viertel ist mit einem Teilzeitdeputat angestellt. Mehr als die Hälfte der Befragten (52,2 %) führt die medienpädagogische Arbeit mit Computern in einem Team durch, 28,3 % nimmt die medienpädagogische Tätigkeit allein wahr. Die medienpädagogische Tätigkeit ist in den meisten Fällen nicht die ausschließliche Tätigkeit der Befragten, sondern ist in einen Rahmen anderer beruflicher Tätigkeit eingebunden und hat unterschiedlichen Umfang. Im Durchschnitt aller Befragten umfasst sie 37 % der beruflichen Tätigkeit. Fast die Hälfte der Befragten (46,5 %) arbeiten in geringem Umfang (unter 20 %) medienpädagogisch mit Computern (vgl. Abb. 2).

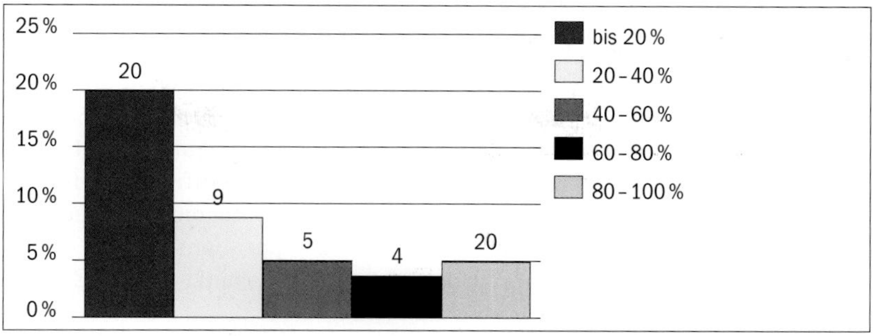

Abb.2: Anteil computermedienpädagogischer Tätigkeit an der gesamten beruflichen Tätigkeit (absolute Anzahl Personen)

Die hauptsächlich angegebenen Arbeitsfelder der Einrichtungen der Befragten liegen im Bereich der Jugendkultur (40 %) und der Jugendarbeit (31,1 %). Als Zielgruppen werden in der Mehrzahl der Fälle Jugendliche (48,1 %) und Kinder (25,3 %) genannt.

Formen und Inhalte computermedienpädagogischer Angebote

Die Befragten wurden gebeten, bis zu drei Angebote detailliert zu beschreiben, die sie machen. Diese Angebote wurden zu Kategorien gruppiert, in denen zwischen Angebotsformen und der inhaltlichen Ausgestaltung der Angebote unterschieden wird. Da die Beschreibungen der Angebote durch die Befragten unterschiedlich detailliert vorgenommen wurden, sind die Daten in quantitativer Hinsicht nicht vergleichbar. Dennoch geben sie einen Eindruck von der Vielfalt und dem Spektrum der Angebote wieder.

Es wird eine breite Palette von Veranstaltungsformen praktiziert (vgl. Abb. 3). Die Mehrzahl der Computermedienpädagogen praktiziert nicht nur eine pädagogische Arbeitsform, sondern mehrere zugleich. Diese reichen

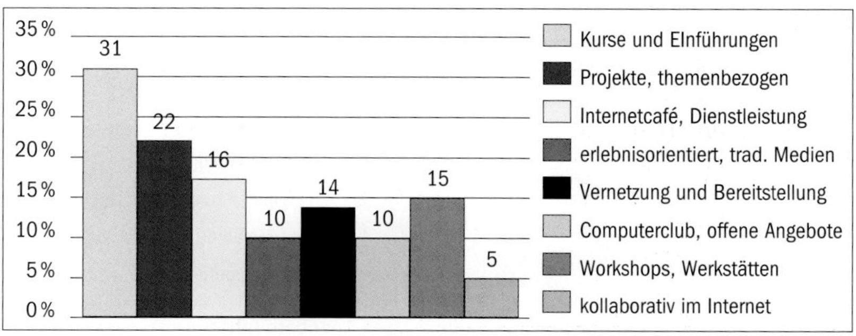

Abb. 3: Formen computermedienpädagogischer Angebote

von offenen Angeboten wie Computertreffs, Werkstätten und Internetcafés, in denen für Zielgruppen technische, gestalterische und kommunikative Möglichkeiten bereitgestellt werden und in denen Jugendliche Räume zum selbstgestalteten Spielen, Surfen, Mailen oder Chatten haben, bis hin zu Einführungskursen und projekt- und themenorientiertem Lernen und Arbeiten. Kurse und Einführungen bilden die am häufigsten genannte Angebotsform. Daneben bietet ein Teil der Computermedienpädagogen auch Dienstleistungen und Plattformen für Kooperationspartner - vorzugsweise im Internet - an und arbeitet an einer Vernetzung von Einrichtungen.

Ebenso werden auch Angebote gemacht, bei denen kollaborativ über das Internet miteinander gelernt, gespielt oder gearbeitet werden kann.

Auch die Palette der angebotenen Inhalte ist breit. Sie reicht von Einführungen in die Bedienung des Computers, in Windows und Office-Anwendungen über kreative Anwendungen wie Malen, Schreiben und Homepagegestaltung bis hin zu Audio-, Video- und Multimediabearbeitung. Angebote mit computerkritischen Inhalten sind gering vertreten. Inhaltlich dominiert das Internet (vgl. Abb. 4).

Charakteristisches professionelles Merkmal: Eigenverantwortung für Innovation

Als kennzeichnendes Merkmal computermedienpädagogischer Tätigkeit erbrachte die Untersuchung Eigenständigkeit und Verantwortung für Innovationen. Die Eigenverantwortung der Praktiker wird an drei Punkten besonders deutlich:

1. in der Selbstbestimmung in der Gestaltung des pädagogischen Angebots,
2. in dem innovativen Charakter computermedienpädagogischer Arbeit für die Institution und

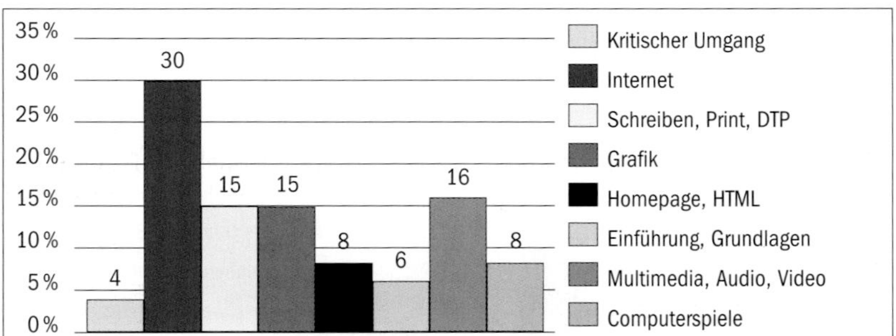

Abb. 4: Inhalte der computermedienpädagogischen Angebote (absolute Häufigkeit der Nennungen, Mehrfachnennungen möglich)

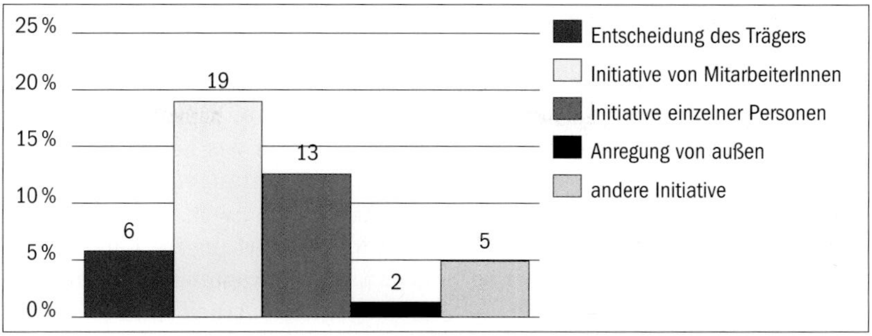

Abb. 5: Initiative für die Entstehung computermedienpädagogischer Tätigkeit in der Einrichtung (absolute Zahlen der Befragten)

3. in der Verantwortung und dem Engagement für den eigenen Lernprozess und Kompetenzerwerb.

Auf die Frage, wer über das computermedienpädagogische Angebot in ihrer Einrichtung bestimmt, antworten 91,3 % der Befragten, dass sie entweder selbst oder gemeinsam im Team darüber entscheiden, welche medienpädagogischen Angebote sie für Zielgruppen machen. Lediglich in vier Fällen wird durch Vorgesetzte, äußere Bedingungen oder anders über das Angebot entschieden (vgl. Abb. 5). Dieses Ergebnis entspricht den Beobachtungen Flads, die Selbstständigkeit in der Gestaltung der pädagogischen Angebote als ein wesentliches Merkmal medienpädagogischer Tätigkeit herausarbeitet. Flad kommt auf der Basis von Interviews mit professionellen Medienpädagogen[2] zu der Schlussfolgerung, dass die Eigenverantwortung einen hohen Stellenwert in der Tätigkeit hat.

„Die Basis medienpädagogischer Aktivität im Bereich der aktiven Medienarbeit ist gekennzeichnet durch innovative und eigenverantwortliche berufliche Bestrebungen der Professionellen. Die Befragten arbeiten selbstbestimmt, eigenständig und haben sich aus eigenen Stücken ein Konzept der Arbeit entworfen. Ihre Berufstätigkeit ist von Eigeninitiative und Kreativität geprägt“ (Flad 1999).

Die Selbstständigkeit ist einerseits dem Umstand zu verdanken, dass im außerschulischen pädagogischen Bereich kein vorgegebenes Curriculum die Lerninhalte beeinflusst. Eigenverantwortung ist nicht auf die außerschulische Medienpädagogik begrenzt, sondern kennzeichnet ganz allgemein das sozialpädagogische Berufsbild. MitarbeiterInnen sind weitgehend sich selbst überantwortet, wenn es darum geht, ihre berufliche Praxis in der sozialen Arbeit konzeptionell zu begründen und zu operationalisieren (Thole/Küster-Schapfl 1998, S. 221).

Der zweite Aspekt der Eigenverantwortung zeigt sich darin, dass die computermedienpädagogische Tätigkeit in den meisten Fällen durch die befragten Pädagogen selbst als Innovation in der Institution implementiert wurde.

Bei 71,1 % der Befragten ging die Initiative für das computermedienpädagogische Angebot von MitarbeiterInnen oder von Einzelnen aus. Nur in sechs Einrichtungen geschah die Implementation des neuen Arbeitsbereichs auf Initiative des Trägers und in zwei Einrichtungen auf Anregung von außen.

Selbstständigkeit zeigt sich drittens als Verantwortung für den eigenen Lernprozess und Kompetenzerwerb. 68,2 % der Befragten geben an, dass sie sich autodidaktisch für die medienpädagogische Arbeit qualifiziert haben. Die fortlaufende eigenständige Weiterbildung und Aktualisierung des Wissens hat für die befragten Praktiker einen hohen Stellenwert. 93,5 % der befragten Computermedienpädagogen nutzen ihre Freizeit, um sich beruflich weiterzubilden. Im Schnitt wenden sie dafür pro Woche 6,1 Stunden auf. Eingeschlossen sind Tätigkeiten wie Surfen, eMail, Fachzeitschriften, Software ansehen etc., sofern sie der Weiterqualifizierung dienen. In dem Umfang, in dem Zeit für die selbstgesteuerte Weiterbildung genutzt wird, gibt es unter den Befragten große Unterschiede (vgl. Abb. 6). 28,3 % wenden weniger als zwei Stunden pro Woche für die eigene Weiterbildung auf, knapp ein Drittel der Praktiker bilden sich zwischen vier und sechs Stunden wöchentlich weiter.

Die Zeitinvestition für die Weiterbildung steigt mit der Dauer der beruflichen Tätigkeit und mit einem höheren Anteil an computermedienpädagogischen Tätigkeiten an der gesamten beruflichen Tätigkeiten an. Praktiker, die länger als zwei Jahre professionell mit Computern arbeiten und deren Anteil an der gesamten beruflichen Tätigkeit größer als 30 % ist, wenden sogar 8,3 Stunden pro Woche für ihre eigene Weiterbildung auf, die Novizengruppe hingegen nur 4,4 Stunden/Woche (Signifikanz nach Mann-Whitney-U: 0,002). Die Experten erhalten von ihrer Einrichtung

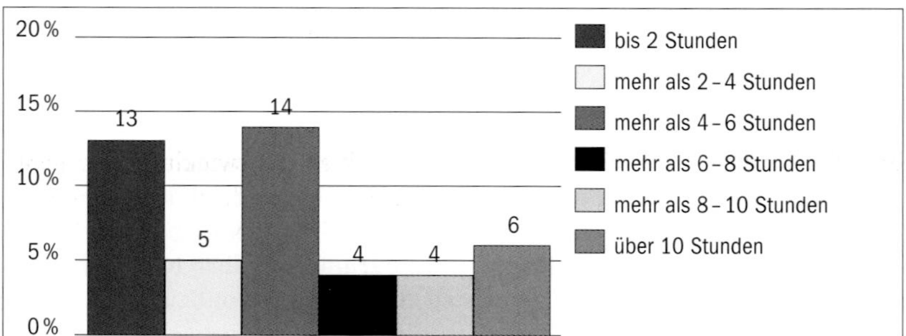

Abb. 6: Zeit pro Woche, die für die eigene Weiterqualifizierung aufgewendet wird (absolute Zahlen)

geringfügig mehr Zeit für Weiterbildung zur Verfügung gestellt als die Novizen: im Durchschnitt 5,4 Tage/Jahr gegenüber 3,5 Tagen/Jahr.

Wissen für die Praxis

Die Fragen nach dem Wissen, das für die professionelle pädagogische Tätigkeit benötigt wird, erbrachte keine eindeutigen Differenzierungen zwischen den erfassten Bereichen Medienpädagogik, Mediendidaktik, Mediengestaltung, Medientechnik, Medienkritik (Mediensoziologie und -politik), Organisation (z.B. Projektmanagement, Öffentlichkeitsarbeit, Akquisition) und Jugendkultur. Wissen in all diesen Bereichen wird im Durchschnitt der Befragten für wichtig bis unverzichtbar gehalten. Dabei brachte die Teilung der Stichprobe in Teilgruppen (nach dem Geschlecht und nach dem Umfang der Berufserfahrung) auch keine wesentliche Differenzierung dieses Ergebnisses. Es scheint, dass für computermedienpädagogische Tätigkeiten eine Vielzahl von Kompetenzen in unterschiedlichen Bereichen notwendig sind, von denen keine verzichtbar ist.

Um auszuschließen, dass durch unterschiedliches Vorverständnis dieser allgemeinen Kategorien bei den Befragten die Aussagekraft der Ergebnisse beeinträchtigt wird, wurden 44 Beispiele für in der Praxis vorkommende Handlungen und Tätigkeiten formuliert, die die Befragten hinsichtlich der Bedeutung des dazu benötigten Wissens für die praktische Arbeit einschätzten. Die Rangliste dieser Tätigkeiten, geordnet nach ihrer Wichtigkeit für die Praxis, wird dominiert von organisatorischen Tätigkeiten wie Teamarbeit, Projektmanagement, Marketing und Öffentlichkeitsarbeit. Erst an sechster Stelle steht mit „Windows-Kenntnissen“ ein spezifisch medientechnischer Inhalt, und erst an siebter Stelle steht das Wissen über pädagogische Zielsetzungen bei der Arbeit mit dem Internet (vgl. Abb. 7).

Diese Ergebnisse zeigen die Wichtigkeit, die die organisatorische Gestaltung der Rahmenbedingungen für ein medienpädagogisches Angebot im außerschulischen Bereich hat. Pädagogische Tätigkeit besteht nicht nur im direkten Kontakt mit Zielgruppen, sondern beinhaltet darüber hinaus die Gestaltung von fördernden Rahmenbedingungen für die Implementation eines computermedienpädagogischen Angebots, für Finanzierung, Öffentlichkeitsarbeit, Projektmanagement und Weiterentwicklung der eigenen Institution (vgl. dazu auch die anderen Beiträge in diesem Band[3]). Dieser organistorische Bereich ist von ganz entscheidender Bedeutung für die Tätigkeit der Computermedienpädagogen, denn die Einführung von PCs in die pädagogische Praxis basiert oftmals auf der fachkundigen Implementation von PCs in der eigenen Einrichtung. Organisatorische Probleme werden von den Praktikern neben technischen Schwierigkeiten im Wesentlichen als die Ursache für das Scheitern von Projekten genannt.

Anforderungen an die Weiterbildung

Entsprechend der geringen Differenzierung bezüglich der Wissenskategorien, die von den Praktikern für wichtig erachtet werden, erbringt auch die Frage nach Wissensbereichen, in denen institutionelle Weiterbildung Schwerpunkte setzen soll, kein eindeutig differenziertes Bild. Erste Priorität hat das Methodenwissen im Bereich Projektmanagement, Marketing und Organisation (Mittelwert 4,83). Auf den nachfolgenden Rangplätzen werden „Mediendidaktik" (Mittelwert 4,78), „Medienpädagogik" (Mittelwert 4,76) und „Medientechnik" (Mittelwert 4,59) genannt (Abb. 7).

Rang	Tätigkeit	Bereich	Mittelwert
1	Teamarbeit in einer Computergruppe organisieren	Didaktik	4,37
2	Ein Projekt planen, durchführen und evaluieren	Organisation	4,37
3	Zielgruppen erfolgreich ansprechen	Organisation	4,33
4	Öffentlichkeitsarbeit, Werbung	Organisation	4,26
5	Organisatorische Rahmenbedingungen für ein Projekt einschätzen und mitgestalten können	Organisation	4,24
6	Windows	Technik	4,15
7	Bedarf für ein medienpädagogisches Projekt bei der Zielgruppe erfassen	Organisation	4,15
8	Päd. Zielsetzungen bei der Arbeit mit dem Internet	Medienpädagogik	4,13
9	Finanzielle Mittel akquirieren	Organisation	4,11
10	Problematik der Informationsgesellschaft	Medienpädagogik	3,96
11	Aktuelle Positionen zum Thema „Medienkompetenz"	Medienpädagogik	3,93
12	Kreativ mit Software umgehen	Gestaltung	3,91
13	Eignung eines Anwendungsprogramms für die Jugendarbeit beurteilen	Didaktik	3,87
14	Methoden entwickeln und Werkzeuge nutzen, um Jugendlichen die Orientierung im WWW zu erleichtern	Didaktik	3,8
15	Anwendungsprogramme kennen	Technik	3,66
16	Problematik Datenschutz-Persönlichkeitsschutz	Medienkritik	3,63
17	Ethische Dimensionen der Mediennutzung	Medienpädagogik	3,57
18	Musik und Videoclips als jugendkulturelles Ausdrucksmedium	Medienpädagogik	3,46
19	Kommunikation in einer Telekooperationsumgebung anregen	Didaktik	3,24
20	Homepage in HTML /JAVA gestalten	Gestaltung	3,24
21	Jugendliche in den Umgang mit einem Grafikprogramm einführen	Didaktik	3,22
22	Vor-/Nachteile verschiedener Grafikformate (z.B. GIF, JPG ...)	Technik	3,2

Abb. 7: Rangordnung der Kompetenzen für verschiedenen Tätigkeiten, geordnet nach der Bedeutung der Kompetenzen. Wiedergegeben sind die ranghöchsten 22 der insgesamt 44 Beispiele

Dennoch lassen sich aus den Untersuchungsergebnissen zumindest zwei wichtige Folgerungen für die Gestaltung von Weiterbildungsangebote ableiten, die in der Literatur der Medienpädagogik bisher unzureichend berücksichtigt wurden.

Wissen über Implementation. Institutionelle Weiterbildung sollte einen inhaltlichen Schwerpunkt in der Unterstützung der Teilnehmer bei der Implementation und der Gestaltung von Rahmenbedingungen der pädagogischen Projekte anbieten, etwa organisatorisches Wissen im Bereich Projektmanagement, Organisationsentwicklung, Marketing.

Förderung der Eigeninitiative und des selbstgesteuerten Lernens. Zum Zweiten lässt sich aus den Ergebnissen der Untersuchung folgern, dass ein wichtiger Schwerpunkt der institutionellen Weiterbildung darin liegen sollte, den selbstgesteuerten Kompetenzerwerb der Teilnehmer zu fördern. Gerade hier hat die institutionelle Weiterbildung eine wichtige Aufgabe, denn die Fähigkeiten zu einem selbstgesteuerten Kompetenzerwerb können nicht bei allen Teilnehmern als selbstverständlich vorhanden vorausgesetzt werden (Wetzstein u.a. 1995; Simons 1992; Friedrich/Mandl 1997).

Zusammenfassung und Ausblick

Die befragten Praktiker halten fachliches Wissen in einer Vielzahl von Bereichen für die medienpädagogische Arbeit für wichtig bis unverzichtbar. Die Schwierigkeit, Wissensbereiche zu identifizieren, die für die praktische Arbeit wichtiger oder weniger relevant sind, könnte darauf zurückzuführen sein, dass Anforderungen in der Praxis so vielschichtig und ineinander verzahnt sind, dass eine Identifizierung verbindlicher und notwendiger Wissensbestände gar nicht möglich ist. Für die praktische Arbeit ist dies problematisch, denn die Anforderung, in vielen Bereichen kompetent zu sein, bringt die Anforderung zu einer ständigen Weiterbildung mit sich. Die professionelle Tätigkeit ist in hohem Maß durch diese selbstgesteuerte Weiterbildung gekennzeichnet.

Dafür, dass so viele und unterschiedliche Wissenbereiche für wichtig gehalten werden, könnten zumindest zwei Faktoren eine Bedeutung haben: Erstens ist die Medienpädagogik eine recht junge Disziplin (vgl. Hüther/Podehl, 1997), deren Wissensbestände raschem Wandel unterworfen sind. Das hat zur Folge, dass (noch) kein eindeutiger professioneller Habitus im Sinn vereinbarter und verbindender beruflicher Denk- und Handlungsmuster entwickelt wurde (Flad 1999). Zum Zweiten werden außerschulische medienpädagogische Angebote nicht auf der Grundlage externer Kriterien oder Lernziele entwickelt, sondern aus der Praxis selbst. Die Praxis selbst liefert also zugleich die Anforderung und den Maßstab für den Wissenserwerb. Ob die vorhandenen Kompetenzen der Pädagogen ausreichen, zeigt sich darin, dass die Summe und Kombination der Kompetenzen im praktischen Tun zur Gestaltung befriedigender oder geglückter Situationen, Interaktionen oder Medienproduktionen führt. Vielfalt und Unterschiedlichkeit der Projekte im außerschulischen medienpädagogischen Bereich zeigen, dass pädagogische Angebote in Form, Inhalt und Thematik auf die besonderen Fähigkeiten der durchführenden Pädagogen abgestimmt und durch die persönlichen Stile der engagierten Pädagogen geprägt sind (vgl. Baacke u.a. 1999).

Angesichts der Leitvorstellung der außerschulischen Jugendarbeit, an der Lebenswelt der Klienten anzuknüpfen und Angebote zur Sozialisation bereitzustellen, liegt ein wesentliches Augenmerk der außerschulische Medienarbeit auf der Herstellung geglückter Situationen und der Orientierung an Lebenswelten und Themen der Klienten und nicht auf der Vermittlung formalisierbarer Wissensinhalte. Die eigene Weiterbildung der Pädagogen geschieht im Hinblick auf die Nützlichkeit des Wissens für den Umgang mit der Zielgruppe. Gute Praxis ist gekennzeichnet dadurch, dass technische Möglichkeiten so in Handlungszusammenhänge integriert werden, dass eine Bereicherung der Handlungsmöglichkeiten der Adressaten in der Erfahrung der eigenen Befähigung entsteht (Flad 1999; siehe auch in diesem Band S. 254ff.). Wissen und Können des Pädagogen fungieren wie die Technik selbst als Werkzeug zur Initiierung von Gruppenprozessen, zur Gestaltung von Kommunikation und Interaktion, zur Ermöglichung kreativer und produktiver Erfahrungen (Bader 1995).

Spezifische professionelle computermedienpädagogische Kompetenz ist weniger in besonderen Wissensinhalten als vielmehr in dem zielgerichteten und dauerhaft verfolgten Prozess der eigenen Weiterbildung zu sehen. Die Ergebnisse dieser Untersuchung zeigen nicht nur die hohe Bedeutung, die der selbstgesteuerte Wissenserwerb für die Befragten hat, sondern auch das enorme zeitliche Engagement, das in diesen Wissenserwerb und die ständige Aktualisierung investiert wird. Dabei geschieht der Erwerb von Expertise sicher nicht allein im Hinblick auf die Zielgruppe. Sozialarbeiter, die EDV als Innovation in ihrer Einrichtung implementiert haben, verändern in diesem Prozess auch ihre Rolle in der Institution und tragen – vermittelt über einen neuen sozialen Status als Experte – zur Weiterentwicklung der Institution und zu größerer beruflicher Zufriedenheit bei (Bolay/Kuhn 1993).

Es ist wahrscheinlich, dass sich die positive Haltung der Pädagogen zum selbstgesteuerten Lernen, zur eigenständigen Weiterbildung und zur Innovation auch in der Arbeit mit den Zielgruppen widerspiegelt und dort Effekte hat. Demnach läge die spezifische Qualität außerschulischer Medienpädagogik weniger in der Vermittlung von Medienkompetenz als pädagogisches Ziel. Medienkompetenz wäre vielmehr als Mittel zu betrachten, um

Selbstständigkeit zu fördern und das Lernen zu lernen. Die Entdeckung und Aneignung von Neuem sowie die gewinnbringende Umsetzung im Alltag wäre demnach als ein übergeordnetes Ziel im Rahmen der außerschulischen Arbeit zu betrachten, Medienkompetenz als ein Werkzeug, um dieses Ziel zu verfolgen. An Computern und im Internet sind Entdeckungen und Aneigungunsprozesse möglich und können dort ihren Ausgangspunkt nehmen. Die Übertragung oder der Transfer der erworbenen Eigenständigkeit und Lernkompetenzen auf andere Alltagsbereiche sollte dabei aber im Sinn eines „Lernziels" im Rahmen der außerschulischen Jugendarbeit wesentlich im Blickfeld stehen.

Anmerkungen

1 Informationen zu dieser berufsbegleitenden Weiterbildung unter: http://www.josefstal.de/mac/plus/

2 Vgl. den Beitrag „Homo medienpädagogicus" in diesem Band, S. 254ff.

3 Insbesondere 4. Kapitel, sowie 4. Teil, 1. Kapitel.

Literatur

BAACKE, D. / S. KORNBLUM / J. LAUFFER / L. MIKOS / G. A. THIELE (1999): Handbuch Medien: Medienkompetenz. Modelle und Projekte. Bonn: Bundeszentrale für politische Bildung

BADER, R. (1995): Technisches Wissen – soziale Kompetenz. Das Handlungsfeld der Computermedienpädagogik. In: W. SCHINDLER / R. BADER (Hrsg.): Menschen am Computer. Zur Theorie und Praxis der Computermedienpädagogik in Jugendarbeit und Erwachsenenbildung. Frankfurt a.M./Stuttgart: Gemeinschaftswerk der Evangelischen Publizistik / Steinkopf Verlag, S. 126–131

BOLAY, E. / A. KUHN (1993): „Wilde PC" am Arbeitsplatz. Studien zur Sozialwissenschaft, Bd. 131. Opladen/Wiesbaden: Westdeutscher Verlag

FLAD, C. (1999): homo medienpädagogicus. auf der suche nach dem profil eines berufsbildes. eine empirische untersuchung. Unveröffentlichte Diplomarbeit. Tübingen: Institut für Erziehungswissenschaften der Univeristät Tübingen.(als CD-ROM erhältlich)

FRIEDRICH, H. F. / H. MANDL (1997): Analyse und Förderung selbstgesteuerten Lernens. In: F. E. WEINERT / H. MANDL (Hrsg.): Psychologie der Erwachsenenbildung. Enzyklopädie der Psychologie, Bd. D/I/4. Göttingen: Hogrefe, S. 237–295

HÜTHER, J. / B. PODEHL (1997): Geschichte der Medienpädagogik. In: J. HÜTHER / B. SCHORB / C. BREHM-KLOTZ (Hrsg.): Grundbegriffe der Medienpädagogik. München: KoPäd Verlag

SIMONS, P.-R. J. (1992) Lernen, selbständig zu lernen – ein Rahmenmodell. In: H. MANDL / H. F. FRIEDRICH: Lern- und Denkstrategien. Analyse und Intervention. Göttingen: Hogrefe, S. 251–264

SOBIECH, DAGOBERT (1997): Theorie und Praxis der Medienerziehung im Vergleich: eine Analyse von Konzepten, Strukturen und Bedingungen. München: KoPäd Verlag

THOLE, W. / E.-U. KÜSTER-SCHAPFL (1997): Sozialpädagogische Profis : beruflicher Habitus, Wissen u. Können von PädagogInnen in der außerschulischen Kinder- und Jugendarbeit. Opladen: Leske + Budrich

WETZSTEIN, TH. A. / H. DAHM / L. STEINMETZ / A. LENTES / S. SCHAMPAUL / R. ECKERT (1995): Datenreisende. Die Kultur der Computernetze. Opladen/Wiesbaden: Westdeutscher Verlag

Christina Schachtner / Heike Seiler

Lernziel Medienkompetenz

Kognitives Lernen und Persönlichkeitsentwicklung im Rahmen erziehungswissenschaftlicher Ausbildung

Mehr als jede mediale Technik bislang nistet sich die Computertechnik sichtbar und unsichtbar in unserem Alltag ein. Mehr als jede andere Technik konfrontiert sie uns mit der Frage, wie die computergestützte Medialisierung des Alltags menschliche Beziehungen tangiert und Arbeitsabläufe formt, welchen Interessen sie entgegenkommt und welche sie ignoriert. Selbstverständlich gehen die Studierenden, von denen hier die Rede ist, davon aus, dass sie die Neuen Medien kompetent benutzen wollen und nicht nur das: Genauso wichtig ist ihnen die kritische Auseinandersetzung mit der medientechnischen Entwicklung im Hinblick auf deren Bedeutung für das Soziale. Wie sollen sich angesichts solcher Wünsche Lernprozesse in der erziehungswissenschaftlichen Ausbildung gestalten, deren Lerngegenstand Neue Medien sind? Welche Rolle kommt den Lehrenden zu? Was kann gelernt werden?

In einer Gesellschaft, die nicht nur von Medien beeinflusst wird, sondern sich durch Medien konstituiert, ist Medienkompetenz kein Luxus, sondern unverzichtbare Alltagskompetenz. Im Bericht der Bildungskommission NRW wird die Veränderung der Welt durch Neue Medien zu den Zeitsignaturen gezählt, die Bezugspunkte für einen zukunftseröffnenden Bildungsbegriff abgeben (vgl. Bildungskommission NRW 1995, S. 23). Bildungsorte sind Orte, an denen sich mitentscheidet, ob und wie sich die Subjekte medientechnisches und -theoretisches Können erwerben, das sowohl eine selbstbestimmte und sozial verträgliche Nutzung technischer Artefakte als auch eine Sensibilität für deren Risiken umfasst.

Im Kontext dieser Überlegungen steht das hier vorgestellte Modellprojekt, das seit dem Sommersemester 1997 am Institut für Erziehungswissenschaft der Philipps-Universität Marburg durchgeführt wird.[1] Im Rahmen des erziehungswissenschaftlichen Lehrangebots werden jedes Semester Lehrveranstaltungen angeboten, die eine medien- und technikbezogene Qualifikation auf der Wissens- und Handlungsebene vermitteln wollen. Integriert in die Lehrveranstaltungen sind Vorträge von ExpertInnen, die zum Lerngegenstand Neue Medien aus unterschiedlicher disziplinärer Perspektive Stellung nehmen. Vortragstitel wie „Lernen mit Multimedia", „Identität und Selbstdarstellung im Internet", „Frauen und Männer in der Computerkultur", „Medienethik und Medienkompetenz im Zeitalter des Internet",

„Hello Usenet - Good bye? Netzkommunikation im Wandel“ verweisen auf eine breite inhaltliche Streuung der Vorträge. Das Modellprojekt richtet sich mit seinen Angeboten an PädagogikstudentInnen, zukünftige LehrerInnen, aber auch an Studierende der Medienwissenschaft, der Politikwissenschaft, der Soziologie, der Informatik. Die Studierenden nehmen an einzelnen Lehrveranstaltungen teil; doch es zeichnet sich ab, dass eine Reihe von Studierenden mehrere Lehrangebote des Modellprojekts wahrnimmt, was für den Wunsch nach einer inhaltlichen Schwerpunktbildung spricht. Der interdisziplinäre Charakter der Lehrveranstaltungen erweist sich - worauf später noch eingegangen wird - als wichtige Bedingung für ein vielfältiges entdeckendes Lernen (vgl. Semmer 1979, S. 130) in einem neuen Gegenstandsbereich.

Die Lehrangebote des Modellprojekts folgen dem von Wolfgang Klafki formulierten Bildungsbegriff, wonach gegenwarts- und zukunftsorientierte Bildung als geschichtlich vermitteltes Bewusstsein von zentralen Problemen der Gegenwart und der Zukunft verstanden werden muss, das sich mit der Einsicht in die Mitverantwortlichkeit aller angesichts solcher Probleme und mit der Bereitschaft, an ihrer Bewältigung mitzuwirken, verbindet (vgl. Klafki 1998, S. 239). Dieser Bildungsbegriff nimmt die gesellschaftliche Umbruchsituation als Herausforderung auf und bietet eine Antwort, die Wissenserwerb und Persönlichkeitsentwicklung miteinander verknüpft. Die neue Informations- und Kommunikationstechnologie greift tief in das Verhältnis von Subjekt und Welt ein; sie wirft grundsätzliche Fragen von menschlichem Sein und Sollen auf (vgl. Negt 1998, S. 36). Wenn Bildung ihren Auftrag darin sieht, die Anforderungen zu vergegenwärtigen, die an das Wissen und Können von Menschen gestellt werden, die heute und in den nächsten Jahrzehnten ihre Lebensperspektiven finden und realisieren müssen, kann sie die Konstitution von Subjektivität unter dem Einfluss medialer Entwicklungen nicht ausklammern.

Die Angebote des Modellprojekts verbinden deshalb die Auseinandersetzung mit und die Aneignung von Neuen Medien mit Fragen der Persönlichkeitsentwicklung der Studierenden; darüber hinaus wollen sie diese als Personen ansprechen, die in zukünftigen Berufsfeldern wie Schule, Betrieb, Freizeit und sozialen Einrichtungen die Bedingungen der Persönlichkeitsentwicklung anderer mitgestalten. Bildungsziel ist die Vermittlung von Medienkompetenz, die eine medienkritische und eine medienakzeptierende Haltung umfasst (vgl. Baacke 1996, S. 4). Im Einzelnen werden folgende Dimensionen medienkompetenten Handelns unterschieden, denen das Curriculum Rechnung tragen will:

1. Instrumentelle-qualifikatorische Dimension. Technische Fertigkeiten, die einen effizienten, bedürfnisgerechten Gebrauch von Medien ermöglichen.

2. Medienpolitische Dimension. Wissen über die gesellschaftliche Stellung Neuer Medien sowie über die Entstehung neuer sozialer Ungleichheiten durch unterschiedliche Zugangsmöglichkeiten zu Neuen Medien.

3. Aneignungs- und Gestaltungsdimension. Fähigkeit zur kreativen Nutzung Neuer Medien als Wissensquelle und als Ressource der Persönlichkeitsentwicklung mit dem Ziel, gesellschaftliche Teilhabe zu sichern und ästhetische und emotionale Bedürfnisse der Individuen zu befriedigen, z.B. die Fähigkeit zur Selbstdarstellung im Internet in Form einer Homepage.

4. Reflexiv-kritische Dimension. Wissen über problematische Entwicklungen im Medienbereich, z. B. Wahrnehmung von Risiken im Umgang mit Neuen Medien und die Fähigkeit zur Minimierung oder Abwendung medialer Risiken.

Das Curriculum basiert auf der Annahme, dass zukünftige PädagogInnen, Medien- und SozialwissenschaftlerInnen medienkompetentes Handeln bei Anderen nur dann fördern können, wenn sie selbst über Medienkompetenz verfügen (vgl. Tulodziecki 1999; Dichanz 1999; Schachtner 1999). Um den nötigen Transfer zu bewerkstelligen, erhalten die Studierenden durch die Teilnahme an dem Modellprojekt die Gelegenheit, sich Handlungskonzepte für die schulische und außerschulische Arbeit mit Kindern, Jugendlichen und Erwachsenen anzueignen.

1. Wer und was wurde wie untersucht?

Die Lehrangebote wurden fortlaufend vom SS 1997 bis WS 99/00 evaluiert. Als Evaluationsmethoden wurden folgende quantitative und qualitative Verfahren herangezogen: der standardisierte Fragebogen, thematisch strukturierte Einzelinterviews, Gruppendiskussionen, Visualisierungen und Seminarprotokolle.

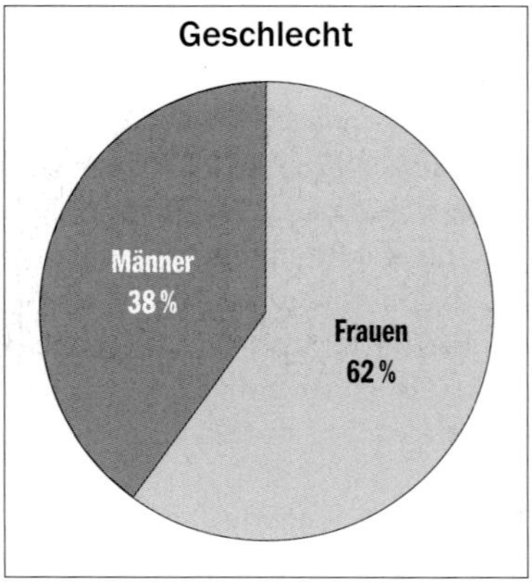

Abb. 1: Geschlecht

Elf Seminare wurden mittels **standardisierter Fragebögen** evaluiert, insgesamt wurden 197 Personen befragt; davon waren 122 Frauen und 75 Männer. Das geschlechtsspezifische Ungleichgewicht überrascht zunächst. Zieht man aber in Betracht, dass an den Seminaren überwiegend Studierende der Pädagogik teilgenommen haben und dass der Anteil der weiblichen Studierenden im Studiengang Diplompädagogik zwischen

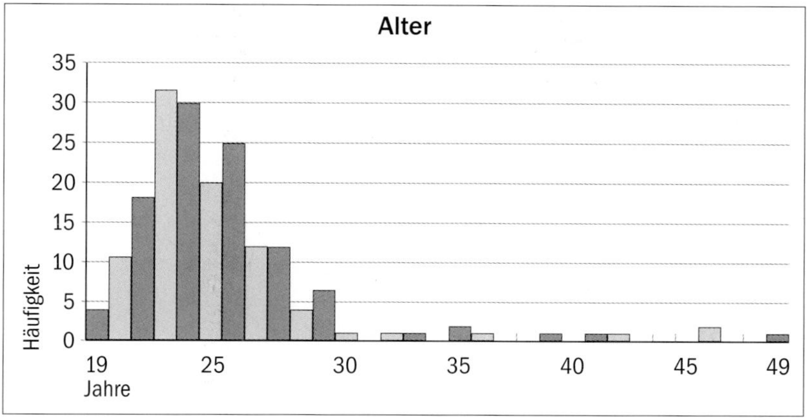

Abb. 2: Alter

75 % und 80 % liegt, erklärt sich der geringere Anteil männlicher Studierender nicht nur, mit ca. 38 % erscheint er sogar relativ hoch.

Das Alter der in die Untersuchung einbezogenen Studierenden bewegt sich zwischen 19 und 49 Jahren, wobei ein eindeutiges Gewicht auf 22/23 Jahren liegt (vgl. Abb. 2).

Die TeilnehmerInnen der Seminare kamen aus der Pädagogik (69,5 %), aus dem Studiengang Neuere Deutsche Literatur und Medien (15,2 %) und aus den Studiengängen Soziologie und Politikwissenschaft (6,1 %). Vereinzelt waren auch Studierende aus den Studiengängen Lehramt, Informatik, Deutsch als Fremdsprache, Theologie, Ethnologie, Anglistik, Germanistik, Völkerkunde und Amerikanistik vertreten.

An den **thematisch strukturierten Interviews** nahmen 22 Studierende teil. Es wurden 16 Einzelinterviews und zwei Gruppendiskussionen (mit vier bzw. zwei InterviewpartnerInnen) durchgeführt. Der Anteil der interviewten Frauen (13) lag etwas höher als der der interviewten Männer (9). Dieses Verhältnis entspricht dem Geschlechterverhältnis der an der standardisierten Befragung beteiligten Männer und Frauen. Die interviewten Personen sind zwischen 20 und 41, die meisten zwischen 20 und 25 Jahre alt.

18 Personen wurden nach dem Interview gebeten, ein Bild anzufertigen. Diese **Visualisierungen** geben entweder auf die Frage „was habe ich in dem Seminar gelernt?“ oder auf die Frage „wo und wie verorte ich mich in einem computergestützten Kommunikationsnetz?“ eine Antwort. Das Bild ist ein ganzheitliches Medium. Es drückt auf einmal aus, was Worte nur hintereinander vermitteln können. Darüber hinaus kann im Bild Gestalt annehmen, was Worte nur unvollkommen oder überhaupt nicht

Abb. 3: Eine Pädagogikstudentin aus dem Grundstudium beantwortet mit diesem Bild die Frage „wo und wie verorte ich mich in einem computergestützten Kommunikationsnetz?"

mitzuteilen vermögen: das Diffuse, Latente, Widersprüchliche, schwer Sagbare, das Unbewusste (vgl. Abb. 3).

2. Lernformen und Lerneffekte im Kontext Neuer Medien

Wir beschränken uns in diesem Beitrag auf die Darstellung der Evaluationsergebnisse, die sich auf die Motive der Studierenden, am Modellprojekt zu partizipieren, auf die von ihnen bevorzugten Lernwege sowie auf den aus ihrer Sicht erzielten Lerngewinn beziehen. Wir haben für die folgende Diskussion exemplarische Ergebnisse ausgewählt, die schwerpunktmäßig aus vier Lehrveranstaltungen[3] stammen, in denen die theoretische Auseinandersetzung im Mittelpunkt stand, der teilweise praktische Übungen im PC-Saal vorausgingen. Soweit es für die Begründung und Illustration einzelner Argumente nötig ist, rekurrieren wir auch auf empirische Befunde aus weiteren Lehrveranstaltungen.

2.1. Was will ich lernen?

Zukunftsplanung, Sinnsuche sowie die Entwicklung von Berufsperspektiven bilden den Hintergrund für die die Studierenden bewegende Frage „Was will ich lernen?". Die Antwortsuche hat sich heutzutage unter den Bedingungen des weltweiten Umbruchs der Arbeitswelt, der hohen Arbeitslosigkeit, dem soziokulturellen Wandel und der damit einhergehenden sozialen Verunsicherung erschwert. Die veränderten Existenzbedingungen greifen auf „das ganze System der Bildung, der Ausbildung und des Lernens“ (Negt 1998, S. 25) über. Eine der grundlegenden Veränderungen der heutigen Gesellschaft beruht auf dem Einsatz elektronischer Medien, deren Beherrschung Voraussetzung für qualifizierte Arbeit in unterschiedlichen Arbeitsfeldern ist. Von einer Studentin wird gefordert, „über die Pädagogik, über die Bildung, über die Schule Möglichkeiten zu schaffen, diese Kompetenzen zu schulen“.

„Medien sind aus unserem Alltag nicht mehr wegzudenken. Sie informieren, sie bilden, sie unterhalten, sie beeinflussen, sie manipulieren – sie verändern unser Leben“ (Krombholz 1997, S. 55). Dies ist den Studierenden bewusst, sie sind an den Neuen Medien interessiert und sehen die Notwendigkeit, sich in mediale Themen und Fragen einzuarbeiten. Sie beobachten die Veränderungen unserer Gesellschaft durch die Neuen Medien und sehen dies als eine Entwicklung, die „zunehmend mehr beachtet werden wird und auch beachtet werden muss“[4]. Die TeilnehmerInnen des Modellprojekts wollen auf die Zukunft vorbereitet sein: „Man hört so viel von Internet und was weiß ich nicht alles, und ich hatte keinen blassen Schimmer, und ich dachte, das müsste ich eigentlich mal aufpolieren. Und ganz davon abgesehen denke ich, dass es immer wichtiger wird“ (vgl. Abb. 4).

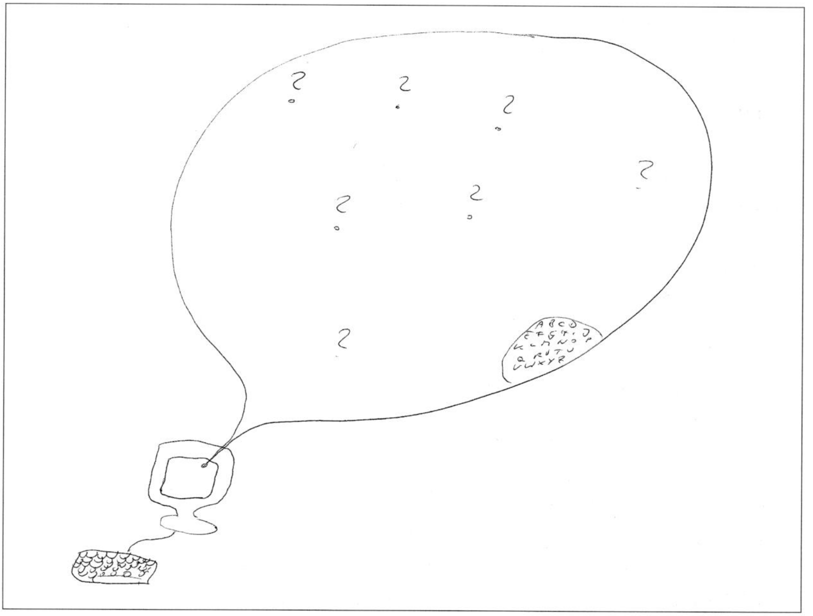

Abb. 4: Eine Studentin visualisiert ihren Wissensbedarf in Bezug auf Neue Medien

Die Neuen Medien stellen eine besondere Herausforderung für die nachwachsende Generation dar. Sie gehen davon aus, dass der spätere Beruf, egal in welchem Bereich er angesiedelt ist, von ihnen entsprechende Kompetenzen fordert: „weil ich es an ganz vielen Stellen ... selbst einbringen kann als Thema oder als Medium oder als Wissen", wie ein Student zusammenfasst. Den Studierenden ist bewusst, dass der Computer die Gesellschaft verwandelt: „Das Internet wird halt schon maßgeblich in das Leben einschneiden und zwar für jedermann".

Ihre Lernmotive speisen sich aus Wünschen nach theoretischem Wissen über Neue Medien und nach praktischen Fertigkeiten im Umgang mit Neuen Medien. Für die Studierenden ist es notwendig, theoretisches Grundlagenwissen über die Neuen Medien zu erwerben: „... will ich da mehr darüber wissen, als wie geht das technisch, dass ich eine Homepage baue, dann will ich mich irgendwie auseinandergesetzt haben" oder wie eine andere Studentin fordert: „... meine Meinung auszubauen durch Seminare, was für mich eigentlich 's Studieren ausmacht, dieses Fachwissen anhäufen so und auch auf 'n Fundament zu stellen".

Einige der Studierenden finden, dass vor allem über die Praxis ein sachgemäßer Zugang zu den Neuen Medien möglich ist. In reinen Theorieseminaren „kann man im Prinzip nur sehr knapp an der Oberfläche kratzen, wenn man nicht praktisch dahinter, also praktisches Wissen dafür hat ..." Manche wünschen sich deshalb, ihre praktischen Fähigkeiten - wenn möglich - auch in fortführenden Kursen zu erweitern.

Oskar Negt betont in seinem Artikel „Lernen in einer Welt der Umbrüche" zwei zentrale Elemente einer zeitgemäßen Bildung: „Zusammenhang herstellen und Vorratsbildung" (Negt 1998, S. 26). Dies kann auf die von den Studierenden angestrebten theoretischen und praktischen Kompetenzen bezogen werden. In der theoretischen Aneignung Neuer Medien kann gelernt werden, Zusammenhänge herzustellen, in den Worten eines Seminarteilnehmers: „Da habe ich mir Kompetenzen erworben, da habe ich Dinge einfach schon mal weitergedacht, als ich sie vorher gedacht hatte, und kann vielleicht auf dem Hintergrund dann irgendwann auch Dinge besser verstehen oder andere Dinge besser einordnen." Die von Negt erwähnte Vorratsbildung wird von einer Studentin vor allem auf den Erwerb praktischer Fertigkeiten im Umgang mit dem Computer bezogen: „Dass auch Leute wie ich, die hierher kommen und sich gar nicht mit Computer auskennen, noch nichts damit gemacht haben, dass die die Chance haben, wirklich von Grund auf alles zu lernen oder viel zu lernen, was sie später gebrauchen können".

Die Frage „Was will ich lernen?" erfordert in unserer immer pluralistischer und komplexer werdenden Welt neue Antworten. Sich in einer pluralen Welt zu behaupten, verlangt von den Einzelnen nicht nur Flexibilität, sondern auch die Fähigkeit, sich von den anderen als besonderes Wesen zu unterscheiden. Es sollte deshalb keine für alle gleiche Ausbildung geben, denn „bei der Forschung zu Neuen Medien gewinnt die Frage nach individuellen Unterschieden zwischen den Lernern eine zunehmend bedeutende Rolle" (Brünken/Leutner 2000, S. 12).

2.2. Wie will ich lernen?

Wie wollen sich Studierende in der universitären Lehre mit Neuen Medien auseinandersetzen? Welche Formen der Aneignung bevorzugen sie? Neue Medien sind nicht nur relativ neue Kulturprodukte, sie bezeichnen auch ein neues pädagogisches Lernfeld. Wir wissen bislang wenig über optimale Aneignungsformen im Bereich Neue Medien. Im Rahmen des Modellprojekts wird mit einem kontrastierenden Spektrum an hochschuldidaktischen Methoden gearbeitet, die teils zu den klassischen Methoden wie Kleingruppe, Referat, Plenum zählen, teils experimentierenden Charakter haben wie Fishbowl, Erinnerungsarbeit, Rollenspiel, Pro-und-Contra-Diskussionen. So entstanden Szenen, Lernarrangements und Interaktionen, die Bedingungen für unterschiedliche Lernwege setzten (vgl. Rumpf 1978, S. 31). Im Folgenden stellen wir einige der Lernformen vor, die den Studierenden selbst als besonders geeignet für ein medienbezogenes Lernen erschienen.

Diskursivität. Unübersehbar steht der Diskurs als Aneignungsform aus der Sicht der Studierenden an der Spitze der Beliebtheitsskala. Alle hochschuldidaktischen Methoden, die den Diskurs forcieren, werden als lerneffektive Methoden eingeschätzt, die zugleich die Freude am Lernen am stärksten fördern. Auffallend ist, dass sich klassische diskursive Methoden wie Kleingruppe und Plenumsdiskussion einheitlicher Beliebtheit erfreuen, während die Attraktivität alternativer diskursiver Methoden wie Fishbowl[5] zunächst kontrovers eingeschätzt wurden. Die Beliebtheit einer Methode scheint zuzunehmen, je vertrauter eine Methode ist.

Der Diskurs birgt in den Augen der Studierenden eine Reihe von Lernchancen. Eine Studentin berichtet aus der Arbeit in einer Kleingruppe, in der den TeilnehmerInnen bewusst wurde, dass sie „die Texte alle von ganz unterschiedlichen Seiten betrachten. „Und da haben wir ... gesagt :‚Ach, ja, das ist schon interessant, dass das so passiert.' Wir haben festgestellt, dass aber alle Sichtweisen in ihrer Gesamtheit was für sich haben. Also haben wir gesagt: ‚Ja, du siehst es so, ich seh' es so und du siehst es vielleicht nochmal anders' ... Das haben wir dann auch als Widerspruch im Raum stehen lassen. Es war sehr spannend, sehr schön." Die Studierenden wurden sich in dieser Situation ihrer Verschiedenheit bewusst, die sie nicht nur gelten lassen konnten; sie fanden diese Erfahrung sogar spannend. Einander wahrzunehmen gibt – so Annedore Prengel – Impulse, Neues auszuprobieren und sich dabei weiterzuentwickeln (vgl. Prengel 1995, S. 187). Die Verschiedenheit der anderen dient als Reibungsfläche. „Ich brauche, um meinen eigenen Standpunkt zu finden ... Menschen, die sagen: ‚Ich seh' das soundso‘ und dann kann ich mich vergleichen und daraus meinen Standpunkt entwickeln ...“, erklärt eine Teilnehmerin eines anderen Seminars. Die Auseinandersetzung mit differierenden Meinungen unterstützt die Studierenden in ihrem Anliegen, eine eigene Position im Verhältnis zu den Neuen Medien zu gewinnen, was sie bereits als Motiv für den Besuch der Lehrveranstaltungen nennen. Durch die Teilnahme von Studierenden aus verschiedenen Fachbereichen war ein interdisziplinäres Spektrum inhaltlicher Perspektiven gegeben, die nicht nur in den Interviews, sondern bereits in den Seminaren thematisiert wurden. Am deutlichsten zeigten sich Unterschiede in den technik- und medienbezogenen Perspektiven zwischen den Studierenden der Informatik und den Studierenden der Geistes- und Sozialwissenschaften. Die Kontroverse verlief nicht ohne Konflikte. Doch trotz erlebter und eingestandener Aggression in der Konfrontation mit Verschiedenheit wurde die Differenzerfahrung positiv bewertet.

Sich voneinander zu unterscheiden, schließt nicht aus, Gemeinsames zu teilen. Eine Studentin entwirft für die mögliche Gleichzeitigkeit von Verschiedenheit und Gemeinsamkeit ein eindrucksvolles Bild. Sie stellt sich ein Haus mit verschiedenen Zimmern vor und „wenn es zwei Häuser werden, ist es auch nicht schlimm. Aber, man kann nicht immer alles unter ein Dach bringen. Aber man kann unter diesem Dach ja Widersprüche zulassen. Und dieses Dach (bedeutet), dass alle Meinungen eben akzeptiert werden, dass alle Meinungen da sind, dass keiner rausgeworfen wird.“

Feste Strukturen versus Offenheit. Neue Medien als kulturelle Artefakte, deren soziale Auswirkungen in unserer Gesellschaft kontrovers diskutiert werden, fordern die eigene Position von Studierenden – deren professionelles Interesse sich auf das Soziale richtet – in besonderer Weise heraus. Für die Entwicklung einer eigenen Position brauchen sie den Diskurs. Es bleibt die Frage, in welchen Rahmen der Diskurs eingebettet sein soll. Diese Frage betrifft die Strukturen der Lernsituation: „'ne bestimmte Struktur macht was mit den Leuten, die in der Struktur sind“, drückt eine Studentin die Beziehung zwischen Struktur und Lernchancen aus. Wie fest und wie offen sollen Lernstrukturen sein?, fragen sich die Studierenden in den Interviews immer wieder. Deutlich wird der Wunsch nach einer klaren Struktur formuliert, die schon zu Beginn des Seminars transparent gemacht wird. Eine Struktur soll Eckpunkte enthalten. Sie soll eine Basis für Lernprozesse liefern; aber sie soll „ja nicht so vorgefertigt“ sein. Jene Studentin, die als Vision das Bild von einem gemeinsamen Haus einführt, meint: „Aber wie das Haus im Endeffekt aussieht, das ist eben noch nicht von vorneherein durchdacht." Es geht den Studierenden darum, so interpretieren wir ihre Äußerungen, gestützt auf festgelegte Lernvorgaben, eigene Denk- und Lernwege zu entwickeln, die auch zu einer Umgestaltung der Lernvorgaben führen können. Jedoch existieren in Bezug auf das Ausmaß der Vorgaben unterschiedliche Wünsche bei den Studierenden, die sich zudem verändern mit der Konsequenz, dass die Balance zwischen Regeln und Offenheit permanent verhandelt werden muss, soll sie den situativen Autonomie- und Sicherheitsbedürfnissen der Studierenden angemessen sein.

Anerkennung. Anerkennung ist ein ebenfalls häufig wiederkehrendes Thema in den Interviews. Der Wunsch nach Anerkennung richtet sich an die SeminarleiterInnen und an Mitstudierende. „Ich erwarte, dass meine Meinung gehört wird und irgendwo aufgenommen wird", formuliert eine Studentin ihren Wunsch in Richtung SeminarleiterInnen. Anerkennung ist die ständige Begleitmusik der Selbstbehauptung (vgl. Benjamin 1990, S. 24). Das Ich konstituiert sich im Spiegelspiel von Subjekt, Mitsubjekt und Dingwelt. In einer Phase, in der eine eigene Position gesucht und aufgebaut werden soll, gibt Anerkennung den Halt, vor dessen Hintergrund entdeckt, ausprobiert und verändert werden kann. Anerkennung hat nichts mit grenzenloser Zustimmung zu tun. Auch Kritik kann Ausdruck von Anerkennung sein, wenn sie den anderen nicht vernichten will, sondern ihn in seiner Andersartigkeit ernst nimmt. Dass die Äußerung von und der Umgang mit Kritik im Kontext von Anerkennung nicht einfach zu bewerkstelligen ist, zeigt der Disput zwischen zwei Studierenden, der sich in einer Gruppendiskussion entspinnt. Ein Student kritisiert die Art und Weise, wie ein anderer in einer Seminarsitzung mit seiner Meinung umgegangen war: „Er hat mich ja auch in dem Seminar, wo wir den Fishbowl gemacht haben, recht angegriffen und dann war ich doch etwas verärgert. Mag ja sein, dass es falsch war, was ich gedacht hab', aber es war meine Meinung, die lass ich mir nicht ..." Der andere erklärt, dass er lediglich seine Meinung dagegen halten wollte. Wie Differenz ohne Abwertung ausgedrückt werden kann, könnte eine Lernaufgabe für Lehrende und Studierende sein, die durch kritische Reflexion und Entwicklung von Ambiguitätstoleranz bewältigt werden könnte.

Die Studierenden machen sich in den Interviews Gedanken, wie Anerkennung gewährleistet werden kann. Wichtig erscheint ihnen, die verschiedenen in einem Seminar versammelten Interessen festzustellen und nach Verbindungsmöglichkeiten zu suchen. Eine Studentin schlägt vor, Bewertungen zu vermeiden. Es soll in Ordnung sein, meint sie, „verschiedene Meinungen und verschiedene Stränge von Ansichten nebeneinander stehen zu lassen, dass es einfach nicht nötig ist, das ständig zu bewerten".

Anerkennung fördert Selbstwahrnehmung und Selbstbehauptung; die Aufmerksamkeit für sich selbst wirkt über die eigene Person hinaus. Sie fördert die Sensibilität für die Differenz des anderen, die vielleicht das Unbekannte in mir selbst beschreibt. Anerkennung ist insofern auch Bestandteil sozialen Lernens, als sie dazu beiträgt, den Dualismus zwischen Eigenem und Fremden aufzuweichen (vgl. Schachtner 1994, S. 9ff.).

2.3. Was habe ich gelernt?

Der Lerngewinn, den die Studierenden aus der Partizipation am Modellprojekt ziehen, wurde von diesen auf zwei Ebenen thematisiert: auf der Wissensebene und auf der Ebene der Persönlichkeitsentwicklung.

Das Potenzial der Gruppe erfahren. Dem ausgeprägten Wunsch nach einem diskursiven Lernstil entspricht die Erfahrung, dass die Gruppe ein Lernpotenzial darstellt. Die im Lernprozess als interessant erfahrene Differenz erweist sich als Bedingung des Lernerfolgs. Ein Informatikstudent schildert seine Kooperation mit einer Pädagogikstudentin in einer Arbeitsgruppe: „Dann haben wir über den Aufbau und die Vorgehensweise lange gesprochen. Ich muss sagen, ich habe eigentlich das meiste von Claudia[6] übernommen, weil sie eindeutig mehr Erfahrung in der Herangehensweise hat". Gleichzeitig vermutet er, dass auch Claudia von ihm profitiert hat: „Ich glaube, die hat sich schon auch letztendlich von meiner Rangehensweise, sich das angesehen und abgeguckt ein bisschen." Jede(r) hat „seinen Teil dazugegeben" und dabei ist „was Gutes rausgekommen". Für den Informatikstudenten besteht das gute Produkt nicht nur in den gemeinsam erarbeiteten Inhalten. Er hat darüber hinaus etwas über das Lernen gelernt. In der interdisziplinären Kooperation sei ihm klar geworden, dass zum Lernen nicht nur logisches Nachvollziehen gehört, sondern auch das Begreifen, das Verstehen von Zusammenhängen und „das steht auf 'nem ganz anderen Blatt. Und das is' eigentlich für mich das wichtige Lernen", findet er. Einer anderen Studentin ist das Potenzial der Gruppe bewusst geworden, als die Ergebnisse mehrerer Kleingruppen auf Pinwänden visualisiert wurden, die sich die SeminarteilnehmerInnen bei einem Rundgang erschlossen haben: „Da waren super Sachen dabei, die das Seminar ganz gut widergespiegelt haben." Das Sichtbarmachen der gedanklichen und diskursiven Arbeit scheint ein wichtiger Faktor zu sein, der den Wert des gemeinsamen Produkts oft erst erkennen lässt.

Neue Erkenntnisse rund um die Neuen Medien. Neben den neuen Einsichten in Bezug auf die Lernsituation spielte das Neue in Bezug auf die Neuen Medien eine zentrale Rolle. Studierende, die an der „Erinnerungsarbeit" teilgenommen hatten, gewannen dadurch Einsicht in die Genese ihres Verhältnisses zur Technik generell und zu den Neuen Medien im Besonderen. „Ja, das hat mir viel Spaß gemacht“, erklärt ein Student und fährt fort „wir hatten nachher einen Wissensaustausch trotz des persönlichen Themas. Wir hatten einen Austausch über unsere Kindheitserfahrungen und da steckte einfach ganz viel oder alles drin“. Je stärker ein wissenschaftliches Thema in seiner Bedeutung für eigene Orientierungen und Verhaltensweisen erkannt wird, desto intensiver gestalten sich Lernprozesse und desto motivierter sind die Lernenden.

Der schon mehrmals zitierte Informatikstudent gewann durch die Einbeziehung einer sozialwissenschaftlichen Perspektive eine ganze Reihe neuer Einsichten über ein Gebiet, das ihm vertraut schien, war es doch der Gegenstand seines Studiums. Überraschend aber waren für ihn, wie er sagt, die empirischen Befunde über Kommunikation und Beziehungen in computergestützten Kommunikationsforen. Seine Neugier und sein Interesse wurden auf den Sinn des Identitätswechsels im Netz, auf den Charakter von Netzbeziehungen, auf die Differenz zwischen computergestützter und Face-to-face-Kommunikation gelenkt, aber auch auf den Zusammenhang zwischen fehlender körperlicher Präsenz im Netz und zunehmender Aggression im kommunikativen Verhalten online.

Neben solchen Mikrophänomenen rückten für die Studierenden computerbedingte Veränderungen auf der Makroebene ins Zentrum ihres Interesses wie eine Gruppendiskussion im Anschluss an das Seminar „Modernisierung, Neue Medien, neue soziale Ungleichheiten“ dokumentiert. „Was ich ganz spannend fand, war die Idee von Global Cities. Also, was ich so an Weltkarten kenne, gibt es schon 'ne andere Weltkarte und die ist zwar nicht aufgezeichnet, aber die ist real“, erklärt eine Studentin. Sie spricht die Kapitalkonzentration in den Metropolen verschiedener Länder an, die sich mit Unterstützung der elektronischen Informations- und Kommunikationsstränge vollzieht und die zu neuen sozialen Ungleichheiten innerhalb von Nationen und innerhalb von Metropolen führt. Die Studierenden registrierten als eine für sie wichtige Erkenntnis, dass der Zugang zu diesen Informationssträngen emotional über Teilhabe und Ausschluss am gesellschaftlichen Prozess entscheidet und dass sich damit bisherige Grenzziehungen zwischen privilegierten und benachteiligten Regionen international verändern. Ein im Seminar gehörtes und diskutiertes Interview mit einem kolumbianischen Sozialwissenschaftler stieß auf besonderes Interesse, weil, wie ein Student bemerkt, „der es nochmal ganz deutlich gemacht hat ..., dass es jetzt Dritte Welt in der Ersten Welt gibt und Erste Welt in der Dritten Welt“ (vgl. Abb. 5).

Oskar Negt benennt, wie erwähnt, angesichts der Fragmentierung von Lebenswelten und Weltbildern die Fähigkeit, Beziehungen zwischen den Dingen herzustellen und orientierende Zusammenhänge zu stiften, als

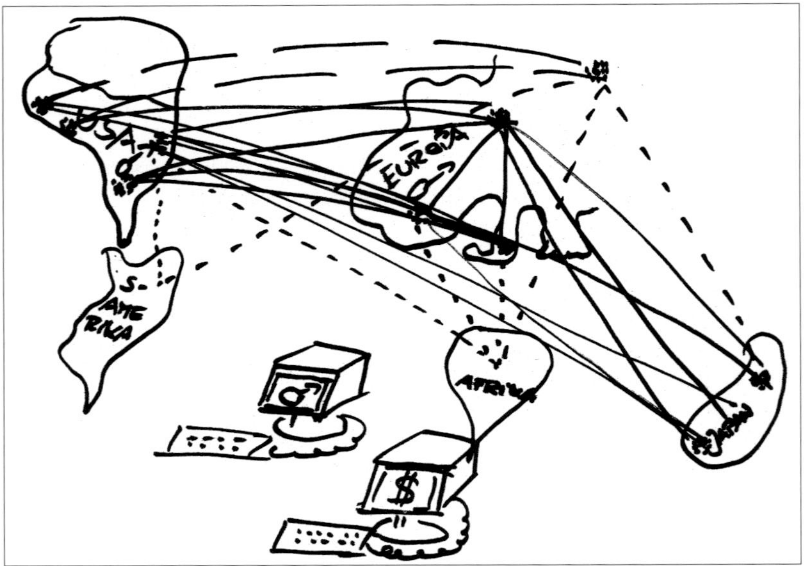

Abb. 5: Globale Informations- und Kommunikationsstränge aus der Sicht einer Studentin

wesentliches Ziel einer zukunftbezogenen Bildung (vgl. Negt 1998, S. 27). Dort, wo die Studierenden ihr Verhältnis zu den Neuen Medien und biografische Erfahrung, technische Entwicklung und soziales Leben, die internationale Ausbreitung der Informationstechnologie und die Entstehung bzw. Verfertigung von Machtstrukturen im Weltmaßstab zueinander in Beziehung setzen, konkretisiert sich, was unter Zusammenhangsdenken verstanden werden kann.

Alltagsbezug. Die im Seminar stattfindenden Diskussionen wirkten häufig über diese hinaus; das Thema „Neue Medien" erhielt, so berichten uns eine Reihe von Studierenden, verstärkte Relevanz in deren Alltag. Eine Studentin äußert sich zu den durch das Seminar angestoßenen Diskussionen in ihrem privaten Leben: „Ich habe viel diskutiert anschließend zu diesen Seminaren mit meinem Freund und auch mit anderen Freunden. Ich habe dann viel diese Gedanken noch im Kopf gehabt und musste die dann noch äußern, weil ich es dann doch austragen wollte, diskutieren wollte mit anderen Leuten und nochmal gucken, diese Neugier, was sagen die dazu." Diese Studentin hat das Seminarthema zu ihrem Thema gemacht. Sie entwickelt es für sich andernorts und in der Auseinandersetzung mit Personen aus ihrem privaten Bereich weiter; Diskurs und Differenz erweisen sich abermals als bevorzugte erkenntnisfördernde Bedingungen. Wenn ein weiterer Student berichtet, er würde nun sensibler die Zeitung auf das Thema „Neue Medien“ hin lesen, sucht er in seinem Alltag, wenngleich über einen anderen Weg, ebenfalls nach Meinungen und Ideen, die ihm als Reibungsfläche dienen.

50,6% aller Studierenden, die an dem Modellprojekt bislang partizipierten, gaben in der standardisierten Befragung an, dass sich die in den Seminaren begonnene diskursive Beschäftigung mit Neuen Medien in ihren privaten Alltag hinein fortsetzte.

3. Einige Konsequenzen für weitere Qualifizierungsprojekte

Die neuen Informations- und Kommunikationstechnologien beschreiben ein für die Studierenden unsicheres Terrain, auf dem sie sich sicherer bewegen lernen wollen. Sie gehen selbstverständlich davon aus, dass Medienkompetenz sowohl im beruflichen als auch im privaten Leben in Zukunft von ihnen gefordert sein wird. Medienkompetenz umfasst für sie beides: erstens die technische Fertigkeit, die Neuen Medien in Gebrauch zu nehmen und sie den eigenen Interessen entsprechend zu nutzen und zweitens das theoretische Begreifen der medialen Entwicklung und deren Einflüsse auf soziales Leben. Beiden Gesichtspunkten ist in curricularen Konzepten Rechnung zu tragen. Das medienbezogene Wissen muss aus der Sicht der Studierenden nicht nur unmittelbar verwertbares Wissen sein, es geht ihnen auch um Vorratshaltung im Sinne von Oskar Negt, weil ihnen bewusst ist, dass die Zukunft ungewisse Anforderungen für sie birgt, auf die sie vorbereitet sein wollen.

Die Studierenden wollen, so ergibt sich aus ihren Äußerungen, ihr Lernen an der Universität als doppelsinnigen Prozess gestalten. Sie wünschen sich Qualifikation und Orientierung in Form eigener Positionen in Bezug auf die mediale Entwicklung. Sie wollen sich als ExpertInnen und als Individuen weiterentwickeln, worin sich ein Bildungsverständnis ausdrückt, das Martin Keilhacker bereits 1958 formulierte, als er das „allmähliche Wachsen von innen heraus in geistiger Auseinandersetzung mit den Gegebenheiten der Umwelt“ (Keilhacker 1958, S. 118) als zentralen Bestandteil von Bildung bezeichnete. Diesem Bildungsverständnis kommen hochschuldidaktische Konzepte entgegen, die Vielfalt und Differenz nicht nur zulassen, sondern beides befördern und zum Gegenstand diskursiver Auseinandersetzung machen. Der Diskurs braucht das offene Lernfeld, das gleichwohl nicht beliebig sein soll. Das bedeutet, universitäre Lehre im Spannungsfeld von Offenheit und festen Regeln zu entwickeln.

Die Aneignung eines neuen Gegenstandsbereichs betrifft auch die Beziehung zwischen Lehrenden und Lernenden. Unüberhörbar ist der Wunsch der Studierenden, sich in der Auseinandersetzung mit dem Thema

„Neue Medien“ als eigenständige unverwechselbare Individuen zu realisieren. Sie wollen keine Meinung übernehmen, sondern ihre Meinung ausbilden. Das macht die Lehrenden in den Augen der Studierenden nicht überflüssig. Sie benötigen deren Positionen als Ausgangspunkt und Reibungsfläche. Sie erwarten, dass die Lehrenden den Lernprozess begleiten, immer wissen, „wo geht es hin und wo kann es hingehen“, um zur rechten Zeit die richtigen Impulse zu setzen. Verschiedenheit soll sich entwickeln dürfen, aber nicht ins Chaos treiben. Um auf das von einer Studentin eingebrachte Bild von einem Haus mit verschiedenen Räumen und einem gemeinsamen Dach zurückzukommen: Dieses Bild steht für Ordnung und Dynamik, für Verschiedenheit und Gemeinsamkeit. Lehrende, die sich dieses Bild zu eigen machen wollen, sind als ModeratorInnen, ImpulsgeberInnen, Spiegel, Reibungsfläche, OrganisatorInnen und KoordinatorInnen gefordert.

Anmerkungen

1 Die finanzielle Förderung des Modellprojekts erfolgt aus Mitteln des Hessischen Ministeriums für Wissenschaft und Kunst.

2 Vgl. auch den Beitrag „Zukunftsfähige Bildung“ in diesem Band, S. 347ff.

3 Es handelt sich um folgende Lehrveranstaltungen:
- Virtuelle Welten und soziales Lernen in Kindheit und Jugend,
- Modernisierung, Neue Medien, neue soziale Ungleichheiten,
- Computeraneignung und Geschlecht,
- Neue Medien und Identitätsarbeit.

4 Bei Zitaten ohne Quellenangaben handelt es sich um wörtliche Aussagen von Studierenden.

5 Eine kleine Gruppe beginnt mit der Diskussion; TeilnehmerInnen aus dem Plenum schalten sich nach und nach ein. Die Zusammensetzung der Diskussionsgruppe verändert sich permanent.

6 Name wurde geändert.

Literatur

BAACKE, D. (1996): Medienkompetenz als Netzwerk, Reichweite und Fokussierung eines Begriffs, der Konjunktur hat. In: medien praktisch, 1996, Heft 2, S. 4–10

BENJAMIN, J. (1990): Die Fesseln der Liebe. Frankfurt a.M.

BILDUNGSKOMMISSION NRW (1995): Zukunft der Bildung, Schule der Zukunft. Neuwied

BRÜNKEN, R. / D. LEUTNER (2000): Neue Medien als Gegenstand empirischer pädagogischer Analyse: Stand der Forschung und Perspektiven. In: D. LEUTNER / R. BRÜNKEN (Hrsg.): Neue Medien in Unterricht, Aus- und Weiterbildung: aktuelle Ergebnisse empirischer pädagogischer Forschung. Münster, S. 7–6

DICHANZ, H. (1999): Medienkompetenz der Multiplikatorinnen und Multiplikatoren im System Schule. In: F. SCHELL / E. STOLZENBURG / H. THEUNERT (Hrsg.): Medienkompetenz. Grundlagen und pädagogisches Handeln. München, S. 290–297

KEILHACKER, M. (1958): Pädagogische Orientierung im Zeitalter der Technik. Stuttgart

KLAFKI, W. (1998): Schlüsselprobleme der modernen Welt und die Aufgaben der Schule. Grundlinien einer neuen Allgemeinbildungskonzeption in internationaler/interkultureller Perspektive. In: I. GOGOLIN / M. KRÜGER-POTRATZ / M. M. MEYER (Hrsg.): Pluralität und Bildung. Opladen: Leske + Budrich, S. 235-249

KROMBHOLZ, A. (1997): Medientechnik im Wandel. In: H. DICHANZ (Hrsg.): Medienerziehung im Jahre 2010. Gütersloh, S. 55-68

NEGT, O. (1998): Lernen in einer Welt gesellschaftlicher Umbrüche. In: H. DICHANZ / B. SCHACHTSIECK (Hrsg.): Lernkonzepte im Wandel. Die Zukunft der Bildung. Stuttgart, S. 21-44

PRENGEL, A. (1995): Pädagogik der Vielfalt. 2. Aufl., Opladen

RUMPF, H. (1978): Alltägliche Hochschule. Über die szenisch vermittelte Lähmung von Subjekten. In: K. HORN (Hrsg.): Kritik der Hochschuldidaktik. Frankfurt a.M., S. 31-79

SEMMER, N. (1979): Die Bedeutung der Lerntheorie für die Hochschuldidaktik. In: B. BERENDT u.a. (Hrsg.): Hochschuldidaktik. Salzburg, S. 116-132

SCHACHTNER, CH. (1994): Das autonome Subjekt. Ideal und Risiko. In: Psychosozial 1994, Heft 1, S. 9 -16

SCHACHTNER, CH. (1999): Unterstützen neue Medien die Entwicklung zukunftseröffnender Lebensperspektiven? Anforderungen an die Schule. In: Bildung und Erziehung, 1999, Heft 1, S. 105-120

SCHACHTNER, CH. / T. PAULITZ / A. ALLENDORF (1999): Evaluation des Modellprojekts „Neue Technologien/Medien in pädagogischen und psychosozialen Handlungsfeldern". Zwischenbericht. Marburg

TULODZIECKI, G. (1999): Kompetenzen, die Studierende der Lehrämter während der universitären Ausbildung erwerben sollten. In: F. SCHELL / E. STOLZENBURG / H. THEUNERT (Hrsg.): Medienkompetenz. Grundlagen und pädagogisches Handeln. München, S. 297-304

Carola Flad

Homo medienpädagogicus

Die Summe der Einzelnen könnte viel sein

Zu wissen, was man tut

Fragen der Orientierung und Möglichkeiten der Selbstvergewisserung innerhalb der eigenen Arbeit sind für jede Berufstätigkeit wesentlich, nicht nur in soziokulturellen Berufen. Denn zu wissen, was man tut, sichert nicht nur das Fachlichkeitsverständnis der eigenen Berufsrolle, es entlastet auch. Im Falle der Medienpädagogik resp. der aktiven Medienarbeit erscheint es mir als besonders wichtig, diesen basalen Fragen nach Wegweisern der beruflichen Selbstverortung nachzugehen. Gerade diese Berufstätigkeit leidet darunter, dass trotz öffentlich proklamierter Notwendigkeit und disziplinärer Versprechungen niemand so recht zu wissen vermag, was medienpädagogisches Handeln ausmacht und qualifiziert.

Es geht mir im folgenden Beitrag um zweierlei; zum einen möchte ich beschreiben, welche gemeinsamen Schnittmengen sich in der Berufspraxis medienpädagogischer Profis herauskristallisieren und wie sich diese Handlungsbestandteile der täglichen Praxis als Bestimmungsmerkmale medienpädagogischer Berufstätigkeit[1] verallgemeinern lassen.

Zum anderen möchte ich medienpädagogische Berufstätigkeit in Bezug zu ihrer Ausgangslage als professionelle Praxis betrachten und daraus Schlussfolgerungen nicht nur für die Verzahnung von Theorie und Praxis in diesem Feld, vielmehr auch für den Wirkungs- und Geltungsbereich, den diese Arbeit letztlich findet, ziehen.

Die Grundlage für die hier referierten Gedanken liefert eine Untersuchung zum „homo medienpädagogicus“[2], die auf verschiedenen Wegen und Umwegen nach dem Profil des Berufsbildes Medienpädagogik gesucht hat und zu Erträgen kam.

Insofern möchte ich mit meinem Artikel der/dem LeserIn ein Konstrukt anbieten, das dazu ermuntern soll, die eigene Praxis daran zu spiegeln und die Diskussion anzuregen, was denn über die hier vorgeschlagenen Kriterien hinaus, (die ich selbst nur als potenziellen Anfang innerhalb einer fachpraktischen Auseinandersetzung betrachte) noch wesentliche Merkmale medienarbeiterischer Berufstätigkeit ausmachen.

Weiter möchte ich mit Bezug auf die Theorie-Praxis-Frage der PraktikerIn veranschaulichen, wodurch es erklärbar wird, dass – zugespitzt formuliert – jede/r MedienarbeiterIn ihre Arbeit als gelingende Praxis erst erfinden muss. Damit meine ich, dass die Profis zunächst vor der schwierigen

Aufgabe stehen, ihr eigenes Arbeitsprofil im Einklang mit den zur Verfügung stehenden Ressourcen an Wissen und Können zu konturieren.

Interessanterweise führt diese Ausgangslage jedoch nicht notwendigerweise zu einer Praxis, die von den Akteuren jeweils so unterschiedlich gestaltet wird, dass das Besondere medienpädagogischer Leistungen sowie Fragen nach fachlichen Standards nicht mehr auszumachen wären. Im Gegenteil: Die Ergebnisse meiner Untersuchung zeigen, dass Fachkräfte in der Medienarbeit zwar unterschiedliche Wege gehen und mitunter an unterschiedlichen Zielen ankommen. Dennoch finden sich in den konzeptionell unterschiedlich gestalteten Arbeitszusammenhängen universelle Bedeutungskomplexe, die als Gemeinsamkeiten in der Arbeit beschrieben werden können.

Gemeinsamkeiten im praktischen Tun

Danach zu fragen, welche Bestimmungsmerkmale sich für die aktive Medienarbeit von der Praxis her ergeben, meint, den elementaren Bestandteilen der Arbeit in ihrer Bedeutung nachzuspüren, so etwa, was es eigentlich heißt, mit Medien zu arbeiten.

Dabei konnte festgestellt werden, dass dem Einsatz von Medien innerhalb der Arbeitspraxis durchweg eine besondere Qualität zugeschrieben wird, die sich allerdings nicht per se ergibt. Ein zentrales Qualitätsmerkmal besteht in der Art und Weise, wie Medien durch die Profis eingesetzt werden. Unabhängig davon, ob mit Multimedia oder auditiven Medien gearbeitet wird, liegt die Kunst gerade darin, den Medieneinsatz ins Konzept der pädagogischen Arbeit zu integrieren, um das Gelingen des jeweils qualitativ beschrieben Medieneinsatzes zu garantieren. Dazu gehört **Vorarbeit**, durch die z.B. die Fähigkeiten konkreter AdressatInnen reflektiert werden, um schließlich einen kreativen Spielraum in der Projektphase vorstrukturieren zu können. Weiter zählen hierzu **didaktisches Fachwissen**, das die Verzahnung von Technikbausteinen mit der Interessenlage der AdressatInnen gelingen lässt. Ebenso ist innerhalb der direkten Arbeit mit AdressatInnen der Medienpädagogik **methodische Flexibilität** auf der Grundlage eigener Souveränität notwendig, „um die Medien eben über die Technik hinaus nutzen zu können". Medienpädagogisches Spezialwissen und -können lassen sich demzufolge nicht in einer Doppelstruktur, als Know-how, das sich aus Medienwissen und pädagogischem Wissen addiert, definieren, stattdessen handelt es sich gerade um ein **„Integrationswissen"**.

Erst dadurch wird es möglich, die kommunikativen und gestalterischen Ausdrucksmöglichkeiten der AdressatInnen zu erweitern, was als wesentliche Zielsetzung der aktiven Medienarbeit (empirisch) erkannt wurde. Ausdrucksmöglichkeiten zu erweitern dimensioniert sich als Kontinuum;

es meint im hier hergeleiteten Sinn den Ertrag eines Auseinandersetzungsprozesses mit sich selbst (auf inhaltlicher Ebene) oder innerhalb einer Gruppe (z.B. Entscheidungsfindungsprozesse zu bewältigen oder ein eigenes Produkt der öffentlichen Diskussion zu stellen) ebenso wie gestalterische Ressourcen zu aktivieren, um ästhetische Erlebnisse hervorzurufen.

Weiter wird durch eine gelungene Integration „nebenbei" eine Entmystifizierung der Medientechnik und -geräte bewirkt, die als eine wichtige Voraussetzung für einen selbstbewussten Umgang mit Medien erscheint. Die Professionellen entwickeln, um diese Integrationsleistung zu erbringen, einen fachlichen Blick auf Medien, gleichsam auf einer Handlungs- als auch auf einer Betrachtungsebene und nutzen ihre eigenen Erfahrungen, die sie im Umgang mit Medien gemacht haben, auf konstruktive Weise. Denn gerade diese Erfahrungen erweisen sich als wegbereitend für die Konzeptionierung des Medieneinsatzes als „Transportmittel", „Werkzeug" und „Instrument", also generell als Hilfsmittel für einen kreativen Schaffensprozess in der Arbeit mit einer Zielgruppe (fachliche Handlungsebene).

Hält man sich die Flut von Publikationen zur neuen „high-tech society" vor Augen, so wird erstaunen, dass die neuen Technologien in ihrer prognostizierten Omnipräsenz keinen Legitimationsdruck auf die Praxis aktiver Medienarbeit ausüben. Die Professionellen erkennen darin zukünftige Erfordernisse, die jedoch nur am Rande zur Legitimation ihrer Arbeit herangezogen werden. Zentral erscheint demgegenüber eine Technik relativierende, fachliche Medienbetrachtung, die einerseits den Standpunkt der Profis gegenüber neuen Technologien kennzeichnet, sich andererseits aber auch in die praktische Arbeit überschreibt, indem z.B. auch technisches Versagen vielversprechend aufgefasst wird, generell also Vorgehensweisen wie die bereits genannte Entmystifizierung von Medien daraus hervorgehen können. Dies wiederum hat mit der unverkennbaren Perspektive in der Medienarbeit auf die AdressatInnen zu tun, die man in theoretischer Hinsicht als Handlungsorientierung (vgl. Baacke 1997) der Medienpädagogik beschreiben kann. So wurde deutlich, dass die Praxis aktiver Medienarbeit sich dadurch pädagogisch legitimiert, dass die AdressatInnen die Erfahrung der eigenen Befähigung machen. Um diese Erfahrung zu ermöglichen, orientieren sich die Professionellen an der Situation und am Interesse der AdressatInnen. Dies bedeutet auch, die Rolle der jeweiligen Medien im Alltag der Zielgruppe zu reflektieren. Dieser Zusammenhang spiegelt sich insbesondere in den Definitionsweisen erfolgreicher Arbeit wieder, denn Erfolg wird ausnahmslos am Urteil der AdressatInnen gemessen. Während die Situation der AdressatInnen regulativ auf die Projektionierung neuer Vorhaben wirkt, stellt das Anknüpfen am Interesse der AdressatInnen eine Voraussetzung dafür dar, ein weiterreichendes Interesse am Lernen mit Medien zu entwickeln.

Schließlich stellt der Produktionsprozess die wesentliche „Pointe“ für gelingende Medienarbeit dar, denn darin verzahnen sich soziale Lernprozesse mit kreativem Schaffen. Anders formuliert heißt das auch, dass mit dem Produzieren ein gleichzeitiger Prozess von Gestalten und Verstehen eingeleitet wird. Dieses Verstehen kann stark an das Verständnis medial gemachter „Wirklichkeit“ gebunden sein, muss aber nicht. Ebenso denkbar ist es, dass insbesondere jene Erfahrung im Vordergrund steht, die das zeitlich befristete „Entlangleben“ (Rosenthal 1994, S. 320) am entstehenden Produkt und damit verbunden die kumulative Funktion von Teamarbeit an einem definierten Endwerk hervorruft. Den Professionellen kommt dabei die Aufgabe zu, diesen reziproken Prozess zu optimieren. Dies geschieht beispielsweise durch das stete Aufrechterhalten des organisatorischen Rahmens, das Koordinieren des Gruppenprozesses oder das Bereitstellen „reichhaltiger medialer Lernumgebungen“, die zum Experiment herausfordern.

Wendet man den Blick nun in Richtung medienpädagogischer Theorieentwürfe und vergegenwärtigt sich, was darin an Sollwerten für medienarbeiterische Praxis formuliert wird, so verdeutlicht sich, dass theoretische Schlussfolgerungen und Handlungsrelevanz, die sich durch die tägliche Praxis ergibt, durchaus miteinander zu vereinbaren sind. Beispielsweise lassen sich zwei einheitlich formulierte Qualitätsanforderungen aus medienpädagogischen Theorien als gemeinsamer Nenner interpretieren:[3] Erstens müssen die Berufstätigen in der Lage sein, ihr berufliches Handeln auf die durch Medien und gesellschaftliche Prozesse geprägte Lebenssituation ihrer AdressatInnen hin zu reflektieren. Zweitens müssen MedienpädagogInnen einen Erfahrungsraum bieten, der einerseits die aktive Aneignung und Gestaltung von sozialer Realität wie auch medialer Realität durch Medien gestattet, und andererseits dadurch gemachte Erfahrungen aus der realen Umwelt kanalisierbar und reflektierbar werden. Sie sind in diesem Sinne Gestaltungshelfer in Bezug auf Wahrnehmungsprozesse und symbolische Ausdrucksfähigkeit der Zielgruppe.

Genau diese Forderungen spiegeln sich in der Praxisanalyse als Bedeutungskomplexe wieder, dort allerdings als Momente gelingender Praxis. Insofern möchte ich die hier vorliegenden Ergebnisse verallgemeinernd als Konturmerkmale des Berufsbildes MedienpädagogIn vorschlagen. Sie sollen in komprimierter Form, als Hypothesen formuliert, noch einmal wiedergeben werden, um sie als griffige Inputs für die fachpraktische Diskussion und als Anregung und Möglichkeit zur Reflexion des eigenen medienarbeiterischen Handlungsstils und Selbstverständnisses anzubieten:

(1.) In der medienpädagogischen Praxis der aktiven Medienarbeit werden Medien auf einer fachlichen Handlungsebene als Hilfsmittel eingesetzt, um die Ausdrucksmöglichkeiten der AdressatInnen zu erweitern.

(2.) Durch die Praxis aktiver Medienarbeit wird gleichzeitig eine Entmystifizierung von Mediengeräten bei den AdressatInnen eingeleitet, die von einer Technik relativierenden, fachlichen Medienbetrachtung der Professionellen abgeleitet werden kann.

(3.) Die Fachlichkeit von professionellen MedienpädagogInnen in der aktiven Medienarbeit besteht in einer spezifischen Integrationsleistung der Medien in die direkte Arbeit mit einer Zielgruppe, um die Qualität des Medieneinsatzes zu garantieren. Dabei gehören Vorarbeit, Didaktik und methodische Flexibilität zu professionellen Vorgehensweisen.

(4.) Die Praxis aktiver Medienarbeit legitimiert sich in pädagogischer Hinsicht dadurch, dass die AdressatInnen eine Erfahrung der eigenen Befähigung machen. Um diese Erfahrung zu ermöglichen, müssen sich die Professionellen an der Situation und am Interesse der AdressatInnen orientieren und das Konzept ihrer Arbeit dahingehend modifizieren.

(5.) Erfahrungen der eigenen Befähigung und soziale Lernprozesse der AdressatInnen sind in der Praxis der aktiven Medienarbeit gebunden an einen Produktionsprozess, der durch die Professionellen optimiert wird.

Nach dieser positiven Bilanz will ich dennoch eine kritische Anfrage anschließen: Kann man da Einheit schaffen, wo keine ist? Im letzten Teil meines Beitrags möchte ich auf übergreifende Weise bedenken, wie sich der Rahmen für medienpädagogische Arbeit als professionelle Praxis gestaltet und welcherlei Ressourcen medienpädagogischen Profis dadurch zur Etablierung eines sinnvollen Arbeitsansatzes zur Verfügung stehen.

Die eigene Arbeit erst erfinden zu müssen

War eingangs die Rede von Wegweisern der beruflichen Selbstverortung, so will ich an dieser Stelle danach fragen, wo diese denn aufgestellt werden und mit welcher Eindeutigkeit. Diese Antworten sind m.E. deswegen zentral, weil ich darin direkte Auswirkungen auf die berufliche Identität, eben die entlastende Sicherheit, zu wissen, was man tut, erkenne.

An einigen Beispielen möchte ich zeigen, dass die Theorie-Praxis-Frage im Bereich der Medienpädagogik eine wackelige Angelegenheit ist. Beispielsweise existieren im Bereich der Medienpädagogik keine geregelten Ausbildungswege. Medienpädagogische Inhalte haben in der pädagogischen Lehre bis auf wenige Ausnahmen immer noch den Charakter des Zusätzlichen. Insofern liegen auch keine Systematisierungen beruflich relevanten Fachwissens in der Ausbildung hin zu medienpädagogischem Handeln vor (vgl. Wermke 1997). Bereits diese fehlende Verbindlichkeit zwischen Lehre und Handlungspraxis führt dazu, dass Fachkräfte mit unterschiedlichen Mischqualifizierungen in einen Arbeitsmarkt entlassen werden, auf dem medienpädagogische Leistungen wenig institutionalisiert sind. D.h., eine geringe Anzahl an Arbeitsplätzen in explizit medienpädagogischen Einrichtungen steht einer verhältnismäßig großen Anzahl an Arbeitsplätzen verstreut in „fremden" Institutionen, die unterschiedlichen Arbeitsfeldern angehören, gegenüber.[4] Auch dieser Umstand erschwert eine Habitualisierung medienpädagogischen Handelns, denn MedienpädagogInnen sind dadurch angehalten, ihre Arbeit so flexibel zu gestalten, dass sie mit der Konstellation und Zielsetzung der jeweiligen Einrichtung, in die die Tätigkeit eingelagert ist, zusammenpasst.

Am Beispiel medienpädagogischer Theoriebildung, die ja weit vorangeschritten ist und in bedeutendem Umfang zur Verfügung steht, lässt sich eine weitere Schwierigkeit beobachten.

Zeitgemäße medienpädagogische Theorien stellen zweifelsohne klar, dass medienpädagogisches Denken und Handeln einen unverkennbaren Platz in einer postmodernen Gesellschaft haben muss, indem der medienkompetente Bürger als ethisches Ziel begreifbar wird. Dennoch fehlt es den Theorieentwürfen tendenziell daran, medienarbeiterischer Berufstätigkeit darin ein Profil zu verleihen. Damit möchte ich behaupten, dass medienpädagogische Theorien keine Antwort darauf geben, wer auf Grundlage welcher Qualifizierung medienpädagogisch arbeiten soll. Dies beim Wort genommen wirft die grundlegende Frage auf, ob denn überhaupt eine dezidierte Berufsgruppe – MedienpädagogInnen – für die geforderten Leistungen verantwortlich sein sollte, oder ob nicht vielmehr alle im soziokulturellen Bereich Tätigen irgendwie medienpädagogisch qualifiziert sein müssten. Ein weiteres unbeschriebenes Blatt liegt in Bezug auf die Standortfrage medienpädagogischen Handelns im pädagogisch-kulturellen Raum vor. Auch hier wird keine Klarheit geschaffen, stattdessen wird diese Frage der Bildungs- und Arbeitsmarktpolitik überlassen. Provokativ gefragt: Wären denn Theorien zur Schulentwicklung denkbar, ohne zuvor zu sichern, was Schule ist. Meine These lautet daher, die Theorie denkt die berufliche Praxis, auf die sie sich lediglich abstrakt bezieht, nicht mit. Beide Sphären sind zu weit voneinander entfernt, als dass sich daraus eine produktive Verzahnung für eine professionelle Praxis ergeben könnte.

Nun drängt sich die Frage auf, wie gehen die Profis damit um, wie lösen sie diese unklare Situation, was sind für sie Ressourcen, die Orientierung und Sicherheit verschaffen. Auch nach diesen Erfahrungen und Deutungsmustern habe ich in meiner Untersuchung gefahndet, und folgende potenzielle Lösungswege haben sich dabei veranschaulicht:

Den PraktikerInnen ist durchaus bewusst, dass sie in einem heterogenen Berufsfeld agieren. Werden sie danach gefragt, was sie mit KollegInnen verbindet, so fallen die Antworten zögerlich aus, sie möchten ihre Weise zu arbeiten als solche verstanden wissen. Woran orientieren sie sich aber in ihren Zielen und subjektiven Ansprüchen, die in ein Konzept der Arbeit führen?

Ein Weg, für sich selbst die Arbeit zu erfinden, ist darin zu erkennen, dass eine generelle medienpädagogische Aufgabe bzw. ein Problembewusstsein zum Ausgangspunkt genommen wird. Das kann z.B. sein, Medien zur Erweiterung der eigenen Handlungsmöglichkeiten begreifbar und nutzbar zu machen. Dieser theoretisch begründete Auftrag wird nun hinsichtlich Zielgruppe und Rahmenbedingungen interpretiert und gleichsam maßgeschneidert. Mit jedem Konzept handelt es sich so um lokale Zuschnitte auf Zielgruppe und Rahmenbedingungen, die die Arbeit aus Sicht der Professionellen erst legitimiert. Dieser „Deklinationsprozess" einer universellen, theoretisch begründeten Aufgabe setzt die Reflexion eigener lokaler Kapazitäten und AdressatInnen-orientierter Notwendigkeiten voraus. Darüber hinaus liegt in diesem Fall ein starker Theoriebezug der PraktikerInnen auf wissenschaftliche Medienpädagogik vor.

Einen anderen Weg, eigene medienpädagogische Handlungsstrategien in Zielen und Ansprüchen zu entwickeln, gehen all jene PraktikerInnen, die sich in der Hauptsache am eigenen Können orientieren. Wie bereits beschrieben, ist es für den Beruf MedienpädagogIn prototypisch, dass die PraktikerInnen unterschiedliche Ausbildungskonstellationen vorzuweisen haben, was gerechtfertigt erscheint, da kein Monopol an relevantem Wissen vorliegt. Der individuelle berufsbezogene Werdegang, der aus einzelnen qualifikatorischen Bausteinen bestückt ist, die in ihrem Zusammenwirken eine Vorstellung medienpädagogischer Arbeit ergeben, stiftet hier Gewissheit. Das Handeln wird dadurch abgesichert und strukturiert. Es geht hierbei nicht um abrufbares Wissen, das die Arbeit anleiten würde. Zentral sind in diesem Fall methodische Tools, die zum Handwerkszeug gerinnen und beherrscht werden.

Eine dritte ausschlaggebende Orientierung, die ich in den Erfahrungen der Profis erkennen konnte, ergibt sich aus einer individualisierten Vorstellung der beruflichen Identität. Charakteristisch für eine individualisierte Berufsidentität ist beispielsweise, dass der Vergleich mit anderen MedienabeiterInnen schwer fällt. Dies gilt insbesondere, wenn es darum geht, verbindende Elemente in der praktischen Medienarbeit über die eigene Berufspraxis hinaus zu benennen.[5] Mit dem klaren Bewusstsein, die Arbeit erfinden zu müssen, geht eine Selbstdeutung der Berufsrolle einher, die letztlich Einfluss nimmt auf die Konzeptbildung. Die Notwendigkeit zu dieser Selbstdeutung liegt um so massiver vor, je unstrukturierter und zerpflückter das Handlungsfeld ist. Vor diesem Hintergrund wird den Profis eine weitschweifende Orientierungsnotwendigkeit deutlich:

theoretische Bausteine und methodische Tools aus unterschiedlichsten Bereichen werden sinnstiftend zusammengefügt. Der wissenschaftlichen Medienpädagogik in ihrer Uneindeutigkeit und mit ihren berufsbezogenen Lücken stehen sie kritisch gegenüber. In den so entstehenden subjektiven beruflichen Habitus fließen ebenso persönliche Vorlieben, generelle (Welt-)Einstellungen und ein Paket aus Erfahrungen, die nicht ausschließlich in Ausbildung und Berufsausübung gesammelt wurden, mit ein. Insbesondere der persönliche Bezug und die Vorlieben für bestimmte Medien, beispielsweise gestalterische oder politische Interessen, sind hierbei wegweisend. Die Fachkräfte gewinnen über die Schnittstelle subjektiver Habitualisierungen Deutungswissen für fachliches Handeln. Damit einhergehend steht die so gewonnene berufliche Identität in einem ambivalenten Verhältnis zum Label „Medienpädagogik". Die eigene Praxis und deren Reflexion wird zur Schnittstelle für neue Inputs und wegweisende Weiterentwicklung. Deutlich wird hierbei fast schon ein Pioniergeist der PraktikerInnen.

Diese beschriebenen Ressourcen, die von den Profis zur Konzeption gelingender Praxis herangezogen werden, verdeutlichen m.E. folgendes: Die Basis medienpädagogischen Handelns ist nicht in einem statischen Phänomen, sondern in einer dynamisch innovativen Bewegung zu suchen. Insofern ist „Gelingen" an Eigenständigkeit, Engagement und selbstformulierte Ansprüche, die oft höher ausfallen als jene aus dem Umfeld, gebunden.

Medienpädagogische Theorien spielen innerhalb dieser innovativen und eigenverantwortlichen beruflichen Bestrebungen einen unterschiedlichen Stellenwert. Sie sind nicht nur unterschiedlich bekannt, sondern werden auch unterschiedlich funktionalisiert und synthetisiert. Ebenso variiert die Bedeutung der (akademischen) Ausbildung für das heutige Arbeiten, die in der Regel durch weitere, gezielt gewählte qualifikatorische Bausteine angereichert wird. Als weiteres wichtiges Ergebnis soll gelten, dass die Professionellen deutliche Merkmale einer individualisierten beruflichen Identität aufweisen, die zum Teil für das Zustandekommen eines eigenwillig erschlossenen Konzepts verantwortlich sind.

Einerseits werden so bemerkenswerte Leistungen der Profis deutlich, die sie mehr oder weniger eigenverantwortlich erfüllen, um sich selbst ins Spiel zu bringen. Indem sie medienarbeiterische Konzepte sinnstiftend etablieren, entwickeln sie gleichsam das Verständnis von praktischer Medienpädagogik weiter. Andererseits wird daran jedoch auch die Unmöglichkeit deutlich, diese „wertvollen Perlen" lediglich über einen empirisch-analytischen Weg aufspüren zu können, um das, was an vielen verschiedenen Stellen medienarbeiterisch geleistet wird, innerhalb der Fachöffentlichkeit und darüber hinaus transparent machen zu können.

Die Summe der Einzelnen könnte viel sein – damit meine ich, dass die Vereinzelung medienpädagogisch Schaffender in einem direkten Zusammenhang mit der geringen Anerkennung und Geltung dieser Leistungen außerhalb einschlägiger Nischen in der Öffentlichkeit zu tun hat. Um die notwendige Transparenz zu erreichen, sollte in erster Linie der Dialog zwischen Theorie und Praxis gestärkt werden. Ebenso muss die fachpraktische Auseinandersetzung über Qualifikationsaspekte des Berufes vorangetrieben werden, ohne dabei jedoch die alte und leidige Frage der Berufsbild-Diskussion, ob es denn nun sinnvoll sei, einen Beruf Medienpädagogik zu haben, mitzutransportieren.

Die sind zumindest die naheliegenden Ansprüche, deren Realisierung vielen PraktikerInnen zu einem festeren Standbein in ihrem Beruf verhelfen würden.

Anmerkungen

1 Ich beziehe mich dabei auf das Praxisfeld der aktiven Medienarbeit, als Kernbereich der praktischen Medienpädagogik.

2 Es handelt sich dabei um eine empirische Untersuchung, die ich im Rahmen meiner Diplomarbeit am Institut für Erziehungswissenschaft an der Universität Tübingen, 1998 bis 1999 durchgeführt habe. Den Kern der qualitativen Studie bildeten leitfadengestützte Interviews mit Profis aus der aktiven Medienarbeit, die mit unterschiedlichen Medienschwerpunkten und Zielgruppen arbeiten. Der Prozess der Datenauswertung geschah in mehreren Etappen, somit konnten Fachlichkeitsverständnisse und Deutungsmuster beruflicher Tätigkeit sukzessive entwickelt, verdichtet und im Bezug zur theoretischen Rahmung verallgemeinert werden.

3 Ein Teil der theoretischen Rahmung der Untersuchung zum „homo medienpädagogicus" bestand darin, inhaltliche Aspekte ausgesuchter prominenter Theorien in Bezug zueinander zu setzen und zu überprüfen inwiefern dort ein Beitrag zur Formierung eines Berufsprofils der praktischen Medienpädagogik geleistet wird. Hierbei habe ich die theoretischen Entwürfe von Baacke (1997), Schorb (1995) und Röll (1995, 1996, 1998) verglichen.

4 Da technische Innovationen unsystematisch in den Bildungsbereich eindringen, werden an unterschiedlichsten Stellen neue Aufgabenbereiche, die durch medienpädagogische Kompetenzen erfüllt werden können, für notwendig erachtet (vgl. Swoboda 1992, S. 246). So entstehen die Mehrzahl der Arbeitsplätze für MedienpädagogInnen in etablierten Institutionen, die ihre Bereichsspezifik nicht ausweiten, sondern medienpädagogische Leistungen funktionsadäquat und zeitgemäß intergrieren. Als Beispiel kann hier die Arbeit in öffentlichen Bibliotheken, z.B. in der Mediothek Stuttgart, genannt werden.

5 Dies verweist darauf, dass die Landschaft medienpädagogischer Praxis schwer zu überschauen ist und die PraktikerInnen so gezwungenermaßen auf sich selbst zurückgeworfen in individualiserter Weise über ihre Arbeit nachdenken.

Literatur

Baacke, D. (1986): Zur theoretischen Konstruktion der Medienpädagogik heute. In: Bildung und Erziehung, 39. Jg., 1986, S. 405–418

Baacke, D. (1997): Medienpädagogik. Tübingen

FLAD, C. (1999): Homo medienpaedogogicus. Auf der Suche nach dem Profil eines Berufsbildes. Eine empirische Untersuchung, unveröffentlichte Diplomarbeit am Institut für Erziehungswissenschaft, Universität Tübingen

HORNSTEIN, W. / C. LÜDERS (1989): Professionalisierungstheorie und pädagogische Theorie. In: Zeitschrift für Pädagogik, 35. Jg., 1989, S. 749-769

LÜDERS, C. (1994): Erziehungswissenschaftliches Studium und pädagogische Berufe. In: D. LENZEN (Hrsg.): Erziehungswissenschaft. Ein Grundkurs. Hamburg, S. 568-591

RÖLL. F. J. (1998): Sinnhafte und sinnliche Medienpädagogik. Ein Plädoyer. In: H. BÜCHLER-KRIENKE (Hrsg.): Protokoll der 21. Stuttgarter Tage der Medienpädagogik, vom 20./21.03.1998, im Auftrag des SDR. Materialien zur Medienpädagogik, Nr. 57. o.O., S. 57-64

RÖLL, F. J. (1995): Bild, Raum und Identität - Sinnsuche im Medienzeitalter. In: D. BAACKE / F. J. RÖLL (Hrsg.): Weltbilder Wahrnehmung Wirklichkeit. Bildung als ästhetischer Lernprozess. Opladen, S. 142-170

ROSENTHAL, G. (1994): Medienwirklichkeit - Ästhetik - Produktion. Medienerziehung und Medienpädagogik unter sozialpädagogischer Zielsetzung. In: S. HIEGEMANN / H. SWOBODA (Hrsg.): Handbuch der Medienpädagogik. Theorieansätze - Traditionen - Praxisfelder - Forschungsperspektiven. Opladen, S. 313-323

SCHORB, B. (1995): Medienalltag und Handeln. Medienpädagogik in Geschichte, Forschung und Praxis. Opladen

STEINBACH, S. (1996): Medienkompetenz - eine aktuelle Bestandsaufnahme medienpädagogischer Theorie und Praxis. In: A. REIN (Hrsg.): Medienkompetenz als Schlüsselbegriff. Bad Heilbrunn, S. 156-166

SWOBODA, W. H. (1992): Aspekte und Positionen zur Professionalität der Medienpädagogik. In: medien + erziehung, 36. Jg., 1992, Heft 4, S. 245-249

THOLE, W. / E.-U. KÜSTER-SCHAPFL (1998): Die MitarbeiterInnen. Könnte Jugendarbeit auch „in Maurer machen"? In: D. KIESEL u.a. (Hrsg.): Standortbestimmung Jugendarbeit: theoretische Orientierungen und empirische Befunde. Schwalbach/Ts., S. 99-223

WERMKE, J. (1997): Medienstudiengänge - Auf dem Weg zur Interdisziplinarität. In: medien praktisch, 1997, Heft 4, S. 59-62

WUNDEN, W. (1987): Medienpädagoge von A (=ABM) bis Z (=ZDL). In: medien + erziehung, 31. Jg., 1987, Heft 6, S. 324-333

Wolfgang Schindler

Lernen wie im Märchen?

Vom Textverarbeiter zur ComputermedienpädagogIn

Aneignungprozesse professioneller computermedienpädagogischer Kompetenz müssen mehr als bloßer Erwerb kognitiven Wissens sein, um handlungsfähig zu machen. Der Veränderungsprozess, den die Beteiligten am hier skizzierten Weiterbildungsprogramm „Computermedienpädagogik" durchlaufen, hat immer wieder Parallelen zum Märchen vom gestiefelten Kater und dem Müllersburschen, das ja im Kern eine Entwicklungsgeschichte beschreibt, die beginnt, als sich die Lebensverhältnisse einschneidend ändern:

Als der Müller starb, teilten sich die drei Söhne die Erbschaft, der älteste bekam die Mühle, der zweite den Esel, der dritte den Kater, weiter blieb nichts für ihn übrig. Da war er traurig und sprach zu sich selbst: „Ich hab' es doch am allerschlimmsten gekriegt, mein ältester Bruder kann mahlen, mein zweiter kann auf seinem Esel reiten, was kann ich mit dem Kater anfangen? Lass ich mir ein Paar Pelzhandschuhe aus seinem Fell machen, so ist es vorbei." – „Hör", fing der Kater an, der alles verstanden hatte, was er gesagt, „du brauchst mich nicht zu töten, um ein Paar schlechte Handschuhe aus meinem Pelz zu kriegen. Lass mir nur ein Paar Stiefel machen, dass ich ausgehen und mich unter den Leuten sehen lassen kann, dann soll dir bald geholfen sein." Der Müllerssohn verwunderte sich, dass der Kater so sprach, weil aber eben der Schuster vorbeiging, rief er ihn herein und ließ ihm ein Paar Stiefel anmessen.

Weniger einschneidend, aber vergleichsweise grundlegend, haben sich auch in der schulischen und außerschulischen Bildungsarbeit die Verhältnisse gewandelt; Computer sind selbstverständlich geworden, anders als Mitte der 80er Jahre. Nahezu alle Kritiker von einst haben sich – begeistert oder still leidend – der Wirklichkeit angepasst. Sie sind zumeist TextverarbeiterInnen geworden, ähnlich auch viele Jüngere, zu deren schulischer Ausbildung bereits Informatik gehörte und für die die einstige Angst vor „binärer Verblödung" durch „Orwell-Technik" vor allem eines ist: Geschichte.

Sie alle begreifen ihren PC als „bessere Schreibmaschine" und begrüßen ihre Befreiung von Tippex. Aber Textseiten nummerieren sie beispielsweise weiterhin von Hand, weil ihnen der Zeitaufwand zum Lernen, wie sich das automatisiert erledigen ließe, unvertretbar hoch erscheint. Sie wollen doch bloß einen Brief schreiben. Natürlich haben sie sich auch eine eMail-Adresse geben lassen und sie „surfen“ auch mal im Internet. Aber sie empfinden das ähnlich wie das Zippen mit der Fernbedienung vor dem Fernsehgerät, reden von der Informationsflut, die dort lauert, und behaupten daher engagiert, Jugendliche bräuchten dringend „Medienkompetenz“. Vor allem, um die Kisten rechtzeitig wieder abschalten zu können – ebenso wie einst das Konsummedium Fernsehen.

Vom Eigensinn der Werkzeuge

Klingt doch alles ganz vernünftig?! Ist es auch, aber, es ist diese Vernünftigkeit, die Verkäufer programmatisch beschwören, bevor in EDV investiert wird: „Legen Sie erst fest, was Sie wirklich wollen und lassen Sie sich dann die Technik anbieten, die das kann.“ Konsequenterweise wünschten sich Besitzer von Pferdefuhrwerken Autos ohne Pferde, Büroarbeiter eine PC-Schreibmaschine, die ohne Tippex auskommt und ein Internet, das wie Fernsehen mit Telefon-Fernbedienung ist. Und dem Müllersburschen im Märchen vom „Gestiefelten Kater“ fielen natürlich nur Pelzhandschuhe ein, als er den Kater geerbt hatte. Sie alle aber hatten am Ende etwas anderes:

Denn unberücksichtigt bleibt bei dieser „Werkzeughypothese“, dass neue Werkzeuge erst in einem unvorhersagbaren Prozess der Umfunktionierung durch die Benutzer ihre eigentlich bedeutenden Anwendungen schaffen. Als Beispiele dafür seien Telefon[1], eMail[2] und grafische Benutzeroberfläche[3] genannt. Letztere etwa wurde von allen „ernsthaften“ Computeranwendern, nachdem diese mühsam alle erforderlichen DOS-Kommandos erlernt hatten, als Spielzeug ignoriert, solange, bis sie von der Multimediawelle untergetaucht wurden.

Die leidvolle Erfahrung: mit einer –auch gründlichen – PC-„Schulung“ ist es nicht getan, wenn nur technisches Detailwissen „vermittelt“ wird. Die so erworbene Anwendungskompetenz ist manchmal bereits vor Kursende veraltet, die „Schüler“ erklären ihren Frust mit dem eigenen Alter, statt zu verstehen, dass sie am Rand eines gewaltigen Umbruchs stehen. Denn die alte Idee der Schulung setzt definierte Lehrinhalte voraus, die zukunftstauglich sind. Gerade das aber ist immer weniger der Fall; konsequenterweise steht „lebenslanges Lernen“ auf der Tagesordnung. Das ist nur dann keine Horrorvorstellung, wenn „Lernen“ nicht mehr mit der Erfahrung von eigener Unzulänglichkeit und Abhängigkeit von Wissensbesitzern, die etwas zu vermitteln haben, gekoppelt ist. Gerade diese Entkoppelung wird durch Multimedia und Internet vorangetrieben.

Denn der gemeinsame Nenner des alltäglichen Gebrauchs digitaler Medien[4] sind **Bildungsprozesse**: selbstgesteuerte Lernprozesse, von Einzelnen und Gruppen, und darüber hinaus, Lern- und Veränderungsprozesse von Institutionen, in denen PädagogInnen wie Zielgruppen arbeiten. Genau dies aber ist nicht im Blick oder wird explizit ausgeklammert, wenn eine „Schulung“ besucht wird, weil man ja nur eine lästige, aber unvermeidbare Technik lernen wolle. Die Anbieter solcher Kurse bedienen mit der Begrenzung auf vermeintlich Faktisches die unausgesprochene Vorgabe ihrer Kunden, uptodate zu werden, ohne sich zu verändern. Kinder- und Jugendliche sind hier in der Tat im Vorteil, weil sie -anders als Erwachsene - eben keinen Paradigmenwechsel durchleben müssen, sondern sich das Neue unbelastet naiv und autonom aneignen, am liebsten ohne Schulung und Schule. Wer als PädagogIn mit immer neuen Generationen von Jugendlichen Schritt halten oder gar deren Aneignungsstile dieser Technologien begreifen will, ist mit der Beschränkung auf Schulungen diesem Ziel also eher ferner gerückt.

In der psychologischen Lernforschung der letzten Jahre ist dieser Aspekt des selbstgesteuerten, intrinsisch motivierten Lernens als Gegenkultur zum etablierten Bildungssystem ausformuliert worden, dem die Produktion trägen Wissens vorgeworfen wird. Computergestützte Lernumgebungen, „cognitive tools“ spielen dabei eine wesentliche Rolle,[5] gerade auch dort, wo es überhaupt nicht mehr um computerspezifisches Wissen geht. Die vom Schulsystem nur unzureichend vermittelten und von „der Industrie“ geforderten „weichen“ Schlüsselkompetenzen bekommen hier hohe Bedeutung: Kreativität, Eigeninitiative und Verantwortungsbereitschaft, Teamfähigkeit, Kommunikationsfähigkeit, selbstgesteuertes Lernen.

Diese Forschungsergebnisse werden genutzt, um eine neue außerschulische Bildungsarbeit voranzubringen, dort, wo lebenslanges Lernen für wirtschaftliches Überleben nötig ist! Lernen mit Multimedia, das bedeutet für Bildungsplaner in der Industrie vor allem, Aus- und Fortbildung billiger zu machen, weil multimediales Lernmaterial schneller begriffen wird, weil es neben der Arbeit gar zu Hause angeboten und benutzt werden kann, weil durch die Anbindung an das Internet orts- und zeitunabhängige Kommunikation der Lernenden untereinander und mit SpezialistInnen und PädagogInnen möglich ist. Eigene und fremde Erfahrungen mit solch virtuellen Lernumgebungen zeigen, dass diese erst produktiv funktionieren, wenn Bildung nicht aufs Kognitive beschränkt wird, wenn die emotionalen Grundlagen und Voraussetzungen zwischenmenschlicher Kommunikation hergestellt sind, hergestellt werden von Menschen mit psychosozialer Kompetenz.

Wer sich badet, wird nass.

[Der Kater schlich nach] Hause und sagte zu seinem Herrn: „Wenn du willst ein Graf und reich werden, so komm mit mir hinaus an den See und bad dich darin.“ Der Müller folgte dem Kater. Der Kater aber nahm seine Kleider, trug sie fort und versteckte sie. Da kam der König dahergefahren; der Kater fing sogleich an, erbärmlich zu jammern: „Ach! Allergnädigster König! Mein Herr,

der hat sich hier im See gebadet, da hat ihm ein Dieb die Kleider gestohlen, nun ist der Herr Graf im Wasser und kann nicht heraus, und wenn er länger darin bleibt, wird er sich erkälten und sterben." Wie der König das hörte, ließ er Halt machen, und einer von seinen Leuten mußte zurückjagen und Kleider holen. Der Herr Graf zog die prächtigen Kleider an.

Hier setzt das Konzept Computermedienpädagogik, realisiert im Josefstaler[6] MaC*-Programm an: MaC* steht für „Menschen am Computer", ein programmatisches Kürzel für den ganzheitlichen Ansatz, der pädagogische Kompetenz für den Gebrauch der Querschnittstechnologie „Computer" als Werkzeug, Medium und Spielzeug zusammenhängend qualifiziert. Und er steht für den sachkompetenten Umgang mit der Technologie, mit den davon faszinierten Menschen und mit der eigenen Angst, Ambivalenz und Begeisterung. Über das Erlernen von Einzelkompetenzen hinaus geht es um Verstehen und Gestalten des skizzierten Paradigmenwechsels.

„Computermedienpädagogik"[7] ist die pädagogische Rückeroberung der neuentstandenen Computerkulturen, die sich entweder in den Händen der Veranstalter von Schulungen oder im Visier der Bewahrer befanden. Sie bezieht ihre grundlegenden Annahmen und Denkfiguren aus der Debatte um Bedingungen, Chancen und Grenzen pädagogischen Handelns, wurzelt in einer emanzipatorischen Konzeption von Bildungs- und Jugendarbeit, die auf die Bearbeitung der Lebenswirklichkeit von Zielgruppen und PädagogInnen gleicherweise zielt. Diese Wirklichkeit taucht unvermeidlicherweise in computermedienpädagogischen Projekten und Seminaren auf, latent oder manifest, als offizielles Thema, aber auch als Störung, als Randgespräch, als Konfliktpotenzial. Prozessorientierung ist dafür sensibel, greift auf, was für „Menschen am Computer" von sachlicher, aber eben auch von emotionaler Bedeutung ist.

Es geht in der Computermedienpädagogik deswegen, neben technisch-handwerklicher Fachkompetenz, auch um die Analyse und Wahrnehmung der individuellen, gruppenspezifischen und gesellschaftlichen Realität, deren Wandel sich ja gerade unter dem Druck der neuen Technologie vollzieht. Es geht um die Befähigung, solche Analyse situationsspezifisch mit den Adressaten der eigenen Arbeit zu leisten und mit ihnen, in Teilbereichen, gemeinsame Lebensstilsuche und Gestaltung der je eigenen Computerkultur zu praktizieren.

„Medienpädagogik" allein beschreibt diesen Umgang mit dem Querschnittsmedium Computer nicht hinreichend, zum einen ob des universellen Werkzeugcharakters, zum andern ob der Rolle, die Computer als Kommunikationsmittel und als informationsverarbeitende und interaktionelle Systeme des Menschen und neben dem Menschen spielen. Computer sind mehr als ein Medium, sind eine anthropologische und eine gesellschaftspolitische Herausforderung. Sie tangieren Menschen in nahezu allen Daseinsbereichen und bieten einen Spiegel der Strukturen, die sie hervorgebracht haben. All diese Aspekte sind, im passenden Augenblick, sinnvollerweise Gegenstand computermedienpädagogischer Arbeit. Insofern geht es im MaC*-Konzept um mehr als die derzeit vielbeschworene Medienkompetenz.

Denn unter dem Druck der Globalisierungstechnologie „Multimedia und Netzwerke“ verändert sich die Arbeit, vor allem für junge Menschen. Multiplikatoren, Ältere finden im MaC*-Projekt einen Lernort, an denen authentische Erfahrungen mit der sozialen Realität dieser Technologie gemacht und reflektiert werden, um handlungsfähig zu bleiben.

Unter dem Druck der Rationalisierungstechnologie „Multimedia und Netzwerke“ und fortbestehender Finanzmisere des öffentlichen Sektors verändert sich das Bildungssystem in allen Sektoren – sogar die Schule. Telelearning und Telekooperation werden das Lernen zunehmend bestimmen; im MaC*-Projekt wird damit, für die Praxis in der Jugendarbeit, experimentell und didaktisch-konzeptionell gearbeitet. Das Programm besteht aus fünf Kursteilen im Zeitraum von zwei Jahren in der Tagungsstätte Josefstal, mit je acht Tagen Dauer, von Freitag bis Freitag, und einem virtuellen Seminarteil. Medienpädagogische Praxisprojekte im eigenen Arbeitsfeld der TeilnehmerInnen und Peergruppen sind ein kursbegleitender Bestandteil des MaC*_plus-Programmes. Lernen und Arbeiten im Seminar sind als gruppenpädagogisches Training organisiert.

Digitale Rebhühner

Dazumal regierte ein König in dem Land, der aß die Rebhühner so gern: es war aber eine Not, dass keine zu kriegen waren. Der ganze Wald war voll, aber sie waren so scheu, dass kein Jäger sie erreichen konnte. Das wusste der Kater und gedachte seine Sache besser zu machen; als er in den Wald kam, tat er den Sack auf, breitete das Korn auseinander, die Schnur aber legte er ins Gras und leitete sie hinter eine Hecke. Da versteckte er sich selbst, schlich herum und lauerte. Die Rebhühner kamen bald gelaufen, fanden das Korn, und eins nach dem andern hüpfte in den Sack hinein. Als eine gute Anzahl darin war, zog der Kater den Strick zu, lief herzu und drehte ihnen den Hals um; dann warf er den Sack auf den Rücken und ging geradewegs nach des Königs Schloss.

Die Entscheidung für das pädagogische MaC*-Konzept war, anders als bei „normalen“ Kursen zwingend auch eine Entscheidung für ein anhaltendes Beschaffungsprogramm von PC-Technologie – einst beginnend mit drei C64-Homecomputern, über wechselnde Hardware und Betriebssysteme bis zum heutigen Inhouse-Netz mit ständig verfügbarer Anbindung aller PCs in allen Arbeitsräumen an das Internet. Hard- und Software müssen, der immanenten Marktlogik folgend, ständig gepflegt und upgedatet werden, mit dem entsprechenden Aufwand an Zeit und permanentem Lernen. So wird im Ergebnis individuelles Lernen und Kleingruppenarbeit mit multimedialen Elementen in der Kursdidaktik möglich. Multimediale Lern- und Lehrformen sind nicht nur für Computermedienpädagogik, sondern zunehmend in allen Bereichen der Bildungsarbeit relevant. Die Didaktik der Erwachsenenbildung bekommt neue Möglichkeiten, selbstbestimmtes Lernen und Forschen, Projektarbeit und Lernen durch Selbstmachen zu praktizieren.

Laufende Erneuerung von Hard- und Software resultiert in einer vielfältigen, komplexen und nicht immer störungsfreien Lernumgebung für die TeilnehmerInnen, ganz anders als im durchgestylten Schulungsraum mit homogener Ausstattung - die auch homogen veraltet. Solche Lernumgebung fördern und erfordern die Entwicklung eines strukturellen Verständnisses der Funktion der Technologie, statt bloßem anwendungsspezifischen Wissen. Wie schon das Märchen verdeutlicht: Rebhühner werden durch Futter gelockt, das Material des Sackes, in den sie schlüpfen, ist weniger wichtig. Analog gilt es, beispielsweise, am Computer zu verstehen: Dateien werden mit dem Betriebssystem geordnet, auch wenn dies in der Version x von Programm y auch mit der z-Taste erreichbar sein sollte. Der Preis solcher Lernprozesse in inhomogenen Umgebungen ist anfänglich vermehrte Unsicherheit und Zwang zum Experiment - das die Lernumgebung denn auch zulassen sollte. Abgeschottete, geschützte und festkonfigurierte Schulungskonfigurationen dagegen verhindern dies gezielt. Die Reflexion solcher oft anstrengender Aneignungsprozesse ist dann gelegentlich nötig und hilfreich; sie unterstützt die Neukonstruktion psychosozialer Modelle des PC-Gebrauchs.

Durch die Implementation von Internettechnolgie in die Bürostruktur des Fortbildungsinstituts bis hin zu Telearbeit der DozentInnen gewinnen alle Beteiligten leibhaftiges Verständnis für die EDV-bedingte Veränderung betrieblicher Strukturen, für Chancen und auch Probleme, die erst dann sichtbar werden, wenn hinter der Internetadresse auf dem Briefpapier nicht mehr der technisch begabte Zivi steht, der eMails ausdruckt und in die Ablagekörbe verteilt - auch im Jahr 2000 nicht nur im Bildungsbereich nach wie vor verschämte Realität angesichts des Zwangs zum modernen Outfit. Telekooperation und -kommunikation setzt aber die Bereitstellung der nötigen Infrastruktur am Arbeitsplatz und die dazugehörige Anwendungskompetenz voraus, um zu bereichern statt zu behindern.

Digitalien oder: Wem gehört dieses schöne Schloss?

Der Kater stellte sich erschrocken und rief: „Das ist unglaublich und unerhört, aber noch mehr als alles andere wäre es, wenn du dich auch in ein so kleines

Tier, wie es eine Maus ist, verwandeln könntest; du kannst gewiss mehr als irgendein Zauberer auf der Welt, aber das wird dir doch zu hoch sein." Der Zauberer wurde ganz freundlich von den süßen Worten und sagte: „0 ja, liebes Kätzchen, das kann ich auch" und sprang als eine Maus im Zimmer herum. Der Kater war hinter ihm her, fing die Maus mit einem Sprung und fraß sie auf.

Diese Komplexität der Gestaltungsaufgabe ist gemeint, wenn in der Beschreibung des berufsbegleitenden Weiterbildungsprogrammes MaC*_plus formuliert wird: „Ganzheitlich und personbezogen erwerben Menschen in pädagogischen und therapeutischen Berufen Schlüsselqualifikationen zum kreativen, kompetenten und kritischen Umgang mit PCs und zur pädagogischen Arbeit mit Menschen am Computer":

- als Arbeits-, Kommunikations- und Gestaltungsmedium: kreative/rationalisierende Dimension am individuellen Arbeitsplatz und in der Organisation
- als herausfordernde Thematik individueller und gesellschaftlicher Existenz: anthropologisch/theologische Dimension
- als Medium der pädagogischen Arbeit in Organisationen, mit Gruppen Erwachsener und Jugendlicher: gruppenpädagogische/didaktische Dimension.

Der Kater des Müllersburschen weiß, wann der Sack zugeschnürt werden muss. EDV-Nutzer müssen u.a. lernen, einem tendenziell grenzenlosen Medium autonom Grenzen zu setzen und mit Unvollkommenheit zu leben. Rebhühner wie EDV-Kompetenz haben Tauschwert am Markt. TextverarbeiterInnen als SchulungsteilnehmerInnen fehlt aber meist der Kater, der ihnen den Verkauf abnimmt und Zukunftspläne schmiedet. Die Kommunikation in der computermedienpädagogisch konzipierten Kursgruppe, die Auseinandersetzung mit Zweifeln und Utopien hilft, realitätstaugliche Praxisprojekte zu entwickeln.

Nicht erst am Schluss bewegt die Teilnehmenden die Frage, wie die neuerworbene berufliche Kompetenz als ComputermedienpädagogIn persönliche und berufliche Perspektiven eröffnet. Im Abschlusskurs des MaC*_plus-Programms bot die psychodramatische Arbeit mit dem Märchen vom „Gestiefelten Kater" eine Fülle produktiver Bilder für den oft auch anstrengenden und verunsichernden Weg vom Textverarbeiter zur ComputermedienpädagogIn:

Er gelingt nicht, ohne zwischendurch „baden zu gehen" und dabei die alten Paradigmen zu verlieren. Als Lohn für dieses Risiko darf dann auch der große Medienkompetenz-Zauberer gefressen werden, der sich sogar in einen Textverarbeiter verwandeln kann. Denn mit Textverarbeitern allein sind die anstehenden individuellen und institutionellen Lernprozesse nicht hinreichend zu bewältigen.

Anmerkungen

1 Gedacht zur Fernübertragung von Opern.

2 Entwickelt als Fehlermeldesystem für das Bedienungspersonal an Großrechnern.

3 Vgl. hierzu das sehr lesenswerte Buch von ST. JOHNSON (1999): Interface Culture - Wie neue Technologien Kreativität und Kommunikation verändern. Stuttgart.

4 Sammelbegriff für die Anwendungsebene der Querschnittstechnologie Computer: Bürokommunikations-Software, klassische und multimediale Lernumgebungen, am lokalen Arbeitsplatz und im Netz, Infotainment.

5 G. REINMANN-ROTHMEIERS Beitrag „Bildung mit digitalen Medien“ in diesem Band, S. 275ff.

6 Das Studienzentrum für evangelische Jugendarbeit in Josefstal ist ein bundeszentrales Fort- und Weiterbildungsinstitut für professionelle MitarbeiterInnen im Arbeitsfeld Jugendarbeit. Info: http://www.josefstal.de/mac/

7 Als Fachbegriff erstmals in: W. SCHINDLER (1995): Computermedienpädagogik. Plädoyer für Selbstbehauptung gegen technologische Vereinnahmung. In: W. SCHINDLER / R. BADER (Hrsg.): Menschen am Computer. Zur Theorie und Praxis der Computermedienpädagogik in Jugendarbeit und Erwachsenenbildung. Frankfurt a.M./Stuttgart: Gemeinschaftswerk der Evangelischen Publizistik / Steinkopf Verlag, S. 17-21. „Qualitätskriterien für Computermedienpädagogik“, erarbeitet von einer Expertentagung im Januar 2001, sind veröffentlicht unter: http://www.josefstal.de/mac/qualitaet/

2. Teil

THEORIEELEMENTE

Gabi Reinmann-Rothmeier

Bildung mit digitalen Medien

Möglichkeiten und Grenzen für Lehren und Lernen

0 Einleitung und Überblick

Die Ziele des vorliegenden Beitrags. Bildung mit digitalen Medien – so lautet der Titel dieses Beitrags im Rahmen einer Fachtagung, die sich mit außerschulischen Bildungsmöglichkeiten unter Nutzung der neuen Informations- und Kommunikationstechnologien – kurz digitale Medien – beschäftigt und dabei vor allem medienpädagogischen Fragestellungen nachgehen will. Das Thema dieses Beitrags ist weit gesteckt: Bildung mit digitalen Medien umfasst im Prinzip alle Lehr-Lern- und Organisationsformen, die infolge neuer Informations- und Kommunikationstechnologien möglich geworden sind, und bezieht sich letztlich auch auf sämtliche Bildungssituationen: angefangen von der Schule und Hochschule über die berufliche Aus- und Weiterbildung bis zur Jugendbildung und allgemeinen Erwachsenenbildung. Es kann und soll daher nicht Ziel dieses Beitrags sein, sich auf einen bestimmten Kontext des Lernens und Lehrens zu konzentrieren. Vielmehr wird es darum gehen, Überlegungen über die potenziellen Möglichkeiten, aber auch Grenzen des Lehrens und Lernens mit digitalen Medien anzustellen, die enge Verbindung zwischen ihrem Einsatz und der Entwicklung einer neuen Lernkultur zu beleuchten und auf diesem Wege einen Orientierungs- und Argumentationsrahmen für Fragen der Bildung mit digitalen Medien anzubieten.

Überblick über den vorliegenden Beitrag. Die Entwicklung und Verbreitung digitaler Medien ist ein ganz wesentliches Kennzeichen unserer Zeit und stellt damit auch ein Charakteristikum der Wissensgesellschaft dar, die teils schon Realität, teils noch Leitbild für die Zukunft ist. Die Bildung spielt in der Wissensgesellschaft eine zentrale Rolle, weshalb es sich lohnt, sich zunächst einige Gedanken zum Thema Bildung in der Wissensgesellschaft zu machen (Abschnitt 1). Dass die Herausforderungen der Wissensgesellschaft und die damit verknüpften Anforderungen an die Bildung auch neue Formen des Lehrens und Lernens und insbesondere eine neue Lernkultur nahelegen, ist ein wichtiges Thema, dem sich auch ein Beitrag zur Bildung mit digitalen Medien annehmen muss (Abschnitt 2). Die digitalen Medien stehen zu diesen neuen Formen des Lehrens und Lernens in einem komplexen Beziehungsverhältnis – sind sie doch einerseits Mitverursacher von Problemen wie Informationsflut und Orientierungslosigkeit, andererseits aber auch Werkzeuge zur Lösung derselben. Lehren und Lernen mit digitalen Medien in der Wissensgesellschaft bringen folglich sowohl Probleme als auch Chancen mit sich (Abschnitt 3). Ein besonderes Potenzial insbesondere für die Entwicklung einer neuen Lernkultur bieten vor allem die modernen Netzwerktechnologien: Über verschiedene Formen der netzbasierten Kommunikation und Interaktion lassen sich sog. Learning Communities bilden (Abschnitt 4). Last but not least kommt es darauf an, neue Lehr-Lernformen und digitale Medien in der Bildungspraxis so zu implementieren, dass sich deren Potenziale auch tatsächlich entfalten können. Erst dann schafft man den Weg von innovativen Ideen zum innovativen Handeln (Abschnitt 5).

1 Bildung in der Wissensgesellschaft

1.1 Die gesellschaftliche Situation heute

Von der Informations- zur Wissensgesellschaft. Die heutige gesellschaftliche Situation ist gekennzeichnet durch eine enorme Dynamik der Wissensentstehung und -durchdringung öffentlichen und privaten Lebens – ein Grund dafür, warum immer häufiger von der Wissensgesellschaft die Rede ist. Die Wissensgesellschaft ist eine Gesellschaft, in der Wissen immer zentraler wird insbesondere für die Sicherung der wirtschaftlichen Entwicklung, aber auch für das soziale Handeln und die gesellschaftliche Position des Einzelnen. Die Wissensgesellschaft ist angesichts des Fortschritts auf dem Sektor der Informations- und Kommunikationstechnologien (kurz: digitale Medien) natürlich auch eine technik-basierte Gesellschaft, in der vor allem Multimedia und Netzwerke eine immer wichtiger werdende Rolle spielen. Im Gegensatz zur Informationsgesellschaft aber rückt die Wissensgesellschaft den Menschen, seine Kompetenzen, Einstellungen und Werte in den Vordergrund. Die Entwicklung zur Wissensgesellschaft ist demnach vor allem eine Gestaltungsaufgabe.

Wissensgesellschaft als Gestaltungsaufgabe. Mittelstraß (1998) etwa fordert in diesem Zusammenhang zu Recht, bei dieser Gestaltungsaufgabe dafür zu sorgen, dass nicht nur eine neue Form der Wirtschaftsgesellschaft entsteht, für die Wissen ein zentraler Produktionsfaktor ist. Die Wissensgesellschaft muss vielmehr auch eine neue Form der Kulturgesellschaft werden, in der Wissen von bloßer Information unterschieden und entsprechend verantwortungsvoll mit Wissen umgegangen wird. Kooperation und soziale Bindung werden sich – so hört man von vielen Seiten, unter anderem auch von Politikern – als die tragenden Säulen einer modernen Wissensgesellschaft herauskristallisieren: Gemeinschaftssinn, Solidarität und Verantwortung auch für andere sowie soziale bzw. kooperative Fähigkeiten werden zunehmend als Schlüsselkompetenzen der

Wissensgesellschaft interpretiert und entsprechend auch als Zielsetzungen der Bildung gefordert.

Notwendigkeit einer neuen Wissens- und Lernkultur. Diskussionen über die Entwicklung von der Informations- zur Wissensgesellschaft sind dabei keineswegs nur eine terminologische Spielerei, sondern implizieren ein entsprechendes Umdenken: Immer deutlicher zeigt sich, wie notwendig eine neue Kultur des Wissens ist, in der das geteilte Wissen mehr zählt als das einzeln Gehortete. Die Forderung nach einer derartigen Wissenskultur impliziert gleichzeitig eine neue Kultur des individuellen und organisationalen Lernens, in der lebenslanger Wissenserwerb, Erfahrungsaustausch und kooperative Zusammenarbeit zur Selbstverständlichkeit für jeden werden. Lernen als lebenslangen Prozess zu verstehen und zu praktizieren, dabei eigenverantwortlich zu handeln und mit anderen zu kooperieren sowie die digitalen Medien aktiv als Werkzeug des Lernens zu nutzen, sind jedoch komplexe Anforderungen, die keineswegs von allen Menschen problemlos bewältigt werden können.

1.2 Neue Herausforderungen und Probleme für den Einzelnen

Auswirkungen der Wissensgesellschaft. Die Wissensgesellschaft hat schon jetzt enorme Auswirkungen vor allem auf die Arbeitswelt, etwa auf die Strukturen von Organisationen und vor allem auch auf Anforderungen an individuelle Qualifikationen und Arbeitstätigkeiten. Aber selbst der private Bereich bleibt davon nicht ausgenommen: Behörden- und Bankangelegenheiten oder die Inanspruchnahme von Dienstleistungen – etwa im Telekommunikationsbereich – erfordern bereits Kenntnisse und Fertigkeiten im Umgang mit digitalen Medien in einer Form, die durchaus überfordern kann. Und auch Phänomene wie Informationsflut und Wissensexplosion gepaart mit einer nie dagewesenen Zugänglichkeit von Information via Computernetzwerke, sind für den Einzelnen nicht immer ein Segen.

Probleme am Beispiel Internet. Am besten lassen sich die möglichen Probleme für den Einzelnen am Beispiel Internet demonstrieren. Die allgegenwärtige Behauptung etwa, dass dank des Internets jedem zu jeder Zeit alles Wissen dieser Welt zugänglich sei, ist übertrieben und irreführend – aus mehreren Gründen:

- Zunächst einmal beinhalten weltumspannende Computernetze keineswegs alles Wissen dieser Welt. Computernetze sind ein Kommunikations- und Distributionsmedium für alle erdenklichen Inhalte, die von wissenschaftlich seriösen Erkenntnissen über interessante, aber subjektive Erfahrungen einzelner Personen oder Gruppen bis hin zu unsäglichem Nonsens und Falschmeldungen reichen.

- Damit ist bereits ein zweites Argument angesprochen, das gegen die These der allgemein zugänglichen Wissensbasis spricht: In Computernetzen steckt im Prinzip kein Wissen, sondern man findet dort allenfalls Informationen, die von einem bereits wissenden Menschen immer erst gesucht, gefunden, selektiert und bewertet werden müssen, damit aus den Informationen überhaupt erst Wissen werden kann.
- Dieser Vorgang der Generierung von Wissen aus vorhandenen Informationen ist hoch komplex und setzt vom Einzelnen Wissen, Können und Erfahrungen voraus, die nicht jeder unmittelbar mitbringt, der sich in das Internet einklickt. Damit verkleinert sich bereits der Kreis derjenigen, die in den Genuss der weltweiten Informationspools kommen.

Zielgruppenspezifische Vorteile und Schwierigkeiten. Der Kreis, der in diesen Genuss kommt - nämlich Wissenschaftler, Fachleute aus der Medienbranche und all diejenigen, bei denen die neuen Medien bereits zum Berufsbild und zum Selbstverständnis der täglichen Arbeit gehören -, ist freilich nicht zu vernachlässigen. Aber man muss sich darüber im Klaren sein, dass dieser Kreis nicht die gesamte Gesellschaft ist, wie uns manchmal suggeriert wird. Und man muss sich darüber im Klaren sein, dass auch dieser Kreis mitunter Probleme einerseits mit der technikinduzierten Informationsflut und andererseits mit der wissenschaftsinduzierten Wissensexplosion hat. Beide Varianten implizieren vor allem eines: Nämlich die Notwendigkeit entsprechender Bildung.

1.3 Anforderungen an die Bildung in der Wissensgesellschaft

Bildung gegen Orientierungslosigkeit. Informationsstress, technische und inhaltliche Überforderung sowie das daraus resultierende Gefühl der Unüberschaubarkeit und Orientierungslosigkeit ist ein weit verbreitetes Phänomen, auch wenn dieses etwa bei einem Facharbeiter, einem Manager, einem Lehrer und einem interessierten Jugendlichen natürlich ganz unterschiedlich ausgeprägt sein kann. Die Orientierungslosigkeit nimmt für den Einzelnen vor allem dort zu, wo Querschnittaufgaben zu bewältigen sind - Aufgaben, die so komplex sind, dass sich Lösungen eben nicht per Mausklick auf den Bildschirm zaubern lassen. Solche Probleme aus der Arbeits- wie auch aus der Bildungs- und Privatwelt sind offenkundig, und zunehmend mehr Experten sehen sich aufgerufen, „Tools“ zur persönlichen Bewältigung der Informationsflut anzubieten - am besten in Form einfach installierbarer Softwarepakete, mit denen möglichst schnell und möglichst problemlos aus Information Wissen wird.

Auch hier wieder schmuggelt sich der Irrglaube ein, mittels algorithmischer Techniken einen Vorgang bewältigen zu können, der in Wirklichkeit anstrengend und persönlich zugleich ist: nämlich die individuelle Wissensgenerierung, die letztlich nur durch eigene Strategien und Konzepte unterstützt werden kann. Und genau hier ist die Bildung gefragt – und zwar Schule und Hochschule ebenso wie die berufliche Aus- und Weiterbildung sowie Jugendarbeit und allgemeine Erwachsenenbildung.

Lebenslanges Lernen als Bildungsziel. Die Wissensgesellschaft braucht den „gut informierten Bürger" (Leggewie 1996), der seine Entscheidungen auf der Grundlage hinreichenden Wissens trifft, der sich von der Informationsflut nicht überrollen oder gar manipulieren lässt, der in der Lage ist, Informationen auszuwählen, daraus relevantes Wissen zu konstruieren und auf diesem Wege letztlich auch kontinuierlich zu lernen. Lebenslanges Lernen ist in diesem Zusammenhangg zum zentralen Stichwort avanciert (vgl. Dohmen 1996) – und zwar lebenslanges Lernen in Eigenverantwortung und Kooperation mit anderen. Was heißt das?

- Eigenverantwortung meint im Zusammenhang mit lebenslangem Lernen ein selbst initiiertes, am individuellen Bedarf und an den persönlichen Interessen orientiertes Lernen. Dazu gehört, sich eigene Ziele zu setzen und diese auch selbst zu überwachen und zu kontrollieren – was allerdings nicht heißt, auf organisierte Weiterbildungsmaßnahmen zu verzichten.
- Kooperation meint im Zusammenhang mit lebenslangem Lernen vor allem den gegenseitigen Erfahrungsaustausch, das Teilen und Verteilen von Wissen und die gemeinsame Konstruktion einer kollektiven Wissensbasis.

Die Bedeutung fachübergreifender Kompetenzen. Lebenslanges Lernen in diesem Sinne setzt natürlich geeignete Rahmenbedingungen voraus: Bildung in der Wissensgesellschaft muss gewährleisten, dass Lernende neben den traditionellen Kulturtechniken auch Medienkompetenz entwickeln, dass neben anschlussfähigem und anwendungsbezogenem Fach- und Orientierungswissen auch fächerübergreifende Kompetenzen aufgebaut werden. Zu diesen gehören Selbstständigkeit, Teamfähigkeit und ein demokratisches Bewusstsein ebenso wie Auswahl-, Unterscheidungs- und Konzentrationsvermögen und die Fähigkeit zur Bewertung und Beurteilung nach Bedeutungs- und Sinnkriterien – Kompetenzen also, die gerade vor dem Hintergrund von Informationsfülle und Orientierungslosigkeit von enormer Bedeutung sind (vgl. Markl 1998). Derartige Bildungsziele aber erfordern eine Lernkultur und Lernumgebungen, die das Lernen und die Belange der Lernenden in den Vordergrund stellen und die eine Auffassung von Lernen und Lehren widerspiegeln, die der aktiv-konstruktiven Natur des Erwerbs und der Entwicklung von Wissen Rechnung trägt.

2 Notwendigkeit einer neuen Lernkultur in der Wissensgesellschaft

Auf die Auffassung vom Lehren und Lernen kommt es an. Lebenslanges Lernen in dem oben skizzierten Sinne hat wenig Gemeinsamkeiten mit dem allseits bekannten Frontalunterricht in Schule und Hochschule; und auch der klassische Seminarbetrieb in der beruflichen Aus- und Weiterbildung hat in den meisten Fällen wenig Auswirkungen auf die Bereitschaft und Fähigkeit zum lebenslangen Lernen in Eigenverantwortung und Kooperation mit anderen. Nach wie vor ist das Lernen bei uns geprägt von einer kognitivistischen Lehr-Lernauffassung, der zufolge durch Anleitung und Kontrolle von außen wirkungsvolles Lernen sichergestellt werden kann. Doch inzwischen ist sowohl aus wissenschaftlicher als auch aus praktischer Sicht erkennbar, dass diese Lehr-Lernauffassung den besonderen Herausforderungen in einer Wissensgesellschaft nicht gerecht werden kann. Als Alternative bieten sich zunehmend Ansätze und Methoden an, die einer konstruktivistischen Lehr-Lernauffassung folgen, die allerdings gerade für die Praxis auch ihre Tücken hat. Eine neue Lernkultur, die den Anforderungen der heutigen Gesellschaft nachkommen will, läuft daher auf eine integrative Auffassung von Lehren und Lernen und eine Kombination kognitivistisch und konstruktivistisch geprägter Lehr-Lernformen hinaus.

2.1 Defizite der kognitivistischen Lehr-Lernauffassung

Auch heute noch ist die Erfahrung vieler Lernender davon geprägt, dass der Lehrende den aktiven und der Lernende den passiven Part übernimmt: Frontalunterricht, einseitige Belehrung und Lernerfolgskontrollen prägen das Bild vieler Lehr-Lernsituationen. Oder anders formuliert: Es herrschen kognitivistische Lehr-Lernformen vor, die das Lehren vor das Lernen stellen. Als Alternative werden konstruktivistische Lehr-Lernformen propagiert, die umgekehrt vorgehen und das Lernen vor das Lehren stellen. Was heißt das genau?

Merkmale der kognitivistischen Lehr-Lernauffassung. In der kognitivistischen Lehr-Lernauffassung geht man davon aus, dass zum erfolgreichen Lernen Lernumgebungen erforderlich sind, in denen die vorgesehenen Wissensinhalte möglichst systematisch und organisiert dargeboten werden. Das Lehr-Lerngeschehen wird dabei als ein Prozess betrachtet, bei dem der Lehrende versucht, objektive Inhalte so zu übermitteln, dass der Lernende den „transportierten" Wissensausschnitt letztlich in vergleichbarer Form besitzt wie der Lehrende. Der Lehrende hat als „didactic leader" (Leinhardt 1993) die Funktion, Wissensinhalte zu präsentieren und zu erklären sowie die Lernenden anzuleiten und ihre Lernfortschritte sicherzustellen; damit kommt dem Lehrenden ein aktiver Part zu. Der

Lernende verbleibt im Vergleich dazu in einer eher reaktiv-rezeptiven Position (vgl. Lowyck 1991).

Problematische Konsequenzen für die Praxis. Die kognitivistische Lehr-Lernauffassung bringt gravierende Probleme für die Praxis mit sich: Da ist zunächst die weitgehend rezeptive Haltung der Lernenden in kognitivistisch gestalteten Lernumgebungen. Der daraus folgende Mangel an Aktivität und Eigenverantwortung für den Prozess und Erfolg des Lernens gleichermaßen macht es sehr wahrscheinlich, dass Lernende insgesamt passiv werden und bleiben, sich demotiviert oder allenfalls extrinsisch motiviert fühlen (Deci/Ryan 1993). Dazu kommt, dass systematisierte und logisch aufbereitete Wissensfragmente mit den komplexen und wenig strukturierten Anforderungen und Erfahrungen in Alltagssituationen meist nur wenig gemein haben (Resnick 1987). Damit produziert Unterricht oft nur „träges" Wissen (Whitehead 1929) - ein Wissen, das zwar erworben, aber in realen Situationen nicht angewendet wird.

2.2 Grenzen der konstruktivistischen Lehr-Lernauffassung

Konstruktivistische Ansätze und Methoden versprechen in Bezug auf Probleme wie Passivität, Motivationsmangel und träges Wissen Abhilfe. Doch ob sich diese Versprechungen in der Praxis auch immer einlösen lassen, ist eine andere Frage.

Merkmale der konstruktivistischen Lehr-Lernauffassung. Während kognitivistisch ausgerichtete Lehr-Lernmodelle den Aspekt des Lehrens in den Vordergrund rücken, zeichnen sich konstruktivistische Ansätze dadurch aus, dass der Lernende und die Lernprozesse im Mittelpunkt stehen: Das Lehren tritt zu Gunsten des Lernens in den Hintergrund. Es interessiert hier weniger das Problem, wie Wissen vermittelt wird, als vielmehr die Frage, wie Wissen konstruiert wird und in welcher Verbindung Wissen zum Handeln steht (Gerstenmaier/Mandl 1995). In einer entsprechend eigenaktiven Position befindet sich der Lernende, während dem Lehrenden die Aufgabe zukommt, Problemsituationen und Werkzeuge zur Problembearbeitung zur Verfügung zu stellen, bei Bedarf auf Bedürfnisse der Lernenden zu reagieren und die Rolle des Coach und Beraters zu übernehmen.

Der vielschichtige Begriff des Konstruktivismus. Die Diskussion um den Konstruktivismus im Kontext des Lehrens und Lernens verläuft allerdings eher diffus, da zwischen verschiedenen Formen des Konstruktivismus häufig zu wenig differenziert wird: So fungiert der Konstruktivismus z.B. sowohl als Wissenschafts- und Erkenntnistheorie (radikaler Konstruktivismus) als auch als Paradigma in der Soziologie, Kognitionswissenschaft und Psychologie (der sog. neue Konstruktivismus) (Gerstenmaier/Mandl 1995). Für Fragen des Lehrens und Lernens ist vor allem der neue Konstruktivismus relevant, demzufolge Wissen keine Kopie der Wirklichkeit, sondern eine Konstruktion von Menschen ist (Knuth/Cunningham 1993). Wenn Wissen stets eine individuelle Konstruktion und Lernen ein eigenaktiver, konstruktiver Prozess in einem bestimmten Handlungskontext ist, muss - so die Folgerung für Lehren und Lernen - die Lernumgebung Situationen anbieten, in denen individuelle und soziale Konstruktionsleistungen möglich sind und kontextgebunden gelernt werden können (vgl. Gerstenmaier 1999).

Schwierige Aspekte für die Praxis. Allerdings bleiben auch der konstruktivistischen Lehr-Lernauffassung Probleme in der Praxis nicht erspart: Konkrete Handlungsanweisungen, wie man denn nun nach konstruktivistischen Erkenntnissen lernen und lehren kann, fehlen in den meisten Fällen; in der Regel werden nur grobe Leitlinien zur Gestaltung von Lernumgebungen angeboten. Diese sind im Allgemeinen so beschaffen, dass sie einen relativ hohen Zeitaufwand für deren Umsetzung erfordern - eine Anforderung, die vor allem mit vorgegebenen Stoffmengen etwa in Schulen und Hochschulen kollidieren kann. Ein weiteres Problem ist die konstruktivistisch geprägte Forderung, auf direkte Anleitung und Kontrolle zu verzichten sowie situiert an authentischen Problemstellungen zu arbeiten: Viele Lernende fühlen sich in derart komplexen Lehr-Lernsituationen erfahrungsgemäß überfordert, was wiederum ungünstige Wirkungen auf Motivation und Anstrengungsbereitschaft hat.

2.3 Mit einer integrativen Auffassung zu einer neuen Lernkultur

Integration kognitivistischer und konstruktivistischer Annahmen. Jedem Praktiker ist intuitiv klar: Die Prozesse des Lehrens und Lernens finden zeitgleich statt und sind daher engstens miteinander verknüpft (Shuell 1993). Auch die der kognitivistischen und der konstruktivistischen Lehr-Lernauffassung zu Grunde liegenden Annahmen finden sich im Bildungsalltag meist parallel wieder: Lernen erfordert zum einen immer Motivation, Interesse und Aktivität seitens der Lernenden: Jeder Lernprozess ist also konstruktiv, und es muss oberstes Ziel jeder Lehraktivität sein, den Lernenden Wissenskonstruktionen zu ermöglichen und diese anzuregen. Lernen erfordert zum anderen aber auch Orientierung und Anleitung: Jeder Lernprozess ist also auch interaktiv, und es ist ebenfalls eine zentrale Aufgabe des Lehrens, Lernende unterstützend zu begleiten und ihnen hilfreiche Instruktionen anzubieten. Ziel muss es folglich sein, eine Balance zwischen expliziter Anleitung und Unterstützung durch den Lehrenden und konstruktiver Eigenaktivität des Lernenden zu finden (Linn 1990).

Die Rolle und Funktion des Lehrenden kann also je nach Situation einmal die des Darbietenden oder Erklärenden und ein anderes Mal die des Beraters oder Lernbegleiters sein.

Merkmale einer neuen Lernkultur. Wenn sowohl kognitivistische als auch konstruktivistische Annahmen für die Bildungspraxis relevant und handlungsleitend sind, liegt es nahe, sich für eine Lernkultur einzusetzen, in der neben der Akzeptanz von Eigenverantwortung des Lernenden und der konstruktiven Natur von Wissen und Wissenserwerb auch Platz für Anleitung und Unterstützung lebensbegleitender Lernprozesse ist. Unter dem Begriff der Lernkultur versteht man „die Gesamtheit der für eine bestimmte Zeit typischen Lernformen und Lehrstile sowie die ihnen zu Grunde liegenden anthropologischen, psychologischen, gesellschaftlichen und pädagogischen Orientierungen“ (Weinert 1997a, S. 12). Die Idee einer neuen Lernkultur geht also über den Einsatz bestimmter Lehr-Lernformen hinaus und berührt neben der generellen Lehr-Lernauffassung auch gesellschaftliche Entwicklungen wie den Aufbau der Wissensgesellschaft sowie technologische Trends, die uns wieder zu den digitalen Medien führen.

3 Potenziale digitaler Medien für eine neue Lernkultur

Digitale Medien als potenzielle Impulse für ein neues Lernen. Lebenslanges Lernen, eigenverantwortlicher Wissenserwerb, Lernen in Kooperation mit anderen und eine Auffassung von Wissen und Lernen, die dem konstruktiven Charakter menschlicher Lern- und Erfahrungsprozesse gerecht wird – das sind Merkmale einer neuen Lernkultur, die durch die digitalen Medien bereits Aufschub erhalten haben und auch aktuell Unterstützung erfahren. Man denke in diesem Zusammenhang nur an die CBT-Bewegung, die im Rahmen der Weiterbildung dem selbstgesteuerten Lernen on und off the job einen großen Impuls gegeben hat. Multimedia- und Simulationssysteme haben neue Möglichkeiten für aktive und explorative Lernformen in anschaulichen Anwendungskontexten geschaffen. Mit der modernen Netzwerktechnologie tun sich heute weitreichende Chancen im Hinblick auf das Lernen in virtuellen Teams auf. Und über den riesigen Informationspool des weltumspannenden Internets scheinen dem lebenslangen Wissenserwerb in Eigenregie kaum noch Grenzen gesetzt – wären da nicht die bereits skizzierten Probleme der Orientierungslosigkeit und Überforderung des Einzelnen. Inzwischen zeigt sich auch in der Forschung, dass die Potenziale der digitalen Medien nicht automatisch das Lehren und Lernen optimieren. Und genau dies macht eine Auseinandersetzung mit aktuellen Problemen beim Lernen mit digitalen Medien notwendig.

3.1 Aktuelle Probleme beim Lernen mit digitalen Medien

Am besten lassen sich aktuelle Probleme beim Lernen mit digitalen Medien aufzeigen, wenn man die derzeit gängigen Thesen etwas genauer betrachtet, die dem verbreiteten Plädoyer für eine verstärkt mediengestützte Bildung zu Grunde liegen (vgl. Owston 1997; Windschitl 1998).

These 1: *Der verbesserte Zugriff auf Informationen durch digitale Medien und die damit verbundene Flexibilität sind für das Lernen von großem Vorteil.*

Die Unabhängigkeit von Ort und Zeit sowie die Zugangsmöglichkeit zu riesigen Informationsmengen einschließlich immenser Speicher- und Transportkapazitäten stellen in der Tat wesentliche Vorzüge digitaler Medien - speziell des Internets - dar. Für die Bildung aber stellt sich die Frage, ob, inwieweit und welchen Einfluss diese formalen Qualitäten auf konkrete Lernprozesse und -ergebnisse überhaupt haben. Des Weiteren ist zu fragen, warum man derzeit eine Optimierung des Informationszugriffs immer noch auf einen bloßen Online-Zugang zu aktuellen Dokumenten begrenzt: Müsste eine Verbesserung des Zugriffs nicht auch heißen, diesen zielgruppenspezifisch und unter Nutzung der Visualisierungs-, Simulations- und Modellierungspotenziale der digitalen Medien zu gestalten? Schließlich ergibt sich für die Nutzung der digitalen Medien in der Bildung heute noch das Problem, dass der Informationszugriff für Lernende verschiedener Altersstufen zu unstrukturiert und letztlich auch zu groß ist (Slotta/Linn, im Druck): Wenn Lernende z.B. nach Inhalten im Internet suchen, stoßen sie auf viele Informationen, deren Quellen und Glaubwürdigkeit oft fraglich sind und die damit leicht fehlinterpretiert werden können; dazu kommt, dass viele Web-Seiten lang und komplexer Natur sind mit der Folge, dass relevante Inhalte nur schwer zu erkennen sind.

These 2: *Das multi- bzw. hypermediale Präsentationsformat von Informationen führt zu mehr Lernmotivation sowie zu besseren Lernprozessen und -ergebnissen.*

Auch diese These stößt heute auf Grund praktischer Erfahrungen und wissenschaftlicher Befunde auf mehr Skepsis als noch vor ein paar Jahren: Zwar verweisen empirische Studien darauf, dass eine Koppelung verschiedener Zeichensysteme die Bildung mentaler Modelle verbessern kann, wenn dabei verschiedene Prinzipien, wie räumliche und zeitliche Nähe von visuellem und auditivem Material, Kohärenz sowie die Berücksichtigung der Grenzen visueller und auditorischer Aufmerksamkeit, realisiert werden (Mayer 1998). Eine generelle Überlegenheit multi-/hypermedialer Lernumgebungen aber lässt sich nach heutigem Erkenntnisstand nicht feststellen. Selbst der Aspekt erhöhter Motivation verliert an Überzeugungskraft, wenn die Kombination verschiedener Zeichencodes und Hyperlinks zur kognitiven Überforderung der Lernenden führen (Dillon/Gabbard 1998). Zunehmend zeigt sich, dass es noch an sicherem Wissen darüber fehlt, welche interindividuellen Unterschiede und Aufgabenmerkmale moderierenden Einfluss auf die Wirkung multimedialer Lernumgebungen haben.

These 3: *Das Lernen mit digitalen Medien fördert die Fähigkeit zur Selbststeuerung und Eigenverantwortung der Lernenden im Sinne lebenslangen Lernens.*

In noch höherem Maße als bei CBTs in ihrer Verwendung als Selbstlernmedium wird die Erwartung gehegt, Lernende könnten in netzbasierten Lernumgebungen ihr Lernen weitgehend selbst gestalten und kontrollieren und davon auch profitieren. Doch gerade der Aspekt der selbstbestimmten Organisation des eigenen Lernprozesses ist mit der Gefahr verbunden, die Lernenden zu überfordern: Beim Selbstlernen etwa mit dem Internet müssen zahlreiche Entscheidungen getroffen werden, die von der Zielsetzung und Planung über die Informationsbewertung und -auswahl bis zur Kontrolle des eigenen Lernprozesses reichen (Friedrich/Mandl 1997). Nicht selten geht die dazu erforderliche kognitive Verarbeitungskapazität zu Lasten der lernrelevanten Auseinandersetzung mit den eigentlichen Inhalten. Dazu kommen nicht selten Schwierigkeiten in technischen Fragen und Desorientierung durch Navigationsprobleme sowie Überlastungseffekte infolge inhaltlicher Komplexität (vgl. Reinmann-Rothmeier/Mandl 1998). Zu bedenken ist letztendlich auch ein empirisch nachweisbarer Schereneffekt, der darauf beruht, dass Personen mit ungünstigen Lernvoraussetzungen weitaus schlechter mit Anforderungen wie erhöhter Lernkontrolle zurechtkommen als Personen mit hohen Leistungsvoraussetzungen, denen selbstgesteuerte Lernphasen im Netz eher entgegenkommen (Dillon/Gabbard 1998).

These 4: *Digitale Medien – vor allem das Internet – unterstützen als Kommunikationsplattform den sozialen Diskurs und die gemeinsame Wissenskonstruktion.*

Unbestreitbar stellt das Internet technisch betrachtet eine leistungsfähige Basis für neue Formen der Kommunikation und Zusammenarbeit bereit. Inzwischen aber warnen einige Experten davor, insbesondere das Internet als Kooperations-Tool zu überschätzen (Roschelle/Pea 1999): Der

Kooperationsbegriff laufe Gefahr, seine Bedeutung zu verlieren, wenn jeder simple Informationsaustausch (etwa via eMail) bedenkenlos als Kooperation oder Kollaboration bezeichnet wird. Einige der wichtigsten Kooperationsprozesse, wie z.B. die Schaffung einer gemeinsamen Verständigungsgrundlage sowie die Entwicklung gemeinsam geteilter Überzeugungen und Werte, sind im Netz nach wie vor sehr schwierig. Sowohl in textbasierten als auch in audiovisuellen Computerkonferenzen stehen Lernende zudem vor großen Anforderungen im Hinblick auf die Koordination: Was in direkten Begegnungen automatisch und scheinbar mit Leichtigkeit abläuft (Kontaktaufnahme, Wechsel im Gesprächsverlauf etc.), erfordert in der netzbasierten Kommunikation und Kooperation andere und ungewohnte Fertigkeiten. Erste Untersuchungen zeigen, dass der Koordinationsaufwand in der netzbasierten Kooperation extrem hoch ist; ein echter Austausch in dem Sinne, dass individuelles, ungeteiltes Wissen kommuniziert wird, scheint hier ungleich schwieriger zu sein als im direkten Kontakt (Gräsel/Fischer/Bruhn/Mandl 1997). Viele Kommunikations- und Kooperations-Tools, die diese Probleme reduzieren wollen, sind derzeit noch nicht einfach und robust genug, als dass sie sich für den praktischen Gebrauch im Bildungsalltag eignen (Roschelle/Pea 1999).

3.2 Chancen und Trends beim Lernen mit digitalen Medien

Formulierung innovativer Entwicklungen. Eine kritische Auseinandersetzung mit Thesen zum Lernen mit digitalen Medien mag in einer Zeit der Internet-Euphorie unpopulär sein. Aber sie ist wichtig, um die durchaus vorhandenen Potenziale der digitalen Medien für das Lernen gezielt einzusetzen, zu gestalten und für neue Lehr-Lernformen nutzbar machen zu können. Interessant sind in diesem Zusammenhang die Ergebnisse eines Workshops der sog. CILT-Gruppe – dem Center of Innovative Learning Technologies –, der vergangenes Jahr in den USA stattfand: 115 führende Forscher und Entwickler aus Hochschule, Schule, Wirtschaft und Nonprofit-Organisationen haben in diesem Workshop gemeinsam drei zentrale Trends und Entwicklungsrichtungen formuliert (vgl. Roschelle/Pea 1999). Diese zukunftsweisenden Entwicklungen verweisen vor allem auf die Chancen des Lernens mit digitalen Medien, die mit Fragen der Repräsentation von Information und Wissen, mit der kognitiven und sozialen Unterstützung des Lernens sowie mit der Förderung von Lerngemeinschaften (sog. Learning Communties) zusammenhängen.

„Toward shared active representations“. So lautet der von der CILT-Gruppe ausgemacht erste Trend. Das heißt: Die Repräsentationen mit digitalen Medien sollten „reicher“ werden, und zwar nicht nur im Sinne von größerer Multimedialität, sondern auch im Sinne von mehr Aktivität und Interaktivität. Vor allem dann, wenn es darum geht, Repräsentationen im Netz zusammen mit anderen zu erstellen, zu verstehen oder zu nutzen, kommt es darauf an, dass diese geteilt und aktiv gehandhabt werden. Gegenwärtig ist es relativ schwierig, effektive Kooperationsprozesse in der Netzsituation zu realisieren, weil z.B. soziale und nonverbale Hinweisreize in der virtuellen Zusammenarbeit noch reduziert sind. Dies verweist auf die dringliche Aufgabe, die netzbasierte Kommunikation und Zusammenarbeit an die vielfältigen Facetten der Face-to-Face-Interaktion anzunähern.

„Toward advanced socio-cognitive scaffolding". So lautet das Motto des zweiten Trends. Das heißt: Die Unterstützung sozialer und kognitiver Prozesse im Umgang mit digitalen Medien sollte mehr und besser werden. So ist z.B. seit längerem bekannt, dass typische Chat- und Diskussionsforen im Internet selten zu Gesprächsverläufen führen, deren Struktur dem Lernen dienlich ist. Aus diesem Grund sind inzwischen Tools entwickelt worden, mit denen das Lernen im und mit dem Netz auf unterschiedlichen Wegen unterstützt werden kann: etwa durch kognitive Vorstrukturierungen individueller Beiträge, durch Hilfen bei der Herstellung von Beziehungen zwischen einzelnen Beiträgen oder durch Anleitungen für konkrete Interaktionen. Das Problem liegt zurzeit noch darin, dass die vorhandenen Tools zu stark auf einzelne Domänen und Zielgruppen fixiert sind. Es besteht folglich ein Bedarf an mehr Flexibilisierung von Tools zum Lernen mit digitalen Medien, die sich besser als bisher an unterschiedliche Gegebenheiten in der Praxis anpassen lassen.

„Toward tools which foster self improving communities". Unter diesen Titel lässt sich mit der CILT-Gruppe der dritte Trend stellen. Das heißt: Mit Hilfe der digitalen Medien - mit lokalen und globalen Netzen - sollten neue Lerngemeinschaften entstehen, die entsprechend zu unterstützen sind. Um die Potenziale der digitalen Medien und speziell des Internets zur Schaffung virtueller Gemeinschaften zum Zwecke des Lernens tatsächlich nutzen zu können, ist die Entwicklung und Erforschung von (technischen und nicht-technischen) Maßnahmen erforderlich, die dazu geeignet sind, sich selbst organisierende Gruppen und Netzwerke zu fördern. Dazu gehören z.B. Empfehlungssysteme, die Lehrenden und Lernenden dabei helfen, relativ schnell zuverlässige und relevante Inhalte und Quellen zu einem bestimmten Thema im Internet zu finden, oder Tools, mit denen das bereits angesammelte Wissen einer Gemeinschaft zu einer konkreten Problemstellung rasch ausfindig gemacht und aggregiert werden kann (Stichwort Knowledge Mining). Forschung und Praxis stehen damit vor der Aufgabe, Maßnahmen zu erarbeiten, mit denen Lernende darin unterstützt werden können, sich zu Teams zusammenzufinden, gemeinsame

Ziele und Arbeitsprozesse auszubilden und sich zu Learning Communities zu entwickeln (Roschelle/Pea 1999). Learning Communities stellen für das Thema „Bildung mit digitalen Medien“ einen relativ neuen und besonders interessanten Ansatzpunkt dar, der im Folgenden etwas genauer beleuchtet werden soll.

4 Potenziale digitaler Medien für eine neue Lernkultur: Das Beispiel „Learning Communities“

4.1 Der Learning Community-Ansatz

Grundlagen einer Learning Community. Eine Learning Community definiert sich aus ihrem Ziel heraus, das kollektive Wissen der Gemeinschaft zu vermehren und zu optimieren und über diesen Weg auch die individuelle Wissensentwicklung zu fördern (Bielaczyc/Collins 1999; Resnick/Williams Hall 1998). Parallel dazu wird eine Kultur des Lernens praktiziert, die jeden einbezieht, unterschiedliche Interessen akzeptiert und eine entsprechende Vielfalt an Expertisen nicht nur akzeptiert, sondern auch aktiv unterstützt. Was zählt, ist der persönliche wie auch der gemeinsame Lernprozess, das Lernen aus Erfahrung, das Lernen mit vielfältigen Aktivitäten und Ressourcen sowie das Teilen von Wissen. Individuelle Kreativität, Eigeninitiative und Selbstverantwortung einerseits, Wissensaustausch, Zusammenarbeit und Gemeinsinn andererseits bilden die Säulen einer Learning Community. Es existieren mehrere verschiedene Varianten des Learning Community-Konzepts, denen gemeinsam ist, dass sie den Lernenden ein hohes Maß an Verantwortung für ihr Handeln auferlegen und - wo immer es möglich ist - anstatt einer Vorgabe von Zielen ein gemeinsames Aushandeln derselben favorisieren, um auf diese Weise die Fähigkeit zur Selbstorganisation auf der Gruppenebene zu steigern (z.B. Scardamalia/Bereiter 1994; Brown/Campione 1996; Collins/Bielaczyc 1997).

Die besonderen Merkmale und Ziele einer Learning Community. Über einen längeren Zeitraum hinweg werden in einer Learning Community Projekte durchgeführt, die es erlauben, in die Tiefe einer Domäne einzudringen, wobei nicht von allen zur gleichen Zeit dasselbe gelernt wird. Vielmehr kann jeder je nach Interesse und Neigung spezielles Wissen entwickeln, von dem die Gruppe später profitiert nach dem Motto „Heterogenität statt Homogenität“. Verteilte Expertise heißt die Maxime, die gerade auch im Kontext außerhalb organisierter Bildung mit komplexen Problemstellungen von größter Bedeutung ist. Ziel ist die Schaffung einer kollaborativen Kultur, in der das konstruktive Diskutieren, das Fragenstellen und Kritisieren eher die Regel als die Ausnahme sind (Brown 1997). Die Learning Community als Gemeinschaft schließt sich nicht ab, sondern ist nach außen hin für neue Wissensressourcen sowie Beurteilungen durch andere offen. Es wird Wert darauf gelegt, infolge der ablaufenden individuellen und kollektiven Lernprozesse auch „Produkte“ entstehen zu lassen, deren Qualität wiederum von innen wie auch von außen her eingeschätzt werden soll. Im Rahmen einer Learning Community ist man nicht auf kognitive und metakognitive Vorgänge fixiert, sondern darum bemüht, auch emotional-motivationale und identitätsstiftende Prozesse zu fördern: So wird etwa darauf geachtet, dass der Einzelne wie auch die Gemeinschaft eine eigene Identität entwickeln können, dass sich die Mitglieder der Gemeinschaft gegenseitig in ihrer Unterschiedlichkeit respektieren, dass Emotionen ihren Platz haben und dass die Möglichkeit besteht, aus Fehlern zu lernen.

Beispiele für Learning Communties. Die bekanntesten Learning Community-Ansätze beziehen sich zurzeit noch vorrangig auf den Schulbereich, so z.B. das FCL(Fostering Communities of Learners)-Programm von Brown und Campione (1996) oder das CSILE(Computer Supported Intentional Learning Environment)-System von Scardamalia und Bereiter (1994). Das diesen Ansätzen zu Grunde liegende Konzept lässt sich jedoch auf Grund seines expliziten Bezugs zum lebenslangen Lernen auch über den schulischen Bereich hinaus auf das Lernen in anderen Kontexten anwenden (Bielaczyc/Collins 1999; Resnick/Williams Hall 1998). Welche Rolle die digitalen Medien in einer Learning Community spielen können, zeigt vor allem das System CSILE, das die Netzwerktechnologie zum wesentlichen Rückgrat seiner Learning Community macht. Gerade vor dem Hintergrund von Bildung mit neuen Medien werden derartige virtuelle Gemeinschaften zum Zwecke des Lernens besonders interessant, was dann natürlich die Frage aufwirft, unter welchen Voraussetzungen solche Gemeinschaften entstehen können und wie man diese am besten unterstützen kann – eine Frage, der sich der nächste Abschnitt widmet.

4.2 Leitlinien zur Gestaltung virtueller Learning Communities

Die oben genannten Besonderheiten von Learning Communities lassen sich zu insgesamt sechs Merkmalsgruppen bündeln und auch auf Gemeinschaften auf der Basis lokaler oder weltweiter Computernetze anwenden. Ausgehend von diesen Merkmalen werden im Folgenden einige globale Leitideen zur Gestaltung kooperativer Situationen im Netz abgeleitet. Diese Leitlinien dienen letztlich dem Ziel, die Bildung von virtuellen Learning Communities voranzutreiben.

Den Zuwachs an individuellem und sozial geteiltem Wissen fördern. Bei der Gestaltung netzbasierter Umgebungen zum Zwecke des gemeinsamen Lernens sollte allem voran die Entwicklung einer kollaborativen Lern- und

Wissenskultur angestrebt werden. Dabei ist darauf zu achten, dass sowohl das Individuum als auch die Gemeinschaft lernt, so dass neben einem individuellen Wissenszuwachs auch ein Zuwachs an sozial geteiltem Wissen der Gemeinschaft zu verzeichnen ist.

Das Teilen und Aushandeln von Wissen anregen. Wissen und Fertigkeiten, die in der (netzbasierten) Gruppe vom Einzelnen erworben werden, sollten in der Gemeinschaft geteilt werden, so dass jeder Beteiligte zugleich Gebender und Nehmender ist. Darüber hinaus sind die Beteiligten dazu zu ermuntern, Ideen, Theorien, Verfahren und Ähnliches in einem gemeinsamen Diskurs auszuhandeln und zu konstruieren, um auf diese Weise ein besseres Verständnis und/oder bessere Lösungen entwickeln zu können. Letztlich kommt es vor allem auf die Bereitschaft und den Willen zur Wissensteilung und zum gegenseitigen Verstehen an, die daher der besonderen Förderung bedürfen.

Das Lernen aus Erfahrung und Fehlern unterstützen. Aktiv zu unterstützen ist in virtuellen Gruppen das gemeinsame und wechselseitige Lernen aus Erfahrung, wobei neben positiven Erfahrungen auch Erfahrungen negativer Art eine wichtige Rolle spielen. In einer virtuellen Lerngemeinschaft sollten Fehler nicht nur zugelassen und akzeptiert, sondern als Chance zum Lernen interpretiert und entsprechend genutzt werden. Zur Wissens- und Lernkultur gehört in einer Learning Communty also auch eine Fehlerkultur.

Metakognitive Gruppenprozesse fördern. Die virtuelle Gruppe muss darin angeleitet und unterstützt werden, gruppenbezogene wie auch individuelle Erfahrungen zu reflektieren, ihr Wissen ebenso wie ihr Nichtwissen zu identifizieren und den kontinuierlichen Erfahrungs- und Wissenszuwachs zu evaluieren, was als Metakognition der Gruppe bezeichnet werden kann. Bei der Förderung einer virtuellen Lerngemeinschaft ist also darauf zu achten, dass die Gruppe metakognitives Wissen und Können entwickelt und lernt, sich selbst zu organisieren. Dabei sollten auch virtuelle Learning Communities versuchen, konkrete Ergebnisse, am besten in Form sichtbarer „Produkte", zu erzielen, die zum Gegenstand interner und externer Evaluationen gemacht werden können.

Für Offenheit und strukturelle Abhängigkeit sorgen. Eine Learning Community zeichnet sich im Allgemeinen dadurch aus, dass die Gruppe eine reziproke Struktur aufweist, derzufolge jedes Gruppenmitglied in irgendeiner Weise auf die anderen angewiesen ist; dies kann in gleicher Weise auch für virtuelle Learning Communities im Besonderen gelten. Neben der Förderung einer strukturellen Abhängigkeit sollte allerdings auch darauf geachtet werde, dass sich die virtuelle Gemeinschaft nicht abschließt, sondern nach außen öffnet und für neue Wissensressourcen (z.B. infolge von Kontakten zur Praxis oder zu Experten) offen ist.

Identitätsbildung und gegenseitigen Respekt anregen. In einer Learning Community konzentriert man sich nicht nur auf den Aspekt der Kognition, sondern misst den sozialen Beziehungen, Emotionen und identitätsstiftenden Prozessen ebenfalls eine wichtige Bedeutung zu. Auch bei der Förderung und Unterstützung virtueller Gruppen darf man sich keinesfalls einseitig auf kognitive Aspekte (wie z.B. den individuellen und gemeinsamen Wissenszuwachs) konzentrieren. Vielmehr müssen in der netzbasierten Umgebung Rahmenbedingungen dafür geschaffen werden, dass die Gruppenmitglieder lernen, den anderen und seine Meinung auch im kontroversen Diskurs zu respektieren, dabei Emotionen zuzulassen und eine eigene (individuelle wie auch gruppenbezogene) Identität zu entwickeln.

4.3 Möglichkeiten der Unterstützung des Lernens in virtuellen Learning Communities

Leitlinien zur Gestaltung virtueller Learning Communities sind ein Weg zur Förderung des Lernens mit digitalen Medien in der Gruppe. Ein weiterer – komplementärer – Weg besteht darin, die Interaktionen der Lernenden in einer Learning Community aktiv mit verschiedenen Maßnahmen zu unterstützen.

Kooperative Verfahren integrieren. Virtuelle Communities können ähnlich wie Face-to-Face-Gruppen mit Strukturangeboten versorgt werden: Möglich ist etwa die Vorgabe von (Experten-)Rollen und Leitfragen für die gemeinsame netzbasierte Aufgabenbearbeitung in Form von kooperativen Skripts (vgl. Webb/Palinscar 1996). Des Weiteren können spezifische Kommunikations- und Interaktionsregeln für die virtuelle Zusammenarbeit definiert werden, um die Interaktion inhaltsbezogener und strukturierter zu machen. Einzelne Kommunikations- und Interaktionsregeln lassen sich im Rahmen netzbasierter Umgebungen auch technisch integrieren und damit in die Interface-Gestaltung – etwa über vordefinierte Buttons – einbauen (Baker/Hansen/Joinier/Traum 1999). Auf diese Weise entstehen sog. semistrukturierte Interfaces, mit denen sich die Interaktionen innerhalb der Community so steuern lassen, dass ganz bestimmte, z.B. aufgabenbezogene, Aktivitäten erfolgen. Eine vollständige oder ausschließliche Unterstützung gemeinsamer Prozesse von Gruppen im Netz durch intelligente Systeme (falls dies technisch überhaupt je möglich ist) erscheint aus pädagogisch-psychologischer Sicht allerdings nicht erstrebenswert – ist es doch das Ziel von Learning Communities, letztlich selbstorganisierte (Lern-)Prozesse zu fördern.

Visualisierungs-Tools einsetzen. Beim Einsatz technischer Instrumente zur Unterstützung von Interaktionen in netzbasierten Szenarien dominieren derzeit vor allem Visualisierungs-Tools, die über die grafische Darstellung von Inhalten die gemeinsame Wissenskonstruktion erleichtern sollen (Fischer/Mandl 2000). Der Entwicklung und Nutzung von Werkzeugen zur grafischen Darstellung von Inhalten in netzbasierten Umgebungen liegt die Idee zu Grunde, dass durch das Visualisieren beim Lernen (oder Problemlösen) ein gemeinsamer Problemraum (Roschelle/Teasley 1995) sichtbar wird, der als externes Bezugssystem fungieren kann. Erwartet wird zudem, dass durch Visualisierungen wie Diagramme und Strukturgrafen Mehrdeutigkeiten und Unklarheiten aufgedeckt und die sachliche Diskussion angeregt wird. Somit können mit Visualisierungs-Tools zum einen die Koordination der Lern- und Problemlöseaktivitäten erleichtert und zum anderen die sozialen Prozesse der Teilung und Aushandlung von Wissen verbessert werden. Eine mögliche Gefahr bei allen Visualisierungs-Tools besteht grundsätzlich darin, dass mit deren Nutzung ein zusätzlicher Koordinationsaufwand auf die Lernenden zukommt; Kosten und Nutzen müssen daher im Einzelfall genau miteinander verglichen und austariert werden.

Netzwerk-Moderatoren und Tele-Tutoren einschalten. Insbesondere bei großen Gruppen und schlecht strukturierten (komplexen) Aufgaben ist auch für das gemeinsame Lernen in netzbasierten Umgebungen ein Moderator oder Facilitator von nicht zu unterschätzender Bedeutung. Netzwerk-Moderatoren können der virtuellen Learning Community dabei helfen, Kommunikationsprozesse zu steuern, mögliche (vor allem anfängliche) Koordinationsprobleme in den Griff zu bekommen sowie Prozesse des sozialen Aushandelns verschiedener Inhalte in Gang zu setzen und aufrechtzuerhalten. Nicht zu vergessen sind letztlich auch soziale und emotional-motivationale Konflikte in der virtuellen Gruppe, zu deren Bewältigung ein Moderator in vielen Fällen unerlässlich ist. Die Bezeichnung Moderator (oder auch Facilitator) ist Bezeichnungen vorzuziehen, die traditionelle Aufgaben des Lehrens implizieren. Denn entsprechend der in diesem Beitrag vertretenen integrativen Lehr-Lernauffassung sollte der Lehrende in der speziellen Situation selbstorganisiert lernender Communities weniger die Rolle des Wissensvermittlers und allein verantwortlichen Organisators innehaben, als vielmehr die Funktion eines Coachs und Beraters in der Netzumgebung übernehmen. Netzwerk-Moderatoren können und sollen sich also mit der zunehmenden Fähigkeit der virtuellen Gemeinschaften zur

Selbststeuerung allmählich ausblenden. In fortgeschrittenen Phasen der Zusammenarbeit können Tele-Tutoren bei Problemen innerhalb der virtuellen Gemeinschaft zu Rate gezogen werden, die nicht kontinuierlich (elektronisch) präsent sind, sondern sich nur nach Bedarf in die netzbasierte Gruppensituation einklinken.

5 Von innovativen Ideen zum innovativen Handeln

Es gibt – wie dieser Beitrag bislang gezeigt hat – viele Möglichkeiten, das Lernen und Lehren in den verschiedensten Bildungssituationen zu verbessern. Diskutiert wurden in diesem Zusammenhang etwa

- eine neue Lehr-Lernauffassung und Lernkultur, die der Konstruktivität von Wissen, der Eigenverantwortung des Lernenden und der sozialen Komponente des Lernens Rechung trägt,
- neue Lehr-Lernformen, die den Lernenden authentische Kontexte, sozialen Austausch und gezielte Unterstützung bieten und dabei zu mehr Eigenaktivität motivieren, und schließlich
- digitale Medien, die solche Lehr-Lernformen mit ihren Potenzialen unterstützen, wie dies beispielsweise für die Bildung virtueller Learning Communities näher ausgeführt wurde.

Aus innovativen Konzepten und Werkzeugen, wie sie die neuen Lehr-Lernformen und digitalen Medien darstellen, wird jedoch erst mit deren Umsetzung auch ein innovatives Handeln in der Bildung. Und dieser Schritt ist häufig schwieriger als man denkt. Denn die konkrete Umsetzung neuer Lehr-Lernformen und digitaler Medien erfolgt immer in einem spezifischen Kontext und wird je nach Kontext unterschiedlich gelingen. Folglich stellt die Implementation einen Prozess dar, der sich einerseits nicht mit universalen Regeln anleiten lässt, andererseits aber gerade deshalb besonderer Aufmerksamkeit und wiederum eigener Lernprozesse bedarf.

5.1 Fragen der Implementation neuer Lehr-Lernformen und digitaler Medien

Der Begriff der Implementation. Implementation bezeichnet in einem weiten Sinne die Umsetzung von wissenschaftlichen Erkenntnissen in die gesellschaftliche Praxis (Euler/Sloane 1998). Im Falle der Implementation neuer Lehr-Lernformen und digitaler Medien geht es um zwei spezielle Fragen: Wie können Erkenntnisse aus der bisherigen theoretischen und empirischen Auseinandersetzung mit verschiedenen Lehr-Lernauffassungen und neuen Lehr-Lernformen für das praktische Handeln genutzt werden? Und wie lassen sich dabei die digitalen Medien so einsetzen, dass deren Potenziale für ein aktiv-konstruktives, selbstgesteuertes und kooperatives Lernen zum Tragen kommen?

Faktoren der Implementation. Die Faktoren, die bei der Implementierung neuer Lehr-Lernformen und digitaler Medien berücksichtigt werden müssen, sind 1. die Lehrenden mit ihrer Qualifikation, ihren individuellen Erfahrungen, ihren Handlungsroutinen und Einstellungen, 2. die Lernenden mit ihrer persönlichen Lerngeschichte, ihren kognitiven und motivationalen Voraussetzungen und Gewohnheiten, 3. die Curricula mit ihren konkreten Inhalten und ihrem spezifischen Aufbau, 4. das Assessment mit seinen unterschiedlichen Beurteilungsmodi, 5. die Leitung in verschiedenen Bildungskontexten (in Form von Schulleitung, Hochschulleitung, Unternehmensleitung etc.) mit ihren Zielen und Aktivitäten, 6. die Organisation bzw. Bildungsinstitution mit ihren Strukturen und Prozessen sowie mit ihrer Kultur und schließlich 7. das Umfeld der Organisation, bestehend aus Eltern, Politikern, Unternehmern und anderen.

Implementation als systemischer Wandel. Bereits die Aufzählung der bei einer Implementation zu berücksichtigenden Faktoren legt die Folgerung nahe, dass die konkrete Umsetzung neuer Lehr-Lernformen und die Einführung digitaler Medien nicht darauf reduziert werden darf, Neuerungen dem Status quo einfach nur hinzuzufügen. Das heißt: Eine eindimensionale Implementation, die nur einen oder wenige Faktoren berücksichtigt und damit einen bloßen additiven Ansatz realisiert, ist zu vermeiden. Zu fördern ist stattdessen eine mehrdimensionale Implementation, die einen systemischen Wandel anstrebt. Von einem systemischen Wandel kann dann gesprochen werden, wenn Veränderungen nicht isoliert bei der Gestaltung instruktionaler Aspekte der Lernumgebung greifen, sondern alle oben genannten Faktoren mit einbeziehen.

Die Bedeutung der Partizipation der Beteiligten. Zu einem solchermaßen systemischen Wandel gehört, dass Betroffene zu Beteiligten gemacht werden. Die Partizipation vor allem der Lehrenden und der Lernenden sowohl bei der Gestaltung als auch bei der Umsetzung neuer mediengestützter Lernumgebungen stellt sich immer wieder als wichtiger Motor für langfristige Veränderungsprozesse heraus (vgl. Bielaczyc/Collins 1999). Im Idealfall gibt die Implementierung neuer Ideen Impulse dafür, dass Schulen, Hochschulen und andere Bildungsinstitutionen zu lernenden Organisationen werden. Das wiederum macht einen permanenten Lernprozess unumgänglich – sowohl bei den Lernenden als auch bei den Lehrenden, die hierfür entsprechende Ermutigung und Unterstützung brauchen.

Implementationsstrategien. Vor diesem Hintergrund lassen sich ein paar hilfreiche Implementationsstrategien formulieren: 1. Alle Beteiligten müssen von einer innovativen Idee überzeugt und über diese ausreichend informiert sein. 2. Sie müssen die Notwendigkeit einer Veränderung erkennen, an dieser aktiv mitarbeiten und dabei auch Rückmeldung über Erfolge und Misserfolge erhalten. 3. Maßnahmen müssen langfristig angelegt und typische Hindernisse von vornherein berücksichtigt werden. 4. Und nur wenn letztlich auch eine neue Lern-, Kommunikations- und Kooperationskultur angestrebt wird, können aus einzelnen Aktivitäten von heute innovative Entwicklungen für morgen werden. Dass ein solcher kultureller Wandel stets ein langfristiger Prozess ist, liegt auf der Hand. Selten ist den am Lehr-Lernprozess Beteiligten allerdings bewusst, dass sie zu einem großen Teil die bestehende Lernkultur selbst erzeugen: Lehrende und Lernende beklagen gleichermaßen starre Strukturen und Prozesse, setzen mit ihren Erwartungen und Handlungsmustern die traditionelle Lernlogik meist aber fort (Arnold/Schüßler, 1998). Um so wichtiger ist im Verlauf der Implementation das Verständnis für die zu Grunde liegenden Ideen und Ziele der angestrebten Neuerungen sowie ein Wandel in den Köpfen der Beteiligten.

5.2 Implementation innovativer Ideen in der Bildung als Lernprozess

Individuelle und soziale Lernprozesse. Die Implementation neuer Lehr-Lernformen und digitaler Medien ist ein Entwicklungsprozess, der individuelles und organisationales Lernen sowohl voraussetzt als auch zur Folge hat. Alle Beteiligten müssen beispielsweise lernen, mit neuen Lehr-Lernkonzepten ebenso wie mit digitalen Medien überhaupt umzugehen. Dies setzt zunächst eine Auseinandersetzung mit den Grundannahmen der zu Grunde liegenden Lehr-Lernauffassung sowie mit den Potenzialen der digitalen Medien voraus. Zudem müssen Fähigkeiten und Fertigkeiten zur Umsetzung neuer Lehr-Lernformen, zur Nutzung technischer Werkzeuge und zur Gestaltung netzbasierter Lernumgebungen etc. aufgebaut werden. Bedingungen dieser Art gelten allerdings nicht nur für den Einzelnen, sondern auch für Gruppen (z.B. Lehrerkollegien, Dozententeams) in verschiedenen Institutionen (Schulen, Hochschulen, Erwachsenenbildung etc.). Letzteres ist auch verbunden mit der Notwendigkeit des sozialen Lernens, wozu z.B. der Austausch von Wissen und Erfahrungen, die gegenseitige Unterstützung sowie die kooperative Lösung anstehender Probleme gehören, die bei der Implementation neuer Lehr-Lernformen und digitaler Medien auftreten.

Organisationale Lernprozesse. So wichtig die individuellen und gruppenbezogenen Veränderungen auch sind, so falsch wäre es, die Implementation neuer Lehr-Lernformen und digitaler Medien völlig zu personalisieren. Denn ohne einen Wandel in den Strukturen und Prozessen sowie in der Kultur der beteiligten Organisation oder Bildungsinstitution können

Interesse, Lernbereitschaft und Engagement von Individuen schnell in Frustration und Resignation umschlagen. Die Implementation bedarf daher immer auch einer unterstützenden Organisationsentwicklungsarbeit (Euler/Sloane 1998). Im Fall der Implementation von mediengestützten Lernumgebungen, die konstruktivistisches Gedankengut mit pragmatischen Erfordernissen verbindet, ist es z.B. unerlässlich, neben didaktisch-methodischen Neuerungen auch Veränderungen in den Inhalten sowie (falls vorhanden) in den Prüfungsstrukturen durchzuführen. Eine verordnete Anpassung etwa von Lehrplänen und Prüfungen an neue Prinzipien zum Lernen mit digitalen Medien vermag allerdings keine erfolgreiche Implementation zu garantieren. Ohne die aktive Beteiligung der Betroffenen ändern sich zwar Rahmenbedingungen; diese sind nur eine wichtige und notwendige, aber leider keine hinreichende Voraussetzung für die Implementation.

Notwendigkeit kontinuierlicher Unterstützung. Bei der Implementation innovativer Ideen in Bildungskontexten kommt auch der Qualifizierung der Beteiligten eine wichtige Rolle zu: Qualifizierungsmaßnahmen sollen und können die Beteiligten für neue Inhalte und eine neue Auffassung von Wissen, Lernen und Lehren sensibilisieren, grundlegende (z.B. technische) Fertigkeiten vermitteln und Einblick in die Grundlagen neuer Lehr-Lernkonzepte und digitaler Medien geben. Dass das Verstehen der theoretischen Grundlagen einer Innovation ein oft unterschätzter Faktor ist, zeigt sich nicht nur praktisch, sondern auch empirisch (Ellis/Lotan 1997). Einleitende Qualifizierungsmaßnahmen können jedoch immer nur den Startpunkt bilden: Entscheidend ist letztlich die kontinuierliche Unterstützung bei der Umsetzung neuer Lehr-Lernformen und digitaler Medien: Lehrende benötigen Erfahrungsaustausch und professionelles Feedback, das wiederum voraussetzt, dass Lehrende bei der Umsetzung neuer Konzepte von Experten (im Sinne von bereits erfahrenen Lehrenden) beobachtet und begleitet werden.

Lernende Organisation als Ziel. Als Fazit lässt sich festhalten, dass sowohl individuelle als auch organisationale Lernprozesse für eine erfolgreiche Implementation unerlässlich sind. Man könnte auch sagen: Nur wenn sich eine Organisation als „lernende Organisation“ (z.B. Senge 1990) erweist, besteht die Chance, neue Lehr-Lernformen auf der Basis einer integrativen Lehr-Lernauffassung sowie digitale Medien und deren Lernpotenziale mit nachhaltigem Erfolg zu implementieren. Dass diese Entwicklung ein langfristiger Prozess ist, der in hohem Maße mit Veränderungen in der Lernkultur innerhalb des jeweiligen Bildungskontextes einhergeht, versteht sich dabei fast von selbst.

6 Zusammenfassung und Ausblick

Bildung mit digitalen Medien – ein weites Thema. Bildung mit digitalen Medien – das kann viel heißen und implizieren: Die Initiative „Schulen ans Netz“ gehört ebenso dazu wie neueste Bestrebungen für eine „Virtuelle Hochschule Bayern“ (VHB); die Entwicklung vom CBT zum WBT (Web-Based Training) in der betrieblichen Weiterbildung reiht sich darin ebenso ein wie das in dieser Tagung[1] diskutierte Bildungsprogramm MaC*_plus. Bildung mit digitalen Medien tangiert folglich alle Bemühungen, den Prozess des lebenslangen Lernens in und außerhalb verschiedener Bildungsinstitutionen anzuregen und zu unterstützten. Dass dies keineswegs nur mit der Bereitstellung und Nutzung digitaler Medien getan ist, sondern in hohem Maße mit Veränderungen der Lehr-Lernformen und der Lernkultur verbunden sein muss, wollte dieser Beitrag deutlich machen.

Bildung mit digitalen Medien – eine Frage der Lernkultur. Bildung mit digitalen Medien setzt vor diesem Hintergrund immer auch eine Auseinandersetzung mit den Anforderungen voraus, die die Entwicklung hin zu einer Wissensgesellschaft mit sich bringt – nur so lassen sich adäquate Ziele für das Lehren und Lernen mit digitalen Medien ableiten. Parallel zum Einsatz digitaler Medien in Bildungskontexten ist auch eine Auseinandersetzung mit der vorherrschenden Lehr-Lernauffassung erforderlich. Denn für den Einsatz digitaler Medien in der Bildung ist die Metapher vom „Wissenstransport“ durch Frontalunterricht wenig zielführend. Vielmehr ist eine Auffassung vom Lernen und Lehren erforderlich, die die Konstruktivität von Wissen und Lernen berücksichtigt. Nur so lassen sich zum einen die Chancen der digitalen Medien für die Bildung in der Wissensgesellschaft gezielt nutzen und gleichzeitig auch die derzeit noch bestehenden Probleme und offenen Fragen beim Lehren und Lernen mit digitalen Medien in den Griff bekommen. Letztlich geht es über diesen Weg vor allem um die Schaffung einer Lernkultur, die den Faktoren Eigenverantwortung und Kooperation sowie Kritik- und Bewertungsvermögen einen größeren Stellenwert beimisst, als es derzeit der Fall ist.

Bildung mit digitalen Medien – eine Frage des systemischen Wandels. Bildung mit digitalen Medien benötigt also eine neue Lernkultur; gleichzeitig gilt aber auch, dass Bildung mit digitalen Medien zu einer neuen Lernkultur führt. Eine ähnliche reziproke Beziehung besteht zwischen den Rahmenbedingungen in der Bildung und dem Medieneinsatz: Bildung mit digitalen Medien – in Verbindung mit neuen Lehr-Lernformen – setzt einerseits geeignete Rahmenbedingungen voraus und bedingt andererseits auch Veränderungen in denselben. Zu den Rahmenbedingungen gehören neben der Organisation des Lehrens und Lernens auch die Lehr-Lerninhalte und Modalitäten des Prüfens sowie leitende Funktionen und Umfeldfaktoren von Bildungsinstitutionen. Wenn die Implementation digitaler Medien auch mit neuen Lehr-Lernformen und einer veränderten Lernkultur einhergehen soll, ist sie folglich mit einem systemischen Wandel verbunden - einem Wandel, der allerdings stets in den Köpfen aller Beteiligter beginnen muss.

Anmerkung

[1] Fachtagung „Außerschulische Bildung mit digitalen Medien", 10./11. März 2000 in Josefstal. Bericht unter: http://www.josefstal.de/,mac/11_05_00.htm

Literatur

ARNOLD, R. / I. SCHÜSSLER (1998): Wandel der Lernkulturen. Ideen und Bausteine für ein lebendiges Lernen. Darmstadt: Wissenschaftliche Buchgesellschaft

BAKER, M. / T. HANSEN / H. JOINIER / D. TRAUM (1999): The role of grounding in collaborative learning tasks. In: P. DILLENBOURG (Hrsg.): Collaborative learning. Cognitive and computational approaches. Amsterdam: Pergamon, S. 31-63

BIELACZYC, K. / A. M. COLLINS (1999): Learning communities in classrooms. A reconceptualization of educational practice. In: C. M. Reigebühl (Hrsg.): Instructional design theories and models. Mahwah, NJ: Erlbaum

BROWN, A. L. (1997): Transforming schools into communities of thinking and learning about serious matters. American Psychologist, Vol. 4, 1997, S. 399-413

BROWN, A. L. / J. C. CAMPIONE (1996): Psychological theory and the design of innovative learning environments: On procedures, principles, and systems. In: E. SCHAUBLE / R. GLASER (Hrsg.): Innovations in learning. New environments for education. New Jersey: Erlbaum, S. 289-325

COLLINS, A. / K. BIELACZYC (1997): Dreams of technology-supported learning communities. In Proceedings of the Sixth International Conference on Computer-Assisted Instruction. Taipei, Taiwan

DECI, E. L. / R. M. RYAN (1993): Die Selbstbestimmungstheorie der Motivation und ihre Bedeutung für die Pädagogik. Zeitschrift für Pädagogik, 39. Jg., 1993, S. 223-238

DILLON, A. / R. GABBARD (1998): Hypermedia as an educational technology. A review of the quantitative research literature on learner comprehension, control, and style. Review of Educational Research, 68 (3), S. 322-349

DOHMEN, G. (1996): Lebenslanges Lernen - aber wie? Eine Einführung. In B. NACKE / G. DOHMEN (Hrsg.): Lebenslanges Lernen. Erfahrungen und Anregungen aus Wissenschaft und Praxis. Würzburg: Echter, S. 11-22

ELLIS, N. / R. A. LOTAN (1997): Teachers as learners. Feedback, conceptual understanding, and implementation. In E. G. COHEN / R. A. LOTAN (Hrsg.): Working for equity in heterogenous classrooms. Sociological theory in practice. New York: Teachers College Press, S. 209-222

EULER, D. / P. F. SLOANE (1998): Implementation als Problem der Modellversuchsforschung. Unterrichtswissenschaft, 4. Jg., 1998, S. 312-326

FRIEDRICH, H. F. / H. MANDL (1997): Analyse und Förderung selbstgesteuerten Lernens. In F. E. WEINERT / H. MANDL (Hrsg): Enzyklopädie der Psychologie, Bd., D/I/4., Psychologie der Erwachsenenbildung. Göttingen: Hogrefe, S. 273-293

GERSTENMAIER, J. (1999): Situiertes Lernen. In: C. PERLETH / A. ZIEGLER (Hrsg.): Pädagogische Psychologie. Grundlagen und Anwendungsfelder. Bern: Huber, S. 236-246

GERSTENMAIER, J. / H. MANDL (1995): Wissenserwerb unter konstruktivistischer Perspektive. Zeitschrift für Pädagogik, 41. Jg., S. 867-888

GRÄSEL, C. / F. FISCHER / J. BRUHN / H. MANDL (1997): „Ich sag dir was, was du schon weißt". Eine Pilotstudie zum Diskurs beim kooperativen Lernen in Computernetzen. Forschungsbericht, Nr. 82. München: Ludwig-Maximilians-Universität, Lehrstuhl für Empirische Pädagogik und Pädagogische Psychologie

KNUTH, R. A. / D.J. CUNNINGHAM (1993): Tools for constructivism. In: T. M. DUFFY / J. LOWYCK / D. H. JONASSEN (Hrsg.): Designing environments for constructive learning. NATO ASI Series. Berlin: Springer, S. 163-188

LEGGEWIE, C. (1996): „Neticitizens oder: der gut informierte Bürger heute. Ein neuer Strukturwandel der Öffentlichkeit?". Vortrag am 09.09.1996 in Bonn/Petersberg anlässlich der Konferenz „Macht Information"

LEINHARDT, G. (1993): On teaching. Advances in instructional psychology (Vol. 4). Hillsdale, N.J,: Erlbaum

LINN, M. C. (1990): Summary: Establishing a science and engineering of science education. In: M. GARDNER / J. G. GRENNO / F. REIF / A. H. SCHOENFELD / A. DI SESSA / E. STAGE (Hrsg.): Towards a scientific practice of science education. Hillsdale, NJ: Erlbaum, S. 232-241

LOWYCK, J. (1991): The field of instructional design. In: J. LOWYCK / P. DE POTTER / J. ELEN (Hrsg.): Instructional Design: Implementation issues. Proceedings of the I.B.M./V.U., S. 1-23

MANDL, H. / F. FISCHER (Hrsg.) (2000): Wissen sichtbar machen. Mapping-Techniken für das Wissenmanagement in Lern- und Kooperationsprozessen. Göttingen: Hogrefe

MARKL, H. (1998): Wissenschaft gegen Zukunftsangst. München: Carl Hanser

MAYER, R. E. (1998): Multimedia aids to problem-solving transfer. Paper presented at Symposium on „Transfer: Recent findings and future perspectives". International Congress of Applied Psychology, San Francisco, 13.08.1998

OWSTON, R. (1997): The World Wide Web. A technology to enhance teaching and learning? Educational Researcher, 28 (2), S. 27-33

REINMANN-ROTHMEIER, G. / H. MANDL (1998): Wenn Neue Medien neue Fragen aufwerfen: Ernüchterung und Ermutigung aus der Multimedia-Forschung. Universitas, 53 Jhg., Nr. 623, S. 466-476

RESNICK, L. B. / WILLIAMS HALL, M. (1998): Learning organizations for substainable education reform. Daedalus, 127 (4), S. 89-118

RESNICK, L. B. (1987): Learning in school and out. Educational Researcher, 16 (9), S. 13-20

ROSCHELLE, J. / R. PEA (1999): Trajectories from today's WWW to a powerful educational infrastructure. Educational Researcher, Research News and Comment, June-July, S. 22-25; S. 43

ROSCHELLE, J. / S. D. TEASLEY (1995): The construction of shared knowledge in collaborative problem solving. In: C. O'MALLEY (Hrsg.): Computer supported collaborative learning. Berlin: Springer, S. 67-97

SCARDAMALIA, M. / C. BEREITER (1994): Computer support for knowledge-building communities. The Journal of the Learning Sciences, 3 (3), S. 265-283

SENGE, P. M. (1990): The fifth discipline. The art and practice of the learning organization. New York: Doubleday

SHUELL, T. J. (1993): Towards an integrated theory of teaching and learning. Educational Psychologist, 28 (4), S. 291-311

SLOTTA, J. D. / M. C. LINN (im Druck): The Knowledge Integration Environment: Helping students use the internet effectively. In M. J. JACOBSON / R. KOZMA (Hrsg.): Learning the Sciences of the 21st Century. Hillsdale, NJ: Erlbaum

WEBB, N. M. / A. S. PALINSCAR (1996): Anticipated ongoing interaction versus channel effects on relational communication in cmc. Human Communication Research, 20. Jg., 1996, S. 473-501

WEINERT, F. E. (1997): Lernkultur im Wandel. In: E. BECK / T. GULDIMANN / M. ZUVATERN (Hrsg.): Lernkultur im Wandel. Sankt Gallen: UVK, S. 11-29

WHITEHEAD, A. N. (1929): The aims of education. New York: Macmillian

WINDSCHITL, M. (1998): The WWW and classroom research. What path should we take? Educational Researcher, 27 (1), S. 28-33

Christina Schachtner

Netfeelings

Das Emotionale in der computergestützten Kommunikation[1]

Warum stelle ich mir dieses Thema? Warum gehe ich davon aus, dessen Bearbeitung könnte auch für andere von Interesse sein? Verspricht dieses neue Fragen, spannende Blickwinkel und überraschende Erkenntnisse? Wenn ja, was geht uns das dazugewonnene Wissen an?

1. Gefühle als Brücke zur Welt

Nicht der Verstand, sondern Gefühle stehen nach Herder am Anfang jeder Erfahrung (vgl. Herder 1961, S. 854ff.). Gefühle bilden ein Kernstück unserer Subjektivität. Sie kommen uns in besonderer Weise nahe; sie beschleichen, ergreifen, überwältigen, erschüttern, blockieren oder beflügeln uns (vgl. Schmitz 1995, S. 49). Seit Beginn der Neuzeit besteht die Tendenz, zwei Klassen von Gefühlen voneinander zu unterscheiden: die habituellen, andauernden Gestimmtheiten und Leidenschaften wie Depression oder Optimismus, die so etwas wie eine passive Gefühlsdisposition bezeichnen, und die aktuellen, spontan auftretenden Gemütsbewegungen, die man Emotionen nennt, wie Ärger, Wut, Freude (vgl. Fink-Eitel/Lohmann 1993, S. 7f.).

Mein Erkenntnisinteresse richtet sich auf die zweite Art von Gefühlen, die situativ entstehen. Sie haben in unserem täglichen Leben eine informierende, erkenntnisbildende und handlungsmotivierende Funktion. Spontan in einer Situation empfundene Scham beispielsweise informiert mich über geltende Normen und Wertmaßstäbe und macht mir eine Diskrepanz zwischen den eigenen Möglichkeiten und den gesellschaftlichen Erwartungen bewusst. Sie kann mich dazu motivieren, die erkannte Diskrepanz zu überwinden oder die gesellschaftlichen Standards in Frage zu stellen. Die Freude, die mir die Ausübung bestimmter Tätigkeiten bereitet, macht mir meine Vorlieben und Stärken bewusst; sie liefert mir damit Hinweise auf mögliche Berufsperspektiven. Durch meine Gefühle erfahre ich, was mir die Welt, andere, mein Leben bedeuten (vgl. Löw-Beer 1993, S. 96). „Neben dem Meinen und Wollen", so behaupten Heinrich Fink-Eitel und Georg Lohmann, „ist das Fühlen die Fähigkeit, die bewusstes menschliches Leben wesentlich ausmacht" (Fink-Eitel/Lohmann 1993, S. 7).

Gefühle sind für das Individuum eine Brücke zur Welt, denn sie sind stets Bewegungen auf etwas oder jemanden zu oder von etwas oder jemanden weg (vgl. Schmitz 1995, S. 48). Nicht nur in der emotionalen Zuwendung, auch in der emotionalen Abwendung bleibe ich in Bezug auf eine Um- und Mitwelt situiert (vgl. Merleau-Ponty 1966, S. 414). Zu- und Abwendung vollziehen sich im Medium der Kommunikation: verbal oder nonverbal.

Ungeachtet dessen, dass Gefühle wesentlich sind für die menschliche Existenz, leben wir in einer Kultur, in der der öffentliche Ausdruck von Gefühlen tabuiert ist. Unsere Kultur verlangt, cool zu sein: „Bitte keine Emotionen! Bleiben wir sachlich!", ist ein bekannter Appell, mit dem eine sachgerechte Behandlung von Themen sichergestellt werden soll. Dieser Appell ist dem die westliche Kultur auszeichnenden Rationalisierungsprozess geschuldet, in dessen Verlauf das Gefühl von der Vernunft getrennt und die Vernunft gegen das Gefühl hierarchisch gesetzt wurde. Jeder Erziehungsprozess ist ein Prozess der Zähmung ungebärdiger Lust am Ausdruck von Gefühlen (vgl. Dreitzel 1995, S. 500). Weder das Lachen noch das Weinen darf zu laut, zu heftig, zu wild ausfallen. Die im Verlauf der Zivilisation auf soziogenetischer Ebene erfolgte „Affekt-Regulierung und -Modellierung" (Elias 1978, S. 186) wiederholt sich in der psychogenetischen Entwicklung jedes Individuums. Die Disziplinierung und Verdrängung von Gefühlen hat Konsequenzen für individuelles und gesellschaftliches Leben. „Ohne Liebe, ohne dass wir andere annehmen und neben uns leben lassen, gibt es keinen sozialen Prozess, keine Sozialisation und damit keine Menschlichkeit", erklärten Humberto Maturana und Francisco Varela und sie fahren fort: „Wir haben nur die Welt, die wir zusammen mit anderen hervorbringen, und nur Liebe ermöglicht uns, die Welt hervorzubringen" (Maturana/Varela 1987, S. 266f.). Doch nicht nur die ungelebte Liebe, auch der ungelebte Hass wirkt zerstörerisch. Hass signalisiert, dass eine Beziehung krank ist, das etwas an ihr geheilt werden muss (vgl. Schmidbauer 1985, S. 88). Offener Hass kann Gegenkräfte mobilisieren; die Verleugnung von Hass leistet der indirekten Aggression Vorschub, die jegliche Entwicklung blockiert.

Die existenzielle Bedeutung von Gefühlen einerseits und deren kulturelle Disziplinierung andererseits sind Grund genug, sich mit der Gefühlsfrage zu beschäftigen. Doch mein Blickwinkel ist spezifischer. Er richtet sich auf das Emotionale in der computergestützten Kommunikation. Wirft diese Form der Kommunikation besondere Fragen im Hinblick auf das Äußern und Erleben von Gefühlen auf?

2. Datennetze als spezifischer Entstehungskontext von Gefühlen

Amy, eine amerikanische Studentin, die sich online Sita nannte, lernte in einem MUD einen deutschen Studenten kennen und lieben, der in dem Phantasiespiel als Ovlor agierte. Sie stellt fest: „It was very easy for me to say ‚This is the net and this is real life.' It was very easy for me to say I can love this person all I want because he's 4000 miles away. He is Ovlor, not Michael. And I am not Amy. I'm Sita on the net" (zit. n. Bahl 1997, S. 102).

Amy unterscheidet zwischen dem Leben online und offline. Räumliche Kontexte wirken als Bedingungsgefüge für das Entstehen, das Äußern und das Erleben von Gefühlen. Inwiefern bilden elektronische Datennetze Räume, die dem Emotionalen spezifische Entfaltungsmöglichkeiten bieten? Setzt die Verwendung des Raumbegriffs nicht geografische Grenzen voraus, die elektronische Datennetze nicht aufweisen, da sie global ausgelegt sind? Analog zur Physik wird auch in den Geisteswissenschaften der soziale Raum als ein homogenes dreidimensionales Gebilde vorausgesetzt (vgl. Paetau 1997, S. 108). Georg Simmel weicht von dieser Annahme ab, indem er die sozialen Wechselbeziehungen als raumkonstituierend definiert. Der soziale Raum ist für Simmel „eine Tätigkeit der Seele" (Simmel 1922, S. 64). Eine Zuspitzung erfährt die Simmelsche Position in dem von Alfred Schütz und Thomas Luckmann entwickelten Lebensweltansatz.

Der Begriff Lebenswelt bezeichnet ein auf sozialer Interaktion basierendes Aggregat von Sinnstrukturen und Deutungsmustern, die losgelöst von materiellen Grenzen soziale Kontexte begründen (vgl. Schütz/Luckmann 1975, S. 25). Im Lebensweltansatz wird die Container-Metapher überwunden. Soziale Räume erscheinen nicht als dinglich-materielles Gehäuse, sie werden vielmehr als Koordinatensystem sinnproduzierender Handlungen beschrieben. Elektronische Datennetze repräsentieren als kulturelle Errungenschaften spezifische Praktiken und Sinnzusammenhänge (vgl. List 1996, S. 90) und können daher in Anlehnung an den Lebensweltansatz als soziale Kontexte begriffen werden. Das bedeutet, dass wir, wenn wir uns in elektronische Kommunikationsforen einklicken, in eine andere Wirklichkeit wechseln. Das ist im Prinzip nicht neu. Auch beim Musikhören, Briefeschreiben, Meditieren wechseln wir in gewisser Weise den Kontext. Auch jenseits computergestützter Kommunikationsräume existieren mannigfaltige Wirklichkeiten, die sich im Zuge der Ausdifferenzierung unserer Gesellschaft herausgebildet haben. Der Entwicklungsdynamik der Moderne entspricht ein „Leben im Plural" (Welsch 1991, S. 352).

Welche Sinnstrukturen erwarten uns in elektronischen Datennetzen? Die Entwicklung der Computertechnologie steht in der Bedeutungstradition des okzidentalen Rationalismus, der im 16./17. Jahrhundert seinen Siegeszug begann. Er stützt sich auf eine Rationalität, die Max Horkheimer instrumentelle Vernunft genannt hat (Horkheimer 1967), als deren Dreh- und Angelpunkt die Zweck-Mittel-Relation fungiert. Der Siegeszug des okzidentalen Rationalismus ist, wie erwähnt, der Siegeszug einer Entwicklung, die das Gefühl von der Vernunft trennt und das Gefühl als irrational abstempelt. Der Computer, den ich an anderer Stelle als Geistmaschine bezeichnet habe (vgl. Schachtner 1993), verkörpert die Implikationen des okzidentalen Rationalismus in bislang perfektester Form. Ihrer Bestimmung nach spricht die Technik allein die kognitiven, formal-logischen Kompetenzen der Subjekte an. Doch bereits die Studien zum Umgang mit dem Personalcomputer weisen darauf hin, dass die Handhabung dieser Technik intensive Gefühle evoziert (vgl. Scherer 1997; Schachtner 1993, S. 49ff.; Turkle 1986).

Dasselbe Phänomen dokumentieren erste Berichte und empirische Untersuchungen in elektronischen Kommunikationsnetzen. Es werden vor allem zwei Gefühlskomplexe beschrieben: Liebe, Erotik, Freundschaft einerseits und Aggression und Gewalt andererseits. Wie Howard Rheingold, der Schöpfer des Computerkonferenzprogramms WELL, schreibt, sind plötzliche Beschimpfungen und Unhöflichkeiten in der computergestützten Kommunikation keine Seltenheit (vgl. Rheingold 1994, S. 110). Aggressionen sind so verbreitet, dass es dafür einen feststehenden Begriff gibt, das Flaming. Rheingold berichtet von der Usenetgruppe alt.flame, in der sich die User nur deswegen treffen, um sich den ganzen Tag gemeine Verwünschungen an den Kopf zu werfen (vgl. ebd.). Die Geschichte von Amy und Michael ist dagegen ein Beispiel für eine erotische Netzbeziehung. Aus der Begegnung in einem textbasierten Fantasyspiel entstand über Kontinente hinweg ein Liebe, der das Netz bald zu eng wurde. Buchtitel wie „Cyberrom@nzen“ (1996), „Vernetzte Herzen. Chat, Flirt und Leidenschaft im Cyberspace“ (1997) verraten, dass Liebe, Erotik und Sexualität in Datennetzen weder unmöglich noch ungewöhnlich sind.

Gefühle können sich in der computergestützten Kommunikation nicht direkt äußern - hier setzt die rationalistische Bedeutungstradition der Computertechnologie Grenzen - sie müssen transformiert werden in Worte und Zeichen. Doch dies scheint die Intensität der Gefühle nicht zu schmälern. Für Roger Harrison sind die Menschen, die er im Netz kennen gelernt hat, keine flüchtigen Bekannten, sondern feste, innige Freunde, auf die er sich in einem Maße verlassen kann, wie er es nicht für möglich erachtet hätte (vgl. Casimir/Harrison 1996, S. 25). Eine andere Userin erklärt: „You can say things, you can express feelings, that you would blush or stutter or turn away if you were trying to express them face to face“ (zit. n. Bahl 1997, S. 73). Nicht nur Worte, ein ganzes Arsenal von Emoticons und Smilies steht den UserInnen für die Mitteilung ihrer Gefühle zur Verfügung.

Der Reiz, in den elektronischen Datennetzen Gefühle zu leben, kann nicht unabhängig von der rationalistischen Bedeutungstradition gesehen werden, in der Datennetze stehen. Als Schauplatz emotionaler Prozesse widersprechen sie der Intention, die sie selbst verkörpern. Sie erlauben, in den Dienst emotionaler Wünsche gestellt, neuartige Verbindungen zwischen Vernunft und Gefühl; UserInnen erfahren - und das kann faszinierend sein - in Zusammenhang, was anderenorts mühsam auseinandergehalten werden muss.

Doch was fangen wir mit unseren „Netzgefühlen" an? Wie sehr dürfen wir uns auf sie einlassen? Was bedeuten sie für unsere emotionale Entwicklung? Was dürfen wir uns von ihnen versprechen, was müssen wir befürchten? Welche Anforderungen stellen sie an unser Denken und Handeln? Meine These: Das Gefühlserleben im Netz enthält Herausforderungen, auf die wir nicht vorbereitet sind. Diese rühren an Bedingungen, in die emotionale Prozesse bislang selbstverständlich eingebettet waren. Sie markieren neuartige oder forcierte Risiken ebenso wie bislang ungekannte Chancen. Worin die Herausforderungen bestehen und auf welche Weise sie unsere emotionalen Begegnungen betreffen, will ich im Folgenden herausarbeiten.

3. Emotionale Herausforderungen

Meine Analyse bezieht sich auf die computergestützte Kommunikation in Mailinglisten, Newsgroups, Chatrooms und MUDs. Die empirische Grundlage bilden neben wissenschaftlichen Untersuchungsbefunden Berichte von UserInnen, eigene Erfahrungen sowie Kommunikationsprotokolle aus dem Netz. Meine Ausführungen sollen sensibilisieren für die emotionale Seite computergestützter Kommunikation; sie beanspruchen nicht, dieses Thema erschöpfend zu behandeln.

The time difference does make a difference! Amy und Michael trennen mehrere tausend Kilometer voneinander. Wenn sie online miteinander kommunizieren, scheinen Raum und Zeit überwunden. Doch der Schein trügt. Amy erklärt: „The time difference does make a difference! Like Michael is a different person in the morning than he is in the evening. And sometimes I have to really recognize that because in the daytime he's very active, kind of hyper and really enthusiastic, and (...) later in the night he just crashes, he ‚pff...', you know. And so he gets really tired and doesn't talk much, and so I wonder: ‚Is there something wrong? (...)'. Sometimes we'll make a time to talk together in the early morning for me. And that's like torture, ‚cause getting out of bed at six o'clock in the morning to talk to Michael" (zit. n. Bahl 1997, S. 79). Gefühle entwickeln sich offline in relativer Kenntnis von Alter, Geschlecht, Beruf, Familienstand, Wohnort des anderen. Persönlichkeitsmerkmale und Lebensumstände beeinflussen die Art, Intensität und Verbindlichkeit entstehender emotionaler Beziehungen. Sie fördern Sympathie oder Antipathie, wirken dämpfend oder anfeuernd, gemahnen zur Vorsicht, kurz: Sie erweisen sich als Regulative.

In computergestützten Kommunikationsforen, insbesondere in solchen, die sich Herzensangelegenheiten öffnen, wie in MUDs und Chatrooms, können sich sehr rasch intensive Gefühle füreinander entwickeln, ohne dass man/frau weiß, was den anderen jenseits seiner Netzexistenz ausmacht.

Das fehlende Wissen kann das emotionale Erleben beflügeln, provoziert es doch die Phantasie, mit der ich mir meine Traumfrau oder meinen Traummann herbeizaubern kann. In der Überzeugung, mich nicht wirklich zu binden, kann ich im Netz nach Herzenslust flirten. Doch nicht selten wird aus dem Spiel Ernst, die Gefühle drängen nach Kontinuität und Verbindlichkeit. Nun erhält Relevanz, was zunächst unbeachtet blieb, die räumliche Entfernung, das Aussehen, die Verpflichtungen und Bindungen, die/der andere jenseits der Netzbeziehung eingegangen ist. Für Amy und Michael resultieren aus dem durch die räumliche Entfernung gegebenen Zeitunterschied ungünstige Bedingungen für die Treffen im Netz. Amy ist müde, wenn Michael hellwach ist und umgekehrt; das gibt Anlass für Missverständnisse.

Was ist, wenn Offline- und Online-Realität einander zu unversöhnlich gegenüberstehen, wenn Ideale und Prinzipien zur Disposition stehen? Michael war schockiert, als er Amy, die sich zu einem Flug nach Deutschland entschlossen hatte, auf dem Flughafen abholte und ihm eine übergewichtige junge Frau entgegentrat. Im Netz hatte sich Amy als blond und schlank beschrieben. Michaels Ideale gerieten auf den Prüfstand. Doch er konnte sich arrangieren. Ja, er sah es sogar positiv, dass er Amy zuerst im Netz begegnet war, denn offline hätten ihn seine Idealvorstellungen daran gehindert, Amy kennen zu lernen. Die im Netz hergestellte emotionale Nähe, erwies sich als stabil genug, um die Enttäuschung abzufangen, mehr noch: Sie ermöglichte, diese konstruktiv zu wenden. Aus den beiden wurde ein Paar.

Computergestützte Kommunikation erfordert Selbstdarstellung. Das gibt Gelegenheit, sich neu zu entwerfen. Der Identity-Switch ist in den Datennetzen ein weit verbreitetes Phänomen; besonders beliebt ist, wie Sherry Turkle herausgefunden hat, der Wechsel der Geschlechtsrolle. Frauen agieren im Netz als Männer und diese als Frauen mit der Konsequenz, dass sich die Freundin im Netz als Freund und der Online-Freund als Freundin herausstellen kann. Wohin mit den Gefühlen, die ursprünglich einer Frau galten, wenn sich diese im intensiven Kontakt als Mann zu erkennen gibt? Können die entstandenen Gefühle wieder zurückgenommen werden, lassen sie sich übertragen oder verkehren sie sich in Aggression? Letzteres geschah in einer Geschichte, die Sherry Turkle erzählt (vgl. Turkle 1996, S. 228ff.). Im Mittelpunkt der Geschichte steht die in einem Chatroom auftretende schwerbehinderte Psychiaterin Joan, hinter der sich ein Mann verbirgt. Joan baut in der CompuServe-Gesprächsgruppe Beziehungen von großer emotionaler Intensität zu Frauen auf, die auch erotisch-sexuelle Züge annehmen. Als die Beziehungen immer tiefer werden, gerät der Schöpfer der Spielfigur in Panik und beschließt, Joan sterben zu lassen. Er teilt deren Online-Freundinnen mit, dass Joan schwerkrank in ein Krankenhaus eingeliefert wurde und löst damit eine Welle der Sympathie und Liebe für Joan aus. Bei dem Versuch der Online-Freundinnen, das Krankenhaus ausfindig zu machen, fliegt der Schwindel auf. Die Getäuschten reagieren mit Zorn und Wutausbrüchen. Diese Geschichte wird seit 15 Jahren online diskutiert, was ein Hinweis darauf ist, wie sehr sie die unmittelbar Beteiligten und auch nachfolgende Netzgenerationen emotional aufwühlte und das, obwohl mit einem Identity-Switch in elektronischen Kommunikationsräumen gerechnet werden muss.

Gefühle, so scheint es, können nicht spielerisch gehandhabt werden. Wer fühlt, meint es ernst und reagiert verstört, wenn die angenommene Realität der Annahme nicht entspricht. In eine solche Situation kann man/frau auch außerhalb elektronischer Datennetze geraten, doch eignen sich diese wie kaum ein anderer Ort zum Verkleiden und Verstecken. Dass die emotionale Irritation auch neue Wege eröffnen kann, erfährt Michael, für den sich durch die irritierende Face-to-face-Begegnung mit Amy Prioritäten verschieben. Doch genauso gut kann es sein, dass die Beziehungen im Netz angesichts erlebter Enttäuschungen emotional verarmen oder – um sich gegen Verlusterfahrungen abzugrenzen – zynisch werden.

Emotionale Abenteuer. Ich erinnere an Amy, die die Realität online von der Realität offline abzuspalten suchte. Die Empfindungen ihrem Online-Freund Michael gegenüber passten nicht zu ihrem Leben außerhalb des Fantasyspiels, in dem es bereits einen Freund gab. Gegen die drohende emotionale Verwirrung entwickelte sie eine Strategie; sie sagte sich: „They are my netfeelings. I don't have to deal with them" (zit. n. Bahl 1997, S. 102). Doch sie scheiterte. Der emotionale Widerspruch war für sie nicht lebbar. Die Beziehung mit ihrem Offline-Freund ging in die Brüche. Nicht nur das Absehen von den im Netz nicht sichtbaren Lebensumständen des anderen, auch die Ausblendung der eigenen Lebensumstände aus Netzbegegnungen kann zur emotionalen Herausforderung werden. Elektronische Kommunikationsräume fördern wie kaum ein anderer Kontext die Illusion, das Geschehen online hätte mit dem wirklichen Leben nichts zu tun. Auf diese Illusion stützt sich die Unterscheidung zwischen Virtualität und Realität, die suggeriert, dass es eine ursprüngliche Wirklichkeit, eine einzige und wahre Wirklichkeit gibt, von der die virtuelle abzusetzen ist (vgl. Münker 1997, S. 117f.). Dieser Unterscheidung liegt der Wunsch nach klaren Grenzen, nach sauberen Dichotomien zu Grunde. Sie ignoriert, dass sich im Zuge einer sich ausdifferenzierenden Moderne das Spektrum an Wirklichkeitsregionen erweitert, die uns oft in rascher Aufeinanderfolge zum Aktionsfeld werden. Von keiner der verschiedenen Wirklichkeiten hat es einen Sinn zu sagen, sie sei wirklich oder sie sei fiktiv (vgl. Flusser 1993, S. 70); keine dieser Wirklichkeiten erlaubt uns ein Handeln als ob.

Amy erfährt nicht nur, dass ihr selbst das computergestützte Fantasyspiel keine Scheinexistenz gestattet; sie erfährt darüber hinaus, dass die Online- und Offline-Sphäre aufeinander Einfluss nehmen. Für Amy wirft das Probleme auf. Ava, eine andere MUD-Userin, bekommt dadurch eine Chance. Diese bekommt sie nicht deswegen, weil sie, wie Amy, einen Teil ihrer Identität ausblendet, sondern im Gegenteil: Der elektronische Kommunikationsraum ermutigt sie, ein traumatisches Ereignis offline in ihr Leben zu integrieren (Turkle 1995, S. 263). Ava hatte bei einem Autounfall ein Bein verloren. In einem MUD schuf sie eine einbeinige Figur, die eine Liebesbeziehung einging. Dieser Schritt befähigte sie, ihren realen Körper anzunehmen. Sie lernte, sich in ihrer Unvollständigkeit als vollständig anzusehen. Nachdem sie online eine Liebesbeziehung gelebt hatte, wagte sie – so sieht sie es – auch offline wieder zu lieben. Das Netz wurde für sie zum Ort der Heilung.

Sowohl Amy als auch Ava nutzen das Netz für ein emotionales Abenteuer, bei dem Amy etwas verschweigt und Ava etwas zeigt. Beide Verhaltensweisen sind gewagt und vielleicht nur deshalb möglich, weil das Netz als eine Art Übergangsraum wahrgenommen wird, in dem die Grenzen zwischen Spiel und Ernst fließend sind. Beide Frauen erfahren das Netz als poröses Gehäuse. Das in diesem sich abspielende emotionale Geschehen drängt über das Netz hinaus, was die beiden Userinnen in besonderer, aber auf jeweils unterschiedliche Weise fordert. Von Ava ist Transformationskompetenz gefordert; sie muss die online gesammelten Erfahrungen in andere Realitätskontexte übertragen; Amy steht vor der Aufgabe, mit dem Widerspruch zwischen Online- und Offline-Gefühlen umzugehen.

Ohne unseren Leib!? Gefühle sind nicht nur ein seelisches, sondern immer auch ein leibliches Geschehen; psychisches Erleben wird ausgelöst durch Erröten, Schweißausbruch, durch den kalten Schauer, der einem über den Rücken läuft (vgl. Dreitzel 1995, S. 494). Die Leibgebundenheit der Gefühle ist wesentlich. Der Leib empfängt Gefühle und antwortet auf sie durch körperliche Erregung. Die leibliche Kommunikation überbrückt die Trennung zwischen den Subjekten, indem sie die Gefühle anderer in der eigenen, leiblichen Resonanz indirekt erlebbar macht (vgl. Meier-Seethaler 1998, S. 295). Der Leib wird zur Landschaft, auf der sich die Gefühle anderer spiegeln und der mich meine eigenen Gefühle, mit denen ich mich zu meinem Gegenüber ins Verhältnis setze, spüren lässt. Er wird damit zu einer Bedingung für die Kultivierung von Gefühlen. Der Leib hilft mir, die Gefühle anderer zu verstehen und er unterstützt mich darin, meine emotionalen Empfindungen anderen zu übermitteln, wodurch wiederum Gefühle geweckt werden. Hans-Peter Dreitzel schreibt: „Alles, was an Rede und mitunter auch an Schweigen ausgetauscht wird, bekommt durch

Tonlage und Stimmfärbung, durch Mienenspiel und Geste seine spezifische Tönung, die uns deutlich macht, wie wir jeweils miteinander stehen und in welchem Beziehungskontext das Gesagte jeweils zu verstehen ist" (Dreitzel 1983, S. 180). Die leibliche Expressivität dient der Kommentierung unserer Worte und der laufenden Verdeutlichung unserer Beziehungen zueinander. Der Anthropologe Paul Ekman und Wallace V. Friesen unterscheiden verschiedene leibliche Ausdrucksformen:

- Gesten, die während des Sprechens das Gesagte unterstreichen;
- Gesten, die das Verhalten des anderen kommentieren, z.B. Stirnrunzeln;
- Gesten mit kodifizierter Bedeutung, z.B. Händeschütteln (vgl. ebd., S. 182).

Leib und Seele sind nach Merleau-Ponty keine zwei unterschiedlichen Glieder, die vielleicht zusammenhängen, aber einander äußerlich bleiben. Das Physische und das Psychische sind als verschiedene Integrationsstufen voneinander zu unterschieden (vgl. Merleau-Ponty 1976, S. 235). Nicht immer findet die Psyche die Fülle ihres vitalen Ausdrucks und nicht immer gewinnt der Leib Sinn.

Wie stellt sich das Zusammenspiel von leiblichem und emotionalem Geschehen in elektronischen Kommunikationsräumen dar? Es gibt keinen Grund anzunehmen, dass Gefühle in der computergestützten Kommunikation nicht auch physisch erlebt werden. Doch die leibliche Resonanz ist für meine Online-PartnerInnen nicht zu sehen, nicht zu hören, nicht zu riechen. Wir tauschen Worte aus, keine Blicke, kein Achselzucken, kein Stirnrunzeln, kein Lächeln, keine Berührungen (vgl. Rheingold 1994, S. 97). Elektronische Datennetze sind in diesem Sinn Dunkelkammern. Alles, was wir neben Worten für die Mitteilung psychophysischer Reaktionen haben, sind Zeichen wie :-) für Benutzer freut sich, :-* für einen Kuss, :-D für Benutzer lacht oder :-)) :-))) für das Glück lässt sich steigern (aus Casimir/Harrison 1998, S. 208). Man muss sich nur ein glückliches Gesicht oder ein leibhaftiges Lachen vorstellen, um die durch diese Zeichen erfolgende Reduktion des emotionalen Ausdrucks zu erkennen.

Die Philosophin Elisabeth List sieht in der Technik die Materialisierung einer auf die antike Geistmetaphysik zurückgehenden Vision (vgl. List 1996, S. 87). Es ist die Vision von der Möglichkeit einer geistigen Existenz jenseits der psychophysischen Konstellation alltäglicher leibgebundener Sinnlichkeit, von der Möglichkeit, das Geistige aus seiner Leibgebundenheit zu befreien. Die Neuen Technologien stellen für List den bislang letzten und radikalsten Schritt der Entkörperlichung des Psychischen dar. Amy betrachtet dies als Vorteil: „Sometimes I think those relationships (Offline-Beziehungen, d.A.) don't go as far as they could because there is the person sitting in front of you" (zit. n. Bahl 1997, S. 72). Es könnte sein, dass Amy der Gesichtsausdruck der Person, die ihr gegenübersitzt, nicht gefällt oder dass es sie abstößt, wie die Person isst. In der computergestützten Kommunikation würde sich Amys Sympathie allein darauf stützen, ob eine Person etwas Nettes oder Interessantes sagt. Face-to-face würde das nicht genügen, ja, das Liebenswerte könnte durch andere Eigenschaften einer Person überdeckt werden. „I'm gonna be dealing with a lot more elements of a person", sagt sie, „and so my overall opinion of the person is gonna be lower - because those things bring it down" (ebd.). Ava dagegen, der das Netz die Chance geboten hätte, etwas, was sie als nicht liebenswert einschätzte, nämlich ihre beschädigte Körperlichkeit, zu verbergen, nutzte das Netz, um den Makel zu offenbaren, möglicherweise, weil sie damit rechnen konnte, dass die beschriebene körperliche Beeinträchtigung die Entstehung von Sympathie und Zuneigung weniger behindert als deren sichtbare Präsentation im Face-to-face-Kontakt. Körperbehinderte können, wie Rheingold schreibt, im Netz erfahren, dass sie „so behandelt werden, wie sie schon immer behandelt werden wollten - als Denker, Ideenvermittler und nicht als körperliche Gefäße mit einer bestimmten Geh- und Sprechweise" (Rheingold 1994, S. 105). Dieser positive Effekt ergibt sich freilich nur in einer Gesellschaft, die ihren Umgang mit Körperbehinderten durch Diskriminierung und Ausgrenzung regelt.

Thomas, ein junger User, vermisst, anders als Amy, die Gestik und Mimik in der elektronischen Kommunikation, sobald eine Beziehung enger wird. Er möchte in diesem Fall Gewissheit haben, wie Bemerkungen zu verstehen sind, ob sie ernst oder als Scherz gemeint sind. Er vermisst die Körperlichkeit in der von Dreitzel beschriebenen kommentierenden Funktion.

Man kann nicht sagen, dass ich im Netz für mein Gegenüber nicht präsent bin, zu sehr ist menschliches Dasein, zu sehr sind alle kulturellen Schöpfungen dem Leiblichen verhaftet, auch die Sprache. Auch Worte schnappen in unsere Körper hinein. Auch Worte lassen uns erschauern, erröten, vibrieren oder erstarren (vgl. Merleau-Ponty 1966, S. 275). Der Leib ist im Netz nicht auf gewohnte Weise da oder nicht da; er ist anders da und er ist nur in Ausschnitten da. Rheingold bringt die Unmöglichkeit, in der computergestützten Kommunikation Gesichtsausdruck und Körpersprache zu übermitteln, mit den im Netz nicht selten auftretenden Aggressionen in Verbindung. Die physische Abwesenheit lockert nach Rheingold soziale Bindungen, die Menschen daran hindern, sich gegenseitig zu beleidigen (vgl. Rheingold 1994, S. 110). Die Annahme von Merleau-Ponty, dass sich Leib und Seele zur wechselseitigen Existenzbedingung werden, erfordert, weitere Risiken im Auge zu behalten. Gefühle, die keinen leiblichen Ausdruck finden, verkümmern, wenn die Annahme stimmt, und ein Leib, der seine Verbindung zu den Gefühlen einbüßt, hört auf, ein lebendiger Leib zu sein (vgl. Merleau-Ponty 1976, S. 243).

Das tat weh! „Claude war 36, Schweizer, und hatte offensichtlich all das, was mir an Menschen gefällt: Intelligenz, Offenheit, Witz und Humor, eine lockere und leichte Art, außergewöhnliche Lebenserfahrung, ein fesselndes Ausdrucksvermögen" (Casimir/Harrison 1996, S. 115). Claude ist eine Online-Bekanntschaft. Roswitha Casimir, die sich online Owi nannte, war ihm in einem Chat begegnet. Es dauerte eine Weile, bis Claude sie privat ansprach:

Claude: Hey Owi, ich mag Dich! Du bist witzig.

Owi: (errötet)

Claude: Ach wo, warum denn erröten ... Hast Du Lust auf ein Privatgespräch?

Dies war der Anfang zu einem regelmäßigen Kontakt. Claude und Owi verabredeten sich ein- bis zweimal pro Woche online; sie unterhielten sich über Berufliches und Familiäres. Claude wurde für Owi „zu einem wichtigen Freund und festen Punkt" (ebd., S. 119) in ihrem Leben. Von einem Tag auf den anderen meldete sich Claude nicht mehr. Owi stellte Nachforschungen an und fand heraus, dass er weder krank noch verreist war. Owi fühlte widersprüchlich: Sie war traurig, enttäuscht, böse. Irgendwann entdeckte sie Claude wieder am Nachrichtenbrett des Forums und sie hinterließ die Nachricht, dass sie stocksauer sei. Daraufhin meldete sich Claude, erklärte sein Schweigen mit Arbeitsüberlastung und versprach am nächsten Donnerstag in das Forum zu kommen, um sie zu treffen. Owi war am besagten Donnerstagabend online. Sie schrieb: „Insgesamt war ich fünf Stunden ohne Unterbrechung in dem Forum, beteiligte mich an keinem Gespräch, sondern saß nur da, blickte auf den Bildschirm und wartete auf Claude. Aber er kam nicht ... Ich bin ihm nie wieder online begegnet" (ebd., S. 121).

Emotional aufgeladene Situationen, die plötzlich abbrechen, produzieren affektive Überschüsse (vgl. Dreitzel 1995, S. 502). Diese bestehen aus den in der Auslösesituation nicht ausreichend ausgedrückten Gefühlen; der Gestaltpsychologe Frederick Perls spricht von „unfinished business". Es besteht das Risiko, dass Überschussaffekte in andere Situationen hineingetragen werden, die mit der Auslösesituation nichts zu tun haben. Sie belasten neue Beziehungen, wenn sie sie nicht überhaupt verhindern.

Die technischen und organisatorischen Bedingungen elektronischer Kommunikation machen es leicht, sich plötzlich aus existierenden Beziehungen auszuklicken. Wenn etwas zu kompliziert wird, wird es verabschiedet und man setzt auf ein neues Pferd: nichts muss ausgetragen werden (vgl. Negt 1998, S. 43). Man kann sogar wiederkommen, unter einem neuen Namen und man hat mit dem, der man vorher gewesen ist, nichts mehr zu tun. Solches Verhalten folgt dem Motto „Nichts Langfristiges", das Richard Sennett als das sichtbarste Zeichen des gegenwärtig sich vollziehenden gesellschaftlichen Wandels bezeichnet hat (vgl. Sennett 1998,

S. 25). Das Motto ist der Ungeduld des modernen Kapitalismus geschuldet, die kein längeres Verharren an einem Ort, in einer Beziehung, in einer Tätigkeit duldet. Selbst in kurzfristige Marktstrategien eingebunden, fordert das Kapital das flexible Subjekt, das sich biegt und verwandelt, stets offen ist für neue Erfahrungen und sich auf allen Bühnen bewegen und behaupten kann (vgl. ebd., S. 182). „ Nichts Langfristiges!“ ist ein verhängnisvolles Rezept für die Entwicklung von Vertrauen, Loyalität und Intimität, die Zeit braucht.

Die Neuen Medien locken mit wechselnden Bühnen und unübersehbar vielen Beziehungsmöglichkeiten. Um nichts zu versäumen, darf man sich nirgendwo zu lange aufhalten. Das Glück lässt sich steigern :-)) :-))). Abschiede dürfen kein Problem sein. Damit einem niemand einen Strich durch die Rechnung machen kann, macht man sich sang- und klanglos aus dem Staub. Das könnte in einen Mechanismus münden, den Mitscherlich „die Unfähigkeit zu trauern“ genannt hat. „Die Unfähigkeit zu trauern“ hat nicht nur Konsequenzen für die Gegenwart. Wer nicht trauern kann, hat auch keine Kraft zur Utopie (vgl. Negt 1998, S. 43).

Emotionale Missverständnisse. In den elektronischen Datennetzen treffen Menschen verschiedenster sozialer und kultureller Herkunft aufeinander. In einem bislang ungekannten Ausmaß besteht damit die Möglichkeit, über fast alle Unterschiede hinweg miteinander zu kommunizieren, sofern man Zugang zu den neuen Informations- und Kommunikationstechnologien hat. Dies setzt natürlich ökonomische Ressourcen voraus, ist alles, was man für den Aufenthalt in den Netzen braucht, etwas technische und vor allem kommunikative Kompetenz. In Sekundenschnelle können Menschen verschiedener Kontinente miteinander ins Gespräch kommen. Die Verschiedenartigkeit der miteinander Kommunizierenden ist für Rheingold eine der Hauptattraktionen dieser Medien und zugleich die Quelle verzwicktester Probleme (vgl. Rheingold 1994, S. 101). Die sich begegnenden Menschen haben eine unterschiedliche kulturelle oder subkulturelle Sozialisation durchlaufen. Die Differenzen dürften ungleich weniger bewusst sein als in einer leibhaftigen Begegnung, ist man doch weder sichtbar füreinander noch geht der Begegnung eine Reise voraus, die die Ankunft in einem anderen Kulturkreis zu einem unübersehbaren Faktum macht.

Kulturelle Differenzen betreffen auch die Gefühle. Jede Kultur kultiviert bestimmte Gefühle und bestimmte Formen des Gefühlsausdrucks; auch die Wertschätzung von Gefühlen differiert von Kultur zu Kultur. So sind z.B. die Interaktionen der Bantu in Kenia so geregelt, dass Äußerungen intensiver Emotionen geächtet sind (vgl. Ulich 1995, S. 123). Die Mütter tun alles, um die Emotionen ihrer Kinder zu dämpfen. Wenn freudige Erregung nur in Schwierigkeiten bringt, dann werden solche Kinder ein

Gefühl von Glück entwickeln, dass sich nur zurückhaltend äußert. In euroamerikanischen Kulturen scheint Glück dagegen Schwung, Aufregung und Bewegung zu beinhalten. Auch im emotionalen Dialog japanischer Mütter mit ihren Kindern dominieren Versuche der Besänftigung und der Unterdrückung von Äußerungen eines Unbehagens; amerikanische Kinder dagegen stimulieren ihre Kinder eher und fördern Äußerungen von Wohlbehagen und Glück (vgl. ebd., S. 125). Die kulturellen Differenzen werden durch subkulturelle Normen variiert. White-Collar-Eltern aus dem euroamerikanischen Kulturkreis ermutigen emotionale Differenzierungsfähigkeit und Feinfühligkeit sowie eine gute Kontrolle über Stimmungen; in der Arbeiterschicht dagegen dürfen sich Aggression und Ärger deutlicher zeigen, allerdings nicht den Stärkeren, sondern nur den Schwächeren gegenüber (vgl. ebd.). Je nachdem, wie bedeutsam bestimmte Gefühle in einer Kultur eingeschätzt werden, sind sie sprachlich mehr oder weniger repräsentiert. Die kulturspezifisch erworbenen Gefühlsnormen prägen das emotionale Erleben und die emotionalen Ausdrucksmöglichkeiten. Gefühlsmitteilungen, die einem User aus dem euro-amerikanischen Kulturkreis noch sehr vorsichtig und zurückhaltend erscheinen, kann der Empfänger, der einem anderen Kulturkreis angehört, schon als zu direkt, vielleicht als verletzend erleben. Den Normen der eigenen Kultur verpflichtet, darf er die Verletzung möglicherweise nur verschlüsselt mitteilen, wobei er nicht sicher sein kann, ob seine Mitteilung wahrgenommen, geschweige denn richtig gedeutet wird.

Kulturelle Differenzen im Gefühlsleben lassen Missverständnisse, emotionale Verunsicherung, Verletzungen erwarten, wenn Angehörige unterschiedlicher Kulturkreise im Netz aufeinandertreffen, zumal die Kommentierung durch Gesichtsausdruck, Bewegung und Haltung fehlt, die Unverständliches verstehbar und Verwirrendes entwirren könnte. Auf die emotionale Verstörung kann auf zweierlei Weise geantwortet werden: durch die Abwehr des Anderen und Fremden, was fundamentalistische Tendenzen begünstigt, die nur noch das Eigene als das einzig Wahre gelten lassen, oder durch den Versuch, mit dem Fremden in einen Dialog zu treten, in dem sich alle Beteiligten weiterentwickeln. Das Missverständnis bietet einen notwendigen Anlass, nach Verständigung zu suchen. Würden wir uns vollständig verstehen, hätte das Miteinanderreden keinen Sinn mehr (vgl. Meyer-Drawe 1990, S, 23). Das emotionale Missverständnis in der computergestützten Kommunikation könnte genutzt werden, um zu üben, was uns in einer zunehmend multikulturell sich gestaltenden Welt auch offline hilfreich sein könnte: Sensibilisierung für die emotionale Differenz, nicht um sie aufzuheben, sondern, um mit ihr leben zu lernen.

4. Tradierte Strukturen von Subjektivität auf dem Prüfstand

Lassen Sie mich mit einer taoistischen Fabel abschließen, die ich bei Elisabeth List gefunden habe: Eine Malerin erhält den Auftrag, „die Eingangshalle eines vornehmen Hauses mit einem Gemälde zu schmücken. Sie besah sich die Wand und malte einen dichten Wald von exotischer Schönheit. Als das Gemälde fertiggestellt war, wurden Gäste zu seiner Besichtigung geladen, und auch die Künstlerin war zugegen. Während des festlichen Zusammenseins geschah es, dass sich die Künstlerin mit einem Lächeln von den Gästen verabschiedete, sich zur Wand drehte, auf den Wald zuging und zwischen den Bäumen und Sträuchern verschwand - und ward nie mehr gesehen ...“ (zit. n. List 1996, S. 99).

Die Taoisten ziehen aus der Fabel die Lehre, von der Einbildungskraft stärker Gebrauch zu machen und sich im Spiel mit dem Denkmöglichen von den Fixierungen des erworbenen Weltbildes zu lösen. Ein ähnliches Angebot erhalten die emotionalen Begegnungen im Netz. Sie konfrontieren uns mit Erfahrungen, die die Selbstverständlichkeit der Art, wie wir wahrnehmen, wie wir denken, fühlen, Freundschaften gestalten, Erotik, Sexualität leben, Familie verstehen, in Zweifel ziehen. Der Zweifel greift grundlegend in unsere Subjektivität ein. Er wirft grundlegende Probleme von Sein, Sollen und Wollen auf. Die emotionalen Herausforderungen in der computergestützten Kommunikation beschreiben eine Dekonstruktion tradierter Strukturen von Subjektivität. Sie stellen Anforderungen an Subjektivität, die die Notwendigkeit einer veränderten Binnenausstattung der Subjekte markieren.

Eine Veränderung von Subjektivität geht notwendig mit einer Gefährdung des Subjekts einher. Um die Gefährdung zu minimieren und die Chancen zu optimieren, ist eine bewusste und institutionalisierte Auseinandersetzung mit den emotionalen Herausforderungen computergestützter Kommunikation unverzichtbar. Sie wäre insbesondere auf zwei Ebenen zu führen: auf der Ebene der kritischen Analyse und Kommentierung und auf der Ebene von Erziehung und Bildung.

Der Anspruch an kritische Analyse betrifft die Wissenschaft und den Journalismus. Letzterer, so scheint es mir, stellt sich diesem Anspruch stärker, als die Wissenschaft es bislang tut. Zwar mehren sich wissenschaftliche Publikationen zum Thema Neue Technologien, doch meist sind die in ihnen enthaltenen Aussagen nur unzureichend empirisch abgesichert; sie beruhen auf Erfahrungen und Vermutungen der AutorInnen. Es fehlen die empirischen Analysen, was auch eine Frage der Forschungsförderung ist, die auf dem Gebiet elektronischer Datennetze, soweit es nicht um technische Anwendungsforschung geht, wenig entwickelt ist.

Die emotionalen Erfahrungen im Netz verweisen auf neue Anforderungen an Erziehungs- und Bildungsprozesse. Subjektivität ist ein Grundthema von Erziehung und Bildung. Doch die, die sich mit der Entwicklung von

Subjektivität beschäftigen, die sie fördern und unterstützen wollen, Eltern, LehrerInnen, ErzieherInnen, PsychotherapeutInnen zeigen sich zurückhaltend in ihrer Auseinandersetzungsbereitschaft. Warum? Liegt der Zurückhaltung eine Position zu Grunde, die das Technische im Widerspruch sieht zu Sinnlichkeit, Naturnähe, Emotionalität und es daher gerade aus emanzipatorisch sich verstehenden Bildungsprozessen fernhalten will. Dies wäre eine Position, die sich leicht in realitätsferne „moralische Widerstandshaltungen (verwandelt), die sich in machtgeschützter Innerlichkeit verkapselt" (Negt 1998, S. 35). Oder liegt die Zurückhaltung daran, dass sich diejenigen, die sich kraft professioneller Zuständigkeit auf der Seite der Lehrenden und Wissenden befinden, schwer tun, in die Rolle der Lernenden zu schlüpfen? Wie dem auch sei, eine Haltung der Technikdistanz ignoriert, dass wir in einer Welt leben, die von Technik nicht nur bestimmt, sondern durch Technik konstituiert wird. Dies verlangt nach einer Technikkompetenz, die zweierlei beinhaltet: den kompetenten Umgang mit Technik und die Fähigkeit und Bereitschaft, diesen Umgang zum Gegenstand kritischer Reflexion zu machen. Für Kinder und Jugendliche sind die Neuen Technologien längst zu faszinierenden Bezugspunkten ihrer Alltagswelt geworden. Sie nutzen sie als Bühne für Selbstversuche und soziale Experimente (vgl. Schachtner 1997, S. 128ff.). Sie spüren im Cyberspace neuen Möglichkeiten von Subjektivität nach, stülpen sich unterschiedliche Identitäten über, surfen abenteuerlustig durch die digitale Traumwelt. Ob die Erwachsenen es wünschen oder nicht, die Heranwachsenden geben den Neuen Medien einen selbstverständlichen Platz in ihrem Alltag. Und sie stellen Fragen, so wie Daniel (17 Jahre), der wissen will: „Was mache ich, wenn mir meine Freundin erklärt, sie liebt jetzt einen anderen, und es ist ein Roboter?"

Anmerkung

1 Wiederabdruck mit freundlicher Genehmigung des Herausgebers. Zuerst erschienen in Sandbothe, M. / W. Marotzki (Hrsg.) (2000): Subjektivität und Öffentlichkeit. Kulturwissenschaftliche Grundlagenprobleme virtueller Welten. Köln: Halem Verlag.

Literatur

Bahl, A. (1997): Zwischen On- und Offline, Identität und Selbstdarstellung im Internet. München: KoPäd Verlag

Casimir, R. / R. Harrison (1996): Cyberrom@nzen, Online-Beziehungskisten und Partnersuche im Internet. Mannheim: Bollmann Verlag

Dreitzel, H. P. (1983): Der Körper als Medium der Kommunikation. In: A. E. Imhof (Hrsg.): Der Mensch und sein Körper. München: Beck Verlag, S. 179–196

Dreitzel, H. P. (1995): Emotionen in der Gefühlstherapie – ihre Bedeutung und Handhabung im therapeutischen Prozess. In: H. Petzold (Hrsg.): Die Wiederentdeckung des Gefühls. Paderborn: Junfermann Verlag, S. 493–518

FINK-EITEL, H. / G. LOHMANN (1993): Einleitung. In: H. FINK-EITEL / G. LOHMANN (Hrsg.): Zur Philosophie der Gefühle. Frankfurt a.M.: Suhrkamp Verlag, S. 7-19

FLUSSER, V. (1994): Gesten, Versuch einer Phänomenologie. Frankfurt a.M.: Fischer Verlag

HERDER, J. G. (1961): Von deutscher Art und Kunst. In: Werke in zwei Bänden. Erster Band. München: Hanser Verlag, S. 831-895

HORKHEIMER, M. (1967): Zur Kritik der instrumentellen Vernunft. Frankfurt a.M.: Fischer Verlag

LIST, E. (1996): Platon im Cyberspace, Technologien der Entkörperlichung und Visionen vom körperlosen Selbst. In: I. MODELMOG / E. KIRSCH-ANWÄRTER (Hrsg.): Kultur in Bewegung, Beharrliche Ermächtigung. Freiburg i.Br.: Kore Verlag, S. 83-109

LÖW-BEER, M. (1993): Zur Einschätzung von Gefühlen und Gefühlsleben. In: H. FINK-EITEL / G. LOHMANN (Hrsg.): Zur Philosophie der Gefühle. Frankfurt a.M.: Suhrkamp Verlag, S. 89-111

MATURANA, H. / F. VARELA (1987): Der Baum der Erkenntnis. Bern/München/Wien: Scherz Verlag

MEIER-SEETHALER, C. (1998): Gefühl und Urteilskraft, Ein Plädoyer für die emotionale Vernunft. München: Beck Verlag

MERLEAU-PONTY, M. (1976): Die Struktur des Verhaltens. Berlin/New York: Walter de Gruyter Verlag

MERLEAU-PONTY, M. (1966): Phänomenologie der Wahrnehmung. Berlin: Walter de Gruyter Verlag

MEYER-DRAWE, K. (1990): Illusionen von Autonomie. München: P. Kirchheim Verlag

MÜNKER, ST. (1997): Was heißt eigentlich: „Virtuelle Realität“? Ein philosophischer Kommentar zum neuesten Versuch der Verdoppelung der Welt. In: ST. MÜNKER / A. ROESLER (Hrsg.): Mythos Internet. Frankfurt a.M.: Suhrkamp Verlag, S. 108-130

NEGT, O. (1998): Lernen in einer Welt gesellschaftlicher Umbrüche. In: H. DIECKMANN / B. SCHACHTSIEK (Hrsg.): Lernkonzepte im Wandel. Die Zukunft der Bildung. Stuttgart: Klett-Cotta, S. 21-44

PAETAU, M. (1997): Sozialität in virtuellen Räumen. In: B. BECKER / M. PAETAU (Hrsg.): Virtualisierung des Sozialen. Die Informationsgesellschaft zwischen Fragmentierung und Globalisierung. Frankfurt a.M.: Campus Verlag, S. 103-134

REISCH, E. (1997): Vernetzte Herzen, Chat, Flirt und Leidenschaft im Cyberspace: Düsseldorf/München: Econ Verlag

RHEINGOLD, H. (1994): Der Alltag in meiner virtuellen Gemeinschaft. In: M. FASSLER / W. R. HALBACH (Hrsg.): Cyberspace, Gemeinschaften, Virtuelle Kolonien, Öffentlichkeiten. München: Fink Verlag, S. 95-121

SCHACHTNER, CH. (1993): Geistmaschine, Faszination und Provokation am Computer. Frankfurt a.M.: Suhrkamp Verlag

SCHERER, B. (1997): Vom Müssen zum Wollen, Arbeiten mit dem Personalcomputer. In: CH. SCHACHTNER (Hrsg.): Technik und Subjektivität. Frankfurt a.M.: Suhrkamp Verlag, S. 47-68

SCHMIDBAUER, W. (1985): Indirekte Aggression und offener Haß. In: R. KAHLE / H. MENZER / G. VINNAI (Hrsg.): Haß. Die Macht eines unerwünschten Gefühls. Reinbek: Rowohlt Verlag, S. 83-91

SCHMITZ, H. (1995): Gefühle in philosophischer (neophänomenologischer) Sicht. In: H. G. PETZOLD (Hrsg.): Die Wiederentdeckung des Gefühls. Paderborn: Junfermann Verlag, S. 47-82

SCHÜTZ, A. / TH. LUCKMANN (1995): Strukturen der Lebenswelt. Darmstadt: Suhrkamp Verlag

SENNETT, R. (1998): Der Flexible Mensch. Berlin: Berlin Verlag

SIMMEL, G. (1922): Soziologie, Untersuchungen über die Form der Vergesellschaftung. München/Leipzig: Duncker & Humblot

TURKLE, SH. (1986): Die Wunschmaschine. Reinbek: Rowohlt Verlag

TURKLE, SH. (1995): Life on the Screen, Identity in the Age of the Internet. London: Weidenfeld/Nicolson

ULICH, D. (1995): Kinder, Jugendliche, Gefühle, Umwelt. Sozialisation und Entwicklung von Emotionen. In: H. PETZOLD (Hrsg.): Die Wiederentdeckung des Gefühls. Paderborn: Junfermann Verlag, S. 119-135

WELSCH, W. (1991): Subjektsein heute, Überlegungen zur Transformation des Subjekts. In: Deutsche Zeitschrift für Philosophie, 1991, Heft 4, S. 347-365

Wolfgang Schindler

Virtuelle Wirklichkeit

Abschied vom Wunsch nach Objektivität

„Virtuell“: der Begriff ist mittlerweile geradezu ein Popstar, dank der Durchdringung fast aller Lebensbereiche mit Computertechnologie. Allein eine deutsche Internet-Suchmaschine[1] listete 23.291 Dokumente auf, die diesen Begriff enthalten. Verheißung und Gefährdung schwingen mit, wenn von virtuellen Persönlichkeiten, virtuellen Bibliotheken, virtuellen Universitäten oder gar virtuellen Kriegen gesprochen wird. Am PC könnte ich per Mausklick etwa nach „www.bayreuth-virtuell.de“ reisen, um ein zumindest prinzipiell mögliches Ziel zu nennen. Die Übersetzung des englischen Ausdrucks „virtual reality“, von Computern erzeugte Wirklichkeit, die den Betrachtern fast völlig real erscheint, fügt eine neue Facette von Bedeutung hinzu, die jenen Schwebezustand zwischen „fast ganz wirklich“ und „dennoch scheinhaft“ bezeichnet.

Steil ist die Karriere des Begriffs „virtuell“. Sie beginnt mit einem unscheinbaren Eintrag im Wörterbuch, erklärt als „der Kraft oder Möglichkeit nach vorhanden“[2]. Quantenphysiker kennen virtuelle Teilchen als „unbeobachtbar, aber an ihren Auswirkungen feststellbar“[3]. Wenn ich in den Spiegel schaue, sehe ich eine virtuelle Abbildung[4] von mir, denn ich bin ja nicht „wirklich“ hinter dem Spiegel. Vilém Flusser hat im Englischen folgende Definition gefunden: „Für alle praktischen Zwecke soviel wie wirklich“ – das kann morgens vor dem Spiegel manchmal schocken.

Im Folgenden wird versucht, Grenzlinien zwischen den unterschiedlichen Verwendungen des Begriffs zu ziehen. Von der technisch anspruchsvollen, aber gedanklich schlichten Verwendung als Synonym für „im Computer erzeugt“ gelangen wir dabei letztendlich zu erkenntnistheoretischen Fragen, die zu pädagogischen Antworten führen können.[5]

„Cyberspace“

Ist „virtueller Raum“ nur ein anderes Wort für „Cyberspace“ ? Letzteres verdanken wir William Gibson, in dessen Roman „Neuromancer“ (1984) sich die Menschen direkt mit ihrem Nervensystem an „die Matrix“ anschließen, um virtuelle Datenwelten zu durchstreifen und, ganz körperlich, zu durchleiden. Weniger literarisch, ganz handfest begann der Cyberspace, der kybernetische, errechnete Raum als Computertechnologie in den Labors amerikanischer Rüstungprojekte, um möglichst realititätsnahe Simulationen von Gefechtssituationen zu ermöglichen. Folglich war der ehemalige Präsident der USA, Ronald Reagan, ein Verfechter von Videospielkonsolen im Kinderzimmer, damit die Jungs früh die nötige Geschicklichkeit am Steuerknüppel einübten.

Wie dominant diese Assoziation mit dem Begriff „virtuell“ ist, erlebte neulich ein Kollege, der vor PädagogInnen über „Virtuelle Räume für Kinder und Jugendliche“ sprechen wollte: Zunächst musste er mit der Enttäuschung seiner Zuhörer kämpfen, die statt eines pädagogischen Vortrages ein Multimediaspektakel mit Flügen in lebensechten Kampfhubschraubern durch 3-D-Labyrhinte auf der Großleinwand erwartet hatten. Spätestens seit dem Kinofilm „Der Rasenmähermann“ sind wir Zuschauer anspruchsvoller geworden als noch beim ersten VR-Film „Thron“ (Disney-Produktion von 1982).

Computersimulierte Räume, in denen sich der Anwender am Computerbildschirm oder mit Hilfe einer speziellen Brille und einem sensorischen Handschuh „frei bewegen“ kann, gehören mittlerweile zur Ausbildung von Piloten, Panzerfahrern oder Lokomotivführern, aber auch zum anspruchsvollen Marketing für „Zukunftsprodukte“. Die vom Computer berechneten Wechselwirkungen werden in realistischen Bildeindrücken, akustischen Signalen und simulierten Beschleunigungskräften an den Benutzer weitergegeben. Virtuelle Räume sind besser geeignet als die Realität, in der die erste Chance zum Üben kritischer Situationen schlimmstenfalls schon die letzte sein könnte. Merkmale derartiger virtueller Umgebungen sind[6]:

- Immersion, das Gefühl, Bestandteil dieser Umgebung zu sein, wird durch Displays, die das gesamte Gesichtsfeld des Beobachters umschließen und die meist an dessen Kopf befestigt sind und dessen Bewegungen zur Berechnung der Darstellung einbeziehen, ermöglicht.
- Selbst-Gegenwärtigkeit, das Gefühl, sich an einem bestimmten Punkt in diesem Raum zu befinden, wird durch ein möglichst großes Gesichtsfeld realisiert.
- Objekt-Gegenwärtigkeit, das Gefühl, dass die Objekte eine bestimmte räumliche Gegenwart relativ zum Beobachter besitzen, wird durch angemessene dreidimensionale Darstellung und Interaktivität gefördert.

Henning Freiberg beschreibt den Wiedereintritt in die nichtvirtuelle Welt so: „Da war sie wieder, die andere Wirklichkeit. Nicht die Wirklichkeit, denn die virtuelle war ja schließlich auch keine Illusion. Sie existierte nur als eine an die Körperbewegung gekoppelte Bildwirklichkeit, jedoch als räumliches Bild, als begehbares Bild, als ein Bild, das sich um uns herum gewickelt hatte. Wir sind in den Bildschirm eingetreten und haben darin gespielt.“ ... „Übrigens: Bei aller Vereinnahmung der Sinne des Sehens, Hörens und Fühlens in der erlebten virtuellen Welt ist uns zu keiner Zeit der Gedanke gekommen, dass die virtuellen Mäuse echt sein könnten oder die virtuellen Käsestücke essbar. Das ist auch kein Mangel der digitalen Wirklichkeitskonstruktion, so wie es kein Mangel ist, dass im Theaterstück (als analoge Wirklichkeitskonstruktion) der Schauspieler auf der Bühne kein wirkliches Gift trinkt. Bei entsprechender Aufklärung können selbst Kinder im Vorschulalter den Unterschied begreifen."[7]

Aber virtuelle Realitäten am Computer simulieren nicht nur die „Wirklichkeit", sie können auch, interaktiv, komplexe Sachverhalte visualisieren. Unter Visualisierung versteht man in diesem Zusammenhang die grafische Aufbereitung (rendering) riesiger Zahlenmengen. Bestimmte Merkmale dieser Grafiken ermöglichen weitergehende Einsichten in die Struktur dieser Daten, beispielsweise durch das Betrachten von Strömungslinien oder Oberflächen gleicher Merkmale.

Virtuell – und doch real

Die Gleichsetzung von virtuellem Raum und nicht-wirklich ist falsch. In virtuellen Universitäten wird längst schon wirklich gelernt, virtuelle Unternehmen können reales Geld verdienen:

• „Die virtuelle Universität ist nicht mehr um Hörsäle herumgebaut; ... Der Personal Computer spielt eine entscheidende Rolle: der Rechner ist zugleich Anbieter von Lehrmaterial, Experimentierumgebung, Bibliothek, Auskunftsterminal und Kommunikationszentrum. Zum Lehrmaterial gehören Multimedia-Kurse, (interaktive) Videos, Computer Based Training, Simulationspakete, Experimentiersoftware, Animationen, Printmedien" (aus der Projektbeschreibung der „Virtuellen Universität – Fernuniversität Hagen").[8] Zu ergänzen ist: der „Lehrkörper", der all dies zusammenstellt und besoldet sein will, gehört auch dazu.

• Virtuelle Unternehmen sind eine besondere Form der zwischenbetrieblichen Zusammenarbeit: „Beim Auftreten einer Marktchance schließen sich mehrere rechtlich und wirtschaftlich selbstständig bleibende Unternehmen zusammen, um das meist zeitlich begrenzt vorhandene Marktpotenzial als virtuelles Unternehmen auszuschöpfen. Der Auf- und Abbau der Kooperation erfolgt schnell und ohne die Einrichtung zusätzlicher Koordinationsstellen oder die Aushandlung genau spezifizierter Verträge. Auf diese Weise können irreversible Kosten vermieden werden, und das entstehende Virtuelle Unternehmen kann die gleichen Ergebnisse wie eine real existierende, voll integrierte Unternehmung liefern."[9]

In beiden Beispielen erweitern computergestützte Informations- und Kommunikationstechnologien (IuK) bestehende Organisationsformen, erhöhen deren Reichweite als neue Produktionsmittel und ermöglichen neue Strukturen. Das Adjektiv „virtuell" hat hier wohl mehr Werbe- als Erklärungskraft. Die Beispiele illustrieren freilich, dass virtuelle Prozesse gewaltige Auswirkungen haben können, also alles andere als irreal oder fiktiv sind. Eine eMail ist nicht weniger real als ein Brief auf Papier, eine „Lernumgebung“ auf CD hat Gemeinsamkeiten mit einer reichhaltigen Bibliothek plus Labor und Exkursion. Das Telefon ermöglicht zeitgleiche Kommunikation ohne leibhaftige Zusammenkunft – jahrzehntelange Gewöhnung verhindert, diese Kommunikationsform ebenfalls als virtuell zu empfinden.

Auch ist die Bindung von „virtuell“ an Computertechologie weder historisch noch logisch zwingend: Planspiele, soziale Simulationen als Lernumgebungen für Studenten und Soldaten sind vergleichbar nicht-wirklich und real wirksam. Beide, der errechnete Raum und der in der Phantasie vorgestellte, ggf. auch schriftlich konstruierte, angenommene Raum ermöglichen Lernen, bessere Anpassung an „die Wirklichkeit“ am Verhandlungstisch, am Schlachtfeld, in der Zukunft. So verstanden haben auch Kino und Theater virtuelle Momente, wir begeben uns willig, identifiziert mit den Protagonisten, in Räume jenseits des Alltags, freilich hier ohne Möglichkeit zur Interaktion: Manchmal bringen wir sogar angepasstes Verhalten aus diesen Räumen mit, etwa den breitbeinigen Gang nach ausgedehnten „Ritten“ durch die Steppen des Wilden Westens. Deuten so die Malereien in Steinzeithöhlen auf virtuelles Jagen?

Wahrheit oder Illusion

Worum geht es also „wirklich“, wenn von „virtuell“ die Rede ist? Schon die Frage ist nicht endgültig beantwortbar in dem Sinn, dass andere Deutungen als die folgende weniger „wahr“ wären. Als Autor dieser Zeilen versuche ich, so klar als mir möglich zu formulieren – was daraus in Ihrem Kopf, werter Leser, entsteht, ist ausschließlich Ihre Sache. Je nach Ihrer Herkunft, vom Mars, aus „dem Ausland“, aus dem Fundamentalismus oder von der Konkurrenz wird es etwas Verschiedenes sein.

Denn Wahrheit ist, auch wenn diese Relativierung schmerzlich sein sollte, vor allem das Produkt der Übereinstimmung derer, die sie definieren. So geht es im Kern um Erkenntnistheorie: Gibt es eine objektive, vom Beobachter unabhängige Wirklichkeit „da draußen“, jenseits von Trommelfell, Netzhaut und Fingerspitzen? Eine Realität, die wir nur richtig erkennen müssen und die für alle gleich ist?

Der Psychoanalytiker Zizek warnt mit Recht vor der Vorstellung, „dass vor der computergenerierten Virtualisierung der Realität wir es mit einer direkten, ‚realen‘ Realität zu tun gehabt hätten: die Erfahrung der virtuellen Realität sollte uns vielmehr dafür sensibilisieren, wie die ‚Realität‘, mit der wir uns befassen, immer schon virtualisiert war.“[10] Zizek argumentiert hier als radikaler Konstruktivist: Wirklichkeit ist nach diesem Ansatz für „strukturdeterminierte“ Wesen wie uns Menschen nicht als etwas Objektives, vom menschlichen Beobachter Unabhängiges bestimmbar.

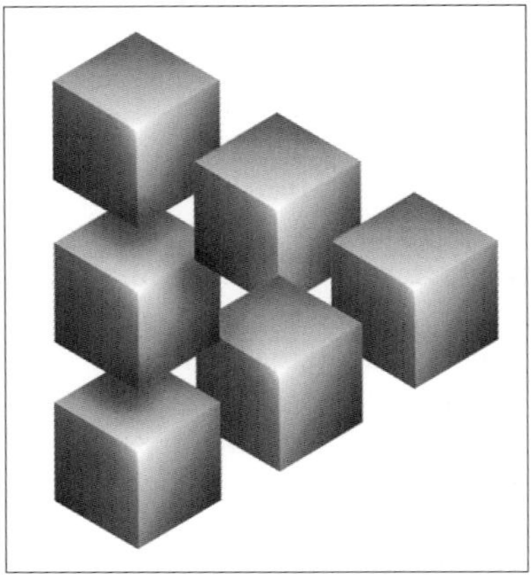

Abb. 1: MaC*-Logo

H. Maturana[11] weist, m.E. logisch unabweisbar, darauf hin, dass wir mit unseren Sinnen prinzipiell nicht direkt zwischen „Wahrheit“ und Täuschung unterscheiden können - letztere erkennen wir erst durch Rückgriff auf Erfahrung. Zwei Beispiele:

- Das Logo zum Josefstaler MaC*-Weiterbildungsprogramm stimmt für jeden aufmerksamen Betrachter „irgendwie nicht“, denn es zeigt eine unmögliche dreidimensionale Konstruktion - die wir nichtsdestotrotz „sehen“.[12]
- „Papst Paul küsst Mona Lisa.“ Es fällt im Zeitalter von Photoshop und anderer Computergrafiksoftware nicht schwer, sich solch ein Bild in einer Zeitung vorzustellen.

Nach „Toy Story“, dem Disneyfilm mit komplett im Computer animierten Figuren, könnte solch eine Szene auch im Abendprogramm des Fernsehens flimmern. Zum Glück für den Pressesprecher des Vatikans „wissen“ wir, dass es eine Montage sein „muss“ - bei Gerhard Schröder in vertraulicher Pose mit Claudia Schiffer wäre dagegen unsere Sicherheit bezüglich des Wahrheitsgehaltes solch einer Szene schon geringer.

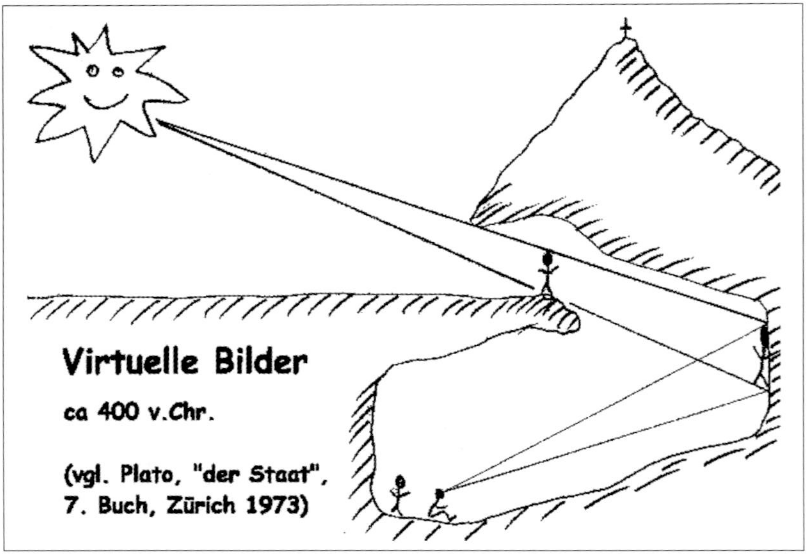

Abb. 2: Skizze zum Höhlengleichnis aus Platons „Der Staat“

Spätestens die Erinnerung an den ersten Golfkrieg macht uns klar, dass der Betrachter medialer Produktionen, anders als zu Zeiten stalinistischer Fotoretouschen, keine Chance mehr hat, direkt, aus eigener Anschauung zwischen „wahr“ und „konstruiert“ zu unterscheiden. Diese Unmöglichkeit, Wirklichkeit mit den eigenen Sinnesorganen zu erkennen, wurde freilich schon von Platon im sog. Höhlengleichnis geschildert: zweifellose Realität für die in der Höhle Angeketteten sind die Schatten, die das Sonnenlicht von den Wesen am Höhleneingang an die Wand der Höhle wirft.

Zwar wird noch eine vom Beobachter unabhängig existierende „Wirklichkeit“ unterstellt, aber direktes Erkennen „der Wahrheit“ ist als unmöglich erkannt. Allein das schon ist eine beängstigende Erkenntnis. Diese Beängstigung ist denn wohl auch der Kern der seit den antiken Theateraufführungen üblichen Diskussion über die Wirkung von Medien: Sind die Betrachter fähig zu unterscheiden zwischen wirklich und gespielt? Mehr noch, sind sie überhaupt willens? Die Frage nach der Wirklichkeit wandelt sich dann flugs in die Frage nach der Definitionsmacht über die Wirklichkeit.

Die konstruierte Wirklichkeit *ist* die Wirklichkeit

Der konstruktivistische Ansatz ist noch radikaler: Wirklichkeit, so Maturana, ist immer eine Konstruktion, die von und im Beobachter erzeugt wird, in Abhängigkeit von dessen biologisch festliegender Struktur. Dies ist ein aktiver Prozess, etwa beim Sehen: aus der ungeheuren Menge der auf die Netzhaut fallenden Lichtstrahlen erzeugt beispielsweise das Auge-

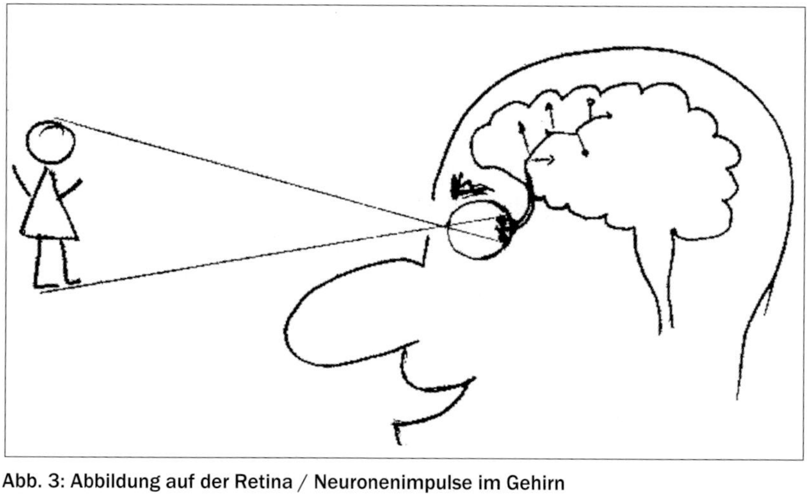

Abb. 3: Abbildung auf der Retina / Neuronenimpulse im Gehirn

Hirn-System eines Säuglings das Bild „Mutter" - und das wiederum ist wesentlich mehr als die bloße Abbildung einer Frau auf der Netzhaut. Bis zur Selbst-Identifikation dieses Kindes im eigenen Spiegelbild ist es dann noch ein langer Lernprozess, bei dem sich auch die neuronale Struktur im Hirn messbar verändert. Diese Konstruktionsprozesse verlaufen jedoch nicht zwingend „normal": Normalität und „Realitätssinn" sind nur durch eine vom Durchbrechen bedrohte Grenze vom „Verrückt"-Sein getrennt, wie wir schon anhand von Träumen, depressiven Krisen oder auch nach dem Konsum von Drogen ahnen können. Wäre die Grenze nicht so fragil, müsste die „Normalität" nicht so aggressiv verteidigt werden.

Dieses Prinzip der Konstruktion von Wirklichkeit gilt auch für Identitätsfragen; auch hier geht es, so Zizek, um Virtuelles: „Der elementarste Vorgang der symbolischen Identifizierung, die Identifizierung mit einem Ich-Ideal, involviert eine Identifizierung mit einem virtuellen Bild ... Ist also Virtualität nicht das Markenzeichen jeder, selbst der elementarsten, ideologischen Identifizierung? Wenn ich mich als ‚Demokrat', ‚Kommunist', ‚Amerikaner', ‚Christ' usw. betrachte, dann sehe ich nicht direkt ‚mich': Ich identifiziere mich mit einem virtuellen Ort im Diskurs. Und insofern, als eine solche Identifizierung konstitutiv für eine Gemeinschaft ist, ist jede Gemeinschaft stricto sensu[13] immer schon virtuell."[14] Aus dem konstruktivistischen Ansatz folgt weiterhin, dass Lernen immer ein aktiver Prozess des Individuums ist. Das führt die Idee des Nürnberger Trichters ad absurdum - selbst wenn er im Gewand von Computerlernprogrammen daherkommt. Allerdings können PCs als Hardwarebasis von „Lernumgebungen" solche aktiven Prozesse der Rekonstruktion und Neukonstruktion von Wirklichkeit, selbstbestimmtes Lernen unterstützen, wenn sie im geeigneten didaktischen Setting zugänglich sind.[15] Aus dieser Erkenntnis entwickelt sich seit einigen Jahren ein Bildungsmarkt unterschiedlicher Qualität, jedoch nahezu völlig am schulischen Bildungssystem vorbei.

Zusammengefasst: Wir beleben computervirtuelle Räume mit unserer virtuellen Rekonstruktion und Neukonstruktion von Wirklichkeit. Die computergenerierte Welt dient uns dabei als das Material, auf dem wir unsere innerpsychisch-virtuellen Welten entwickeln.

Leben in und mit dem virtuellen Raum

Das Entstehen des Cyberspace, die breite Verfügbarkeit virtueller Welten, die Ausdehnung des Privat- und Arbeitslebens dorthin, haben die Diskussion um das Verständnis von Wirklichkeiten und Vorstellungswelten neu belebt, ja, sie uns geradezu aufgezwungen. Neu ist sie freilich keinesfalls, denken wir nur an barocke Kirchen mit ihrem faszinierenden multimedialen Inszenierungen und Darstellungen des virtuellen Raumes „Jenseits", kunstvoll perspektivisch an das Kirchendach gemalt. Der christliche Glaube mag eine virtuelle Welt sein, in der das Verbot, Sich-ein-Bildnis-zu-machen oft genug übertreten wurde: dass er trotzdem, nein, gerade deswegen, real wirksam war, ist unbestritten.

Neu und sozial unvertraut jedoch ist uns der Aufenthalt und die Regeln der Kommunikation in computergenerierten, zeit- und ortsunabhängigen Umgebungen, in Arbeit und Freizeit. Dafür brauchen wir neue, erweiterte Verkehrsformen, als reflektierte Ergebnisse unserer Gestaltungsversuche virtueller Räume, in der Interaktion mit Avataren[16] und virtuell anwesenden Mitmenschen. Das wohl spektakulärste Anwendungsbeispiel der Gegenwart, virtuelle sexuelle Kontakte, die mit wahlfrei austauschbaren Identitäten ein neues ethisches Dilemma eröffnen können, soll die Reichweite dieser Gestaltungsaufgabe andeuten. Zizek schreibt:[17]

„Stellen wir uns vor, ich - als homosexueller Mann - nehme in einer virtuellen Gemeinschaft die Identität einer heterosexuellen Frau an - was wäre, wenn mich innerhalb des durch den Austausch von Beschreibungen auf dem Bildschirm konstituierten virtuellen Sexualspieles jemand brutal vergewaltigen würde? Ist das ein Fall eines ‚wahren' Verbrechens oder nicht ... Welchen Status genau hat die Gewalt, wenn mich jemand in der virtuellen Realität attackiert?

Das Problem der Kommunikation in virtuellen Gemeinschaften ist nicht einfach, dass ich lügen kann (dass ein hässlicher alter Mann sich als schöne, junge Frau präsentieren kann usw.), sondern, viel fundamentaler, dass ich niemals wahrhaft beteiligt sein kann, da ich in jedem Moment abspringen, mich ausklinken kann. In virtuellen Gemeinschaftssexspielen kann ich hemmungslos sein, alle meine schmutzigen Träume ausschütten, gerade weil mein Wort mich nicht mehr verpflichtet, nicht ‚subjektiviert' ist ... Wie wird sich die fortschreitende ‚Computerisierung' unserer intersubjektiven Kontakte ... auswirken, auf den Vertrag, die Verpflichtung, das Engagement, auf das ‚Vertrauen', auf das ‚Verlassen auf die Worte eines anderen'?"

Diese zutiefst humane Gestaltungsaufgabe ist nicht von den Erfindern der Technologien allein zu bewältigen,[18] sie ist eine gesamtgesellschaftliche Herausforderung, gerade auch für die Gestaltung von Bildunsgprozessen.

Anmerkungen

1 http://www.fireball.de/query-fireball.fcg?action=query&pg=express&q=virtuell&what=german_web&fmt=d

2 Meyers Großes Taschenlexikon (1987) in 24 Bd., Bd. 24. Mannheim.

3 Ebd.

4 Ebd., Bd.1.

[5] Der gesamte Beitrag ist unter http://www.josefstal.de/mac/texte/virtuell.htm mit allen Hyperlinks verfügbar.

[6] http://rpssg3.psychologie.uni-regensburg.de/~zwr02102/scripts/haptics/node12.html

[7] HENNING FREIBERG (1997): Digitale Wirklichkeitskonstruktionen und Ästhetische Bildung. In: BDK-Mitteilungen, 1997, Heft 2, S. 12–17.

[8] http://arb1.psychologie.hu-berlin.de/arbpsy/studenten/becker/VIRTUNI2.HTM

[9] http://homepages.infoseek.com/~emzett/virtuell.htm

[10] SLAVOJ ZIZEK (1995): Verweilen beim Negativen. Psychoanalyse und die Philosophie des deutschen Idealismus II. Aus dem Engl. von LYDIA MARINELLI. 2. Aufl., Wien/Berlin: Turia + Kant

[11] H. MATURANA (1994): Was ist Erkennen? München

[12] www.josefstal.de/mac/software/puzzle.htm

[13] Strenggenommen (W.S.).

[14] ZIZEK 1995, a.a.O. (Anm. 11).

[15] JOCHEN GERSTENMAIER / HEINZ MANDL (1995): Wissenserwerb unter konstruktivistischer Perspektive. In: Zeitschrift für Pädagogik, 41. Jg., Nr. 6, S. 867ff.

[16] Computergenerierten Stellvertretern im virtuellen Raum.

[17] SLAVOJ ZIZEK (1995): Sex in Zeiten der virtuellen Realität. In: Ligaturen. Wien: Turia + Kant, S. 36-42.

[18] Was Informatiker durchaus sehen: FRANCOIS BRY / PETER CLOTE / HEINZ-GERD HEFERING / HANS-PETER KRIEGEL / FRED KRÖGER / THOMAS LUDWIG / MARTIN WIRSING (Professoren am Institut für Informatik): Weißbuch über Perspektiven in der Ludwig-Maximilians-Universität zum Anbruch des Informationsalters. In: http://www.pms.informatik. uni-muenchen.de/publikationen/PMS/perspektiven.html

Ulrich Gutmair / Chris Flor

Hysterie und Cyberspace

Im Gespräch mit Slavoj Zizek

Slavoj Zizek steht für eine psychoanalytische Theorie des Films und der Popkultur von Hitchcock über David Lynch zu Horrorstories und Science Fiction. Der Philosoph aus Ljubljana, Slowenien wurde mit „Liebe dein Symptom wie dich selbst" bekannt, einer Studie über Jacques Lacans Psychoanalyse und die Medien. 1997 erschien seine Arbeit über die Effizienz des Phantasmatischen in den neuen Medien, im Augenblick arbeitet er an einem Text, der sich mit Problemen des Cyberspace auseinandersetzt.

Nach gründlicher Lektüre der inzwischen Regale füllenden Literatur über merkwürdige Phänomene im Zusammenhang mit „virtuellen Welten" kommt Zizek zum Schluss, dass im Gegensatz zu den beliebten exotisierenden Lesarten die vorherrschende psychische Ökonomie der elektronischen Netze eine hysterische ist.[1]

Herr Zizek, Sie haben in diversen Essays eine Kritik der sogenannten „Virtualisierung der Realität" entwickelt, die im Zusammenhang mit dem Internet gerne konstatiert wird. Vor kurzem haben Sie in der Berliner Humboldt Universität über verschiedene Interpretationen des Cyberspace gesprochen. Sie kennen vielleicht die Version des Cyberspace als kollektivem Bewusstsein, wie sie etwa durch die Idee der Borg in Star Trek popularisiert worden ist. Die Borg erscheinen dort als kybernetische Variante eines Insektenstaats. Sie kombinieren das alte Bild des parasitären Aliens mit der Vorstellung einer Mensch-Maschinen-Schnittstelle, die die Individuen über Kommunikationswerkzeuge zu „Einem Wesen" verschaltet. Diese Idee scheint mit dem generellen Trend zu korrespondieren, die moderne Welt mehr oder weniger unter verschwörungstheoretischen Aspekten zu interpretieren ...

Slavoj Zizek: Wenn ich dieses Konzept richtig verstehe, dann ist es eine Version des Cyberspace, die ich nicht erwähnt hatte. Ich habe mich vor allem mit der dekonstruktivistischen Version des Cyberspace beschäftigt, die eine post-kartesianische ist: Jeder kann mit seiner/ihrer Identität spielen und so weiter. Das ist die feministische, dekonstruktivistische, foucaultsche Version. Aber wie Sie vermutlich wissen, gibt es auch eine andere Version, die man als New Age Schule der Cyberspace-Ideologie bezeichnen könnte. Es handelt sich um die neo-jungianische Idee, dass wir im mechanistischen Zeitalter eines falschen Individualismus leben und im Augenblick an der Schwelle zu einer neuen Mutation stehen ...

... die Noosphäre ...

Slavoj Zizek: Genau das ist die Idee. Was ich daran interessant finde, ist die Ambiguität dieser Phantasie, dass wir alle ein kollektives Bewusstsein teilen. Einerseits kann das als ultimativer Horror verstanden werden. Schon in den 50ern bestand die Furcht vor dem Kommunismus darin, dass die Kommunisten uns einer Gehirnwäsche unterziehen, damit wir Teil ihres „Einen Bewusstseins" werden. Der beste Film über den Kalten Krieg, der bereits ironisch mit dieser Idee spielt, ist „The Manchurian Candidate" mit Frank Sinatra. Ein amerikanischer Offizier wird von Nordkoreanern gefangengenommen, einer Gehirnwäsche unterzogen und zum Killer programmiert, der, ohne es zu wissen, auf Befehl tötet.

Heute existiert also einerseits diese negative Utopie des kollektiven Bewusstseins, andererseits aber auch seine positive New Age Version. Es gibt also zwei entgegengesetzte Versionen derselben Idee. Ich bin aber versucht, ihrer gemeinsamen Annahme zu widersprechen, dass der Cyberspace - verkürzt gesagt - das Ende der Individualität bedeutet, das Ende der kartesianischen Subjektivität. Ich denke, dass es gerade der Cyberspace ist, durch den wir erfahren können, was kartesianische Subjektivität eigentlich meint. Alles was man positiv ist, also alle Eigenschaften, die man hat, können manipuliert werden. Wenn man in den virtuellen Räumen spielt, kann man etwa ein homosexueller Mann sein, der vorgibt, eine heterosexuelle Frau zu sein. Alle positiven Eigenschaften werden externalisiert. Man kann sich entweder selbst eine neue Identität basteln, oder paranoid gedacht: Man wird bereits immer schon kontrolliert und manipuliert durch den digitalen Raum. Mein Argument hierzu ist, dass alles, was einem im Cyberspace vorenthalten wird, lediglich die positiven Eigenschaften sind, die man besitzt, die eigene Persönlichkeit im Sinne eben dieser psychologischen Eigenschaften. Aber erst, wenn alle positiven persönlichen Inhalte wegfallen, bleibt das kartesianische Subjekt übrig.

Also erst im Cyberspace kommen wir dem näher, was kartesianische Subjektivität eigentlich bedeutet. Sie erinnern sich, wie Descartes die Prozedur des universalen Zweifels ausarbeitet: Man zweifelt daran, dass überhaupt irgendetwas existiert, um beim „ego cogito" anzukommen. Descartes entwickelt diese Idee, indem er sagt: Stellen wir uns einen bösartigen Gott vor, einen bösen Geist, der uns mit Tricks dazu bringt, zu glauben ... Ist nicht der Cyberspace, der virtuelle Raum, die Materialisierung dieses bösen Geists? Es ist fundamental wichtig, sich diesem universellen Zweifel zu unterziehen: Was wäre, wenn alles nur digital konstruiert wäre, was wäre, wenn dahinter keine Realität verborgen ist? Nur wenn man diesen Moment universalen Zweifels durchlebt, kann man das erreichen, was Descartes mit „cogito, ergo sum" meint. Deswegen glaube ich nicht, dass die kartesianische Subjektivität bedroht wird. Ich denke vielmehr, dass wir erst heute bei ihr angekommen sind.

Die schon erwähnte Geschichte mit den Borg spielt mit der Vorstellung eines kollektiven kybernetischen Bewusstseins. Andererseits haben Sie die Idee entwickelt, dass der Computer das asexuelle Komplement des Menschen darstellt, den großen Anderen. Könnte man diese Vorstellungen nicht für alle elektronischen Medien anwenden, vielleicht sogar für Massenmedien generell? Anders gefragt: Viele der Eigenschaften, die man dem Cyberspace heute zuschreibt, könnte man genauso gut etwa auf das Fernsehen anwenden. Jeden Abend sitzen Millionen von Zuschauern vor ihren Bildschirmen und werden durch den Großen Apparat gleichzeitig mit dem selben intellektuellen und emotionalen „Content" gefüttert ...

Slavoj Zizek: Sie haben recht, aber ich würde sagen, dass wir bereits viel früher ansetzen könnten. Hier setzt meine These zur Sexualität an. Was am virtuellen Raum so schockierend war, war nicht, dass es vorher „echte" Realität gegeben hätte und jetzt nur noch eine virtuelle. Erst über die Erfahrung der virtuellen Realität wurde uns quasi retro-aktiv klar, dass es noch nie eine „reale Realität" gegeben hat. Die Wirklichkeit war immer virtuell, wir haben es einfach nicht bemerkt. Virtueller Sex ist nicht deswegen so schrecklich, weil man feststellt: Mein Gott, früher hatten wir echte Partner, die man berühren, umarmen, an sich drücken konnte, und jetzt masturbieren wir nur noch vor dem Bildschirm. Oder man masturbiert noch nicht einmal mehr, sondern genießt nur die Vorstellung, dass jemand anders an einem anderen Bildschirm genau das tut. Der Punkt ist also, dass uns klargeworden ist, dass es noch nie echten Sex gegeben hat.

Nicht nur, dass Masturbation Sex mit einem imaginären Partner ist: Was wäre, wenn echter Sex nur Masturbation mit einem echten Partner ist. Man bildet sich ein, Sex mit einem echten Partner zu haben, benutzt ihn tatsächlich aber lediglich als masturbatorisches Werkzeug. Der echte Partner stellt nur ein Minimum an Materialität dar, um die eigenen Phantasien auszuleben. Mit anderen Worten sind immer wenigstens drei an Sex beteiligt, niemals nur man selbst und ein Partner, man benötigt eine Phantasie, um Sex zu haben. Wenn sich diese Phantasie auflöst, erscheint der Partner als ekelerregend. In Shakespeares „Hamlet" etwa lässt sich das beobachten. In der Mitte des Stücks sieht Hamlet Ophelia an und erleidet diesen Moment von Realitätsverlust: Was für eine ekelhafte Person sie doch ist. Aus dem simplen Grund, weil die phantasmatische Unterstützung verloren geht. Ich denke, dass eine bestimmte Dimension von Virtualität substanziell zur symbolischen Ordnung gehört, also zur Ordnung der Sprache als solcher.

Es gibt noch einen anderen Punkt, der unter Umständen vielleicht mit dem Phänomen des kollektiven Bewusstseins verbunden ist. Man muss sich hier der Dimension des „Untoten“ nähern. Und zwar in der präzisen Bedeutung, dass untot hier nicht einfach „lebendig“ bedeutet, sondern tot, aber trotzdem lebendig. Ich verweise hier nur auf Stephen King, Zombies und Vampire. Ich verbinde hier den Cyberspace mit etwas, das Lacan das Fleisch der Libido nennt, „Lamella“, eine Substanz des Lebens, die nie zerstört werden kann. Das Problem ist hier nicht länger das der Sterblichkeit, sondern das entgegengesetzte: Es geht um das schreckliche Leben, das der Vampir führt, ein Leben, das man nie loswerden kann.

Die Unsterblichkeit wird zum ultimativen Schrecken. In meinem neuen Text, an dem ich gerade arbeite, versuche ich diese unmögliche Verbindung herzustellen, die Verbindung zwischen Kleist, Wagner und dem Cyberspace. Wenn man sie genau liest, ist genau das die fundamentale Klage der großen Wagnerschen Opern. Abgesehen von Lohengrin und Thannhäuser, den großen Fehlschlägen Wagners, dürfen ihre Helden nicht sterben. Und das ist der wahre Schrecken des Cyberspace, diese gespenstische Dimension des Lebens nach dem Tod. Ein untotes Leben, das sogar auf der banalsten, alltäglichen Ebene tatsächlich stattfindet.

Sie kennen die Undelete-Funktion von Computern. Das Problem mit Computern ist nicht, dass etwas gelöscht werden kann. Man arbeitet einen ganzen Nachmittag lang, hat dann einen Stromausfall und alles ist weg. Das kann natürlich passieren. Aber manchmal ist viel schlimmer, dass man etwas nicht wirklich löschen kann. Wenn es einmal drin ist, ist es drin. Hier sehe ich auch das Problem des Klonens. Es geht nicht darum: „Werde ich meine Individualität verlieren, werde ich in die Situation exakter Doubles geraten etc.“ Das Problem des Klonens ist, dass man niemals sterben werden kann. Du begehst Selbstmord und sie finden (natürlich nur im Idealfall, der derzeit wissenschaftlich noch nicht machbar ist) ein kleines Stück von dir und man stellt dich wieder her. Du bist endlos reproduzierbar. Niemand weiß, wie das unsere Vorstellung von Individualität beeinflussen wird.

Sie interpretieren die Situation, in der man sich vor dem Computerscreen wiederfindet, wenn man etwa via eMail kommuniziert, als eine hysterische. Tatsächlich hat man es mit einem hohen Grad an Unsicherheit zu tun, wenn man sich auf diese Formen der Kommunikation einlässt: Man kann nie sicher sein, wer den eigenen Input auf welche Art und Weise interpretiert, und man ist sich dessen bereits immer schon bewusst und versucht zu antizipieren, wie das Gegenüber reagieren wird. Außerdem fehlen wichtige Eigenschaften der Kommunikation, die face-to-face vonstatten geht, etwa Gesten oder der Tonfall.

Slavoj Zizek: Das Unbewusste Freuds ist der Situation vor dem Computerschirm sehr ähnlich. Das freudsche Unbewusste manifestiert sich gerade nicht in der Körpersprache oder dem Tonfall. Es ist vielmehr die Hilflosigkeit, mit jemand zu sprechen, aber gleichzeitig nicht genau zu wissen, an wen sich die Kommunikation eigentlich richtet. Man ist sich radikal unsicher, weil es sich hier um ein Symptom handelt. Ein hysterisches Symptom besitzt genau diese Struktur. Mein Argument würde sich also entlang Ihrer Frage bewegen, nämlich behaupten, dass der Cyberspace tatsächlich oft auf genau diese hysterische Weise funktioniert, die exakt die eben erwähnte radikale Unsicherheit ist: Ich weiß nicht, wen meine eMail erreicht. Ich weiß nicht, was der andere von mir erwartet. Deswegen versucht man bereits vorher, diese Unsicherheit zu reflektieren. Der Cyberspace ist offen in dem Sinne, dass man auf Grund seiner technologischen Verfasstheit nicht entscheiden kann, ob er auf eine perverse oder eine hysterische Art und Weise funktioniert.

Es ist also keine bestimmte psychische Ökonomie als solche bereits in den Cyberspace eingeschrieben. Aber viel öfter, als wir gemeinhin annehmen, bleibt er in der hysterischen Ökonomie verhaftet. Deswegen misstraue ich nicht nur den paranoischen Versionen des Cyberspace, sondern auch seiner angeblich befreienden Version: „Wir alle spielen mit multiplen Identitäten" und so weiter.

Wenn ich das verkürzt darstellen darf, gibt es meiner Ansicht nach drei oder vier dominierende Lesarten des Cyberspace. Es gibt diese Version, auf die man sich allgemein schnell einigt, nämlich dass wir alle immer noch „echte Menschen" sind, die einfach miteinander sprechen, der Cyberspace ist nur ein anderes Medium. Das ist zu einfach, weil der Cyberspace selbstverständlich Auswirkungen auf die Frage hat, was es heißt, ein Subjekt zu sein. Dann haben wir die paranoische Version; Cyberspace, das Mutter-Ding, in dem wir unsere Autonomie verlieren. Dann haben wir eine Version perverser Befreiung, durch die wir die patriarchale Autorität loswerden. Und die letzte wäre die New Age Version der Noosphäre. Die Menschen sind so fasziniert von Phänomenen, die eigentlich eher die Ausnahme sind. Ich kenne niemanden, der sich, wenn er vor dem Computer sitzt, tatsächlich in einem quasi-psychotischen Zustand verliert oder gar zu einem Teil der Noosphäre wird. Die hysterische Erfahrung ist die fundamentale Erfahrung.

Dass Sie sich in diesem Zusammenhang für die Hysterie stark machen, kann man auch als Antwort auf eine gewisse Form linker Politik im Gefolge von Foucault und Gender Politics lesen, die die Idee von Perversion als transgressiver, subversiver Kraft verfolgt ...

Slavoj Zizek: Was die Sache interessant macht, ist unter anderem die Art und Weise, wie diese modernen linken Ideen ihre Herabsetzung der Hysterie mit radikaler leninistischer und stalinistischer Politik teilen. Es wäre ziemlich interessant herauszufinden, wann der Signifikant des hysterischen Subjekts das erste Mal als Schimpfwort im Stalinismus auftaucht. Bereits früher, schon bei Lenin, werden die internen Gegner, die Revisionisten als hysterisch herabgesetzt: Sie wissen nicht, was sie wollen, sie zweifeln.

Wenn ich hier den Begriff der „Perversion" benutze, meine ich nicht Perversion als bestimmte Praxis, wie etwa Analverkehr. Für Lacan bezeichnet Perversion eine sehr präzise subjektive Einstellung, nämlich die der Selbst-Objektivierung oder Selbst-Instrumentalisierung. Dagegen ist die typische hysterische Angst, ein Werkzeug des Anderen zu werden. Die grundlegende Komponente von Subjektivität ist hysterisch: „Ich weiß nicht, was ich für den anderen bin." Hysterie, oder die Neurose generell, ist immer eine Position des Hinterfragens.

Das ist die wichtige Botschaft Freuds: Das hysterische Subjekt macht seine Träume nicht deswegen nicht in einem perversen Szenario wahr, weil er oder sie Angst vor der Repression des Gesetzes hat, sondern weil es immer zweifelt: Ich könnte das jetzt tun, aber was wäre, wenn auch das mich schließlich nicht befriedigt. Wenn auch dieses perverse Szenario nur ein Fake ist, eine falsche Maske?

Natürlich gibt es hier auch eine politische Achse. Auf eine gewisse popularisierte Version von Foucault oder Deleuze, die das multiple perverse post-moderne Subjekt ohne eine festgelegte väterliche Autorität preist, das zwischen verschiedenen Selbstbildern hin und her springt und sich selbst immer wieder neu erfindet, kann ich nur antworten: Ich verstehe nicht, warum das subversiv sein soll. Ich behaupte vielmehr, und das hat mir Ärger mit einigen Feministinnen eingehandelt, dass die dominante Struktur aktueller Subjektivität im Spätkapitalismus, um einmal altmodische marxistische Begriffe zu benutzen, bereits pervers ist. Insofern als die typische Form psychischer Ökonomie, die heute als immer vorherrschende erscheint, die sogenannte narzisstische Persönlichkeit, bereits eine perverse Struktur ist. Die väterliche Autorität ist heute also nicht mehr der Feind. Die Idee der Explosion multipler Perversionen beschreibt also nur etwas, was perfekt in die heutige spät-kapitalistische Ordnung passt.

... flexible Ökonomie.

Slavoj Zizek: So könnte man das auch nennen. Keine feste Identität, sondern sich permanent verändernde und multiple Identitäten. Um es kurz zu machen: In diesem Sinn ist Perversion keineswegs subversiv, und der erste Schritt in Richtung Subversion ist exakt der, den hysterischen Zweifel neu einzuführen. Ich denke, dass die sozialen Beziehungen heute multiple Identitäten voll anerkennen können. Das ideale Subjekt ist heute bisexuell: Ich habe Spaß mit Männern, Spaß mit Frauen, alles ist möglich und nichts davon ist subversiv. Ich denke nicht, dass die perverse Strategie, sich die schlimmsten Perversionen auszudenken, um an den Punkt zu gelangen, an dem das System es nicht mehr ertragen kann, Sinn macht. Ich denke, das ist politisch falsch und es funktioniert auch nicht. Wenn man sich etwa das Kunstsystem ansieht: Dort werden perverse Transgressionen direkt vom Establishment organisiert, um den Markt am Laufen zu halten.

Anmerkung

1 Nachdruck von: http://www.heise.de/tp/deutsch/inhalt/co/2491/1.html, vom 07.10.1998, mit freundlicher Genehmigung des Verlages Heinz Heise, Hannover.

Sybille Krämer

Jenseits von Schriftlichkeit und Mündlichkeit

Kommunikation im Internet*

Das Projekt einer Künstlichen Intelligenz verliert seine suggestive Kraft. Doch die visionäre Lücke, die damit entsteht, bleibt nicht unbesetzt. Eine neue Utopie zeichnet sich ab. Sie handelt nicht vom Computer als einem Werkzeug des Denkens, vielmehr vom Computer als einem Medium der Kommunikation. Es geht um eine Verbindung von Datenverarbeitung und Telekommunikation, welche die Einseitigkeit der Fernkommunikation zu überwinden erlaubt. Das Versprechen ist dabei, dass wechselseitige Bezugnahme und Anschließbarkeit, die wir aus den mündlichen Gesprächen zwischen anwesenden Personen kennen, nun auch unter den Bedingungen einer Abwesenheit der Kommunizierenden technisch realisierbar wurde. „Interaktivität" wird hierbei zu einer Schlüsselkategorie.

Prominentes Beispiel für diese Vision ist das Projekt einer Individualisierung der Massenmedien, bei der eine „Verschiebung der Intelligenz vom Sender zum Empfänger"[1] sich vollziehe. An die Stelle einer Struktur, bei der ein Sender seine Botschaft an viele anonyme passive Empfänger richtet, soll eine reziproke Kommunikationsordnung treten, bei der die strikte Trennung zwischen Sender und Empfänger aufgehoben ist[2]. Damit einher geht eine politische Vision: Eine „elektronische agora" zeichne sich ab, die Restituierung einer in lokalen Gemeinschaften möglichen direkten Demokratie.[3]

So neu ist diese Idee einer elektronisch wiederherstellbaren Mündlichkeit allerdings nicht. Noch bevor der Individualcomputer elektronische Kommunikationsnetze zu knüpfen erlaubte, hat Marshal McLuhan dieser Idee ihr Leitbild gegeben: Es geht um sein „globales Dorf"[4]: Die instantane Technik elektronischer Medien neutralisiert die Entfernungen des Raumes und der Zeit, so dass Kommunikationsweisen, die uns aus oralen Kulturen bekannt sind, in den elektronischen Gemeinschaften eine Wiederbelebung erfahren. Obwohl diese Idee der Welt als globalem Dorf kaum ernsthafte Anhänger findet, wirkt McLuhans Grundannahme, mit Hilfe elektronischer Technik die uns aus der mündlichen Kommunikation bekannten Interaktionsbeziehungen wiederherstellen zu können, kraftvoll fort; und das gilt gerade für die sozialwissenschaftlichen und die kulturanthropologischen Forschungen:

Sozialwissenschaftliche Forschungen über „computermediatisierte Kommunikation" knüpfen explizit an McLuhan an[5]: Das Gelingen der Kommunikation wird abhängig gemacht vom Grad an sozialer Präsenz und Nähe, welche eine Kommunikationstechnik unter den Bedingungen der raum-zeitlichen Abwesenheit der Kommunizierenden kompensierend eröffnen kann.[6] In den anthropologisch orientierten Kulturwissenschaften wird die textbasierte Netzkommunikation erforscht mit Hilfe ethnografischer Untersuchungsmethoden.[7] Das aber sind Methoden, deren Anwendungsbereich gerade die Interaktionen innerhalb mündlich kommunizierender Gemeinschaften sind. Selbst die qualitativ orientierten Sozialwissenschaften versuchen, die Kommunikationen im Internet dadurch als einen sozialwissenschaftlichen Gegenstand aufzuwerten, indem sie zeigen, wie die aus mündlichen Gesprächen vertrauten Strukturen sozialer Bezugnahme und Selbstdarstellung sich auch innerhalb der elektronischen Kommunikation wiederfinden lassen.[8]

Die Überzeugung, dass mit der Vernetzung der Computer ein Kommunikations„raum" entstehe, der es erlaube, Interaktionsformen der Mündlichkeit technisch wiederherzustellen, motiviert also nicht nur die Vision einer Individualisierung der Massenmedien; sie beherrscht auch das Bild von der computergestützten Kommunikation im elektronischen Netz. Davon zeugt die wachsende Bedeutung von Dialogmetaphern.[9]

Dialog ohne Präsenz?

Doch wie kann der Dialog, also eine an das Medium der Stimme gebundene Verständigungsform zwischen Personen, zum Maßstab werden für die computermediatisierte Kommunikation, für welche eben diese Situation einer leiblichen Präsenz und des stimmenbezogenen Sprechens nicht mehr gegeben ist? Und ist es überhaupt die Aufgabe einer Kommunikationstechnik als Reparaturinstanz zu dienen für die verlorengegangene Nähe des Gespräches unter Anwesenden?

Schon ein kurzer Blick auf die Schrift als eine kulturell wegweisende Kommunikationstechnik zeigt, dass die Sachlage so einfach nicht ist. Die Schrift dient nicht nur zur Kompensation einer durch raum-zeitliche Entfernungen unmöglich gewordenen Mündlichkeit; sie leistet mehr als die bloße Fixierung und den Transport mündlicher Rede. Mit der Schrift und erst recht mit dem gedruckten Buch entstehen vielmehr Formen der Übermittlung und Tradierung von Wissen sowie seiner kritischen Überprüfung, durch welche das kulturelle Projekt einer Wissenschaft überhaupt erst entstehen konnte. Die Schrift setzt also ein kognitives Potenzial frei, welches gerade die Unterbrechung der charismatischen und manchmal auch entmächtigenden Wirkungen leiblicher Präsenz im Dialog voraussetzt. Und auch die Massenmedien können ihre Funktion, in einer Gesellschaft atomisierter Individuen eine gemeinsame Realität als Horizont anschlussfähiger Kommunikationen zu konstruieren,[10] nur wahrnehmen, insofern sie von der Trennung von Kommunikation und Interaktion Gebrauch machen.[11]

Das Medium der Schrift und des Textes schaffen also Möglichkeiten der Fernkommunikation, durch welche sich Formen des Gedächtnisses und des Denkens ausbilden, für die es in oralen Kulturen kein Vorbild gibt. Mündliche Sprache und Schrift sind zwei Modalitäten symbolischer Tätigkeiten, mit je eigener Zeugungskraft und eigenen Grenzen; sie sind aufeinander nicht zurückfürbar.

Wenn nun die Schriftlichkeit kein defizienter Modus der Mündlichkeit ist, sondern eine Form eigenständiger kommunikativer und kognitiver Praxis, bietet sich dann nicht an, die telematische Nutzung des Computers nicht mehr mit den Dialogmetaphern des Mündlichen, sondern in den Termini einer elektronischen Schriftlichkeit zu beschreiben?

Dass der Computer als eine Schreibtechnologie interpretierbar sei, ist eine Annahme, die vor allem Jay Bolter systematisch ausgearbeitet hat.[12] Der durch den Computer eröffnete Raum telematischer Textualität ist allerdings - so Bolter - anders strukturiert, als wir es von den (buch)druckorientierten Formen der Literalität gewohnt sind. Dieses „anders“ zeigt sich vor allem im Phänomen des Hypertextes. „Hypertext“ wird hier nicht verstanden als die Organisationsform eines individuellen Textes, der in Konkurrenz zum einzelnen Buch treten könnte, sondern als ein Daten-Netzwerk, welches digitalisierte Texte miteinander zu verknüpfen vermag. In einem solchen Datennetz zu „blättern“' heißt dann, sich einen je eigenen Text zusammenzustellen, der in eben dieser Verlaufsgestalt von keinem Autor vorweg konzipierbar ist. Nun hat Platon in seiner Schriftkritik ex negativo entworfen, worin die spezifische Leistung der Schriftlichkeit besteht: Gegenüber der fluiden und reaktiven „,Natur“ der Rede bleibt ein Text für seine Leser stumm, damit aber stets derselbe.[13] Doch mit der Hypertextualität entsteht nun eine Form von Textualität, deren Besonderheit es ist, Interaktionsmöglichkeiten zwischen Lesern und Texten zu eröffnen; der Text kann auf Leserfragen durch Umgestaltung, also mit neuen Texten, reagieren. Zugleich gibt es nicht mehr einen identischen Text für viele Leser, sondern so viele unterschiedliche Texte, wie individuelle Navigationsrouten im Datennetz eingeschlagen werden. Ist aber dann nicht etwas entstanden, für das wir Beschreibungen zu suchen haben jenseits der uns vertrauten Kommunikationsmodalitäten von „Dialog“ und „Lektüre“?

Zwischen Mündlichkeit und Schriftlichkeit

Diese Auffassung, dass die telematische Kommunikation eine noch unbekannte Modalität des Kommunizierens ermögliche, die weder mit der „Mündlichkeit“ noch mit der „Schriftlichkeit“ zur Deckung kommt, vertritt

Elenea Esposito.[14] Im Unterschied zur Gesprächssituation, bleibt die Kommunikation im elektronischen Netz unpersönlich und anonym. Im Unterschied zur Lektüresituation tritt an die Stelle des generalisierten Textes ein kontingenter, ein singulärer Text. „Telematische Interaktion" zu beschreiben heißt dann, die Differenzen sowohl zur Interaktion zwischen Anwesenden in der mündlichen Kommunikation wie auch zur Unterbrechung von Kommunikation und Interaktion in der schriftlichen Kommunikation hervortreten zu lassen.[15]

Wenn wir auf diesem von Elena Esposito eingeschlagenen Weg der Profilierung einer „dritten" Kommunikationsweise jenseits der uns vertrauten Schemata von Mündlichkeit und Schriftlichkeit weitergehen, fallen sechs Perspektiven auf, in denen bescheibbar wird, was „telematische Interaktion" heißen kann - zumindest in einer ersten Annäherung. In Form von sechs Thesen und kurzen Erläuterungen seien diese Perspektiven nun aufgezeigt:

Künstliche Identitäten

Zwei Praktiken von Netzaktivitäten sind unterscheidbar: Telekommunikation und Datensuche. Auf den ersten Blick scheint die Fernkommunikation sich an Personen, die Datenanfrage sich an Datenbanken, also Texte zu richten. Doch die Nutzer computermediatisierter Netzwerke interagieren immer mit Texten, im Sinne von digitalisierten Symbolstrukturen, und nicht mit Personen. Und das gilt gerade auch für die themenspezifischen Foren und virtuellen Gemeinschaften im Internet: Im Unterschied zu Teilnehmern von Gesprächen und im Unterschied auch zu den autorbezogenen Praktiken des Schreibens, bleiben die Kommunikanten im Internet - jedenfalls im Prinzip - anonym[16]. Mit selbstgeschaffenen Namen gekennzeichnete Chiffreexistenzen verkehren miteinander.[17] Deren Identität liegt - anders als bei Eigennamen von Personen - nicht darin, eine singuläre Biografie im Prinzip bis zur namensverleihenden Registratur zurückverfolgen zu können, sondern in der Reproduzierbarkeit einer Symbolkette. Eine Zurechnung dieser Chiffren zu „wirklichen" Namen und also Personen, ist damit nicht ausgeschlossen. Doch mit dieser „künstlichen Identität" ist die Möglichkeit eröffnet, unter verschiedenen Identitäten im Netz zu kommunizieren, aber auch „Agenten" einzusetzen, das sind Programme, die gewisse kommunikative Funktionen im Netz autonom erledigen.[18]

Interpersonale Aspekte symbolischer Interaktionen werden suspendiert

Karl Bühler entwickelte ein Sprechmodell, das auf dem Zusammenwirken von drei Komponenten beruht: der Darstellung, des Ausdrucks und dem Appell.[19] In der einen oder anderen Form haben nahezu alle Kommunikationstheorien das Zusammenspiel dieser drei Funktionen für das, was Kommunikation bedeutet, hervorgehoben:

Das gilt für das Reden und – wenn auch modifiziert – für das Schreiben. Wo wir unsere Sprache gebrauchen, reden wir nicht nur über etwas in der Welt (Darstellung; Propositionalität), sondern drücken auch etwas über uns selbst aus (Ausdruck, Kundgabe) und beziehen uns auf eine andere Person (Appell, Illokution). Daher sind mündliche oder schriftliche Aussagen nicht bloße Ideensammlungen, sondern immer auch Verkörperungen der Überzeugungen, Absichten, Meinungen, Wünsche und Hoffnungen der Aussagenden; und sie schaffen – und darauf kommt es hier besonders an – zugleich eine Form der interpersonalen Bezugnahme. Diese Interpersonalität hat John L. Austin als eine wirklichkeitsverändernde Kraft eingeführt, die in unserer Rede lebt, und diese damit zu einer Form des Handelns werden lässt.[20] Jürgen Habermas hat Austins „illokutionäre Kraft" als eine der Sprache innewohnende Bindungsenergie gekennzeichnet,[21] mit der jeder Sprechakt eine interpersonale Beziehung zwischen Ego und Alter stiftet. Dies geschieht, indem etwa in Behauptungen, Versprechen oder Befehlen universale Geltungsansprüche erhoben und in ihrer Einlösbarkeit auch unterstellt werden: „Jede Äußerung muss, damit sie in einer gegebenen Situation verstanden werden kann, wenigstens implizit eine bestimmte Beziehung zwischen dem Sprecher und seinem Gegenspieler herstellen und zum Ausdruck bringen."[22]

Durch diese Bindungskraft gehen Sprecher und Hörer nicht nur eine Beziehung zueinander ein, sondern steht jede Rede im normativen Horizont einer geteilten Lebensform. Und das gilt auch für die Kommunikation mittels Texte. Davon zeugt ein moralisch-rechtlicher Sachverhalt: Autoren können verantwortlich gemacht werden für das, was sie schreiben.

Doch die Kommunikation im elektronischen Netz beruht – jedenfalls im Prinzip – auf der Außerkraftsetzung der mit Personalität und Autorschaft verbundenen zwischenmenschlichen Kraft unserer symbolischen Interaktionen. Es geht um eine Art von Kommunikation, in der „gesprochen" werden kann, ohne dass zugleich soziale Bindungen gestiftet bzw. eingegangen werden. Überdies kann von den moralischen, politischen und rechtlichen Verankerungen unserer „gewöhnlichen" Kommunikation abgesehen werden. Wir beziehen uns auf Aussagen nicht mehr in ihrer Eigenschaft, Zeugnis persönlicher Haltungen und Instanz sozialer Handlungen zu sein. In der telematischen Kommunikation gehen die Nutzer buchstäblich nur noch mit Ideen und nicht mehr mit Personen um.

Netzinteraktionen haben den Status von Spielzügen

Die Außerkraftsetzung der interpersonalen Aspekte der Kommunikation schließt – wie die „Netiquette" zeigt – die Entstehung neuer Regeln für die Netzkommunikation nicht aus. Doch diese Regeln haben den Charakter von Spielregeln. Ihre Verletzung kann nur symbolisch geahndet werden, eben als ein Ausschluss vom Spiel: Ein Operator kann Teilnehmer, die gegen interne Konventionen verstoßen, aus dem Kanal hinauswerfen. Dieser „Spielregelstatus“ ist nicht zufällig. Gregory Bateson hat Kommunikationssituationen, bei denen die lebensweltliche Verankerung in sozialen Geltungsansprüchen außer Kraft gesetzt ist, als Spielsituationen charakterisiert.[23]

Wo gespielt wird, handeln wir symbolisch, doch so, dass extrasymbolische Bezüge per definitionem ausgeschlossen bleiben. Wer im Spiel geschlagen wird, hat dies nicht als einen agressiven Akt zu deuten, ebenso enig wie die bei „Biedermann und die Brandstifter“ erklingenden Feuersirenen die Theaterzuschauer in die Flucht schlagen sollten. Gregory Bateson versteht unter „Spiel“ einen Handlungsrahmen, innerhalb dessen alles, was in diesem Rahmen geschieht, den Regeln alltagsweltlicher Handlungsverstärkung entzogen ist. Im Horizont dieser Unterscheidung von alltagsweltentlastetem Spiel und handlungsverstärkendem Ernst ist die telematische Kommunikation dem Spiel zuzurechnen.

Analogie von rhetorischer und telematischer Kommunikation

Dieser „Spielcharakter“ von kommunikativen Internet-Interaktionen deutet an, dass sich hier eine Art von Zeichentätigkeit vollzieht, die mit der traditionellen hermeneutischen Figur der Interpretation nicht mehr zur Deckung kommt. Die Hermeneutik als ein Prinzip der Textinterpretation entstand parallel mit der Entdeckung und der Etablierung der neuzeitlichen Subjektivität als einem „Innenweltphänomen“.[24] Gemäß dieser Strategie ist jedes Zeichenereignis eine materielle Oberfläche, die es zu Gunsten einer darunter oder dahinter liegenden Bedeutung zu transzendieren gilt. Doch Spielzüge verweisen nicht auf ein Außerhalb des Spiels; sie werden nicht als Kundgabe von etwas erfahren.[25]Wenn also die telematische Kommunikation nicht mehr als Ausdruck einer originären Subjektivität zu begreifen ist, dann findet sich hier eine Kommunikationsmodalität angelegt, deren Interaktionen befreit sind von den Zumutungen der Individualität. Diese Zumutung aber besteht in dem Anspruch auf genuine Authentizität, die das, was Individualität ausmacht, gerade darin bestehen lässt, anders sein zu müssen als alle anderen Individuen. In diesem Zusammenhang kommt Elena Esposito zu einer interessanten Beobachtung[26]: Wir kennzeichnen die Phase, die sich von der klassischen Antike bis zur Renaissance erstreckt, als die Epoche der Rhetorik.[27] Rhetorische Kommunikation wendet sich an Adressaten in ihrer Eigenschaft, einander zu ähneln; also ohne Bezug auf die Unterschiede jeweils singulärer Innenwelten, dafür aber mit Bezug auf gewisse Topoi, das sind Gemeinplätze, verstanden als kulturelle Kristallisationen des Gemeinsinns. Zeigt sich in der elektronischen Kommunikation – bei allen wohlzubedenkenden Unterschieden – eine Analogie zur rhetorischen Strategie, verstanden als eine Kommunikation jenseits und unabhängig der Bezugnahme auf die Einzigartigkeit subjektiver Innenwelten? Beruht die Faszination der elektronischen Interaktion auf dieser rhetorischen Äußerlichkeit der Kommunikation?

Das maschinenlesbare Datenuniversum ist die Exteriorisierung des Prinzips der „Intertextualität"

Ein Konvolut maschinenlesbarer Dokumente, Programme und Projekte ist entstanden, welches Hartmut Winkler im Anschluss an Theodor Nelson „Docuverse" nennt.[28] In diesem Datenwerk können auf der Grundlage des Binäralphabets schriftliche, bildliche und tönende Symbolkonfigurationen analog den Strukturen eines Hypertextes miteinander verknüpft und, zwischen den an das Datenuniversum angeschlossenen Rechnern, auch ausgetauscht und bearbeitet werden. Dieses Dokumentenuniversum wird zumeist als „Netz" beschrieben. Netze sind nicht einfach Knoten mit Verbindungen, sondern eine Organisationsform von Zwischenräumen. Was nun besagt dieser Aspekt der Zwischenräumlichkeit, der dem „Inter"-net immerhin den Namen stiftet? Wenn unsere Vermutung zutrifft, dass die Eigenart der Netzkommunikation gerade nicht in der Herstellung vor „Interpersonalität" besteht, hilft uns dann die aus dem strukturalistischen Diskurs überlieferte Konzeption der „Intertextualität" weiter? Im Weiterdenken von Michail Bachtin, der das Prinzip der Dialogizität auf Text übertrug,[29] hat Julia Kristeva diesen Begriff ausgearbeitet. Gemeint ist damit eine Interaktion von Texten, die sich im Inneren eines Textes abspielt"[30] An die Stelle eines singulären Textes tritt für Kristeva ein „Transpositionsfeld verschiedener Zeichensysteme",[31] durch die Texte in einem Kontinuum situiert sind, „das sich durch jeden Text zieht, ihm vorausgeht, und in das jeder Text mündet".

Die Bedeutung eines Textes wird damit zum Inbegriff seiner Bezugnahmen auf andere - auf abwesende - Texte. Doch bleibt die „Intertextualität" den Texten implizit; es bleibt dem jeweiligen Interpretationsakt vorbehalten, den virtuellen Kontakt zwischen den Texter herzustellen. Doch die simultane Verweisungsstruktur des Datenuniversums exteriorisiert die Intertexutalität zu einer expliziten Konfiguration. Die Idee einer prinzipiellen Unabgeschlossenheit der Textbedeutung wird so zum sinnfälligen (Oberflächen-)Phänomen.[32] Überdies wird diese Intertextualität, in sofern sie nicht auf schriftliche Erzeugnisse eingeschränkt ist, sondern Bilder und Töne miteinzuschließen vermag, zur „Intermedialialität". Diese Metamorphose hin zur Intermedialität ist bei Julia Kristeva selbst mit angelegt Sie betont, dass wir Texte als ein „Transpositionsfeld verschiedener Zeichensysteme" zu verstehen haben.[33]

Eine neue Form des kollektiven Gedächtnisses

Julia Kristeva hat Intertextualität den von Sigmund Freud in der Arbeit des Unbewussten entdeckten Vorgängen der „Verschiebung“ und „Verdichtung“ zur Seite gestellt. Nun hat Freud die Bildung des Unbewussten als einen Akt individueller Gedächtnisbildung interpretiert. Kann das „alle“ Texte miteinander verknüpfende elektronische Netz als eine Form von Gedächtnisbildung interpretiert werden? Das „Gesamtdatenwerk“[34] wird zumeist in der Perspektive der Kommunikation und kaum in der Perspektive der Gedächtnisbildung thematisiert. Entgegen der üblichen Dissoziierung von Kommunikation und Gedächtnis hat Niklas Luhmann nun einen Zusammenhang beider hergestellt: Sobald wir Kommunikation nicht mehr als Austausch zwischen handelnden Subjekten thematisieren, stoßen wir darauf, dass „die Kommunikation ein Gedächtnis erzeugt, das von vielen auf sehr verschiedene Weise in Anspruch genommen werden kann“.[35] Diese kognitive Verschiedenartigkeit der Perspektiven wird gerade dadurch möglich, dass das durch Kommunikation geschaffene Gedächtnis unpersönlich und „äußerlich“ bleibt, also gerade nicht individuelle Erinnerung ist. Hinsichtlich dieses unpersönlichen Gedächtnisses unterscheidet Jan Assmann zwischen einem „kommunikativen“ und einem „kollektiven“ Gedächtnis.[36] Das kommunikative Gedächtnis ist mündlich, lebt gruppenspezifisch und generationengebunden fort; das kollektive Gedächtnis besteht in den symbolischen Kristallisationen einer Kultur, welche im Sinne eines Archivs aufbewahrt und zugänglich gemacht werden kann. Computermediatisierte Netze wie das World Wide Web hat Theodor Nelson schon früh als ein weltweites Archiv-, Zitier- und Publikationssystem vorgestellt. Aber geht es dabei nur um die digitalisierte Fortbildung des Archivs oder nicht vielmehr um die Möglichkeit einer neuartigen Wechselwirkung zwischen kommunikativem und kollektivem Gedächtnis? Individuen können mit dem kulturellen Gedächtnis interagieren: „Das Gegenüber der Kommunikation ist nun das gesellschaftliche Archiv“, konstatiert Winkler.[37] Damit allerdings – das gibt Hartmut Winkler zu bedenken – entsteht eine neue Problemlage: Das Datenuniversum kennt kein Vergessen. Dies aber ist ein anderes Thema.

Anmerkungen

* Erstmals erschienen in: Wechselwirkung, Februar 1997, S. 12–17. Nachdruck mit freundlicher Genehmigung des Verlages Verlag VIP, Vijlen, http://www.wechselwirkung.com/

1 Negroponte 1995, S. 29.

2 Rötzer 1995.

3 Rheingold 1995.

4 McLuhan 1968, S. 43ff.

5 Short/Williams/Christie 1976.

[6] KIESLER/SPROUL 1991.

[7] ESCOBAR 1994; HELMERS 1995; HOFFMANN 1996.

[8] WAGNER 1994, im Anschluss an PIIRTO 1993 und REID 1991.

[9] So wird die Internet-Kommunikation als ein gegenüber der Illusion des Dialogs mit einem Expertensystem als „tatsachlicher Dialog" bezeichnet: WETZSTEIN u.a. 1995, S. 64.

[10] LUHMANN 1996.

[11] Das haben ESPOSITO 1995 und WEHNER 1996 vor allem in Anschluss an Überlegungen von LUHMANN 1996 entwickelt.

[12] BOLTER 1991.

[13] PLATON, Phaidros 275 d/e.

[14] ESPOSITO 1995, 1996.

[15] Die Telekommunikation kann nach vier Kategorien unterschieden werden: a) zeilversetzte elektronische Post (Mallbox Systeme); (b) zeitversetzte elektronische „Nachrichtenbretter" (NewsGroups); (c) zeitsynchrone Kommunikation mit einem (Chat) Teilnehmer; (d) zeitversetzte Kommunikation mit mehreren Teilnehmern (Multi-User-Chat, Online-Konferenz). Dazu gehören - als Sonderform - noch die Multi-User-Dungeons, als internationale Spielergemeinschaften im Internet. Dazu: WETZSTEIN u.a. 1995.

[16] MYERS 1987.

[17] TURKLE 1995.

[18] WAGONER 1994.

[19] BUHLER 1933.

[20] AUSTIN 1979.

[21] HABERMAS 1988, S. 66ff.

[22] HABERMAS 1981, S. 396.

[23] BATESON 1981, 1982.

[24] GUMBRECHT 1996.

[25] Ebd., S. 34.

[26] ESPOSITO 1996.

[27] PERELMAN 1977.

[28] WINKLER 1996.

[29] BACHTIN 1979, S. 352ff.

[30] KRISTEVA 1969, S. 443.

[31] KRISTEVA 1978, S. 69.

[32] LACHMANN 1990, S. 58.

[33] KRISTEVA 1978, S. 69.

[34] ASCOTT 1989.

[35] LUHMANN 1988, 13.

[36] ASSMANN 1988.

[37] WINKLER 1996, S. 153.

Literatur

ASCOTT, R. (1989): Gesamtdatenwerk, Kunstforum 103, S. 100–109

ASSMANN, J. (1988): Kollektives Gedächtnis und kulturelle Identität. In: ders. (Hrsg.): Kultur und Gedächtnis. Frankfurt a.M.: Suhrkamp

AUSTIN, J. L. (1979): Zur Theorie der Sprechakte. Stuttgart: Reclam

BACHTIN, M. (1979): Die Ästhetik des Wortes. Frankfurt a.M.: Suhrkamp

BATESON, G. (1981): Geist und Natur. Eine notwendige Einheit. Frankfurt a.M.: Suhrkamp (engl. 1979)

BATESON, G. (1982): Ökologie des Geistes. Anthropologische, psychologische biologische und epistemologische Perspektiven. Frankfurt a.M.: Suhrkamp (engl. 1972)

BOLLMANN, ST. (Hrsg.) (1995): Kursbuch neue Medien. Trends in Wirtschaft und Politik, Wissenschaft und Kultur. Mannheim: BI Verlag

BOLTER, J. (1991): Writing space. The computer, hypertext and the history of writing, Hillsdale, N.J.: Lawrence Earlbaum

BUHLER, K. (1933): Die Axiomatik der Sprachwissenschaften. Kant-Studien 38. S. 19-90

ESCOBAR, A. (1994): Welcome to Cyberia. Notes on the Anthropology of Cyberculture. In: Current Anthropology, Vol. 35, No. 3, S. 211–231

ESPOSITO, E. (1995): Interaktion, Interaktivität und die Personalisierung der Massenmedien. In: Soziale Systeme, 2, S. 225-260

ESPOSITO, E. (1996): Interaktion mit dem Computer: Über anonymisierte persönliche Kommunikation. Vortrag auf dem XVII. Deutschen Kongress für Philosophie in Leipzig, 23.–27.09.1996

GUMBRECHT, H. U. (1966): Das Nicht-Hermeneutische: Skizze einer Genealogie. In: J. HUBER / A. M. MULLER (Hrsg.): Die Wiederkehr des Anderen. Basel/Frankfurt a.M.: Stroemfeld/ Roter Stern

HABERMAS, J. (1984): Vorstudien und Ergänzungen zur Theorie des kommunikativen Handelns. Frankfurt a.M.: Suhrkamp

HABERMAS, J. (1988): Nachmetaphysisches Denken. Philosophische Aufsätze. Frankfurt a.M.: Suhrkamp

HELMERS, S. (1995): Per Mausklick zur Couch Potato. Über die Welt des Internet, gewachsene kulturelle Ordnungen und gegenwärtige Turbulenzen. In: F. SCHNELL / B. SCHORB / H. J. PALME (Hrsg.): Jugend auf der Datenautobahn. Sozial-, gesellschafts- und bildungspolitische Aspekte von Multimedia. München: KoPäd Verlag, S. 38–46

HOFFMANN, U. (1996): „Request for comments": Das Internet und seine Gemeinde. In: H. KUBICEK u.a. (Hrsg.): Jahrbuch Telekommunikation und Gesellschaft, Bd. 4. München: Beck S. 120–130

KIESLER, S. / L. SPROUL (1991): Computers, network and work. In: Scientific American, 265, 3, S. 116–123

KRISTEVA, J. (1969): Narration et transformation. In: Semiotica I, S. 422–488

KRISTEVA, J. (1978): Die Revolutionierung der poetischen Sprache. Frankfurt a.M.: Suhrkamp

LACHMANN, R. (1990): Gedächtnis und Literatur. Intertextualitat in der Moderne. Frankfurt a.M.: Suhrkamp

LUHMANN, N. (1988): Was ist Kommunikation? In: E. B. SIMON (Hrsg.): Lebende Systeme. Berlin: Springer, S. 10–18

LUHMANN, N. (1996): Die Realität der Massenmedien. 2., erw. Aufl., Opladen: Westdeutscher Verlag

MCLUHAN, M. (1968): Die magischen Kanäle. Dusseldorf/Wien: Econ

MYERS, D. (1987): Anonymity is part of the magic. Individual manipulation of computer-mediated communication context. In: Qualitative Sociology, 10, 3, S. 251–266

NEGROPONTE, N. (1995): Total Digital. Die Welt zwischen O und I oder Die Zukunft der Kommunikation. München: Bertelsmann

Perelman, Ch. (1977): L'empire réetorique. Rhétorique et argumentation. Paris: Vrin

PIIRTO, R. A. (1993): Electronic communities. Sex law and politics online. Cornell University (unpublished Master of Science Thesis)

REID, E. M. (1991): Electropolis. Communication and Community on Internet Relay Chat. Honours Thesis, University of Melbourne, Department of History (unpublished Honour Thesis)

RHEINGOLD H. (1995): Die Zukunft der Demokratie und die vier Prinzipien der Computerkommunikation. In: BOLLMANN 1995, S. 189-197

RÖTZER, E (1995): Interaktion - das Ende herkömmlicher Massenmedien. In: BOLLMANN 1995, S. 57-78

SHORT, J. / E. WILLIAMS / B. CHRISTIE (1976): The social psychology of telecommunications. London: John Wiley & Sons

TURKLE, S. (1995): Life on the screen. Identity in the age of the internet. New York: Simon & Schuster

WAGNER, G. (1994): Fernschreiber im Gespräch: Kommunikation braucht Geschichte(n). Unterhaltungen im Inter Relay Chat. Berlin. In: WZB-Diskussionspapiere FS 11, S. 94-507)

WAGONER, J. (1994): What's an „Agent"? In: Personal Electronic News 16, S. 30-31

WEHNER, J. (1996): Vom Zuschauer zum Mitspieler der Medien Ende der Massenkultur. Freie Universität Berlin (Institut für Soziologie, noch unpublizierte Dissertation)

WETZSTEIN, TH. / H. DAHM / L. STEINMETZ / A. LENTES / ST. SCHAMPAUL / R. ECKERT (1995): Datenreisende. Die Kultur der Computernetze. Opladen: Westdeutscher Verlag

WINKLER, H. (1996): Docuverse. Zur Medientheorie der Computer. Universität Frankfurt a.M. (noch unpublizierte Habilitationsschrift)

3. Teil

KONZEPTIONELLE BAUSTEINE FÜR DIE AUSSERSCHULISCHE BILDUNGSARBEIT

MECHTHILD BANGERT / WOLFGANG SCHINDLER

Zukunftsfähige Bildung

Herausforderung an Jugendarbeit und Kirche

Jugendarbeit ist wieder zur pädagogischen Herausforderung geworden. Zwischen „Offenheit“ und „Halt geben“ oszilliert ihr Selbstverständnis. Diskutiert wird, welches Bildungsverständnis leitend sei. Die Aktualität der Bildungsdebatte zeigt sich u.a. an der Zahl von 166.337 Dokumenten allein für Deutschland, in denen „Bildung“ im Internet behandelt wird. Filtert man all diejenigen heraus, in denen zugleich die Worte „Schule“ und „Gymnasium“ vorkommen, so sind es noch immer 80 Prozent. Dies illustriert, dass auch jenseits von Schule intensiv über Bildung gearbeitet wird. Zentrale Annahmen aus früheren Bildungsdebatten, aus der Gruppendynamik und -pädagogik werden neu formuliert.

Die Bildungsdiskussion wurde in den vergangenen Jahrzehnten mit unterschiedlichen Akzentuierungen innerhalb evangelischer Jugendarbeit geführt:

- In den 60er Jahren erfuhren Begriffe wie „Lernen“ und „Pädagogik“ eine Renaissance in der Jugendarbeit; es entstand das Konzept der emanzipatorischen Jugendarbeit.
- In den 70er Jahren hatte der Bildungsbegriff Hochkonjunktur, jugendpolitische Bildungsarbeit gehörte zu den Aushängeschildern auch evangelischer Jugendarbeit, aber der Bildungsoptimismus der 60er Jahre flaute allmählich ab.
- In den 80er Jahren war eine Pädagogisierung des Lebensraumes von Jugendlichen verpönt; das Pendel schlug zur anderen Seite aus.
- In den 90er Jahren nahm die Diskussion pädagogischer Konzepte wieder zu – allerdings stand sie manchmal unter dem Verdacht, von den Kräften in der Gesellschaft instrumentalisiert zu werden, die pädagogische Mittel suchten, um eigene Versäumnisse zu bemänteln und Jugendarbeit zu einer Art Reparaturbetrieb für die Gesellschaft umzufunktionieren.

Ende der 90er Jahre ist zu fragen: Welche Bildungsarbeit will und kann evangelische Jugendarbeit als außerschulische Bildungsarbeit leisten – angesichts weiterhin zunehmender Unsicherheit der Lebenslagen, wenn es um die Zukunftsperspektiven Jugendlicher heute geht?

Gesellschaftliche Entwicklungen und Lernkultur

Wann immer (Über-) Lebensfragen einer Gesellschaft angesichts neuer Herausforderungen und Anforderungen diskutiert wurden, ging es auch um das Bildungsverständnis. Informationsflut, zunehmendes Detailwissen, wachsende neue Informationstechnologien einerseits und die Spannung zwischen scheinbar unbegrenzten Möglichkeiten und lebensbedrohenden Krisen andererseits werfen die Frage auf, welche Bildung zukünftig (junge) Menschen brauchen:

Es wird darum gehen, eine weltoffene Lernkultur für alle Bildungsbereiche zu etablieren, die sich grenzüberschreitend und generationenübergreifend versteht. Die hierarchisch-generative Struktur der Bildung, geprägt von Wissensweitergabe der Älteren an die Jüngeren, greift nicht mehr, wenn bis in die Werbung hinein den Älteren ständig demonstriert wird, dass sie mit ihrem Wissen gegenüber Jüngeren den Kürzeren ziehen.

Lernen ist heute bereits als Lebensform zu begreifen, die Rede vom „lebenslangen Lernen“ dokumentiert dies. Alle Menschen, die sich heute in Beschäftigungsverhältnissen befinden, müssen dafür Sorge tragen, dass sie beschäftigungsfähig bleiben. Allerdings darf Bildung nicht auf Qualifikation, auf Ausbildung reduziert werden, auf nützliche Fähigkeiten, die Menschen für ökonomische Zwecke brauchbar macht.

Unbestritten ist, dass zumindest für junge Menschen an der Qualifizierung für die Arbeit in der Informationsgesellschaft kein Weg vorbei führt. Produkte, Werkzeuge und Distribution bestehen aus dem gleichen Rohstoff „Information“, weltweit verknüpfbare Informationstechnologie ermöglicht die Globalisierung von Arbeitsprozessen. Dass dieser Weg nicht nur ein Anpassungsprozess an Computer, der Erwerb fehlender Kompetenz ist, sondern vor allem auch ein Gestaltungsprozess sein muss, macht die Aufgabe nur schwieriger.

Zukunftsfähige Bildungsziele knüpfen durchaus noch und immer wieder neu an Bildungsziele der Aufklärung an: Selbstbestimmung, Mündigkeit und Autonomie des Menschen im Blick auf verantwortetes Teilhaben und Partizipation am Gemeinwesen haben ihre zentrale Bedeutung behalten. In einer Gesellschaft, die sich als Demokratie versteht, können diese Ziele nicht hoch genug geschätzt werden.

Wo und wie kann Teilhabefähigkeit, Partizipation erworben werden? Es sind dazu Räume notwendig, in denen entdeckendes und forschendes Lernen möglich ist, autonomes und produktives Lernen. Auf diese Weise kann persönliche Selbstständigkeit, Mündigwerden und Verantwortungsfähigkeit erlangt werden. Dazu gehört die Fähigkeit zur Verständigung und zu menschlichem Zusammenleben.

Lern- und Bildungsprozesse haben immer etwas mit Grenzüberschreitung zu tun. Ich kann nur ICH werden, wenn ich Anderen und Fremden begegne und mit ihnen eine Beziehung aufnehme. Diese dialogische Struktur wirkt in Bildungsprozesse hinein. Bildung ist immer auch Lebensbegleitung und Erneuerung, Kontinuität und Veränderung. Sie betrifft den Einzelnen, seinen Lebenslauf und die Gesellschaft. Bildung hat insbesondere mit Persönlichkeitsbildung zu tun, mit Identitätsbildung.

Protestantisches Erbe in der Bildungsdebatte

Der Protestantismus hat sich von Anfang an als Bildungsbewegung verstanden. Ziel war und ist die Förderung von Urteils- und Kommunikationsfähigkeit und damit von „Lebenskompetenz“, nicht bloß Vermittlung religiösen Spezialwissens. Bildung hat immer etwas mit Kommunikations- und Sprachfähigkeit zu tun.

Den dialogischen Charakter von Bildungsprozessen hat bereits Melanchthon wahrgenommen, wenn er postuliert: „Wir sind dazu geboren, uns im Gespräch einander mitzuteilen“. Das Wesen der Mit-Teilung, des Sich-Mitteilens - vor allem mit Hilfe des Wortes - prägt den christlichen Glauben, insbesondere in seiner evangelischen Gestalt. Luthers Bibelübersetzung war ein emanzipatorischer Akt und trug zur Bildung erheblich bei. Glaube und Vernunft - und damit auch „Wissen“ - waren für ihn kein Gegensatz. Er ging davon aus, dass ohne Bildung das Evangelium „verdunkelt“ würde. Außerdem leistete er damit einen entscheidenden Beitrag zur Sprachfähigkeit der Menschen in Glaubensthemen.

Ein reformatorisches Erbe ist die Botschaft von christlicher Freiheit. Deshalb muss der evangelischen Kirche die Kultur einer freiheitlichen Gesellschaft wichtig sein, in der Bildung allen ermöglicht wird und in der als Bildungsziel Mündigsein gilt. Interessanterweise handelt es sich bei „bilden“ um ein nicht-transitives Verb, d.h., es folgt korrekterweise kein Objekt: es kann nur von „sich bilden“ als Prozess und „gebildet sein“ als Ergebnis gesprochen werden. Heinz-Joachim Heydorn spricht vom „Eigensinn“ der Bildung, die sich als befreiende Kraft für das Individuum erweist.

Herausgefordert durch neue Bildungstechnologien

Rund 8,4 Millionen Deutsche nutzen regelmäßig das weltumspannende Computernetz, knapp ein Drittel davon Frauen, Tendenz steigend, die meisten zwischen 20 und 40 Jahren alt - so berichtet dpa.[1] Der bayerische Landesbischof chattet öffentlichkeitswirksam mit Jugendlichen, die ohne dieses Medium wohl keine Chance zu solcher Konversation hätten. Sitzen wir also bereits in einem Abgrund an einstmals befürchteter „digitaler Einfalt“, kommt daher der immer lauter werdende Ruf nach einer Bildungsoffensive, der deutlich Ähnlichkeit mit den Reaktionen auf den sog. „Sputnik-Schock“ Ende der 60er Jahre zeigt. Die Bedrohung kommt diesmal nicht von „den Russen“, beklagt wird zum einen bundesdeutsche Rückständigkeit beim Umgang mit moderner Kommunikationstechnologie im internationalen Vergleich mit fernöstlichen und amerikanischen Staaten. Aber auch innenpolitisch wird gefordert, die „informationelle Grundversorgung“ sicherzustellen. Denn, „wenn erst ein wesentlicher Teil der gesellschaftlichen Diskussion in den neuen Medien stattfinden sollte, wären de facto diejenigen ausgeschlossen, die sich die dazugehörige Geräteausstattung samt Gebühren nicht leisten können, mit der Bedienung nicht zu Rande kommen oder weitab von der Datenautobahn wohnen.“[2] Politisch komme es darauf an, der zu erwartenden gesellschaftlichen Spaltung in Informationseliten und passive Medienkonsumenten entgegenzusteuern, um die drohende Bildungskatastrophe zu verhindern und Medienkompetenz zu vermitteln. Denn Fernsehen und Internet wachsen als Konsummedium zusammen; das ehemalige Arbeitsmittel der Wissenschaft wird nun ein Massenmedium in Freizeit und Arbeit. Den Durchbruch vom Spezialistenmedium zum Massenmedium hat die vereinfachte Bedienung von PCs durch „ Fenster“ und „ Maus“, durch Multimedia, ermöglicht.

Das Förderprogramm „Schulen ans Netz“ ist ein Beispiel für solch kompensatorisches Bemühen. Es will zumindest beginnen, die materiellen Voraussetzungen für eine überfällige Anpassung des schulischen Bildungssytems zu schaffen - und stößt dabei auf erhebliche emotionale und fachliche Kompetenzbarrieren bei LehrerInnen, deren Abtragung schwieriger und teuerer wäre als die Beschaffung von Computer-Hardware.

Multimedia, das bedeutet für Bildungsplaner in der Industrie vor allem Lernprozesse, Ausbildung billiger zu machen, weil multimediales Lernmaterial schneller begriffen wird, weil es neben der Arbeit gar zu Hause angeboten werden kann: Multimedia-CDs zum Selbstlernen in allen Werkstätten eines Automobilherstellers beispielsweise sind billiger als zahllose Kurse in teueren Ausbildungszentren. Tagesaktuell werden solche „Schulungsmaterialien“ durch die Anbindung an das Internet, die zudem orts- und zeitunabhängig die Kommunikation der Lernenden untereinander, mit FachspezialistInnen und PädagogInnen umfassen kann.

Vom trägen zum aktiven Wissen

Wo zunächst als „computergestützes Lernen“ nur stupide „Drill and Kill“-Programme produziert wurden und leider auch noch werden, vollzieht sich mittlerweile nachgerade ein Paradigmenwechsel, eine heftige Kritik am traditionellen Bildungssystem, dem Ineffektivität, die Produktion von trägem statt aktivem Wissen vorgeworfen wird: „Lernen für die Zukunft - Lernen in der Zukunft“[3] ist ein aktiver Aneignungprozess, der ohne Interesse und Engagement der Lernenden nicht funktioniert. Wissen könne nicht „vermittelt“ werden (der „Nürnberger Trichter“ als Extremmodell dieser Hoffnung), sondern werde jeweils neu im Kopf erzeugt, „konstruiert“. Lernen müsse bedeutungsvolle Inhalte haben, kontextbezogen sein statt durch äußere Belohnungs- und Zwangssysteme wie Schulnoten motiviert zu erfolgen. Nicht immer schneller veraltendes Wissen, sondern vor allem die Fähigkeit zum eigenständigen Wissenserwerb, neudeutsch „Wissensmanagement", sei erforderlich.

Das sind Banalitäten, selbstverständliche Grundlagen, alter Schnee aus der Bildungsreformdiskussion der 60er Jahre? Ja, und dennoch nein, denn erstens wurde aus all der gutgemeinten Curriculumsplanung von einst in der Realität des Schulalltags die Punktejagd in der gymnasialen Oberstufe und die Fiktion, Leistung aufs Hundertstel genau bewerten zu können. Zweitens aber, vor allem, ermöglichen neue, computergestütze „Lernumgebungen", sich komplexes Wissen in Eigenregie anzueignen, ggf. tutoriell begleitet: „Bildung on Demand", auf Anforderung interaktiv frisch aus dem Internet und multimedial von CD. „Virtuelle Universitäten" werden gegründet, die Bedingungen des Lernens in Telekooperation, über Netzwerke vermittelt, werden gerade auch für berufsbegleitende Bildungsprozesse, z.B. Fortbildung erforscht. Solches Lernen freilich funktioniert nicht im 45-Minuten-Rhythmus, sondern handlungs- und projektorientiert, fächerübergreifend, interdisziplinär: Altbekannte Ansprüche bekommen mit vernetzten multimedialen Computern die materielle Basis zur Verwirklichung, sogenannte Denkwerkzeuge oder neudeutsch „cognitive tools". LehrerInnen befürchten, durch solche Bildungstechnologien überflüssig zu werden; freilich besteht dabei auch die Chance, sich eine neue professionelle Rolle zu erwerben, in der sie immer weniger „Pauker" sein müssen.

Offen ist freilich, ob dieser Wandel innerhalb des traditionellen Schulsystems überhaupt möglich ist, oder ob nicht vielmehr privatwirtschaftlich organisierte, flexible Bildungssysteme schrittweise die entscheidenden Lernorte werden. Es scheint einfacher, eigene (Tele-)Lernzentren und Lernakademien zu schaffen – deren Zahl nimmt jedenfalls sprunghaft zu und damit auch der Konkurrenzdruck auf Universitäten und das Schulsystem.

Soziale Schlüsselkompetenzen für die (Tele-)Arbeitsgesellschaft

MitarbeiterInnen in und Kennern der Jugendarbeit wird das als zukunftsträchtig geschilderte Lernkonzept vertraut vorgekommen sein. In der Tat: die vom Schulsystem nur unzureichend vermittelten und von „der Industrie" geforderten Schlüsselkompetenzen kommen hier schon traditionell vor: Kreativität, Eigeninitiative und Verantwortungsbereitschaft, Teamfähigkeit, Kommunikationsfähigkeit, selbstgesteuertes Lernen. Und das nicht von ungefähr: Jugendarbeit versteht sich seit der Neubestimmung ihrer konzeptionellen Grundlagen zu Beginn der 70er Jahre auch als korrigierende, kritische Begleiterin von jungen Menschen im etablierten staatlichen Bildungssystem, selbst wenn sie das in der Praxis auch nicht immer und überall, und vor allem nicht konfliktfrei, ist. Was einst eher naiv als emanzipatorisch oder gar „antikapitalistisch" konzipiert wurde, hat sich längst als Schlüsselkompetenzen für die (kapitalistische) Tele-Arbeitsgesellschaft erwiesen.

Diese Fähigkeiten stellen sich allerdings auch im Zeitalter von PC und Internet nicht automatisch ein: die neuen Bildungstechnologien bieten lediglich ein Potenzial für Lernumgebungen, die persönliches Wachstum und Autonomie fördern. Sie können und werden durchaus auch als bevormundende Instrumente von Kontrolle und Gängelung eingesetzt, ein Abbild derjenigen Strukturen, in denen sie benutzt werden. Nicht nur JugendarbeiterInnen stellt sich daher die Frage, ob sie sich den mühevollen Prozess der Aneignung dieser neuen Kulturtechniken, privat und im beruflichen Zusammenhang, als Voraussetzung für eigene Gestaltungschancen, zumuten wollen. Konzeptionell scheint klar, dass hier ein Emanzipationsprozess im besten Sinne möglich ist: der Auszug aus einer selbstverschuldeten Unmündigkeit, mit all seinen Unannehmlichkeiten und Utopien. Es besteht jedoch nur die Wahl zwischen (Mit-)Gestalten oder Akzeptieren von Strukturen, die andere ohne unsere Beteiligung schaffen. Diese Gestaltung ist zuallererst eine soziale Aufgabe, die freilich ohne Fachwissen nicht gelingen kann. Die vielbeschworene Medienkompetenz ist dabei nur ein Teilbereich des zu bewältigenden Bildungsauftrages.

Orientierung durch Wissen

Durch die beschriebene Entwicklung neuer Technologien erweist sich die Notwendigkeit für einen Umstrukturierungsprozess der Bildung. Der Charakter von Zwang und Chance in Bildungsprozessen muss transparent gemacht werden, so dass die Lernenden weiterhin Subjekte bleiben und Gewinn und Verlust für sich selbst angesichts neuer Möglichkeiten wahrnehmen können. In Zukunft wird es darum gehen, die Grundfähigkeit zu entwickeln, mit Unsicherheiten umzugehen – auf der persönlichen, auf der gesellschaftlichen, auf der globalen Ebene.

Oskar Negt[4] beschreibt fünf spezielle Kompetenzen, die exemplarisches Erfahrungslernen und damit Orientierung durch Wissen definieren:

- Identitätskompetenz: Zukünftig wird das Individuum immer wieder neu vor die Herausforderung gestellt sein, eine Art von „Identitätsbalance" herzustellen. Die komplexen Zusammenhänge, die sich rasant verändern, erfordern hohe Flexibilität und den ständigen Abschied von vertrauten, gewohnten Strukturen.
- Technologische Kompetenz: Hier geht es um das Verständnis, Technologien angemessen einzusetzen. Der Einzelne muss gesellschaftliche Wir-

kungen von Technologien begreifen und sich ein differenziertes Urteilsvermögen darüber bilden, wie sie zu benutzen sind.

- Gerechtigkeitskompetenz: Es ist notwendig, sensibel wahrzunehmen und zu unterscheiden, ob Recht oder Unrecht, Gleichheit oder Ungleichheit gilt. Bildungsarbeit hat sich immer als bewusstseinserweiternd verstanden. In Zukunft werden sich viele „Vertreibungsprozesse" von Menschen aus ihren gewohnten Kontexten vollziehen. Diese Kompetenz hat in gewisser Weise eine Schutzfunktion für die Schwachen, damit nicht allein das Recht der Stärkeren dominiert.
- Ökologische Kompetenz: Der pflegliche Umgang mit den Menschen, der Natur und den Dingen ist eine „Conditio sine qua non" für das Überleben der Menschheit.
- Historische Kompetenz: Darin steckt so etwas wie „wissende Hoffnung". Menschen brauchen eine Erinnerungs- und Utopiefähigkeit in der gelebten, erlebten Zeit. Negt betont, dass die Zerstörung der Erinnerungsfähigkeit für jede Emanzipationsbewegung absolut ruinös ist. Im Zusammenhang dieser Kompetenz sieht er die Möglichkeit und die Notwendigkeit, den Generationenvertrag neu zu formulieren.

Beiträge von Kirche und Jugendarbeit

Wenn sich Kirche bzw. evangelische Jugendarbeit in die Bildungsdiskussion einmischt, übernimmt sie eine Anwaltsfunktion für Jugendliche. Sie müssen lernen, sich in einer zunehmend unsicheren Welt zu orientieren und zu finden. Eine besondere Rolle wird zukünftig der Sprachfähigkeit von Jugendlichen zukommen. Jugendarbeit hat deshalb eine doppelte Aufgabe: Jugendliche in Kirche und Gesellschaft zur Sprache und zum Sprechen zu bringen.

Trotz einer Marginalisierung christlichen Glaubens in unserer Gesellschaft haben existenzielle Fragen, Sinnfragen, auch die Frage nach Gott bei Jugendlichen einen hohen Stellenwert gerade auch deshalb, weil Jugendliche in ihrem Alltag immer häufiger die Erfahrung machen, nicht gebraucht zu werden, überflüssig zu sein, zu stören. Christlicher Glaube ist Hilfe zum Leben, „Lebenshilfe" im Geflecht „riskanter Chancen". Dabei ist die innere Befindlichkeit, ja, Bedürftigkeit von Jugendlichen Bezugspunkt für Orientierung. Als pädagogisches Ziel gilt Selbststärkung, „Empowerment"; es werden Deutungsmuster zur Verfügung gestellt, die in aller Vorläufigkeit, ohne absoluten Gültigkeitsanspruch, Orientierungshilfen sein können. Zukunft als eine von Gott offen gehaltene Zukunft kommt ins Spiel.

Dialogische Strukturen, Partizipation und Selbstbestimmung haben zentrale Bedeutung in der Tradition und im gegenwärtigem Selbstverständnis evangelischer Jugendarbeit. In der Praxis evangelischer Jugendarbeit ist ein Lebensraum und Lernraum für Jugendliche gegeben, der unverzichtbar die Bildungslandschaft prägt. Es geht um die grundsätzliche Bemühung, uns und unsere Welt besser und angemessener zu verstehen. Evangelische Jugendarbeit kann dieses Orientierungswissen in ihren Räumen, ihren Lernumgebungen zur Verfügung stellen. Die von O. Negt beschriebenen Kompetenzen sind Grundlage evangelischer Jugend (bildungs)Arbeit.

Es geht darum, dass wir schöpferische Menschen werden, die in der Lage sind, für sich selbst und andere Verantwortung zu übernehmen. Ausreichende Bildungsmöglichkeiten entscheiden über die Zukunftsfähigkeit des Menschen. Bildung ist kein Luxus, sondern notwendig, um das Leben zu bewältigen. Eine Gesellschaft, und mehr noch, eine Kirche, die nicht allen gleiche Bildungschancen einräumt, riskiert, ihre Zukunft zu verspielen.

Ist Gott ein ~~Uhrmacher~~ Programmierer?

Programmierer können sich als Schöpfer virtueller Welten empfinden; die Entschlüsselung des menschlichen Erbguts, des genetischen Codes basiert auf eben dieser Technologie. Damit sei angedeutet, dass die pädagogisch-theologische Herausforderung durch neue (Bildungs-)Technologien auch sehr grundsätzliche Fragen umfasst: dass Kirche von „außen" Kompetenz zugetraut wird, muss sie sich wohl teilweise noch erarbeiten. Die Chance allerdings besteht, hierbei eine Lücke qualifiziert zu füllen, die mehr ist als nur eine Marktnische.

Für die Frage nach der eigenen Identität, nach dem Menschenbild, weiß sich Kirche kompetent. Diese Frage stellt sich neu neben vermeintlicher oder faktischer „künstlicher Intelligenz" von Maschinen. Selbst wenn man neue Technologien als bloßes Werkzeug versteht, bleibt unstrittig, dass dieses als Metapher für das eigene Weltbild verwendet wird, Sprache immer wieder neu prägt.

Die eigene gewachsene Tradition in der Bildungsdiskussion, in der Praxis kirchlicher Bildungsarbeit und außerschulischen Jugendarbeit müssen wir uns neu aneignen, aktualisieren. Denn wir sind mit Neuen Medien konfrontiert, die wir erst unvollkommen verstanden, geschweige denn uns inhaltlich angeeignet haben. Erst dann aber kann solche Kompetenz glaubwürdig kommuniziert werden. Sie allerdings ist nicht zum Nulltarif zu bekommen, ist ein Teilergebnis gezielter Bildungsplanung und Personalentwicklung.

Anmerkungen

1 Süddeutsche Zeitung, 25.02.1999.

2 Herbert Kubicek: „Informationelle Grundversorgung". In: Spektrum der Wissenschaft, Spezial 4: Schlüsseltechnologien, S. 30.

[3] Lernen für die Zukunft, Lernen in der Zukunft. Wissensmanagement in der Bildung. Hrsg. von S. HÖFLING / H. MANDL durch die Hanss-Seidel-Stiftung. München 1997.

[4] O. NEGT (1998): Lernen in einer Welt gesellschaftlicher Umbrüche. In: H. DIECKMANN / B. SCHACHTSICK (Hrsg.): Lernkonzepte im Wandel. Die Zukunft der Bildung. Stuttgart, S. 22–44

Roland Bader

Legitime Partizipation

Ein Handlungsmodell der Medienpädagogik mit Computern

Übersicht

Immer mehr Einrichtungen der Offenen Jugendarbeit, der Jugendhilfe, der Jugendberufshilfe und der Jugendkulturarbeit richten Computerräume und Internetcafés ein und stellen PC- und Internetangebote für Jugendliche bereit. Angesichts dessen scheint es mir sinnvoll, Erfahrungen aus etwa fünfzehn Jahren außerschulischer pädagogischer Arbeit mit PC zusammenzustellen und in einem theoretischen Bezugssystem zu integrieren. Dabei wird versucht, die unterschiedlichen Ebenen computermedienpädagogischen Handelns gleichermaßen zu berücksichtigen. Es wird Bezug genommen auf die Literatur zum Umgang von Jugendlichen mit Computern wie auf geschichtliche und aktuelle Positionen der Jugendarbeit und der Medienpädagogik. Eigene Erfahrungen aus der Jugendarbeit und Weiterbildung sowie in der Beratung oder Begleitung von Projekten fließen ein. Die Darstellung der unterschiedlichen Ergebnisse und Positionen mündet in den Vorschlag für ein theoretisches Bezugssystem, das m.E. geeignet ist, medienpädagogische Projekte in außerschulischen Bereichen zu beschreiben und daraus Hinweise für praktisches pädagogisches Handeln ebenso wie für empirische Forschung abzuleiten. Das vorgeschlagene Handlungsmodell der „legitimen Partizipation" ist an den Zielsetzungen und Leitvorstellungen der Jugendarbeit orientiert und ordnet medienspezifische Zielsetzungen diesen jugendarbeitsspezifischen Vorstellungen unter.

Der Zugang zu der Thematik erfolgt in mehreren Schritten. Eine einführende Übersicht über die Literatur zur Computernutzung von Jugendlichen zeigt, dass sich die Computernutzung weitgehend zwei Leitmotiven zuordnen lässt: dem Motiv „Unterhaltung, Spaß und Geselligkeit" und dem Motiv „Qualifikation". Beide Kategorien beschreiben auch die Internetnutzung von Jugendlichen. Medienpädagogik mit Computern und Internet im außerschulischen Bereich, die an den Bedürfnissen der Jugendlichen orientiert ist, sollte beiden Motive gleichermaßen Rechnung tragen. Ausgehend davon wird die Frage aufgeworfen, welche Zielperspektiven sich für die außerschulische Jugendarbeit, Jugendhilfe und Jugendbildung aus diesem Spannungsfeld ergeben. In der Theoriebildung der Jugendarbeit dominiert eine sozialisationstheoretische Perspektive, die der Identitätsentwicklung durch soziales Lernen Priorität einräumt vor der Qualifikation.

In der medienpädagogischen Diskussion spielten die Leitkonzepte der Jugendarbeit bis in die 90er Jahre eine zentrale Rolle, die aktuelle Diskussion um Medienkompetenz in den letzten Jahren rückt allerdings ein qualifikationsorientiertes Denken stärker in den Vordergrund. Angesichts der Dimension „Medienkompetenz" sind Kategorien wie „soziales Lernen" und „Partizipation" derzeit keine Diskussionsthemen der Medienpädagogik. Mit dem Konzept der „Medienkompetenz" sind weitgehend individualistische Vorstellungen von Fertigkeiten im Umgang mit Medien assoziiert. Obwohl mit „Medienkompetenz" eine umfassende Beschreibung von Kompetenzen beabsichtigt ist, wird der Begriff doch oftmals eher im Sinn der Vermittlung von Wissen und Fertigkeiten verstanden, als dass Assoziationen an soziale Lernformen im außerschulischen Bereich geweckt werden, bei denen Lernen als Ressourcenerschließung verstanden wird, am Handeln orientiert ist und der Umgang miteinander im Vordergrund steht.

Betrachtet man die spezifischen Möglichkeiten, die im außerschulischen Bereich durch die pädagogische Arbeit mit Computern gegeben sind, so zeigen sich im Unterschied zu der traditionellen handlungsorientierten Medienpädagogik mit Video, die über 20 Jahre die Theoriebildung maßgeblich prägte, einige gravierende Unterschiede. Pädagogische Arbeit mit Computern erfordert nicht nur eine andere Gestaltung sozialer Prozesse, sondern ermöglicht auch die Förderung anderer Fähigkeiten bei den Teilnehmern. Die Kompetenzen, die die Teilnehmer in einem pädagogischen Computerangebot erwerben können, zeichnen sich durch eine hohe gesellschaftliche Akzeptanz und breite Nützlichkeit aus. Daraus ergibt sich als pädagogische Aufgabe über die Vermittlung von Medienkompetenzen hinaus die Erschließung und Bereitstellung von Handlungsfeldern, in denen die Teilnehmer PC- und Internetkompetenzen in neuen sozialen Rollen ausprobieren können. Mit dem Konzept der „legitimen Partizipation" wird ein theoretisches Konzept vorgeschlagen, in dem gleichermaßen die sozialisatorische Perspektive wie die Perspektive des Kompetenzerwerbs berücksichtigt wird. Das Handlungsmodell wird an Projektberichten aus diesem Band erläutert.

Computernutzung von Jugendlichen – zwischen Unterhaltung und Lernen

Die Thematik „jugendliche Computernutzung" hat vor allem in den 80er und frühen 90er Jahren die Gemüter erhitzt. In der Diskussion standen Wirkungen und Einflüsse der Computernutzung auf die Persönlichkeitsentwicklung im Vordergrund. Seit Mitte der 80er Jahre wurde in vielen Studien die Frage erforscht, welche identitätsbildende Funktion PCs für Jugendliche haben oder haben können (z.B. Turkle 1986, 1998; Schachtner 1993; zu einer Übersicht: Tully, 1994). Dabei wurde in der Regel die selbstbestimmte Nutzung in der Freizeit der Jugendlichen untersucht und nicht die pädagogischen Angebote (Ausnahme: Theunert 1991). Häufig dominierten Polaritäten über befürchtete negative und erhoffte positive Wirkungen von Computern als Sozialisationsinstanz, etwa Fragen nach

- Vereinsamung und soziale Isolation versus neue Kommunikationsmöglichkeiten,
- Entfremdung von der Realität versus Stressventil und Spannungsabbau,
- Verdrängung menschlichen Denkens versus kognitive Entlastungsfunktion,
- Verlust an Kreativität versus neue Bildungsmöglichkeiten,
- Aggressionsstimulanz,
- soziale Ungleichheit versus mehr Chancengleichheit (nach Schwab/ Stegmann 1999).

Schwab und Stegmann haben die Thesen über die befürchteten negativen Wirkungen von Computern Ende der 90er Jahre einer empirischen Überprüfung unterzogen und dabei herausgearbeitet, dass sich die Befürchtungen der frühen Literatur im Wesentlichen nicht bestätigt haben.

Baacke, Sander und Vollbrecht (1990) gehen davon aus, dass die Mediennutzung von Jugendlichen eher auf der moralischen, affektiven und unbewussten Ebene des Handelns zu lokalisieren sei als auf der kognitiven Ebene. Mediennutzung führe insbesondere zu Differenzierungen in der Alters-, Geschlechts- und Rollenidentität. Dabei ist der soziale Kontext der Mediennutzung (Familie, Peergruppe, Jugendeinrichtung, Schule) entscheidend im Sinn einer Anregung zu differenzierterer Nutzung.

Ohne hier auf die - durchaus notwendige - Diskussion um problematische Aspekte einzelner Medieninhalte (Sex, Gewalt etc.) eingehen zu wollen, lässt sich in der Summe feststellen, dass ein wesentliches Motiv für die Computernutzung von Jugendlichen unterhaltungs- und kommunikationsorientiert ist. Das zeigt sich darin, dass Spiele nach wie vor zu den beliebtesten Anwendungen gehören, in der Internetnutzung auch das Chatten als eine unterhaltsame Art des Kontakteknüpfens.

Neben diesen Motiven der Unterhaltung und der Geselligkeit gibt es einen zweiten Aspekt der Computernutzung: den qualifikatorischen Gesichtspunkt. Mit der Beschäftigung mit Computern ist, besonders bei unterprivilegierten Jugendlichen, auch der Wunsch nach sozialem Aufstieg verbunden (Theunert 1991, S. 56). Baerenreiter, Fuch-Heinritz und Kirchner (1990) arbeiteten auf der Basis von narrativen Interviews mit Jugendlichen die Doppelrolle heraus, die der Computer für die befragten jugendlichen Computerfans hat. Er dient neben der Freizeitgestaltung auch der beruflichen Orientierung. Der Erwerb von Computerkompetenz wird von den Jugendlichen verstanden als eine selbst-sozialisatorische Alternative zum etablierten Bildungssystem. Computerkompetenzen sollen aus Sicht der computererfahrenen Jugendlichen Defizite der bis dahin erfolgten Sozialisation ausgleichen, die Beschäftigung mit dem PC wird zu einer „Ressource für biografische Planung auch angesichts unwägbarer struktureller Vorgaben“ (S. 328). Spielerisches Interesse und Berufsqualifizierung sollten aber nach Sicht der Autoren nicht in eins gesetzt werden: der Traum vom spielerischen Lernen, den die Multimedia-Industrie uns träumen machen will, ist in Wirklichkeit eine werbewirksame Illusion, wie alle seriöse Forschung zeigt. Bildung, besonders in der Form ihrer institutionellen Zertifizierung, ist und bleibt eine „Ochsentour“ (Baerenreiter et al. 1990, S. 330), selbstsozialisatorische Alternativen oder das Lernen im Schlaf stellen eher einen Wunschtraum der Befragten dar als gesellschaftliche Realität.

Ende der 90er Jahre ist die Computernutzung für Jugendliche alltäglich geworden, PCs sind für etwa drei Viertel der Jugendlichen zugänglich, entweder durch eigenen Besitz oder durch Zugänge in der Familie oder bei Freunden (Schwab/Stegmann 1999). Jugendliche haben heute weitgehend akzeptiert, dass sie ihre berufliche Qualifikation nicht allein in der Schule erwerben, sondern ihre Freizeit auch nutzen, um sich beruflich zu qualifizieren (Fischer/Fritzsche/Fuchs-Heinritz/Münchmeier 2000). Was die Internetnutzung angeht, stellt die Onlinestudie 1999 fest, dass die wesentlichen Motive für den Neuzugang ins Internet im konkreten Nutzwert und im „Zeitgeist“ liegen (ARD/ZDF-Arbeitsgruppe Multimedia 1999). Obwohl das Motiv der Unterhaltung in der Studie als nachrangig eingeschätzt wird, so zeigen doch viele Erfahrungen aus der Jugendarbeit, dass ein wichtiger Bereich der Internetnutzung kommunikativer Natur ist. Im Chat werden Beziehungen angebahnt, geplaudert, geflirtet und dabei auch Grenzen der kommunikativen Zumutbarkeit ausgetestet. Die Ergebnisse der Befragung von Schwab und Stegmann an fast 700 Jugendlichen legen die Vermutung nahe, dass der Übergang vom unterhaltungsorientierten Interesse am PC zu einer qualifikationsorientierten Nutzung mit dem Alter zusammenhängt. Mit steigendem Alter vollzieht sich eine Verschiebung der Präferenzen vom Spielen, das bei den 11- bis 13-Jährigen dominiert, hin zu einem stärkeren Interesse an funktionalen Anwendungen, vor allem an Office-Programmen.

Der Unterstützung durch Familie und Freunde kommt eine wichtige Schlüsselrolle für die Aneignung von Computerkompetenz zu. Neben dem Alter und dem Geschlecht hat das Bildungsniveau der Familie einen wesentlichen Einfluss sowohl auf die Nutzung des PCs als Bildungsinstrument wie auch auf die Vielfalt der Nutzungsmöglichkeiten (Schwab/Stegmann 1999). Eine vielfältige und aktivierende Umgebung kann als gute Voraussetzung für die Entwicklung differenzierter Mediennutzungsformen angesehen werden. Der Zugang zu Geräten ist ebenso eine Bedingung wie die Unterstützung und die inhaltliche Anregung durch ein reichhaltiges Medienangebot durch Eltern und Peers. Im Hinblick auf die dargestellte Polarität von Unterhaltung und Qualifizierung ist kompetente Mediennutzung einerseits gekennzeichnet durch eine breitere Palette der Nutzungsformen (Tully 1994; Hasebrink 1999). In den Familien wird im Wesentlichen gelernt und unterstützt, wie die Kinder und Jugendlichen mit Computern umgehen.

Die Reichhaltigkeit der Nutzung ist allerdings nur ein Aspekt. Ebenso wichtig wie die Vielfalt der Nutzungsformen (also der Umgang mit den Geräten und Anwendungen) ist die Beziehung der Computernutzung zu persönlichen Entwicklungszielen, -themen und -vorstellungen (Baacke/Sander/Vollbrecht 1990), also die Art und Weise, wie die Nutzung von Medien in lebensweltliche Kontexte eingebunden ist. Welche Bedeutung die Mediennutzung von Jugendlichen hat, ergibt sich im Wesentlichen aus dem sozialen Kontext der Nutzung: für Kinder die Familie, für Jugendliche im Wesentlichen die Peergruppe. Es lassen sich zwei hauptsächliche Funktionen der Mediennutzung beschreiben: Medien werden zur Strukturierung der zwischenmenschlichen Interaktion und zur Bearbeitung von Themen eingesetzt (Sander 1999; Charlton/Neumann 1990).

Für die außerschulische pädagogische Praxis, die in der Freizeit von Jugendlichen angesiedelt ist, ergeben sich aus diesem groben Überblick über die Computernutzung von Jugendlichen wichtige Folgerungen. Außerschulische Pädagogik findet zwischen den Polaritäten „Unterhaltung und Geselligkeit“ und „Lernen, Bildung und Qualifikation“ statt und sollte beide Motive angemessen berücksichtigen. Wenn es für Jugendliche durch PC-Angebote möglich wird, aktiv soziale Prozesse und Interaktionen zu gestalten und andererseits lebensgeschichtlich und biografisch wichtige Themen zu bearbeiten, kann eine solche Mediennutzung als förderlich für die Identitätsentwicklung bezeichnet werden.

Leitvorstellungen außerschulischer Jugendarbeit

Jugendliche bringen die beschriebene Mischung aus Erwartungen und Motiven auch in Angebote der Jugendarbeit ein. Das sind im Wesentlichen Bedürfnisse nach Geselligkeit, Unterhaltung und Spielen einerseits und Hoffnungen auf nützliches Wissen, berufliche Orientierung, Qualifikation und Chancen andererseits (Bader 1995). In der offenen Jugendarbeit verbinden Jugendliche ihr Interesse an Computerangeboten mit dem Wunsch nach sozialen Kontakten, Kommunikation, Erlebnissen und Spaß mit Gleichaltrigen (Theunert 1991).

Diese Motive spielen in der Altersspanne von 11 bis 18 Jahren eine unterschiedliche Rolle. Bei den Jüngeren dominiert der Wunsch nach Spielen, bei den Älteren eher das Bedürfnis nach Herausforderungen, dem

Ausprobieren von Grenzen und neuen sozialen Rollen in der Interaktion und der Wunsch nach Qualifikation. Dabei kann man den Chat, der ja im Internet zu den beliebtesten Anwendungen gehört, m.E. auf einer Zwischenstufe zwischen dem (völlig konsequenzenlosen) Spiel und (der folgenreichen) „sinnvollen PC-Nutzung" ansehen.

Entsprechend der hohen Bedeutung, die man in den Medienwirkungen der neuen Medien vermutete, wurden bis in die Mitte der 90er Jahre hinein von der außerschulischen Jugendarbeit Antworten auf die drängenden Fragen nach der „Gefährdung" durch PCs in Form konkreter pädagogischer Handlungsanweisungen erwartet. Oftmals dominierte das Thema Jugendschutz die Diskussion (vgl. Hüther/Podehl 1997; Hüther/Schorb 1997). Die Konzentration auf das Thema „Jugendschutz" engt die Handlungsmöglichkeiten der Pädagogen m.E. ein, denn zum einen spielen problematische Medieninhalte weder in der Nutzung von Computerspielen noch in der Nutzung des Internets eine dominierende Rolle. Unbestreitbar sind diese Inhalte da und erfordern pädagogische Auseinandersetzung damit, aber die pädagogischen Handlungsformen sollten entlang der dominierenden Bedürfnisse der Jugendlichen entwickelt und ausdifferenziert werden und nicht anhand von Vorgaben der Öffentlichen Meinung, die in sehr fragwürdiger Weise durch Medienberichte in Printmedien und TV bestimmt wird, die einseitig problematische Aspekte überzeichnen. Hinzu kommt, dass diese problematischen Medieninhalte im pädagogischen Setting eine randständige Rolle spielen, da allein schon durch das Setting ein hohes Maß an sozialer Kontrolle gewährleistet ist.

Schwab und Stegmann sehen eine besonders drängende Aufgabe des Bildungssystems darin, Zugänge für benachteiligte Gruppen zu schaffen, denen aufgrund ihres Bildungshintergrundes und/oder Geschlechts der Zugang zu PCs erschwert oder unmöglich ist, die aufgrund ihres Bildungshintergrunds und/oder Geschlechts „unfreiwillig computerabstinente Nicht-User" sind. „Chancengleichheit als besondere Aufgabe" (S. 213) wird zur Zielsetzung gerade der außerschulischen Jugendarbeit mit benachteiligten Gruppen.

Zwar hat die außerschulische Jugendarbeit keine einheitsstiftende theoretische Orientierung, es lässt sich aber ganz allgemein als Leitorientierung formulieren, dass sie „im Kern darauf orientiert (ist), die Sozialisation von Kindern und Jugendlichen zu fördern" (Scherr/Thole 1998, S. 10). Das bedeutet, dass das soziale Lernen oder der „Umgang" miteinander einen zentralen Stellenwert im Rahmen sozialpädagogischen Handelns hat (Martin 1989, S. 43). Als „indirekte Pädagogik" zeichnet sie sich dadurch aus, dass sie darauf abzielt, Rahmenbedingungen mitzugestalten und in Situationen enthaltene Ressourcen und Handlungsmöglichkeiten zu erschließen. Die Orientierung der Jugendarbeit in den 90er Jahren kann mit dem

Konzept der „lebensweltorientierten sozialen Arbeit“ (Achter Jugendbericht der Bundesregierung, BMfJFG, 1990) umrissen werden. Schlagworte dafür sind „anfangen, wo der Klient steht“, die Gemeinwesenorientierung und der Situationsbezug der Arbeit (Thiersch 1992). Thiersch formuliert als Handlungsmaximen lebensweltorientierter Jugendhilfe die Orientierung an den Grunddimensionen der Lebenswelt, der Zeit, dem Raum und den sozialen Bezügen. Dies konkretisiert sich in den Handlungsmaximen der Prävention, der Regionalisierung /Dezentralisierung, der Alltagsorientierung, der Integration und der Partizipation (Thiersch 1992, S. 30).

Der letzte große theoretische Entwurf der Jugendarbeit, das Konzept der „Pädagogik des Jugendraums“, basiert ebenfalls auf den Leitthemen der „Individualisierung“ und der „Pluralisierung“ (Böhnisch/Münchmeier 1990). Die Autoren verorten Jugendarbeit nicht mehr institutionell oder als eigenständiges Sozialisationsfeld neben Schule und Familie, sondern formulieren die Notwendigkeit, in der zersplitterten Erfahrung von Lebensräumen und -zeiten eine einheitsstiftende Klammer zu schaffen, die die Erfahrung von Identität in den unterschiedlichen Sozialräumen ermögliche. Diese Aufgabe der Herstellung eines „Jugendraumes“ komme der Jugendarbeit zu. Pädagogisch wird die Vernetzung zum zentralen Mittel, diese übergreifende Kontingenz und Kontinutät herzustellen. Medien fungieren als Ausdrucksmittel der Selbstvergewisserung (Röll 1998), die es ermöglichen, in der Darstellung der eigenen Lebenswelt und der Artikulation des eigenen Lebensstils sich in einem Prozess von Suchbewegungen selbst zu verorten.

Identität vor dem Hintergrund von Individualisierung und Pluralisierung ist heute weniger institutionell erfahrbar (in Schule, Arbeit, Karriere), sondern verlangt Räume, in denen man sich selbst inszenieren kann.

„Selbstinszenierung“ der Persönlichkeit ist das psychologische Korrelat zum gesellschaftlichen Prozess der „Individualisierung“, „Expressivität“ ein zentrales Medium selbstinszenierter Individualität. (...) Sozialräumliche Identität kann man nicht im herkömmlichen bildungstheoretischen Sinne über „Lernen“ ausbilden; man muss sich erst als Person sozialräumlich definieren, verstehen können: Sich im Raum zu anderen in Beziehung setzen, „erkennbar“ werden, sich „bemerkbar“ machen, sein Leben „zeigen“ (Böhnisch/Münchmeier 1990, S.17).

Deutlich wird, dass die zur aktiven Gestaltung von Identität notwendigen Kompetenzen in einer Gesellschaft der Individualisierung und der pluralen Lebensstile über das hinausreichen, was durch „Lernen“ im Sinn von Wissenserwerb leistbar ist. Dabei sind insbesondere die sozialen Dimensionen der Fähigkeiten wichtig: Identitätsbildung impliziert neben neuen Ausdrucks- und Darstellungsformen vor allem neue soziale Rollen und die Erschließung anderer Umgangsweisen miteinander.

Medienkompetenz als Leitvorstellung der Medienpädagogik

In den konzeptionellen Entwürfen der Medienpädagogik ist die sozialisatorische Perspektive bis zur Mitte der 90er Jahre dominierend. Diese Sichtweise tritt in der Medienpädagogik in der zweiten Hälfte der 90er Jahre in den Hintergrund, seit das Leitthema der „Medienkompetenz" die Diskussion beherrscht. Die meisten wichtigen Veröffentlichungen, die die pädagogischen Aspekte medienpädagogischen Handelns[1] untersuchen, handeln vom Konzept der „Medienkompetenz" (Pöttinger 1997; Baacke 1997; Schell/Stolzenburg/Theunert 1999; Enquete-Kommission des Deutschen Bundestages 1997; Kübler 1999; Ausnahme: Röll 1998). Konsens aller AutorInnen ist, dass unter Medienkompetenz weit mehr als Wissen über und Fertigkeiten im Umgang mit technischen Geräten und Software zu fassen ist.

Baacke (1997), dessen Definition vielen Publikationen zu Grunde liegt, fasst unter Medienkompetenz neben Wissen über Geräte sowie Fertigkeiten in der Bedienung Programmen eine Vielzahl weiterer kognitiver und metakognitiver Kompetenzen, insbesondere solche zu einer kritischen, selbstreflexiven und sozialverantwortlichen Nutzung der Medien, zum rezeptiven und interaktiven Medienhandeln wie auch Fähigkeiten zur innovativen und kreativen Mediengestaltung.

Praktisch tätige Medienpädagogen stehen dem Konzept offener gegenüber als Forscher und Theoretiker. Das mag damit zusammenhängen, dass das Konzept der „Medienkompetenz" als Erwartung der Gesellschaft an Medienpädagogen ungleich viel mehr Spielräume für praktische Tätigkeit eröffnet als die Orientierung am Jugendschutz. Während „Jugendschutz" eine negative Zielformulierung darstellte, die einem (Selbst-)Bild vom aktivem, kreativem und handlungsorientiertem Vorgehen in der Medienpädagogik nicht sehr gut entspricht, stellt „Medienkompetenz" ein positives Ziel dar und lässt viele Freiräume. Darüber hinaus eignet sich das Konzept, um eine Verständigungsplattform innerhalb des medienpädagogischen Diskurses und mit der Gesellschaft herzustellen. Die identitätsstiftende Wirkung nach innen ist besonders wichtig, da der Berufsstand durch eine Fülle unterschiedlicher Qualifikations- und Berufsbilder gekennzeichnet ist (Wunden 1994).

Die Haltung der Theoretiker des Fachs gegenüber dem Konzept ist deutlich distanzierter als die der Praktiker, oft sogar von deutlicher Skepsis geprägt (z.B. Kübler 1996; Mikos 1999). Kritisiert wird, dass das Konzept aufgrund seiner theoretischen Abstraktheit keine Handlungsanweisungen für didaktisch-methodische Umsetzungen gebe (Baacke, nach Vollbrecht 1999). Kübler (1999) kritisiert neben der theoretischen Inkonsistenz des Begriffs, dass in einer additiven Auflistung der unterschiedlichen kognitiven, analytischen, kreativen und metakognitiven Kenntnisse und Fähigkeiten Beziehungen zwischen den unterschiedlichen Kompetenzebenen nicht geklärt, sondern eher verwischt werden.

Das Konzept der „Medienkompetenz“ hat seine theoretischen Wurzeln im Postulat der „Kommunikativen Kompetenz“ (Baacke 1973). Mit der Annahme einer „Kommunikativen Kompetenz“ ist die bildungsoptimistische Utopie verbunden, dass die jedem Mensch eigene Fähigkeit zur Kommunikation zu fördern sei. Das Konzept der Kommunikativen Kompetenz lässt sich aber nicht ohne Weiteres auf Medienkompetenz übertragen. Vielmehr sei durch die Übertragung dieses Kompetenzkonzepts eine „nicht unerhebliche theoretische Schieflage“ des Begriffs der Medienkompetenz entstanden (Vollbrecht 1999).

Aus einer theoretischen Perspektive ist es bislang noch eine offene Frage, ob es tatsächlich die gleichen Fähigkeiten sind, die den Umgang mit unterschiedlichen Medien bedingen, und ob diese medienspezifischen Kompetenzen hinreichend deutlich von anderen Schlüsselqualifikationen, die nichts mit Medien zu tun haben, wie etwa Teamfähigkeit, Lernen lernen, intelligentem Operieren, kreativem Denken (Weinert 1996) abzugrenzen sind.

Vorliegende Untersuchungen stützen das Postulat der Medienkompetenz als eines über verschiedene Medien generalisierbaren Konstrukts nicht. Entweder wurde empirisch nur ein einziges Medium untersucht (z.B. Radio bei Pöttinger 1997), oder es werden im differenzierten Vergleich mehrerer Medien differenzierenden Schlussfolgerungen gezogen (Hasebrink 1999). „Medienkompetenz“ realisiert sich in unterschiedlichen Medien auf jeweils unterschiedliche Weise. So wird man einen Jugendlichen, der viel liest, als medienkompetent einschätzen, nicht aber jemanden, der viel fernsieht. Im Umgang mit dem Fernsehen zeigt sich ein kompetenter Umgang eher in der Fähigkeit, das Gerät ausschalten zu können, beim Lesen in einer reichhaltigen Literalität (Hasebrink 1999). Bezogen auf den Umgang mit PC wird meist die Vielfalt der persönlichen Nutzungspalette als Indikator für Medienkompetenz herangezogen (Schwab/ Stegmann 1999; Tully 1994; Hasebrink 1999).

Der Kontext der Mediennutzung dürfte erhebliche Auswirkungen auf die Nutzung haben. Die pauschale Zuordnung der Mediennutzung zur Kategorie des „Alltags“ (Schorb 1995) hilft wenig bei der analytischen Differenzierung, gerade, wenn man an die Unterschiede zwischen der Freizeitnutzung von PCs und der Nutzung in einem institutionellen Kontext (z.B. Schule) denkt. Das Wissen, das in den unterschiedlichen Kontexten sinnvoll ist und bei der Nutzung angeeignet wird, unterscheidet sich erheblich. Das wurde von Tully (1994) hinsichtlich der Aneignung von PC-Kenntnissen und von Wetzstein et al. (1995) für die Kompetenzen hinsichtlich Internet und Mailboxnetze gezeigt. Die Nutzung von PCs in der Schule, in der Freizeit oder für die berufliche Qualifikation erfordert und fördert unterschiedliche Qualifikationen. Wer kompetent im Internet chatten kann, muss noch nicht gut im Informatikunterricht sein, vice versa. Auch deshalb erscheint das Postulat einer kontextübergreifenden Fähigkeit zur Medienkompetenz problematisch.

Während eine Festschreibung von Medienkompetenz als Zielvorgabe für den schulischen Bereich wichtig und angemessen ist, weil sie das Augenmerk auf Lern- und Bildungsinhalte legt, die im Curriculum unterrepräsentiert sind, stellt sich für den außerschulischen Bereich die Frage, ob ein „Lernziel Medienkompetenz“ (Pöttinger 1997), verstanden als programmatische Festlegung von Zielkriterien, nicht kontraproduktiv wirkt. Der Kompetenzbegriff birgt die Gefahr, dass die sozialen Dimensionen des Lernens und die sozialisatorischen Funktionen der außerschulischen Pädagogik aus dem Blick geraten und angesichts operationaler Lernziele die Konzentration auf die Bedürfnisse der Kinder und Jugendlichen und die Orientierung an deren Lebenswelt vernachlässigt werden könnte (Pöttinger 1997, S. 80). Für die außerschulische Jugendarbeit sind zwar Ziele wichtig, aber „Lernziele“ taugen kaum.

Die Formulierung von Zielen suggeriert, dass das Handeln in der Sozialen Arbeit ergebnisorientiert ist. Dies ist aber eher die Ausnahme. Das Handeln in der Sozialen Arbeit ist prozessorientiert: Gemäß den Arbeitsprinzipien werden Prozesse angebahnt und deren Verlauf begleitet, aber kaum präzise gesteuert und bestimmt.

„Der Zielbegriff wird gewöhnlich in Kontexten verwendet, in denen es nur eine bestimmende und lenkende Instanz gibt. In der Sozialen Arbeit haben wir es mit zahlreichen Beteiligten zu tun, deren Ziele unterschiedlich und widersprüchlich sein können“ (Meinhold 1998, S. 228).

Nimmt man insbesondere Jugendliche mit geringen Bildungsvoraussetzungen, wie sie vor allem in der Offenen Jugendarbeit anzutreffen sind, in den Blick, dann ist es sinnvoller, Ziele systemisch und multidimensional zu fassen. Nicht ein Lernziel sollte als Ziel für alle Teilnehmer angesehen werden, sondern es wäre anzustreben, dass sich die Teilnehmer selbst Ziele für den Umgang mit PC setzen, die kommuniziert und verfolgt werden („intentional learning“; Bereiter/Scardamalia 1989). Ob diese Ziele medienspezifisch sind oder eher mit der Lebenswelt oder der biografischen Planung zu tun haben, ist dabei sekundär.

Um dies zu ermöglichen, ist nicht der Inhalt eines pädagogischen Angebots das Ausschlaggebende, sondern das Wie im Sinn einer offenen Lernform, die den Teilnehmern Gestaltungsspielräume für eine persönliche Aneignung von Medien und das Verfolgen eigener Ziele lässt (Ballin/Brater 1996). Dies geschieht durch offene, vor allem projektorientierte Lernformen, bei denen einerseits Möglichkeiten zu eigenen Fragen und eigenen Positionen besteht, andererseits aber selbst geplante und systematische Vorgehensweisen und soziale Aushandlungsprozesse zwischen den Teilnehmern notwendig sind.

Lernen in der außerschulischen Jugendarbeit ist weitgehend am Handeln orientiert. Dabei hat das soziale Element Priorität vor dem Erwerb von Wissen und Fertigkeiten. Beim Handeln kommt der Erschließung von Ressourcen eine wesentliche Bedeutung zu, der Fähigkeit, die in einer Situation zur Verfügung stehendem Optionen nutzbringend in den eigenen Alltag zu integrieren. PC und das Internet können dabei eine Schlüsselrolle entfalten. Sie stellen Ressourcen dar, an denen Jugendliche lernen und üben können, wie Ressourcen erschlossen werden und wie man nutzbringend von ihnen Gebrauch macht.

In dieser Konzeption von Medienarbeit als sozialem Lernen und Lernen des Lernens kommt der Medienkompetenz die Bedeutung eines Mittels zu und nicht die Rolle eines Ziels. Geschieht der Erwerb von Medienkompetenz in einer Form, die Lernen als Identitätsbildung ermöglicht, und das heißt in erster Linie soziales Lernen, kann von Medienkompetenz als einem hilfreichen Werkzeug gesprochen werden. Der Erwerb von Medienkompetenz wäre demnach eine Form, die eigene Bildung und Entwicklung aktiver zu gestalten. Medienkompetenz hat demnach zwei Aspekte: der eine Gesichtspunkt focussiert auf eine Veränderung im Umgang mit Medien: diese werden zur Bearbeitung persönlicher Themen und zur selbstgesteuerten Qualifikation genutzt, zielgerichteter, vielseitiger und gewinnbringender für die eigene Biografie eingesetzt. Dieser Aspekt ist eng mit dem anderen Gesichtspunkt verknüpft, der eine Veränderung der sozialen Interaktionen um, mit und durch Medien und darüber hinaus beinhaltet. Wenn es gelingt, PCs so zu nutzen, dass damit zwischenmenschliche Interaktionen neu, anders und aktiver gestaltet werden können, dann bekommt Medienkompetenz eine soziale Dimension und entfaltet Wirkungen über den veränderten Umgang mit dem PC hinaus (Salomon/Perkins/Globerson 1991). Dies wäre etwa der Fall, wenn z.B. der Umgang mit Kommunikation bewusster wird oder sich aus den erworbenen Fertigkeiten neue Sozialkontakte oder eine neue Rolle in sozialen Interaktionen ergibt.

Projektorientierte Medienarbeit

Für die außerschulische Medienpädagogik gibt es einen weitgehenden Konsens darüber, dass projektorientiertes Lernen und Arbeiten sozusagen den „Königsweg" medienpädagogischen Arbeitens darstellt (vgl. Baacke et al. 1999). Der Konsens hat sich vor allem an der Arbeit mit dem Leitmedium Video in den letzten etwa drei Jahrzehnten entwickelt und wurde von Schell (1989) in der Formel der „aktiven Medienarbeit" zusammengefasst.

Zentrale Merkmale der aktiven Medienarbeit sind nach Schell die Orientierung an den Sichtweisen und der Lebensbewältigung der Jugendlichen, die Arbeitsprinzipien des handelnden und exemplarischen Lernens und der Gruppenarbeit, der Einsatz von Medien als Mittel zur Exploration und Reflexion sowie die Nutzung von Medien zur Emanzipation im Sinn der Artikulation von Gegenöffentlichkeit und der Kritik an massenmedialen Darstellungsformen. Die Produktion eines Videofilms in einer Gruppe, in dem Jugendliche ihre eigenen Sichtweisen artikulieren und sich inhaltlich kritisch mit ihrer Lebenswelt auseinandersetzen, war über viele Jahre prototypisch für aktive und projektorientierte Medienarbeit.

Wenn man von dem m.E. fragwürdigen Konzept der „Gegenöffentlichkeit" absieht, in dem plakativ jugendspezifische Ausdrucksformen und massenmediale Ideologien gegenübergestellt werden und Medienkritik auf Ideologiekritik verkürzt wird, besteht kein Zweifel daran, dass das projektorientierte Lernen in der Eigenproduktion medialer Erzeugnisse einen hohen Stellenwert im Rahmen außerschulischer Jugendarbeit mit Medien hat (Röll 1998; Baacke u.a. 1999). Besonders die Offenheit der Rahmenbedingungen, die Teilnehmerorientierung, die Freiwilligkeit, die Lebensweltorientierung und die Möglichkeiten selbstgestalteter Zeitplanung kommen im Rahmen außerschulischer Pädagogik positiv zum Tragen, denn sie erlauben selbstbestimmte Handlungsformen, die im Rahmen der Schule schwer zu realisieren sind (Baacke 1999b; Schorb 1995). Medienprojekte ermöglichen durch das Lernen in der Gruppe die Verbindung von Handlungs- und Erlebnisorientierung und stellen einen offenen Rahmen zur Aneignung von Medien, zum sozialen Lernen in der Gruppe und zur Förderung kreativen Ausdrucks her. Offene projektorientierte Lernformen benötigen Aushandlungsprozesse, Teamarbeit, Kompromisse und Abstimmungen zwischen den Teilnehmern und zwischen Leitung und Teilnehmern. Das Lernen geschieht primär zwischen Menschen und „um Medien herum". Durch die Möglichkeit, eigene Themen zu bearbeiten und eigene Sichtweisen zu artikulieren, fördern Medienprojekte die Eigeninitiative und die Ausdrucksfähigkeit. Die praktische Aneignung von Medien fördert den Transfer von Gelerntem in andere Kontexte der Teilnehmer. So können die Teilnehmer neue Möglichkeiten von PCs erschließen und aus dem pädagogischen Angebot heraus in ihrem Alltag übertragen.

Als spezifisch pädagogische Aufgabe wird von Baacke (1999a) und von Schorb das Moment der Reflexion herausgearbeitet. Neben den beiden Zugangsweisen der Qualifikation und der Unterhaltung ist ein dritter, spezifisch pädagogischer Zugang zu Medien dadurch gekennzeichnet, dass neben der Aneignung von Medienkompetenzen das Element der Reflexion eine wesentliche Bedeutung hat (Schorb 1995).

Obwohl der Bedeutung der Reflexion grundsätzlich zuzustimmen ist, ist Reflexion allein m.E. nicht hinreichend, um Sozialisationsprozesse im oben geschilderten Sinn anzustoßen und zu befördern. Wichtig ist vielmehr, den Erwerb von Medienkompetenz im sozialen Kontext der Nutzung zu begreifen und die Interaktion zwischen Menschen als dasjenige Element anzusehen, das Identitätsentwicklung auslöst und befördert. Dabei können Optionen der Gruppenarbeit mit PCs genutzt werden, die entscheidende Vorteile gegenüber traditionellen Medien, vor allem Video, darstellen.

Optionen von Multimedia und Internet

Vor allem zwei Möglichkeiten, die die Arbeit mit PCs und dem Internet bietet, haben eine hohe Bedeutung für Pädagogik: die unmittelbare Nützlichkeit der erworbenen Computerkompetenzen im Alltag außerhalb des pädagogischen Angebots und das Interesse der Gesellschaft an den erstellten Medienprodukten und den erworbenen Kompetenzen der Jugendlichen.

Im Gegensatz zu den Kenntnissen und Fertigkeiten, die bei der aktiven Videoarbeit erworben werden können, sind Computerkompetenzen unmittelbar verwertbar, denn sie werden für vielfältige Handlungen in den unterschiedlichen Kontexten (Schule, Freizeit, berufliche Qualifikation) benötigt und genießen hohes gesellschaftliches Ansehen. Es kann vermutet werden, dass diese Verwertbarkeit von gelernten Fertigkeiten einer der ausschlaggebenden Punkte dafür ist, dass der Zulauf zu medienpädagogischen Computer- und Internetangeboten gerade bei benachteiligten Jugendlichen, die sich davon eine Verbesserung ihrer beruflichen Startchancen erhoffen, nach wie vor ungebrochen ist, während in der Videoarbeit beklagt wird, dass aus der Idee, viele Jugendliche anzusprechen, oft die Förderung einer kleinen Elite geworden ist, die aufgrund der komplexen Technik und der aufwändigen Gestaltung vor allem aus Nachwuchsfilmern besteht (Schell 1997; Anfang 1997).

Während es für Videoproduktionen von Jugendlichen notwendig war und ist, einen eigenen Markt und eigene Distributionswege, vor allem Jugendvideofestivals, zu schaffen, da die Produktionen in der Regel den Standards des Fernsehens nicht genügen und dort auch nicht gezeigt werden (Schell 1997), gibt es auf Grund der dezentralen Distributionsmöglichkeiten für Computerproduktionen von Jugendlichen durchaus Interesse, einen Bedarf und einen Markt (WWW, eigene Vermarktung). Der Bedarf besteht etwa auf der Seite von Institutionen im sozialen Bereich und bezieht sich auf die Gestaltung von CD-ROM, Homepage-Präsentationen oder Projekten mit PC-Medien, vor allem für die Öffentlichkeitsarbeit. Die Kompetenzen, die Jugendliche damit erwerben, werden gebraucht und können von ihnen direkt umgesetzt werden, um soziale Anerkennung zu gewinnen und sich in neuen Rollen auszuprobieren. So wurde z.B. eine von Jugendlichen im Jugendhilfswerk Freiburg produzierte CD-ROM zum Thema „Beteiligung in der Jugendhilfe“ innerhalb von kurzer Zeit in einer Auflage von 500 Stück verkauft (Bader 1996). Beispiele für den Erfolg von CD-ROM-Produktionen und Webpräsentationen werden in den Beiträgen von Götz, Holzhäuser und Uhlenbrock in diesem Band beschrieben. Erfolg meint nicht kommerziellen Erfolg. Als Erfolg wird es angesehen, dass ein Produkt, das Jugendliche erstellt haben, von Interessenten, Adressaten oder „Kunden“ genutzt oder gekauft wird, ohne dass dafür eine eigens geschaffene „pädagogische Distribution“ mit all ihren Problemen, z.B. auf der Ebene der Bewertungskriterien bei Festivals (Röll 1997), notwendig ist.

Weitere Vorteile von Multimedia- und Internetpräsentationen gegenüber der aktiven Medienarbeit mit Video liegen in dem erheblich geringeren finanziellen und zeitlichen Aufwand für eine ansehnliche Produktion, der Verfügbarkeit von Geräten für alle Teilnehmer sowie der Unabgeschlossenheit von Produktionen, die Veränderung und Editierbarkeit gestattet. Auf der Seite der Teilnehmer erfordert die Arbeit mit Multimedia und dem Internet geringere Kompetenzen als die Erstellung einer ansprechenden Videoproduktion. Bei der Gruppenarbeit mit Multimedia und Internet sind mehrere Teilnehmer gleichzeitig vollwertig an einzelnen Rechnern eigenständig produktionsfähig ausgestattet. Engpässe, die bei einer Videoproduktion dadurch entstehen, dass nur eine Kamera und ein Schnittplatz zur Verfügung stehen und die Gruppe dadurch zu hochspezialisierten und gezwungenermaßen arbeitsteiligem Vorgehen angehalten ist, entfallen, und es wird echte Kooperation in der Gruppe möglich. Die Offenheit von Multimedia- und Webpräsentationen und deren Editierbarkeit macht es möglich, Entwürfe für das Ergebnis herzustellen und zu kritisieren, zu diskutieren, Außenstehenden zu zeigen und mit ihnen abzustimmen. Die Entwürfe können danach verändert werden. Damit bekommen Medienproduktionen schon im Prozess der Produktion eine kommunikative Funktion und nicht erst, wenn sie abgeschlossen sind. Um das Produkt zu kritisieren und zu diskutieren, ist es nicht erforderlich, das gesamte Produkt abgeschlossen zu haben.

Pädagogik im Kontext: legitime Partizipation

Viele der in diesem Band vorgestellten Projekte greifen die produkt- und gruppenorientierten pädagogischen Ansätze der aktiven Medienarbeit auf, erweitern diese aber um den Aspekt, dass die Produktion bewusst im Rahmen eines „Auftrags“ geschieht und ein „Auftraggeber“ von Anfang an in den Prozess der Medienproduktion eingebunden wird. In der Regel ist dies die Institution, in der der Pädagoge oder die Pädagogin arbeitet. Damit beschränkt sich pädagogische Arbeit nicht auf die Arbeit im pädagogisch geschützten Rahmen, sondern bezieht von Anfang an den Kontext in die pädagogische Arbeit ein, und zwar auf eine konfliktträchtige Art. Dabei ist nicht zu erwarten, dass sich die ästhetischen oder inhaltlichen Vorstellungen der Institution und der Jugendlichen decken, Konflikte sind angelegt und müssen zwischen der Produzentengruppe und der Institution ausgetragen werden. Dabei kommt dem oder der ComputermedienpädagogIn die Rolle der Moderation und der Gestaltung der sozialer Prozesse zu (vgl. den Beitrag über Implementation in diesem Band).

In der Produktion sind die Jugendlichen ebenso auf die Institution angewiesen, die ihnen Ressourcen zur Verfügung stellt, wie die Institution auf die Jugendlichen, die für sie ein vergleichsweise günstiges und öffentlichkeitswirksames Produkt (eine CD-ROM, eine Homepage) gestaltet. Dass das Medienprodukt an die Öffentlichkeit gelangt, liegt in erster Linie an dem Interesse und in der Verantwortung der Institution, die es für eigene Zwecke nutzt und vermarktet.

Auf der Grundlage dieser für das Projekt geregelten sozialen Beziehungen können die Jugendlichen, oft schon nach der Teilnahme an einem Projekt, zunehmend größere Verantwortung für die Gemeinschaft oder Institution übernehmen. Mit Bezug auf die Sozialisationstheorie der „Legitimen Peripheren Partizipation" (Lave/Wenger, 1991) wird dieses Handlungsmodell als „Legitime Partizipation" bezeichnet.

Partizipation. Werden Jugendliche in diesem Prozess der Institutionsentwicklung einbezogen, indem die Institutionen Räume schaffen, um das Engagement von Jugendlichen zu integrieren, dann kann man von einem Prozess der Partizipation sprechen. Die Teilhabe von Jugendlichen an dem Kommunikationsprozess einer Institution und an der Darstellung und der Öffentlichkeitsarbeit der Einrichtung durch die Herstellung eines medialen Produkts, das gebraucht und genutzt wird, bedeutet für Jugendliche einen Raum, in dem neue soziale Rollen entstehen, die ausprobiert werden können. Neben dem Anwachsen von Kompetenzen beinhaltet eine „Auftragsproduktion" auch ein Anwachsen von Verantwortung, vor allem für die Institution und die angemessene Darstellung bestimmter Inhalte. Begreift man als Ziel von Sozialisation die Teilhabe an und die Verantwortung in einer Gemeinschaft, stellt dies einen Beitrag zu gelingender Sozialisation dar. Wenn es ComputermedienpädagogInnen in diesem Sinn gelingt, Handlungsräume in Institutionen zu schaffen, damit dort Platz für Mitbestimmung und Mitgestaltung durch Jugendliche geschaffen wird, ermöglichen sie Partizipation.

Jugendliche können aktiv an den Arbeits- und Kommunikationsabläufen der Institutionen partizipieren und sie partiell mitgestalten. Die erworbenen Computerkompetenzen der Jugendlichen, ihre Ideen und Sichtweisen stellen die Fähigkeiten dar, die in der Institution gebraucht werden. Während für die Jugendlichen dieser Prozess nicht allein durch hinzugewonnene Kompetenzen, sondern auch durch die wachsende Übernahme von Verantwortung und durch die Entstehung neuer sozialer Rollen gekennzeichnet ist, entwickeln sich die Institutionen selbst weiter, indem sie sich mit jugendlichen Sichtweisen auseinandersetzen und Verantwortung abgeben.

Legitimität. Notwendig dafür ist, dass die Jugendlichen an der kulturellen und kommunikativen Praktiken einer Gemeinschaft teilhaben dürfen und ihnen Rechte und Verantwortung eingeräumt werden, d.h., dass sie einen legitimen Platz in der Institution erhalten. Sie sind nicht nur geduldet und als „Zielgruppe" präsent, sondern erhalten einen rechtmäßigen Platz in der Einrichtung, der ihren Kenntnissen und Leistungen entspricht und durch Rechte der Mitsprache und durch Verantwortung gekennzeichnet ist (Anregungen, wie solche Prozesse verstanden und gestaltet werden können, enthält der Beitrag über „Implementation"). Bedingung auf der Seite der Institution ist die Bereitschaft, den Jugendlichen Zugang zu einem weiten Bereich praktischer Tätigkeit, zu anderen Mitgliedern, zu Information, Ressourcen und Gelegenheiten für Teilnahme zu eröffnen (Lave/Wenger 1991, S. 101) und die Möglichkeit zu geben, sich in den Praktiken der Gemeinschaft zu engagieren (ebd., S. 93). Lernen in diesem Sinn verändert nicht nur die Beziehung zu Tätigkeiten mit Computern und Programmen, sondern auch die sozialen Interaktionen in der Gemeinschaft, vor allem hin zu mehr Verantwortung der Jugendlichen (ebd., S. 53).

Mit diesem Bezugssystem sind die theoretischen Konzepte geliefert, die für die Planung, Gestaltung und Beschreibung des medienpädagogischen Handelns herangezogen werden. Diese werden im Folgenden exemplarisch an einigen wesentlichen Teilaspekten erläutert.

Kommunikation und Perspektivenübernahme

Medien und Medienproduktion werden in erster Linie als Produkte angesehen, die die Funktion haben, Kommunikation und Interaktion zwischen allen Beteiligten bei dem Prozess zu ermöglichen und zu fördern (Koschmann 1996). Die Medienproduktion steht von Anfang an in einem kommunikativen Zusammenhang, sie befördert nicht nur die Interaktion in der Gruppe (vgl. Bader 1997), sondern auch die Kommunikation und die Interaktion mit Projektbeteiligten, Auftraggebern und Außenstehenden. Der „Kunde" für die Produktion ist im Produktionsprozess persönlich präsent als Auftraggeber, der die Produktion begutachtet, lobt oder kritische Rückmeldung gibt. Mit dieser Instanz müssen Ansprüche, Gestaltungsformen und Inhalte ausgehandelt werden. Für die Medienproduzenten wird deutlich, dass sie ihre Produktion für jemand gestalten, der sie anschauen, interessssant, informativ oder ästhetisch ansprechend finden soll. Das erfordert Denken, Gestalten und Handeln in kommunikativen Kategorien, einen Perspektivenwechsel gegenüber dem bloßen Ausdrücken eigener Sichtweisen oder Befindlichkeiten.

Gerade für Kompetenzen im Umgang mit dem Internet kommt einem Denken und Handeln in Dimensionen der Kommunikation eine hohe Bedeutung zu. Neben der Konzentration auf das Produkt läuft sozusagen immer die Frage mit, wie das Produkt wirkt, ob es und für wen es verständlich und ansprechend ist. In diesem Sinn fördert dieser „doppelte Blick" auf die eigenen Produktion (Wenger 1990) ein kritisches Verständnis von Medien. Medienkritik im hier verstandenen Sinn dreht sich nicht um die Inhalte von Medien, sondern thematisiert die Fragen, wer welche Medien für wen mit welcher kommunikativen Absicht gestaltet hat. Dabei geht es darum, das eigene Produkt mit fremden Augen als kommunikatives Artefakt anzusehen. Das eigene Medienprodukt als kommunikatives Erzeugnis zu sehen und demnach zu fragen, wem es gefallen könnte, ob es verständlich und ansprechend ist, trägt ebenso zu einem medienkritischen Verständnis bei wie die Frage, wie spezifisch mediale Gegebenheiten und Bedingungen Einfluss auf die Inhalte und die Aussagen nehmen.

Diese medienkritische Sichtweise von Medienprodukten als kommunikativen Erzeugnissen ist gerade bezüglich der Medienkompetenzen hinsichtlich des Internets die zentrale Voraussetzung dafür, um die Relevanz, die Aussagekraft, den Wahrheitsgehalt, z.B. von WWW-Angeboten einschätzen zu können.

Standards und Ansprüche an die Medienprodukte

Für die Jugendlichen hat die Produktion einen Ernstcharakter, da das Ziel von Anfang an nicht nur von der Gruppe festgelegt wird, sondern sozial verbindlich mit Außenstehenden ausgehandelt und vereinbart wird. Der Ernstcharakter wird deutlich, wenn Repräsentanten der Institution Zwischenergebnisse der Medienproduktion begutachten, kritisieren und ein Aushandeln von Standards und Sichtweisen zwischen den Jugendlichen und der Institution notwendig wird (Holzhäuser, in diesem Band, S. 42ff.). Da die Produktion in der Regel terminiert ist, wird Projektmanagement, genaue Zeitplanung und die Koordination der Arbeitsteilung notwendig. Bei Medienproduktionen ohne klare Zielvorgaben und ästhetische Standards differieren die Ansprüche, die von einzelnen Teilnehmern an das Endprodukt angelegt werden, oftmals sehr stark, ohne aber kommuniziert zu werden. Standards können aber nicht sinnvoll verhandelt werden, wenn ein äußerer Maßstab für das Endprodukt nicht existiert. Erst ein Maßstab, wie und wofür das Produkt gestaltet sein soll, macht es für die Produzenten möglich, den Aufwand für das Produkt einzuschätzen, Lernbedarf zu diagnostizieren und die Arbeit so zwischen den Teilnehmern aufzuteilen, dass dabei für alle eine sinnvolle, transparente und bewältigbare Aufgabe entsteht. Natürlich muss dabei genügend Raum für eigene Kreativität und Sichtweisen bleiben.

Öffnung der Institution für neue Sichtweisen

Jugendliche Medienproduzenten sind an der innovativen Weiterentwicklung der Institution oder zumindest an ihrer Öffentlichkeitsarbeit beteiligt. Diese benötigt das Wissen und Können der Jugendlichen und gibt ihnen die Chance, selbst an der Öffentlichkeitsarbeit der Institution oder der Darstellung eines bestimmten Themas mitzuwirken. Institutionen tun sich gelegentlich schwer damit, neue Sichtweisen zuzulassen, andererseits können die jugendlichen Beiträge gewinnbringend für die Einrichtungen sein, und Jugendliche können aus dem Prozess neue Handlungsräume für sich gewinnen. Der Prozess schließt auch eine veränderte Aufgabe des oder der ComputermedienpädagogIn mit ein. Er oder sie wird zum Gestalter und Moderator sozialer und kommunikativer Prozesse an der Arbeitsstelle. Diese Perspektive eröffnet deutlich größere pädagogische Handlungsmöglichkeiten für den Medienpädagogen. Dabei sind soziale Prozesse zwischen den Teilnehmern, Lernprozesse des Pädagogen und Veränderungen der Institution nicht als getrennte Felder zu sehen, sondern als die unterschiedlichen Ebenen des selben Prozesses.

Neue Rollen zum Experimentieren

Für die jugendlichen Teilnehmer in einem Projekt ist der entscheidende Faktor, dass sie durch das Projekt die Möglichkeit bekommen, neue Lebenswelten kennenzulernen, dort mit neuen sozialen Rollen zu experimentieren und ihre Computerkompetenzen in neue soziale Aufgaben und Verantwortung umsetzen können. So wird als Lernerfolg in den Beiträgen von Götz und Uhlenbrock deutlich, wie Projektteilnehmer nach der Durchführung des Projekts mit einem neugewonnenen Selbstbewusstsein den Institutionen ihre Dienste in der Gestaltung von Webpräsentationen anbieten.

Prozess- statt Produktorientierung

Aus pädagogischer Sicht steht der soziale Prozess zwischen den Teilnehmern im Vordergrund, und dieser Prozess ist dem Produkt der Gruppenarbeit vorgeordnet. Medienprojekte von Jugendlichen an dem fertigen Ergebnis zu messen, was durch Wettbewerbe oder in der öffentlichen Präsentation auf Tagungen oftmals implizit oder explizit geschieht, stellt m.E. eine Sackgasse dar, denn die sozialen Prozesse werden dabei unterbewertet. Wenn ein Medienprodukt ein von Anfang an klar definiertes Ziel und eine Funktion hat, wird es zweitrangig, ob es dem Pädagogen gefällt oder in einem Wettbewerb bestehen könnte. Auch Maßstäbe, die aus kommerziellen Medien herkommen, verlieren ihre Bedeutung. Wichtig ist, dass das Projekt für die Jugendlichen einen angemessenen Lern- und Gestaltungsraum bietet und dass sie für den Auftraggeber, für den das Projekt gemacht wird, die intendierte Funktion erfüllt.

Anmerkung

1 Nur ein Teil der medienpädagogischen Literatur beschäftigt sich explizit mit pädagogischem Handeln. Ein großer Teil der Veröffentlichungen thematisiert Medien, Medieninhalte, Mediennutzung und leistet wichtige Voraussetzungen für praktische medienpädagogische Arbeit.

Literatur

ANFANG, G. (1997): Jugendfilmförderung kann nicht alles sein. Fragen an zwei Projekte des Institut Jugend Film Fernsehen. In: medien + erziehung, 1997, Heft 3 (Medienarbeit in der Krise), S. 155–157

ARD-ZDF-ARBEITSGRUPPE MULTIMEDIA (1999): Online-Studie 1999. Wird Online Alltagsmedium? in: media perspektiven, 1999, Heft 8, S. 401–414

BAACKE, D. / S. KORNBLUM / J. LAUFFER / L. MIKOS / G. A. THIELE (1999): Handbuch Medien: Medienkompetenz. Modelle und Projekte. Bonn: Bundeszentrale für politische Bildung

BAACKE, D. (1999a): Medienkompetenz als zentrales Operationsfeld von Projekten. In: BAACKE/KORNBLUM/LAUFFER/MIKOS/THIELE 1999, S. 31–35

BAACKE, D. (1999b): Projekte als Formen der Medienarbeit In: BAACKE/KORNBLUM/LAUFFER/MIKOS/THIELE 1999, S. 86–93

BAACKE, D. (1973): Kommunikation und Kompetenz : Grundlegung einer Didaktik der Kommunikation und ihrer Medien. München: Juventa

BAACKE, D. / U. SANDER / R. VOLLBRECHT (1990): Medienwelten Jugendlicher, Bd. 1 und 2. Opladen: Leske + Budrich

BAACKE, D. (1997): Medienpädagogik. Tübingen: Niemeyer

BADER, R. (1997): Jobsuche mit dem Internet. In: W. ZACHARIAS (Hrsg.): Interaktiv – im Labyrinth der Möglichkeiten. In: Kulturpädagogische Schriftenreihe, BKJ Remscheid, S. 287–294

BADER, R. (1996): Partizipation mit Multimedia. In: medien + erziehung, 1996, Heft 6, S. 351–357

BADER, R. (1995): Technisches Wissen – soziale Kompetenz. Das Handlungsfeld der Computermedienpädagogik. In: W. SCHINDLER / R. BADER (Hrsg.): Menschen am Computer. Zur Theorie und Praxis der Computermedienpädagogik in Jugendarbeit und Erwachsenenbildung. Beiträge zur Medienpädagogik, Bd. 1. Frankfurt a.M./Stuttgart: Gemeinschaftswerk der Evangelischen Publizistik / Steinkopf Verlag, S. 126–131

BAERENREITER, H. / W. FUCH-HEINRITZ / R. KIRCHNER (1990): Jugendliche Computerfans. Stubenhocker oder Pioniere? Opladen: Westdeutscher Verlag

BALLIN, D. / M. BRATER (1996): Handlungsorientiert lernen mit Multimedia. Lernarrangements planen, entwickeln u. einsetzen. Nürnberg: BW, Bildung u. Wissen, Verl. u. Software

BEREITER, C. / M. SCARDAMALIA (1989): Intentional Learning as a goal of instruction. In: L. B. RESNICK (Hrsg.): Knowing, learning, and instruction. Hillsdale, N.J.: Lawrence Erlbaum Associates, S. 453–494

BMFSFJ (Bundesministerium für Familie, Senioren, Frauen und Jugend) (1990): Achter Kinder- und Jugendbericht

Böhnisch, L. / Münchmeier, R. (1990): Pädagogik des Jugenraums. Zur Begründung einer sozialräumlichen Jugendpädagogik. Weinheim/München: Juventa

Charlton, M. / K. Neumann (1990): Medienrezeption und Identitätsbildung. Kulturpsychologische und kultursoziologische Befunde zum Gebrauch von Massenmedien im Vorschulalter. Tübingen: Gunter Narr

Enquete-Kommission „Zukunft der Medien in Wirtschaft und Gesellschaft - Deutschlands Weg in die Informationsgesellschaft", Deutscher Bundestag (Hrsg.) (1997): Medienkompetenz im Informationszeitalter. Bonn: ZV Zeitungs-Verlag Service

Fischer, A. / Y. Fritzsche / W. Fuchs-Heinritz / R. Münchmeier (Hrsg.) (2000): Jugend 2000, die 13. Shell Jugendstudie Opladen: Leske + Budrich

Hasebrink, U. (1999): Was beobachtbares Nutzungsverhalten mit Medienkompetenz zu tun hat. In: F. Schell / E. Stolzenburg / H. Theunert (Hrsg.): Medienkompetenz: Grundlagen und pädagogisches Handeln. München: KoPäd, S. 148-158

Hüther, J. / B. Schorb (1997): Medienpädagogik. In: J. Hüther / B. Schorb / C. Brehm-Klotz (Hrsg.): Grundbegriffe der Medienpädagogik. München: KoPäd, S. 243-251

Hüther, J. / B. Podehl (1997): Geschichte der Medienpädagogik. In: J. Hüther / B. Schorb / C. Brehm-Klotz (Hrsg.): Grundbegriffe der Medienpädagogik. München: KoPäd, S. 116-125

Koschmann, Timothy (Hrsg.) (1996): CSCL: Theory and practice of an emerging paradigm. Mahwah: Lawrence Erlbaum Associates

Kübler, H.-D. (1999): Medienkompetenz - Dimensionen eines Schagwortes. In: Schell/Stolzenburg/Theunert 1999, S. 25-47

Kübler, Hans-Dieter (1996): Kompetenz der Kompetenz der Kompetenz ... Anmerkungen zur Lieblingsmetapher der Medienpädagogik. In: medien praktisch, 1996, Heft 2 (Medienkompetenz), S. 11-15

Lave, J. / E. Wenger (1991): Situated learning. Legitimate Peripheral Participation. Cambridge. Cambridge University Press

Martin, Ernst (1989): Didaktik der sozialpädagogischen Arbeit. Eine Einführung in die Probleme und Möglichkeiten. Weinheim/München: Juventa

Meinhold, M. (1998): Ein Rahmenmodell zum methodischen Handeln. In: M. Heiner / M. Meinhold / H. von Spiegel / S. Staub-Bernasconi (Hrsg.): Methodisches Handeln in der Sozialen Arbeit. 4. Aufl., Freiburg im Breisgau: Lambertus, S. 220-253

Mikos, L. (1999): Ein kompetenter Umgang mit Medien erfordert mehr als Medienkompetenz. In: medien + erziehung, 1999, Heft 1, S. 19-23

Pöttinger, I. (1997): Lernziel Medienkompetenz - theoretische Grundlagen und praktische Evaluation anhand eines Hörspielprojekts. München: KoPäd

Röll, Franz-Josef (1997): Krise der Medienpädagogik oder Krise von Medienpädagogen? Ein Plädoyer für sinnenhafte und sinnliche Medienpädagogik. In: medien + erziehung, 1997, Heft 3 (Medienarbeit in der Krise), S. 163-166

Röll, F.-J. (1998): Mythen und Symbole in populären Medien. Der wahrnehmungstheoretische Ansatz in der Medienpädagogik. Beiträge zur Medienpädagogik, Bd. 4. Frankfurt a.M.: Gemeinschaftswerk der evangelischen Publizistik

Salomon, G. / D. N. Perkins / T. Globerson (1991): Partners in cognition. Extending human intelligence with intellgent technology. In: Educational Researcher, 20, S. 2-9

Sander, E. (1999): Medienerfahrungen von Jugendlichen in Familie und Peergroup. In: Schell/Stolzenburg/Theunert 1999, S. 220-236

Schachtner, Chr. (1993): Geistmaschine. Frankfurt a.M.: Suhrkamp

SCHELL, F. / E. STOLZENBURG / H. THEUNERT (1999): Medienkompetenz: Grundlagen und pädagogisches Handeln. München: KoPäd

SCHELL, F. (1989): Aktive Medienarbeit mit Jugendlichen: Theorie und Praxis. Opladen: Leske + Budrich

SCHERR, A. / W. THOLE (1998): Jugendarbeit im Umbruch. In: D. KIESEL / A. SCHERRL / W. THOLE (Hrsg.): Standortbestimmung Jugendarbeit. Theoretische Orientierungen und empirische Befunde. Schwalbach/Ts.: Wochenschau, S. 9-34

SCHORB, B. (1995): Medienalltag und Handeln. Medienpädagogik in Geschichte, Forschung und Praxis. Opladen: Leske + Budrich

SCHWAB, J. / M. STEGMANN (1999): Die Windows-Generation. Profile, Chancen und Grenzen jugendlicher Computeraneignung. München: KoPäd

THEUNERT, H. (1991): Faszination Computer. Nachdenken über ein neues Medium in der Jugendarbeit. München

THIERSCH, H. (1992): Lebensweltorientierte Jugendhilfe - zum Konzept des 8. Jugendberichts. In: ders.: Lebensweltorientierte Soziale Arbeit. Aufgaben der Praxis im sozialen Wandel. Weinheim und München: Juventa, S. 13-40

TULLY, C.-J. (1994): Lernen in der Informationsgesellschaft. Informelle Bildung durch Computer und Medien. Opladen: Westdeutscher Verlag

TURKLE, SH. (1986): Die Wunschmaschine. Der Computer als zweites Ich. Reinbek bei Hamburg: Rowohlt

TURKLE, SH. (1998): Leben im Netz. Identität in Zeiten des Internet. Reinbek bei Hamburg: Rowohlt

WEINERT, F. E. (Hrsg.) (1996): Enzyklopädie der Psychologie, Bd. 2: Pädagogische Psychologie: Psychologie des Lernens und der Instruktion. Göttingen: Hogrefe

WENGER, E. (1990): Toward a Theory of Cultural Transparency: Elements of a Social Discourse of the Visible and the Invisible. Palo Alto, CA: Institute for Research on Learning

WETZSTEIN, T. A. / H. DAHM / L. STEINMETZ / A. LENTES / S. SCHAMPAUL / R. ECKERT (1995): Datenreisende. Die Kultur der Computernetze. Opladen: Westdeutscher Verlag

WUNDEN, W. (1994): Medienpädagogik als Beruf. Überlegungen zu einem Berufsbild MedienpädagogIn. In: S. HIEGEMANN / W. SWOBODA (Hrsg.): Handbuch der Medienpädagogik. Opladen: Leske + Budrich, S. 325-337

Bernhard Eckmann

Raumkonzepte

Jugendarbeit und virtuelle Räume

Ich beschreibe im Folgenden die Grundzüge der pädagogischen Herangehensweise, die das an mehreren Stellen[1] in diesem Band, unter verschiedenen Aspekten dargestellte Projekt „up2net" prägen. Nahe an der Praxis ist ein konzeptioneller Ansatz entstanden, der sich auf eine zentrale Metapher bezieht: den Raum.

1. Jugendarbeit hat eine Bildungsaufgabe

Das Hauptmotiv unseres Handelns im Projekt „up2net" ist, Bildungsaufgaben bezüglich der Neuen Medien wahrzunehmen. Das Feld der Offenen Jugendarbeit – (um ein regionales Netzwerk im Bereich der Offenen Jugendarbeit in München wird es im Folgenden gehen) – zeichnet sich aus durch eine besondere Nähe zu Jugendlichen aus benachteiligten Bevölkerungsschichten. Bezogen auf die sich rasant entwickelnden Medien-, Wissens- und Informationsgesellschaft bedeutet Benachteiligung:

Es fehlen im familiären und schulischen Umfeld Zugangs- und Nutzungsmöglichkeiten bezüglich Neuer Medien, insbesondere zum Internet, im familiären Umfeld herrschen Modelle der passiven Mediennutzung vor, und es bestehen schlechte allgemeine Bildungschancen. Die zunehmende Bedeutung von Medienkompetenz für alle gesellschaftlichen Bereiche, insbesondere aber für die Arbeitswelt, macht es wahrscheinlich, dass BesucherInnen von Jugendzentren zu den zukünftigen VerliererInnen gehören werden.

Wir sehen die Notwendigkeit, innerhalb unseres Arbeitsbereichs dieser spezifischen Benachteiligung eines großen Teils der BesucherInnen der Jugendzentren entgegenzuwirken. Deshalb wollen wir versuchen, die Jugendlichen dazu zu motivieren, sich mit Neuen Medien zu befassen, sie sich nutzbar zu machen und in gemeinsamen Lernprozessen Medienkompetenz zu entwickeln. Das könnte gelingen, denn wir haben Möglichkeiten, passende Lernumgebungen zu kreieren, die geeignet sind, diese schwer motivierbaren Jugendlichen zu erreichen. Wir wollen den Gestaltungsspielraum nutzen, den Jugendarbeit hat.

Die Rahmenbedingungen. Betrachten wir uns die konkreten Rahmenbedingungen: Wir hatten im regionalen Umfeld einer Großstadt ein fachliches Netzwerk von 15 Jugendzentren aufgebaut, dem es im Laufe der Zeit gelungen war, in einem gemeinsamen Lern- und Gestaltungsprozess, Internet und Multimedia in die jeweils unterschiedlichen Bedingungen der Jugendzentren zu integrieren. So wurden vor Ort in den Jugendzentren erste konzeptionelle Bausteine entwickelt. Sowohl das in den Einrichtungen vorhandene medienpädagogische Know-how als auch die technische Ausstattung waren äußerst unterschiedlich. Wir hatten jedoch alle große Lernfortschritte gemacht. Was noch fehlte war eine zentrale medienpädagogische Plattform, die dieses Potenzial eines bereits bestehenden fachlichen Netzwerks bündelt und die Basis für gemeinsame pädagogische Projekte darstellt.

Uns schwebte Folgendes vor: Die im Netzwerk organisierten Einrichtungen sollten für die Szene der regionalen Offenen Jugendarbeit eine elektronische Vernetzungsplattform aufbauen, die von Jugendlichen und PädagogInnen für häuserübergreifende Aktivitäten, für Kommunikation und Information benutzt werden könnte. Dabei gingen wir davon aus, dass eine verstärkte Kommunikation zwischen den Jugendzentrumsszenen der Stadtteile den Umgang mit Neuen Medien attraktiv machen würde und dass eine Grundlage für vielfältige Synergien und gegenseitige Anregungen entstehen würde, die gemeinsames Lernen und Gestalten für alle Beteiligten plausibel machen würde.

Wir hatten die Hoffnung, das Potenzial der Jugendzentren zu einer dauerhaften Struktur verknüpfen zu können, die für die Szene einen hohen Erlebnis- und Nutzwert hat und eine gute Lernumgebung für selbstgesteuertes Lernen darstellt. Wir suchten nach einer geeigneten Form der Verknüpfung zu einem produktiven Gesamtsystem, davon ausgehend, dass jedes Jugendzentrum für sich schon eine gute Lernumgebung bietet.

Jugendzentren sind Laboratorien des Alltags. Sie können als Experimentierräume verstanden werden, in denen soziale Gemeinschaften nahe an den Alltagsbedürfnissen Lösungen für anstehende Probleme finden – soziale Erfindungen machen. Die Umgebung ist in der Regel so gestaltet, dass viele eine Chance haben, die sozialen Prozesse mitzusteuern.

Die Situation ist sozial und kommunikativ anregend, es herrscht das Prinzip der Freiwilligkeit, es steht eine Vielzahl von unterschiedlichen Möglichkeiten der Freizeitgestaltung zur Verfügung. Die BesucherInnen haben in der Regel große Mitbestimmungsmöglichkeiten und können aktive und gestaltende Rollen einnehmen. Sie haben die Wahl: Die Übernahme von Verantwortung ist ebenso möglich wie der Rückzug in die Unverbindlichkeit innerhalb der Gelegenheitsstruktur. PädagogInnen geben fördernde und anregende Impulse.

Hier kann in der Praxis herausgefunden und erprobt werden, wie die neuen Informations- und Vernetzungstechnologien sinnvoll in den Alltag einer sozialen Gemeinschaft integriert werden können, wieviel Realität und Virtualität einem gut tut, welche Netzaktivitäten für Kinder und Jugendliche interessant sind und wo und bei welcher Gruppe Defizite sichtbar werden, die eine pädagogische Intervention erforderlich machen. Akteure in diesem System sind Jugendliche und PädagogInnen.

Sind die Einrichtungen und deren Jugendszenen über eine zentrale multimediale Plattform vernetzt, so erhöht das die Wahrscheinlichkeit, dass die Akteure, Jugendliche und PädagogInnen, optimalere Lösungen für ihre Anliegen und Probleme finden können. Unsere Fragestellung war also: Wie können wir das vorhandene Potenzial optimal bündeln? Wie soll eine Vernetzung aussehen? Welches medienpädagogische Konzept soll ihr zu Grunde liegen?

Was ist machbar? – Niedrigschwelligkeit als Merkmal von Lern- und Gestaltungsprozessen. Da unser Ziel der Aufbau eines Infrastrukturangebots war, das auf Wachstum angelegt ist und der ganzen Szene der regionalen Offenen Jugendarbeit zur Verfügung stehen sollte, mussten wir die in der Szene vorhandenen Ressourcen im Blick haben und durften uns nicht an den Möglichkeiten von Einrichtungen orientieren, die Medienpädagogik als Schwerpunkt gewählt haben und über gute fachliche und materielle Ressourcen verfügen.

Das Angebot und die Arbeitsweise musste auf das in der Szene vorherrschende Modell zugeschnitten sein: Einrichtungen, die innerhalb einer offenen Treffpunktstruktur unterschiedlichste konzeptionelle und prozessbedingte temporäre Schwerpunkte ausgebildet haben und die nun ihr Angebot durch die Integration eines Internetrechners ergänzen. In der Regel sind keine MitarbeiterInnen vorhanden, die über spezielle medienpädagogische Vorkenntnisse verfügen oder gar entsprechend ausgebildet sind. Wie immer auch die zentrale multimediale Plattform in technischer, administrativer und konzeptioneller Hinsicht ausschauen sollte, sie konnte nur erfolgreich sein, wenn sie die Möglichkeiten vor Ort in den Jugendzentren berücksichtigte.

Wie war mit der zu erwartenden Unterschiedlichkeit im Know-how umzugehen? Eine Möglichkeit schied, aufgrund fehlender Mittel, gleich aus: Eine breit angelegte Qualifizierungskampagne, die geeignet gewesen wäre, vorab im Feld die Kompetenzen zu entwickeln.

Wir hatten andererseits im vorhandenen Netzwerk gute Erfahrungen mit selbstgesteuerten kooperativen Lernprozessen gemacht, die im Zusammenhang mit gemeinsamen Gestaltungsprozessen abliefen, und dieses Modell des „Learning by doing“ erschien uns übertragbar und erfolgsträchtig. Die wichtigste Voraussetzung für das Funktionieren dieses Modells ist jedoch generelle Niedrigschwelligkeit für alle Akteure. Sie bezieht sich sowohl auf die finanziellen Möglichkeiten der Einrichtungen und der BesucherInnen als auch auf deren Zeitressourcen (Lernzeit) und bereits vorhandenem Einstellungen, Verhaltens- und Arbeitsweisen. Es sollte allen Akteuren leicht fallen, aktiv zu werden und selbstbestimmt handelnd sich das System zu erschließen und in Kontakt mit den Partnern zu kommen.

Ein weiterer Aspekt war zu beachten: Die Szene der Jugendzentren in der Großstadt München ist groß und relativ unübersichtlich. Schon unser Netzwerk von 15 Einrichtungen zeigte eine innere Komplexität und Vielfalt hinsichtlich der pädagogischen Herangehensweisen, die uns ahnen ließ, wie unvorhersehbar und schwer steuerbar die Entwicklungen in einem sehr viel größeren und wahrscheinlich auch diffuserem Netzwerk sein würden. Es schien uns ratsam, unsere konzeptionellen Überlegungen weniger auf Aspekte der zentralen Steuerung zu richten, sondern uns auf die Konzeption von Rahmenbedingungen und Strukturen zu konzentrieren, die Selbstorganisationsprozesse ermöglichen und fördern und das dabei entstehende Potenzial dem Netzwerk zur Verfügung stellen.

Unser Konzept musste also mehrere Anforderungen erfüllen: es musste

- sich an bereits vorhandenen Ressourcen orientieren,
- niedrigschwellig für alle Akteure sein (Jugendliche und PädagogInnen),
- Selbstorganisation ermöglichen und Rahmenbedingungen schaffen für selbstgesteuerte Lern- und Gestaltungsprozesse.

2. Das Raumkonzept der Jugendarbeit als Vorlage für virtuelle Raumsysteme.

Der Blick auf die realen Bedingungen des Arbeitsfeldes ist ernüchternd und anregend zugleich. Die große Unterschiedlichkeit bezüglich der Kompetenzen, des erreichten Entwicklungsstandes, des Entwicklungstempos in den Einrichtungen und der aktuellen Bedürfnisse der BesucherInnen und die Pluralität bezüglich der Konzeptionen und Zielsetzungen – dies alles ergibt für den unvoreingenommen Betrachter ein lebendiges und buntes Bild, wenn man aber nach Möglichkeiten der verbindlichen Verknüpfung sucht, so drängen sich eher Assoziationen wie Diffusität und Chaos auf. Schon bei „konventionellen" Kooperationsprojekten lässt sich diese Vielfalt nur temporär entlang einer konkreten Zielsetzung bündeln.

Setzt sich ein Arbeitsfeld zum Ziel, ein für die meisten Beteiligten völlig neues Terrain zu erobern und bedient sich diese soziale Gemeinschaft für diesen Zweck gleichzeitig eines für viele ebenso unbekannten neuen Informations- und Kommunikationsmittels, so scheint es angebracht, nach einer für alle plausiblen Verständigungsbasis zu suchen, will man nicht babylonische Verhältnisse schaffen

Da für das Kommunizieren per eMail und Chat und für das Informieren über das Web vielleicht gerade mal innerhalb der Gemeinde der Cyberpioniere akzeptierte Konventionen vorhanden sind, ansonsten aber noch Verunsicherung vorherrscht, laden diese Kommunikationsformen in besonderem Maße zu divergierenden Wirklichkeitskonstruktionen ein, die das soziale Verhalten im System sehr schnell verwirrend und konfliktreich machen können. Diese Wirklichkeitskonstruktionen sind stets das Ergebnis individueller und kollektiver Verarbeitung realer und medial vermittelter Erfahrung und sie bestimmen das Handeln der Akteure. Eine Unterscheidung zwischen „Realität“ und „Virtualität“ als verschiedenen Aspekten der uns umgebenden Welt erscheint künstlich und wenig sinnvoll, da das Individuum und auch Gruppen sich immer nur an ihrer eigenen, ständig neu konstruierten Wirklichkeit orientieren. Und hierbei spielt die Herkunft der zu Hilfe genommenen Informationen nur eine untergeordnete Rolle. Das Hinzutreten virtueller Medien macht die soziale Interaktion also komplizierter.

Um nun im Sinne der geforderten Niedrigschwelligkeit die Komplexität der sozialen Interaktion zu reduzieren, erscheint der Rückgriff auf Wirklichkeitskonstruktionen, die allen Beteiligten vertraut sind, als sinnvoll. Natürlich müsste dann das real/virtuelle System so gestaltet und angepasst werden, dass vertraute Wirklichkeitskonstruktionen funktionieren.

Auf unsere Aufgabenstellung bezogen, ließe sich dies als Hypothese formulieren: Je mehr das entstehende System in seinen wesentlichen Eigenschaften dem vertrauten Feld der Offenen Jugendarbeit entspricht und somit von den Beteiligten mit hoher Übereinstimmung wahrgenommen und verstanden werden kann, desto leichter fällt es den Akteuren, ihre sozialen Interaktionen innerhalb dieses Systems befriedigend zu gestalten.

Dies klingt nun nicht nach einem rasanten Aufbruch in schöne neue Cyberwelten, hat aber den Vorteil, dass die Akteure sehr schnell handlungsfähig sind und in der Lage, sich das System anzueignen, da sie einen großen Teil der vertrauten Verhaltensweisen und sozialen Regeln ins Neue Medium mitnehmen können.

„up2net“ hat sich für diesen Weg entschieden und sich daran gemacht, ein real/virtuelles System zu konzipieren und aufzubauen, das in hohem Maße dem vertrauten Feld der Jugendarbeit entspricht. Als zentrales Verständigungsmittel für diesen Gestaltungsprozess dient die Metapher des Raumes, die sowohl für die Beschreibung des Arbeitsfeldes „Jugendarbeit“ als auch für die Beschreibung des „Cyberspaces“ sehr gut geeignet ist, wie im Folgenden gezeigt werden soll.

Was macht das Raumkonzept der Jugendarbeit aus? Raumvorstellungen prägen die Jugendarbeit. PädagogInnen verwenden Raummetaphern bei der Beschreibung ihres pädagogischen Alltags oder explizit, wenn die eigene Praxis dem sozialräumlichen Ansatz zugeordnet wird. Typisch für die Jugendarbeit ist die Vorstellung des definierten Raumes, innerhalb dessen sich Prozesse entwickeln, die dann in Wechselwirkung treten mit der „Außenwelt“, mit anderen Räumen. Hierbei ist „Raum“ sowohl materiell-konkret (z.B. Räume im Jugendzentrum, Benutzung von Gegenständen) als auch sozial zu verstehen. (z.B. Zugehörigkeit zu einer Gruppe als Kommunikations-, Beziehungs- und Identifikationsraum.) Es geht um Aneignungsprozesse Jugendlicher, die sich auf diese Räume beziehen. Die Pädagogik kümmert sich sowohl um die Gestaltung von Erfahrungsräumen, die für die Entwicklung von Jugendlichen günstig sind, als auch um die Wechselwirkungen mit den umgebenden Räumen, wobei es ein Anliegen der Jugendarbeit ist, auch nach außen hin, in die Gesellschaft hinein, zu wirken.

Die Raummetapher liefert eine bildliche Vorstellung für Aspekte der Abgrenzung, die für die Pädagogik wesentlich sind. Was innerhalb der „Räume“ der Jugendarbeit geschieht, ist zumindest zeitweise den Blicken der Umwelt entzogen, wird von dieser nicht gestört oder beeinflusst und schützt so Entwicklungs- und Aneignungsprozesse, deren Eigenzeitlichkeit dieser Abkoppelung bedürfen. Umgekehrt wird die Umwelt nicht unmittelbar gestört durch jugendspezifische Ausdrucksformen und mitunter fehlerhaftem Verhalten, das zum Jugendalter gehört. Jugendarbeit gestaltet also Raumsysteme, die den Anpassungsdruck der Gesellschaft zumindest zeitweise vermindern und so fehlertolerant sind, dass mit neuen Erfahrungen experimentiert werden kann.

Auch die Aneignungsprozesse von Jugendlichen richten sich auf Räume, ganz gleich, ob diese nun pädagogisch intendiert und gestaltet sind, oder nicht. Gelungene pädagogische Angebote gehen auf dieses grundlegende Bedürfnis nach Aneignung von Räumen ein und stellen geeignete (Raum-)Ressourcen zur Verfügung. Sie vertrauen in die Fähigkeiten von Jugendlichen, Räume mit Aktivitäten zu füllen und eigene Gestaltungsimpulse einzubringen. Sie begleiten und fördern so Prozesse der Selbstorganisation und Inbesitznahme.

Im Jugendzentrum bewegen sich Jugendliche sehr selbstständig innerhalb einer Gelegenheitsstruktur. Das Raumkonzept der Jugendarbeit bietet hier offene Treffpunktzonen, Kommunikationsräume, Identifikationsräume, Erfahrungsräume, Experimentierräume, offene und geschlossene Räume, Räume also, die Kontakt, (Selbst)-Erfahrung, Rückzug, Kommunikation, Schutz, Autonomie, Entwicklungs-, Lern- und Gestaltungsprozesse ermöglichen.

So liefert die Metapher des sozialen Raumes ein sinnstiftendes Koordinatensystem, das die Kommunikation zwischen den im Feld der Jugendarbeit agierenden Menschen erleichtert. PädagogInnen gestalten Raumsysteme und nehmen Einfluss auf die Kommunikation in diesen Räumen und zwischen diesen Räumen.

Raummetapher und Internet. Das Internet existiert rein technisch gesehen als elektronisches System von Schaltungen und Kabeln. Es erhält erst eine Bedeutung durch die Art und Weise, wie Menschen es für ihre Zwecke benutzen und wie sie diese Bedeutung beschreiben und darüber kommunizieren. Hierbei werden Metaphern zu Hilfe genommen. Werden Aspekte der Kommunikation, des sozialen Systems und der Inbesitznahme gesehen, so werden meist (soziale) Raummetaphern gewählt (Cyberspace, Chatroom, Newsgroup, MUD, geschlossene Benutzergruppe, Forum, Plattform, Community etc.). Raummetaphern sind gängig und sie scheinen gut zu funktionieren. Mit ihrer Hilfe verständigen sich Menschen über ihre Wirklichkeitskonstruktionen, sie definieren Raumsysteme, vereinbaren Umgangsformen und Regeln bezogen auf diese Raumbilder und gestalten Schnittstellen, die der Orientierung und Erklärung dienen.

Dabei handelt es sich stets um Hilfskonstrukte, die nur einen Teil der charakteristischen Möglichkeiten neuer Kommmunikationstechnologien beschreiben. Denn natürlich ist ein Chatroom etwas anderes als ein realer Raum, in dem sich Menschen zwanglos unterhalten, eine Online-Community etwas anderes als die Szene eines Jugendzentrums und die geschlossene Benutzergruppe einer Mailingliste etwas anders als ein reales Treffen. Die Schnelligkeit und die Leichtigkeit der Übertragung von Informationen, die Abkoppelung der Kommunikation von Raum und Zeit, die Manipulierbarkeit, Flüchtigkeit und Unkontrollierbarkeit der Daten, die multimedialen Verknüpfungsmöglichkeiten und das Vernetzungspotenzial faszinieren und verunsichern zugleich. Soziale Aushandlungsprozesse im Zusammenhang mit dem Medium führen zu Regelungen, die die technischen Möglichkeiten zweckgerichtet gestalten (z.B. Schaffen von Intranetstrukturen um die interne Kommunikation einer Organisation zu ermöglichen) oder ebenso zweckgerichtet durch soziale Regeln und Institutionen ergänzen (z.B. Netiquette). Neue soziale Rollen werden kreiert, die für die Umsetzung dieser Vereinbarungen sorgen (AdministratorInnen, ModeratorInnen).

Stets scheint es so zu sein, dass man sich darüber verständigt, wie weit man sich bei der Implementierung der neuen Kommunikations- und Informationstechnologie von vertrautem Kommunikationsverhalten entfernen will und wie man die Risiken bei der Eroberung von Neuland durch Regelmechanismen und Vereinbarungen absichert. Dass hierbei die Gemeinde der Internetpioniere anders verfährt als eine Organisation, die ihre interne Kommunikation verbessern will und diese wiederum anders als das Cyberunternehmen, das neue Märkte erobern will, versteht sich von selbst.

Soziale Systeme nehmen also das Internet für ihre Zwecke in Besitz und verständigen sich bei der Gestaltung der neu eroberten Territorien mittels Metaphern, die aus der realen Welt entlehnt sind.

Ob hierbei diese sozialen Systeme ihr bisher erworbenes Wissen auch auf den Cyberspace übertragen können und damit ihre Kontinuität unter neuen Bedingungen sichern können, hängt unter anderem davon ab, inwieweit es gelingt, das neue Medium dem vorhandenen sozialen System so anzunähern und anzupassen, dass das Tempo des Veränderungsprozesses, der mit der Implementierung neuer Medien verbunden ist, kontrolliert werden kann.

Ein real-virtuelles Raumsystem. Die Lösung des Problems, die Akteure aus der Münchner Jugendzentrumsszene in einem gemeinsamen real-virtuellen System schnell handlungsfähig zu machen, sodass selbstorganisierte (Lern-)Prozesse schnell ihre produktive Kraft entfalten können, liegt also darin, das Raumkonzept der Jugendarbeit auf das virtuelle System zu übertragen. Ein entsprechend gestaltetes virtuelles Raumsystem stellt dann die Startkonstellation für Entwicklungen dar, die durchaus die Welt der vertrauten Raumvorstellungen verlassen oder zu gänzlich neuen Konstruktionen führen können, dies aber dann als Ergebnis von sozialen Aushandlungsprozessen. Die Wechselwirkungen zwischen neuem Medium und sozialem System treiben die Entwicklungen voran und liefern den Stoff für gemeinsame Lernprozesse.

Gehen wir davon aus, dass Vernetzung, soweit sie sich auf soziale Systeme bezieht, stets auch eine Vernetzung von Raumsystemen im obigen Sinn ist. Das pädagogische Raumsystem „Jugendzentrum" ist eingebettet in das Raumsystem „Stadtteil" und eingebunden in ein System von Kommunikations- und Informationsräumen, das die Trägerorganisation konstituiert. Fachliche Vernetzungsstrukturen bestehen ebenfalls aus den Kommunikationsräumen der Arbeitskreise, Treffen und der entsprechenden Systeme der Informationsverteilung.

Das Netzwerk „up2net" hat in den letzten Jahren diese Kommunikationsräume ergänzt um die virtuellen Kommunikationsräume der Mailinglisten und Newsgroups, die Jugendlichen der beteiligten Häuser haben Erfahrungen mit Chaträumen gemacht. Es liegen also zum Zeitpunkt der Konzeption des real-virtuellen Raumsystems „up2net" bei den Akteuren schon erste Erfahrungen mit den Wechselwirkungen zwischen realen und virtuellen Kommunikationsräumen vor.

Diese gegen Ende 1998 noch rein textbasierten virtuellen Räume sollten nun mit allen multimedialen Möglichkeiten der Internettechnologie ausgestattet werden und der Kern und Ausgangspunkt sein für das Wachstum eines gemeinsamen real-virtuellen Raumsystems für die Szene der Münchner Jugendzentren. Dabei konnte nicht einfach ein kostengünstiger virtueller Webspace angemietet werden, sondern es musste darauf geachtet werden, dass eine technische Grundstruktur geschaffen wurde, die den Anforderungen eines Raumkonzepts der Jugendarbeit gerecht wurde.

Anforderungen an das virtuelle System. Ausgehend von der grundlegenden Anforderung, dass die virtuellen Räume in ihren Systemeigenschaften in hohem Maße dem Raumsystem Jugendarbeit ähneln sollen, lassen sich konkrete Eigenschaften beschreiben, über die das virtuelle System verfügen muss:

- Das Interface, also die optische und funktionale Gestaltung und Gliederung der Webpräsenz, sollte eine Raummetapher darstellen, um das Verstehen und die Verständigung über das System zu erleichtern.
- Die Räume sollten bezüglich ihrer Zugänglichkeit und Grenzen frei definierbar sein, so dass ein beliebig differenziertes System von öffentlichen, halböffentlichen und nur für bestimmte Benutzergruppen zugänglichen Räumen entstehen kann.
- Anonymität soll möglich sein, jedoch verbunden mit einer stark eingeschränkten Nutzungsmöglichkeit. Erweiterte Nutzungsmöglichkeiten erhalten nur registrierte UserInnen.
- Das Raumsystem sollte per Modem oder ISDN über das Internet erreichbar sein. Es sollte auch erreichbar sein durch Direkteinwahl, sodass das Verfügen über einen Internetzugang nicht unbedingt Voraussetzung für die Teilnahme ist.
- Die Ausstattung aller Räume sollte standardmäßig alle Möglichkeiten der Internettechnologie umfassen (Web, Mail, Chat, News, Files).
- Die Verantwortung bezüglich der Schreibrechte in den verschiedenen Räumen sollte frei nach Vereinbarung möglich sein.
- Die Einrichtung und Definition von Räumen, die Registrierung von UserInnen und die Zuordnung von Verantwortungsbereichen zu einzelnen UserInnen sollte einfach und schnell zu bewerkstelligen sein und von PädagogInnen gemacht werden können.
- Das Raumsystem sollte insgesamt von PädagogInnen, also vom Netzwerk „up2net“ und seinen Trägern verantwortet werden, und innerhalb des Systems sollten Jugendliche Verantwortungsbereiche übernehmen können. Das dafür nötige Risikomanagement sollte ausschließlich von pädagogischer Seite übernommen werden, und die Technik sollte dies ermöglichen.
- Die virtuellen Räume sollten von der technischen und administrativen Seite her so robust gestaltet sein, dass sie auch bei großer Komplexität der Abläufe und bei jugendtypischem Gebrauch funktionieren.

Diese Anforderungen spiegeln einen wesentlichen Bestandteil des Konzepts wider. Mit Blick auf das Potenzial der Internettechnologie werden nun beschränkende und ergänzende Anforderungen formuliert, die aus der Sphäre der Jugendarbeit und der Jugendzentren kommen. Wir sind tatsächlich so vorgegangen, dass wir die Realität der Jugendzentren analysiert haben bezüglich der dort auftretenden Dynamik, der Möglichkeiten zur Selbstorganisation und Interventionsmöglichkeiten, und uns die Frage gestellt haben, was an der gängigen Internettechnologie noch fehle. Im Verlauf der Diskussionen haben wir, wenn die Verständigung schwieriger wurde (immerhin handelte es sich gelegentlich um technische Detailfragen, die für einige Akteure nicht leicht verstehbar waren), stets nach Analogien aus dem richtigen Leben in den Räumen der Jugendarbeit gesucht, um dann auf dieser allen vertrauten Basis genauer zu definieren, was das virtuelle Raumsystem zu leisten habe. Wir waren also schon bei der Entwicklung der Konzeption mitten drin in den angestrebten Lernprozessen.

„up2net". Das Ergebnis dieser Suchprozesse war ein Gesamtsystem „up2net", das sich in groben Umrissen so beschreiben lässt: Das System umfasst die realen Raumsysteme der beteiligten Freizeitstätten und die virtuellen Räume, die mittels der Vernetzung über einen Internet/Intranetserver entstehen können. Die Freizeitstätten bieten Jugendlichen den freien Zugang zum System an, es ist aber auch frei über das Internet erreichbar.

Es gibt eine grundsätzliche Arbeitsteilung zwischen einem Internetdienstleister, der den jugendeigenen Server hostet, wartet und ans Internet anschließt, und den PädagogInnen des fachlichen Netzwerks, die die Verantwortung für die Pädagogik übernehmen. Damit diese dazu auch in der Lage sind, beschränkt sich die Verantwortung des technischen Dienstleisters auf die Gewährleistung des sicheren technischen Betriebs des Servers und der Konfiguration des technischen Kernbereichs. Bereits die Administration, also die Userregistrierung und Vergabe von eMail-Adressen, die Zuordnung von Rechten und die Einrichtung und Ausstattung von Räumen wird vollständig von pädagogischer Seite, dem Projekt Neue Medien, das hier im Auftrag des fachlichen Netzwerks handelt, übernommen. Eine spezielle benutzerfreundliche Web-Bedienoberfläche erlaubt den einfachen Zugriff auf alle wichtigen Funktionen.

Das Interface wurde von Anfang an mit Jugendlichen entwickelt und in der Aufbauzeit der Kampagne „Just go up2net!" fertiggestellt (siehe auch S. 62ff.). Es vermittelt das Raumgefühl eines Weltraums, die einzelnen Themenbereiche und Angebote präsentieren sich als „Planeten". Ein Gremium von Jugendlichen hat die Verantwortung über Aussehen und Inhalt dieses Interfaces übernommen (siehe http://www.up2net.de).

Der für die Jugendlichen attraktivste Bereich des Systems ist eine multimediale Chatplattform, die ihrerseits ein eigenes System von virtuellen Räumen umfasst. (Über die Möglichkeiten dieses Chatsystems wird detaillierter in einem anderen Projekt berichtet, siehe Michael Langes Beitrag „Cyberland“ in diesem Band, S. 77ff.) Dieser Chatbereich und wesentliche Teile des „Weltraums“ sind offen für alle zugänglich. Registrierte UserInnen verfügen über eine eMail-Adresse und können das differenzierte Raumsystem „betreten“. Sie sind nun eindeutig als reale Personen identifizierbar und erhalten, je nach Interessen, Fähigkeiten und Vereinbarung, Zugang zu definierten Räumen und bezogen auf diese Räume Zugang zu erweiterten Funktionen (Webschreibrechte, Teilnahme an Newsgroups, Filetransfer, Moderatorenrechte etc.). Die Regeln, nach denen diese Zuordnung von Rechten erfolgt, werden von den Akteuren (Jugendlichen und PädagogInnen) in entsprechenden real-virtuellen Gremien ausgehandelt.

Die Übergabe von Rechten und Funktionen an Jugendlichen ermöglicht Prozesse der Selbstorganisation und fördert selbstgesteuerte Lern- und Gestaltungsprozesse. Die damit verbundenen jugendarbeitstypischen Risiken werden minimiert mittels eines speziellen Konzepts des Risikomanagements.[2]

Auch dieses Konzept ist im Wesentlichen ein Raumkonzept, baut auf die eindeutige Identifizierbarkeit der Akteure auf und stellt eine sinnvolle Verknüpfung zwischen dem Grad der Selbstorganisation Jugendlicher mit dem Grad der Öffentlichkeit des jeweiligen virtuellen Raumes her. Um die Lernprozesse zu unterstützen, ist die Konzeption und das Angebot von maßgeschneiderten Kursen vorgesehen, die einen im Prozess entstehenden Wissensbedarf abdecken.

Gesteuert wird das Ganze arbeitsteilig und je nach Zuständigkeitsbereich vom fachlichen Netzwerk „up2net“, dem Projekt Neue Medien, den Jugendlichen der beteiligten Freizeitstätten, jeweils in den dafür geschaffenen realen Gremien, die mit allen notwendigen virtuellen Kommunikations- und Informationsmedien ausgestattet sind.

3. Was leistet das System?

Nachdem die real-virtuellen Räume „up2net“ in einer ersten Aufbauphase auf die Bedürfnisse der Jugendzentrumsszene zugeschnitten worden sind und in Teilbereichen bereits Erfahrungen mit dem Betrieb gemacht werden konnten, lässt sich eine Zwischenbewertung dieses Systems vornehmen. Es lässt sich nun abschätzen, was dieses System leisten kann, wenn es, mit ausreichenden Mitteln ausgestattet, als mediale Infrastruktur dem Feld der Offenen Jugendarbeit zur Verfügung steht.

Alle werden schnell handlungsfähig. Es hat sich bestätigt, dass die wichtigsten Funktionen des Systems (in erster Linie Web, Chat, Mail) schnell erlernt werden. Hier steuert sich das Lernen insofern selbst, als sehr zweckgerichtet vorgegangen wird. Eine Funktion wird erst dann eingeübt, wenn damit ein für den Benutzer sinnvoller Zweck verbunden ist. Hier ist kein Unterschied zwischen Jugendlichen und PädagogInnen festzustellen. Die Raummetapher „Weltraum“ wird von allen spontan verstanden und es werden in den Verständigungsprozessen entsprechende Begrifflichkeiten verwendet. Sie regt Jugendliche dazu an, selbst die Gestaltung von Planetensystemen zu übernehmen. Die Wechselwirkungen zwischen realen und virtuellen Raumsystemen werden bislang erst in PädagogInnenkreisen diskutiert und hier sind Konflikte und Missverständnisse bezüglich des Verständnisses der Regeln in bestimmten virtuellen Räumen der Auslöser. Die entsprechenden sozialen Aushandlungsprozesse sind bei den Jugendlichen erst in Ansätzen zu beobachten.

Es scheint so zu sein, dass das vorgegebene System von Kommunikations- und Informationsräumen erst einmal relativ unreflektiert akzeptiert wird und erst wenn Konflikte oder Gestaltungswünsche auftauchen eine Auseinandersetzung erfolgt. Hierbei erweist sich der Rückgriff auf Analogien aus dem wirklichen Leben als Ausgangspunkt für die Diskussion als nützlich und führt zu kompetenten und zutreffenden Einschätzungen der kommunikativen Situation.

Als hinderlich für die aktive Teilnahme an der virtuellen Kommunikation zeigten sich technische Pannen, die vor Ort in den Einrichtungen gelegentlich den Zugang zum System blockierten. Die Plattform selbst funktionierte zuverlässig. Die Betreuung des Servers durch den technischen Dienstleister erscheint unabdingbar. Leider lässt sich ein entsprechender Service für die Technik in den Jugendzentren nicht organisieren. Nicht funktionierende Technik stellt hier nach wie vor eine Hürde dar.

Eine Netcommunity entsteht. Das Raumsystem „up2net“ ist charakterisiert durch die Kombination und Verschmelzung von den realen Raumsystemen der Jugendzentren mit den virtuellen Raumsystemen. Die Internet/Intranettechnik selbst bietet nur bestimmte Formen des Informationsaustausches an. Die ProduzentInnen dieser Raumsysteme sind die beteiligten Menschen selbst, denn sie konstruieren in der Auseinandersetzung mit und in unterschiedlichen Kommunikationsräumen ihre Vorstellung der Wirklichkeit von „up2net“. Diese individuellen Wirklichkeitskonstruktionen sind nicht unmittelbar erschließbar, jedoch lassen sich aus dem Verhalten der Menschen im Zusammenhang von „up2net“ Rückschlüsse auf die Art der Beziehungen zum System und zu den damit erreichbaren Menschen ziehen.

So ist zu beobachten, dass sowohl bei den PädagogInnen als auch bei den Jugendlichen eine Identifizierung mit „up2net“ stattfindet. Sie betrachten „up2net“ als ihre Sache. Die Auseinandersetzungen werden mitunter sehr emotional geführt, was auf eine emotionale Bindung hinweist.

Die Menschen in „up2net“ werden als Partner betrachtet, wenn dies für Problemlösungen sinnvoll erscheint (siehe gegenseitige Unterstützung bei Lernprozessen, nächster Abschnitt). „up2net“ wird als Treffpunkt betrachtet, bei dem man sowohl neue Leute kennenlernen kann, als auch den Kontakt zu bekannten Menschen pflegt. Dies bedeutet, dass nicht nur der Spaß in der Onlinekommunikation situativ genossen wird, sondern dass „up2net“ als soziales System gesehen wird, auf das man sich bezieht. Im Laufe des bisherigen Betriebs ist eine zunehmende Differenzierung der Kommunikationsräume eingetreten; dennoch beziehen sich alle UserInnen auch auf die großen plenumsartigen, für alle erreichbaren Foren und kommunizieren auch dort.

Dies weist darauf hin, dass das Gefühl der Zugehörigkeit zu einer Gemeinschaft als einem System von sozialen Gruppen da ist. Der zentrale Treffpunkt, der Ort also, an dem sich die Gemeinschaft konstituiert, wird gerne aufgesucht. Was der multimediale Chatraum für die Jugendlichen ist, ist die Mailingliste für die PädagogInnen. Von diesen Zentren aus werden die Teilbereiche gesteuert, hier werden in Auseinandersetzungen Probleme gelöst, die alle betreffen. Die Existenz und Entwicklung von steuernden Gremien wird als plausibel akzeptiert, die Notwendigkeit von Regeln für die Kommunikation wird anerkannt. Die Mitwirkung bei der Steuerung des Gesamtsystems gilt als attraktiv und interressant, in Ansätzen werden Auseinandersetzungen um Macht und Einfluss sichtbar.

Weder die Jugendlichen noch die PädagogInnen unterscheiden zwischen Virtualität und Realität, wenn es um die Beschreibung der Beziehungsebene zu anderen Menschen in „up2net“ geht. Die Kommunikation, ob virtuell oder real, wird als Einheit erlebt.

Dies alles weist darauf hin, dass „up2net“ sich zu einem komplexen sozialen System entwickelt, das differenzierte Strukturen ausbildet, die rund um gemeinsame Zentren angeordnet sind. Die meisten Mitglieder scheinen eine emotionale Bindung zum System zu haben, wobei ihr Hauptanliegen die persönliche Beziehung zu anderen Menschen, die sich ebenfalls diesem System zugehörig fühlen, ist. Diese hohe Bedeutung der Beziehungsebene und der Kommunikation im Verhältnis der Mitglieder zum Gesamtsystem weist auf das Entstehen einer Gemeinschaft hin. Es handelt sich um eine Netcommunity, da sie in wesentlichen Teilen auf technischer Grundlage basiert und bezüglich der internen Kommunikation medienspezifische Besonderheiten aufweist.

„up2net“ stiftet also ein Gemeinschaftsgefühl, das die Basis darstellen und die Energie liefern kann für eine produktive Vernetzung der verschiedene Jugendzentrumsszenen. Es entsteht ein Anreiz für gemeinsame Aktivitäten und für die Auseinandersetzung mit einem neuen Medium.

Eine Lernumgebung. Die Akteure in „up2net" sind schnell handlungsfähig und fühlen sich einer Gemeinschaft zugehörig. Dies schafft Sicherheit und ist eine gute Voraussetzung dafür, sich neuen Dingen und Herausforderungen zuzuwenden.

Die Hauptmotive der Jugendlichen, sich mit „up2net" zu befassen, sind die Möglichkeiten der Kommunikation, des Kennenlernens und der Selbstdarstellung. Der Impuls zu lernen entsteht meist im Kontext dieser sozialen Interaktion. Hier entsteht die Motivation, etwas Neues auszuprobieren. Man bekommt mit, was andere machen und wird angeregt, dies auch selbst zu versuchen. Oder man entdeckt die Möglichkeiten der Selbstdarstellung und will dieses Potenzial nun nutzen. Eine Reihe von Homepageprojekten im Zusammenhang mit „up2net" (Planeten gestalten) zeigt, dass der Wunsch, neue Fertigkeiten zu lernen, dann entsteht, wenn die Intention da ist, etwas zielgerichtet zu produzieren.

Entsteht im Prozess ein Wissensbedarf, so kommt es darauf an, wie schnell es gelingt, die richtigen Informationen zu bekommen. Die Qualität der Lernumgebung „up2net" hängt von dieser Reaktionsfähigkeit ab. Reicht die Kompetenz der unmittelbar am Einzelprojekt Beteiligten nicht aus, ein Problem zu lösen, so wird im Netzwerk nachgefragt. Dies funktioniert recht gut bei den PädagogInnen, die bereits sehr geübt sind im Kommunizieren in virtuellen Räumen. Im Jugendchat sind in Ansätzen ähnliche Prozesse der gegenseitigen Beratung zu beobachten.

Innerhalb der Webstruktur von „up2net" stehen unterschiedlichste Hilfstexte, Anleitungen und Informationen zu praktischen Problemen bei der Bedienung von „up2net" zur Verfügung, meist muss jedoch auf diese Texte im Bedarfsfall eigens hingewiesen werden.

Die Administration steht für Beratung bei Problemen, die die Handhabung des Servers betreffen, zur Verfügung und wird ihrerseits vom technischen Dienstleister beraten. Manchmal reichen die Kompetenzen der „up2net"-Gemeinde nicht aus, bzw. der Wissensbedarf wird so groß, dass er nicht mehr im Rahmen partnerschaftlicher Hilfe abgedeckt werden kann, dann muss externe Beratung organisiert werden. Dies geschieht durch ein maßgeschneidertes Kursangebot, das den Nachteil hat, dass es relativ lange dauert, bis es zur Verfügung stehen kann, oder durch den Einsatz externer BeraterInnen, die bei Bedarf angefragt werden können. Mit diesen Formen der Lernunterstützung wird derzeit experimentiert; die damit verbundenen Kosten schränken die Möglichkeiten jedoch stark ein.

Die soziale Interaktion in den virtuellen Räumen scheint sowohl Impulsgeber als auch Quelle der Ressourcen für Lernprozesse zu sein. Die Beteiligten steuern die Lernprozesse selbst, unterstützen sich gegenseitig, sind jedoch immer wieder auf externe Hilfe in Form von Beratung oder Instruktion angewiesen.

Synergieeffekte. Der Bereich des Lernens könnte exemplarisch sein für Synergieeffekte, die innerhalb der durch „up2net" dichter werdenden Vernetzung der Jugendzentrumsszenen möglich werden. Im Gegensatz zur Vernetzungsform eines Arbeitskreises, der zielgerichtet installiert wird, bedeutet die kommunikative Alltagsvernetzung, dass ungeplant unterschiedlichste Bereiche der beteiligten sozialen Systeme in Kontakt kommen. Es ist zu erwarten, dass so Bedingungen entstehen, die günstig sind für das emergente Entstehen zukünftiger Kooperationen.

Partizipation und Selbstorganisation in virtuellen Räumen. Ein wesentlicher Teil der Zielsetzung von „up2net" richtet sich auf den Aspekt der Partizipation. Der Bildungsauftrag, dem die Initiatoren nachkommen, leitet sich ja bereits ab von der Befürchtung, dass viele der BesucherInnen der Freizeitstätten von zentralen Zukunftschancen ausgeschlossen sein könnten.

Jugendarbeit setzt üblicherweise diesen Auftrag, Jugendlichen die gesellschaftliche Partizipation zu ermöglichen, indem sie einerseits „eigene" Räume eröffnet, die sie soweit wie möglich Jugendlichen übergibt und so quasi Übungsräume zur Verfügung stellt. Sie kümmert sich andererseits um das Gelingen des Transfers der hier entstandenen Ergebnisse in die Gesellschaft hinein. „up2net" übernimmt diese für die Jugendarbeit grundlegende Herangehensweise für die pädagogische Erschließung virtueller Räume.

Nun mussten sich bereits zum Zeitpunkt der Konzeptentwicklung die Protagonisten von „up2net" mit einer Argumentation aus dem Fachfeld auseinandersetzen, die diese Herangehensweise infrage stellte. Sie lässt sich verkürzt und zugespitzt so darstellen: „Das Internet und die Möglichkeiten multimedialer Vernetzung stellt eine fundamentale Neuerung dar, die alle Lebensbereiche verändern wird. Die Chancen des Internets liegen in seinem Potenzial weltweiter Vernetzung für jedermann, in der Perspektive der Freiheit der Information. Es ist nun widersinnig, Jugendliche in Schonräume zu sperren. So hält man sie von den neuen Möglichkeiten fern, verhindert echte Partizipation. So lernen sie nicht die Fertigkeiten, die man braucht, um im Internet agieren zu können."

Diese Argumentation fordert dazu heraus, sich näher mit dem Verhältnis von Raumgröße und den Chancen für Partizipation und Selbstorganisation zu befassen. Vorab: Es ist klar, dass „up2net" nicht den Zugang zum Internet verhindert. Das Zur-Verfügung-Stellen von kostenfreien Internetzugängen war und ist selbstverständliche Voraussetzung in den beteiligten Jugendzentren. „up2net" konzentriert sich aber auf die pädagogische Gestaltung von virtuellen Raumsystemen, die z.T. vom Internet abgekoppelt sind.

Geht man davon aus, dass im Bereich der Offenen Jugendarbeit ein Großteil der wesentlichen Impulse aus Prozessen der Selbstorganisation von Individuen und Gruppen entsteht, so ist bei der Entwicklung von Konzepten diesem Aspekt eine zentrale Rolle einzuräumen. Man spricht von Partizipation dann, wenn aus selbstorganisierten Prozessen heraus Einfluss auf die Gestaltung von bestimmten Systemen genommen wird. Weder Selbstorganisation noch Partizipation lassen sich sinnvoll diskutieren ohne Bezug zu einem bestimmten System mit bestimmten Rahmenbedingungen. Partizipation gelingt dann, wenn die System- und Rahmenbedingungen, die Kompetenzen der Menschen und die ihnen zur Verfügung stehenden Ressourcen so aufeinander abgestimmt sind bzw. zueinander passen, dass Aneignungsprozesse in Gang kommen können, die als erfolgreich erlebt werden, weil sie sich auf Problemstellungen beziehen, die interessante Herausforderungen sind und keine frustrierenden Überforderungen oder uninteressante Unterforderungen. Um ein (Raum)-Bild zu nehmen: Das Neuland, das dazu verlockt, entdeckt und erobert zu werden, schließt immer an bekanntes Terrain an.

Motivation, selbstgesteuert etwas Neues anzupacken, entsteht dann, wenn das Neue hinreichend interessant ist, also eine Vorstellung gebildet werden kann, die das Neue als für einen selbst nützlich erscheinen lässt und wenn die eigene Kompetenz gespürt wird, die neue, selbst gestellte Aufgabe erfolgreich bewältigen zu können.

Aufgabe der Pädagogik ist es, für Rahmenbedingungen zu sorgen, die solche Herausforderungen entstehen lassen. Es besteht kein Grund, angesichts des Internets mit seinen neuen verunsichernden Eigenschaften, bewährte pädagogische Herangehensweisen aufzugeben. Auch im Internet funktionieren Aneignungsprozesse in bekannter Weise.

Entscheidend für das Auslösen von Aneignungsprozessen ist, wie das Internet subjektiv wahrgenommen wird und wie es in die subjektive Wirklichkeitskonstruktion integriert wird. So kann es unterschiedlichste Bedeutungen erhalten:

Der technikinteressierte Student ist fasziniert vom Aspekt der weltweiten Kommunikation und ist in der Lage, sich eine weltweite Netzgemeinde von Gleichgesinnten vorzustellen. Das expandierende Cyberunternehmen sieht das Internet als Terrain, das es zu erobern gilt und in dem man schleunigst den eigenen Claim abstecken muss. Der von Computerspielen begeisterte Jugendliche sieht das Internet als riesiges Reservoir für interessante Software und Spieletipps mit Kontaktmöglichkeiten zu möglichen Spielpartnern. Eine Organisation, die ihre interne Organisations- und Informationsstruktur verbessern will, sieht das Potenzial des Internets, das aber einer Modifikation bedarf, um als Intranet diesen Organisationszwecken zu dienen.

Für diese Akteure ist das Internet eine Herausforderung, die Motivation ist da, aktiv zu werden, gestaltend Einfluss zu nehmen und zu partizipieren. Im Gegensatz dazu sieht ein Jugendlicher ohne weitergehende Computerkenntnisse, fehlendem Zugang zum Medium und schlechtem Bildungshintergrund im Internet zwar etwas für die eigene Zukunft sehr Wichtiges (dieser beunruhigenden Information entkommt niemand), nimmt aber wohl eher eine verunsichernde Fülle von Informationen wahr, die gerade mal zur Zerstreuung einlädt, aber nicht zur Gestaltung anregt.

Was er braucht, um aktiv zu werden, ist zuerst der Zugang zum Medium, dann aber ein (pädagogisches) Arrangement, das es ihm leicht macht, für sich passende Herausforderungen zu finden.

Jugendarbeit kann also, nachdem sie die grundlegenden Ressourcen (Computer, Internetzugang) bereitgestellt hat, daran gehen, sich zu überlegen, wie sie das Medium und die Integration in eine Alltagsumgebung gestalten kann, damit Rahmenbedingungen entstehen, die Chancen der Partizipation eröffnen. Zugeschnitten auf die Bedürfnisse der Zielgruppe kann sie Räume schaffen, die Selbstorganisationsprozesse hin zur aktiven Aneignung des Mediums anregen. Sie wird sich Gedanken machen über die Raumgröße und die dort gegebenen Systemeigenschaften und wird ständig reflektieren müssen, ob diese Bedingungen noch zum Entwicklungsstand der Zielgruppe passen, um zu vermeiden, dass aus einer fördernden Lernumgebung eine Insel wird, die sich von der Entwicklung abkoppelt.

„up2net" gestaltet ein solches pädagogisches Setting und entwickelt es zusammen mit den Jugendlichen weiter. Und natürlich kommen wir zu Lösungen, die einem Cyberpionier eher einengend vorkommen mögen, die beteiligten Jugendlichen scheinen mit der Raumgröße aber zufrieden zu sein. Sie entwickeln damit ihre Net-Community und werden aktiv.

Es ist zu hoffen, dass die Jugendlichen ihre Veränderungswünsche artikulieren werden, wenn die jetzt gezogenen Grenzen sie zu behindern beginnen. Erfahrungen aus der Mitbestimmungsarbeit in Freizeitstätten weisen darauf hin, dass dies funktionieren könnte. Gerade bei klaren Rahmenbedingungen entwickeln sich Kompetenzen, eigene Spielräume zu entdecken, Regeln auszuhandeln und Verantwortung zu übernehmen. Im überschaubaren Rahmen können die Fähigkeiten entstehen, die nötig sind, um die Aneignung neuer Räume in Angriff zu nehmen bzw. soziale Raumsysteme zu verändern. Klare und auf die Zielgruppe gut abgestimmte bzw. mit ihr zusammen entwickelte Rahmenbedingungen sind also die Voraussetzung für die Offenheit einer Situation, wenn man „Offenheit" so versteht, dass bezogen auf eine bestimmte Situation gute Chancen bestehen, selbstorganisiert gestaltenden Einfluss nehmen zu können.

„up2net" ist so gestaltet, dass die Akteure die Rahmenbedingungen für ihre Aneignungsprozesse weitestgehend modifizieren können und so günstige Voraussetzung für Prozesse der Partizipation und Selbstorganisation schaffen können.

Eine Organisation entwickelt sich.[3] „up2net" ist nicht von Anfang an mit einer expliziten Organisationsstruktur versehen worden, sondern hat, vor allem in der Anfangsphase, selbstorganisiert Strukturen entwickelt. Ein Konglomerat, bestehend aus einer kleinen Kerngruppe von Pionieren aus dem Vorläuferprojekt und neu hinzugekommenen Kooperationspartnern, unterschiedlichen Trägern zugehörig, hatte sich, ausgestattet mit einer eigenen technischen Kommunikations- und Informationsplattform, zum Ziel gesetzt, Jugendlichen neue real-virtuelle Räume zu eröffnen und ihnen die Möglichkeit zu geben, diese aktiv gestaltend in Besitz zu nehmen. Eine bewusste Zurückhaltung bezüglich der Festlegung von Organisationsstrukturen erschien angebracht, da die Gruppe der Jugendlichen noch nicht in Aktion getreten war und die Chancen auf Mitgestaltung der Organisationsstruktur für diese Gruppe erhalten bleiben sollten.

Dies kann funktionieren, denn ein System, das sehr bewusst auf eine Analogie von realen und virtuellen Räumen aufbaut, kann sich zumindest vorerst gut koordinieren mit den Mitteln und Strukturen, die im Feld vorhanden sind: Ressourcen der einzelnen TeilnehmerInnen, institutionelle Anbindungen an die unterschiedlichen Träger, vertraute Koordinierungsinstrumente wie Arbeitskreise, Projektgruppen etc.

Dieses Akzeptieren eines Übergangszustandes führt gleichwohl zu gelegentlichen Verunsicherungen bezüglich der Rollen und Aufgaben und macht Klärungsprozesse notwendig, die im Bedarfsfall zu zumindest vorläufigen Lösungen führen. Neben diesen bewussten Klärungsprozessen produziert aber auch das Alltagshandeln und Kommunizieren im System quasi beiläufig Strukturen.

So lässt sich zum jetzigen Zeitpunkt, in Form einer Momentaufnahme, durchaus eine Organisationsstruktur mit Zuständigkeiten und Entscheidungsverfahren beschreiben, die sich laufend den Erfordernissen anpasst und sich nur langsam verfestigt. Das Projekt „up2net" trägt so zur Vernetzung des Feldes bei.

Es gibt die Zuständigkeit der PädagogInnen für die Pädagogik vor Ort in den Freizeitstätten und den AK-„up2net" als Koordinationsgremium für pädagogische Interventionen und Konzeptentwicklung. Das Projekt Neue Medien ist für die Administration der Netcommunity zuständig, trägt Verantwortung für den Betrieb des Servers und koordiniert die fachliche Entwicklung und Außendarstellung. Arbeitsgruppen von PädagogInnen kümmern sich um Teilprojekte, wobei hier zunehmend die Jugendlichen mit ihren Aktivitäten Gewicht bekommen. Hierbei nimmt das zentrale Kommunikationsangebot des multimedialen Chats eine Sonderrolle ein, es wird von einem Kollegen in Kooperation mit einer Arbeitsgruppe administriert. Ein Gremium von Jugendlichen hat die Verantwortung für die Gestaltung und den Inhalt des Interfaces übernommen.

Als nächste Entwicklungsschritte sind geplant der Aufbau einer demokratischen Entscheidungsstruktur bei den Jugendlichen und die Anpassung der fachlichen Vernetzung an die nun angestrebte Wachstumsphase.

Innerhalb des Organisationsentwicklungsprozesses lassen sich bereits Bruchstücke einer Entscheidungs- und Diskussionskultur erkennen, die Bestand zu haben scheinen und die ich im Folgenden beschreiben will.

- Grundsatz ist, dass alle Akteure die Chance haben sollen, die Entwicklung mitzusteuern, wobei natürlich nach Zuständigkeiten unterschieden wird. Es besteht jedoch nicht der Anspruch, dass alles, was in „up2net" geschieht für alle transparent sein muss, und es wird nicht angenommen, dass dies überhaupt möglich ist, da von einer großen Dynamik und einem kontinuierlichen Wachstum der Gemeinde ausgegangen wird. Ein Modell könnte eine urbane Gemeinde sein.
- Die Akteure haben ein starkes Selbstbewusstsein bezüglich der von ihnen in den Gesamtprozess eingebrachten Ressourcen entwickelt. Man könnte sagen, es gilt: „Wer viel bringt, hat viel zu bestimmen."
- Damit innerhalb der Gemeindestruktur allzu chaotische Entwicklungen möglichst vermieden werden, wird davon ausgegangen, dass niemand anonym handelt und dass immer möglichst nachvollziehbar sein soll, wer etwas gemacht hat. Modell ist hier eher das wirkliche Leben in einem Jugendzentrum als das Internet mit seinen Möglichkeiten, sich anonym zu verhalten.
- Es gilt als sinnvoll, alle für die Gemeinschaft interessanten Informationen in gemeinsamen Gremien zu diskutieren und zu entscheiden, wobei dies in realen Treffen und in virtuellen Foren geschehen kann.
- Die Verbindlichkeit dieser Entscheidungen, soweit sie sich auf Regeln für das System beziehen, also die Art zu Kommunizieren, ist hoch. Bei der Verbindlichkeit von Absprachen bezüglich konkreter Leistungserbringung sind Unterschiede feststellbar. Hier scheint manchmal die Bindung an die wechselhaften Bedarfs- und Beschlusslagen vor Ort in den Freizeitstätten höher zu sein als die Bindung an „up2net". Hier zeigt sich gelegentlich Konfliktpotenzial.
- Für alle Interventionen gilt: Sie haben nur dann eine reelle Chance, erfolgreich zu sein, wenn auch für deren Präsenz im Medium gesorgt wird, sei dies ein Beitrag in einer Newsgroup oder eine entsprechend gestaltete Webseite. Grund: Zunehmend beziehen sich alle Mitglieder auf die in den virtuellen Räumen vorhandenen Informationen.

- Alles, was in hohem Maß der vertrauten Wirklichkeit des Arbeitsfeldes entspricht und wofür vertraute und bewährte Regeln und Konventionen (aus der realen Welt des Arbeitsfeldes) bereitstehen, hat gute Chancen, umgesetzt werden zu können, was nicht heißt, dass es ohne z.T. recht engagierte Diskussionen abgeht. Bei diesen Diskussionen geht es stets um die Gültigkeit von Wissen aus der realen Welt in der virtuellen Kommunikation.
- Bei der Diskussion um die Weiterentwicklung des Systems ist es günstig, nach Analogien aus dem wirklichen Leben zu suchen, um seine Vorstellungen zu erläutern. Und: Veränderungsvorschläge haben eher Erfolg, wenn sie mit einem Regelwerk versehen werden, das die Analogie zum wirklichen Leben zumindest annähernd herstellt.
- Veränderungsvorschläge sollten mit dem Angebot, eigene Ressourcen einzubringen, verbunden sein, um Chancen auf Umsetzung zu haben.
- Das Betreten von Neuland (Verlassen der Analogie) sollte möglichst explizit erfolgen, damit die anderen die Möglichkeiten haben, ihre Bedenken und Ideen einzubringen. Es empfiehlt sich, diese neuen Wege von der Gemeinschaft bestätigen zu lassen. Verdecktes Abweichen von der Analogie zum wirklichen Leben führt zu Konflikten.
- Interventionen sollten so moderat sein, dass sie spielerische und lustvolle Suchprozesse und Experimente nicht blockieren. Es führt zu Konflikten, wenn Erfahrungsraum eingeengt wird. Der Versuch, Analogie zum wirklichen Leben herzustellen, darf nicht zu Vereinheitlichung und Normierung führen, sonst verliert diese Herangehensweise an Akzeptanz.
- Die Suche nach Analogien zwischen realen und virtuellen Räumen bewährt sich eher als Verständigungsmittel, nicht so sehr als Norm bei der Gestaltung von virtuellen Räumen.
- Zusammenfassend lässt sich sagen, dass der bewusste Bezug von „up2net“ auf das Raumkonzept der Jugendarbeit auch hinsichtlich der Organisationsentwicklung Auswirkungen hat. Aspekte der Organisationsstruktur und der sie tragenden Werthaltungen werden ausdrücklich in den Kontext dieses Versuchs einer analogen Übertragung gestellt.

4. Was hat das mit Medienkompetenz zu tun?

Im Zentrum von „up2net“ steht die Kommunikation und die soziale Interaktion innerhalb einer noch relativ überschaubaren Szene von Jugendzentren. „up2net“ organisiert die Kommunikation in diesem sozialen Raum. Hier entsteht die Motivation, teilzunehmen und aktiv gestaltend tätig zu werden. Partizipation ist aber nur möglich, wenn man sich auf einen Lernprozess einlässt.

Jugendliche suchen „up2net“ nicht auf, um zu lernen, sondern „up2net“ „verführt“ sie dazu, sich auf einen fortlaufenden selbstgesteuerten Lern-

und Entwicklungsprozess einzulassen. Denn man kann nur erfolgreich teilnehmen, wenn man in der Lage ist, kompetent die Anforderungen der jeweiligen Situation zu bewältigen. Diese Anforderungen sind sowohl medientechnischer, als auch kommunikativer und sozialer Art. Natürlich auf unterschiedlichstem Niveau: im lustvollen Chatten, in der Auseinandersetzung um die Gestaltung von multimedialen Chaträumen, im Basteln an einer eigenen Webpräsenz, im Organisieren einer Party mit Hilfe von modernen Kommunikationsmitteln, in der kontroversen Diskussion in einer Newsgroup, in der Verhandlung mit dem Technikdienstleister um eine verbesserte technische Ausstattung usf. – stets geht es um ein zutreffendes Verständnis der sozialen und kommunikativen Situation in Wechselwirkung mit dem Medium.

Meint man mit Medienkompetenz die Fähigkeit, situationsbezogen sowohl über das jeweils erforderliche technische Know-how, die angemessene Reflexionsfähigkeit und die notwendige kommunikative Kompetenz zu verfügen und nicht ein statisches Anforderungsprofil, dem man sich annähern sollte, so kann man „up2net“ als einen Lern- und Erfahrungsraum verstehen, der Motivation schafft und Ressourcen bereitstellt, um die jeweils bereits vorhandene Medienkompetenz weiterzuentwickeln. Denn niemand fängt „bei Null“ an, Medienkompetenz ist da und es geht um die Ermutigung zum nächsten Schritt.

Anmerkungen

1 Vgl. dazu in diesem Band:
- B. ECKMANN: Just go up2net! Eine Netcommunity in der offenen Jugendarbeit aufbauen, S. 62ff.
- W. HABERL / ST. HEFELE / A. KELLE / B. ECKMANN: „Das ist eine schwierige Sache“. Pädagogisches Handeln in einer Netcommunity – Interview mit PraktikerInnen, S. 71ff.
- T. ECHERTZHUBER / B. ECKMANN: Soziale Aushandlungsprozesse rund um den Internetzugang, S. 123ff.
- B. ECKMANN: Teamentwicklung zwischen Online und Offline. Erfahrungen bei der Moderation eines Teambildungsprozesses, S. 178ff.
- B. ECKMANN: Kooperatives Protokoll im vernetzten AK. Schnelligkeit vor Gründlichkeit, S. 441ff.
- B. ECKMANN / CHR. WITTIG: Software zum Gestalten virtueller Gemeinschaften. Kooperation zwischen Technik und Pädagogik, S. 448ff.

2 Vgl auch in diesem Band B. ECKMANN: Umgang mit Risiken. Praktische Umsetzung von Anliegen des Jugendmedienschutzes in einem pädagogischen Online-Projekt, S. 460ff.

3 Vgl. auch in diesem Band W. SCHINDLER: Auf dem Weg in virtuelle Räume. Organisations- und Personalentwicklung, S. 159ff.

4. Teil

METHODISCHE BAUSTEINE FÜR DIE PRAXIS

1. Kapitel

Projekte verwirklichen

Einführung

Exemplarisch stellen im folgenden Kapitel verschiedene Autoren Werkzeuge und Verfahren zur Gestaltung virtueller Welten und Kooperation im Netz vor:

Roland Baders Beitrag „Implementation als unterschätzte Aufgabe" hilft, Projekte zu verwirklichen, beginnend mit methodisch betriebenen Projektmanagement. Hier ruht eine allzu oft – gerade von Pädagogen – vernachlässigte Vorbedingung für Erfolg, wie wir nicht zuletzt in der Begleitung von Praxisprojekten im Weiterbildungsprogramm MaC*_plus gelernt haben. Diese Methode legt es nahe, die institutionellen Faktoren pädagogischer Arbeit zu berücksichtigen.

Kooperation im Netz, dazu kann ein geschützter Server-Bereich im Internet, eine „Projekt-Site" hilfreich sein. Autor David Siegel, unumstrittener Guru der Design-Szene von Webseiten der „dritten Generation", sieht darin gar „eine der fundamentalen Neuerungen in unserer modernen Kommunikation", die jedem offensteht, der seine Dateien im Netz abspeichern kann. Keine Frage, auch Siegel arbeitet mit Methoden des Projektmanagements.

Um soziale und technische Praxis der Kommunikation von Arbeitsgruppen im Internet drehen sich auch die folgenden Beiträge dieses Abschnitts. „Kooperatives Protokoll im vernetzten Arbeitskreis" plädiert für den Nutzen von Schnelligkeit vor Gründlichkeit und bedient sich einer Mailingliste, kombiniert mit einer Reihe sozialer Gruppenregeln. Das Kürzel „BSCW" steht für Unterstützung von Gruppenarbeit über Internet: Roland Bader schildert Optionen eines Paketes verschiedener Internetwerkzeuge, das deutlich über den schlichten Gebrauch einer Mailingliste hinausgreift, was Möglichkeiten wie Kompetenzanforderungen betrifft.

ROLAND BADER

Implementation als unterschätzte Aufgabe

Computermedienpädagogik aus Sicht des Projektmanagements

Zusammenfassung: Der folgende Beitrag befasst sich mit einem Aspekt computermedienpädagogischer Praxis, der in der pädagogischen Literatur zum projektorientierten Lernen nicht bearbeitet wird: die Implementation von Projekten in der Institution. Die Beschreibung von Implementation wird aus Sicht des Projektmanagements vorgenommen. Grundlegende Konzepte des Projektmanagements werden referiert und an Beispielen aus der Entwicklung computermedienpädagogischer Praxisprojekte erläutert: die Planung eines Projekts und die Gestaltung einer Projektorganisation als aktive Gestaltung eines sozialen Prozesses.

Stellen Sie sich vor: Sie haben eine gute Projektidee, um die pädagogische Arbeit in Ihrer Einrichtung zu verbessern, aber Sie wissen nicht, wo Sie anfangen sollen, Sie wissen nicht, was es kostet und ob am Ende das dabei rauskommt, was Sie sich vorstellen. Sie würden gern etwas Neues und Spannendes einführen, aber der Chef winkt ab: kein Geld da. Sie rackern sich in Ihrer Freizeit ab, um ein neues Projekt auf die Beine zu stellen, und Ihre Kollegen treiben quer, wo sie nur können.

Wenn Sie Ähnliches kennen und keine Vorstellung haben, wie mit solchen Situationen umgehen, dann lohnt es sich für Sie wahrscheinlich weiterzulesen. Möglicherweise hilft die Denkweise des Projektmanagement, etwas besser zu verstehen, was da passiert. Und vielleicht gibt sie Ihnen darüber hinaus praktische Werkzeuge in die Hand, um Prozesse im Sinn Ihrer Vorstellungen zu gestalten.

Bei meiner ersten Fortbildung zum Projektmanagement gingen mir die Augen auf – mit einem Schlag hatte ich vieles von dem verstanden, was ich lange erlebt, aber nie begriffen hatte. Fast immer sind es die gleichen Punkte, an denen innovative Ideen steckenbleiben. Dabei ist die „Logik des Steckenbleibens“ recht einfach zu verstehen. Seither haben wir Einheiten zu Projektmanagement zum festen Bestandteil in der Weiterbildung „Menschen am Computer“ gemacht, und der weitaus größte Teil der Teilnehmer hat davon profitiert. Viele Beiträge in diesem Band belegen das. Auch Einrichtungen, mit denen ich zu tun habe, haben vom Projektmanagement profitiert und die Transparenz schätzen gelernt, die bei dieser Sichtweise entsteht und die nach meiner Erfahrung in sozialpädagogischen Einrichtungen oft Mangelware ist. Aber in vielen Einrichtungen bekommen Mitarbeiter Schwierigkeiten, wenn sie neue Ideen umsetzen wollen und dabei oft ein erhebliches Risiko eingehen. Vor allem, wenn es Geld kostet und tradierte Routinen und Machtstrukturen bedroht, was bei der Einführung von PCs oft der Fall ist. Projektmanagement ist ein Instrumentarium, um diese Prozesse besser verstehen und zugleich steuern zu können.

Wenn Sie bei Projektmanagement an Flugzeugbau, technische Innovationen mit Millioneninvestitionen und an furchtbar komplizierte Netzpläne denken, dann liegen Sie nicht ganz falsch. Da hat Projektmanagement seine Wurzeln, und das war Projektmanagement in der Vergangenheit. Für die Planung und Durchführung großer industrieller Projekte ist das Projektmanagement entworfen und geeignet. Solche Projekte sind hier aber nicht Thema.

In diesem Beitrag geht es um Projekte in der Art, wie sie in diesem Band beschrieben werden: die Herstellung einer CD-ROM mit Jugendlichen, der Aufbau eines Netzwerks von Sozialarbeitern, die Einrichtung eines Internetcafés. Dabei steht hier aber nicht der pädagogische Aspekt im Vordergrund, sondern der Aspekt der Institution. Wenn in der medienpädagogischen Literatur von projektorientiertem Lernen oder von Medienprojekten die Rede ist, dann gilt die Aufmerksamkeit der Lernsituation: der Interaktion zwischen Pädagogen und Lernenden, den Lernzielen, Methoden, der Didaktik und den Inhalten. Projekte haben aber neben dieser „Vorderseite" auch eine „Rückseite": die Verankerung des Projektes in der Einrichtung selbst. So förderlich Projekte von vorne - aus der pädagogischen Sicht - auch immer sind und aussehen mögen, die Rückseite - die institutionelle Seite - hat wesentlich damit zu tun, dass viele Projektideen gar nicht realisiert werden, dass viele Projekte scheitern und dabei ein erhebliches Maß an Zeit und Nerven verschleudert wird. Jedes Projekt stößt früher oder später an institutionelle Grenzen, sei es, dass Anschaffungen erforderlich sind oder dass die Kooperation und Flexibilität von Kollegen notwendig wird. Dieser Aspekt wird zwar in der Literatur über „projektorientierten Unterricht" in der Schule erwähnt (z.B. Frey 1991; Gudjons 1997), über die bloße Erwähnung kommt es aber nicht zu einer systematischen Analyse dieser institutionellen Faktoren.

Die in diesem Band geschilderten Projekte haben zwei Dinge gemeinsam: Erstens stellen sie eine Innovation für die Institution dar: Sie überschreiten die tradierten Einteilungen, Zeitpläne, Arbeitsbereiche und Routinen an der Arbeitsstelle. Zweitens kosten sie Ressourcen, mindestens Zeit von Mitarbeitern, meistens auch Geld. Und das bedeutet, dass Projekte nicht nur die Zielgruppe pädagogischer Arbeit betreffen, sondern die Einrichtung selbst. Und zwar nicht an der Peripherie, wie die Durchführenden und Verantwortlichen bei der Idee und beim Beginn eines Projekts oft glauben oder gern glauben möchten, sondern im Kern. Das ist Thema im Projektmanagement. Das Projektmanagement hat sich seit den 60er Jahren deutlich gewandelt. Es stehen nicht mehr nur Planungsmethoden im Vordergrund, sondern stärkere Berücksichtigung finden die sozialen Aspekte eines Projekts: die Beziehungen zwischen den Menschen, die mit einem Projekt zu tun haben oder davon betroffen sind. Diese sind nicht nur im sozialen Bereich die kritischen Elemente eines Projekt. Dies führt zu einer systemischen und ganzheitlichen Sicht der Prozesse. Motive, Ziele und Interessen aller Beteiligten und informelle Kommunikationsstrukturen werden stärker als projektbeeinflussende Faktoren erkannt und untersucht. Darum lassen sich viele Erkenntnisse aus dem Projektmanagement in der Industrie auf soziale und pädagogische Projekte übertragen und dort anwenden.

Im Kern geht es beim Projektmananagement – angewendet auf computermedienpädagogische Projekte – um zwei Gesichtspunkte: um die aktive Gestaltung sozialer Beziehungen nach sachlichen Erfordernissen und um eine realistische Planung von Prozessen, die an sich unplanbar sind. Diese beiden Aspekte stehen deshalb auch in diesem Beitrag nach einigen einführenden Begriffsklärungen im Vordergrund.[1]

Grundlegende Begriffe

Im pädagogischen Bereich wird der Begriff „Projekt“ inflationär gebraucht. Wenn im Folgenden von „Projekt“ die Rede ist, dann geht es ausschließlich um das Handeln eines Pädagogen im institutionellen Kontext und nicht um die pädagogischen Form des projektorientierten Lernens. Dieser Sicht liegt die Definition eines Projekts nach DIN zu Grunde. Demnach ist ein Projekt definiert als „Vorhaben, das im Wesentlichen durch Einmaligkeit der Bedingungen in ihrer Gesamtheit gekennzeichnet ist, wie z.B. Zielvorgaben, zeitliche, personelle oder andere Begrenzungen, Abgrenzung gegenüber anderen Vorhaben“ (nach DIN 69 901).

Ergänzende Bestimmungsmerkmale eines Projekts sind, dass es zielorientiert ist, auf Grund seiner Komplexität interdisziplinäre Zusammenarbeit erfordert und das Risiko des Scheiterns beinhaltet.

Projektmanagement ist eine systematische Arbeitsweise bei Innovationsprozessen oder nicht genormten Abläufen zur Planung und Steuerung von Terminen, Kosten, Kapazitäten und Leistungen. Projektmanagement bietet ein Instrumentarium, um mit Problemen umzugehen, die aus diesen Merkmalen von Projekten resultieren, es umfasst die Wahrnehmung von Planungs-, Steuerungs-, Koordinations- und Kontrollfunktionen, die im Zusammenhang mit der Projektarbeit stehen.

Die genannten Bestimmungsmerkmale von Projekten bedeuten verschiedenes.

Erstens ist es bei einem Projekt nicht von Anfang an klar, was am Ende herauskommt. Es wird zwar von Anfang an ein Ziel angestrebt, aber wie genau das Ziel aussieht, lässt sich am Anfang nicht bestimmen. Uhlenbrock (in diesem Band, S. 26ff.) spricht daher zu Recht von „Vision", um den Unterschied zwischen einem von Anfang an fixen Ziel und einer Richtung kenntlich zu machen. Während Pädagogen allerdings für die Visionen der Zielgruppe Verständnis haben, haben Institutionen nicht in jedem Fall Verständnis für die Visionen ihrer Mitarbeiter - verständlicherweise, denn aus Sicht der Institution ist die Vision eines Mitarbeiters nur ein partikulares Interesse.

Zielorientierung bei gleichzeitiger Offenheit für den Prozess erfordert Planung. Wenn Sie ein Projekt wie die Gestaltung einer CD-ROM mit Jugendlichen zusammen (vgl. Holzhäuser, in diesem Band, S. 42ff.) oder die Vernetzung von Kollegen übers Internet auf den Weg bringen wollen, führt kein Weg daran vorbei anzuerkennen, dass Sie am Anfang noch nicht genau wissen, wo es enden wird. Es macht auch keinen Sinn, das Endprodukt am Anfang so umfangreich wie möglich beschreiben zu wollen. Das wiegt Sie eher in falscher Sicherheit, denn es führt dazu, dass Sie verkennen, worin eigentlich die Aufgabe besteht.

„Einmaligkeit" ist ein weiteres Bestimmungsmerkmal eines Projekts. Auf Grund der Einmaligkeit oder des innovativen Charakters eines Projekts ist es nicht oder nur bedingt möglich, auf die Erfahrungen anderer zurückzugreifen. Wenn ein bestimmter Arbeitsbereich schon in einer Institution fest verankert ist (z.B. Videoarbeit), macht es zwar Sinn, bei einer einzelnen Videoproduktion von „Projekt" oder „projektorientiertem Lernen" im Hinblick auf die Zielgruppe zu sprechen, denn für die Teilnehmer ist der Prozess neu, spannend und einmalig. Aus Sicht des Projektmanagement stellen einzelne Medienproduktionen in diesem Kontext aber keine innovativen Vorhaben für den Pädagogen und die Einrichtung dar. Sie sind Teil der regulären Arbeit, der sog. „Linie."

Ein weiteres Charakteristikum eines Projekts sind seine Begrenzungen. Ein Projekt ist durch sein Ziel definiert. Wenn das definierte Ziel erreicht ist, wird das Projekt beendet. Alle Mitarbeiter, die Zeit, Arbeit oder Engagement in ein Projekt investiert haben, kehren zu ihrer früheren Tätigkeit zurück, die sie vor dem Projekt innehatten. Das bedeutet zweierlei: Zum einen sollte genau überlegt werden, worin eigentlich das Projekt besteht. Einige der Projekte in diesem Band lassen sich als Implementationsprojekte kennzeichnen: Ziel des Projekts ist es, einen neuen Arbeitsbereich in der Institution zu verankern. Im Beitrag von Silter (in diesem Band, S. 166ff.) etwa wird ein solcher Implementationsprozess ausführlich geschildert. Die Implementation, also das Projekt, ist abgeschlossen, wenn der neue Arbeitsbereich Computermedienpädagogik Teil der regulären Arbeit der Institution geworden ist. Der zweite Aspekt, der sich aus der Begrenzung ergibt, liegt in der Rolle und Aufgabe des Mitarbeiters. Wenn das Projekt in der Implementation eines neuen Arbeitsbereichs besteht, dann wird dabei sehr wohl eine Veränderung der Tätigkeit des Mitarbeiters selbst angestrebt.

Ein weiterer Aspekt der Begrenzung bezieht sich auf die begrenzten Ressourcen. Da Zeit und Geld nicht unbegrenzt zur Verfügung stehen, ist es notwendig, Zeit und Geld zu beschaffen. Beides wird für computermedienpädagogische Projekte benötigt. Es ist wichtig, sich diese Notwendigkeiten von Anfang an vor Augen zu führen. Nicht um das Engagement für gute Ideen und Visionen mit den Argument „unbezahlbar" gleich vom Tisch zu wischen, sondern um zu einer realistischen und kommunizierbaren Einschätzung der Erfordernisse zu kommen.

Dennoch, so ernüchternd es klingen mag: Der schnellste Weg, um computermedienpädagogische Projekte in Gang zu bringen, besteht darin, Zeit von der eigenen Freizeit zu opfern und Geld über einen Sponsor zu besorgen. Durch eine solche Vorgehensweise umgehen und vermeiden Sie nervenraubende Konflikte und zeitfressende Entscheidungsprozesse in der Institution um die Verteilung von Ressourcen, Zuständigkeiten, Macht und Entscheidungsbefugnisse. Wenn Ressourcen nicht von außen neu beschafft werden, müssen sie aus der Einrichtung selbst genommen werden. Und dort sind schon vergeben und verplant. Ob diese Strategie empfehlenswert ist, hängt davon ab, was Sie über ein einzelnes abgeschlossenes Projekt hinaus für Ziele anstreben. Wenn das Projekt im Einstieg in ein dauerhaftes Angebot an Computermedienpädagogik besteht, werden Sie früher oder später mit dem Kernkonflikt konfrontiert, um den sich im Projektmanagment alles dreht: dem Konflikt zwischen Projekt und Linie.

Kernthema: der Konflikt zwischen Projekt und Linie

Als „Linie" werden die festen organisatorischen und zeitlichen Strukturen und Abläufe bezeichnet: die Hierarchien und Machtbefugnisse, die Zuständigkeiten, die regelmäßig wiederkehrenden Aufgaben und Arbeitsabläufe. Ein Projekt, das durch Einmaligkeit, Zielorientierung und Interdisziplinarität gekennzeichnet ist, steht immer in einem Konflikt mit Routine, mit traditionellen Hierarchien und Machtstrukturen, Arbeitsteilung, Bereichsverantwortlichkeiten und Zeiteinteilungen, kurz: mit der Linie. Konflikte zwischen Projekt und Linie sind nichts Außergewöhnliches, sondern integrales Element jedes Projekts: Ein Projekt steht mit der Linie in Konkurrenz um Macht, Führungseinfluss, Zeit- und Personalressourcen. Darüber hinaus sind Projekte konfliktträchtig bezogen auf Ziele und Interessen, manchmal berühren sie sogar Vorstellungen über Werte. Bei der ablehnenden Haltung der Pädagogik gegenüber Computern, die vor allem in den 80ern und frühen 90ern die Diskussion beherrschte, waren solche Wertekonflikte an der Tagesordnung.

Die Konkurrenzen zwischen Projekt und Linie auf der Ebene der Ressourcen sind die offensichtlichsten. Die zur Verfügung stehenden Ressourcen einer Institution orientieren sich am Bedarf der Linie. Wenn ein Projekt bzw. der- oder diejenige, die sich dafür engagiert, nicht neue Ressourcen von außen beschaffen kann, müssen projektspezifische Ressourcen aus dem Bedarf der Linie abgezweigt werden. Die Linie hat natürlich keine Ressourcen übrig. Ein Projekt zu fördern bedeutet daher, dass neue Arbeitsbereiche, deren Ziele und Erfolge oftmals noch gar nicht klar erkennbar sind, zu Gunsten von althergebrachten begünstigt werden sollen. Das ist eine gravierende Entscheidung, die nur auf höherer Ebene getroffen werden kann - entsprechend lang sind die Entscheidungswege. Kein Chef oder Geschäftsführer tut sich leicht mit der Entscheidung, in angestammte Rechte und in die tradierte Verteilung von Ressourcen einzugreifen, selbst wenn er offen oder insgeheim mit der Innovation sympathisiert. Denn schließlich stehen für die Ressourcen immer auch Menschen, die bevorzugt oder benachteiligt werden. Ein Projekt bringt deshalb auch soziale Konflikte auf die Tagesordnung.

Der Aspekt der Planung

Die Kernidee des Projektmanagements ist die Idee der Planung. Planung bezieht sich auf die Zeit, die soziale Organisation, die Tätigkeiten und die Ziele. Im Vordergrund stehen hier die soziale Organisation eines Projekts und die zeitlichen Phasen der Planung. Auf diesen beiden Ebenen ist nach meiner Erfahrung die Notwendigkeit der aktiven Strukturierung bei Projekten in pädagogischen Institutionen am größten.

Sinn und Ziel der Planung ist, sich darüber klar zu werden, worin das Projekt besteht, was zur Realisierung wann notwendig ist, wer am Projekt beteiligt und wer betroffen ist.

Ein Projekt als soziale Organisation

Denkweisen und Kommunikationsstile in sozialen und pädagogischen Einrichtungen sind oft personal und informell. Vieles wird zwischen Tür und Angel besprochen, oft fallen da sogar wichtige Entscheidungen. Daran ist nichts auszusetzen, solange es nicht um Entscheidungen und Kommunikation geht, die viele angeht. Aber in genau dieser Situation ist ein Projekt. Oft ist am Anfang überhaupt nicht klar zu erkennen, wen das Projekt angeht und wen nicht. Und gerade am Anfang ist es wichtig, dass erkannt wird, dass es das Projekt überhaupt gibt. Da bei Projekten früher oder später Konflikte und Entscheidungen anstehen, ist es ratsam, sich im Vorfeld schon klar zu werden, wie und von wem Entscheidungen getroffen werden. Doch das Klarwerden genügt nicht: Sie wollen aktiv gestalten, und dazu benötigen Sie nicht nur Modelle zum Verstehen, sondern auch zur Steuerung. Deshalb ist eine soziale Organisation im Projekt nötig. Damit ist nicht gemeint, dass für das Projekt eine neue Institution geschaffen werden soll. Unter „Organisation" wird hier eine formale Kommunikation verschiedener Personen oder Instanzen verstanden, die mit dem Projekt zu tun haben und die sich miteinander über ihre sozialen Rollen, Aufgaben und Verantwortlichkeiten abgestimmt haben.

Informelle Kommunikationsstrukturen sind ungeeignet, wenn es um wirkliche Innovationen geht. Gehen Sie als Mitarbeiter mit der Idee, ein Internetcafé gründen zu wollen, zu Ihrem Geschäftsführer, dann wird der Geschäftsführer – angenommen, dass er dieser Idee positiv gegenübersteht – Sie erst einmal als Mitarbeiter sehen und ansprechen. Er wird Ihnen Fragen stellen wie etwa „Willst Du das alles neben Deiner regulären Arbeit machen? Und wenn Deine Arbeit darunter leidet und liegen bleibt, was dann?" Diese Fragen sind wichtig aus Sicht der Linie. Und nichts anderes tut der Geschäftsführer, als im Namen und Interesse der Linie zu handeln. Und so kann es sein, dass das Gespräch damit endet, dass er Ihnen sagt, Sie sollen sich das Projekt aus dem Kopf schlagen, weil es zu viel Ihrer eigenen Zeit kostet. Über das Argument der Arbeitszeit hinaus sieht er als mittelfristige Folge, dass andere Mitarbeiter und Arbeitsbereiche betroffen sind und dass es Konflikte geben wird. Da soll doch besser alles beim Alten bleiben.

Sie möchten das Projekt auf den Weg bringen, dabei etwas Neues ausprobieren, neue Verantwortungsbereiche übernehmen, Ihre Arbeit und die Arbeit der Einrichtung besser und effizienter machen und enger auf die Bedürfnisse der Zielgruppe abstimmen. Im Gespräch mit dem Geschäftsführer haben Sie verschiedene Sichtweisen eingenommen: Sie sprechen für sich selbst (eine neue Aufgabe reizt Sie), aber auch für die Zielgruppe (Jugendliche finden Internetcafés gut) und für Ihre eigene Institution (neue Ideen polieren das Image auf). Vielleicht haben Sie sogar die Stimmen von Bedenkenträgern geäußert (wo überall die Haken sitzen). Sie haben viele gute Argumente, vieles sehr gut durchdacht und können das fertige Internetcafé förmlich vor Ihrem inneren Auge sehen. Was Sie aber nicht bedacht haben, sind die sozialen Rollen, in denen Sie selbst und der Geschäftsführer gefangen sind. Er kann gar nicht anders, als Sie das zu fragen, was er Sie fragt. Sie brauchen also – neben ihrer regulären Rolle als Mitarbeiter in der Linie – eine neue Rolle speziell für das Projekt. Wie sieht diese Rolle aus?

Bevor Sie zu Ihrem Geschäftsführer gehen, verbannen Sie erst einmal alle fertigen Vorstellungen von einem Internetcafé in den Hinterkopf. Sehen

Sie es als nächstliegende Aufgabe an, einen Prozess in Gang zu bringen und nicht das Ergebnis vorwegzunehmen. Die neue Rolle, die Sie für sich brauchen, hat in erster Linie viel mit Koordination zu tun. Denken Sie nicht aus der Sicht dessen, der das Internetcafé pädagogisch gestalten und betreuen wird. Soweit sind wir noch nicht. Das Projekt ist der Weg, nicht das Ziel. Die Frage ist nicht: „Wie sieht das Internetcafé aus?“, sondern „Wie kann die Aufgabe: ‚Implementation eines Internetcafés‘ als Prozess gestaltet werden?“

Wenn es Ihnen hilft, nehmen Sie das geflügelte Wort von den Männern, dem Bootsbau und der Sehnsucht nach dem Meer als Eselsbrücke. Damit die Männer ein Boot bauen können, brauchen sie aber außer der Sehnsucht auch noch Koordination. Das könnte in etwa Ihre Aufgabe werden.

Sie werden also einen Prozess gestalten. Wer kommt noch mit ins Boot? Und in welcher Rolle? Wer soll an dem Prozess beteiligt sein und in welcher Verantwortlichkeit? Wer soll grundsätzliche Entscheidungen treffen und kann bei Konflikten mit der Linie entscheiden? Wer ist dafür verantwortlich, dass der Prozess vorangetrieben wird? Wessen Kompetenzen wird das Projekt früher oder später brauchen? Wer kommt als Unterstützer infrage? Wer muss auf alle Fälle informiert werden? Wer muss einbezogen werden, weil er sonst quer treibt?

Die Struktur, um diese Fragen zu bearbeiten, ist die soziale Organisation des Projekts. Die Projektorganisation umfasst vier Projektinstanzen.

Nun zu den Instanzen der Projektorganisation. Aus Sicht des Projektmanagements muss ein Projekt einen Auftrag haben. Das Internetcafé als Ziel Ihres Projekts ist wichtig, aber die Frage dahinter ist doch: für wen? An diesem Punkt ist die Denkweise des Projektmanagement ähnlich wie

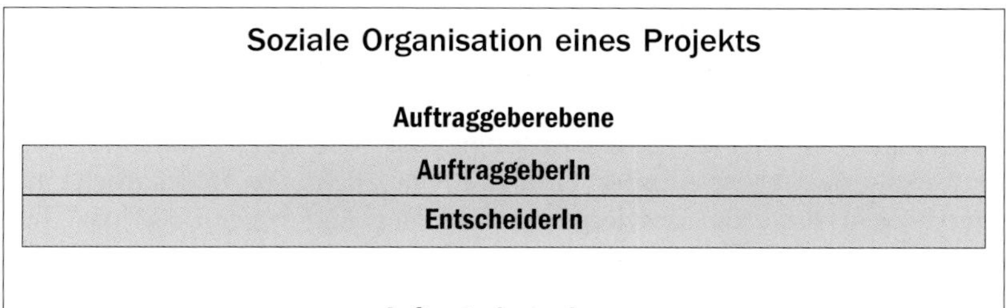

Abb. 1: Soziale Organisation eines Projekts

die des Marketing: kundenorientiert. Ziele sind wichtig, aber Ziele existieren auf unterschiedlichen Ebenen, und unterschiedliche Menschen im Projekt verbinden Unterschiedliches mit dem Ziel. Ein Auftrag ist etwas anderes als ein Ziel. Ein Auftraggeber hat ein handfestes Interesse an Ihrem Ergebnis oder Produkt: dass es Ihr Internetcafé irgendwann einmal gibt. Bei industriellen Projekten ist der Auftraggeber der Kunde oder ein potenzieller Kunde, der das Produkt kaufen wird, wenn es einmal existiert. Bevor es existiert, müssen die Interessen des Kunden von einer anderen Instanz repräsentiert werden. Es ist ratsam, sich auch bei pädagogischen Projekten einen Auftraggeber zu suchen, wenn es ihn nicht ohnehin schon gibt. Für eine CD-ROM-Produktion mit Jugendlichen haben wir uns die anonymen Kunden „Jugendhilfetag-Publikum“ gesucht. Solch ein anonymer Kunde wird durch eine konkrete Person repräsentiert, also jemand, der das Publikum des Jugendhilfetags kennt und der Gruppe den Auftrag gibt, für diese Kunden eine Produktion zu machen. In unserem Fall war dies der Leiter einer Einrichtung. Der Auftraggeber trägt die Kosten für die Produktion.

Im Fall Ihres Internetcafés könnte der Auftraggeber Ihre Einrichtung sein, aber auch das Jugendamt, der Jugendpfleger oder sogar der Jugendhilfeausschuss. Wenn Sie einen Auftraggeber finden, dann spricht das dafür, dass es ein wirkliches Interesse an Ihrem Ergebnis gibt. Bringen Sie den Auftraggeber ins Spiel und in die Verantwortung. Ein Auftrag befördert das Projekt, nimmt Sie aber andererseits auch in Ihrer neuen Rolle als Projektleiter in die Pflicht. Wenn Sie nach längerem Grübeln immer noch keine Idee haben, wer Ihnen einen Auftrag geben könnte, lassen Sie es vielleicht besser sein. Es ist keine gute Bedingung für den Erfolg Ihrer Projektidee.

Der Entscheider ist eine Instanz, die weitgehende Verfügung über Ressourcen und Entscheidungsbefugnisse in der Linie hat, also wahrscheinlich der Geschäftsführer. Die Rolle, die ihm im Projekt zukommt, ist, wie in der Linie, die Entscheidung über Ressourcen. Darüber hinaus wird der Entscheider in der Projektentwicklung über Wichtiges informiert und trifft richtungsweisende Entscheidungen, natürlich nach Rücksprache mit dem Projektleiter. Bei gravierenden Richtungsänderungen hat der Entscheider die Möglichkeit, das Projekt zu stoppen. Es ist wichtig, die Rolle des Entscheiders ebenso wie alle anderen sozialen Rollen und die damit verbundenem Verantwortlichkeiten und Funktionen explizit miteinander abzustimmen: „Wir werden Dich monatlich über unsere Arbeit unterrichten und Dich alle drei Monate zu einer Meilensteinsitzung einladen. Auf diesen Sitzungen wird die geleistete Arbeit der Projektgruppe erörtert und diskutiert sowie grundsätzliche Entscheidungen für die zukünftige Arbeit getroffen.“ Für den Geschäftsführer hat sich die Situation nun grundlegend geändert. Während er im ersten Gespräch die Interessen der Institution gegenüber den Visionen eines Mitarbeiters vertreten musste, muss er in Zukunft abwägen: die Interessen der Linie gegenüber den Interessen eines Projekts.

Der Projektleiter trägt den Löwenanteil an Arbeit im Projekt. Er ist die zentrale Stelle im Projekt und koordiniert den gesamten Informationsfluss im Projekt. Er plant den Zeitrahmen, erkennt Abweichungen, plant die Ressourcen, sorgt dafür, dass alle Instanzen informiert sind, hat die Pflicht, Rechenschaft gegenüber dem Entscheider und dem Auftraggeber zu geben, erkennt Probleme möglichst im Vorfeld und unternimmt aktiv Anstrengungen, sie zu entschärfen oder zu lösen. Seine Aufgaben sind vielfältig und erfordern hohe soziale Kompetenz und Bereitschaft sowie Fähigkeit zur Koordination. Der Projektleiter sollte sich eine aktive Strategie im Umgang mit Informationen zulegen: auf Leute zugehen, sich umhören, agieren, bevor etwas angebrannt ist und nicht darauf warten, dass andere anfangen. Der Projektleiter ist ein „Konfliktpuffer" (vgl. Abb. 2).

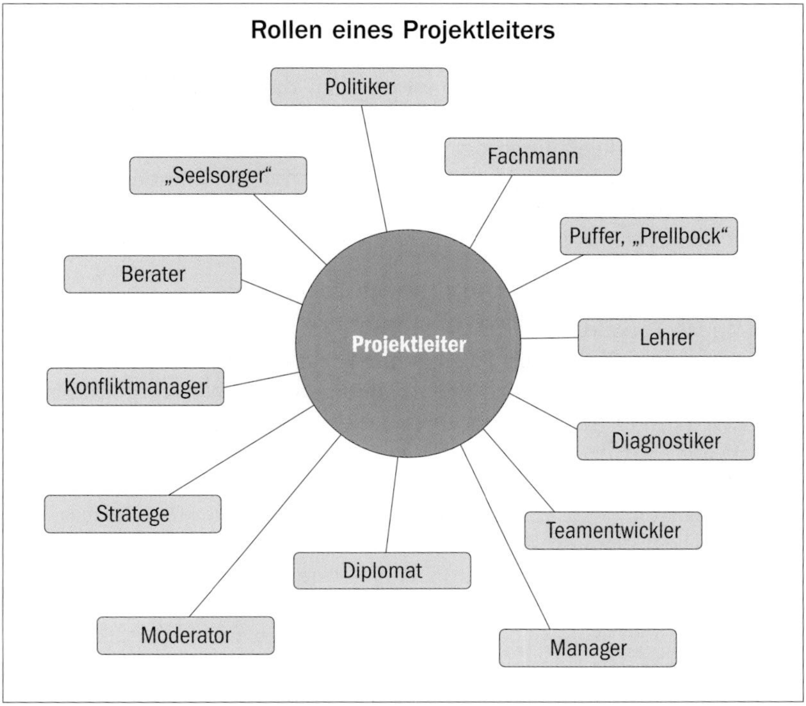

Abb. 2: Rollen eines Projektleiters (nach Kraus/Westermann 1998, S. 159)

Um all diese Funktionen und die damit verbundene Verantwortung wahrnehmen zu können, braucht der Projektleiter auch Macht. Welche und wie viel, sollten Sie sich im Vorfeld gut überlegen und zu Beginn des Projekts mit dem Entscheider verhandeln. Es sind Anteile seiner Entscheidungsbefugnis, die er an Sie abtreten muss.

Bei einem Projekt in der Größenordnung eines Internetcafés ist es nicht ratsam, dass der Projektleiter die fachliche Arbeit alleine leistet. Er kann und wird fachliche Arbeit leisten, wichtiger ist aber die Funktion der Koordination. Die eigentliche fachliche Arbeit wird im Projektteam erbracht. Es ist ein fachliches Gremium, in dem die Kompetenzen vorhanden sind, die im Projekt benötigt werden. Wer in das Projektteam aufgenommen, berufen oder gebeten wird, sollte vor allem der Projektleiter vorschlagen. Wird in Absprache mit dem Entscheider entschieden, dann hält das den Mitgliedern den Rücken frei gegenüber den Ansprüchen der Linie. Je mehr ihrer Arbeitskapazität ins Projekt fließt, desto wichtiger ist das. Aus einem weiteren Grund sollte die Besetzung des Projektteams frühzeitig und genau überlegt werden. Fühlt sich eine Person am Anfang bei wichtigen Entscheidungen übergangen, kann es vorkommen, dass sie später das Projekt boykottiert.

Das Verhältnis zwischen Projektleiter und Projektteam ist eine Frage der Prozessgestaltung. Um aus den unterschiedlichen Personen eine Gruppe zu formen, die durch das gemeinsame Ziel zusammengeschweißt wird, ist am Anfang eine Teamentwicklung sinnvoll. Je mehr das Team vom Leiter in Entscheidungen einbezogen wird, desto demokratischer ist der Prozess, aber desto aufwändiger wird es auch, die Kommunikation zu koordinieren. Das ist nicht unbedingt jedermanns Sache, denn es kann zu langen und ermüdenden Sitzungen führen, die das fachliche Vorankommen eher behindern als fördern.

Planung im Projekt

Planung im Projekt ist kein Selbstzweck, sondern dient zwei Funktionen: der Selbstvergewisserung und der Kommunikation. Selbstvergewisserung bedeutet, dass Sie (als ProjektleiterIn) sich zu jedem Zeitpunkt darüber im Klaren sind, wo das Projekt steht, welche Ergebnisse schon erarbeitet sind, was noch vor Ihnen liegt, welche Ressourcen Sie benötigen. Um das zu gewährleisten, ist Planung unabdingbar. Je komplexer der Prozess, desto wichtiger ist Planung. Je besser Sie planen, desto eher sind Sie im Stande, Abweichungen von der Planung zu erkennen und rechtzeitig darauf zu reagieren. Die zweite Funktion der Planung ist es, Ziele, Ideen und Schritte für andere nachvollziehbar und kommunizierbar zu machen. Eine gute Planung ermöglicht Kommunikation.

Planung verursacht allerdings Koordinationsaufwand und kostet Zeit. Die Planung muss ständig aktualisiert werden, sonst nutzt sie nichts. Zur

Planung gehört, die Grenzen der Planung zu kennen. Unplanbares sollte nicht zu planen versucht werden. Es erhöht die Gefahr, sich in falscher Sicherheit zu wiegen. Der Grundsatz des Projektmanagements dazu heißt: „Planen, was planbar ist!"

Zu Beginn eines computermedienpädagogischen Projekts, das als Ziel anstrebt, z.B. ein Internetcafé zu installieren, ist es weder notwendig noch sinnvoll, dass Sie als Initiator und Projektleiter sich das fertige Ergebnis in allen Details ausmalen. Es macht zwar Spaß und ist motivierend, sich vorzustellen, wie das fertige Café aussehen wird und was darin passiert, aber solche Vorstellungen sollte man bei Projektbeginn eher als Visionen betrachten und nicht zur Planungsgrundlage machen. Überlassen Sie - als Initiator und treibende Kraft des Projekts diese Visionen dem Team und bringen Sie Ihre persönlichen Vorstellungen wie ein Teammitglied ein und nicht als Leiter. Im Projektteam können sich Jugendliche mit Kollegen, Techniker mit Öffentlichkeitsarbeitern über die konkrete Gestaltung austauschen. Sehen Sie Ihre Hauptaufgabe darin, diesen Prozess möglich zu machen und am Laufen zu halten. Es ist wahrscheinlich, dass die Zielgruppen, wenn Sie sie an der Planung beteiligen, andere Vorstellungen haben als Sie. Am Anfang ist es nicht angebracht, Lösungen und Details zu diskutieren, sondern die Verantwortung und die Aufgaben abzustimmen, einen gemeinsamen Informationsstand sicherzustellen und zu gewährleisten, dass alle das gleiche Problem sehen. Das wird deutlich im zweiten Grundsatz des Projektmanagements zur Planung: „Vom Groben zum Detail planen!" (vgl. Abb. 3).

Aus Sicht des Projektmanagements besteht die Arbeit am Projekt aus zwei großen Phasen: der Projektvorbereitung und der operativen Phase.

Der Start eines Projekts lässt sich als „Wolke" kennzeichnen, als eine komplexe Ausgangssituation, in der vieles mit vielem zusammenhängt und

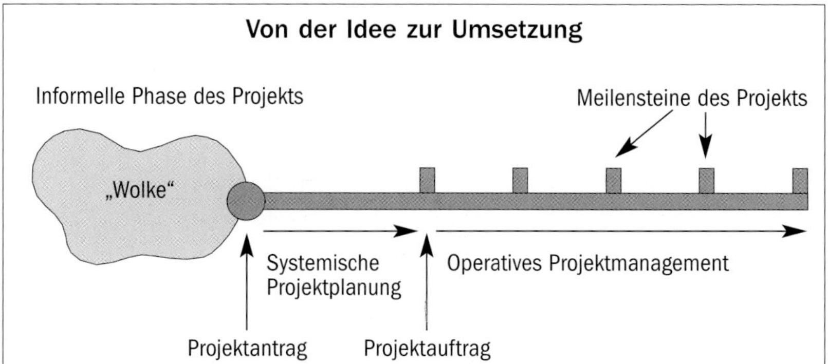

Abb. 3: Von der Idee zur Umsetzung (nach Kraus/Westermann 1998, S. 64)

wenig klar ist. Ziel in der Anfangsphase ist es, aus der Unbestimmtheit einer Idee zu konkreten Projektzielen und Problemlösungsansätzen zu kommen. Die Aufgaben der Projektleitung bestehen darin, das Feld zu sondieren, Informationen zu sammeln, Fragen aufzuwerfen, Stimmungen aufzugreifen, das Projektumfeld kennen zu lernen. Die Planung in dieser Phase ist „systemisch". Die Aufgaben der Projektleitung können gekennzeichnet werden als Situationserfassung, Problemanalyse und die Erstellung einer Projektauftragsmatrix (vgl. Abb. 4).

Ziel der systemischen Projektplanung ist es, ein Projektkonzept zu erstellen, das eine Aussage über die Beurteilbarkeit, die Abwickelbarkeit und die Akzeptanz des Konzepts bei allen Beteiligten und Betroffenen erlaubt. Dabei sind Übersichtlichkeit, Transparenz und Vermittelbarkeit wichtiger als Genauigkeit. Die Projektauftragsmatrix ist das Herzstück der systemischen Projektplanung. Sie enthält eine Definition des Sollzustandes (das Ziel wird beschrieben, nicht der Weg dahin!), die Festlegung der Maßnahmen, die notwendig sind, um den Soll-Zustand zu erreichen, die Abwägen von Aufwand und Nutzen und die Einschätzung der Risiken. Risiken sind die Faktoren, die vom Projektteam nicht beeinflussbar sind. Die Projektauftragsmatrix hat nicht den Anspruch einer Realisierungsplanung, sondern ermöglicht lediglich eine Aussage über die Machbarkeit des Projekts.

Wichtig ist neben der Sachebene die Beziehungsebene. Machen Sie sich vor dem Projektstart im Sinn einer Kraftfeldanalyse klar, wo fördernde,

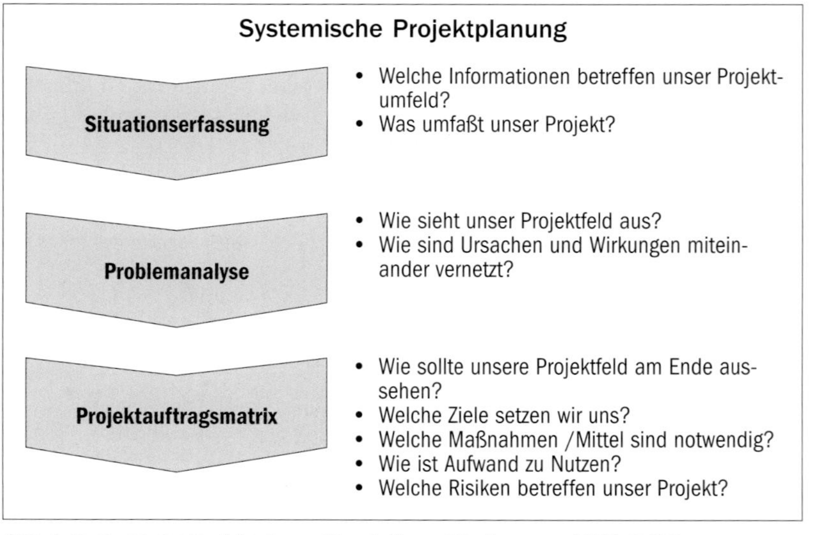

Abb. 4: Systemische Projektplanung (nach Kraus/Westermann 1998, S. 67)

fragende, abwartende und bremsende Kräfte sitzen. An welchen Punkten sind Konflikte mit der Linie zu erwarten, und wie wollen Sie mit diesen Konflikten umgehen?

Die nachfolgenden Planungsphasen eines Projekts sind operativ. Das bedeutet, dass die Erledigung konkreter Aufgaben im Vordergrund steht. Das Gesamtprojekt wird in zerlegbare Einheiten (sog. Arbeitspakete) aufgeteilt und an die Mitglieder des Projektteams delegiert. Fragen zur Aufteilung sind: Wie können Schnittstellen minimiert werden? Was muss in einer Hand bleiben?

Die Planung in dieser operativen Phase hat die Aufgabe, sicherzustellen, dass Prozess und Informationsfluss transparent sind, dass alle auf dem gleichen Informationsstand sind und dass die Dokumentation gewährleistet ist. Die Übersicht über Leistung und Verantwortung der einzelnen Mitglieder muss sichergestellt sein. Jedem Teammitglied muss klar sein, welche Leistungen es zu erbringen hat, und in welchen Abhängigkeiten das eigene Arbeitspaket steht. Um die Beziehung der einzelnen Aufgaben zueinander deutlich zu machen, ist ein Projektstrukturplan hilfreich. Der Projektstrukturplan kann unterschiedliche Formen annehmen, wie das folgende Beispiel aus der eigenen Arbeit zeigt (vgl. Abb. 5).

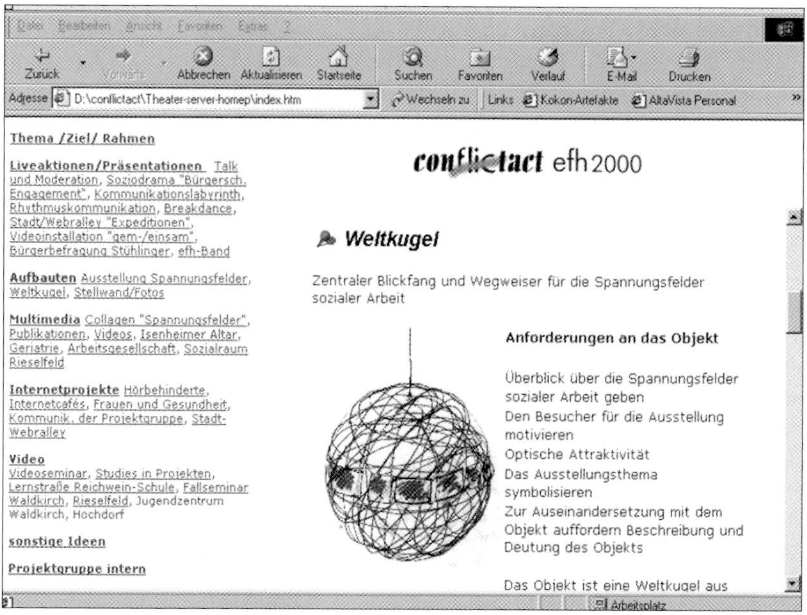

Abb. 5: Projektstrukturplan im Projekt „conflictact efh 2000“

Der Projektstrukturplan für das Projekt conflictact efh 2000 (Planung einer Großveranstaltung an der Ev. Fachhochschule Freiburg) ist als Homepage angelegt. Damit erfüllt er die Funktion der Transparenz und Aktualität für das Projektteam, das aus Studierenden besteht, auch über die Semesterferien. Die Seiten sind interaktiv programmiert und erlauben jederzeit Ergänzungen und Erweiterung durch alle Zugangsberechtigten der Hochschule, vor allem durch die Mitglieder des Projektteams. Die Arbeitspakete (einzelne Projekte von Studierenden) sind nach „Objekten“ gegliedert (das sind die Hauptpunkte der Gliederung im rechten Teil des Bildschirms: „Liveaktionen“, „Aufbauten“, „Multimedia“ etc.). Für jedes Arbeitspaket (das sind die Unterpunkte, z.B. „Talk und Moderation“, „Soziodrama“...) gibt es eine(n) Verantwortliche(n) im Projektteam und ein Konzept als Dokument auf der Homepage des Projekts.

Zeitplanung

Ein großes Problem in Projekten ist die Terminplanung. Da noch keine Erfahrungswerte vorliegen, ist es schwierig, den Zeitaufwand für das Projekt einzuschätzen. Da ein Zeitplan aber benötigt wird, legen Sie von Anfang an eine Zeitstruktur fest, deren Kernelement Meilensteine sind. Zu Meilensteinsitzungen werden nachprüfbare Zwischenergebnisse vorgelegt, die konkrete Aussagen über den Stand eines Projekts ermöglichen. Meilensteine dienen dem Vergleich von Planungssoll- und -istzustand. Meilensteine sind nicht aufgaben- oder zeit-, sondern ergebnisorientiert. Das bedeutet, dass ein Meilenstein nicht mit halben Ergebnissen durchgeführt, sondern verschoben wird, wenn nicht alle Ergebnisse vorliegen. Der Zeitplan im Projekt ist also nicht starr, sondern kann flexibel an veränderte Bedingungen angepasst werden.

An Meilensteinen ist das Projektteam und der Entscheider anwesend. Zum Meilenstein wird der Projektentscheider vorab schriftlich über den Zwischenstand informiert. Am Meilenstein sollen wichtige projektbezogene Entscheidungen diskutiert und getroffen werden.

Ein Meilensteinplan stellt nicht nur sicher, dass in regelmäßigen Abständen ein Abgleich von Planung und tatsächlich Erreichtem stattfindet, wodurch es möglich wird, Abweichungen zu erkennen und zu korrigieren. Er sichert auch immer wieder die Verständigung über die gemeinsamen Ziele und den Weg dahin. Den Entscheider und unter Umständen die Auftraggeber in diesem Prozess einzubeziehen, Rechenschaft abzulegen und anstehende Richtungs- und Ressourcenentscheidungen gemeinsam zu treffen, ist für alle Beteiligten in hohem Maße motivierend. Auch für das Projektteam stellt die Selbstvergewisserung bei einem Meilenstein und die Aufmerksamkeit durch wichtige Entscheidungsträger zu einem vorab vereinbarten Zeitpunkt Elemente dar, die das gemeinsame Ziel und die gemeinsame Sache konkretisieren, wo das Projektziel im Alltag oft in weite Ferne zu rücken scheint.

Ausblick

Dieser Artikel erläuterte an Beispielen für die Implementation von computermedienpädagogischer Praxis in Einrichtungen der sozialen Arbeit einige grundlegende Konzepte des Projektmanagements. Ein wesentlicher Vorzug des Projektmanagement besteht darin, dass ein Mitarbeiter nicht in einer Entscheidungsposition sein muss, um die Methoden gewinnbringend für die Sache, für sich und die Einrichtung umzusetzen. Dennoch ist auf der Seite der Einrichtung ein fruchtbarer Nährboden notwendig, damit die im Beitrag angerissenen Denkweisen und Strategien positive Wirkung entfalten können. Damit Innovationen durch Mitarbeiter zum Erfolg führen, ist die Unterstützung des Vorhabens durch die Leitung in der Linie ebenso notwendig wie die Bereitschaft, Macht und Verantwortung an den Mitarbeiter abzugeben.

Projektmanagement führt zu erhöhter Klarheit über die Kommunikationsstrukturen und Entscheidungsprozesse in einer Einrichtung - diese muss erwünscht sein oder zumindest wohlwollend aufgenommen werden. Innovation benötigt Klarheit und Transparenz in hohem Maß - in verkrusteten und verfilzten Strukturen ist Projektmanagement ebenso wenig möglich wie Innovation.

Die Erfahrungen der Praxisprojekte in diesem Band stimmen hoffnungsvoll. Wo verkrustete Strukturen beklagt werden, zeigt sich eine systematische und geplante Vorgehensweise als geeignet, und immer mehr Einrichtungen öffnen sich für Innovationen. Das kann als Indiz dafür angesehen werden, dass es oft nicht am Willen zur Klarheit fehlt, sondern lediglich am Wissen.

Anmerkung

1 Ein Beitrag von wenigen Seiten kann keine auch nur annähernd vollständige Einführung oder gar eine Übersicht über das Thema bieten. LeserInnen, die mit dem Projektmanagement vertraut sind, mögen deshalb nachsehen, dass ich mich auf wenige zentrale Aspekte beschränke, um sie ausführlicher zu erörtern, anstatt zu versuchen, einen vollständigen Einblick zu geben. Auch soll zu Gunsten der Erfahrungsnähe auf manche Fachbegriffe verzichtet werden, um den Beitrag sprachlich nicht zu überfrachten.

Literatur

Antes, Wolfgang (1997): Projektarbeit für Profis. Planung, Marketing, Finanzierung, Teamarbeit. Münster: Ökotopia

Frey, Karl (1991): Die Projektmethode. 4., unver. Aufl., Weinheim/Basel: Beltz

Gudjons, Herbert (1997): Handlungsorientiert lehren und lernen. Schüleraktivierung - Selbsttätigkeit - Projektarbeit. 5. Aufl., Bad Heilsbrunn: Julius Klinkhart

KRAUS, GEORG / REINHOLD WESTERMANN (1998): Projektmanagement mit System. Organisation, Methoden, Steuerung. 3., erw. Aufl., Wiesbaden: Gabler

MEHRMANN, ELISABETH / THOMAS WIRTZ (1996): Effizientes Projektmanagement. Erfolgreich Konzepte entwickeln und realisieren Düsseldorf: Econ

SCHELLE, HEINZ (1999): Projekte zum Erfolg führen. Projektmanagement systematisch und kompakt. München: Beck

TUMUSCHEIT, KLAUS D. (1999): Überleben im Projekte. 10 Projektfallen und wie man sie umschifft. 2. Aufl., Zürich: Orell Füssli

David Siegel

Die Project-Site

*Jeder sollte wissen, wie man eine Project-Site erstellt und verwendet. Sie ist eine der fundamentalen Neuerungen in unserer modernen Kommunikation.**

Man schreibt das Jahr 1995. Das Team meines Kunden befindet sich in Boston, Santa Clara, Los Angeles und in Flugzeugen zwischen diesen Orten. Per eMail allein können wir unmöglich alle Dinge korrekt nachverfolgen. Wir müssen über die weiten Entfernungen hinweg Entscheidungen treffen und uns dabei darauf verlassen, dass wir von derselben Sache sprechen. Ich entscheide mich, eine spezielle Web Site zu bauen, die uns als „Online War Room“ dienen soll. Dabei sind alle Dinge an einem Ort versammelt, sorgfältig nummeriert und chronologisch entsprechend dem Fortschritt des Projekts eingetragen.

Inzwischen werden Project-Sites von immer mehr Web-Design-Studios verwendet. Viele Firmen entdecken die Vorteile, die es bringt, eine Web Site als Aufbewahrungsort für alle Informationen zu verwenden, die für ein Projekt relevant sind. Diese neue Kommunikationsform verbindet eMail und Funktionalitäten im Stile von Lotus Notes mit der Benutzerfreundlichkeit des Web. Entwickler auf der ganzen Welt verbessern diese einfache Idee ständig: Die Idee, ein Projekt über das Web zu steuern.

Eine Project-Site dient als Kommunikationszentrum zwischen Kunde und Entwickler. Im Netzjargon ist eine Project-Site ein Extranet, also eine passwortgeschützte Site, die nur für diejenigen gedacht ist, die mit dem Projekt zu tun haben. Eine handgefertigte Project-Site ist eine primitive, aber nützliche Form der Groupware. Wenn Sie sie richtig einsetzen, bleibt ihr Projekt übersichtlich und entwickelt sich in die richtige Richtung.

1 Eine neue Form der Kommunikation

In diesem Abschnitt wird die Project-Site ausführlich beschrieben und anhand mehrerer Beispiele vorgestellt.

1.1 Das Werkzeug des Producer

Harry S. Truman hat einmal gesagt: „Eine effiziente Regierung ist immer auch eine Diktatur.“ Bei der Projektmanagement-Methode von Verso ist der Producer der großzügige Kaiser des Projekts. Da der Producer für die Teilprodukte verantwortlich ist, erledigt er seine Aufgaben, indem er andere damit betraut. Er ist der Anführer, der alle Arbeiten von der Entwicklerorganisation bis zur Kundenorganisation kontrolliert. In sehr arbeitsintensiven Phasen kann es dazu kommen, dass der Producer täglich eine gute Stunde damit verbringt, die Project-Site zu aktualisieren. Sie muss prägnant, gut formuliert und auf das jeweilige Projekt zugeschnitten sein. Bei einem durchschnittlichen Projekt variiert die Mitarbeiterzahl des Teams um eine Person. Stellen Sie sich vor, Sie werden einem neuen Team zugeordnet und müssen jetzt alles nachvollziehen, was bisher passiert ist: eMail, Faxe, Telefongespräche, Interviews – das kann Wochen dauern. Ein paar Stunden auf der Project-Site werden den neuen Mitarbeiter aber ebenfalls umfassend und ausreichend informieren. Für Project-Sites muss man für Erstellung und Pflege ein paar Manntage zusätzlich investieren, aber diese Investition zahlt sich durch erhöhte Produktivität aus.

Eine Project-Site unterstützt asynchrone Kommunikation, also Kommunikation zwischen verschiedenen Parteien zu unterschiedlichen Zeiten. Dies geschieht durch ein gemeinsames Nachrichtenmedium. Nachrichtenbretter, VoiceMail und eMail sind alles Formen asynchroner Kommunikation. eMail kann in Verbindung mit einer Project-Site ein sehr nützliches Werkzeug sein.

1.2 Jedes Projekt kann davon profitieren

Mehr als 300.000 Firmen in den Vereinigten Staaten haben inzwischen Zugang zum Internet. Jeder, der mit anderen Partnern für ein Projekt zusammenarbeiten muss, sollte sich den Einsatz einer Project-Site überlegen, um darüber mit anderen Mitgliedern des Teams kommunizieren zu können. Sie brauchen kein Web-Designer zu sein, um von einer Project-Site zu profitieren.

Architekten können Project-Sites verwenden, um den Fortschritt eines Hauses von den ursprünglichen, gezeichneten Entwürfen und Plänen über virtuelle Modelle bis hin zu Fotos der tatsächlichen Bautätigkeit zu dokumentieren. Stellen Sie sich nur vor, wie ein Modell eines Gebäudes in VRML (also in 3-D), das dem Kunden im Web zur Verfügung steht, Geld für die materielle Erstellung eines Modells und dessen Transport einsparen kann. Eines Tages könnte sogar die Planungskommission einer Stadt Pläne in Form von URLs einer Project-Site akzeptieren.

Ingenieure müssen Zeichnungen, Schemata, Pläne und Diagramme erstellen. Und natürlich deren unvermeidliche Änderungen. Je mehr die Teams lokal auseinandergerissen werden und einzelne Personen von zu Hause oder von anderen Büros aus arbeiten, desto wichtiger ist eine Project-Site, indem sie dies alles zusammenhält. Design Directors und Creative Directors können eine Project-Site effektiv einsetzen, auch wenn sie sich nicht mit der kommerziellen Erstellung von Web Sites beschäftigen. Sie gibt ihnen die Möglichkeit, die Entwicklung eines Projekts zu verfolgen, Freigaben zu erreichen, verschiedene Möglichkeiten zu diskutieren und das endgültige Design zu liefern.

Fotografen können ihre CD-ROMs in den Keller legen. Wenn sie auf der Project-Site einen speziellen Abschnitt eingerichtet bekommen, können sie all ihr Material über das Web vorstellen. Mit JPEG-Kompression und Thumbnails können Fotografen einen ersten Abzug hinterlegen und ihn mit einem Creative Director besprechen, während sie sich noch am Ort der Aufnahme befinden.

Werbeagenturen können komplette Präsentationen in letzter Minute über das Web zur Verfügung stellen, selbst wenn der Account-Betreuer sich bereits auf dem Weg zum Meeting befindet. Indem Kunden und Agenturen ihre Präsentation im Web veröffentlichen, kann man leicht Telefonkonferenzen dazu veranstalten oder Entscheidungen asynchron treffen.

Veranstaltungskoordinatoren können ihre Projekte online steuern und ersparen ihren Kunden damit Besuche und zahllose Faxe. Stellen Sie sich einen Hochzeits-Koordinator vor, der seine Projekte über das Web steuert. Die Kunden können jederzeit online den aktuellen Status abrufen, Listen hinzufügen oder aktualisieren, die Arbeit potenzieller Verkäufer ansehen und das Budget freigeben. Eine Project-Site eignet sich perfekt zur Koordination einer Veranstaltung.

1.3 Zugriff auf die Project-Site

Eine anspruchsvolle Project-Site hat vier Zugriffsebenen. Sie legen den Zugriff durch die Vergabe von verschiedenen Passwörtern fest. In der Regel ist ein Webmaster und nicht der Producer für Passwörter und Sicherheitsangelegenheiten zuständig.

Tester sind Leute, die Fragebögen beantworten und die Site begutachten. Tester sollten über einen eigenen Bereich verfügen, auf den sie zugreifen können. Dort sollten sie Fragen stellen und Kommentare abgeben können. Sie sollten den Rest der Project-Site nicht zu sehen bekommen.

Externe Partner sind Zeichner, Autoren, Redakteure, Berater u.a. Ihr Zugriff ist unter Umständen eingeschränkt, in der Regel bekommen sie aber dieselben Rechte wie der Rest des Teams. Will man ihnen nicht gestatten, den Verlauf des Projekts einsehen zu können, kann man eine extra Seite aufsetzen, über die sie ihre Arbeiten einreichen können.

Das Team umfasst Inhouse-Mitarbeiter des Kunden und des Entwicklers. Dazu gehören auch externe Partner, die für das Projekt von zentraler Bedeutung sind. Das Team hat Zugriff auf die gesamte Site mit Ausnahme der finanziellen und juristischen Informationen.

Wichtige Mitarbeiter in Bezug auf das Projekt sind der Producer, die höheren Führungskräfte der Entwicklerfirma, der Teamleiter des Kunden und die Entscheidungsträger des Kunden. Sie sollten zu jedem Zeitpunkt über die Site Zugriff auf den Vertrag und die aktuellen finanziellen Informationen haben. Für den entsprechenden Bereich der Site sollte ein spezielles Passwort eingerichtet werden.

2 Wie man eine Project-Site erstellt

Es ist recht einfach, eine Project-Site einzurichten. Sie können sie von Grund auf in HTML schreiben, unsere Schablonen oder ein Programm wie Fusion von NetObjects verwenden. Unsere Project-Site bei Verso hat sich langsam zu dem Modell entwickelt, das ich Ihnen hier vorstelle. Verändern Sie es Ihren persönlichen Bedürfnissen entsprechend.

2.1 Bauen Sie Ihre eigene Project-Site

Es ist keineswegs nötig, das Rad neu zu erfinden. Wir haben für Sie eine Project-Site gebaut, die Sie auf der Web Site zu diesem Buch[2] finden. Die ersten Seiten einer Project-Site dienen in erster Linie dem Branding, aber Kunden, die die Project-Site das erste Mal besuchen, sind erst einmal beeindruckt.

Die Eingangsseite befindet sich auf der Web Site Ihres Unternehmens. Das ist ganz nützlich, falls jemand die URL der Project-Site vergisst. Natürlich muss das nicht sein, aber so bekommen auch potenzielle Kunden mit, dass sich hinter dieser Türe interessante Dinge verbergen.

Ein Splash-Screen beeindruckt nicht nur den Kunden beim ersten Besuch der Site, sondern trägt auch zum Stolz bei, mit dem er anderen diesen Screen und die Zusammenarbeit mit uns präsentiert.

2.2 Zwei Fenster

Die Site besteht aus zwei Fenstern: dem Hauptfenster und dem Inhaltsfenster. Das Hauptfenster ist das Kontrollzentrum der Site und sollte immer geöffnet bleiben. Das Inhaltsfenster klappt auf, um Berichte, Diagramme und andere Inhalte anzuzeigen.

Das Hauptfenster ist ein Frameset, bestehend aus zwei Frames: Der linke Frame enthält den ständig präsenten Navigationsbereich, der rechte Frame den Ansichtsbereich. Im Ansichtsbereich wird als Voreinstellung die Chronologie, die wichtigste Ansichtsform des Projekts, angezeigt. Sie können einen Top-Frame, etwa mit Seitentitel und Ihrem Branding hinzufügen, aber wir haben die Erfahrung gemacht, dass man damit zuviel wertvollen Platz verschenkt, der besser für die Inhaltspräsentation genutzt werden sollte. Stattdessen setzen wir den Namen unserer Firma in den

Wir wollen dem Anwender auch optisch deutlich machen, für welche Art des Links er sich als letztes entschieden hat. Wenn Sie beispielsweise auf „Help" klicken, verändert der „Help"-Link seine Farbe und zwar in diesem Fall in Weiß, die Farbe des Dokumenthintergrundes. Das haben wir nicht etwa mit einem Script erreicht, sondern vielmehr mit brachialer Gewalt: Jedesmal wird einfach auf ein komplett neues Frameset ge-

Dokumenttitel und fügen am unteren Ende des Navigationsbereichs noch einen Link auf unsere Site hinzu.

Mit Frames erreichen wir, dass das Material auf der linken Seite beim Blättern nicht aus dem sichtbaren Bereich verschoben wird. Wenn der Anwender jedoch die rechte Hälfte der Seite ausdrucken möchte, muss er wissen, wie er diese Datei in einem neuen Fenster öffnen kann. Erinnern Sie sich an die goldene Regel für die Verwendung von Frames: Richten Sie nie einen Link ein, der innerhalb der Frames neue Inhalte aufbaut. Öffnen Sie mit dem Link immer ein neues Fenster, um so Navigationsprobleme zu vermeiden.

Wenn Ihr Kunde sich mit Frames nicht auskennt, können Sie natürlich auch die ganze Site ohne Frames aufbauen. Das ist nicht schwer, aber dafür gelegentlich etwas umständlicher. Ich bevorzuge, wo möglich, die Frames-Version. Der Navigationsbereich besteht aus zwei Teilen: dem Ansichts-Abschnitt und dem Referenz-Abschnitt. Der Ansichts-Abschnitt ist das Herz der Project-Site. Hier finden Sie alle zeitorientierten Projektansichten: den Kalender, den Terminplan und die Chronologie. Im Referenz-Abschnitt findet man die Grundlagen des Projekts: Ressourcen, Kontaktinformationen und eine Hilfe-Seite.

Das Inhaltsfenster enthält den Großteil der Berichte, Diagramme, Diskussionen und Teilprodukte des Projekts. Was immer Sie darstellen wollen, wird in diesem Fenster angezeigt und über die Listen im Navigationsbereich gesteuert. Wenn Sie einen Bericht A betrachten und dann auf die Site Map C klicken, erscheint das neue Element (die Site Map C) im Inhaltsfenster und ersetzt das alte Element (Bericht A). Betrachten Sie den Navigationsbereich als Kontrollzentrum für den Ansichtsbereich und den Ansichtsbereich als Kontrollzentrum für das Inhaltsfenster.

Da Sie von einer Notiz bis hin zu einer kompletten Web Site alles Mögliche im Inhaltsfenster anzeigen können, sollten Sie innerhalb der Dokumente ggf. nochmals eigene Links unterbringen. Sie können auch Links zu benachbarten Dokumenten erstellen. Wenn der Anwender etwas anderes aufrufen will, geht er einfach ins Hauptfenster und trifft dort seine Auswahl.

wechselt. Für diesen Effekt können Sie sowohl Text als auch Grafiken verwenden. Sie könnten die Farben mit einer Scripting-Sprache verändern, aber das könnte bei bestimmten Systemen zu Schwierigkeiten führen. Diese Lösung ist zugegebenermaßen nicht besonders elegant, funktioniert jedoch immer. Dem Producer sollte das gleichgültig sein, denn wenn diese Lösung erst einmal installiert ist, braucht sie nicht mehr nachträglich neu kodiert oder gewartet werden.

Hinweis: Wir verwenden zwei nebeneinander angeordnete Frames, da viele Kunden noch 14-Zoll-Monitore einsetzen. Wir ziehen es vor, den vertikalen Raum optimal zu nutzen und die Navigation seitlich unterzubringen. Als Alternative können Sie auch einen dünnen Navigationsstreifen horizontal oben an der Seite anbringen.

2.3 Der Kalender

Der Kalender ist eine hierarchisch höhere Ansicht des Projekts. Es ist kein Werkzeug für die Kontrolle der einzelnen Arbeitstage, sondern gibt ein Gesamtbild des Projekts, zeigt über welche Zeitspanne sich das Projekt erstreckt und wo Sie sich gerade befinden. Hier müssen die einzelnen Phasen und Meilensteine eingetragen werden sowie Ferien, Feiertage und der endgültige Abgabetermin. Der Kalender sollte alle Änderungen im Abgabetermin oder andere wichtigen Ereignisse enthalten, aber Sie werden ihn nicht allzu häufig aktualisieren müssen.

Nach ein paar Experimenten sind wir der Meinung, dass man den Kalender am besten als große GIF-Grafik erstellt. Will man sicherstellen, dass man sofort alles auf einen Blick betrachten kann und die Darstellung unabhängig vom Browser ist, muss der Kalender in eine einzige Bilddatei eingeschmolzen werden. Verwenden Sie Photoshop, um den Kalender leicht aktualisieren zu können.

2.4 Der Terminplan

Der Terminplan ist eine Ansicht des Projekts aus zweiter Hierarchiestufe. Hier ist nur sichtbar, was noch erledigt werden muss. Das Team kann sich so auf die bevorstehenden Termine konzentrieren. Er ist nicht als vollständige Chronologie der Site gedacht, sondern als Überblick der bevorstehenden Termine, Phasen, Teilprodukte und Meilensteine. Die nächsten zwei bis vier Wochen werden hier herausgestellt. Der Producer sollte den Terminplan regelmäßig per eMail an alle Teammitglieder verschicken und diese Datei entsprechend aktualisieren.

2.5 Die Chronologie

Die Chronologie ist der Hauptbestandteil der Project-Site und enthält die meisten Details. Dort kann man sich tägliche, manchmal sogar stündliche Aktualisierungen des Projektstatus ansehen. Hier werden die Entwicklungen dokumentiert, die auch der Kunde zu sehen bekommen soll. Es handelt sich hierbei um einen Index aus Überschriften, die mit beschreibendem Text verlinkt sind. Fügen Sie jedesmal einen neuen Eintrag hinzu, wenn es etwas Neues zu zeigen oder zu diskutieren gibt. Die meisten Firmen ziehen es vor, die Chronologie rückwärts einzurichten, so dass die neuesten Einträge an oberster Stelle stehen. Wir sind hier sogar noch einen Schritt weitergegangen und haben die neuesten Nachrichten über das Projekt an den oberen Rand der Seite geschoben, so dass sich jedermann ständig mit den neuesten Entwicklungen vertraut machen kann.

> TIPP
> Wenn Sie wollen, daß alle Inhalte im gleichen Fenster angezeigt werden, müssen Sie einen entsprechenden Target Designator in ihre HTML-Links einbauen. Das funktioniert sowohl beim Microsoft- als auch Netscape-Browser.

Vergangene Tage sind unter dem jeweiligen Link in ein paar knappen Sätzen zusammengefasst.

In hektischen Zeiten stehen in der Chronologie jede Menge Einträge. Für eine Woche oder so passiert manchmal überhaupt nichts, doch dann gibt es zwei bis drei Einträge pro Tag, wenn die Dinge mehr in Bewegung geraten. Achten Sie darauf, dass folgende Dinge in der Chronologie enthalten sind (ein mit Sternchen (*) versehenes Element sollte zur Erinnerung zusätzlich per eMail verschickt werden):

Meeting-Agendas.* Wenn Sie auf der Site eine Meeting-Agenda zur Verfügung stellen, kann diese mit dem Meeting-Protokoll verglichen werden. Das hilft, die Effektivität von Meetings zu steigern. Zwar schicken Sie diese Informationen auch per eMail, aber auf diese Weise haben die Teilnehmer die Möglichkeit, die Agenda noch vor dem Meeting einzusehen.

Meeting-Protokolle.* Diskussionen sind wichtig, aber es ist wichtiger, was man aus einem Meeting mitnimmt. Der Producer führt während des Meetings Protokoll, folgt der Unterhaltung und sorgt dafür, dass man beim Thema bleibt. Er sollte später Aufgabenlisten verteilen. Besonders wichtig ist es, dass Entscheidungen dokumentiert werden. Da eine spätere Änderung von Entscheidungen schnell die ganze bis dahin erledigte Arbeit nutzlos machen kann, sollte der Producer auf der Site eine klare Dokumentation aller getroffenen Entscheidungen zur Verfügung stellen.

Site Maps gibt es in verschiedenen Formen. Sie unterscheiden sich in Komplexität, Funktionalität und Einfachheit der Herstellung. Wenn Sie versuchen, einfache Beziehungen darzustellen, können Sie die Dinge mit der Hand zeichnen, dann einscannen und auf die Site legen. Als nächsthöheren Schritt können Sie ein Programm wie Photoshop einsetzen. Allerdings werden Sie mehr Flexibilität bekommen, wenn Sie ein Zeichenprogramm wie Illustrator oder ein Layout-Programm wie PageMaker verwenden. Um diese Dokumente verfügbar zu machen, müssen Sie sie in PDFs umwandeln und in die Project-Site einfügen. Es ist unter Umständen auch sinnvoll, aus den Diagrammen Image Maps zu machen. Der Anwender kann sich dann über die von Ihnen eingebauten HotSpots tiefer in die Site hineinklicken (weitere Informationen über Image Maps finden Sie später in diesem Kapitel im Abschnitt „Dateiformat“).

Sonstige Diagramme. Wahrscheinlich wollen Sie auf der Site noch eine Reihe anderer Diagramme unterbringen. Ich lade auf die Project-Site gern alle Illustrationen, die von Nutzen sein können.

Visuelle Vergleiche. Ich vergleiche gern in einem Dokument mehrere visuelle Varianten eines Entwurfs. Sie können dabei jede Variante mit einem eigenen Eintrag in die Chronologie aufnehmen.

Präsentationen für Ihren Kunden. Designer können ihre Kunden unterstützen, indem sie ihre Präsentationen in eine Form packen, die der

Kunde zu eigenen Meetings mitnehmen kann. Dazu werden eventuell spezielle Grafiken, Diagramme oder Schaubilder gebraucht. Obwohl die meisten Kunden wissen, wie man ein Präsentationsprogramm bedient, sieht es doch wesentlich besser aus, wenn die Präsentation im Web zur Verfügung steht und dieselbe Sprache spricht wie die Site. Außerdem ist dann gesichert, dass die Präsentation auf dem neuesten Stand ist.

Beta-Tests. Sie können Ihr noch nicht ganz fertiges Produkt auf der Site zur Verfügung stellen und verschiedene Leute auffordern, es auszuprobieren. Setzen Sie ein besonderes Inhaltsverzeichnis für die Testseiten auf, und stellen Sie nur Links auf Seiten zur Verfügung, die die Tester zu sehen bekommen sollen. Selbst wenn Sie an dieser Beta-Site nur eine kleine Veränderung vornehmen, sollten Sie sie nicht einfach über die alte Version überspielen. Geben Sie ihr eine neue Versionsnummer (z.B. Beta 2.4) und einen eigenen Link.

2.6 Die Kontaktseite

Dies ist das erste Element des Referenz-Abschnitts. Kontaktinformationen sollten aktuell und umfassend sein. eMail-Adressen sollten auf Mausklick ein Mailfenster öffnen. Stellen Sie den Namen und die Telefonnummer des Producers an den Anfang der Liste.

Da die Kontaktseite in einem eigenen Frame angezeigt wird, werden einige Anwender nicht wissen, wie sie sie ausdrucken können. Ein knappes Training oder ein Besuch der Hilfe-Seite sollte schnell klarmachen, wie man den Frame in einem eigenen Fenster öffnen kann. Natürlich können Sie die Kontaktinformationen auch regelmäßig per eMail versenden. Wenn man jedoch weiß, dass diese Informationen ständig auf der Project-Site verfügbar sind, werden einige Anwender für das Drucken gar keine Notwendigkeit mehr sehen.

2.7 Die Ressourcen-Seite

Bei den Ressourcen bringen Sie alle Informationen unter, die nicht zeitgebunden sind und die Sie dem Kunden zur Verfügung stellen möchten. Diese Seite enthält ähnlich wie die Chronologie einen Index. Die eigentlichen Einträge erscheinen dann im Inhaltsfenster. Bei einer wichtigen Ressource, wie z.B. dem Vertrag oder Statusberichten, können Sie ja auch noch einen Link auf den Navigationsbereich einbauen.

Verträge sollten auch auf der Project-Site zu finden sein. Da die meisten Projekte anders enden als ursprünglich vorgesehen, sollten Sie jede wichtige Änderung des Vertrags hier als Addendum dokumentieren.

Statusberichte sind für Führungskräfte eine wichtige Zusammenfassung der wöchentlichen Fortschritte. Stellen Sie sich vor, man würde die Statusberichte in der Chronologie unterbringen. Da die Zahl der Einträge dort sehr hoch ist, hätte man Schwierigkeiten, sie schnell zu finden (obwohl man sie natürlich in einer anderen Farbe darstellen könnte). Wir haben die Erfahrung gemacht, dass man eine Seite mit Links auf diese Dokumente einrichten sollte, um dem Kunden den schnellen Zugriff darauf zu vereinfachen.

Rechnungen. Führen Sie auf der Site eine laufende Rechnung, die die geleisteten Arbeitsstunden, die in Rechnung gestellten Beträge und die bezahlten Beträge auflistet. Nur der Teamleiter des Kunden und das höhere Management sollten darauf Zugriff haben. Wenn diese Informationen auf der Site einsehbar sind, wird auch die Abschlussrechnung keine Überraschung sein. Dies gilt insbesondere für Projekte mit Fixpreisen, da es immer zu Zusatzbestellungen kommt. Um die Gesamtbeträge der verschiedenen Zusatzbestellungen sichtbar zu machen, sollten Sie stets auch die Summen anzeigen. Diese Information kann auch in den wöchentlichen Statusreports eingefügt werden, die der Producer auf der Site unterbringt.

Vorhandene Inhalte. Unter Umständen ist es hilfreich, Dokumente, Broschüren, Farbschemata, Logos und anderes Material, auf das man sich eventuell beziehen will, einzuscannen und ebenfalls hier verfügbar zu machen. Tun Sie das aber nur, wenn sich das Material auf das Projekt bezieht.

Andere Inhalte. Eventuell wollen Sie weitere Diagramme erstellen oder Zitate öffentlich zugänglich machen. Alles, was nicht in die Chronologie passt, kann hier aufgenommen werden.

2.8 Die Hilfe-Seite

Gehen Sie nie davon aus, dass nur Ihre engsten Kontaktpersonen auf diese Site zugreifen. Es ist z.B. gut möglich, dass ein Entscheidungsträger die Site einem engen Kollegen zeigen möchte. In diesem Fall haben Sie zwei potenzielle Neulinge, die ohne Hilfestellung mit der Project-Site arbeiten möchten. Die Site muss intuitiv bedienbar und klar strukturiert sein, aber Sie sollten ebenfalls Hilfestellungen für schwierige Situationen zur Verfügung stellen. So erschwert beispielsweise die Verwendung von Frames das Ausdrucken. Stellen Sie ein paar Hilfetexte zum Drucken von Frames und anderen Themen zusammen.

3 Wie man eine Project-Site betreibt

Eine Project-Site ist ein ernstzunehmendes Unterfangen. Man braucht Motivation, Wissen und die richtigen Werkzeuge, um sie am Laufen zu halten. In diesem Abschnitt kümmern wir uns um einige Sachen, um die Sie sich kümmern müssen, wenn Ihre Project-Site produktiv bleiben soll.

3.1 Daves Regeln

Eine Project-Site ist ein Werkzeug. Die Site, die wir in diesem Kapitel vorstellen, ist besonders pflegeleicht. Im Folgenden habe ich ein paar Tips für Sie zusammengestellt, wie Sie Ihre Site effektiver machen können.

Leben Sie mit der Site. Eine Project-Site ist nur so gut wie die Informationen, die sie enthält. Je mehr Zeit Sie investieren, um sie in Schuss zu halten, desto besser werden Sie sich mit ihr auskennen. Wenn Sie etwas Wichtiges einbauen, sollten Sie jeden darüber informieren, damit er sich die Neuigkeit ansieht. Sehen Sie sich die Log-Dateien der Site an, um herauszufinden, wer die Site benutzt und wer nicht.

Nur der Producer darf die Site aktualisieren. Alle anderen Benutzer haben für die Project-Site nur Leserechte. Der Producer nimmt alle erforderlichen Änderungen vor. Damit wird auch die Funktion des Producers als Leiter des Prozesses unterstützt. Die Project-Site ist kein Platz für freie Diskussionen. Vielmehr kommuniziert hier eine Seite mit vielen anderen, wobei der Producer im Zentrum steht. Könnten die Leute ihre Ansichten frei in einer Art Forum verbreiten, würden politische und hierarchische Verhältnisse schnell die wirklich freie Meinungsäußerung des Einzelnen infrage stellen. Der Producer treibt die Dinge voran, indem er sich mit jedem Einzelnen über die Project-Site unterhält.

Ändern Sie nie die Chronologie. Sie können neue Einträge hinzufügen oder Termine ändern, aber Sie sollten nie ein Dokument ändern oder gar löschen, nachdem Sie es auf die Site geladen haben, selbst wenn es sich um die Project-Timeline handelt. Die Chronologie ist dazu da, die gesamte Entwicklungsgeschichte des Projekts aufzuzeichnen. Wenn Sie zum Beispiel irgendwo die Schreibweise ändern, sollten Sie das entsprechende Dokument kopieren und als neuen Eintrag aufnehmen.

Schreiben Sie gut, prägnant und einheitlich. Machen Sie es dem Anwender so leicht wie möglich, sich in der Site zurechtzufinden. Je kürzer Ihre Nachrichten sind, desto besser. Redigieren Sie alles, einschließlich eMail-Nachrichten, um die Lesbarkeit zu verbessern.

Sorgen Sie für eine strikte Versionskontrolle, indem Sie alles mit Nummer und Datum versehen. Wenn Sie mit dem Kunden telefonieren, ist es wichtig, dass Sie sich über dieselbe Grafik unterhalten. Wenn Sie alles durchnummerieren, können Sie anhand der Nummer feststellen, ob Sie von derselben Webseite sprechen (siehe dazu auch „Versionskontrolle“, S. 429ff.).

Laden Sie nur Dinge auf die Site, die der Kunde sehen darf. Eine Project-Site ist für die Kommunikation zwischen Kunde und Entwickler gedacht. Interne Diskussionen oder Zwischenversionen haben hier nichts verloren, es sei denn, sie sind für den Kunden wichtig. In der Regel werden Sie die interne Kommunikation mit Ihrem Team über eMail, Telefon und Meetings abwickeln. Erstellen Sie nötigenfalls eine eigene Project-Site für die interne Verwendung.

Archivieren Sie bestimmte Materialen offline. Speichern Sie Entwürfe, Photokopien, Memos, eMails und interne Kommunikation in einer eigenen Datei. Nicht alles Material muss auf der Project-Site erscheinen.

Kommentieren und aktualisieren Sie den Terminplan nach Bedarf. Achten Sie darauf, dass sich an oberster Stelle der Site stets der neueste Terminplan befindet und archivieren Sie alte Versionen des Terminplans. Wenn Sie Termine für neue Teilprodukte festlegen, müssen Sie darauf achten, dass dabei der gesamte Terminplan aktuell bleibt. Die bevorstehenden zwei Wochen eines Projekts brauchen mehr Details und mehr Aufmerksamkeit als alles andere. Verwenden Sie Farben und prägnante Erläuterungen, um die kurzfristigen und langfristigen Ziele des Projekts zu verdeutlichen.

Stellen Sie sicher, dass alle Entscheidungsträger die Project-Site in ihre Lesezeichen aufnehmen. Je mehr sie über das Projekt wissen, desto größer sind Ihre Chancen, bei Bedarf ein OK zu bekommen.

Verschicken Sie eMails, wenn es auf Ihrer Site neue Entwicklungen gibt.

3.2 Versionskontrolle

Sorgen Sie für eine konsistente Durchnummerierung auf Ihrer gesamten Site. Da die Site die Fortschritte des Projekts abbildet, werden die Anwender immer wieder auf dieselben Dinge zugreifen wollen, wobei sich manchmal von einem Tag auf den anderen nur die kleinsten Dinge ändern. Ich verwende für die Nummerierungen meiner Präsentationen das folgende Schema: Release/Elementname/Version/Variante

Release. Damit wird, wie wir uns in den folgenden Kapiteln genauer ansehen, festgelegt, was in der ersten Produktserie enthalten sein soll. Dinge, die bis zum Fertigstellungstermin nicht mehr realisierbar sind, können Sie ins nächste Release aufnehmen.

Elementname. In einem komplexen Projekt wird ein Release aus vielen Komponenten zusammengesetzt. Für Ihr Nummerierungssystem brauchen Sie für jede Komponente einen Elementnamen. Sie können beispielsweise ein Namensschema verwenden, das folgendermaßen aussieht: Site-Map/Fragebogen/Funktions-Spektrum/Budget/Grafik/Navigation

Verwenden Sie bei diesen Namen keine kryptischen Abkürzungen wie 5M, FB usw. Bleiben Sie verständlich und schreiben Sie die Namen aus!

Version. Mit Versionsnummern wird die Entwicklung einer Funktion dokumentiert, die Sie verfeinern möchten. Beispielsweise könnte Version 1 nur die Kernseite enthalten, Version 2 die Kernseite und eine Seite auf tieferer Ebene usw. Oder Version 1 ist einfach die Vorversion der eigentlichen, großen Version. Innerhalb einer Version arbeiten Sie mit verschiedenen Unterversionen. Deren Nummern hängen Sie an die eigentliche Versionsnummer an. Manchmal gibt es bei einer Version sehr viele Änderungen, manchmal nur wenige.

Bei manchen Projekten erstelle ich bereits im voraus einen Versionsplan. So sage ich z.B.: „Zuerst arbeiten wir an einer allgemeinen Version

(Version 1.x), dann schauen wir uns an, welche Hintergrundbilder wir verwenden können (2.x), dann platzieren wir das Logo (3.x), kümmern uns um die Farbstudien (4.x), die Auswahl der Schriftarten (5.x) und dann um die Navigation (6.x). Und dann sehen wir weiter."

Verwenden Sie Dezimalziffern für Veränderungen innerhalb der Versionen. Wenn Sie an einer bestimmten Funktionalität arbeiten, kann es sein, dass Sie ein paar Bilder zusammenstellen und dem Kunden vorführen möchten. Das wäre Version 1.1. Der Kunde findet einige gut, aber nicht alle. Also arbeiten Sie weiter und präsentieren anschließend Version 1.2. Mehrere Varianten später ist er mit Version 1.13 zufrieden, und Sie können sich an die nächste Version machen. (Beachten Sie, dass es sich nicht um wirkliche Dezimalzahlen handelt. Version 1.13 wird „Eins-Punkt-Dreizehn" ausgesprochen und ist elf Varianten weiter als 1.2.)

Varianten erstellen Sie, um sie innerhalb einer Version miteinander zu vergleichen. Da sie oft auf einer Seite gegenübergestellt werden, verwende ich zur Unterscheidung lieber Buchstaben statt Ziffern. Von Version 1.1 hat es im obigen Beispiel vielleicht sechs Varianten gegeben, von Version 1.9 vier (1.9a, 1.9b, 1.9c, 1.9d) und von Version 1.13 nur zwei (1.13a und 1.13b). Wenn es keine Varianten gibt, brauchen Sie natürlich auch keine Buchstaben anzufügen.

Eine Grafik könnte beispielsweise folgenden Namen tragen: Release 1 Graphic Version 3.2b. Oder alternativ: R1graphicV3.2b

Sie können diese Bezeichnungen natürlich auch für die Namen Ihrer Dateien verwenden. Sie könnten diese Datei beispielsweise „R1.1V2.1" nennen, aber wahrscheinlich sind aussagekräftigere Dateinamen besser.

Jede Grafik, jede Site Map und jede Version einer Web Site, eines Logos oder eines Budgets sollte eindeutig benannt werden. Dieser Name sollte sich auch im HTML-Titel im Kopf der entsprechenden Webseite wiederfinden. Auf diese Weise können Sie am Telefon schnell feststellen, ob Sie über dieselbe Seite sprechen wie Ihr Kunde.

Die Phase des Projekts wird bei der Namenskonversion nicht berücksichtigt. Phasen gehören zu dem Prozess und sind nicht mit den Teilprodukten verbunden.

3.3 Dateiformate

Eine Project-Site sollte eine visuelle Erfahrung sein. Wenn Sie Grafiken für Ihre Web Site erstellen, müssen Sie sich das passende Dateiformat überlegen. Je mehr Sie über die Erstellung von Web Sites wissen, desto leichter wird es für Sie, Ihre Project-Site selbst zu erstellen und die Grafiken richtig einzubinden. Falls das Erstellen von Webseiten Neuland für Sie ist, sollten Sie sich jemanden suchen, der das für Sie erledigt, oder Sie sollten eine entsprechende Software einsetzen.

Rasterformate. Obwohl Designer lieber mit Programmen wie Photoshop arbeiten, sollten sie im Web keine Photoshop-Dateien verwenden. Komprimieren Sie die Datei stattdessen mit einem Dateiformat wie GIF oder PNG. Alles, was ich jetzt bespreche, bezieht sich auf Entwürfe, Site-Maps und andere Bilder, die das Projekt beschreiben, nicht aber auf die endgültige Produktionsversion der Site, die an den Kunden verkauft wird. Wenn Sie eine Site kommerziell erstellen, müssen Sie in die Bearbeitung der Grafiken wesentlich mehr Arbeit investieren.

Wenn Sie Grafiken für Ihre Project-Site erstellen, sollten Sie wissen, mit welcher Verbindungsgeschwindigkeit Ihr Kunde auf die Site zugreifen wird. Verfügt er über eine 28.8-bps – oder noch langsamere Verbindung – sollten Sie die Farbtiefe* Ihrer Grafiken verringern. Greift er über eine ISDN- oder Tl-Verbindung zu, können Sie auch umfangreichere Grafiken einsetzen. Für ein durchschnittliches Projekt erstelle ich die Screenshots der Webseiten in einem Format von 700 x 1200 Pixeln mit einer Farbtiefe von 6 bis 7 Bit. Diese Dateien lassen sich in der Regel auf 60–80 Kbyte komprimieren, was für Entwicklungsarbeiten ausreicht.

Sie müssen übrigens auch den Arbeitsspeicher (RAM) ihres Kunden mit in Betracht ziehen. Hat er in seinem Rechner nur sehr wenig Arbeitsspeicher, müssen Sie mit Image-Inflation* rechnen. Wenn er 16 Mbyte oder weniger hat, sollten Sie dafür sorgen, dass Ihre Grafiken klein sind und zwar nicht nur die komprimierten Dateien, sondern die tatsächlichen Grafikausmaße.

> TIPP
> Finden Sie heraus, welche Soft- und Hardware Ihr Kunde benutzt. Wenn jemand einen alten Browser verwendet, müssen Sie ggf. Ihre Site technisch weniger anspruchsvoll gestalten.

HTML. Viele Ihrer Dokumente werden aus HTML-Codes bestehen. Sie können Ihren HTML-Code von Hand erstellen, wie das die meisten Entwickler tun, oder Sie können einen grafisch orientierten Editor wie z.B. NetObjects Fusion verwenden. Bei Dokumenten wie dem Vertrag und ähnlichem können Sie auch einfach die Exportfunktion Ihres Textverarbeitungsprogramms nutzen und das Dokument „Als HTML speichern ...".

PDF. Bei Verso verwenden wir Adobe-PDF, um unsere Desktop-Dateien für das Web verfügbar zu machen. GIF- oder PNG-Kompression eignet sich für viele Grafiken, aber wir erstellen oft Layouts oder Präsentationen, wo Grafiken und Text miteinander kombiniert werden. In solchen Fällen ist das PDF-Format äußerst praktisch.

Wir verwenden oft PageMaker, um das Layout einiger Webseiten zu entwerfen. Anschließend drucken wir das Dokument in eine Datei, die sich innerhalb von Sekunden ins Web stellen lässt. Manchmal fügen wir einem PDF noch Navigationselemente oder Hotlinks hinzu, mit denen Verbindungen zu anderen Seiten hergestellt werden. Dafür braucht man ein weiteres

Programm Namens Acrobat Exchange. So kann man auf sehr effiziente Weise flexible Project-Sites erstellen. Der Prozess ähnelt dem zur Erstellung von Image Maps.

Sie können auch ein PDF-Dokument des Budgets erstellen, das Sie mit einem Tabellen Kalkulationsprogramm zusammengestellt haben. Schicken Sie die Tabelle einfach per Druckbefehl an den PDF-Treiber, und schon ist eine Datei für die Publikation im Web erstellt.

Thumbnails. Es ist manchmal nützlich, mehrere Varianten auf einer Seite abzubilden, damit sie leichter miteinander verglichen werden können, aber bei voller Größe würde der Download zu lange dauern. Daher bietet es sich an, von Konzepten und Entwürfen Thumbnails (stark verkleinerte Version der Originalgrafik) zu erstellen, damit sich der Anwender auf Wunsch die komplette Grafik oder das komplette Dokument anzeigen lassen kann, aber nicht muss.

Image Maps. Image Maps sind besonders wirkungsvoll, da der Anwender z.B. auf bestimmte Bereiche eines Diagramms klicken kann, um eine detailliertere Ansicht zu erhalten. Sie können Image Maps für die Darstellung beliebiger Diagramme verwenden. Sie eignen sich natürlich auch für Site-Diagramme.

Es gibt zwei Möglichkeiten, ein solches Diagramm zu erstellen. Sie können eines auf Papier zeichnen und dann die Zeichnung einscannen. Sie können aber auch spezialisierte Software einsetzen, zum Beispiel das Vektor-basierte Zeichenprogramm Adobe Illustrator. Aber auch PageMaker, Photoshop oder sogar Java-basierte Programme wie Coda von Randomnoise lassen sich einsetzen. Wenn Sie eine Image Map erstellen möchten, müssen Sie die Grafik als große GIF- oder PNG-Datei exportieren und dann mit einem Spezialprogramm (wie ImageMapper oder Mapthis!) das eigentliche Image Map erstellen.

Die Veränderung existierender lmage-Map-Diagramme ist umständlich, daher versuchen wir meist, mit PDFs auszukommen.

3.4 Wie man die Project-Site ergänzt

Der Producer erstellt und wartet die Site. Dabei schreibt er den HTML-Code entweder von Hand, oder er bedient sich eines Wysiwyg-Editors wie NetObjects Fusion. In beiden Fällen sollte der Producer Dateien auf den Server übertragen können. Glücklicherweise ist das mit modernen Tools leichter geworden als früher.

Upload mit FTP. Wenn der Producer die Dateien auf einen Web-Server verwendet, wird er entweder ein separates FTP-Programm oder eine in seinen Editor eingebaute FTP-Funktionalität einsetzen. In beiden Fällen muss er auf die richtigen Verzeichnisse des Server zugreifen dürfen. Da der Zugang zu Servern über Unix-Befehle und -Rechte geht, werde ich diesen

Prozess hier gar nicht erst zu erklären versuchen. Glauben Sie mir: Wenn das Zeug funktioniert – wunderbar. Wenn es nicht funktioniert, brauchen Sie einen Profi und nicht mich.

Upload via NFS. Wenn Sie eine direkte Verbindung zu Ihrem Server haben, können Sie mit einem NFS-Programm einen entsprechenden Ordner auf Ihrem Desktop anlegen. Das ist ein direkteres Verfahren als FTP, und es erreicht dasselbe Ziel. Wenn Sie etwas auf die Site laden wollen, ziehen Sie die entsprechende Datei einfach auf den Ordner, und schon befindet sie sich auf der Site.

Ihr Desktop als Server. Es ist gar nicht schwer, ganze Web Sites und alle ihre lokalen Dateien von Ihrem eigenen Computer aus der Welt zur Verfügung zu stellen. Es gibt mehrere kostenlose Web-Server, die sie auf Ihren Internet-Rechner installieren können und die die von Ihnen bestimmten Dateien und Ordner im Web verfügbar machen. Mit Ihrer persönlichen Web-Server-Software können Sie einzelne Dateien und Ordner schützen und andere der surfenden Öffentlichkeit zur Verfügung stellen.

Im Gegensatz zu den leistungsfähigeren Software-Paketen für Rechner, die ausschließlich als Server dienen, lassen sich Personal-Web-Server leicht aufsetzen und administrieren, und sie benötigen auch nicht allzu viel Systemressourcen Ihres Rechners. Es gibt Unterschiede zwischen dem ungefähr halben Dutzend Personal-Web-Server (sie werden heutzutage in der Regel zusammen mit Browsern und Betriebssystemen ausgeliefert), aber im Allgemeinen geht das so, dass Sie das Programm installieren und ein Verzeichnis auf Ihrer Maschine als Root-Verzeichnis (das Verzeichnis höchster Ebene) Ihrer Web Site definieren. Was auch immer Sie jetzt in dieses Verzeichnis bzw. diesen Ordner legen, ist über das Web verfügbar. Das geht schneller, als wenn Sie die Dateien erst auf einen Remote Server kopieren müssen, wo Dateistrukturen, Benutzungsrechte und Fragen der Versionskontrolle recht verwirrend sein können. Personal-Web-Server protokollieren gewöhnlich auch die Zugriffe, und so können Sie prüfen, ob die richtigen Leute auf Ihren Server zugreifen. Sie können bei einigen Personal-Web-Servern sogar CGI-Scripts, FTP, News (NNTP) und andere Dienste einrichten.

Wenn Sie mehr als nur einen Computer in Ihrer unmittelbaren Arbeitsumgebung stehen haben, können Personal-Web-Server die Entwicklung und das Testen auf mehreren Maschinen sehr vereinfachen. Wenn Sie FTP-Dienste eingerichtet haben, kann dies sogar andere Software zur gemeinsamen Benutzung von Dateien ersetzen. Dies ist besonders in einer Umgebung sinnvoll, in der verschiedene Plattformen benutzt werden. Und schließlich können Ihnen Personal-Web-Server auch dabei helfen, Ihre Arbeit zu Hause und im Büro zu synchronisieren. Verwenden Sie zu Hause Ihren Browser, um durch die Dateien und Verzeichnisse auf Ihrem Bürorechner zu „surfen".

4 Wie man eine Project-Site erweitert

Project-Sites sind noch recht jung. Neue Tools und Ideen werden die Möglichkeiten von Project-Sites ständig erweitern. Dieser Abschnitt stellt verschiedene Entwicklungen und Verbesserungen einer einfachen Project-Site vor.

4.1 Externe Partner

Man ist leicht versucht, sich die Project-Site als Ort vorzustellen, wo schlichtweg alles passiert. Aber wenn Sie mit einem externen Partner, z.B. einem Zeichner zusammenarbeiten, wollen Sie sicher nicht, dass er seine Skizzen und Entwürfe ohne Ihre jeweilige Zustimmung auf die Project-Site lädt. Stattdessen sollten Sie eine separate, untergeordnete Project-Site aufsetzen, so dass Sie dort die Arbeiten Ihres externen Partners betrachten können und die URL an diejenigen Leute weitergeben, die sie brauchen. Eine andere Lösung wäre ein „Receiving Dock", also eine Seite, auf die die Externen ihre neuesten Grafiken und Texte hochladen können. Mit Ihrem Personal-Web-Server landen solche Materialien einfach in einem Ordner auf Ihrem Desktop.

4.2 Interaktive Groupware

Mehrere Firmen bieten inzwischen Software an, mit der Sie mit Ihren Partnern auf verschiedene Weisen interagieren können. Producer experimentieren mit diesen neuen Technologien, um die Kommunikation zu verbessern. Groupware ist das neue Schlagwort für all diese Technologien. Es gibt synchrone und asynchrone Groupware. Bei synchroner Groupware sind alle Beteiligten zur selben Zeit an ihren Computern präsent – das ist die Internet-Variante einer Telefonkonferenz.

Video-Conferencing. Videoconferencing gibt es auf dem Web schon länger, als Sie wahrscheinlich denken. Es begann alles an der Cornell University mit einem Programm namens CU-SeeMe, das in der akademischen Welt schnell zu einem Hit wurde. Die Bilder waren klein, schwarzweiß, verschwommen, und sie ruckelten, und es gab keinen Ton. Dank der Bemühungen von Tausenden von Ingenieuren und Tonnen an Kapital gibt es jetzt Systeme auf dem Markt, die verschwommene, leicht zitternde Bilder in mittlerer Größe in 256 Farben und mit gerade noch akzeptablem Sound ermöglichen.

Es gibt viele Faktoren, die nahe legen, dass Video-Conferencing zurzeit noch einige Generationen davon entfernt ist, wirklich zufriedenstellend zu arbeiten. Für Video braucht man einen Quantensprung bei der Bandbreite. Nur experimentelle und sehr teure Systeme können heute schon Video in sinnvoller Qualität übertragen. Solange die Protokolle und Technologien nicht entscheidend besser werden, wird das Videovergnügen sehr eingeschränkt bleiben.

Whiteboards. Ein virtuelles Whiteboard ist eine Software, mit der Sie Cursor-Bewegungen mit anderen Teammitgliedern synchronisieren können. Wenn Sie z.B. ein Diagramm eines Schaltplans betrachten, können Sie die Bewegung eines gelben Cursor entlang dieser Tausenden von kleinen Linien steuern, und Ihr Partner kontrolliert seinerseits einen roten Cursor. Mit diesen Cursorn können Sie sich dann über bestimmte Linien und Punkte auf der Grafik unterhalten. Mit einem Overlay können Sie Chalk-Talk-Diagramme zeichnen und Gesten verwenden, um Ihre Gedanken zu illustrieren.

Virtual Tourguides. Mit Hilfe einer Fernsteuerungs-Software kann der Producer die Kontrolle über den Bildschirm des Kunden übernehmen und mit ihm auf virtuelle Tour durch die Site gehen, ohne dass dieser dazu etwas tun muss. Ein solches Programm, Virtual Places von AOL, ermöglicht es Ihnen auch, eigene Personensymbole (sogenannte Avatare) zu erstellen. Sie können sogar einen eigenen Bus bauen. Wenn die Personen mit ihren Symbolen in den Bus „eingestiegen" sind, können sie während der Führung mit Sprechblasen Kommentare abgeben. Es ist zwar cool, das über den Bildschirm zu realisieren, aber genausogut können Sie zum Telefonhörer greifen und dafür sorgen, dass Sie immer gleichzeitig auf dieselbe URL zugreifen.

4.3 Projektmanagement-Software

Traditionelle Projektmanagement-Software beschäftigt sich hauptsächlich mit der Ressourcenverteilung. Die Project-Site ist ein Werkzeug für Kommunikation und wird in Zukunft noch weiter verbessert werden. Einige anspruchsvolle Programmierer haben bereits auf der Basis vorhandener Systeme schablonenbasierte Lösungen zur Verwaltung von Inhalten erstellt. Bei Verso verwenden wir inzwischen CGI-Scripts, um unsere Project-Sites mit einer kleinen Datenbank zu verbinden, die die Verwaltung von Antworten auf Fragebögen und anderes Feedback übernimmt.

Wie sieht die Zukunft der Project-Site aus? Die benutzerdefinierten Lösungen werden weiter an den Benutzer angepasst und noch anspruchsvoller werden. Sie werden auch mehr Zeit benötigen und mehr Geld kosten. Wir wissen von jungen Firmen, die bereits an neuen Lösungen arbeiten, mit denen wir mehr Leistung bei weniger Programmieraufwand zur Verfügung haben werden. Wenn die ersten Web-basierten Projektmanagement-Tools verfügbar sein werden, werden wir sicher zu den Ersten gehören, die sie ausprobieren. Ich hoffe, dass die Methoden zum Hand kodieren, die in diesem Kapitel beschrieben wurden, Ende 1998 der Geschichte angehören.

Innerhalb der nächsten paar Jahre werden neue Extranet-Tools den Producern dabei helfen, Project-Sites zu erstellen und zu betreiben. Java-basierte Anwendungen werden all die Funktionalitäten, die wir in diesem

Kapitel vorgestellt haben, wie Grundschulübungen aussehen lassen. Werfen Sie einen Blick auf die Web Site zu diesem Buch[2], um Informationen über die aufregendsten Entwicklungen in Sachen Projektmanagement-Software zu bekommen.

4.4 Nutzen Sie Ihre Phantasie

Man darf nicht vergessen, dass die Project-Site, eMail und Video-Conferencing zwar alles wunderbare Einrichtungen sind, dass sie aber nicht die handgeschriebene Notiz oder die Einladung des gesamten Teams zum Mittagessen ersetzen können. Manchmal muss man auch einfach einen Ausdruck per Federal Express verschicken. Auch ist es meiner Erfahrung nach ganz nützlich, die Projektressourcen auszudrucken, so dass die Mitarbeiter sie an ihren Bildschirm kleben können, um sie bei Bedarf schnell parat zu haben. Ich rufe verschiedene Leute an, um sie aufzufordern, sich die Project-Site anzusehen. Wenn Sie erst einmal eine Weile mit Project-Sites arbeiten, werden Sie immer wieder neue Dinge entdecken, die man mit ihnen machen kann, aber erwarten Sie nicht, dass sie als guter Gesprächspartner dienen können oder irgendjemandem einen guten Espresso auf den Tisch stellen werden.

Nutzen Sie Ihre Phantasie: Überlegen Sie sich, wie Sie dieses Konzept verbessern und so anpassen können, dass es für Sie in Ihrer Situation funktioniert.

Anmerkungen

* Der nachfolgende Text wurde zuerst veröffentlicht in: DAVID SIEGEL (1998): Das Geheimnis erfolgreicher Web Site. München: Verlag Markt+Technik, ein Imprint der Pearson Education Deutschland GmbH, ISBN 3-8272-5330-6; Nachdruck mit freundlicher Genehmigung des Verlages.

1 http://www.secretsites.com/projectsite/set_site.html Gemeint ist das oben genannte Buch von DAVID SIEGEL, in dem dieser Beitrag zuerst abgedruckt wurde (d. Hrsg.).

Roland Bader

BSCW

Unterstützung von Gruppenarbeit übers Internet

Der Austausch von Informationen und die gemeinsame Erstellung von Dokumenten dürfte neben der Koordination der Kommunikation (z.B. Terminabsprachen) die wohl wichtigste Anwendung des Internets für die Zusammenarbeit in Kleingruppen sein. Wer Gruppenarbeit übers Internet ermöglichen will, steht vor dem Problem, wie es technisch organisiert werden kann, dass die TeilnehmerInnen ihre Kommunikation koordinieren und sich gegenseitig ihre Dokumente zur Verfügung stellen können. Im Folgenden werden die Probleme der gängigsten Lösungen kurz geschildert, um die Möglichkeiten des sehr interessanten und kostenlosen Systems BSCW (Basic Support for Cooperative Work) etwas ausführlicher zu erläutern. Spezielle kommerzielle Software zur Gruppenarbeit (wie z.B. Lotus Notes) bleibt ausgespart.

Ein einfacher und unproblematischer Weg zur verteilten Gruppenarbeit ist eine Mailingliste für die Gruppe. Da eMail ein „Push"-Medium ist (sie wird persönlich zugestellt), ist mit einer Mailingliste sichergestellt, dass alle Teilnehmer die aktuellen Dokumente zugeschickt bekommen, ohne immer wieder aus eigenem Antrieb auf einer Website nachsehen zu müssen. In der Praxis zeigt sich allerdings, dass durch Mailinglisten das Gefühl von Zusammengehörigkeit in der Gruppe nicht sonderlich gefördert wird, besonders weil die Ablage und Verwaltung der Dokumente jedem Teilnehmer obliegt und für die anderen Mitglieder nicht erkennbar wird, was geschieht. Um die Zusammengehörigkeit zu fördern, ist es hilfreich, eine gemeinsame Arbeitsplatttform zu haben, auf der die für alle verfügbaren gemeinsamen Dokumente und Veränderungen auch für alle gleichermaßen sichtbar sind.

Der am häufigsten benutzte Weg ist ein Forum im WWW. Dieses kann passwortgeschützt nur für die Gruppenteilnehmer zugänglich sein, kann aber auch öffentlich angeboten werden. Beiträge werden online in einem Formular auf einer Homepage von den Teilnehmern formuliert. Die Überschriften der Beiträge mit Angabe des Autors werden auf einer separaten Seite in Form einer Liste angezeigt, oft verdeutlicht der sog. Thread, der „Diskussionsfaden", wie die Beiträge sich aufeinander beziehen. Per Mausklick im Browser auf eine Diskussionüberschrift können die Beiträge anderer Autoren geöffnet, gelesen und es kann darauf geantwortet werden. Der Vorteil von Foren ist vor allem darin zu sehen, dass ein aktiver (schreibender) Zugriff genauso wie ein lesender Zugriff im gleichen Programm, dem Browser erfolgt. Die Gruppenteilnehmer benötigen also weder zusätzliche Programme noch weitergehende Kenntnisse. Sie erhalten (außer einem Zugangspasswort) keinen Schreibzugriff auf den Server und können an den Beiträgen der anderen Teilnehmer keine Veränderungen vornehmen, also auch nichts versehentlich löschen oder zerstören. Der Nachteil der Foren ist darin zu sehen, dass der geschriebene Text nicht formatiert ist und es weder die Möglichkeit zu Verweisen zu anderen Dokumenten noch zur Einbindung von Bildern gibt. Das Lesen von Beiträgen am Bildschirm wird damit zu einer lästigen und unübersichtlichen Quälerei.

Der aufwändigste, aber zugleich komplizierteste Weg geht über die gemeinsame Gestaltung einer Homepage in der Gruppe. Damit ist eine ansprechende Übersicht über die vorhandenen Dokumente und ihre Beziehung zueinander möglich. Die Dokumente können miteinander verknüpft werden, die Schrift ist formatiert und übersichtlich lesbar, die Einbindung von Bildern ist möglich. Die Schwelle für die Teilnehmer, ihre Dokumente hochzuladen ist aber sehr hoch, denn ihre Dokumente müssen als HTML-Dokumente gestaltet werden, die Teilnehmer müssen ein FTP-Programm (File Transfer) nutzen, um die Seiten hochzuladen. Dazu benötigen sie den Zugriff auf den Server, und schließlich erfordert diese Vorgehensweise auch, dass die Teilnehmer Dokumente auf dem Server verändern, z.B. um Links zu ihrem eigenen Dokument einzufügen. Weil dieser Weg sehr hochschwellig und zugleich anfällig für Missverständnisse und Fehler ist, eignet er sich nur für Gruppen, deren Teilnehmer eine recht hohe Sicherheit in der Gestaltung in HTML haben und die weitgehende Vereinbarungen über ihre Zusammenarbeit getroffen haben. Eine niedrigschwelligere Alternative besteht darin, die Dokumente an einen Webmaster oder Verantwortlichen zu schicken, der sie in die entsprechende Form bringt und hochlädt.

Eine Alternative zu den geschilderten Einschränkungen der erwähnten Techniken bietet das System BSCW (Basic Support for Cooperative Work) der Gesellschaft für Mathematik und Datenverarbeitung (http://bscw.gmd.de). Das System wurde für die Gruppenarbeit online entworfen und ist kostenlos im WWW verfügbar. Um es zu nutzen, ist lediglich die Anmeldung erforderlich. Es wird keine Software auf dem lokalen System installiert, darum eignet sich das System nicht nur zum verteilten Arbeiten mehrerer Teilnehmer, sondern auch für die Arbeit von verschiedenen Rechnern aus. Das ist günstig, wenn man auf Rechner angewiesen ist, auf denen es nicht möglich oder gestattet ist, Software zu installieren (z.B. in PC-Pools in Hochschulen oder in Internetcafés). Ebenfalls ist BSCW hilfreich, wenn man selbst an unterschiedlichen Rechnern oder mit Teilnehmern arbeitet, die von unterschiedlichen Rechnern aus das System nutzen (z.B. Studierende von zu Hause und in der Hochschule).

Das zentrale Konzept in BSCW ist der gemeinsame Arbeitsbereich, repräsentiert durch den von Windows vertrauten „Ordner". Ein Benutzer hat beliebig viele Arbeitsbereiche („Ordner") zur Verfügung, die er ganz privat zum Ablegen von Dokumenten nutzen, aber auch für verschiedene Arbeitsgruppen öffnen kann. Andere bei BSCW angemeldete Benutzer können in eine Arbeitsgruppe eingeladen werden, damit haben sie Lese- und Schreibberechtigung für den Arbeitsbereich der Arbeitsgruppe. Das ermöglicht ihnen, in diesen Arbeitsgruppenbereich Objekte unterschiedlichen Typs hoch- und herunterzuladen: Dokumente beliebigen Dateiformats, Notizen, kommentierte URLs, Treffen, Annotationen und andere. All das geschieht im Browser durch die Eingabe in wenige Formulare. Damit eignet sich das System hervorragend, um der Arbeitsgruppe z.B. interessante Suchergebnisse in Form kommentierter URLs mitzuteilen (vgl. Abb. 1) oder dort Dokumente aus der Textverarbeitung abzulegen. Alle Objekte werden als Hyperlink dargestellt, und durch Mausklick auf z.B. ein Word-Dokument wird das Dokument (ähnlich wie im Windows-Explorer) mit der zugehörigen Anwendung zusammen auf dem lokalen Rechner geöffnet. Selbst das direkte Bearbeiten des Dokuments auf dem Server ist möglich.

Das System bietet Möglichkeiten, um die Kommunikation in einer Gruppe zu koordinieren. Die Mitglieder einer Arbeitsgruppe werden im

Abb. 1: Arbeitsbereich einer Arbeitsgruppe in BSCW

Adressbuch verwaltet und können aus dem System heraus per eMail zu Face-to-face- oder virtuellen Treffen eingeladen werden. Der „Terminkalender“ ermöglicht eine zeitorientierte Sichtweise auf alle Treffen, zu denen man selbst eingeladen ist, mit dem „Koffer“ lassen sich Objekte oder ganze Arbeitsbereiche per eMail oder FTP exportieren oder verschicken. Selbst eine Funktion, um Einladungen abzusagen, steht zur Verfügung. Eine „Monitor“-Funktion erlaubt es, zu überwachen, ob andere Teilnehmer der Arbeitsgruppe gerade im System arbeiten, diese anzusprechen und ihnen synchron kurze Nachrichten zu schicken. Obwohl das System grundsätzlich davon ausgeht, dass die Mitglieder einer Arbeitsgruppe gleichberechtigten Zugriff auf alle Objekte haben, können dennoch für jedes Dokument separat unterschiedliche Zugriffsrechte vergeben werden.

Um das System zu testen, stellt die GMD unter http://bscw. gmd.de/pub/german.cgi einen anonym zugänglichen „Arbeitsbereich zum Probieren“ zur Verfügung.

Im System stehen umfangreiche deutsche Anleitungen und Hilfen zur Verfügung, die die weitergehenden Funktionen erläutern.

Bernhard Eckmann

Kooperatives Protokoll im vernetzten AK

Schnelligkeit vor Gründlichkeit

Es ist nicht besonders beliebt: das Amt des Protokollanten. Die Frage: „Wer macht das Protokoll?" führt in realen Arbeitsgruppen gelegentlich zu Momenten lähmender Stille. Arbeitsgruppen, die vollständig elektronisch vernetzt sind, bei denen also alle TeilnehmerInnen über eMail verfügen und diese auch benutzen, können sich hier etwas Erleichterung verschaffen, indem sie Technik verwenden. Der AK-up2net[1] praktiziert dies.

Der Grundgedanke ist einfach:

In Arbeitsgruppen ohne eMail-Vernetzung liegt die Verantwortung für das Protokoll ausschließlich beim Protokollanten. Sie/er muss sich während des Treffens voll auf die Erfassung dessen konzentrieren, was gesagt wird, kann sich nur sehr reduziert selbst an der Diskussion beteiligen und muss beim Schreiben des Protokolls sehr genau darauf achten, die Beiträge so wiederzugeben, wie sie gemeint waren, auch wenn sie gelegentlich aus einem wenig bekannten Kontext stammen. Stimmt eine Protokollformulierung in relevanter Weise nicht mehr mit dem überein, was der Sprecher gemeint hat, so ist beim nächsten Treffen eine Protokollberichtigung fällig, was allgemein als lästig empfunden wird. Protokollführung erfordert also eine gewisse Sorgfalt und ist relativ arbeitsintensiv.

Verfügt eine Arbeitsgruppe über eMail-Vernetzung, so kann sie ein anderes Verfahren wählen, das die Verantwortung für den Inhalt des Protokolls auf vielen Schultern verteilt: „das kooperative Protokoll"

Es geht so: Es muss nach wie vor jemanden geben, der die Protokollführung während des Treffens übernimmt. Nun kann der Verlauf der Diskussion aber „mit leichter Hand" dokumentiert werden, denn das, was man dann verfasst, ist nicht das endgültige Protokoll, sondern nur ein Entwurf. Dieser Entwurf wird möglichst bald nach der Sitzung per eMail an alle TeilnehmerInnen der Sitzung verschickt mit der Bitte, innerhalb einer bestimmten Frist Anmerkungen, Ergänzungen bzw. Richtigstellungen in den Entwurfstext einzufügen und per Mail an den Protokollanten zurückzuschicken. Der Protokollant fügt dann die Teile zusammen und verteilt den fertigen Text per Mail im entsprechenden Protokollverteiler. Es gibt nun keine Protokollberichtigung mehr im nächsten Treffen.

In der Praxis wird dieses Verfahren offensichtlich als Arbeitserleichterung empfunden, denn die meisten Protokollanten wählen nun diese Möglichkeit. Nur wenige schreiben das Protokoll noch in eigener Verantwortung gleich als Endfassung. Äußerst selten passiert es, dass der Entwurf für ein kooperatives Protokoll so knapp und dürftig ist, dass Ergänzungen deshalb ausbleiben, weil für die kooperierenden Mitglieder nun der Arbeitsaufwand zu groß erscheint. Meist ist der Entwurf genau richtig verfasst: Vollständig bezüglich der Tagesordnungspunkte, aber mit gelegentlichen Lücken oder versehen mit Bitten um Ergänzung an kniffligen Stellen.

Dieses Verfahren kann auch zu Pannen bei der Verteilung der Protokollentwürfe führen. Wenn der AK per Mailingliste vernetzt ist, wird manchmal diese Mailingliste für die Verteilung des Entwurfs verwendet. Dies entspricht nicht der Idee des kooperativen Protokolls. Denn da im Treffen stets nur ein Teil der AK-Mitglieder zusammenkommen, werden nun die vielen anderen in der Mailingliste mit Entwürfen und entsprechenden Erwiderungen traktiert bis schließlich die Endfassung kommt, die dann Gefahr läuft, nicht mehr gelesen zu werden. So gelangen unter Umständen falsche Informationen in Umlauf, und es wird Verwirrung gestiftet.

Die Verteilung der Entwürfe entsprechend der Anwesenheitsliste ist deswegen sehr viel sinnvoller.

Mit der Einführung des kooperativen Protokolls werden die Texte nicht etwa wesentlich besser, aber, da die Leistungsanforderung für den Protokollanten sinkt, kommt das Protokoll schneller und es entsteht ein weiterer nützlicher Effekt: Neben den anderen Themen der Online-Diskussionen zwischen den Treffen dient das gemeinsame Arbeiten an der Dokumentation der Kontinuität des Gruppenprozesses.

Anmerkung

[1] Vgl. in diesem Band B. ECKMANN: Raumkonzepte. Jugendarbeit und virtuelle Räume, S. 377ff.

2. Kapitel

Software – methodisch genutzt

Einführung

Standardsoftware läßt sich auch spielerisch, mit didaktischen Nutzen, einsetzen. Lambert Zumbrägel bietet den Abriss eines Spieles auf der Basis von Word: „Das Geheimnis von Karl Klammer“, mit dem Problemlösekompetenz und Orientierung im Programm ganz anders gefördert werden als die verbreitete, großvolumige Begleitliteratur.

Virtuelle Konferenzen müssen nicht zwingend den Nutzern von Highspeed-Internet-Backbones im Wissenschaftsnetz vorbehalten bleiben: Mit frei erhältlicher Chat-Software und Zugang zu einem IRC-Server läßt sich auch mit kleinem Etat das Referates eines Dozenten am andern Ende der Welt und eine Diskussion mit ihm im virtuellen Gruppenraum organisieren. Wolfgang Schindler beschreibt technische und soziale Organisation solch eines Unternehmens, bei dem das übliche Chat-Geplauder auf die Kennlernphase begrenzt war: „Online-Konferenz im IRC“.

Man muß kein Linux-Spezialist sein muß, um die sozialen Regeln und Orte einer virtuellen Gemeinschaft in Software zu schreiben. Aber die Kooperation mit einem kompetenten Provider, der einem die erforderliche „Middleware“ installiert, ist unverzichtbar. Solch ein Team sind Bernhard Eckmann und Christine Wittig, die ganz praktisch über die „Kooperation von Technik und Pädagogik“ berichten.

Harry Köhler, Praktiker aus der Jugendbildungsarbeit, erläutert, wie mit einer einzigen Telefonleitung und der passenden Software alle Rechner eines Internetcafés auskommen können – ein internes Netzwerk (LAN) vorausgesetzt, also eine Lösung im Niedrigpreissegment, die ihre Praxistauglichkeit bewiesen hat.

Lambert Zumbrägel

Das Geheimnis von Karl Klammer

Eine kriminologische Reise durch Word 97

Die auf einem Textverarbeitungsprogramm basierende Methode, als fortlaufende Geschichte aufgemacht, eignet sich für Leute, die schon Erfahrung mit Textverarbeitungsprogrammen haben. Eine Geschichte spielt mit den verschiedenen Funktionen des Programms und versteckt so Informationen, die es zu finden gilt, um weiterzukommen. So soll die Orientierung im Programm und die Problemlösungskompetenz geschult werden.

Verstecken: kein Problem

Die Methode funktioniert Text-basiert, d.h. es gibt eine Geschichte, die der Spieler lesen muss und in der alles erklärt wird. Grundidee der Methode ist es Text zu verstecken. Diesen Text sichtbar zu machen, ist Aufgabe der Spieler. In dem sichtbaren Text stehen dann weitere Hinweise, um zum nächsten „Level" (der nächsten Datei) zu kommen.

Einfache Funktionen Text zu verstecken, sind z.B.:

- weißer Text auf weißem Grund,
- gelber Textmarker über gelben Text,
- weißer, rahmenloser Kasten über Text,
- die Autotextfunktion via F3 (bei MS-Word),
- den Schriftsatz Windings einsetzen usw.,

Schwerer wird es schon bei

- der Funktion „versteckten Text anzeigen",
- Kommentare anzeigen usw.

Darüber hinaus lassen sich natürlich auch noch in Verbindung mit dem Dateimanager ganze Dateien verstecken oder via Passwort sichern oder Dateien (falls das an dem ausführenden Rechner und mit der Software möglich ist) auf Festplatte oder im Internet via HTML verlinken. Dem Verstecken von Text sind fast keine Grenzen gesetzt. Daher gilt es, die Funktionen mit einer spannenden Geschichte und einem Ziel zu verknüpfen.

Vorarbeit ist wichtig

Die Methode benötigt einige Vorarbeit. Es muss nämlich ein fertiges Produkt, eine Geschichte, erstellt werden, anhand dessen die TeilnehmerInnen selbstständig auf Entdeckungsreise gehen können. Dieses Produkt muss gezielt auf die Gruppe, ihre Erfahrungen mit dem Programm oder genereller Computerkenntnis, und den Rechnern, auf denen „gespielt“ wird, zugeschnitten werden.

Die Methode ist generell mit jedem Textverarbeitungsprogramm erstell- und durchführbar. Ebenso lässt sie sich auf jeden Schwierigkeitsgrad anpassen. Dabei gilt: weniger ist mehr. Suchen kostet Zeit. Ein zu umfangreiches Spiel wird langweilig.

Ein Beispiel für solch ein Produkt findet sich unter http://members.aol.com/zumbraegel/4you. Die dortige Version wurde für TeilnehmerInnen am MaC*_plus-Fortbildungsprogramm in Josefstal erstellt und ist, meiner Erfahrung nach, für Fortgeschrittene gut geeignet.

WOLFGANG SCHINDLER

Online-Konferenz – im IRC organisiert

Online-Konferenzen können gelingen, sind aber ständig in „Gefahr", in den vorherrschenden Plauder- , Scherz- oder Kampfstil umzukippen. Diese Erfahrung haben wir zunächst in einer Vielzahl von Chats in Seminargruppen Erwachsener gemacht; egal, ob PfarrerInnen, SozialpädagogInnen oder ehrenamtliche MitarbeiterInnen in der kirchlichen Jugendarbeit beteiligt waren, egal, ob diese Chat-Erfahrung hatten oder nicht. Unser Ziel war jedoch, das Medium Chat für eine zielgerichtete Online-Konferenz mit Partnern in Tansania zu nutzen, die uns als Seminargruppe im bayerischen Josefstal knapp zwei Stunden Rede und Antwort standen.

Damit solche Gespräche von allen Beteiligten als sinnvoll und ertragreich erlebt werden können, sind eine stabile Technik, systematischen Vorbereitung und soziale Vereinbarungen nötig.

Servertechnik

Wir benutzen den IRC-Server eines befreundeten Providers. Solche Server sind meist regulärer Bestandteil einer Linux-Distribution, sollten also von den meisten Providern ohne Mehraufwand freigeschaltet werden können. Da dieser Server nicht (wie etwa an den Universitäten) ins öffentliche IRC-Netz eingebunden ist, bleiben wir ungestört unter uns. Chat-Räume existieren nur, wenn wir sie zuvor eingerichtet haben, das erleichtert den Überblick.

Chat-Clients

Unsere Kommunikation lief ausschließlich textbasiert mit mIRC – ein Freeware-Programm. Alternativ könnte das grafisch gestaltete Microsoft Chat-Programm verwendet werden, ebenfalls Freeware, die mit einem IRC-Server auskommt.

Experimente mit Microsoft Netmeeting, eine dezidierte Konferenz-Software, dagegen erwiesen sich als deutlich weniger stabil und anspruchsvoll, was die Ressourcen der Rechner angeht. Allerdings funktioniert der integrierte Chat-Client im LAN auch ohne Serversoftware und Netzzugang, so dass Netmeeting als Alternative sinnvoll sein kann.

Kompetenzen und thematische Vorbereitung

- In der Seminargruppe wurden die handwerklich-technischen und sozialen Fertigkeiten erarbeitet: Erstellen von Texten mit Bildern im HTML-Code, Nutzung von Chat-Clients im Josefstaler Inhouse-Netz, Erfahrung unterschiedlicher Chat-Kulturen durch Chatübungen mit der Gruppe, die sich dazu auf alle verfügbaren Rechner im LAN aufteilte,wenn möglich in separaten Räumen.

- Vorabinformation der TeilnehmerInnen über inhaltliche Beiträge der OnlinereferentInnen, die jeweils online abrufbar waren.
- Gegenseitiges, asynchrones Kennenlernen über multimedial aufbereitete Information über die Gesprächspartner auf beiden Seiten (Besuch der einschlägigen Homepages, die ggf. dafür erstellt wurden)
- eine synchrone Anwärmphase zum Beginn des Chats
- Vereinbarung von Gesprächsregeln und Zeitstruktur im Vorfeld der Konferenz
- Probelauf der Verbindung

Setting und Vereinbarungen

- Kleine Gesprächsgruppen von maximal drei Personen, die sich – verteilt auf mehrere Räume im Haus – am Chat beteiligten.
- Geklärte Aufgabenteilung in diesen Gruppen, um Metakommunikation vor dem Rechner zu vermeiden. Denn während solcher Zeiten fehlt eine Gruppe im virtuellen Plenum und verliert schnell den Faden.
- Verzicht auf „Separé“-Kommunikation im Netz, die im Ergebnis ähnlich stört wie Nebengespräche im Offline-Plenum
- Möglichst wenig inhaltliche Offline-Kommunikation der Gruppen an den Rechnern, aus gleichem Grund
- Klare, wenn nicht gar strikte Strukturierung des Gesprächsverlaufs im Chat durch vorab bestimmte, bekannte und akzeptierte GesprächsleiterInnen
- Doppelbesetzung dieser Rolle und Absprache über Aufgabenteilung im Leiterteam (tippen, intervenieren etc.)
- Möglichst transparente und faire Moderation schafft eine vertrauensvolle Gesprächsatmosphäre, in der mehr Platz für Inhalte bleibt
- Verbindlichkeit von Anfang und Ende des Chats – so wie jede Offline-Konferenz feste, allen bekannte und verbindliche Zeiten hat

Das technische Medium „Chat“ hat sich unter diesen Bedingungen als geeignet erwiesen, virtuelle Präsenz von Referenten für die Arbeit im Seminar zu nutzen und virtuelle Plena durchzuführen – eine Erfahrung, die rückblickend weniger befriedigende Experimente mit dem Medium als notwendige Vorerfahrung ausweist.

Bernhard Eckmann / Christine Wittig

Software zum Gestalten virtueller Gemeinschaften

Kooperation zwischen Technik und Pädagogik

Eine Netcommunity hat einen technischen Kern und basiert auf der Kooperation zwischen den inhaltlich-strukturell Gestaltenden und einem technischen Dienstleister. Beides wird im Folgenden, am Beispiel des pädagogisch motivierten Projektes „up2net“[1] beschrieben und bewertet.

Die technisch-administrative Anpassung eines virtuellen Raumsystems an die Erfordernisse einer real-virtuellen Gemeinschaft ist Alltagsgeschäft: Neue UserInnen müssen registriert, neue Verzeichnisbereiche geschaffen und mit den gewünschten Lese- und Schreibberechtigungen versehen werden, der Zugang zu Newsgroups muss reguliert werden etc. Die Administration muss im Verwaltungsbereich ständig Entscheidungen treffen und gleichzeitig überprüfen, ob die Angelegenheit noch in den Rahmen der in der Gemeinschaft getroffenen Vereinbarungen passt: besteht sozialer Regelungsbedarf oder kann eine Anfrage nach administrativer Gestaltung einfach vollzogen werden? Verhält sich ein User bzw. eine Userin im System regelgerecht oder sollte interveniert werden?

Pädagogik, soziale Aushandlungsprozesse in der Gemeinschaft und Administration des virtuellen Raumsystems liegen so nahe beieinander und sind so miteinander verzahnt, dass sie als Ganzes gesehen werden müssen und nicht arbeitsteilig von verschiedenen Organisationen bewältigt werden können. Praktisch heißt dies, dass PädagogInnen in der Lage sein müssen, einen Intranet-Internet-Server vollständig zu administrieren. Fehlen aber die erforderlichen Betriebssystem-Kenntnisse auf pädagogischer Seite und soll dieser Kernbereich des Systems nicht nur einer kleinen technischen Elite zugänglich und verständlich sein, so muss eine Lösung gefunden werden, die das System flexibel gestaltbar und durch PädagogInnen mit durchschnittlichen Computerkenntnissen bedienbar macht. „up2net“ bedient sich hier einer sogenannten „Middleware“, der Server-Suite „Hawkeye“ (http://www.hawkeye.net).

Hawkeye

„Hawkeye“ ist ein linuxbasierter Intranet-Internet-Server, sogenannte Middleware. Er bietet eine HTML-Bedienoberfläche an, d.h. die Administration bewegt sich in einer Webstruktur, passwortgeschützt und nur dem

oder den AdministratorInnen zugänglich. Zur Bedienung über das Internet ist ein normaler Webbrowser ausreichend. Ein System von dynamischen Formularen, mit einer darunter liegenden SQL-Datenbank verknüpft, muss bedient werden. Damit lassen sich die wichtigsten Funktionen, die für den „Betrieb" einer Netcommunity notwendig sind, ausführen:
- Useranmeldung und Registrierung,
- Zuordnung der User zu Gruppen,
- Zuordnung dieser Gruppen zu bestimmten Berechtigungen (Zugang zu Verzeichnissen, Newsgroups, ausführbaren Funktionen),
- Einrichten von Verzeichnissen, Textchat-Foren und Newsgroups,
- Verwaltung eines Dateiarchivs für up- und downloads,
- Abruf einfacher statistischer Auswertungen über das Nutzungsverhalten.

Das Hochladen von Webseiten erfolgt per FTP über den integrierten FTP-Server.

Das Arbeiten mit dieser Bedienoberfläche hat sich als verhältnismäßig leicht erlernbar erwiesen; die Administration des Systems auf dieser Ebene kann also von einem kleinen Team von PädagogInnen übernommen werden. Anbindung und Konfiguration dieser Bedienoberfläche an den Kernbereich der Mail-, News-, Web-, Chat, FTP- und List-Server ebenso wie die Anbindung des Servers ans Internet erfordern professionelle Kenntnisse in der Gestaltung von Internetsystemen. Da in diesem Bereich Anpassungen an den Bedarf der Community relativ selten erforderlich sind, kann die Zuständigkeit hierfür an einen externen, nicht mit der pädagogischen Seite befassten Dienstleister abgegeben werden. („up2net" hat ein Arrangement mit dem Internet-Provider „Linksysteme München LINK-M" getroffen.)

Kooperation mit einem technischen Dienstleister

Der technische Dienstleister „hostet" den Server, d.h. er läuft in den Räumen dieser Firma, wird dort gewartet und gepflegt, ist an die Überwachungssysteme angeschlossen und an das Internet angebunden und damit sowohl über das Internet als auch über eine direkte Modem- und ISDN-Einwahl erreichbar. Wartung, Internetanbindung und Betreuung der Direkteinwahlmöglichkeit liegen in der vollständigen Zuständigkeit des Dienstleisters. Falls es Anpassungsbedarf bezüglich der Einbindung der Bedienoberfläche an den technischen Kern des Systems gibt oder wenn andere technische Sonderwünsche die Fähigkeiten des pädagogischen Projekts übersteigen, so wird dies im Auftrag erledigt, was regelmäßigem Kontakt mit der Projektleitung erfordert. Dabei werden auch die Grenzen des technisch Machbaren ausgelotet.

Denn natürlich geht es um einen wechselseitigen Anpassungsprozess: Auch die Pädagogik muss neue Werkzeuge und Herangehensweisen entwickeln, um innerhalb eines technischen Informations- und Kommunikations-

systems wirksam steuern zu können. Bislang erwies es sich als notwendig, folgende (größeren) Aufträge an LINK-M zu vergeben:
- Neuprogrammierung eines textbasierten Chatsystems, da sich das hawkey-eigene Chatsystem als zu langsam erwies.
- Zusätzliche Installation des multimedialen Chatsystems „The Palace", das sich nicht ins Hawkeye-System integrieren ließ.
- Erstellung von zusätzlichen Statistikfunktionen.
- Gestaltung von Vorlagen für dynamische Webseiten, die von der darunterliegenden Datenbank geliefert werden, z.B. eMails oder Newsübersichten oder Formulare für das Versenden von eMails und Newsbeiträgen.

Außer diesen Dienstleistungen gibt es eine Beratung per Hotline für alle technischen Bereiche. Darunter fallen Konfigurationshilfen für Browser-Software genauso wie Tipps und Tricks im Umgang mit der Hawkeye-Serversoftware. In Kooperation mit diesem Dienstleister ist es zudem möglich, auf den jeweiligen Bedarf zugeschnittene Computerkurse zu konzipieren und für die Mitglieder der Netcommunity, PädagogInnen und Jugendliche, anzubieten.

Was bringt's? – Bewertung aus der Sicht des pädagogischen Projekts

Insgesamt handelt es sich um ein erfolgreiches Gespann: Ein fachliches Netzwerk von pädagogischen Einrichtungen, das sich auf seine pädagogischen Aufgaben konzentriert, eine wachsende Gemeinde von Jugendlichen, die in einem technischen System kommunizieren und dieses nach ihren Bedürfnissen gestalten, ein Internetprovider, der keine Scheu hat, sich verständnisvoll mit Problemen und Anliegen eines doch recht dynamischen und auch anspruchsvollen Arbeitsfeldes zu befassen und eine Software, die wohl eigentlich für interne Koordination eines mittelständischen Filialnetzes gedacht war und nun die kleine virtuelle Welt einer Jugendszene organisieren hilft.

Entscheidend für das Funktionieren dieser Kooperation ist ein ausreichendes Wissen des einen Partners über Arbeitsweisen und Aufgaben des anderen. So hat es sich als günstig erwiesen, dass die pädagogische Seite sich keineswegs einem Lernprozess im technischen Bereich verweigert. In der Auseinandersetzung mit Technik und dem Technikpartner wächst die technische Kompetenz und damit auch ein Gespür dafür, was technisch möglich ist und wo Anpassungsleistungen besser im pädagogischen Bereich zu erbringen sind.

Umgekehrt ist es für die Kommunikation Pädagogik – Technik äußerst hilfreich, dass der technische Dienstleister firmengeschichtlich eine Nähe zur Szene der Jugendverbände und -arbeit mitbringt. Das erleichtert eine geduldige und verständnisvolle Haltung gegenüber den oft recht dynamischen und wechselhaften Anforderungen von Seiten des pädagogischen Geschäftspartners.

Die gewählte Arbeitsteilung zwischen Pädagogik und Technik hat noch einen weiteren Vorteil: Sie macht das Gesamtsystem stabil. Das pädagogische Netzwerk und der technische Dienstleister können sich auf ihr jeweiliges Kerngeschäft konzentrieren. Eine Konstruktion, die sich auf die (zufälligerweise) hohen technischen Kompetenzen weniger pädagogischer KollegInnen stützen würde, wäre u.U. bei einem eventuellen Personalwechsel recht anfällig. Zu oft liegt technische Ausrüstung in einem Jugendzentrum brach, weil ein Kollege, der sehr kompetent damit umgehen konnte, die Stelle wechselt. Ein Kommunikationssystem, das auf Dauer für die Jugendzentrumsszene einer Großstadt funktionieren muss, sollte technisch auf Dauer in kompetenten Händen sein. Pädagogische Investitionen laufen so nicht Gefahr, verloren zu gehen. Das darf und muss dann auch etwas kosten.

Zur Software Hawkeye selbst. Sie kann nicht alles leisten, was Jugendarbeit braucht, aber man kommt zurecht. Einige wenige Sachen gehen nicht: So ist es z.B. nicht möglich, Teile der Administration zu delegieren, ohne damit technisch gesehen gleichzeitig Zugriff auf alle Administrationsfunktionen zu geben. Das macht es fast unmöglich, Teilbereiche der Administration an Jugendliche zu übergeben, da die Anforderungen an die persönliche Zuverlässigkeit zu hoch wären. Hier lässt sich nur eine Kooperation zwischen erfahrenen KollegInnen organisieren.

Ein anderer Nachteil: Der multimediale Palace-Chat ist nicht integrierbar, was die parallele Installation einer weiteren Serversoftware notwendig macht. Hier ist dann die Bedienbarkeit nicht mehr so komfortabel. Oder: Werden Newsgroups und Mails online gelesen und geschrieben, so ist das Anhängen von Dateien nicht möglich. Das Übertragen von Dateien ist nur etwas umständlich über das Dateiarchiv möglich. Dies sind kleine Einschränkungen, die die Pädagogik aber hinnehmen muss, solange sie nicht in der Lage ist, eine maßgeschneiderte Administrationssoftware zu bezahlen.

Wir haben uns an das insgesamt doch recht bequeme und wirksame Werkzeug gewöhnt und haben es schätzen gelernt.

Bewertung aus der Sicht des technischen Dienstleisters

„Technik an die Bedürfnisse der BenutzerInnen anpassen und Lernprozesse anstoßen“ ist die Aufgabe des technischen Dienstleisters in einem pädagogisch-technischen Gespann.

Der erste Teil dieser Aufgabe ist, die Bedürfnisse der BenutzerInnen zu evaluieren und sie „technisch“ zu definieren. So heißt die Anforderung „eMails empfangen und versenden“ in der technischen Realisierung: zwei Server-Dienste aufsetzen, die eben dieses zuverlässig und störungsfrei tun.

Konkret bedeutet dies, die von den AnwenderInnen erarbeiteten Anforderungen zu strukturieren und in ein technisches Konzept einzuarbeiten. Dieser Schritt ist als Kommunikationsprozess zu verstehen. Die Anforderungen werden auf Realisierbarkeit geprüft, hinterfragt, beraten, reflektiert, verneint, bejaht, aus technischer Sichtweise formuliert und in bestehende Konzepte eingebettet.

Im zweiten Schritt wird das technische Konzept fertiggestellt und realisiert. Hier ist es vor allem wichtig, offene technische Strukturen zu entwickeln, die Ansatz und Verankerungspunkte für gewünschte Veränderungen und neue Projekte bieten. Mit heißer Nadel gestrickte Lösungen stehen oft mit den kleinsten Änderungswünschen vor dem technischen Aus, die mühsam errichtete Struktur muss eingerissen werden und neu gebaut werden. Um solche destruktiven Entwicklungen zu vermeiden, muss ein System, das den Entwicklungen und Experimenten der offenen Jugendarbeit standhalten soll, modular aufgebaut und wenig fehleranfällig sein. Neben diesen Anforderungen ist auch zu berücksichtigen, dass die Entwicklung in einem für die Jugendarbeit finanzierbaren Preis-/Leistungsverhältnis geschieht.

Der dritte Teil ist die Testphase. Eine frischinstallierte Middleware ist wie ein leeres Haus. Techniker können, wie Handwerker, zwar alles einzugsfertig machen, es ist aber an den PädagogInnen und Jugendlichen – den zukünftigen BewohnerInnen – das „Haus“ zu beziehen und den virtuellen Raum mit Leben zu füllen. Hier heißt es für den technischen Dienstleister abzuwarten, Anfragen zu beantworten, die zwangsläufig auftretenden Fehler zu analysieren und zu beheben. Eine perfekte Installation gibt es nicht und in dieser ersten Phase tauchen die ersten Fehlfunktionen auf, die auch durch noch so ausführliche Tests bei der Installation und Konfiguration nicht gefunden werden können. In dieser Zeit kommt es besonders auf eine exakt definierte Schnittstelle zwischen dem pädagogischen und dem technischen Partner an.

Beim Projekt „up2net“ wurde vereinbart, dass die Fehlermeldungen, Anmerkungen, Ideen etc. von den PädagogInnen und Jugendlichen erst an den Projektleiter auf der pädagogischen Seite gemeldet werden. Dieser nimmt sie auf, überprüft sie und hält ggf. Rücksprache und gibt sie erst dann kommentiert an die technischen Dienstleister weiter. Für die Kommunikation wurde eine eigene eMail-Adresse (up2net-support@link-m.de) eingerichtet. Die eingehenden eMails werden an mehrere MitarbeiterInnen beim technischen Dienstleister verteilt, damit erstens alle Bescheid wissen und ggf. Auskunft über die aktuellen Projekte geben können und zweitens maximale Informationstransparenz vorhanden ist.

Nach der Etablierung des Gesamtsystems beginnt die Einzugsphase: Die BenutzerInnen richten sich im System häuslich ein und fangen an, diese virtuelle Welt nach ihren Vorstellungen zu gestalten. Nachdem die Grenzen und das Machbare ausgelotet sind, werden Wünsche nach Modifikationen des technischen Systems in Teilbereichen formuliert. Hier fängt es im Prinzip beim ersten, oben beschriebenen Schritt, nur ein paar Klassen kleiner, wieder an.

Eine wesentliche Erfolgskomponente bei der Kooperation zwischen Pädagogik und Technik ist reibungslos funktionierende Kommunikation, per eMail, Telefon oder persönlich. Eigene Kommunikationsstrukturen wie Mailinglisten o.ä. werden entlang der Anforderungen definiert werden müssen, um konstruktive Kommunikation zu ermöglichen. Sowohl in der pädagogischen Arbeit als auch in der technischen Dienstleistung ist eine gewisse Dynamik in den Entwicklungen gegeben und die Aufmerksamkeit sollte auf die eigentlichen Kompetenzbereiche konzentriert bleiben, damit sich jeder Bereich erfolgreich weiterentwickeln kann.

Die Zukunft von interdisziplinären Projekten wird sicherlich in einer professionellen Arbeitsteilung liegen. Zusammenhänge werden immer komplexer; erfolgreiche Projekte in realen wie virtuellen Welten werden sich durch kompetente KooperationspartnerInnen, transparente Informationssysteme und strukturierte Kommunikation auszeichnen.

Anmerkung

1 Siehe auch den Beitrag „Just go up2net!“ in diesem Band, S. 62ff.

Harry Köhler

Server-Software im Jugend-Internetcafé

Jugendeinrichtungen, die ein Internetcafé mit mehreren Surfstationen einrichten wollen, können aus Kostengründen nicht jeden PC separat über eine eigene Telefonleitung ins Internet einwählen.

Die Einrichtung eines Servers ermöglicht hier den gemeinsamen Zugang aller über ein Netzwerk angeschlossener PCs zum Internet, unter Nutzung nur eine Telefonleitung. Als Server empfiehlt sich ein Linux-Rechner, auf dem am besten der Apacheserver installiert wird. Diese Lösung wird auch von den meisten Providern genutzt und kostet im Gegensatz zu Windows NT Server kaum was.

Nachteil ist allerdings, dass man Linux und die Konfiguration des Apache-Servers beherrschen muss und auch im Alltag eines Jugendinternetcafés jemand zur Hand haben muss, der den Betrieb sichert.

Software als Server-Alternative

Eine kostengünstige, leicht zu handhabende Alternative zur Serverlösung bietet die 350 DM teure Software KEN! der Firma AVM, bekannt als Hersteller der ISDN-Fritz!-Card. Nach einfacher Installation und Konfiguration auf einem Windows 95/98/2000 Rechner mit installierter ISDN-Fritz!-Card (soll auch mit anderen ISDN Karten gehen) gibt KEN! alle ISDN-Dienste über diesen Service-PC genannten Rechner an weitere Rechner (Klient genannt) frei. Die Klienten-PCs und der Service-PC müssen hierbei natürlich über ein Netzwerk (TCP/IP) verbunden sein.

Die mitgelieferte Klient-Software kann auf beliebig vielen PCs installiert werden. Dies soll laut AVM mit 256 und mehr PCs möglich sein, bei uns funktioniert es derzeit mit 10 angeschlossen PCs mit guten Übertragungsgeschwindigkeiten.

Der Klienten-Software beigefügt sind Lizenzen für die Nutzung von FRITZ!, dem bewährten ISDN-Softwarepaket von AVM (faxen, telefonieren, Datenserver einrichten etc.) .

Vorteile und Leistungsumfang

KEN! und seine ISDN-Karte halten die Verbindung zum World Wide Web, sozusagen als Stellvertreter (Proxy), für jeden individuellen Benutzer im Netz. Damit ergeben sich vielerlei Vorteile:

- An allen Arbeitsplätzen wie gewohnt im World Wide Web „browsen“
- Alle Klienten haben gleichzeitig Zugriff auf Internet und eMail über eine ISDN-Verbindung.

- Periodischer Abruf von eMails für alle angeschlossenen eMail-Adressen und Anzeigen neuen Posteingangs auf allen PCs.
- Ein Kanal bleibt frei, z.B. für Telefonieren oder Telefax. (Kanalbündelung zur schnelleren Datenübertragung ist möglich)
- Kürzlich aus dem Web abgerufene Seiten sind gespeichert und liegen auf eigenem ProxyServer gebührenfrei und schnell bereit.
- KEN! baut nach Zeitvorwahl selbstständig die Verbindung zum Internet auf oder ab, so entstehen keine unnötigen ISDN und Internetkosten.
- KEN! übernimmt die gesamte Internet-Kommunikation aller Benutzer mit einer einzigen Verbindung zum Internet-Anbieter (FTP und HTTP-Proxy für ISDN). Durch die gemeinsame Nutzung eines Internetzugangs werden gleich mehrfach Kosten gespart:
- Bereitstellung sonstiger ISDN-Dienste, wie Faxen aus der Textverarbeitung, telefonieren über den PC oder die Einrichtung eines von außen abrufbaren Datenservers.

Konfiguration

Nach erfolgter Installation von KEN-Service (Auswahl: mit oder ohne zusätzliche ISDN-Dienste), auf dem zukünftigen Service-PCs muss zunächst das TCP/IP Netzwerk nach den Angaben in der Anleitung eingestellt werden (Vergabe von festen IP-Adressen). Danach ist KEN! einsatzbereit, muss natürlich noch konfiguriert werden.

Hierzu klickt man auf das KEN!-Symbol in der Taskleiste und öffnet das Programm. In dem übersichtlichen Konfigurationsmenü lässt sich Folgendes einstellen:

Menü: Internetzugang. Hier werden die üblichen Zugangsdaten zum Internetprovider eingegeben. Einige Zugangsdaten, wie z.B. t-online und Atcor „Internet by call", sind bis auf die persönlichen Daten bereits vordefiniert, es lässt sich aber auch ein benutzerdefinierter Zugang einrichten.

Tipp: Bei der Zugangseinrichtung kann man auch eine Zeit für den automatischen Internetzugangsabbau angeben. Erfolgt für diese eingestellte Zeit keine Datenübertragung, wird die Verbindung automatisch abgebrochen. Werden wieder neu Daten angefordert (z.B. nachdem eine Internetseite in aller Ruhe gelesen wurde), erfolgt sofortige Neueinwahl. Dies funktioniert in der Praxis hervorragend und äußerst schnell und mindert damit den Stress, den die kommende Telefonrechnung sonst beim Surfen im Hinterkopf verursacht, deutlich.

Nach erfolgter Zugangseinstellung lässt sich über Diagnose die gesamte Einstellung testen. Es wird Kontakt zu allen eingestellten Servern für Internet, Mail, News, FTP etc. aufgenommen und in einer Liste positiv oder negativ aufgeführt. Nach einer positiven Diagnose ist man sicher, dass KEN! einsatzbereit ist.

Natürlich muss auf den Klienten-PCs noch der dort verwendete Browser angewiesen werden, ab sofort seine Internetseiten über KEN! zu beziehen. Hierzu gibt man die IP-Nummer des Netzwerkrechners auf dem KEN!-Service ein. Automatisch lässt sich das bei der Neuinstallation des Internet Explorers 5 durch Klick auf „Netzwerkeinstellungen laden“ oder in der Konfiguration über Internetzugang über ein lokales Netzwerk ausführen. Aber auch manuell ist das nicht schwierig, da dies gut im Handbuch beschrieben ist.

Menü: eMail. Jeder Nutzer verschickt seine eMails zunächst an den KEN!-Service-PC, der die Funktion hat, alle eingehenden und ausgehenden eMails zwischenzuspeichern und in einstellbaren Zeitintervallen abzuschicken und dabei neue eMails für alle angeschlossenen eMail-Nutzer abzurufen und bereitzuhalten.

Tipp: Über das mitinstallierte Programm „Kickmail“ kann man jederzeit also auch außerhalb des eingestellten Zeitintervalls den Mail-Datenaustausch aktivieren.

Damit der Service-PC dies kann, muss KEN! der POP3 und der SMTP-Server des Providers für den eMail-Verkehr mitgeteilt werden. Auf der selben Konfigurationsseite kann das schon erwähnte Zeitintervall eingestellt werden.

Dann müssen die Zugangsdaten für die angeschlossenen Mailkonten eingestellt werden. Dazu klickt man auf „Benutzer einrichten“ oder auf „neue Benutzer einrichten“ und gibt die entsprechenden Daten ein.

Tipp : Hier kann auch angegeben werden, ob die Mails auf dem Server verbleiben oder nicht, z.B. bei Benutzung von mehreren Arbeitsplätzen.

Danach ist der eMail-Verkehr sichergestellt und funktioniert, so lange der Service-PC läuft.

Auf den Klienten-PCs muss natürlich noch das eMail-Programm eingerichtet werden. Für Netscape Messenger 4.5 und Outlook Express, den beiden Mailprogrammen der führenden Browser, kann man sich komfortabel alle einzustellenden Daten durch Klick auf „Anzeigen“ im jeweiligen Benutzerfenster auf dem ServicePC anzeigen und ausdrucken lassen.

Menü: Capi im Netz. Hier kann man, vorausgesetzt man hat bei der Installation die Version „Internet und Capi“ installiert, die Capifunktionen aktivieren. Dadurch verhalten sich alle Klienten so, als hätten sie einen eigenen ISDN-Controller eingebaut. Alle Rechner erhalten über die Capi im Netz uneingeschränkten Zugriff auf ISDN-Dienste, wie Faxen, Telefonie, BTX (für Online Banking) und Dateiübertragung.

Menü: Spezielles. In diesem Menü kann man das KEN! Nutzungsprotokoll einsehen und wird über die Nutzungshäufigkeit und Dauer der ISDN-Zeiten informiert und kann so Kontrolle über die Kosten behalten.

Tipp: Unter „Einstellungen“ ist es möglich, ein wöchentliches Budget oder eine Höchstdauer der gesamten Internetverbindungen je Woche festzulegen und damit die auflaufenden Kosten real zu begrenzen.

KEN! in der Praxis

KEN! wird bei jedem Start von Windows automatisch gestartet. Nach dem Start erscheint KEN! im Statusbereich der Task-Leiste in Form von zwei kleinen Symbolen. Damit ist KEN! betriebsbereit und kann dem Netzwerk ISDN und Internetdienste zur Verfügung stellen.

Zum Beenden von KEN! klickt man auf eines der KEN!-Symbole in der TaskLeiste. Mit einem Klick auf „KEN! beenden“ wird KEN! beendet. Dem lokalen Netzwerk stehen jetzt keine ISDN und Internetdienste über KEN! mehr zur Verfügung.

KEN! läuft ausgesprochen stabil, Probleme habe ich nur mit Netzwerkkarten beobachtet, die alte oder falsche Treiber hatten. Das macht aber nicht KEN! Probleme, sondern dem Netzwerk. Als Klienten von KEN! benutzen wir sogar noch Pentium 100 MHz Rechner, das ist von der Performance dann auch unterste Grenze, aber gerade für Jugendeinrichtungen, die oft nur über abgelegte Systeme verfügen, interessant. KEN! Service läuft bei uns auf Systemen, die auch in der Lage sind, aktuelle Fritzkarten zu nutzen. Wir haben KEN! Service stabil schon auf einem 166 MHz Windows 95 Rechner zum laufen gekriegt. Lediglich für das veraltete Motherboard mussten wir einen neuen Treiber installieren.

Weitere Tips

- Über das Kontextmenü lassen sich die Einstellungen von KEN! durch die Vergabe eines Kennwortes schützen.
- Man kann in KEN! ein Script hinterlegen, welches bestimmte Internetseiten mit bestimmten Stichworten in der URL (Internetadresse) vom Aufruf ausschließt. Damit ist ein einfacher Schutz vor jugendgefährdenden Seiten oder lästigen Bannern möglich.
- Auf der Homepage http://www.avm.de/KENinfo befinden sich weitere Featurebeschreibungen und ein FAQ.
- Hier ist auch der hervorragende Online-Support erreichbar, der in der Regel innerhalb von zwei Tagen Fragen zu Detailproblemen beantwortet.
- Unter Tel. 030/39004390 steht der telefonische Support von AVM zur Verfügung, der meiner Erfahrung nach auch zuverlässig und kompetent besetzt ist.

- AVM stellt in Abständen neue Versionen von KEN!, der Fritz ISDN-software sowie der genutzten Treiber kostenlos auf seinen Downloadseiten zur Verfügung.
- Zu jeder Funktion steht übrigens eine Kontexthilfe zur Verfügung, die Wesentliches beantwortet.

3. Kapitel

Alles rechtens?

Einführung

Obwohl in der Praxis der Weiterbildung oft die erste Frage dem juristisch Erlaubten gilt, steht der Abschnitt zu den rechtlichen Rahmenbedingungen am Ende dieses Buches, das in Bewegung bringen will: denn seine Ketten spürt nur der, der sich bewegt und Breite und Höhe seines Rahmens auslotet. Dann aber sind Erfahrungen anderer hilfreich, um vermeidbare Fehler gar nicht erst zu begehen:

Schutz der Jugend vor Gefahren des Internets und Schutz jugendlicher Unbekümmertheit vor sich selbst bzw. Schutz der pädagogischen Einrichtungen vor den Folgen von Regelverletzungen: mangels eines Pendants zur „allgemeinen Schulordnung" (oder wie auch immer die Paragrafenwerke des formalisierten Bildungssystems heißen mögen) muß etwa die Offene Jugendarbeit selbst Vereinbarungen entwerfen und aushandeln. Bernhard Eckmann beschreibt in „Riskomanagement" die praktische Umsetzung von Anliegen des Jugendmedienschutzes in einem pädagogischen Online-Projekt.

Noch gibt es keine GEMA des Internets, die für ihre AutorInnen anteilig Tantiemen an jeder Online-Minute verlangt, aber mittlerweile sollte es keinem Web-Publisher mehr schwerfallen, sich Ärger mittels Copyrightverletzungen ins Haus zu holen. Verfasst von einem Juristenteam bietet der Artikel „Webpiraterie" Grundlagen, das eigene Risikoverhalten angemessen einschätzen zu können. Gerade am Beispiel „Frames" in Webseiten wird überaus deutlich, wie schwierig es ist, Rechtsverhältnisse auf Medien anzuwenden, die es bei deren Formulierung noch nicht gab, etwas das Urheberrecht.

Bernhard Eckmann

Umgang mit Risiken

Praktische Umsetzung von Anliegen des Jugendmedienschutzes in einem pädagogischen Online-Projekt

Bei der Integration von Online-Rechnern in den offenen Betrieb von Jugendzentren und beim Aufbau des Projekts „up2net" (siehe S. 62ff. in diesem Band) mussten sich die beteiligten KollegInnen mit der Frage befassen, wie eine pädagogisch verantwortliche Gestaltung ausschauen muss, damit einerseits den Anliegen des Jugendmedienschutzes Rechnung getragen wird und andererseits offene und lebendige Lern- und Entwicklungsprozesse möglich sind.

Es ging bei der Diskussion um schützenswerte Interessen von Kindern und Jugendlichen, um die rechtliche Absicherung unseres pädagogischen Handelns, um präventive Aspekte, wie die Entwicklung von Medienkompetenz, und um die Frage, wie Online-Pädagogik so gestaltet werden kann, dass sie eine für den Bereich der Offenen Jugendarbeit angemessene Fehlertoleranz hat.

Die schließlich gefundenen Lösungen wurden mit Jugendschutzfachleuten und Vertretern der zuständigen Strafverfolgungsbehörden diskutiert, und wir sind uns recht sicher, dass wir richtig liegen.

1. Gestaltung des Internetzugangs vor Ort in den Jugendzentren.

Besonders um die Frage des Einsatzes von Jugendschutzfiltersoftware in Online-Rechnern in den Jugendzentren entbrannten heftige Diskussionen. Allen war klar, dass diese technischen Tools einerseits unausgereift und deshalb nur beschränkt wirkungsvoll sind, andererseits wollten wir uns keineswegs inhaltliche Auseinandersetzungen mit den Jugendlichen technisch wegregeln lassen. Die Bewertung komplexer Inhalte mittels Ratingskalen und die Plumpheit der Filtersysteme gefiel niemanden.

Die Signale von juristischer Seite waren jedoch eindeutig: Der Einsatz von Jugendschutzfiltersoftware ist bei Internetrechnern, die nicht permanent pädagogisch betreut sind, unverzichtbar. Wir kamen zu folgender Einschätzung:

Schutz vor gefährdenden und verbotenen Inhalten. Der Onlinezugang im offenen Betrieb eines Jugendzentrums ist stets eingebunden in eine pädagogisch angemessene Betreuung. Dies kann und darf aus pädagogischen Gründen und aus Gründen der Praktikabilität jedoch keine totale

Kontrolle sein. Jugendliche sollten die Möglichkeit haben, eigene Suchprozesse zu vollziehen, ohne dass ihnen ständig ein Pädagoge oder eine Pädagogin über die Schulter schaut. So ist aber auch nicht gänzlich auszuschließen, dass gefährdender oder verbotener Inhalt auf den Bildschirm geladen wird.

Um hier die Risiken zu minimieren, halten wir es für praktikabel:

- ein Inhaltsfilterprogramm, wie z.b. Cyberpatrol oder Netnanny, zu installieren,
- den Onlinerechner so zu plazieren, dass eine gewisse Kontrolle durch Öffentlichkeit besteht (nicht im Séparée),
- einen Onlineanbieter zu wählen, der seinerseits ein gutes Jugendschutzkonzept hat und z.B. problematische Newsgroups sperrt,
- das Diskettenlaufwerk zu sperren, um unbeaufsichtigtes Herunterladen zu verhindern.

Das Ganze sollte unbedingt eingebettet sein in ein pädagogisches Konzept und Angebot, das die Entwicklung von Medienkompetenz zum Ziel hat.

Jugendliche als Akteure im Netz. Jugendliche können über den Onlinezugang auch selbst als Akteure im Netz unliebsam auffallen. Dies kann von der Verletzung der Netiquette bis hin zu Gesetzesverstößen gehen, indem z.B. vom Jugendzentrumsrechner aus ein Hackangriff auf einen geschützten Rechner erfolgt oder andere Menschen schwer beleidigt werden. Der Selbstorganisationsfähigkeit der Netzgemeinde kann vertraut werden, soweit es um Fragen der Netiquette geht. Gesetzesverstöße können zu ernsten Problemen für denjenigen führen, der den Netzzugang anbietet, also das Jugendzentrum, da sich bei einem öffentlichen Zugang nach längerer Zeit nicht mehr feststellen lässt, wer nun der Missetäter am Rechner war.

Diese Gefahr kann dadurch eingedämmt werden, dass sich die Aufsichtsführenden dieser Möglichkeit bewusst sind, eine besondere Aufmerksamkeit für diese Problematik entwickeln und mögliche „KandidatInnen" beaufsichtigen und angemessen intervenieren. Das Führen eines Logbuchs scheint in der Praxis der Offenen Jugendarbeit eher unangemessen.

Hier bleibt ein jugendarbeitstypisches „Restrisiko".

2. „Philosophie" des Umgangs mit Risiken beim Betrieb virtueller Jugendräume

Das Projekt „up2net" versucht, ein technisches System und ein soziales System so zu gestalten und zu verbinden, dass ein Gesamtsystem entsteht, das zur Offenen Jugendarbeit passt und – soweit möglich – vertrautes pädagogisches Handeln zulässt.

Es geht um ein internet- und intranetbasiertes Netzwerk, das sowohl die Träger als auch die Jugendlichen zu Mediendienstanbietern macht.

Jugendliche sollen hier selbst Kommunikations- und Informationsstrukturen aufbauen, frei kommunizieren und Inhalte anbieten können. Sie können experimentieren und es werden auch Fehler vorkommen. Das Hochladen von Inhalten in eine Webstruktur soll von Jugendlichen eigenständig gemacht werden können. Um bezüglich der so veröffentlichten Inhalte nicht unverantwortlich hohe Risiken einzugehen, wird ein differenziertes System von Öffentlichkeiten angeboten. Das so entstehende virtuelle Raumsystem mit unterschiedlichen Graden von Öffentlichkeit (offenes Internet bis interne Öffentlichkeit einer kleinen Hobbygruppe) ermöglicht ein weitgehend selbstständiges Agieren der Jugendlichen.

Identifizierbarkeit der Akteure. Ein wesentliches Regulativ ist die Registrierung von Usern im System und damit die Identifizierbarkeit der Akteure. Für das entstehende System gilt:

- Je unbestimmter die Identifikation (z.B. als Gast oder über einen Gruppenzugang eines Jugendzentrums), umso geringer die Gestaltungsmöglichkeiten und die Zugänglichkeit. Und:
- Je höher der Grad der Öffentlichkeit eines Raumes, umso kontrollierter die entsprechenden Schreibrechte. Umgekehrt:
- Je geringer der Grad der Öffentlichkeit eines Raumes, umso größer die Freiheit bezüglich Selbstorganisation.

Kein Raum ist gänzlich ohne pädagogische Betreuung, jedoch ist die Art und Weise dieser Betreuung neben anderen pädagogischen Gesichtspunkten ebenfalls vom Grad der Öffentlichkeit abhängig.

Betrieb eines Onlinesystems / Jugendarbeit als Mediendiensteanbieter. Mit dem Infrastrukturprojekt „up2net“ wird ein Angebot aufgebaut, das dessen Träger Mediendienstanbietern vergleichbar macht. Es entsteht ein Informationssystem, das Netzzugang bietet, Individual- und öffentliche Kommunikation anbietet und selbst Inhalte bereitstellt. Die Verantwortung für die Inhalte ist nun so geregelt, wie es pädagogischen Grundsätzen entspricht.

Jugendliche als „Mediendiensteanbieter“, als ProduzentInnen von Inhalten. Kinder und Jugendliche sollen das System „in Besitz nehmen“ können. Sie sollen darüber entscheiden können, welche Art von Vernetzung geschaffen werden soll, wer also mit wem in welchen „Räumen“ kommunizieren und Informationen tauschen kann. Auch Teile der Administration sollen von erfahrenen jungen Leuten übernommen werden können.

Das selbstständige Produzieren und Veröffentlichen von Informationen (Webseiten, News) im System ist eine wesentliche Voraussetzung für eine Identifikation mit der entstehenden Net-Community, die wiederum eine wichtige Voraussetzung für eine engagierte und konstruktive Haltung bezüglich des Projekts ist. So kann in selbstorganisierten Lern- und Gestaltungsprozessen Medienkompetenz erworben werden.

Neben den virtuellen Vernetzungsstrukturen werden im Raum München auch reale soziale Strukturen innerhalb der Szene von UserInnen und beteiligten Jugendeinrichtungen entstehen, z.B. reale Versammlungen und Gremien. Dies zu fördern und zu betreuen, wird eine wichtige Aufgabe der PädagogInnen sein. Nur auf Grund dieser realen sozialen Basis kann die notwendige Verbindlichkeit und die notwendige verantwortliche Haltung entstehen. Die Net-Community besteht also sowohl aus virtueller Kommunikation als auch aus einem Netz „wirklicher" sozialer Kontakte und sozialer Strukturen. Die Leute, die in diesem System in besonderer Weise Verantwortung tragen, kennen sich auch persönlich. Diese soziale Bindung wirkt als risikominderndes Regulativ im System.

Fehlertoleranz durch Schaffung definierter virtueller Räume und Öffentlichkeiten. In einer virtuellen Gemeinschaft werden Fehler vorkommen, und es wird mit zu den Aufgaben der engagierten Jugendlichen gehören, mit diesen Fehlern umzugehen. Ein wichtiges Instrument ist neben dem Entwickeln und Sanktionieren von Regeln die Möglichkeit, definierte Räume und Öffentlichkeiten zu schaffen. Es lässt sich eindeutig festlegen, wer in welchen Räumen Lese- und/oder Schreibberechtigung hat. Kommen Regelverstöße vor, indem z.B. problematische oder verbotene Inhalte in einer definierten Öffentlichkeit (geschlossene Benutzergruppe) angeboten werden, so wird interveniert werden. Dies geht von der Diskussion der Inhalte, über das Löschen der Inhalte bis zum endgültigen Ausschluss eines Missetäters aus dem System.

Bewährte pädagogische Handlungsweisen in die Online-Pädagogik integrieren. PädagogInnen begleiten diese Prozesse, indem sie für die verschiedenen Bereiche verbindliche Regeln mit den Jugendlichen aushandeln und mit der betreffenden Gruppe Vereinbarungen bezüglich der Aufsicht und Kontrolle für den Bereich treffen. Hier muss das Primat der Pädagogik gelten und Risiken so begrenzt werden, dass einerseits kein großer Schaden entstehen kann und andererseits ein Spielraum für Selbstorgansiationsprozesse und eigenständige Erfahrungen bleibt.

Konkret wird dies so aussehen:

Es gibt keinen Bereich, der nicht in die betreuerische Zuständigkeit eines bzw. einer PädagogIn fällt.

Die Userregistrierung und Gruppenzuordnung wird ausschließlich von PädagogInnen administriert. Damit ist eine eindeutige Indentifizierbarkeit von Akteuren durch die Administration garantiert. Eine Voraussetzung für die Registrierung ist die schriftliche Zustimmung zu den Grundregeln und der Nutzungsordnung.

Individualkommunikation: eMail wird nicht kontrolliert. Bei Konflikten, die aus der eMail-Kommunikation heraus entstehen, also z.B. bei Beschwerden einzelner UserInnen, wird seitens der PädagigInnen so interveniert, dass die eMail-Kommunikation ihren privaten, geschützten Charakter behält.

Öffentliche Kommunikation: Bei den öffentlichem Bereichen gilt der bereits erwähnte Grundsatz: Je größer der Grad der Öffentlichkeit, umso größer die Kontrolle und Aufsicht.

Des Weiteren: Werden in einem Chatbereich kritische Vorfälle bemerkt, wird interveniert.

Stark frequentierte Chatkanäle mit großer Öffentlichkeit sollten von zuverlässigen Jugendlichen moderiert werden.

Im Newsbereich wird genauso verfahren.

Der Filebereich, also der Bereich, in dem in einer Datenbankstruktur Dateien (Bilder, Musik, Texte, Programme) zum Herunterladen angeboten werden, wird von PädagogInnen kontrolliert. Zwar können Jugendliche hier Dateien für andere bereitstellen, jedoch stehen diese erst nach der Kontrolle durch PädagogInnen für andere zur Verfügung.

Für Webinhalte gilt: Webinhalte für das offene Internet werden immer von PädagogInnen geprüft und verantwortet. Hier haben nur sie Schreibberechtigung, d.h. das Recht, Webseiten in den öffentlich zugänglichen Bereich des Servers hochzuladen.

Für alle anderen definierten Web-Räume (geschlossene Benutzergruppen) gibt es betreuerische Zuständigkeiten von PädagogInnen, die in ihrer Gestaltung mit den Gruppen vereinbart werden.

Diese Art der Betreuung ermöglicht die Entwicklung von Medienkompetenz. Sie schafft auch einen Rahmen innerhalb dessen verantwortliches Handeln gelernt werden kann. Sie verhindert jedoch nicht, dass zeitweise und vorübergehend problematische oder illegale Inhalte im System auftauchen können.

Tobias H. Strömer / Anselm Withöft

Webpiraterie!

Das kann teuer werden ...

Das Internet gehört niemandem.[1] Aber wie steht es mit den Texten und Bildern darin? Nichts leichter als sie zu kopieren und weiterzuverwenden für eigene Zwecke, werden Sie vielleicht denken - aber leider, wenn nicht ausdrücklich erlaubt, illegal - es kann also richtig teuer werden. Tobias Strömer und Anselm Withöft, zwei Rechtsanwälte aus Düsseldorf, klären Sie über Urheberrecht, geistige Schöpfung, Vervielfältigungs- und Verwertungsrechte im Internet auf.

- Welche Dateien sind urheberrechtlich geschützt?
  - Texte im Internet
  - Bilder im Internet
  - Software, Shareware, Public Domain
- Welche Rechte besitzt der Urheber?
- Aufgepasst bei Frames
- Wer gilt als Urheber von Websites?
- Lässt sich das Urheberrecht übertragen?
- Missachtung und die Folgen ...
- Erst die Erlaubnis holen, dann ...

Welche Dateien sind urheberrechtlich geschützt?

Stellen Sie sich vor, Sie surfen guter Dinge und nichts Böses ahnend im Netz und bleiben, natürlich rein zufällig, auf einer Pornosite hängen - und entdecken dort das Urlaubsfoto Ihrer Freundin wohlplaziert auf der Startseite. Ja, ist denn so etwas rechtens, würden Sie sich wahrscheinlich empört fragen.

Nein, ist es nicht; im Internet gibt es zwar eine Vielzahl von Texten und Bildern, die sich durch einfaches Kopieren auf den eigenen Rechner bringen lassen und sich dort für eigene Zwecke weiterverwenden lassen, aber längst nicht alles, was kopiert werden kann, darf auch kopiert werden. Schon in dem Moment, in dem jemand einen Text schreibt oder ein Bild erstellt, ist seine Arbeit urheberrechtlich geschützt. Er ist dann „Urheber“ eines „Werks“. Ein Eintrag des geschaffenen Werks in ein öffentliches „Urheberregister“ - wie im Marken- oder Patentrecht - ist in Deutschland weder erforderlich noch überhaupt möglich. Daher sieht man vielfach das aus dem amerikanischen Recht entlehnte ©. Das hat hier zu Lande keine rechtliche Wirkung, macht den User aber darauf aufmerksam, dass sich jemand als Urheber fühlt. Denn das Zeichen macht nach deutschem Recht und überall dort, wo das „Revidierte Berner Übereinkommen“[2] (RBÜ) gilt – also etwa in den meisten Staaten Europas –, eigentlich keinen rechten Sinn: Entweder handelt es sich von Haus aus um ein urheberrechtlich geschütztes Werk – dann bedarf es des Hinweises nicht; oder aber, das erstellte Dokument besitzt gar keine „Werkqualität“, genießt also keinen Urheberrechtsschutz – dann verhilft auch das C im Kreis nicht zum gewünschten Schutz.

Auf der anderen Seite kann ein ausdrücklicher Hinweis darauf, dass der Autor davon ausgeht, sein Machwerk sei urheberrechtlich geschützt, natürlich auch nicht schaden. Potenzielle Verletzer werden so gewarnt und auf mögliche Konsequenzen eines Urheberrechtsverstoßes hingewiesen. Im Hinblick auf abweichende Regelungen anderer Länder, etwa der USA oder in Südamerika sollte ein Urheber sein Werk mit einem Hinweis nach dem Muster „© [Jahr der Veröffentlichung] [Name des Autors]“ und dem Zusatz „All rights reserved“ versehen.

Texte. Vom Urheberrechtsschutz werden nahezu alle Dateien erfasst. Eine Ausnahme bilden nur die Texte und Bilder, die über die Banalität nicht hinauskommen. Oder, wie es ein Kollege ausdrückte: Geschützt ist, was nicht den Stempel der Primitivität bereits offen auf der Stirn trägt. Erforderlich ist dafür eine „persönliche geistige Schöpfung“. Das setzt zunächst voraus, dass das Werk auf ein menschliches Schaffen zurückgeführt werden kann. Wer lediglich das wiederholt, was ein anderer vor ihm genau so gesagt, geschrieben oder gemalt hat, stellt kein Werk her.

Die bloße Auflistung der Lottozahlen aus den vergangenen Jahren ist deshalb nicht geschützt, wohl aber die Songtexte der Beatles, die entsprechenden Soundfiles oder Fotos aus dem „Playboy“. Keinen Urheberschutz genießen außerdem Dokumente, die lediglich Alltäglichkeiten wiedergeben. Ebenso sind amtliche Bekanntmachungen sowie Gesetze und Urteile von vornherein nicht geschützt. Wen das neue „Multimediagesetz“[3] interessiert, kann es daher nach Herzenslust kopieren und verkaufen.

Bilder. Auch Bilder, Grafiken und Cliparts sind in aller Regel urheberrechtlich geschützt und dürfen nicht ohne weiteres kopiert werden, auch dann nicht, wenn kein Urheberrechtsvermerk angebracht ist. Eine Ausnahme gilt allenfalls für ganz einfache Piktogramme, die nicht die von der Rechtsprechung geforderte „Schöpfungshöhe“ erreichen, um als eigenes Werk anerkannt zu werden. Die Kopie geschützter Cliparts ist deshalb nur für den privaten Gebrauch gestattet. Hierzu gehört nicht die Wiedergabe auf der eigenen Homepage, die ja von einer Vielzahl von Netsurfern erreicht werden kann und soll.

Anders sieht die Sache natürlich dann aus, wenn der Urheber der Grafik die Benutzung erlaubt oder sogar dazu ermuntert. Dies kann etwa dadurch geschehen, dass er sie in der „Softwaregalerie“ eines Onlinedienstes zum Download für jedermann bereitstellt. Auch die von Softwareherstellern zusammen mit Grafikprogrammen – etwa Corel Draw – auf CD mitgelieferten Cliparts dürfen regelmäßig frei verwendet werden. Näheren Aufschluss geben die der Software beigefügten Lizenzbedingungen.

Software, Shareware, Public Domain. Bei Software darf lediglich eine Sicherungskopie des Programms hergestellt werden. In der EU dürfen Original und Sicherungskopie aber weiterverbreitet werden, soweit dies nicht durch Vermietung geschieht. Erworbene Programme dürfen dann weiterverkauft werden, wenn der Käufer gar nicht mehr damit arbeiten möchte. Nicht nur das Weiterverbreiten von urheberrechtlich geschützter Software, sondern auch das vom Programmautor nicht genehmigte Kopieren der Programme über die Telefonleitung auf den eigenen Rechner ist verboten.

Programme, die vom Autor ausdrücklich als Public Domain[4] bezeichnet wurden, sind dagegen urheberrechtlich nicht geschützt und dürfen deshalb beliebig kopiert und weitergegeben werden. Die Netzsoftware Linux, in Kooperation von Hobby- und Profiprogrammierern entwickelt, die allein übers Netz miteinander in Verbindung standen, ist bis heute übers Netz abrufbar. Auch Freeware[5] darf frei verbreitet werden, nur muss hier immer auch der Urheberrechtsvermerk des Autors weitergereicht werden. Bei Shareware dagegen schreibt der Autor – etwa in einem Readme-File – oft den Verbreitungsweg genau vor.

Welche Rechte besitzt der Urheber?

Dem Urheber steht zunächst das Veröffentlichungsrecht zu. Ist das aber einmal passiert, etwa durch Einstellung eines Textes oder eines Bildes auf einer Homepage, ist dieses Recht verbraucht. Ein derart der Öffentlichkeit vorgestelltes Werk darf dann nicht einfach kopiert und in die eigene Seite eingebaut werden. Der umgekehrte Fall, nämlich ein Link von der eigenen Seite auf das Werk, ist dagegen möglich, da hier der Text ja nicht kopiert, sondern nur auf ihn hingewiesen wird.

Die größte Bedeutung von allen Verwertungsrechten hat im Internet sicherlich das Vervielfältigungsrecht. Hierunter versteht man das Recht des Urhebers, Vervielfältigungsstücke des Werkes herzustellen. Der Urheber alleine darf entscheiden, wo, wann und von wem im Internet eine Kopie seines urheberrechtlich geschützten Beitrags, seiner Musik, seines Bildes, seines Videos angeboten werden darf. Jedes Speichern fremder Beiträge auf der eigenen Festplatte stellt eine Vervielfältigung im Sinne des Urheberrechts dar.

Eine wichtige Ausnahme von diesem Recht des Autors, über die Vervielfältigung seines Werks alleine entscheiden zu dürfen, stellen die Kopien zum privaten Gebrauch dar. Gemeint ist damit etwa das Abspeichern einer Webseite oder von Teilen davon, um sie der Freundin, der Ehefrau, anderen Familienangehörigen, Freunden oder engen Mitarbeitern zu zeigen. Von einem privaten Gebrauch kann aber schon dann keine Rede mehr sein, wenn die Kopie bei einem offenen Usertreffen gezeigt werden soll. Erst recht gehört hierzu nicht die Wiedergabe auf der eigenen Homepage, die ja von einer Vielzahl von Internetteilnehmern erreicht werden kann und soll. Auch die Einrichtung von Proxy-Servern, auf denen einen Teil der im Internet vorhandenen Angebote zum späteren Abruf durch die eigenen Kunden eines Providers abgelegt werden, verstößt gegen das Vervielfältigungsrecht des Urhebers.

Aufgepasst bei Frames

Eine beliebte, aber unzulässige Gestaltungsmöglichkeit ist das Darstellen fremder Seiteninhalte in eigenen Frames, wie es im Fall der britischen Zeitungen „Shetland Times“[6] und „Shetland News“[7] auch international bekannt geworden ist. Dabei wird die Seite in mehrere Abschnitte eingeteilt, die ihren jeweiligen Inhalt unabhängig voneinander anzeigen können – im Prinzip hat man dann mehrere Websites gleichzeitig auf dem Bildschirm. Während z.B. einer dieser Frames den Besucher darüber aufklärt, auf welcher Seite er sich befindet, wird in einem anderen Werbung dargestellt, deren Erlöse der Betreiber der Seite erhält. In einem dritten Rahmen werden dann Informationen von anderen Seiten angezeigt, ohne dass der Betrachter das merkt. Auf diese Weise kann der Betreiber Einnahmen erzielen, ohne selbst einen Informationsdienst zu unterhalten. Das verletzt selbstverständlich die Rechte der Informationsanbieter.

Wer gilt als Urheber von Websites?

Die Antwort auf die Frage, wer als Urheber von Websites gilt, ist häufig nicht so einfach, wie es sich zunächst anhört. Einfach ist es natürlich dort, wo eine Person alles allein und auf eigene Kosten geschrieben, gemalt oder programmiert hat. Schwierig wird es aber schon bei der Erstellung für einen anderen. Vielfach wird man in der Praxis beispielsweise mit der Frage konfrontiert: Wem gehört meine Website? In diesen Fällen ist die Page häufig gegen Bezahlung von einem Programmierer erstellt worden. Es ist dann leider keineswegs klar, wer z.B. im Falle eines Streits über die Seiten verfügen darf. Je nach Lage des Einzelfalls kann es hier drei Lösungen geben: Allein der Auftraggeber, allein der Programmierer oder beide gemeinsam! Klarheit könnte hier ein Vertrag schaffen, der die Rechte ausdrücklich regelt. Empfehlenswert ist es häufig, die Rechte dem Auftraggeber zu geben, der dafür einen höheren Satz bezahlt. Ein solcher Vertrag ist aber meist nicht existent. Dann kommt es darauf an, ob der Programmierer nur einen grob umrissenen Auftrag bekam (Erstellung Website, dafür Honorar x DM) oder ausschließlich die Ideen und Anweisungen des Auftraggebers umsetzte, möglicherweise noch nach Zeitaufwand bezahlt. Im ersten Fall wird der Programmierer in der Regel die Rechte an der Site halten, im zweiten der Besteller. Liegt der Sachverhalt irgendwo dazwischen, dürften beide Teile Rechte an der Seite haben. Dann empfiehlt es sich meist, dass ein Teil den anderen auszahlt.

Lässt sich das Urheberrecht übertragen?

Die deutschen Urheberrechte lassen sich - anders als im amerikanischen Raum - nicht verkaufen, sondern nur vererben. Übertragen kann man aber die Verwertungsrechte. So überträgt der Autor eines Zeitschriftenbeitrags in der Regel per Vertrag die Rechte an seinem Werk auf den Verlag. Dieser darf dann - je nach Inhalt des Vertrags - den Artikel in Print- und/oder Online-Medien herausbringen. Urheber bleibt der Autor, aber der Verlag darf das Werk vermarkten. Das gleiche gilt natürlich für Bilder und Grafiken, also auch für das Urlaubsfoto Ihrer Freundin.

Missachtung und die Folgen ...

Verstöße gegen Urheberrechte können einen richtig teuer zu stehen kommen. Im Bereich des Wettbewerbs von Unternehmen werden regelmäßig Streitwerte von 100.000 DM angesetzt. Streitpunkt sind gegenwärtig jedoch noch weniger Inhalte im Netz als vielmehr Domainnamen. Schon die bloße Abmahnung durch einen Anwalt, den Verstoß gegen geschützte Rechte zu unterlassen, würde bei einem Streitwert von 100.000 DM etwa 1.600 DM kosten - zuzüglich Auslagen und Mehrwertsteuer. Ein Prozess wäre für den Verletzer noch viel teurer. Wer beispielsweise die „Oasis"-Songs[8], trotz Kopierverbots von Seiten der Band, kopiert und weiterhin abspielt, müsste nämlich nicht nur die Anwalts- und Gerichtskosten übernehmen, sondern auch noch einen eventuellen Schaden ersetzen, zum Beispiel wegen nicht verkaufter CDs. Bei einem angenommenen Schaden von 100.000 DM kämen dann insgesamt ca. 15.000 DM an Kosten für Anwälte und Gericht hinzu. Entsprechende Prozesse sind bislang noch nicht bekannt.

Jeder, der eine Aufforderung zur Unterlassung auf Grund der Verletzung von Urheberrechten bekommt, sollte sich daher seine nächsten Schritte genau überlegen. In der Regel empfiehlt es sich, eine Erklärung zu unterschreiben, in der er sich zur Unterlassung verpflichtet - und natürlich sofort das Angebot vom Netz zu nehmen. Erfolgt die Abmahnung durch einen Anwalt, müssen die Anwaltskosten vom Verletzer gezahlt werden. Nehmen wir an, das Bild von Claudia Schiffer, das Sie neulich von irgendeiner privaten Hompage geklaut haben, um es auf Ihrer eigenen besser zu plazieren, ist 600 DM wert. Macht Sie der Urheber nur freundlich darauf aufmerksam, dass Sie das Bild doch bitte wieder entfernen mögen, haben Sie Glück gehabt. Bei einer Abmahnung durch seinen Anwalt müssten Sie jedoch etwa 50 DM Abmahnungskosten bezahlen.

Erst die Erlaubnis holen, dann ...

Um es erst gar nicht zu einem Verstoß kommen zu lassen, sollte der Nutzer im Zweifelsfall vorab die Zustimmung des Berechtigten einholen (oder die Finger davon lassen). Gerade für den privaten Bereich ist manch ein Urheber einverstanden, wenn seine Werke (teilweise) abgebildet werden, sofern auf seine Urheberschaft hingewiesen wird. Schließlich kann das durchaus eine Werbung für ihn sein. Manchmal wird es auch auf einen Lizenzvertrag hinauslaufen, dessen Inhalt und Konditionen frei aushandelbar sind.

Sie sollten sich also gut überlegen, ob Sie die Pornosite, die das Foto Ihrer Freundin auf die Titelseite gestellt hat, durch einen Anwalt abmahnen lassen, oder ob Sie nicht lieber einen fairen Preis für den Gebrauch des Bildes aushandeln.

Anmerkungen

1 Nachdruck des Online-Artikels vom 26.01.1998 (http://www.firstsurf.com/stroeme4.htm) mit freundlicher Genehmigung der Verfasser TOBIAS H. STRÖMER / ANSELM WITHÖFT, Strömer Rechtsanwälte, Düsseldorf.

2 http://www.law.cornell.edu/treaties/berne/overview.html

3 http://www.netlaw.de/Gesetze/iukdg.htm

4 http://ig.cs.tu-berlin.de/SA/043/#Public-Domain

5 http://ig.cs.tu-berlin.de/SA/043/#Freeware

6 http://www.shetland-times.co.uk/

7 http://www.shetland-news.co.uk/

8 http://www.oasisnews.com/

Autorinnen und Autoren

BADER, ROLAND, Diplom-Psychologe. Ausbildung in Gestalttherapie. Seit 1987 hauptamtlich Jugendarbeit mit Computern, zunächst beim Medienzentrum PARABOL / Nürnberg, seit 1990 am Wissenschaftlichen Institut des Jugendhilfwerks Freiburg, Schwerpunkt: Gruppenprojekte mit arbeitslosen Jugendlichen mit Multimedia und Internet. Dozent im Weiterbildungsprogramm „Menschen am Computer“ im Studienzentrum Josefstal. Seit 1999 Dozent für Medienpädagogik an der Evangelischen Fachhochschule Freiburg.
eMail: bader@skylink.de

BANGERT, MECHTHILD, Diplom-Psychologin und Pfarrerin. Grundausbildung in Gesprächspsychotherapie. 1984–1990 Gemeindepfarrerin in Mainz-Gonsenheim, seit 1991 Leiterin des Studienzentrums für evangelische Jugendarbeit in Josefstal e.V., Schwerpunkte: Jugend und Religion / schulbezogene Jugendarbeit / TZI in der Jugend- und Gemeindearbeit / Konzeptionsfragen.
eMail: m.bangert@josefstal.de

BRUELHEIDE, DIRK, Industriekaufmann, Jugendarbeiter und Computermedienpädagoge. Seit 1993 hauptamtlich tätig in der Jugendarbeit in den evang. Kirchengemeinden Beiseförth und Malsfeld, Schwerpunkte: Gruppenorientierte Arbeit mit Kindern und Jugendlichen, projektorientierte Arbeit mit Kindern und Jugendlichen im musischen, religionspädagogischen sowie computermedienpädagogischen Bereich.
eMail: dbheide@ejmub.de

DRESING, THORSTEN, Diplom-Pädagoge, seit 2000 Doktorand an der Universität Marburg, seit 1998 freiberuflicher EDV-Dozent und Webdesigner. Ab 2001 Gastdozent für das Institut für personenzentrierte Supervision und Organisation und Schulungsleiter bei der Syscom GmbH in Limburg.
eMail: dresing@i-learn.de
Website: http://www.i-learn.de

ECKMANN, BERNHARD, Diplom-Sozialpädagoge (FH), Computermedienpädagoge. Von 1979 bis 1998 hauptberuflich Offene Jugendarbeit im Selbstverwalteten Stadtteilzentrum Neuperlach, einer Freizeitstätte des Kreisjugendrings München-Stadt; Schwerpunkt Mitbestimmung und Selbstorganisation Jugendlicher. Seit 1998 Projektleiter des „Projekts Neue Medien“ des Kreisjugendrings München-Stadt, Schwerpunkt: Aufbau

und Betrieb der Netcommunitiy „up2net“, fachliche Koordination des Netzwerks „ak-up2net“, Mitarbeit an der pädagogischen Plattform „up2xtrakt“.
eMail: b.eckmann@link-m.de

EIMER, THOMAS, Diplom-Sozialpädagoge (FH). Seit 1996 Mitarbeiter im Medienzentrum PARABOL in Nürnberg, Schwerpunkte: Betreuung des Jugendradiomagazins „Funkenflug“; seit 1998 Entwicklung eines „virtuellen Jugendhauses“, ausgezeichnet mit dem medienpädagogischen Preis für wissenschaftlichen Nachwuchs 2000 der GMK und der FSF. Zuletzt tätig als freiberuflicher Medienpädagoge und Berater für Mediengestaltung und Fortbildung. Seit Oktober 2000 beim Hermann-Gmeiner-Fonds Deutschland e.V. im Bereich Internet der Abteilung Kommunikation.
eMail: thomas.eimer@gmx.de

ESCHERTZHUBER, TINE, Diplom-Pädagogin. Seit 1998 pädagogische Mitarbeiterin im Selbstverwalteten Stadtteilzentrum Neuperlach, einer Freizeitstätte des Kreisjugendrings München-Stadt, Schwerpunkte: Mädchenarbeit und Mitarbeit beim Projekt up2net.
eMail: eschertzhuber@gmx.de

FLAD, CAROLA, Diplom-Pädagogin, wissenschaftliche Mitarbeiterin am Institut für Erziehungswissenschaft der Universität Tübingen. Derzeitige Projekte: Begleitforschung „Sozialarbeit an Hauptschulen“, filmische Langzeitdokumentation über gewerkschaftliches Engagement bei Jugendlichen. Freiberufliche Tätigkeiten als Kamerafrau und Projektmanagerin Neue Medien bei „submedia, new media services“, Stuttgart.
eMail: carola.flad@uni-tuebingen.de

GÖTZ, UDO, Jugendpfarrer und Computermedienpädagoge. Als Dekanatsjugendpfarrer langjährig in der evang. Jugendarbeit; seit 2000 Gemeindepfarrer in Fürth, Schwerpunkt u.a. die Verbindung von Schule und außerschulischer Jugendarbeit. Vorstandsmitglied des Netzwerks Computermedienpädagogik (cmp-netz) e.V.
eMail: udo.goetz@gmx.net

HABERL, WOLFGANG, Diplom-Sozialpädagoge. Seit 1999 hauptamtlich beim Kreisjugendring München-Stadt im Jugendcafé InterMezzo für den Bereich Neue Medien.
Website: http://www.yordin.de
eMail: netzmeister@yordin.de

HEFELE, STEFAN, Diplom-Sozialpädagoge. Seit 1986 in der offenen Jugendarbeit (Kinder- und Jugendtreff Cosimapark, eine Einrichtung des KJR München-Stadt), seit 1991 verantwortlich für Computerarbeit in der Einrichtung, seit 1995 Mitglied im Maiboxprojekt und im Nachfolgeprojekt „up2net". Seit 1997 wird ein Teil des KJT Cosimaparks als „Café Cositiv – ein computergestütztes Schülerinnen- und Schülercafé" geführt.
eMail: s.hefele@schaefele.de

HEINZ, REINHARD, Diplom-Pädagoge, Dozent für Psychologie/Soziologie und Computermedienpädagogik am CVJM-Kolleg, Kassel, Individualpsychologischer Berater (DGIP)
eMail: REHEINZ@aol.com

HELLER, JANA, Studentin, im Hauptfach Filmwissenschaften, Nebenfächer: Pädagogik und Europäische Ethnologie. Studium seit 1997, zuerst an der Philipps-Universität Marburg und seit 2000 an der Freien Universität Berlin. Neben dem Studium zusätzlich praktische Erfahrungen im Bereich Medien: 1997 bei Radio „Energy Sachsen" in Leipzig, 1998 bei Radio „mephisto" in Leipzig und 2000 bei CLT UFA Fernsehproduktionsfirma „CBC Cologne Broadcasting Center" in Köln. Umfangreiche praktische Kennt-nisse mit dem Medium Internet, besonders im Schwerpunkt „Kommunikation".
eMail: janaheller@web.de

HOLZHÄUSER, ANDREAS, Diplom-Sozialpädagoge (FH), Computermedienpädagoge. Seit 1995 Leiter eines Mainzer Jugendzentrums, seit 1996 als pädagogischer Mitarbeiter im Kolpinghaus Mainz, einer Wohn-, Freizeit- und Bildungsstätte für jugendliche Arbeitnehmer
eMail: andreas.holzhaeuser@main-rheiner.de

KELLE, ANDREA, Diplom-Sozialpädagogin (FH). Seit 1999 in der offenen Kinder- und Jugendarbeit, Leiterin des Jugendcafé ROTOR im „Haus am Schuttberg e.V." Schwerpunkte: Coach für Computer & Breakdance; geschlechtspezifische Arbeit.
eMail: schuttberg@link-m.de
Website: http://www.cafe-rotor.muc.kobis.de

KÖHLER, HARRY, Jugendbildungsreferent beim Jugendbildungswerk sowie Medienpädagoge in der Medienetage des Jugendamtes Offenbach. Koordination des Kinder- und Jugendbeteiligungsprojekts „Impuls" und für Internetangebote des Jugendamtes verantwortlich.
eMail: of-admin@jugendnetz-of.de

Krämer, Sybille, Prof. Dr., Institut für Philosophie der FU Berlin, arbeitet über wissenschaftstheoretische und wissenschaftshistorische Fragestellungen, insbesondere aus dem Bereich der Informatik und der Künstlichen Intelligenz.
eMail: sybkram@zedat.fu-berlin.de

Kurz, Andreas, Diplom-Sozialpädagoge (FH), Computermedienpädagoge. Seit 1994 Qualifizierung und Beschäftigung von Benachteiligtengruppen im Bereich der neuen Medien im Diakoniedorf Herzogsägmühle, Obb. Aufbau eines Telezentrums zur Unterstützung der beruflichen Rehabilitation von Menschen mit seelischen Erkrankungen. Seit 2000 Entwicklung von Informations- und Wissensmanagement in Sozialen Einrichtungen. Gründungs- und Vorstandsmitglied Bürgernetz Pfaffenwinkel e.V.
eMail: ak@pfaffenwinkel.de

Lange, Michael, Diplom-Sozialpädagoge (FH). Seit 1990 Dozent für Fotografie und Neue Medien im Atrium, Jugendkunstschule in Berlin-Reinickendorf und seit 1995 als Honorarkraft im wannseeFORUM, Jugendbildungstätte in Berlin. Seit 1997 Dozent für Neue Medien im wannseeFORUM, Schwerpunkt „Auswirkungen der Neuen Medien auf die politische Bildung".
Website: www.wannseeforum.de
eMail : mlange@wannseeforum.de

Reinmann-Rothmeier, Gabi, PD Dr. phil. habil., Diplom-Psychologin, Studium der Psychologie, Pädagogik und Psycholinguistik. Seit 1999 Lehrbefugnis für Psychologie und Pädagogik an der Ludwigs-Maximilians-Universität München, Institut für Pädagogische Psychologie und Empirische Pädagogik. Schwerpunkte: Individuelles und organisationales Wissensmanagement, Lernen in Unternehmen, Lernen mit neuen Medien, Gestaltung und Evaluation multimedialer Lernumgebungen.
eMail: reinmann@edupsy.uni-muenchen.de

Rudolf-Jilg, Christine, Diplom-Sozialpädagogin (FH), Computermedienpädagogin. Seit 1984 hauptberuflich in der Jugendarbeit, seit 1995 Referentin für Bildung und Jugendpolitik beim Jugendwerk der bayerischen AWO, seit 1999 Mitglied des Landesvorstandes des Bayerischen Jugendringes, Schwerpunkte: (politische) Bildung, Arbeit mit Kindern, Prävention vor sexueller Gewalt, Mädchen- und Frauenarbeit, Neue Medien.
eMail: Christine.Rudolf-Jilg@t-online.de

SCHACHTNER, CHRISTINA, Prof. Dr. , Institut für Erziehungswissenschaft der Philipps-Universität Marburg. Forschungsschwerpunkte: Neue Medien, Gender, soziale Netzwerke; leitet das Modellprojekt „Neue Medien / Technologien in psychosozialen und pädagogischen Handlungsfeldern"; Gastprofessuren in Wien, Klagenfurt, Innsbruck, Sydney zum Thema „Neue Medien und Geschlecht".
Website: http://staff-www.uni-marburg.de/~schachtn/
eMail: schachtn@mailer.uni-marburg.de

SCHINDLER, WOLFGANG, Diplom-Pädagoge, Supervisor und Gruppenanalytiker. Dozent im Studienzentrum für evangelische Jugendarbeit, Josefstal; u.a. seit 1984 Aufbau und Leitung des computermedienpädagogischen Arbeitsschwerpunktes dieser bundesweiten Fort- und Weiterbildungsstätte.
Website: http://www.josefstal.de/mac/
eMail: w.schindler@josefstal.de

SEILER, HEIKE, Diplom-Pädagogin, seit 1999 wissenschaftliche Mitarbeiterin im Forschungsprojekt „Neue Technologien/Medien in psychosozialen und pädagogischen Handlungsfeldern" am Institut für Erziehungswissenschaft der Philipps-Universität Marburg. Schwerpunkte: Neue Medien, Medienpädagogik, quantitative und qualitative Forschungsmethoden.
eMail: heikeseiler@hotmail.com

SIEGEL, DAVID, Webdesigner in den USA
Website: http://www.dsiegel.com

SILTER, VOLKER, Diplom-Sozialpädagoge (FH), Orgelbauer, Diakon, Computermedienpädagoge. Seit 1988 hauptamtlich in der Kinder- und Jugendarbeit, seit 1998 im Kirchenkreis Niederer Fläming als Kreisjugendwart, Leitung der Arbeitsstelle für Evang. Jugendarbeit.
eMail: Volker.Silter@t-online.de

SCHWARZ, JOACHIM, Diplom-Sozialarbeiter (FH). Seit 2000 in der Offenen Jugendarbeit, Leiter des Jugendgemeinschaftswerkes der AWO in Rheinfelden-Warmbach.
eMail: J.Schwarz@gmx.de

STRÖMER, TOBIAS und WITHÖFT, ANSELM, Rechtsanwälte in der Kanzlei „Strömer Rechtsanwälte, Düsseldorf". Tätigkeitsschwerpunkte: Online- und Multimediarecht, Wettbewerbsrecht, Computerrecht, Urheberrecht,

Markenrecht. Mitgliedschaften: Global CyberLaw Network, Deutsch-Französische Juristenvereinigung, Wirtschaftsjunioren Deutschland e.V.
eMail: stroemer@stroemer.de

UHLENBROCK, GABI, Diplom-Sozialpädagogin (FH), Computermedienpädagogin. Seit 1991 beim Jugendamt Stadt Nürnberg in Einrichtungen der Offenen Jugendarbeit. Vorsitzende des Netzwerks Computermedienpädagogik (cmp-netz) e.V.
eMail: gabi@uhlenbrock-online.de

UTPATEL, CHRISTIAN, Pfarrer und Computermedienpädagoge. Hauptjugendpfarrer der Selbständigen Evangelisch-Lutherischen Kirche; Vorsitzender der International Lutheran Youth Conference; Zweiter Vorsitzender des Netzwerks Computermedienpädagogik (cmp-netz) e.V.
eMail: christian@utpatel.de

VOIGT, ULI, freier Mitarbeiter des Jugendclubs der evangelischen Auferstehungsgemeinde Praunheim und dort für das Jugendnetz Frankfurt verantwortlich. Im Hauptberuf Diplom-Ingenieur der Nachrichtentechnik bei der Firma IBM, als Architekt für Medienlösungen beschäftigt.
eMail: of-admin@jugendnetz-of.de

WAITE, MARKUS, Diplom-Theologe (kath.), Pastoralreferent, Religionspädagoge, Computermedienpädagoge. Seit 1990 kirchlicher Angestellter, zuletzt als Religionslehrer im Kirchendienst an einer Grund-, Haupt- und Wirtschaftsrealschule, seit 2000 in einer Kirchengemeinde in Alzenau bei Aschaffenburg als Pastoralreferent.
eMail: M.Waite@t-online.de

WITTIG, CHRISTINE, Geschäftsführerin des Providers Linksystem München. Seit 1990 aktiv in der verbandlichen und offenen Jugendarbeit, vor allem mit Internet- und Onlineprojekten. Ab 1996 Fachautorin und Dozentin für Online-Kommunikation, Internet und Web-Publishing, u.a. im Studienzentrum Josefstal. Ab 1996 engagiert beim Linksystem München.
Website: www.link-m.de
eMail: c.wittig@buero.link-m.de

ZIZEK, SLAVOJ, Philosoph und Psychoanalytiker, lebt in Ljubljana, Slowenien.

ZUMBRÄGEL, LAMBERT, Diplom-Sozialpädagoge, Computermedienpädagoge. Seit 1992 Jugendbildungsreferent im Bischöflichen Jugendamt Würzburg,

bei der Katholischen Jungen Gemeinde (KJG) zuständig für Internet- und Öffentlichkeitsarbeit.
eMail: zumbraegel@aol.com